Frederico Amado

NOVO REGULAMENTO DA PREVIDÊNCIA SOCIAL COMPARADO

Dec. 10.410/2020 X Dec. 3.048/1999

Texto novo | Texto antigo

Frederico Amado

NOVO REGULAMENTO DA PREVIDÊNCIA SOCIAL COMPARADO

Dec. 10.410/2020 X Dec. 3.048/1999

Texto novo — Texto antigo

Com comentários em vídeos sobre as principais inovações

2020

EDITORA *Jus*PODIVM

www.editorajuspodivm.com.br

EDITORA
*Jus*PODIVM
www.editorajuspodivm.com.br

Rua Território Rio Branco, 87 – Pituba – CEP: 41830-530 – Salvador – Bahia
Tel: (71) 3045.9051
• Contato: https://www.editorajuspodivm.com.br/sac

Capa e Diagramação: Maitê Coelho e Cendi Taici *(cendicoelho@gmail.com)*

A481n Amado, Frederico.
Novo Regulamento da Previdência Social Comparado – Salvador: Editora JusPodivm, 2020.
528 p.

ISBN 978-65-5680-092-9.

1. Direito Previdenciário. 2. Métodos de estudo. I. Amado, Frederico. II. Título.

CDD 341.6

1.ª ed., *2.ª tir.:* set./2020.

APRESENTAÇÃO

Esta obra apresenta ao leitor o texto comparado do Regulamento da Previdência Social (Decreto 3.048/1999) antes e depois da atualização promovida pelo Decreto 10.410, publicado e vigente desde 1º de julho de 2020.

As atualizações perpetradas no Regulamento da Previdência Social foram de três naturezas:

- Alteração da redação de dispositivos;

- Inserção de novos artigos, incisos ou parágrafos;

- Revogação de dezenas de dispositivos.

Dessa forma, no formato de **tabela comparativa**, o leitor irá visualizar todas as atualizações promovidas no **Novo Regulamento da Previdência Social**, que assim pode ser nominado diante da enorme quantidade de ajustes.

Vale frisar que havia uma significativa desatualização do Decreto 3.048/1999, tendo o Decreto 10.410/2020 se lastreado principalmente nas seguintes normas: Lei 12.873/2013, LC 150/2015, Lei 13.135/2015, Lei 13.846/2019 e Emenda Constitucional 103/2019, sem prejuízo de outras normas de menor expressão.

Desse modo, cerca de 95% do texto inserido/alterado/revogado pelo Decreto 10.410/2020 são mera reprodução legal e constitucional sem grandes novidades.

Por outro lado, cerca de 5% das regras do Decreto 10.410/2020 trazem detalhamentos regulamentares que não existiam anteriormente, a exemplo da regulamentação do artigo 29 da EC 103/2019, que trata da complementação, agrupamento e transferência de salários de contribuição.

Ademais, conquanto em tese não fosse possível, há ainda artigos inovadores, a exemplo dos artigos 100-B e 100-C, que transferiram da empresa para o INSS a obrigação de diretamente pagar o salário-maternidade da empregada intermitente e da empregada com jornada parcial com salário de contribuição mensal abaixo de um salário mínimo.

Há, ainda, dispositivos que buscam a desjudicialização, incorporando decisões judiciais do STF e do STJ, a exemplo dos artigos 97, parágrafo único (pagamento pelo INSS do salário-maternidade da desempregada despedida ilegalmente), e 181-D (tese do melhor benefício/antecipação da data de início, RE 630.501/RS).

Nesse sentido, inserimos **29 vídeos com QR CODE** extraídos de aulas por mim ministradas no **Especcial Jus (www.especcialjus.com.br)** para tratar em 2 horas no total das verdadeiras novidades inauguradas pelo Decreto 10.410/2020, tendo cada QR CODE sido inserido no dispositivo inovador.

Deste modo, se cuida de obra dúplice, pois o texto do livro é mesclado por 29 vídeoaulas produzidas pelo autor tratando dos pontos que realmente devem ser exaltados no Novo Regulamento da Previdência Social em uma primeira avaliação de conteúdo.

Espero que gostem do perfil da obra (texto normativo comparado e vídeos explicativos), fruto de parceria da Editora Juspodivm com o Especcial Jus.

FREDERICO AMADO

SUMÁRIO

DECRETO Nº 3.048/1999 COMPARADO

ANEXOS

REGRAS DE TRANSIÇÃO

DECRETO Nº 3.048, DE 6 DE MAIO DE 1999

Aprova o Regulamento da Previdência Social, e dá outras providências.

O PRESIDENTE DA REPÚBLICA, no uso da atribuição que lhe confere o art. 84, inciso IV, da Constituição Federal, e de acordo com a Emenda Constitucional nº 20, de 1998, as Leis Complementares nºs 70, de 30 de dezembro de 1991, e 84, de 18 de janeiro de 1996, e as Leis nºs 8.138, de 28 de dezembro de 1990, 8.212, de 24 de julho de 1991, 8.213, de 24 de julho de 1991, 8.218, de 29 de agosto de 1991, 8.383, de 30 de dezembro de 1991, 8.398, de 7 de janeiro de 1992, 8.436, de 25 de junho de 1992, 8.444, de 20 de julho de 1992, 8.540, de 22 de dezembro de 1992, 8.542, de 23 de dezembro de 1992. 8.619, de 5 de janeiro de 1993, 8.620, de 5 de janeiro de 1993, 8.630 de 25 de fevereiro de 1993, 8.647, de 13 de abril de 1993, 8.742, de 7 de dezembro de 1993, 8.745, de 9 de dezembro de 1993, 8.861, de 25 de março de 1994, 8.864, de 28 de março de 1994, 8.870, de 1 5 de abril de 1994, 8.880, de 27 de maio de 1994, 8.935, de 18 de novembro de 1994, 8.981, de 20 de janeiro de 1995, 9.032, de 28 de abril de 1995, 9.063, de 14 de junho de 1995, 9.065, de 20 de junho de 1995, 9.069, de 29 de junho de 1995, 9.129, de 20 de novembro de 1995, 9.249. de 26 de dezembro de 1995, 9.250, de 26 de dezembro de 1995, 9.317, de 5 de dezembro de 1996, 9.429, de 26 de dezembro de 1996, 9.476, de 23 de julho de 1997, 9.506, de 30 de outubro de 1997, 9.528, de 10 de dezembro de 1997, 9.601, de 21 de janeiro de 1998, 9.615, de 24 de março de 1998, 9.639, de 25 de maio de 1998, 9.649, de 27 de maio de 1998, 9.676, de 30 de junho de 1998, 9.703, de 17 de novembro de 1998, 9.711, de 21 de novembro de 1998, 9.717, de 27 de novembro de 1998. 9.718, de 27 de novembro de 1998, 9.719, de 27 de novembro de 1998, 9.720, de 30 de novembro de 1998, e 9.732, de 11 de dezembro de 1998,

DECRETA:

Art. 1º O Regulamento da Previdência Social passa a vigorar na forma do texto apenso ao presente Decreto, com seus anexos.

Art. 2º Este Decreto entra em vigor na data de sua publicação.

Art. 3º Ficam revogados os Decretos nº 33.335, de 20 de julho de 1953, 36.911, de 15 de fevereiro de 1955, 65.106, de 5 de setembro de 1969, 69.382, de 19 de outubro de 1971, 72.771, de 6 de setembro de 1973, 73.617, de 12 de fevereiro de 1974, 73.833, de. 13 de março de 1974, 74.661, de 7 de outubro de 1974, 75.478, de 14 de março de 1975, 75.706, de 8 de maio de 1975, 75.884, de 19 de junho de 1975, 76.326, de 23 de setembro de 1975, 77.210, de 20 de fevereiro de 1976, 79.037, de 24 de dezembro de 1976, 79.575, de 26 de abril de 1977, 79.789, de 7 de junho de 1977, 83.080, de 24 de janeiro de 1979, 83.081. de 24 de janeiro de 1979, 85.745, de 23 de fevereiro de 1981, 85.850, de 30 de março de 1981, 86.512, de 29 de outubro de 1981, 87.374, de 8 de julho de 1982, 87.430, de 28 de julho de 1982, 88.353, de 6 de junho de 1983, 88.367, de 7 de junho de 1983, 88.443, de 29 de junho de 1983, 89,167, de 9 de dezembro de 1983, 89.312, de 23 de janeiro de 1984, 90.038, de 9 de agosto de 1984, 90.195, de 12 de setembro de 1984, 90.817, de 17 de janeiro de 1985, 91.406, de 5 de julho de 1985, 92.588, de 25 de abril de 1986, 92.700, de 21 de maio de 1986, 92.702, de 21 de maio de 1986, 92.769, de 10 de junho de 1986, 92.770, de 10 de junho de 1986, 92.976, de 22 de julho de 1986, 94.512, de 24 de junho de 1987, 96.543, de 22 de agosto de 1988, 96.595, de 25 de agosto de 1998, 98.376, de 7 de novembro de 1989, 99.301, de 15 de junho de 1990, 99.351, de 27 de junho de 1990, 1.197, de 14 de julho de 1994, 1.514, de 5 de junho de 1995, 1.826, de 29 de fevereiro de 1996, 1.843, de 25 de março de 1996, 2.172, de 5 de março de 1997, 2.173, de 5 de março de 1997, 2.342 de 9 de outubro de 1997, 2.664, de 10 de julho de 1998, 2.782, de 14 de setembro de 1998, 2.803, de 20 de outubro de 1998, 2.924, de 5 de janeiro de 1999, e 3.039, de 28 de abril de 1999.

Brasília, 6 de maio de 1999;
178º da Independência e
111º da República.
FERNANDO HENRIQUE CARDOSO

REGULAMENTO DA PREVIDÊNCIA SOCIAL

LIVRO I
DA FINALIDADE E DOS PRINCÍPIOS BÁSICOS

TÍTULO I
DA SEGURIDADE SOCIAL

Art. 1º A seguridade social compreende um conjunto integrado de ações de iniciativa dos poderes públicos e da sociedade, destinado a assegurar o direito relativo à saúde, e à previdência e à assistência social.

Parágrafo único. A seguridade social obedecerá aos seguintes princípios e diretrizes:

I – universalidade da cobertura e do atendimento;

II – uniformidade e equivalência dos benefícios e serviços às populações urbanas e rurais;

III – seletividade e distributividade na prestação dos benefícios e serviços;

IV – irredutibilidade do valor dos benefícios, de forma a preservar-lhe o poder aquisitivo;

V – equidade na forma de participação no custeio;

VI – diversidade da base de financiamento; e

VII – caráter democrático e descentralizado da administração, mediante gestão quadripartite, com participação dos trabalhadores, dos empregadores, dos aposentados e do governo nos órgãos colegiados.

TÍTULO II
DA SAÚDE

Art. 2º A saúde é direito de todos e dever do Estado, garantido mediante políticas sociais e econômicas que visem à redução do risco de doença e de outros agravos e ao acesso universal e igualitário às ações e serviços para sua promoção, proteção e recuperação.

Parágrafo único. As atividades de saúde são de relevância pública, e sua organização obedecerá aos seguintes princípios e diretrizes:

I – acesso universal e igualitário;

II – provimento das ações e serviços mediante rede regionalizada e hierarquizada, integrados em sistema único;

III – descentralização, com direção única em cada esfera de governo;

IV – atendimento integral, com prioridade para as atividades preventivas;

V – participação da comunidade na gestão, fiscalização e acompanhamento das ações e serviços de saúde; e

VI – participação da iniciativa privada na assistência à saúde, em obediência aos preceitos constitucionais.

TÍTULO III
DA ASSISTÊNCIA SOCIAL

Art. 3º A assistência social é a política social que provê o atendimento das necessidades básicas, traduzidas em proteção à família, à maternidade, à infância, à adolescência, à velhice e à pessoa portadora de deficiência, independentemente de contribuição à seguridade social.

Parágrafo único. A organização da assistência social obedecerá às seguintes diretrizes:

I – descentralização político-administrativa; e

II – participação da população na formulação e controle das ações em todos os níveis.

TÍTULO IV
DA PREVIDÊNCIA SOCIAL

Art. 4º A previdência social rege-se pelos seguintes princípios e objetivos:

I – universalidade de participação nos planos previdenciários;

II – uniformidade e equivalência dos benefícios e serviços às populações urbanas e rurais;

III – seletividade e distributividade na prestação dos benefícios;

IV – cálculo dos benefícios considerando-se os salários de contribuição corrigidos monetariamente;

V – irredutibilidade do valor dos benefícios, de forma a preservar-lhe o poder aquisitivo;

VI – valor da renda mensal dos benefícios substitutos do salário de contribuição ou do rendimento do trabalho do segurado não inferior ao do salário mínimo; e

VII – caráter democrático e descentralizado da administração, mediante gestão quadripartite, com participação dos trabalhadores, dos empregadores, dos aposentados e do governo nos órgãos colegiados.

Art. 5º A previdência social será organizada sob a forma de regime geral, de caráter contributivo e de filiação obrigatória, observados critérios que preservem o equilíbrio financeiro e atuarial, e atenderá a:

Nova Redação	Antiga Redação
I – cobertura de eventos de incapacidade temporária ou permanente para trabalho e idade avançada; *(Redação dada pelo Decreto 10.410/2020)*	I – cobertura de eventos de doença, invalidez, morte e idade avançada;

II – proteção à maternidade, especialmente à gestante;

III – proteção ao trabalhador em situação de desemprego involuntário;

IV – salário-família e auxílio-reclusão para os dependentes dos segurados de baixa renda; e

V – pensão por morte do segurado, homem ou mulher, ao cônjuge ou companheiro e dependentes.

LIVRO II
DOS BENEFÍCIOS DA PREVIDÊNCIA SOCIAL

TÍTULO I
DOS REGIMES DA PREVIDÊNCIA SOCIAL

Art. 6º A previdência social compreende:

I – o Regime Geral de Previdência Social; e

II – os regimes próprios de previdência social dos servidores públicos e dos militares.

Parágrafo único. O Regime Geral de Previdência Social garante a cobertura de todas as situações expressas no art. 5º, exceto a de desemprego involuntário, observado o disposto no art. 199-A quanto ao direito à aposentadoria por tempo de contribuição. (Parágrafo único com redação dada pelo Decreto nº 6.042, de 12/2/2007)

Art. 7º A administração do Regime Geral de Previdência Social é atribuída ao Ministério da Previdência e Assistência Social, sendo exercida pelos órgãos e entidades a ele vinculados.

TÍTULO II
DO REGIME GERAL DE PREVIDÊNCIA SOCIAL

CAPÍTULO I
DOS BENEFICIÁRIOS

Art. 8º São beneficiários do Regime Geral de Previdência Social as pessoas físicas classificadas como segurados e dependentes, nos termos das Seções I e II deste Capítulo.

Nova Redação	Antiga Redação
Seção I **Dos Segurados**	
Art. 9º São segurados obrigatórios da previdência social as seguintes pessoas físicas:	
I – como empregado:	
a) aquele que presta serviço de natureza urbana ou rural a empresa, em caráter não eventual, sob sua subordinação e mediante remuneração, inclusive como diretor empregado;	
b) aquele que, contratado por empresa de trabalho temporário, na forma prevista em legislação específica, por prazo não superior a cento e oitenta dias, consecutivos ou não, prorrogável por até noventa dias, presta serviço para atender a necessidade transitória de substituição de pessoal regular e permanente ou a acréscimo extraordinário de serviço de outras empresas; *(Redação dada pelo Decreto 10.410/2020)*	*b) aquele que, contratado por empresa de trabalho temporário, por prazo não superior a três meses, prorrogável, presta serviço para atender a necessidade transitória de substituição de pessoal regular e permanente ou a acréscimo extraordinário de serviço de outras empresas, na forma da legislação própria;*
c) o brasileiro ou estrangeiro domiciliado e contratado no Brasil para trabalhar como empregado no exterior, em sucursal ou agência de empresa constituída sob as leis brasileiras e que tenha sede e administração domiciliado no País;	
d) o brasileiro ou o estrangeiro domiciliado e contratado no Brasil para trabalhar como empregado em empresa domiciliada no exterior com maioria do capital votante pertencente a empresa constituída sob as leis brasileiras, que tenha sede e administração no País e cujo controle efetivo esteja em caráter permanente sob a titularidade direta ou indireta de pessoas físicas domiciliadas e residentes no País ou de entidade de direito público interno;	
e) aquele que presta serviço no Brasil a missão diplomática ou a repartição consular de carreira estrangeira e a órgãos a elas subordinados, ou a membros dessas missões e repartições, excluídos o não brasileiro sem residência permanente no Brasil e o brasileiro amparado pela legislação previdenciária do país da respectiva missão diplomática ou repartição consular;	
f) o brasileiro civil que trabalha para a União no exterior, em organismos oficiais internacionais dos quais o Brasil seja membro efetivo, ainda que lá domiciliado e contratado, salvo se amparado por regime próprio de previdência social;	

g) o brasileiro civil que presta serviços à União no exterior, em repartições governamentais brasileiras, lá domiciliado e contratado, inclusive o auxiliar local de que tratam os arts. 56 e 57 da Lei nº 11.440, de 29 de dezembro de 2006, este desde que, em razão de proibição legal, não possa filiar-se ao sistema previdenciário local; (Alínea com redação dada pelo Decreto nº 6.722, de 30/12/2008)

h) o bolsista e o estagiário que prestam serviços a empresa, em desacordo com a Lei nº 11.788, de 25 de setembro de 2008; (Alínea com redação dada pelo Decreto nº 6.722, de 30/12/2008)

i) o servidor da União, Estado, Distrito Federal ou Município, incluídas suas autarquias e fundações, ocupante, exclusivamente, de cargo em comissão declarado em lei de livre nomeação e exoneração;

j) o servidor do Estado, Distrito Federal ou Município, bem como o das respectivas autarquias e fundações, ocupante de cargo efetivo, desde que, nessa qualidade, não esteja amparado por regime próprio de previdência social;

l) o servidor contratado pela União, Estado, Distrito Federal ou Município, bem como pelas respectivas autarquias e fundações, por tempo determinado, para atender a necessidade temporária de excepcional interesse público, nos termos do inciso IX do art. 37 da Constituição Federal;

m) o servidor da União, Estado, Distrito Federal ou Município, incluídas suas autarquias e fundações, ocupante de emprego público;

n) (Revogada pelo Decreto nº 3.265, de 29/11/1999)

o) o escrevente e o auxiliar contratados por titular de serviços notariais e de registro a partir de 21 de novembro de 1994, bem como aquele que optou pelo Regime Geral de Previdência Social, em conformidade com a Lei nº 8.935, de 18 de novembro de 1994; e

Nova Redação	Antiga Redação
p) aquele em exercício de mandato eletivo federal, estadual, distrital ou municipal, desde que não seja vinculado a regime próprio de previdência social; *(Redação dada pelo Decreto 10.410/2020)*	*p) o exercente de mandato eletivo federal, estadual ou municipal, desde que não vinculado a regime próprio de previdência social; (Alínea com redação dada pelo Decreto nº 5.545, de 22/9/2005)*

q) o empregado de organismo oficial internacional ou estrangeiro em funcionamento no Brasil, salvo quando coberto por regime próprio de previdência social; (Alínea acrescida pelo Decreto nº 3.265, de 29/11/1999)

r) o trabalhador rural contratado por produtor rural pessoa física, na forma do art. 14-A da Lei nº 5.889, de 8 de junho de 1973, para o exercício de atividades de natureza temporária por prazo não superior a dois meses dentro do período de um ano; (Alínea acrescida pelo Decreto nº 6.722, de 30/12/2008)

Nova Redação	Antiga Redação
s) aquele contratado como trabalhador intermitente para a prestação de serviços, com subordinação, de forma não contínua, com alternância de períodos de prestação de serviços e de inatividade, em conformidade com o disposto no § 3º do art. 443 da Consolidação das Leis do Trabalho, aprovada pelo Decreto-Lei nº 5.452, de 1º de maio de 1943; *(Acrescida pelo Decreto 10.410/2020)*	⊗ Dispositivo sem correspondência na antiga redação.
II – como empregado doméstico - aquele que presta serviço de forma contínua, subordinada, onerosa e pessoal a pessoa ou família, no âmbito residencial desta, em atividade sem fins lucrativos, por mais de dois dias por semana; *(Redação dada pelo Decreto 10.410/2020)*	II – como empregado doméstico – aquele que presta serviço de natureza contínua, mediante remuneração, a pessoa ou família, no âmbito residencial desta, em atividade sem fins lucrativos;

III – (Revogado pelo Decreto nº 3.265, de 29/11/1999)

IV – (Revogado pelo Decreto nº 3.265, de 29/11/1999)

V – como contribuinte individual: (*Caput* do inciso com redação dada pelo Decreto nº 3.265, de 29/11/1999)

a) a pessoa física, proprietária ou não, que explora atividade agropecuária, a qualquer título, em caráter permanente ou temporário, em área, contínua ou descontínua, superior a quatro módulos fiscais; ou, quando em área igual ou inferior a quatro módulos fiscais ou atividade pesqueira ou extrativista, com auxílio de empregados ou por intermédio de prepostos; ou ainda nas hipóteses dos §§ 8º e 23 deste artigo; (Alínea com redação dada pelo Decreto nº 6.722, de 30/12/2008)

b) a pessoa física, proprietária ou não, que explora atividade de extração mineral – garimpo –, em caráter permanente ou temporário, diretamente ou por intermédio de prepostos, com ou sem o auxílio de empregados, utilizados a qualquer título, ainda que de forma não contínua; (Alínea com redação dada pelo Decreto nº 3.265, de 29/11/1999)

c) o ministro de confissão religiosa e o membro de instituto de vida consagrada, de congregação ou de ordem religiosa; (Alínea com redação dada pelo Decreto nº 4.079, de 9/1/2002)

d) o brasileiro civil que trabalha no exterior para organismo oficial internacional do qual o Brasil é membro efetivo, ainda que lá domiciliado e contratado, salvo quando coberto por regime próprio de previdência social; (Alínea com redação dada pelo Decreto nº 3.265, de 29/11/1999)

Nova Redação	Antiga Redação
e) desde que receba remuneração decorrente de trabalho na empresa: *(Redação dada pelo Decreto 10.410/2020)*	*e)* o titular de firma individual urbana ou rural; (Alínea com redação dada pelo Decreto nº 3.265, de 29/11/1999)
1. o empresário individual e o titular de empresa individual de responsabilidade limitada, urbana ou rural;	⊗ Dispositivo sem correspondência na antiga redação.
2. o diretor não empregado e o membro de conselho de administração de sociedade anônima;	⊗ Dispositivo sem correspondência na antiga redação.
3. o sócio de sociedade em nome coletivo; e	⊗ Dispositivo sem correspondência na antiga redação.
4. o sócio solidário, o sócio gerente, o sócio cotista e o administrador, quanto a este último, quando não for empregado em sociedade limitada, urbana ou rural;	⊗ Dispositivo sem correspondência na antiga redação.
~~*f)* o diretor não empregado e o membro de conselho de administração na sociedade anônima; (Alínea com redação dada pelo Decreto nº 3.265, de 29/11/1999)~~ *(Revogada pelo Decreto 10.410/2020)*	*f) o diretor não empregado e o membro de conselho de administração na sociedade anônima; (Alínea com redação dada pelo Decreto nº 3.265, de 29/11/1999)*
~~*g)* todos os sócios, nas sociedades em nome coletivo e de capital e indústria; (Alínea acrescida pelo Decreto nº 3.265, de 29/11/1999)~~ *(Revogada pelo Decreto 10.410/2020)*	*g) todos os sócios, nas sociedades em nome coletivo e de capital e indústria; (Alínea acrescida pelo Decreto nº 3.265, de 29/11/1999)*
~~*h)* o sócio-gerente e o sócio-cotista que recebam remuneração decorrente de seu trabalho e o administrador não empregado na sociedade por cotas de responsabilidade limitada, urbana ou rural; (Alínea acrescida pelo Decreto nº 3.265, de 29/11/1999 e com nova redação dada pelo Decreto nº 4.729, de 9/6/2003)~~ *(Revogada pelo Decreto 10.410/2020)*	*h) o sócio-gerente e o sócio-cotista que recebam remuneração decorrente de seu trabalho e o administrador não empregado na sociedade por cotas de responsabilidade limitada, urbana ou rural; (Alínea acrescida pelo Decreto nº 3.265, de 29/11/1999 e com nova redação dada pelo Decreto nº 4.729, de 9/6/2003)*

i) o associado eleito para cargo de direção em cooperativa, associação ou entidade de qualquer natureza ou finalidade, bem como o síndico ou administrador eleito para exercer atividade de direção condominial, desde que recebam remuneração; (Alínea acrescida pelo Decreto nº 3.265, de 29/11/1999)

Nova Redação	Antiga Redação
j) quem presta serviço de natureza urbana ou rural, em caráter eventual, a uma ou mais empresas, sem relação de emprego; (Alínea acrescida pelo Decreto nº 3.265, de 29/11/1999)	
l) a pessoa física que exerce, por conta própria, atividade econômica de natureza urbana, com fins lucrativos ou não; (Alínea acrescida pelo Decreto nº 3.265, de 29/11/1999)	
m) o aposentado de qualquer regime previdenciário nomeado magistrado classista temporário da Justiça do Trabalho, na forma dos incisos II do § 1º do art. 111 ou III do art. 115 ou do parágrafo único do art. 116 da Constituição Federal, ou nomeado magistrado da Justiça Eleitoral, na forma dos incisos II do art. 119 ou III do § 1º do art. 120 da Constituição Federal; (Alínea acrescida pelo Decreto nº 3.265, de 29/11/1999)	
n) o cooperado de cooperativa de produção que, nesta condição, presta serviço à sociedade cooperativa mediante remuneração ajustada ao trabalho executado; e (Alínea acrescida pelo Decreto nº 4.032, de 26/11/2001)	
o) Revogada pelo Decreto nº 7.054, de 28/12/2009.	
p) o Micro Empreendedor Individual – MEI de que tratam os arts. 18-A e 18-C da Lei Complementar nº 123, de 14 de dezembro de 2006, que opte pelo recolhimento dos impostos e contribuições abrangidos pelo Simples Nacional em valores fixos mensais; (Alínea acrescida pelo Decreto nº 6.722, de 30/12/2008)	
q) o médico participante do Projeto Mais Médicos para o Brasil, instituído pela Lei nº 12.871, de 22 de outubro de 2013, exceto na hipótese de cobertura securitária específica estabelecida por organismo internacional ou filiação a regime de seguridade social em seu país de origem, com o qual a República Federativa do Brasil mantenha acordo de seguridade social; *(Acrescida pelo Decreto 10.410/2020)*	⊗ Dispositivo sem correspondência na antiga redação.
r) o médico em curso de formação no âmbito do Programa Médicos pelo Brasil, instituído pela Lei nº 13.958, de 18 de dezembro de 2019; *(Acrescida pelo Decreto 10.410/2020)*	⊗ Dispositivo sem correspondência na antiga redação.

Art. 9º

Nova Redação	Antiga Redação
VI – como trabalhador avulso - aquele que: *(Redação dada pelo Decreto 10.410/ 2020)*	VI - como trabalhador avulso - aquele que, sindicalizado ou não, presta serviço de natureza urbana ou rural, a diversas empresas, sem vínculo empregatício, com a intermediação obrigatória do órgão gestor de mão-de-obra, nos termos da Lei nº 8.630, de 25 de fevereiro de 1993, ou do sindicato da categoria, assim considerados:
a) sindicalizado ou não, preste serviço de natureza urbana ou rural a diversas empresas, ou equiparados, sem vínculo empregatício, com intermediação obrigatória do órgão gestor de mão de obra, nos termos do disposto na Lei nº 12.815, de 5 de junho de 2013, ou do sindicato da categoria, assim considerados: *(Redação dada pelo Decreto 10.410/ 2020)*	
1. o trabalhador que exerça atividade portuária de capatazia, estiva, conferência e conserto de carga e vigilância de embarcação e bloco;	*a)* o trabalhador que exerce atividade portuária de capatazia, estiva, conferência e conserto de carga, vigilância de embarcação e bloco;
2. o trabalhador de estiva de mercadorias de qualquer natureza, inclusive carvão e minério;	*b)* o trabalhador de estiva de mercadorias de qualquer natureza, inclusive carvão e minério;
3. o trabalhador em alvarenga (embarcação para carga e descarga de navios);	*c)* o trabalhador em alvarenga (embarcação para carga e descarga de navios);
4. o amarrador de embarcação;	*d)* o amarrador de embarcação;
5. o ensacador de café, cacau, sal e similares;	*e)* o ensacador de café, cacau, sal e similares;
6. o trabalhador na indústria de extração de sal;	*f)* o trabalhador na indústria de extração de sal;
7. o carregador de bagagem em porto;	*g)* o carregador de bagagem em porto;
8. o prático de barra em porto;	*h)* o prático de barra em porto;
9. o guindasteiro; e	*i)* o guindasteiro; e
10. o classificador, o movimentador e o empacotador de mercadorias em portos; e	*j)* o classificador, o movimentador e o empacotador de mercadorias em portos; e

Nova Redação	Antiga Redação
b) exerça atividade de movimentação de mercadorias em geral, nos termos do disposto na Lei nº 12.023, de 27 de agosto de 2009, em áreas urbanas ou rurais, sem vínculo empregatício, com intermediação obrigatória do sindicato da categoria, por meio de acordo ou convenção coletiva de trabalho, nas atividades de: *(Redação dada pelo Decreto 10.410/2020)*	
1. cargas e descargas de mercadorias a granel e ensacados, costura, pesagem, embalagem, enlonamento, ensaque, arrasto, posicionamento, acomodação, reordenamento, reparação de carga, amostragem, arrumação, remoção, classificação, empilhamento, transporte com empilhadeiras, paletização, ova e desova de vagões, carga e descarga em feiras livres e abastecimento de lenha em secadores e caldeiras;	⊗ Dispositivo sem correspondência na antiga redação.
2. operação de equipamentos de carga e descarga; e	⊗ Dispositivo sem correspondência na antiga redação.
3. pré-limpeza e limpeza em locais necessários às operações ou à sua continuidade;	⊗ Dispositivo sem correspondência na antiga redação.
~~c) o trabalhador em alvarenga (embarcação para carga e descarga de navios);~~ *(Revogada pelo Decreto 10.410/2020)* ~~d) o amarrador de embarcação;~~ *(Revogada pelo Decreto 10.410/2020)* ~~e) o ensacador de café, cacau, sal e similares;~~ *(Revogada pelo Decreto 10.410/2020)* ~~f) o trabalhador na indústria de extração de sal;~~ *(Revogada pelo Decreto 10.410/2020)* ~~g) o carregador de bagagem em porto;~~ *(Revogada pelo Decreto 10.410/2020)* ~~h) o prático de barra em porto;~~ *(Revogada pelo Decreto 10.410/2020)*	→ *Vide alíneas "a" a "j" nesta coluna*

Nova Redação	Antiga Redação
~~*i)* o guindasteiro; e~~*(Revogada pelo Decreto 10.410/2020)*	
~~*j)* o classificador, o movimentador e o empacotador de mercadorias em portos; e~~ *(Revogada pelo Decreto 10.410/2020)*	

VII – como segurado especial: a pessoa física residente no imóvel rural ou em aglomerado urbano ou rural próximo que, individualmente ou em regime de economia familiar, ainda que com o auxílio eventual de terceiros, na condição de: (*Caput* do inciso com redação dada pelo Decreto nº 6.722, de 30/12/2008)

a) produtor, seja ele proprietário, usufrutuário, possuidor, assentado, parceiro ou meeiro outorgados, comodatário ou arrendatário rurais, que explore atividade:

1. agropecuária em área contínua ou não de até quatro módulos fiscais; ou (Alínea acrescida pelo Decreto 6.722, de 30/12/2008)

2. de seringueiro ou extrativista vegetal na coleta e extração, de modo sustentável, de recursos naturais renováveis, e faça dessas atividades o principal meio de vida; (Alínea acrescida pelo Decreto nº 6.722, de 30/12/2008)

b) pescador artesanal ou a este assemelhado, que faça da pesca profissão habitual ou principal meio de vida; e (Alínea acrescida pelo Decreto nº 6.722, de 30/12/2008)

c) cônjuge ou companheiro, bem como filho maior de dezesseis anos de idade ou a este equiparado, do segurado de que tratam as alíneas *a* e *b* deste inciso, que, comprovadamente, tenham participação ativa nas atividades rurais ou pesqueiras artesanais, respectivamente, do grupo familiar. *(Redação dada pelo Decreto nº 8.499, de 2015 – DOU 13.08.2015).*

§ 1º O aposentado pelo Regime Geral de Previdência Social que voltar a exercer atividade abrangida por este regime é segurado obrigatório em relação a essa atividade, ficando sujeito às contribuições de que trata este Regulamento.

§ 2º Considera-se diretor empregado aquele que, participando ou não do risco econômico do empreendimento, seja contratado ou promovido para cargo de direção das sociedades anônimas, mantendo as características inerentes à relação de emprego.

§ 3º Considera-se diretor não empregado aquele que, participando ou não do risco econômico do empreendimento, seja eleito, por assembleia-geral dos acionistas, para cargo de direção das sociedades anônimas, não mantendo as características inerentes à relação de emprego.

§ 4º Entende-se por serviço prestado em caráter não eventual aquele relacionado direta ou indiretamente com as atividades normais da empresa.

<table>
<tr><th>Nova Redação</th><th>Antiga Redação</th></tr>
<tr><td colspan="2">§ 5º Entende-se como regime de economia familiar a atividade em que o trabalho dos membros da família é indispensável à própria subsistência e ao desenvolvimento socioeconômico do núcleo familiar e é exercido em condições de mútua dependência e colaboração, sem a utilização de empregados permanentes. (Parágrafo com redação dada pelo Decreto nº 6.722, de 30/12/2008)</td></tr>
<tr><td colspan="2">§ 6º Entende-se como auxílio eventual de terceiros o que é exercido ocasionalmente, em condições de mútua colaboração, não existindo subordinação nem remuneração.</td></tr>
<tr><td colspan="2">§ 7º Para efeito do disposto na alínea a do inciso VI do caput, entende-se por:</td></tr>
<tr><td>I – capatazia - a atividade de movimentação de mercadorias nas instalações dentro do porto, compreendidos o recebimento, a conferência, o transporte interno, a abertura de volumes para a conferência aduaneira, a manipulação, a arrumação e a entrega e o carregamento e a descarga de embarcações, quando efetuados por aparelhamento portuário; (Redação dada pelo Decreto 10.410/2020)</td><td>I - capatazia - a atividade de movimentação de mercadorias nas instalações de uso público, compreendendo o recebimento, conferência, transporte interno, abertura de volumes para conferência aduaneira, manipulação, arrumação e entrega, bem como o carregamento e descarga de embarcações, quando efetuados por aparelhamento portuário;</td></tr>
<tr><td colspan="2">II – estiva – a atividade de movimentação de mercadorias nos conveses ou nos porões das embarcações principais ou auxiliares, incluindo transbordo, arrumaçâo, peação e despeação, bem como o carregamento e a descarga das mesmas, quando realizados com equipamentos de bordo;</td></tr>
<tr><td colspan="2">III – conferência de carga – a contagem de volumes, anotação de suas características, procedência ou destino, verificação do estado das mercadorias, assistência à pesagem, conferência do manifesto e demais serviços correlatos, nas operações de carregamento e descarga de embarcações;</td></tr>
<tr><td colspan="2">IV – conserto de carga – o reparo e a restauração das embalagens de mercadoria, nas operações de carregamento e descarga de embarcações, reembalagem, marcação, remarcação, carimbagem, etiquetagem, abertura de volumes para vistoria e posterior recomposição;</td></tr>
<tr><td colspan="2">V – vigilância de embarcações – a atividade de fiscalização da entrada e saída de pessoas a bordo das embarcações atracadas ou fundeadas ao largo, bem como da movimentação de mercadorias nos portalós, rampas, porões, conveses, plataformas e em outros locais da embarcação; e</td></tr>
<tr><td colspan="2">VI – bloco – a atividade de limpeza e conservação de embarcações mercantes e de seus tanques, incluindo batimento de ferrugem, pintura, reparo de pequena monta e serviços correlatos.</td></tr>
</table>

Nova Redação	Antiga Redação
§ 8º Não é segurado especial o membro de grupo familiar que possuir outra fonte de rendimento, exceto se decorrente de: (*Caput* do parágrafo com redação dada pelo Decreto nº 6.722, de 30/12/2008)	
I – benefício de pensão por morte, auxílio-acidente ou auxílio-reclusão, cujo valor não supere o do menor benefício da previdência social; *(Redação dada pelo Decreto 10.410/2020)*	I - benefício de pensão por morte, auxílio-acidente ou auxílio-reclusão, cujo valor não supere o do menor benefício de prestação continuada da previdência social; (Redação dada pelo Decreto nº 6.722, de 2008).
I-A – benefício concedido ao segurado qualificado como segurado especial, independentemente do valor; *(Acrescido pelo Decreto 10.410/2020)*	⊗ Dispositivo sem correspondência na antiga redação.
II – benefício previdenciário pela participação em plano de previdência complementar instituído nos termos do inciso III do § 18 deste artigo; (Inciso com redação dada pelo Decreto nº 6.722, de 30/12/2008)	
III – exercício de atividade remunerada em período não superior a cento e vinte dias, corridos ou intercalados, no ano civil, observado o disposto no § 22; *(Redação dada pelo Decreto 10.410/2020)*	III - exercício de atividade remunerada em período de entressafra ou do defeso, não superior a cento e vinte dias, corridos ou intercalados, no ano civil, observado o disposto no § 22 deste artigo; (Incluído pelo Decreto nº 6.722, de 2008).
IV – exercício de mandato eletivo de dirigente sindical de organização da categoria de trabalhadores rurais; (Inciso acrescido pelo Decreto nº 6.722, de 30/12/2008)	
V – exercício de mandato de vereador do município onde desenvolve a atividade rural, ou de dirigente de cooperativa rural constituída exclusivamente por segurados especiais, observado o disposto no § 22 deste artigo; (Inciso acrescido pelo Decreto nº 6.722, de 30/12/2008)	
VI – parceria ou meação outorgada na forma e condições estabelecidas no inciso I do § 18 deste artigo; (Inciso acrescido pelo Decreto nº 6.722, de 30/12/2008)	
VII – atividade artesanal desenvolvida com matéria-prima produzida pelo respectivo grupo familiar, podendo ser utilizada matéria-prima de outra origem, desde que, nesse caso, a renda mensal obtida na atividade não exceda ao menor benefício de prestação continuada da previdência social; e (Inciso acrescido pelo Decreto nº 6.722, de 30/12/2008)	
VIII – atividade artística, desde que em valor mensal inferior ao menor benefício de prestação continuada da previdência social. (Inciso acrescido pelo Decreto nº 6.722, de 30/12/2008)	

§ 9º Para os fins previstos nas alíneas a e b de inciso V do *caput*, entende-se que a pessoa física, proprietária ou não, explora atividade através de prepostos quando, na condição de parceiro outorgante, desenvolve atividade agropecuária, pesqueira ou de extração de minerais por intermédio de parceiros ou meeiros.

§ 10. O dirigente sindical mantém, durante o exercício do mandato, o mesmo enquadramento no Regime Geral de Previdência Social de antes da investidura no cargo.

§ 11. O magistrado da Justiça Eleitoral, nomeado na forma do inciso II do art. 119 ou III do § 1º do art. 120 da Constituição Federal, mantém o mesmo enquadramento no Regime Geral de Previdência Social de antes da investidura no cargo. (Parágrafo com redação dada pelo Decreto nº 4.729, de 9/6/2003)

§ 12. O exercício de atividade remunerada sujeita a filiação obrigatória ao Regime Geral de Previdência Social.

Nova Redação	Antiga Redação
§ 13. Aquele que exerce concomitantemente mais de uma atividade remunerada sujeita ao RGPS é obrigatoriamente filiado no referido Regime em relação a cada uma dessas atividades, observado o disposto no inciso III do *caput* do art. 214. *(Redação dada pelo Decreto 10.410/2020)*	§ 13. Aquele que exerce, concomitantemente, mais de uma atividade remunerada sujeita ao Regime Geral de Previdência Social – RGPS é obrigatoriamente filiado em relação a cada uma dessas atividades, observada, para os segurados inscritos até 29 de novembro de 1999 e sujeitos a salário-base, a tabela de transitoriedade de que trata o § 2º do art. 278-A e, para os segurados inscritos a partir daquela data, o disposto no inciso III do caput do art. 214. (Parágrafo com redação dada pelo Decreto nº 3.452, de 9/5/2000)

§ 14. Considera-se pescador artesanal aquele que, individualmente ou em regime de economia familiar, faz da pesca sua profissão habitual ou meio principal de vida, desde que: (*Caput* do parágrafo com redação dada pelo Decreto nº 3.668, de 2000)

I – não utilize embarcação; ou (Inciso com redação dada pelo Decreto nº 8.424, de 2015)

II – utilize embarcação de pequeno porte, nos termos da Lei 11.959, de 29 de junho de 2009. (Inciso com redação dada pelo Decreto nº 8.424, de 2015)

III – *Revogado pelo Decreto nº 8.424, de 2015.*

§ 14-A. Considera-se assemelhado ao pescador artesanal aquele que realiza atividade de apoio à pesca artesanal, exercendo trabalhos de confecção e de reparos de artes e petrechos de pesca e de reparos em embarcações de pequeno porte ou atuando no processamento do produto da pesca artesanal. (Parágrafo acrescido pelo Decreto nº 8.499, de 2015 – DOU 13.08.2015).

§ 15. Enquadram-se nas situações previstas nas alíneas *j* e *l* do inciso V do *caput*, entre outros: (*Caput* do parágrafo com redação dada pelo Decreto nº 3.265, de 1999).

Nova Redação	Antiga Redação
I – aquele que trabalha como condutor autônomo de veículo rodoviário, inclusive como taxista ou motorista de transporte remunerado privado individual de passageiros, ou como operador de trator, máquina de terraplenagem, colheitadeira e assemelhados, sem vínculo empregatício; *(Redação dada pelo Decreto 10.410/2020)*	I – o condutor autônomo de veículo rodoviário, assim considerado aquele que exerce atividade profissional sem vínculo empregatício, quando proprietário, coproprietário ou promitente comprador de um só veículo;

II – aquele que exerce atividade de auxiliar de condutor autônomo de veículo rodoviário, em automóvel cedido em regime de colaboração, nos termos da Lei 6.094, de 30 de agosto de 1974;

III – aquele que, pessoalmente, por conta própria e a seu risco, exerce pequena atividade comercial em via pública ou de porta em porta, como comerciante ambulante, nos termos da Lei 6.586, de 6 de novembro de 1978;

IV – o trabalhador associado a cooperativa que, nessa qualidade, presta serviços a terceiros;

V – o membro de conselho fiscal de sociedade por ações;

Nova Redação	Antiga Redação
VI - aquele que presta serviço de natureza não contínua, por conta própria, a pessoa ou família, no âmbito residencial desta, em atividade sem fins lucrativos, até dois dias por semana; *(Redação dada pelo Decreto 10.410/2020)*	VI – aquele que presta serviço de natureza não contínua, por conta própria, a pessoa ou família, no âmbito residencial desta, sem fins lucrativos;

VII – o notário ou tabelião e o oficial de registros ou registrador, titular de cartório, que detêm a delegação do exercício da atividade notarial e de registro, não remunerados pelos cofres públicos, admitidos a partir de 21 de novembro de 1994;

VIII – aquele que, na condição de pequeno feirante, compra para revenda produtos hortifrutigranjeiros ou assemelhados;

IX – a pessoa física que edifica obra de construção civil;

X – o médico residente de que trata a Lei 6.932, de 7 de julho de 1981; (*Inciso* com redação dada pelo Decreto nº 4.729, de 2003).

XI – o pescador que trabalha em regime de parceria, meação ou arrendamento, em embarcação de médio ou grande porte, nos termos da Lei nº 11.959, de 2009. (*Inciso* com redação dada pelo Decreto nº 8.424, de 2015)

Nova Redação	Antiga Redação
XII – o incorporador de que trata o art. 29 da Lei 4.591, de 16 de dezembro de 1964;	
XIII – o bolsista da Fundação Habitacional do Exército contratado em conformidade com a Lei 6.855, de 18 de novembro de 1980; e (*Inciso* com redação dada pelo Decreto nº 3.265, de 1999)	
XIV – o árbitro e seus auxiliares que atuam em conformidade com a Lei 9.615, de 24 de março de 1998; (*Inciso* acrescido pelo Decreto nº 3.265, de 1999)	
XV – o membro de conselho tutelar de que trata o art. 132 da Lei 8.069, de 13 de julho de 1990, quando remunerado; (*Inciso* acrescido pelo Decreto nº 4.032, de 2001)	
XVI – o interventor, o liquidante, o administrador especial e o diretor fiscal de instituição financeira, empresa ou entidade referida no § 6º do art. 201; *(Redação dada pelo Decreto 10.410/2020)*	XVI – o interventor, o liquidante, o administrador especial e o diretor fiscal de instituição financeira de que trata o § 6º do art. 201. (Inciso acrescido pelo Decreto nº 4.032, de 2001)
XVII – o transportador autônomo de cargas e o transportador autônomo de cargas auxiliar, nos termos do disposto na Lei nº 11.442, de 5 de janeiro de 2007; *(Acrescido pelo Decreto 10.410/2020)*	⊗ Dispositivo sem correspondência na antiga redação.
XVIII – o repentista de que trata a Lei nº 12.198, de 14 de janeiro de 2010, desde que não se enquadre na condição de empregado, prevista no inciso I do *caput*, em relação à referida atividade; e *(Acrescido pelo Decreto 10.410/2020)*	⊗ Dispositivo sem correspondência na antiga redação.
XIX – o artesão de que trata a Lei nº 13.180, de 22 de outubro de 2015, desde que não se enquadre em outras categorias de segurado obrigatório do RGPS em relação à referida atividade. *(Acrescido pelo Decreto 10.410/2020)*	⊗ Dispositivo sem correspondência na antiga redação.
§ 16. Aplica-se o disposto na alínea i do inciso I do *caput* ao ocupante de cargo de Ministro de Estado, de Secretário Estadual, Distrital ou Municipal, sem vínculo efetivo com a União, Estados, Distrito Federal e Municípios, suas autarquias, ainda que em regime especial, e fundações. (Parágrafo acrescido pelo Decreto nº 3.265, de 29/11/1999)	
§ 17. *Revogado pelo Decreto nº 8.424, de 2015.*	
§ 18. Não descaracteriza a condição de segurado especial:	

Nova Redação	Antiga Redação
I – a outorga, por meio de contrato escrito de parceria, meação ou comodato, de até cinquenta por cento de imóvel rural cuja área total, contínua ou descontínua, não seja superior a quatro módulos fiscais, desde que outorgante e outorgado continuem a exercer a respectiva atividade, individualmente ou em regime de economia familiar;	
II – a exploração da atividade turística da propriedade rural, inclusive com hospedagem, por não mais de cento e vinte dias ao ano;	
III – a participação em plano de previdência complementar instituído por entidade classista a que seja associado, em razão da condição de trabalhador rural ou de produtor rural em regime de economia familiar;	
IV – a participação como beneficiário ou integrante de grupo familiar que tem algum componente que seja beneficiário de programa assistencial oficial de governo;	
V – a utilização pelo próprio grupo familiar de processo de beneficiamento ou industrialização artesanal, na exploração da atividade, de acordo com o disposto no § 25; e	
VI - a associação a cooperativa agropecuária ou de crédito rural; *(Redação dada pelo Decreto 10.410/2020)*	VI – a associação a cooperativa agropecuária. (Parágrafo com redação dada pelo Decreto nº 6.722, de 30/12/2008)
VII - a incidência do Imposto sobre Produtos Industrializados - IPI sobre o produto das atividades desenvolvidas nos termos do disposto no inciso VIII; e *(Acrescido pelo Decreto 10.410/2020)*	⊗ Dispositivo sem correspondência na antiga redação.
VIII - a participação do segurado especial em sociedade empresária ou em sociedade simples ou a sua atuação como empresário individual ou como titular de empresa individual de responsabilidade limitada de objeto ou âmbito agrícola, agroindustrial ou agroturístico, considerada microempresa nos termos do disposto na Lei Complementar nº 123, de 2006, desde que, mantido o exercício da sua atividade rural na forma prevista no inciso VII do *caput* e no § 5º, a pessoa jurídica seja composta apenas por segurados especiais e sediada no mesmo Município ou em Município limítrofe àquele em que ao menos um deles desenvolva as suas atividades. *(Acrescido pelo Decreto 10.410/2020)*	⊗ Dispositivo sem correspondência na antiga redação.

Nova Redação	Antiga Redação
§ 19. Os segurados de que trata o art. 199-A terão identificação específica nos registros da Previdência Social. (Parágrafo acrescido pelo Decreto nº 6.042, de 12/2/2007)	
§ 20. Para os fins deste artigo, considera-se que o segurado especial reside em aglomerado urbano ou rural próximo ao imóvel rural onde desenvolve a atividade quando resida no mesmo município de situação do imóvel onde desenvolve a atividade rural, ou em município contíguo ao em que desenvolve a atividade rural.	
§ 21. O grupo familiar poderá utilizar-se de empregado contratado por prazo determinado, inclusive daquele referido na alínea "r" do inciso I do *caput*, ou de trabalhador de que trata a alínea "j" do inciso V do *caput*, à razão de, no máximo, cento e vinte pessoas por dia no mesmo ano civil, em períodos corridos ou intercalados, ou, ainda, por tempo equivalente em horas de trabalho, à razão de oito horas por dia e quarenta e quatro horas por semana, hipóteses em que períodos de afastamento em decorrência de percepção de auxílio por incapacidade temporária não serão computados. *(Redação dada pelo Decreto 10.410/2020)*	§ 21. O grupo familiar poderá utilizar-se de empregado, inclusive daquele referido na alínea r do inciso I do caput deste artigo, ou de trabalhador de que trata a alínea j do inciso V, em épocas de safra, à razão de no máximo cento e vinte pessoas/dia dentro do ano civil, em períodos corridos ou intercalados ou, ainda, por tempo equivalente em horas de trabalho, à razão de oito horas/dia e quarenta e quatro horas/semana. (Parágrafo acrescido pelo Decreto nº 6.722, de 30/12/2008)
§ 22. O disposto nos incisos III e V do § 8º e no inciso VIII do § 18 não dispensará o recolhimento da contribuição devida em relação ao exercício das atividades de que tratam os referidos incisos. *(Redação dada pelo Decreto 10.410/2020)*	§ 22. O disposto nos incisos III e V do § 8º deste artigo não dispensa o recolhimento da contribuição devida em relação ao exercício das atividades de que tratam os referidos incisos. (Parágrafo acrescido pelo Decreto nº 6.722, de 30/12/2008)
§ 23. O segurado especial fica excluído dessa categoria:	
I – a contar do primeiro dia do mês em que:	
a) deixar de satisfazer as condições estabelecidas no inciso VII do *caput* deste artigo, sem prejuízo do disposto no art. 13, ou exceder qualquer dos limites estabelecidos no inciso I do § 18 deste artigo;	

Nova Redação	Antiga Redação
b) se enquadrar em qualquer outra categoria de segurado obrigatório do Regulamento da Previdência Social, exceto nas hipóteses previstas nos incisos III, V, VII e VIII do § 8º e no inciso VIII do § 18, sem prejuízo do disposto no art. 13; *(Redação dada pelo Decreto 10.410/2020)*	*b)* se enquadrar em qualquer outra categoria de segurado obrigatório do Regime Geral de Previdência Social, ressalvado o disposto nos incisos III, V, VII e VIII do § 8º deste artigo, sem prejuízo do disposto no art. 13; e
c) se tornar segurado obrigatório de outro regime previdenciário; ou *(Redação dada pelo Decreto 10.410/2020)*	*c)* se tornar segurado obrigatório de outro regime previdenciário;
d) na hipótese de descumprimento do disposto no inciso VIII do § 18: *(Acrescida pelo Decreto 10.410/2020)*	⊗ Dispositivo sem correspondência na antiga redação.
1. participar de sociedade empresária ou de sociedade simples; ou	⊗ Dispositivo sem correspondência na antiga redação.
2. atuar como empresário individual ou como titular de empresa individual de responsabilidade limitada; ou	⊗ Dispositivo sem correspondência na antiga redação.

II – a contar do primeiro dia do mês subsequente ao da ocorrência, quando o grupo familiar a que pertence exceder o limite de:

a) utilização de trabalhadores nos termos do § 21 deste artigo;

b) dias em atividade remunerada estabelecidos no inciso III do § 8º deste artigo; e

c) dias de hospedagem a que se refere o inciso II do § 18 deste artigo. (Parágrafo acrescido pelo Decreto nº 6.722, de 30/12/2008)

§ 24. Aplica-se o disposto na alínea a do inciso V do *caput* deste artigo ao cônjuge ou companheiro do produtor que participe da atividade rural por este explorada. (Parágrafo acrescido pelo Decreto nº 6.722, de 30/12/2008)

§ 25. Considera-se processo de beneficiamento ou industrialização artesanal aquele realizado diretamente pelo próprio produtor rural pessoa física, observado o disposto no § 5º do art. 200, desde que não esteja sujeito à incidência do Imposto Sobre Produtos Industrializados – IPI. (Parágrafo acrescido pelo Decreto nº 6.722, de 30/12/2008)

Nova Redação	Antiga Redação
§ 26. É considerado microempreendedor individual – MEI o empresário individual a que se refere o art. 966 da Lei nº 10.406, de 2002 – Código Civil, ou o empreendedor que exerça as atividades de industrialização, comercialização e prestação de serviços no âmbito rural, que tenha auferido receita bruta no ano-calendário imediatamente anterior até o limite estabelecido no art. 18-A da Lei Complementar nº 123, de 2006, que tenha optado pelo Simples Nacional e não esteja impedido de optar pela sistemática de recolhimento a que se refere a alínea "p" do inciso V do *caput*. *(Redação dada pelo Decreto 10.410/2020)*	§ 26. É considerado MEI o empresário individual a que se refere o art. 966 da Lei nº 10.406, de 10 de janeiro de 2002 – Código Civil, que tenha auferido receita bruta, no ano-calendário anterior, de até R$ 36.000,00 (trinta e seis mil reais), optante pelo Simples Nacional e que não esteja impedido de optar pela sistemática de recolhimento mencionada na alínea p do inciso V do caput. (Parágrafo acrescido pelo Decreto nº 6.722, de 30/12/2008)
§ 27. O vínculo empregatício mantido entre cônjuges ou companheiros não impede o reconhecimento da qualidade de segurado do empregado, excluído o doméstico, observado o disposto no art. 19-B. *(Acrescido pelo Decreto 10.410/2020)* **COMENTÁRIO EM VÍDEO:**	⊗ Dispositivo sem correspondência na antiga redação.

Art. 10. O servidor civil ocupante de cargo efetivo ou o militar da União, Estado, Distrito Federal ou Município, bem como o das respectivas autarquias e fundações, são excluídos do Regime Geral de Previdência Social consubstanciado neste Regulamento, desde que amparados por regime próprio de previdência social. (*Caput* do artigo com redação dada pelo Decreto nº 3.265, de 29/11/1999)

§ 1º Caso o servidor ou o militar, amparados por regime próprio de previdência social, sejam requisitados para outro órgão ou entidade cujo regime previdenciário não permita a filiação nessa condição, permanecerão vinculados ao regime de origem, obedecidas às regras que cada ente estabeleça acerca de sua contribuição. (Parágrafo com redação dada pelo Decreto nº 3.265, de 29/11/1999)

Nova Redação	Antiga Redação
§ 2º Caso o servidor ou o militar venham a exercer, concomitantemente, uma ou mais atividades abrangidas pelo Regime Geral de Previdência Social, tornar-se-ão segurados obrigatórios em relação a essas atividades. (Parágrafo com redação dada pelo Decreto nº 3.265, de 29/11/1999)	
§ 3º Entende-se por regime próprio de previdência social o que assegura pelo menos as aposentadorias e pensão por morte previstas no art. 40 da Constituição Federal. (Parágrafo com redação dada pelo Decreto nº 3.452, de 9/5/2000)	
Art. 11. É segurado facultativo o maior de dezesseis anos de idade que se filiar ao Regime Geral de Previdência Social, mediante contribuição, na forma do art. 199, desde que não esteja exercendo atividade remunerada que o enquadre como segurado obrigatório da previdência social.	
§ 1º Podem filiar-se facultativamente, entre outros:	
I – aquele que se dedique exclusivamente ao trabalho doméstico no âmbito de sua residência; *(Redação dada pelo Decreto 10.410/2020)*	I – a dona de casa;
II – o síndico de condomínio, quando não remunerado;	
III – o estudante;	
IV – o brasileiro que acompanha cônjuge que presta serviço no exterior;	
V – aquele que deixou de ser segurado obrigatório da previdência social;	
VI – o membro de conselho tutelar de que trata o art. 132 da Lei nº 8.069, de 13 de julho de 1990, quando não esteja vinculado a qualquer regime de previdência social;	
VII – o estagiário que preste serviços a empresa nos termos do disposto na Lei nº 11.788, de 2008; *(Redação dada pelo Decreto 10.410/2020)*	VII – o bolsista e o estagiário que prestam serviços a empresa de acordo com a Lei nº 6.494, de 1977;
VIII – o bolsista que se dedique em tempo integral a pesquisa, curso de especialização, pós-graduação, mestrado ou doutorado, no Brasil ou no exterior, desde que não esteja vinculado a qualquer regime de previdência social;	
IX – o presidiário que não exerce atividade remunerada nem esteja vinculado a qualquer regime de previdência social; (Inciso com redação dada pelo Decreto nº 7.054, de 28/12/2009)	

Nova Redação	Antiga Redação
X – o brasileiro residente ou domiciliado no exterior; *(Redação dada pelo Decreto 10.410/2020)*	X – o brasileiro residente ou domiciliado no exterior, salvo se filiado a regime previdenciário de país com o qual o Brasil mantenha acordo internacional; e (Inciso com redação dada pelo Decreto nº 7.054, de 28/12/2009)
XI – o segurado recolhido à prisão sob regime fechado ou semiaberto, que, nesta condição, preste serviço, dentro ou fora da unidade penal, a uma ou mais empresas, com ou sem intermediação da organização carcerária ou entidade afim, ou que exerce atividade artesanal por conta própria. (Inciso acrescido pelo Decreto nº 7.054, de 28/12/2009)	
XII – o atleta beneficiário da Bolsa-Atleta não filiado a regime próprio de previdência social ou não enquadrado em uma das hipóteses previstas no art. 9º. *(Acrescido pelo Decreto 10.410/2020)*	⊗ Dispositivo sem correspondência na antiga redação.
§ 2º É vedada a filiação ao Regime Geral de Previdência Social, na qualidade de segurado facultativo, de pessoa participante de regime próprio de previdência social, salvo na hipótese de afastamento sem vencimento e desde que não permitida, nesta condição, contribuição ao respectivo regime próprio.	
§ 3º A filiação na qualidade de segurado facultativo representa ato volitivo, gerando efeito somente a partir da inscrição e do primeiro recolhimento, não podendo retroagir e não permitindo o pagamento de contribuições relativas a competências anteriores à data da inscrição, ressalvado o § 3º do art. 28.	
§ 4º Após a inscrição, o segurado facultativo somente poderá recolher contribuições em atraso quando não tiver ocorrido perda da qualidade de segurado, conforme o disposto no inciso VI do art. 13.	
§ 5º O segurado poderá contribuir facultativamente durante os períodos de afastamento ou de inatividade, desde que não receba remuneração nesses períodos e não exerça outra atividade que o vincule ao RGPS ou a regime próprio de previdência social. *(Acrescido pelo Decreto 10.410/2020)*	⊗ Dispositivo sem correspondência na antiga redação.

Art. 12. Consideram-se:

I – empresa – a firma individual ou a sociedade que assume o risco de atividade econômica urbana ou rural, com fins lucrativos ou não, bem como os órgãos e as entidades da administração pública direta, indireta e fundacional; e

<table>
<tr><th>Nova Redação</th><th>Antiga Redação</th></tr>
<tr><td colspan="2">II – empregador doméstico – aquele que admite a seu serviço, mediante remuneração, sem finalidade lucrativa, empregado doméstico.</td></tr>
<tr><td colspan="2">Parágrafo único. Equiparam-se a empresa, para os efeitos deste Regulamento: (Caput do parágrafo único com redação dada pelo Decreto nº 3.265, de 29/11/1999)</td></tr>
<tr><td colspan="2">I – o contribuinte individual, em relação a segurado que lhe presta serviço; (Inciso com redação dada pelo Decreto nº 3.265, de 29/11/1999)</td></tr>
<tr><td colspan="2">II – a cooperativa, a associação ou a entidade de qualquer natureza ou finalidade, inclusive a missão diplomática e a repartição consular de carreiras estrangeiras;</td></tr>
<tr><td>III – o operador portuário e o órgão gestor de mão de obra de que trata a Lei nº 12.815, de 2013; e (Redação dada pelo Decreto 10.410/2020)</td><td>III – o operador portuário e o órgão gestor de mão de obra de que trata a Lei nº 8.630, de 1993; e</td></tr>
<tr><td colspan="2">IV – o proprietário ou dono de obra de construção civil, quando pessoa física, em relação a segurado que lhe presta serviço.</td></tr>
<tr><td colspan="2">Subseção única
Da Manutenção e da Perda da Qualidade de Segurado</td></tr>
<tr><td colspan="2">Art. 13. Mantém a qualidade de segurado, independentemente de contribuições:</td></tr>
<tr><td>I – sem limite de prazo, o segurado que estiver em gozo de benefício, exceto na hipótese de auxílio-acidente; (Redação dada pelo Decreto 10.410/2020)</td><td>I – sem limite de prazo, quem está em gozo de benefício;</td></tr>
<tr><td>II – até doze meses após a cessação das contribuições, observado o disposto nos § 7º e § 8º e no art. 19-E; (Redação dada pelo Decreto 10.410/2020)
COMENTÁRIO EM VÍDEO:</td><td>II – até doze meses após a cessação de benefício por incapacidade ou após a cessação das contribuições, o segurado que deixar de exercer atividade remunerada abrangida pela previdência social ou estiver suspenso ou licenciado sem remuneração;</td></tr>
<tr><td colspan="2">III – até doze meses após cessar a segregação, o segurado acometido de doença de segregação compulsória;</td></tr>
<tr><td colspan="2">IV – até doze meses após o livramento, o segurado detido ou recluso;</td></tr>
</table>

Nova Redação	Antiga Redação
V – até três meses após o licenciamento, o segurado incorporado às Forças Armadas para prestar serviço militar; e	
VI – até seis meses após a cessação das contribuições, o segurado facultativo.	
§ 1º O prazo do inciso II será prorrogado para até vinte e quatro meses, se o segurado já tiver pago mais de cento e vinte contribuições mensais sem interrupção que acarrete a perda da qualidade de segurado.	
§ 2º O prazo do inciso II ou do § 1º será acrescido de doze meses para o segurado desempregado. desde que comprovada essa situação por registro no órgão próprio do Ministério do Trabalho e Emprego.	
§ 3º Durante os prazos deste artigo, o segurado conserva todos os seus direitos perante a previdência social.	
§ 4º Aplica-se o disposto no inciso II do *caput* e no § 1º ao segurado que se desvincular de regime próprio de previdência social. (Parágrafo acrescido pelo Decreto nº 3.265, de 29/11/1999)	
§ 5º A perda da qualidade de segurado não será considerada para a concessão das aposentadorias por tempo de contribuição e especial. (Parágrafo acrescido pelo Decreto nº 4.729, de 9/6/2003)	
§ 6º Aplica-se o disposto no § 5º à aposentadoria por idade, desde que o segurado conte com, no mínimo, o número de contribuições mensais exigido para efeito de carência na data do requerimento do benefício. (Parágrafo acrescido pelo Decreto nº 4.729, de 9/6/2003)	
§ 7º Para o contribuinte individual, o período de manutenção da qualidade de segurado inicia-se no primeiro dia do mês subsequente ao da última contribuição com valor igual ou superior ao salário-mínimo. *(Acrescido pelo Decreto 10.410/2020)*	⊗ Dispositivo sem correspondência na antiga redação.
§ 8º O segurado que receber remuneração inferior ao limite mínimo mensal do salário de contribuição somente manterá a qualidade de segurado se efetuar os ajustes de complementação, utilização e agrupamento a que se referem o § 1º do art. 19-E e o § 27-A do art. 216. *(Acrescido pelo Decreto 10.410/2020)*	⊗ Dispositivo sem correspondência na antiga redação.

Art. 14. O reconhecimento da perda da qualidade de segurado no termo final dos prazos fixados no art. 13 ocorrerá no dia seguinte ao do vencimento da contribuição do contribuinte individual relativa ao mês imediatamente posterior ao término daqueles prazos. (Artigo com redação dada pelo Decreto nº 4.032, de 26/11/2001)

Art. 15. (Revogado pelo Decreto nº 4.032, de 26/11/2001)

Seção II
Dos Dependentes

Art. 16. São beneficiários do Regime Geral de Previdência Social, na condição de dependentes do segurado:

Nova Redação	Antiga Redação
I – o cônjuge, a companheira, o companheiro e o filho não emancipado, de qualquer condição, menor de vinte e um anos de idade ou inválido ou que tenha deficiência intelectual, mental ou grave; *(Redação dada pelo Decreto 10.410/2020)*	I – o cônjuge, a companheira, o companheiro e o filho não emancipado de qualquer condição, menor de vinte e um anos ou inválido;

II – os pais; ou

Nova Redação	Antiga Redação
III – o irmão não emancipado, de qualquer condição, menor de vinte e um anos de idade ou inválido ou que tenha deficiência intelectual, mental ou grave. *(Redação dada pelo Decreto 10.410/2020)*	III – o irmão não emancipado, de qualquer condição, menor de vinte e um anos ou inválido.

§ 1º Os dependentes de uma mesma classe concorrem em igualdade de condições.

§ 2º A existência de dependente de qualquer das classes deste artigo exclui do direito às prestações os das classes seguintes.

Nova Redação	Antiga Redação
§ 3º Equiparam-se a filho, na condição de dependente de que trata o inciso I do *caput*, exclusivamente o enteado e o menor tutelado, desde que comprovada a dependência econômica na forma estabelecida no § 3º do art. 22. *(Redação dada pelo Decreto 10.410/2020)*	§ 3º Equiparam-se aos filhos, nas condições do inciso I, mediante declaração escrita do segurado, comprovada a dependência econômica na forma estabelecida no § 3º do art. 22, o enteado e o menor que esteja sob sua tutela e desde que não possua bens suficientes para o próprio sustento e educação. (Parágrafo com redação dada pelo Decreto nº 4.032, de 26/11/2001)

Nova Redação	Antiga Redação
§ 4º O menor sob tutela somente poderá ser equiparado aos filhos do segurado mediante apresentação de termo de tutela.	
§ 5º Considera-se companheira ou companheiro a pessoa que mantenha união estável com o segurado ou segurada.	
§ 6º Considera-se união estável aquela configurada na convivência pública, contínua e duradoura entre pessoas, estabelecida com intenção de constituição de família, observado o disposto no § 1º do art. 1.723 da Lei nº 10.406, de 2002 - Código Civil, desde que comprovado o vínculo na forma estabelecida no § 3º do art. 22. *(Redação dada pelo Decreto 10.410/2020)*	§ 6º Considera-se união estável aquela configurada na convivência pública, contínua e duradoura entre o homem e a mulher, estabelecida com intenção de constituição de família, observado o § 1º do art. 1.723 do Código Civil, instituído pela Lei nº 10.406, de 10 de janeiro de 2002. (Parágrafo com redação dada pelo Decreto nº 6.384, de 27/2/2008)
§ 6º-A. As provas de união estável e de dependência econômica exigem início de prova material contemporânea dos fatos, produzido em período não superior aos vinte e quatro meses anteriores à data do óbito ou do recolhimento à prisão do segurado, não admitida a prova exclusivamente testemunhal, exceto na ocorrência de motivo de força maior ou caso fortuito, observado o disposto no § 2º do art. 143. *(Acrescido pelo Decreto 10.410/2020)*	⊗ Dispositivo sem correspondência na antiga redação.
§ 7º A dependência econômica das pessoas de que trata o inciso I é presumida e a das demais deve ser comprovada.	
§ 8º Para fins do disposto na alínea "c" do inciso V do *caput* do art. 114, em observância ao requisito previsto no § 6º-A, deverá ser apresentado, ainda, início de prova material que comprove união estável pelo período mínimo de dois anos antes do óbito do segurado. *(Acrescido pelo Decreto 10.410/2020)*	⊗ Dispositivo sem correspondência na antiga redação.

Nova Redação	Antiga Redação
§ 9º Será excluído definitivamente da condição de dependente aquele que tiver sido condenado criminalmente por sentença transitada em julgado, como autor, coautor ou partícipe de homicídio doloso, ou de tentativa desse crime, cometido contra a pessoa do segurado, ressalvados os absolutamente incapazes e os inimputáveis. *(Acrescido pelo Decreto 10.410/2020)*	⊗ Dispositivo sem correspondência na antiga redação.

Art. 17. A perda da qualidade de dependente ocorre:

Nova Redação	Antiga Redação
I – para o cônjuge, pelo divórcio ou pela separação judicial ou de fato, enquanto não lhe for assegurada a prestação de alimentos, pela anulação do casamento, pelo óbito ou por sentença judicial transitada em julgado; *(Redação dada pelo Decreto 10.410/2020)*	I – para o cônjuge, pela separação judicial ou divórcio, enquanto não lhe for assegurada a prestação de alimentos, pela anulação do casamento, pelo óbito ou por sentença judicial transitada em julgado;

II – para a companheira ou companheiro, pela cessação da união estável com o segurado ou segurada, enquanto não lhe for garantida a prestação de alimentos;

Nova Redação	Antiga Redação
III – ao completar vinte e um anos de idade, para o filho, o irmão, o enteado ou o menor tutelado, ou nas seguintes hipóteses, se ocorridas anteriormente a essa idade: *(Redação dada pelo Decreto 10.410/2020)*	III – para o filho e o irmão, de qualquer condição, ao completarem vinte e um anos de idade, salvo se inválidos, desde que a invalidez tenha ocorrido antes: (Caput do inciso com redação dada pelo Decreto nº 6.939, de 18/8/2009)
a) casamento; *(Redação dada pelo Decreto 10.410/2020)*	*a)* de completarem vinte e um anos de idade; (Alínea acrescida pelo Decreto nº 6.939, de 18/8/2009)
b) início do exercício de emprego público efetivo; *(Redação dada pelo Decreto 10.410/2020)*	*b)* do casamento; (Alínea acrescida pelo Decreto nº 6.939, de 18/8/2009)
c) constituição de estabelecimento civil ou comercial ou pela existência de relação de emprego, desde que, em função deles, o menor com dezesseis anos completos tenha economia própria; ou *(Redação dada pelo Decreto 10.410/2020)*	*c)* do início do exercício de emprego público efetivo; (Alínea acrescida pelo Decreto nº 6.939, de 18/8/2009)

Nova Redação	Antiga Redação
d) concessão de emancipação, pelos pais, ou por um deles na falta do outro, por meio de instrumento público, independentemente de homologação judicial, ou por sentença judicial, ouvido o tutor, se o menor tiver dezesseis anos completos; e *(Redação dada pelo Decreto 10.410/2020)*	*d)* da constituição de estabelecimento civil ou comercial ou da existência de relação de emprego, desde que, em função deles, o menor com dezesseis anos completos tenha economia própria; ou (Alínea acrescida pelo Decreto nº 6.939, de 18/8/2009)
~~*e)* da concessão de emancipação, pelos pais, ou de um deles na falta do outro, mediante instrumento público, independentemente de homologação judicial, ou por sentença do juiz, ouvido o tutor, se o menor tiver dezesseis anos completos; e (Alínea acrescida pelo Decreto nº 6.939, de 18/8/2009)~~ *(Revogada pelo Decreto 10.410/2020)*	*e)* da concessão de emancipação, pelos pais, ou de um deles na falta do outro, mediante instrumento público, independentemente de homologação judicial, ou por sentença do juiz, ouvido o tutor, se o menor tiver dezesseis anos completos; e (Alínea acrescida pelo Decreto nº 6.939, de 18/8/2009)
IV – para os dependentes em geral:	
a) pela cessação da invalidez ou da deficiência intelectual, mental ou grave; ou *(Redação dada pelo Decreto 10.410/2020)*	*a)* pela cessação da invalidez; ou
b) pelo falecimento.	
§ 1º O filho, o irmão, o enteado e o menor tutelado, desde que comprovada a dependência econômica dos três últimos, se inválidos ou se tiverem deficiência intelectual, mental ou grave, não perderão a qualidade de dependentes desde que a invalidez ou a deficiência intelectual, mental ou grave tenha ocorrido antes de uma das hipóteses previstas no inciso III do *caput*. *(Acrescido pelo Decreto 10.410/2020)*	⊗ Dispositivo sem correspondência na antiga redação.
§ 2º Para fins do disposto no § 1º, a data de início da invalidez ou da deficiência intelectual, mental ou grave será estabelecida pela Perícia Médica Federal. *(Acrescido pelo Decreto 10.410/2020)*	⊗ Dispositivo sem correspondência na antiga redação.

Seção III
Das Inscrições

Subseção I
Do Segurado

Nova Redação	Antiga Redação
Art. 18. Considera-se inscrição de segurado para os efeitos da previdência social o ato pelo qual o segurado é cadastrado no RGPS, por meio da comprovação dos dados pessoais, da seguinte forma: *(Redação dada pelo Decreto 10.410/2020)*	**Art. 18.** Considera-se inscrição de segurado para os efeitos da previdência social o ato pelo qual o segurado é cadastrado no Regime Geral de Previdência Social, mediante comprovação dos dados pessoais e de outros elementos necessários e úteis a sua caracterização, observado o disposto no art. 330 e seu parágrafo único, na seguinte forma: (Caput do artigo com redação dada pelo Decreto nº 3.265, de 29/11/1999)
I – empregado - pelo empregador, por meio da formalização do contrato de trabalho e, a partir da obrigatoriedade do uso do Sistema de Escrituração Digital das Obrigações Fiscais, Previdenciárias e Trabalhistas - eSocial, instituído pelo Decreto nº 8.373, de 11 de dezembro de 2014, ou do sistema que venha a substituí-lo, por meio do registro contratual eletrônico realizado nesse Sistema; *(Redação dada pelo Decreto 10.410/2020)*	I – o empregado e trabalhador avulso – pelo preenchimento dos documentos que os habilitem ao exercício da atividade, formalizado pelo contrato de trabalho, no caso de empregado, observado o disposto no § 2º do art. 20, e pelo cadastramento e registro no sindicato ou órgão gestor de mão de obra, no caso de trabalhador avulso; (Inciso com redação dada pelo Decreto nº 6.722, de 30/12/2008)
II – trabalhador avulso - pelo cadastramento e pelo registro no órgão gestor de mão de obra, no caso de trabalhador portuário, ou no sindicato, no caso de trabalhador não portuário, e a partir da obrigatoriedade do uso do eSocial, ou do sistema que venha a substituí-lo, por meio do cadastramento e do registro eletrônico realizado nesse Sistema; *(Redação dada pelo Decreto 10.410/2020)*	II – empregado doméstico – pela apresentação de documento que comprove a existência de contrato de trabalho;

Nova Redação	Antiga Redação
III – empregado doméstico - pelo empregador, por meio do registro contratual eletrônico realizado no eSocial; *(Redação dada pelo Decreto 10.410/2020)*	III – contribuinte individual – pela apresentação de documento que caracterize a sua condição ou o exercício de atividade profissional, liberal ou não; (Inciso com redação dada pelo Decreto nº 3.265, de 29/11/1999)
IV – contribuinte individual: *(Redação dada pelo Decreto 10.410/2020)*	IV – segurado especial – pela apresentação de documento que comprove o exercício de atividade rural; e (Inciso com redação dada pelo Decreto nº 3.265, de 29/11/1999)
a) por ato próprio, por meio do cadastramento de informações para identificação e reconhecimento da atividade, hipótese em que o Instituto Nacional do Seguro Social - INSS poderá solicitar a apresentação de documento que comprove o exercício da atividade declarada;	⊗ Dispositivo sem correspondência na antiga redação.
b) pela cooperativa de trabalho ou pela pessoa jurídica a quem preste serviço, no caso de cooperados ou contratados, respectivamente, se ainda não inscritos no RGPS; e	⊗ Dispositivo sem correspondência na antiga redação.
c) pelo MEI, por meio do sítio eletrônico do Portal do Empreendedor;	⊗ Dispositivo sem correspondência na antiga redação.
V – segurado especial - preferencialmente, pelo titular do grupo familiar que se enquadre em uma das condições previstas no inciso VII do *caput* do art. 9º, hipótese em que o INSS poderá solicitar a apresentação de documento que comprove o exercício da atividade declarada, observado o disposto no art. 19-D; e *(Redação dada pelo Decreto 10.410/2020)*	V – facultativo – pela apresentação de documento de identidade e declaração expressa de que não exerce atividade que o enquadre na categoria de segurado obrigatório. (Inciso com redação dada pelo Decreto nº 3.265, de 29/11/1999)
VI – segurado facultativo - por ato próprio, por meio do cadastramento de informações pessoais que permitam a sua identificação, desde que não exerça atividade que o enquadre na categoria de segurado obrigatório. *(Acrescido pelo Decreto 10.410/2020)*	⊗ Dispositivo sem correspondência na antiga redação.

Nova Redação	Antiga Redação
~~§ 1º A inscrição do segurado de que trata o inciso I será efetuada diretamente na empresa, sindicato ou órgão gestor de mão de obra e a dos demais no Instituto Nacional do Seguro Social. (Parágrafo com redação dada pelo Decreto nº 3.265, de 29/11/1999)~~ *(Revogado pelo Decreto 10.410/2020)*	§ 1º A inscrição do segurado de que trata o inciso I será efetuada diretamente na empresa, sindicato ou órgão gestor de mão de obra e a dos demais no Instituto Nacional do Seguro Social. (Parágrafo com redação dada pelo Decreto nº 3.265, de 29/11/1999)
§ 2º A inscrição do segurado em qualquer categoria mencionada neste artigo exige a idade mínima de dezesseis anos.	
§ 3º Todo aquele que exercer, concomitantemente, mais de uma atividade remunerada sujeita ao Regime Geral de Previdência Social será obrigatoriamente inscrito em relação a cada uma delas.	
§ 4º (Revogado pelo Decreto 6.722, de 30/12/2008).	
§ 5º Presentes os pressupostos da filiação, admite-se a inscrição post mortem do segurado especial. (Parágrafo acrescido pelo Decreto nº 3.265, de 29/11/1999)	
§ 5º-A. Na hipótese prevista no § 5º, caso não seja comprovada a condição de segurado especial, poderá ser atribuído Número de Inscrição do Trabalhador – NIT especificamente para fins de requerimento do benefício previdenciário. *(Acrescido pelo Decreto 10.410/2020)*	⊗ Dispositivo sem correspondência na antiga redação.
§ 5º-B. Não será admitida a inscrição post mortem de segurado contribuinte individual e nem de segurado facultativo. *(Acrescido pelo Decreto 10.410/2020)*	⊗ Dispositivo sem correspondência na antiga redação.
§ 6º A comprovação dos dados pessoais e de outros elementos necessários e úteis à caracterização do segurado poderá ser exigida pelo INSS, a qualquer tempo, para fins de atualização cadastral, inclusive para a concessão de benefício. *(Redação dada pelo Decreto 10.410/2020)*	§ 6º A comprovação dos dados pessoais e de outros elementos necessários e úteis à caracterização do segurado poderá ser exigida quando da concessão do benefício. (Parágrafo acrescido pelo Decreto nº 3.265, de 29/11/1999)

Art. 18

Nova Redação	Antiga Redação
§ 7º A inscrição do segurado especial será feita de forma a vinculá-lo ao seu grupo familiar e conterá, além das informações pessoais: *(Redação dada pelo Decreto 10.410/2020)*	§ 7º A inscrição do segurado especial será feita de forma a vinculá-lo ao seu respectivo grupo familiar e conterá, além das informações pessoais, a identificação da forma do exercício da atividade, se individual ou em regime de economia familiar; da condição no grupo familiar, se titular ou componente; do tipo de ocupação do titular de acordo com tabela do Código Brasileiro de Ocupações; da forma de ocupação do titular vinculando-o à propriedade ou embarcação em que trabalha, da propriedade em que desenvolve a atividade, se nela reside ou o município onde reside e, quando for o caso, a identificação e inscrição da pessoa responsável pelo grupo familiar. (Parágrafo acrescido pelo Decreto nº 6.722, de 30/12/2008)
I – a identificação da propriedade em que é desenvolvida a atividade e a informação de a que título ela é ocupada; *(Acrescido pelo Decreto 10.410/2020)*	⊗ Dispositivo sem correspondência na antiga redação.
II – a informação sobre a residência ou não do segurado na propriedade em que é desenvolvida a atividade, e, em caso negativo, sobre o Município onde reside; e *(Acrescido pelo Decreto 10.410/2020)*	⊗ Dispositivo sem correspondência na antiga redação.
III – quando for o caso, a identificação e a inscrição da pessoa responsável pelo grupo familiar. *(Acrescido pelo Decreto 10.410/2020)*	⊗ Dispositivo sem correspondência na antiga redação.
§ 8º O segurado especial integrante de grupo familiar que não seja proprietário do imóvel rural ou da embarcação em que desenvolve sua atividade deve informar, no ato da inscrição, conforme o caso, o nome e o CPF do parceiro ou meeiro outorgante, arrendador, comodante ou assemelhado. (Parágrafo acrescido pelo Decreto nº 6.722, de 30/12/2008)	
§ 9º A identificação do trabalhador no Cadastro Nacional de Informações Sociais - CNIS poderá ser feita: *(Acrescido pelo Decreto 10.410/2020)*	⊗ Dispositivo sem correspondência na antiga redação.

Nova Redação	Antiga Redação
I – pelo NIT, único, pessoal e intransferível, independentemente de alterações de categoria profissional; ou	⊗ Dispositivo sem correspondência na antiga redação.
II – pelo Cadastro de Pessoas Físicas - CPF.	⊗ Dispositivo sem correspondência na antiga redação.
§ 10. Ao segurado cadastrado no Programa de Integração Social - PIS, no Programa de Formação do Patrimônio do Servidor Público - Pasep ou no Número de Identificação Social - NIS não caberá novo cadastramento. *(Acrescido pelo Decreto 10.410/2020)*	⊗ Dispositivo sem correspondência na antiga redação.

Art. 19. Os dados constantes do Cadastro Nacional de Informações Sociais – CNIS relativos a vínculos, remunerações e contribuições valem como prova de filiação à previdência social, tempo de contribuição e salários de contribuição. (*Caput* do artigo com redação dada pelo Decreto nº 6.722, de 30/12/2008)

Nova Redação	Antiga Redação
§ 1º O segurado poderá solicitar, a qualquer tempo, a inclusão, a exclusão, a ratificação ou a retificação de suas informações constantes do CNIS, com a apresentação de documentos comprobatórios dos dados divergentes, conforme critérios definidos pelo INSS, independentemente de requerimento de benefício, exceto na hipótese prevista no art. 142, observado o disposto nos art. 19-B e art. 19-C. *(Redação dada pelo Decreto 10.410/2020)*	§ 1º O segurado poderá solicitar, a qualquer momento, a inclusão, exclusão ou retificação das informações constantes do CNIS, com a apresentação de documentos comprobatórios dos dados divergentes, conforme critérios definidos pelo INSS, independentemente de requerimento de benefício, exceto na hipótese do art. 142.. (Parágrafo acrescido pelo Decreto nº 4.079, de 9/1/2002 e com nova redação dada pelo Decreto nº 6.722, de 30/12/2008)
§ 2º Informações inseridas extemporaneamente no CNIS, independentemente de serem inéditas ou retificadoras de dados anteriormente informados, somente serão aceitas se corroboradas por documentos que comprovem a sua regularidade, na forma prevista no art. 19-B. *(Redação dada pelo Decreto 10.410/2020)*	§ 2º Informações inseridas extemporaneamente no CNIS, independentemente de serem inéditas ou retificadoras de dados anteriormente informados, somente serão aceitas se corroboradas por documentos que comprovem a sua regularidade. (Parágrafo acrescido pelo Decreto nº 4.079, de 9/1/2002 e com nova redação dada pelo Decreto nº 6.722, de 30/12/2008)

§ 3º Respeitadas as definições vigentes sobre a procedência e origem das informações, considera-se extemporânea a inserção de dados:

Nova Redação	Antiga Redação
I – relativos à data de início de vínculo empregatício, após o último dia do quinto mês subsequente ao mês da data da admissão do segurado; *(Redação dada pelo Decreto 10.410/2020)*	I – relativos à data de início de vínculo, sempre que decorrentes de documento apresentado após o transcurso de até cento e vinte dias do prazo estabelecido pela legislação, cabendo ao INSS dispor sobre a redução desse prazo; (Inciso com redação dada pelo Decreto nº 7.223, de 29/6/2010)
II – relativos à remuneração de trabalhador avulso ou contribuinte individual que preste serviços a empresa ou equiparado, após o último dia do quinto mês subsequente ao mês da data da prestação de serviço pelo segurado; ou *(Redação dada pelo Decreto 10.410/2020)*	II – relativos a remunerações, sempre que decorrentes de documento apresentado:
~~*a)* após o último dia do quinto mês subsequente ao mês da data de prestação de serviço pelo segurado, quando se tratar de dados informados por meio da Guia de Recolhimento do Fundo de Garantia do Tempo de Serviço e Informações à Previdência Social – GFIP; e~~ *(Revogada pelo Decreto 10.410/2020)*;	*a)* após o último dia do quinto mês subsequente ao mês da data de prestação de serviço pelo segurado, quando se tratar de dados informados por meio da Guia de Recolhimento do Fundo de Garantia do Tempo de Serviço e Informações à Previdência Social – GFIP; e
~~*b)* após o último dia do exercício seguinte ao a que se referem as informações, quando se tratar de dados informados por meio da Relação Anual de Informações Sociais – RAIS;~~ *(Revogada pelo Decreto 10.410/2020)*;	*b)* após o último dia do exercício seguinte ao a que se referem as informações, quando se tratar de dados informados por meio da Relação Anual de Informações Sociais – RAIS;
III – relativos à contribuição, sempre que o recolhimento tiver sido feito sem observância ao disposto em lei. *(Redação dada pelo Decreto 10.410/2020)*	III – relativos a contribuições, sempre que o recolhimento tiver sido feito sem observância do estabelecido em lei. (Parágrafo acrescido pelo Decreto nº 4.079, de 9/1/2002 e com nova redação dada pelo Decreto nº 6.722, de 30/12/2008)
§ 4º A extemporaneidade de que trata o § 3º poderá ser desconsiderada depois de decorrido o prazo de um ano, contado da data de inserção das informações relativas a vínculos e remunerações, conforme critérios definidos pelo INSS. *(Redação dada pelo Decreto 10.410/2020)*	§ 4º A extemporaneidade de que trata o inciso I do § 3º será relevada após um ano da data do documento que tiver gerado a informação, desde que, cumulativamente:

Nova Redação	Antiga Redação
~~I – o atraso na apresentação do documento não tenha excedido o prazo de que trata a alínea a do inciso II do § 3º;~~ *(Revogado pelo Decreto 10.410/2020)*;	I – o atraso na apresentação do documento não tenha excedido o prazo de que trata a alínea a do inciso II do § 3º;
II – *(Revogado pelo Decreto nº 7.223, de 2010)*;	
~~III – o segurado não tenha se valido da alteração para obter benefício cuja carência mínima seja de até doze contribuições mensais. (Parágrafo acrescido pelo Decreto nº 6.722, de 30/12/2008)~~ *(Revogado pelo Decreto 10.410/2020)*;	III – o segurado não tenha se valido da alteração para obter benefício cuja carência mínima seja de até doze contribuições mensais. (Parágrafo acrescido pelo Decreto nº 6.722, de 30/12/2008)
§ 5º Ato do Secretário Especial de Previdência e Trabalho do Ministério da Economia poderá reduzir ou ampliar os prazos previstos nos § 3º e § 4º. *(Redação dada pelo Decreto 10.410/2020)*	§ 5º Não constando do CNIS informações sobre contribuições ou remunerações, ou havendo dúvida sobre a regularidade do vínculo, motivada por divergências ou insuficiências de dados relativos ao empregador, ao segurado, à natureza do vínculo, ou a procedência da informação, esse período respectivo somente será confirmado mediante a apresentação pelo segurado da documentação comprobatória solicitada pelo INSS. (Parágrafo acrescido pelo Decreto nº 6.722, de 30/12/2008)
§ 6º O INSS poderá definir critérios para a apuração das informações constantes da Guia de Recolhimento do Fundo de Garantia do Tempo de Serviço e Informações à Previdência Social - GFIP, ou do instrumento que venha a substituí-la, que ainda não tiver sido processada e para o recebimento de informações relativas a situações cuja regularidade dependa do cumprimento de critério estabelecido em lei. *(Redação dada pelo Decreto 10.410/2020)*	§ 6º O INSS poderá definir critérios para apuração das informações constantes da GFIP que ainda não tiver sido processada, bem como para aceitação de informações relativas a situações cuja regularidade depende de atendimento de critério estabelecido em lei. (Parágrafo acrescido pelo Decreto nº 6.722, de 30/12/2008)
§ 7º Para os fins de que trata os §§ 2º a 6º, o INSS e a DATAPREV adotarão as providências necessárias para que as informações constantes do CNIS sujeitas à comprovação sejam identificadas e destacadas dos demais registros. (Parágrafo acrescido pelo Decreto nº 6.722, de 30/12/2008)	

Nova Redação	Antiga Redação
§ 8º Para o exercício de suas competências, o INSS terá acesso às informações do segurado relativas aos períodos em que tenha sido registrada deficiência leve, moderada ou grave, identificada em decorrência de avaliação biopsicossocial realizada por equipe multiprofissional e interdisciplinar, para fins de reconhecimento e manutenção de direitos. *(Redação dada pelo Decreto 10.410/2020)*	§ 8º Constarão no CNIS as informações do segurado relativas aos períodos com deficiência leve, moderada e grave, fixadas em decorrência da avaliação médica e funcional. (Incluído pelo Decreto nº 8.145, de 2013).
§ 9º Constarão do CNIS as informações dos segurados e beneficiários dos regimes próprios de previdência social para fins de verificação das situações previstas neste Regulamento que impactem no reconhecimento de direitos e na concessão e no pagamento de benefícios pelo RGPS. *(Acrescido pelo Decreto 10.410/2020)*	⊗ Dispositivo sem correspondência na antiga redação.
§ 10. O empregado com contrato de trabalho intermitente terá identificação específica em instrumento de prestação de informações à previdência social, de forma a permitir a identificação dos períodos de prestação serviços e dos períodos de inatividade. *(Acrescido pelo Decreto 10.410/2020)*	⊗ Dispositivo sem correspondência na antiga redação.
§ 11. A partir da obrigatoriedade do uso do eSocial, ou do sistema que venha a substituí-lo, será observado, para o segurado: *(Acrescido pelo Decreto 10.410/2020)*	⊗ Dispositivo sem correspondência na antiga redação.
I - empregado e empregado doméstico - os registros eletrônicos gerados pelo eSocial equivalerão às anotações relativas ao contrato de trabalho, definidas pela Consolidação das Leis do Trabalho, aprovada pelo Decreto-Lei nº 5.452, de 1943, que serão incorporados ao CNIS e à Carteira de Trabalho Digital;	⊗ Dispositivo sem correspondência na antiga redação.

Nova Redação	Antiga Redação
II - trabalhador avulso - os registros eletrônicos gerados pelo eSocial substituirão as informações relativas ao registro e às remunerações do trabalhador avulso portuário previstas no inciso II do *caput* do art. 32 e no § 2º do art. 33 da Lei nº 12.815, de 2013, e aquelas relativas ao trabalhador avulso não portuário previstas no art. 4º da Lei nº 12.023, de 2009, que serão incorporados ao CNIS;	⊗ Dispositivo sem correspondência na antiga redação.
III - contribuinte individual que preste serviços conforme o disposto no § 20 do art. 216 - os registros eletrônicos gerados pelo eSocial substituirão as informações prestadas sobre os valores da remuneração na forma prevista no § 21 do art. 216, que serão incorporados ao CNIS; e	⊗ Dispositivo sem correspondência na antiga redação.
IV - contribuinte individual que preste serviços a empresa ou equiparado a partir de abril de 2003, conforme o disposto no art. 4º da Lei nº 10.666, de 8 de maio de 2003 - os registros eletrônicos gerados pelo eSocial substituirão as informações prestadas sobre os valores da remuneração e do desconto feito a título de contribuição previdenciária, conforme previsto no inciso XII do *caput* do art. 216, que serão incorporados ao CNIS.	⊗ Dispositivo sem correspondência na antiga redação.
§ 12. Os recolhimentos efetuados na época apropriada constantes do CNIS serão reconhecidos automaticamente, observados a contribuição mínima mensal e o disposto no art. 19-E, dispensada a comprovação do exercício da atividade. *(Acrescido pelo Decreto 10.410/2020)*	⊗ Dispositivo sem correspondência na antiga redação.

Art. 19-A. Para fins de benefícios de que trata este Regulamento, os períodos de vínculos que corresponderem a serviços prestados na condição de servidor estatutário somente serão considerados mediante apresentação de Certidão de Tempo de Contribuição fornecida pelo órgão público competente, salvo se o órgão de vinculação do servidor não tiver instituído regime próprio de previdência social. (Artigo acrescido pelo Decreto nº 6.722, de 30/12/2008)

Nova Redação	Antiga Redação
Art. 19-B. Na hipótese de não constarem do CNIS as informações sobre atividade, vínculo, remunerações ou contribuições, ou de haver dúvida sobre a regularidade das informações existentes, o período somente será confirmado por meio da apresentação de documentos contemporâneos dos fatos a serem comprovados, com menção às datas de início e de término e, quando se tratar de trabalhador avulso, à duração do trabalho e à condição em que tiver sido prestada a atividade. *(Redação dada pelo Decreto 10.410/2020)*	**Art. 19-B.** A comprovação de vínculos e remunerações de que trata o art. 62 poderá ser utilizada para suprir omissão do empregador, para corroborar informação inserida ou retificada extemporaneamente ou para subsidiar a avaliação dos dados do CNIS. (Artigo acrescido pelo Decreto nº 6.722, de 30/12/2008)
§ 1º Além dos dados constantes do CNIS a que se refere o art. 19, observada a forma de filiação do trabalhador ao RGPS, os seguintes documentos serão considerados para fins de comprovação do tempo de contribuição de que trata o *caput*, desde que contemporâneos aos fatos a serem comprovados: *(Acrescido pelo Decreto 10.410/2020)*	⊗ Dispositivo sem correspondência na antiga redação.
I - carteira profissional ou Carteira de Trabalho e Previdência Social;	⊗ Dispositivo sem correspondência na antiga redação.
II - contrato individual de trabalho;	⊗ Dispositivo sem correspondência na antiga redação.
III - contrato de trabalho por pequeno prazo, na forma prevista no § 3º do art. 14-A da Lei nº 5.889, de 1973;	⊗ Dispositivo sem correspondência na antiga redação.
IV - carteira de férias;	⊗ Dispositivo sem correspondência na antiga redação.
V - carteira sanitária;	⊗ Dispositivo sem correspondência na antiga redação.
VI - caderneta de matrícula;	⊗ Dispositivo sem correspondência na antiga redação.
VII - caderneta de contribuição dos extintos institutos de aposentadoria e pensões;	⊗ Dispositivo sem correspondência na antiga redação.
VIII - caderneta de inscrição pessoal visada:	⊗ Dispositivo sem correspondência na antiga redação.

Nova Redação	Antiga Redação
a) pela Capitania dos Portos;	⊗ Dispositivo sem correspondência na antiga redação.
b) pela Superintendência do Desenvolvimento da Pesca; ou	⊗ Dispositivo sem correspondência na antiga redação.
c) pelo Departamento Nacional de Obras Contra as Secas;	⊗ Dispositivo sem correspondência na antiga redação.
IX - declaração da Secretaria Especial da Receita Federal do Brasil do Ministério da Economia;	⊗ Dispositivo sem correspondência na antiga redação.
X - certidão de inscrição em órgão de fiscalização profissional, acompanhada de documento que prove o exercício da atividade;	⊗ Dispositivo sem correspondência na antiga redação.
XI - contrato social, acompanhado de seu distrato, e, quando for o caso, ata de assembleia geral e registro de empresário;	⊗ Dispositivo sem correspondência na antiga redação.
XII - certificado de sindicato ou órgão gestor de mão de obra que agrupe trabalhadores avulsos;	⊗ Dispositivo sem correspondência na antiga redação.
XIII - extrato de recolhimento do FGTS; e	⊗ Dispositivo sem correspondência na antiga redação.
XIV - recibos de pagamento.	⊗ Dispositivo sem correspondência na antiga redação.
§ 2º Os documentos necessários à atualização do CNIS e à análise de requerimentos de benefícios e serviços poderão ser apresentados em cópias simples, em meio físico ou eletrônico, dispensada a sua autenticação, exceto nas hipóteses em que haja previsão legal expressa e de dúvida fundada quanto à autenticidade ou à integridade do documento, ressalvada a possibilidade de o INSS exigir, a qualquer tempo, os documentos originais para fins do disposto no art. 179, situação em que o responsável pela apresentação das cópias ficará sujeito às sanções administrativas, civis e penais aplicáveis. *(Acrescido pelo Decreto 10.410/2020)*	⊗ Dispositivo sem correspondência na antiga redação.

Nova Redação	Antiga Redação
§ 3º Caso os documentos apresentados não sejam suficientes para a comprovação de atividade, vínculo ou remunerações, estes poderão ser corroborados por pesquisa, na forma prevista no § 5º, ou justificação administrativa, conforme o caso. *(Acrescido pelo Decreto 10.410/2020)*	⊗ Dispositivo sem correspondência na antiga redação.
§ 4º Na falta de documento contemporâneo, podem ser aceitos declaração do empregador ou de seu preposto, atestado de empresa ainda existente ou certificado ou certidão de entidade oficial dos quais constem os dados previstos no *caput*, desde que extraídos de registros existentes, que serão confirmados pelo INSS na forma prevista no § 5º, exceto se fornecidas por órgão público. *(Acrescido pelo Decreto 10.410/2020)*	⊗ Dispositivo sem correspondência na antiga redação.
§ 5º A empresa disponibilizará a servidor designado por dirigente do INSS as informações e os registros de que dispuser, relativamente a segurado a seu serviço e previamente identificado, para fins de instrução ou revisão de processo de reconhecimento de direitos e outorga de benefícios do RGPS e para inclusão, exclusão, ratificação ou retificação das informações constantes do CNIS, conforme critérios definidos pelo INSS, independentemente de requerimento de benefício. *(Acrescido pelo Decreto 10.410/2020)*	⊗ Dispositivo sem correspondência na antiga redação.
§ 6º Somente serão exigidos certidões ou documentos expedidos por órgãos públicos quando não for possível a sua obtenção diretamente do órgão ou da entidade responsável pela base de dados oficial. *(Acrescido pelo Decreto 10.410/2020)*	⊗ Dispositivo sem correspondência na antiga redação.

Nova Redação	Antiga Redação
§ 7º Serão realizados exclusivamente pela Secretaria Especial da Receita Federal do Brasil do Ministério da Economia os acertos de: *(Acrescido pelo Decreto 10.410/2020)* **COMENTÁRIO EM VÍDEO:**	⊗ Dispositivo sem correspondência na antiga redação.
I - inclusão de recolhimento, alterações de valor autenticado ou data de pagamento da Guia da Previdência Social ou do documento que venha a substituí-la;	⊗ Dispositivo sem correspondência na antiga redação.
II - transferência de contribuição com identificador de pessoa jurídica ou equiparada para o CNIS; e	⊗ Dispositivo sem correspondência na antiga redação.
III - inclusão da contribuição liquidada por meio de parcelamento.	⊗ Dispositivo sem correspondência na antiga redação.
Art. 19-C. Considera-se tempo de contribuição o tempo correspondente aos períodos para os quais tenha havido contribuição obrigatória ou facultativa ao RGPS, dentre outros, o período: *(Acrescido pelo Decreto 10.410/2020)*	⊗ Dispositivo sem correspondência na antiga redação.
I - de contribuição efetuada por segurado que tenha deixado de exercer atividade remunerada que o enquadrasse como segurado obrigatório da previdência social;	⊗ Dispositivo sem correspondência na antiga redação.
II - em que a segurada tenha recebido salário-maternidade;	⊗ Dispositivo sem correspondência na antiga redação.
III - de licença remunerada, desde que tenha havido desconto de contribuições;	⊗ Dispositivo sem correspondência na antiga redação.
IV - em que o segurado tenha sido colocado em disponibilidade remunerada pela empresa, desde que tenha havido desconto de contribuições;	⊗ Dispositivo sem correspondência na antiga redação.

Nova Redação	Antiga Redação
V - de atividade patronal ou autônoma, exercida anteriormente à vigência da Lei nº 3.807, de 26 de agosto de 1960, desde que tenha sido indenizado conforme o disposto no art. 122;	⊗ Dispositivo sem correspondência na antiga redação.
VI - de atividade na condição de empregador rural, desde que tenha havido contribuição na forma prevista na Lei nº 6.260, de 6 de novembro de 1975, e indenização do período anterior, conforme o disposto no art. 122;	⊗ Dispositivo sem correspondência na antiga redação.
VII - de exercício de mandato eletivo federal, estadual, distrital ou municipal, desde que tenha havido contribuição na época apropriada e este não tenha sido contado para fins de aposentadoria por outro regime de previdência social;	⊗ Dispositivo sem correspondência na antiga redação.
VIII - de licença, afastamento ou inatividade sem remuneração do segurado empregado, inclusive o doméstico e o intermitente, desde que tenha havido contribuição na forma prevista no § 5º do art. 11; e	⊗ Dispositivo sem correspondência na antiga redação.
IX - em que o segurado contribuinte individual e o segurado facultativo tenham contribuído na forma prevista no art. 199-A, observado o disposto em seu § 2º.	⊗ Dispositivo sem correspondência na antiga redação.
§ 1º Será computado o tempo intercalado de recebimento de benefício por incapacidade, na forma do disposto no inciso II do *caput* do art. 55 da Lei nº 8.213, de 24 de julho de 1991, exceto para efeito de carência. **COMENTÁRIO EM VÍDEO:**	

Nova Redação	Antiga Redação
§ 2º As competências em que o salário de contribuição mensal tenha sido igual ou superior ao limite mínimo serão computadas integralmente como tempo de contribuição, independentemente da quantidade de dias trabalhados.	⊗ Dispositivo sem correspondência na antiga redação.
§ 3º Na hipótese de o débito ser objeto de parcelamento, o período correspondente ao parcelamento somente será computado para fins de concessão de benefício no RGPS e de emissão de certidão de tempo de contribuição para fins de contagem recíproca após a comprovação da quitação dos valores devidos.	⊗ Dispositivo sem correspondência na antiga redação.
Art. 19-D. O Ministério da Economia manterá sistema de cadastro dos segurados especiais no CNIS, observado o disposto nos § 7º e § 8º do art. 18, e poderá firmar acordo de cooperação com o Ministério da Agricultura, Pecuária e Abastecimento e com outros órgãos da administração pública federal, estadual, distrital e municipal para a manutenção e a gestão do sistema de cadastro. *(Acrescido pelo Decreto 10.410/2020)*	⊗ Dispositivo sem correspondência na antiga redação.
§ 1º O sistema de que trata o *caput* preverá a manutenção e a atualização anual do cadastro e conterá as informações necessárias à caracterização da condição de segurado especial.	⊗ Dispositivo sem correspondência na antiga redação.
§ 2º A manutenção e a atualização de que trata o § 1º ocorrerão por meio da apresentação, pelo segurado especial, de declaração anual ou de documento equivalente, conforme definido em ato do Secretário Especial de Previdência e Trabalho do Ministério da Economia.	⊗ Dispositivo sem correspondência na antiga redação.
§ 3º A aplicação do disposto neste artigo não poderá acarretar ônus para o segurado, sem prejuízo do disposto no § 4º.	⊗ Dispositivo sem correspondência na antiga redação.

Nova Redação	Antiga Redação
§ 4º O INSS, no ato de habilitação ou de concessão de benefício, verificará a condição de segurado especial e, se for o caso, o pagamento da contribuição previdenciária, nos termos do disposto na Lei nº 8.212, de 24 de julho de 1991, de modo a considerar, dentre outras informações, aquelas constantes do CNIS.	⊗ Dispositivo sem correspondência na antiga redação.
§ 5º A atualização anual de que trata o § 1º será feita pelo segurado especial até 30 de junho do ano subsequente.	⊗ Dispositivo sem correspondência na antiga redação.
§ 6º É vedada a atualização anual de que trata o § 1º decorrido o prazo de cinco anos, contado da data a que se refere o § 5º.	⊗ Dispositivo sem correspondência na antiga redação.
§ 7º Decorrido o prazo de cinco anos de que trata o § 6º, o segurado especial somente poderá computar o período de trabalho rural se efetuados na época apropriada a comercialização da produção e o recolhimento da contribuição prevista no art. 25 da Lei nº 8.212, de 1991.	⊗ Dispositivo sem correspondência na antiga redação.
§ 8º O INSS utilizará as informações constantes do cadastro de que trata o *caput* para fins de comprovação da condição e do exercício da atividade rural do segurado especial e do seu grupo familiar.	⊗ Dispositivo sem correspondência na antiga redação.
§ 9º A partir de 1º de janeiro de 2023, a comprovação da condição e do exercício da atividade rural do segurado especial ocorrerá, exclusivamente, por meio das informações constantes do cadastro a que se refere o *caput*, observado o disposto no § 18.	⊗ Dispositivo sem correspondência na antiga redação.

Nova Redação	Antiga Redação
§ 10. Para o período anterior a 1º de janeiro de 2023, o segurado especial comprovará o exercício da atividade rural por meio de autodeclaração ratificada por entidades públicas credenciadas, nos termos do disposto no art. 13 da Lei nº 12.188, de 11 de janeiro de 2010, e por outros órgãos públicos, observado o seguinte:	⊗ Dispositivo sem correspondência na antiga redação.
I - a autodeclaração será feita por meio do preenchimento de formulários que serão disponibilizados pelo INSS;	⊗ Dispositivo sem correspondência na antiga redação.
II - a ratificação da autodeclaração será realizada por meio de informações obtidas das bases de dados da Secretaria de Agricultura Familiar e Cooperativismo do Ministério da Agricultura, Pecuária e Abastecimento e de outras bases de dados a que o INSS tiver acesso; e	⊗ Dispositivo sem correspondência na antiga redação.
III - as informações obtidas por meio de consultas às bases de dados governamentais que forem consideradas insuficientes para o reconhecimento do exercício da atividade rural alegada poderão ser complementadas por prova documental contemporânea ao período informado.	⊗ Dispositivo sem correspondência na antiga redação.
§ 11. Complementarmente à autodeclaração de que trata o § 10 e ao cadastro de que trata o *caput*, a comprovação do exercício de atividade do segurado especial será feita por meio dos seguintes documentos, dentre outros:	⊗ Dispositivo sem correspondência na antiga redação.
I - contrato de arrendamento, de parceria ou de comodato rural;	⊗ Dispositivo sem correspondência na antiga redação.
II - Declaração de Aptidão ao Programa Nacional de Fortalecimento da Agricultura Familiar de que trata o inciso II do *caput* do art. 2º da Lei nº 12.188, de 2010, ou pelo documento que venha a substituí-la;	⊗ Dispositivo sem correspondência na antiga redação.

Nova Redação	Antiga Redação
III - bloco de notas do produtor rural;	⊗ Dispositivo sem correspondência na antiga redação.
IV - documentos fiscais de entrada de mercadorias de que trata o § 7º do art. 30 da Lei nº 8.212, de 1991, emitidos pela empresa adquirente da produção, com indicação do nome do segurado como vendedor;	⊗ Dispositivo sem correspondência na antiga redação.
V - documentos fiscais relativos a entrega de produção rural a cooperativa agrícola, entreposto de pescado ou outros, com indicação do segurado como vendedor ou consignante;	⊗ Dispositivo sem correspondência na antiga redação.
VI - comprovantes de recolhimento de contribuição à previdência social decorrentes da comercialização de produção rural;	⊗ Dispositivo sem correspondência na antiga redação.
VII - cópia da declaração de imposto sobre a renda, com indicação de renda proveniente da comercialização de produção rural; ou	⊗ Dispositivo sem correspondência na antiga redação.
VIII - licença de ocupação ou permissão outorgada pelo Instituto Nacional de Colonização e Reforma Agrária - Incra.	⊗ Dispositivo sem correspondência na antiga redação.
§ 12. Sempre que o tipo de outorga informado na autodeclaração de que trata § 10 for de parceiro, meeiro, arrendatário, comodatário ou de outra modalidade de outorgado, o documento deverá identificar e qualificar o outorgante.	⊗ Dispositivo sem correspondência na antiga redação.
§ 13. A condição de segurado especial dos índios será comprovada por meio de certidão fornecida pela Fundação Nacional do Índio - Funai que:	⊗ Dispositivo sem correspondência na antiga redação.
I - conterá a identificação da entidade e de seu emitente, com a indicação do mandato, se for o caso;	⊗ Dispositivo sem correspondência na antiga redação.
II - será fornecida em duas vias, em papel timbrado, com numeração sequencial controlada e ininterrupta;	⊗ Dispositivo sem correspondência na antiga redação.

Nova Redação	Antiga Redação
III - conterá a identificação, a qualificação pessoal do beneficiário e a categoria de produtor a que pertença;	⊗ Dispositivo sem correspondência na antiga redação.
IV - consignará os documentos e as informações que tenham servido de base para a sua emissão e, se for o caso, a origem dos dados extraídos de registros existentes na própria entidade declarante ou em outro órgão, entidade ou empresa, desde que idôneos e acessíveis à previdência social;	⊗ Dispositivo sem correspondência na antiga redação.
V - não conterá informação referente a período anterior ao início da atividade da entidade declarante, exceto se baseada em documento que constitua prova material do exercício dessa atividade; e	⊗ Dispositivo sem correspondência na antiga redação.
VI - consignará os dados relativos ao período e à forma de exercício da atividade rural nos termos estabelecidos pelo INSS.	⊗ Dispositivo sem correspondência na antiga redação.
§ 14. A homologação a que se refere o § 13 se restringirá às informações relativas à atividade rural e deverá atender aos seguintes critérios:	⊗ Dispositivo sem correspondência na antiga redação.
I - conterá a identificação do órgão e do emitente da declaração;	⊗ Dispositivo sem correspondência na antiga redação.
II - conterá a identificação, a qualificação pessoal do beneficiário e a categoria de produtor a que pertença;	⊗ Dispositivo sem correspondência na antiga redação.
III - consignará os documentos e as informações que tenham servido de base para a sua emissão e, se for o caso, a origem dos dados extraídos de registros existentes na própria entidade declarante ou em outro órgão, entidade ou empresa, desde que idôneos e acessíveis à previdência social; e	⊗ Dispositivo sem correspondência na antiga redação.

Nova Redação	Antiga Redação
IV - consignará dados relativos ao período e à forma de exercício da atividade rural nos termos estabelecidos pelo INSS.	⊗ Dispositivo sem correspondência na antiga redação.
§ 15. Até 1º de janeiro de 2025, o cadastro de que trata o *caput* poderá ser efetuado, atualizado e corrigido sem prejuízo do prazo de que trata o § 9º e das regras permanentes estabelecidas nos § 5º e § 6º.	⊗ Dispositivo sem correspondência na antiga redação.
§ 16. Na hipótese de haver divergência de informações entre o cadastro de que trata o *caput* e as demais bases de dados, para fins de reconhecimento do direito ao benefício, o INSS poderá exigir a apresentação dos documentos referidos no § 11.	⊗ Dispositivo sem correspondência na antiga redação.
§ 17. As informações obtidas e acolhidas pelo INSS diretamente de bancos de dados disponibilizados por órgãos do Poder Público serão utilizadas para validar ou invalidar informação para o cadastramento do segurado especial e, quando for o caso, para deixar de reconhecer o segurado nessa condição.	⊗ Dispositivo sem correspondência na antiga redação.
§ 18. O prazo a que se refere o § 9º será prorrogado até que cinquenta por cento dos segurados especiais, apurados conforme quantitativo da Pesquisa Nacional por Amostra de Domicílios Contínua, estejam inseridos no sistema de cadastro dos segurados especiais de que trata o *caput*.	⊗ Dispositivo sem correspondência na antiga redação.
§ 19. O fim da prorrogação a que se refere o § 18 será definido em ato do Secretário Especial de Previdência e Trabalho do Ministério da Economia.	⊗ Dispositivo sem correspondência na antiga redação.

Nova Redação	Antiga Redação
Art. 19-E. A partir de 13 de novembro de 2019, para fins de aquisição e manutenção da qualidade de segurado, de carência, de tempo de contribuição e de cálculo do salário de benefício exigidos para o reconhecimento do direito aos benefícios do RGPS e para fins de contagem recíproca, somente serão consideradas as competências cujo salário de contribuição seja igual ou superior ao limite mínimo mensal do salário de contribuição. *(Acrescido pelo Decreto 10.410/2020)* **COMENTÁRIO EM VÍDEO:**	⊗ Dispositivo sem correspondência na antiga redação.
§ 1º Para fins do disposto no *caput*, ao segurado que, no somatório de remunerações auferidas no período de um mês, receber remuneração inferior ao limite mínimo mensal do salário de contribuição será assegurado:	⊗ Dispositivo sem correspondência na antiga redação.
I - complementar a contribuição das competências, de forma a alcançar o limite mínimo do salário de contribuição exigido;	⊗ Dispositivo sem correspondência na antiga redação.
II - utilizar o excedente do salário de contribuição superior ao limite mínimo de uma competência para completar o salário de contribuição de outra competência até atingir o limite mínimo; ou	⊗ Dispositivo sem correspondência na antiga redação.
III - agrupar os salários de contribuição inferiores ao limite mínimo de diferentes competências para aproveitamento em uma ou mais competências até que estas atinjam o limite mínimo.	⊗ Dispositivo sem correspondência na antiga redação.

Nova Redação	Antiga Redação
§ 2º Os ajustes de complementação, utilização e agrupamento previstos no § 1º poderão ser efetivados, a qualquer tempo, por iniciativa do segurado, hipótese em que se tornarão irreversíveis e irrenunciáveis após processados.	⊗ Dispositivo sem correspondência na antiga redação.
§ 3º A complementação de que trata o inciso I do § 1º poderá ser recolhida até o dia quinze do mês subsequente ao da prestação do serviço e, a partir dessa data, com os acréscimos previstos no art. 35 da Lei nº 8.212, de 1991.	⊗ Dispositivo sem correspondência na antiga redação.
§ 4º Os ajustes de que tratam os incisos II e III do § 1º serão efetuados na forma indicada ou autorizada pelo segurado, desde que utilizadas as competências do mesmo ano civil definido no art. 181-E, em conformidade com o disposto nos § 27-A ao § 27-D do art. 216.	⊗ Dispositivo sem correspondência na antiga redação.
§ 5º A efetivação do ajuste previsto no inciso III do § 1º não impede o recolhimento da contribuição referente à competência que tenha o salário de contribuição transferido, em todo ou em parte, para agrupamento com outra competência a fim de atingir o limite mínimo mensal do salário de contribuição.	⊗ Dispositivo sem correspondência na antiga redação.
§ 6º Para complementação ou recolhimento da competência que tenha o salário de contribuição transferido, em todo ou em parte, na forma prevista no § 5º, será observado o disposto no § 3º.	⊗ Dispositivo sem correspondência na antiga redação.
§ 7º Na hipótese de falecimento do segurado, os ajustes previstos no § 1º poderão ser solicitados por seus dependentes para fins de reconhecimento de direito para benefício a eles devidos até o dia quinze do mês de janeiro subsequente ao do ano civil correspondente, observado o disposto no § 4º.	⊗ Dispositivo sem correspondência na antiga redação.

Nova Redação	Antiga Redação
Art. 19-F. A obrigação do INSS de promover a instrução de requerimentos e a comprovação de requisitos legais para o reconhecimento de direitos não afasta a obrigação de o interessado ou o seu representante juntar ao requerimento toda a documentação útil à comprovação do direito, principalmente em relação aos fatos que não constem da base de dados da previdência social. *(Acrescido pelo Decreto 10.410/2020)*	⊗ Dispositivo sem correspondência na antiga redação.
Art. 20. Filiação é o vínculo que se estabelece entre pessoas que contribuem para a previdência social e esta, do qual decorrem direitos e obrigações.	
§ 1º A filiação à previdência social decorre automaticamente do exercício de atividade remunerada para os segurados obrigatórios, observado o disposto no § 2º, e da inscrição formalizada com o pagamento da primeira contribuição para o segurado facultativo. (Parágrafo acrescido pelo Decreto nº 6.722, de 30/12/2008)	
§ 2º A filiação do trabalhador rural contratado por produtor rural pessoa física por prazo de até dois meses no período de um ano, para o exercício de atividades de natureza temporária, decorre automaticamente de sua inclusão em declaração prevista em ato do Secretário Especial da Receita Federal do Brasil do Ministério da Economia por meio de identificação específica. *(Redação dada pelo Decreto 10.410/2020)*	§ 2º A filiação do trabalhador rural contratado por produtor rural pessoa física por prazo de até dois meses dentro do período de um ano, para o exercício de atividades de natureza temporária, decorre automaticamente de sua inclusão na GFIP, mediante identificação específica. (Parágrafo acrescido pelo Decreto nº 6.722, de 30/12/2008)
§ 3º O exercício de atividade prestada de forma gratuita e o serviço voluntário, nos termos do disposto na Lei nº 9.608, de 18 de fevereiro de 1998, não geram filiação obrigatória ao RGPS. *(Acrescido pelo Decreto 10.410/2020)*	⊗ Dispositivo sem correspondência na antiga redação.
Art. 21. ~~Para fins do disposto nesta Seção, a anotação de dado pessoal deve ser feita na Carteira Profissional e/ou na Carteira de Trabalho e Previdência Social à vista do documento comprobatório do fato.~~ *(Revogado pelo Decreto 10.410/2020)*	**Art. 21.** Para fins do disposto nesta Seção, a anotação de dado pessoal deve ser feita na Carteira Profissional e/ou na Carteira de Trabalho e Previdência Social à vista do documento comprobatório do fato.

Nova Redação	Antiga Redação

Subseção II
Do Dependente

Art. 22. A inscrição do dependente do segurado será promovida quando do requerimento do benefício a que tiver direito, mediante a apresentação dos seguintes documentos: (*Caput* do artigo com redação dada pelo Decreto nº 4.079, de 9/1/2002)

I – para os dependentes preferenciais:

a) cônjuge e filhos – certidões de casamento e de nascimento;

b) companheira ou companheiro – documento de identidade e certidão de casamento com averbação da separação judicial ou divórcio, quando um dos companheiros ou ambos já tiverem sido casados, ou de óbito, se for o caso; e

c) equiparado a filho – certidão judicial de tutela e, em se tratando de enteado, certidão de casamento do segurado e de nascimento do dependente, observado o disposto no § 3º do art. 16.

II – pais – certidão de nascimento do segurado e documentos de identidade dos mesmos; e

III – irmão – certidão de nascimento.

§ 1º (Revogado pelo Decreto nº 4.079, de 9/1/2002)

§ 2º (Revogado pelo Decreto nº 4.079, de 9/1/2002)

Nova Redação	Antiga Redação
§ 3º Para comprovação do vínculo e da dependência econômica, conforme o caso, deverão ser apresentados, no mínimo, dois documentos, observado o disposto nos § 6º-A e § 8º do art. 16, e poderão ser aceitos, dentre outros: *(Redação dada pelo Decreto 10.410/2020)* **COMENTÁRIO EM VÍDEO:**	§ 3º Para comprovação do vínculo e da dependência econômica, conforme o caso, devem ser apresentados no mínimo três dos seguintes documentos: (Caput do parágrafo com redação dada pelo Decreto nº 3.668, de 22/11/2000)

I – certidão de nascimento de filho havido em comum;

II – certidão de casamento religioso;

III – declaração do imposto de renda do segurado, em que conste o interessado como seu dependente;

IV – disposições testamentárias;

V – (Revogado pelo Decreto nº 5.699, de 13/2/2006)

VI – declaração especial feita perante tabelião;

VII – prova de mesmo domicílio;

VIII – prova de encargos domésticos evidentes e existência de sociedade ou comunhão nos atos da vida civil;

IX – procuração ou fiança reciprocamente outorgada;

X – conta bancária conjunta;

XI – registro em associação de qualquer natureza, onde conste o interessado como dependente do segurado:

XII – anotação constante de ficha ou livro de registro de empregados;

XIII – apólice de seguro da qual conste o segurado como instituidor do seguro e a pessoa interessada como sua beneficiária;

XIV – ficha de tratamento em instituição de assistência médica, da qual conste o segurado como responsável;

XV – escritura de compra e venda de imóvel pelo segurado em nome de dependente;

XVI – declaração de não emancipação do dependente menor de vinte e um anos; ou

XVII – quaisquer outros que possam levar à convicção do fato a comprovar.

§ 4º O fato superveniente que importe em exclusão ou inclusão de dependente deve ser comunicado ao Instituto Nacional do Seguro Social, com as provas cabíveis.

§ 5º (Revogado pelo Decreto nº 4.079, de 9/1/2002)

§ 6º Somente será exigida a certidão judicial de adoção quando esta for anterior a 14 de outubro de 1990, data da vigência da lei nº 8.069, de 1990.

§ 7º (Revogado pelo Decreto nº 3.668, de 22/11/2000)

§ 8º (Revogado pelo Decreto nº 3.668, de 22/11/2000)

Nova Redação	Antiga Redação
§ 9º No caso de dependente inválido ou com deficiência intelectual, mental ou grave, para fins de inscrição e concessão de benefício, a invalidez será comprovada por meio de exame médico-pericial a cargo da Perícia Médica Federal e a deficiência, por meio de avaliação biopsicossocial realizada por equipe multiprofissional e interdisciplinar. *(Redação dada pelo Decreto 10.410/2020)*	§ 9º No caso de dependente inválido, para fins de inscrição e concessão de benefício, a invalidez será comprovada mediante exame médico-pericial a cargo do Instituto Nacional do Seguro Social.
§ 10. O dependente menor de vinte e um anos de idade apresentará declaração para atestar a não ocorrência das hipóteses previstas no inciso III do *caput* do art. 17. *(Redação dada pelo Decreto 10.410/2020)*	§ 10. No ato de inscrição, o dependente menor de vinte e um anos deverá apresentar declaração de não emancipação. (Parágrafo com redação dada pelo Decreto nº 4.079, de 9/1/2002)

§ 11. (Revogado pelo Decreto nº 4.079, de 9/1/2002)

§ 12. Os dependentes excluídos de tal condição em razão de lei têm suas inscrições tornadas nulas de pleno direito.

§ 13. No caso de equiparado a filho, a inscrição será feita mediante a comprovação da equiparação por documento escrito do segurado falecido manifestando essa intenção, da dependência econômica e da declaração de que não tenha sido emancipado. (Parágrafo acrescido pelo Decreto nº 4.079, de 9/1/2002)

Nova Redação	Antiga Redação
§ 14. Caso o dependente só possua um dos documentos a que se refere o § 3º produzido em período não superior a vinte e quatro meses anteriores à data do óbito ou do recolhimento à prisão, a comprovação de vínculo ou de dependência econômica para esse período poderá ser suprida por justificação administrativa, processada na forma prevista nos art. 142 ao art. 151. *(Acrescido pelo Decreto 10.410/2020)*	⊗ Dispositivo sem correspondência na antiga redação.

Art. 23. (Revogado pelo Decreto nº 4.079, de 9/1/2002)

Art. 24. Os pais ou irmãos deverão, para fins de concessão de benefícios, comprovar a inexistência de dependentes preferenciais, mediante declaração firmada perante o Instituto Nacional do Seguro Social.

Nova Redação	Antiga Redação

CAPÍTULO II
DAS PRESTAÇÕES EM GERAL

Seção I
Das Espécies de Prestação

Art. 25. O Regime Geral de Previdência Social compreende as seguintes prestações, expressas em benefícios e serviços:

COMENTÁRIO EM VÍDEO:

I – quanto ao segurado:

Nova Redação	Antiga Redação
a) aposentadoria por incapacidade permanente; *(Redação dada pelo Decreto 10.410/2020)*	*a)* aposentadoria por invalidez,
b) aposentadoria programada; *(Redação dada pelo Decreto 10.410/2020)*	*b)* aposentadoria por idade;
c) aposentadoria por idade do trabalhador rural; *(Redação dada pelo Decreto 10.410/2020)*	*c)* aposentadoria por tempo de contribuição;

d) aposentadoria especial,

Nova Redação	Antiga Redação
e) auxílio por incapacidade temporária; *(Redação dada pelo Decreto 10.410/2020)*	*e)* auxílio-doença;

f) salário-família:

g) salário-maternidade; e

h) auxílio-acidente,

II – quanto ao dependente:

a) pensão por morte; e

b) auxílio-reclusão; e

III – quanto ao segurado e dependente: reabilitação profissional.

Nova Redação	Antiga Redação

Seção II
Da Carência

Nova Redação	Antiga Redação
Art. 26. Período de carência é o tempo correspondente ao número mínimo de contribuições mensais indispensáveis para que o beneficiário faça jus ao benefício, consideradas as competências cujo salário de contribuição seja igual ou superior ao seu limite mínimo mensal. *(Redação dada pelo Decreto 10.410/2020)* **COMENTÁRIO EM VÍDEO:**	**Art. 26.** Período de carência é o tempo correspondente ao número mínimo de contribuições mensais indispensáveis para que o beneficiário faça jus ao benefício, consideradas a partir do transcurso do primeiro dia dos meses de suas competências.
§ 1º Para o segurado especial, considera-se período de carência, para fins de concessão dos benefícios de que trata o inciso I do § 2º do art. 39, o tempo mínimo de efetivo exercício de atividade rural, ainda que de forma descontínua, igual à quantidade de meses necessária à concessão do benefício requerido. *(Redação dada pelo Decreto 10.410/2020)*	§ 1º Para o segurado especial, considera-se período de carência o tempo mínimo de efetivo exercício de atividade rural, ainda que de forma descontínua, igual ao número de meses necessário à concessão do benefício requerido.

§ 2º Será considerado, para efeito de carência, o tempo de contribuição para o Plano de Seguridade Social do Servidor Público anterior à Lei nº 8.647, de 13 de abril de 1993, efetuado pelo servidor público ocupante de cargo em comissão sem vínculo efetivo com a União, autarquias, ainda que em regime especial, e fundações públicas federais.

§ 3º Não é computado para efeito de carência o tempo de atividade do trabalhador rural anterior à competência novembro de 1991.

§ 4º Para efeito de carência, considera-se presumido o recolhimento das contribuições do segurado empregado, do trabalhador avulso e, relativamente ao contribuinte individual, a partir da competência abril de 2003, as contribuições dele descontadas pela empresa na forma do art. 216. (Parágrafo com redação dada pelo Decreto nº 4.729, de 9/6/2003)

Nova Redação	Antiga Redação
§ 4º-A. Para fins de carência, no caso de segurado empregado doméstico, considera-se presumido o recolhimento das contribuições dele descontadas pelo empregador doméstico, a partir da competência junho de 2015, na forma prevista no art. 211. *(Acrescido pelo Decreto 10.410/2020)*	⊗ Dispositivo sem correspondência na antiga redação.
§ 4º-B. Para o segurado empregado doméstico filiado ao RGPS nessa condição até 31 de maio de 2015, o período de carência será contado a partir da data do efetivo recolhimento da primeira contribuição sem atraso. *(Acrescido pelo Decreto 10.410/2020)*	⊗ Dispositivo sem correspondência na antiga redação.
§ 4º-C. Para o período de filiação comprovado como empregado doméstico sem a comprovação do recolhimento ou sem a comprovação da primeira contribuição sem atraso, será reconhecido o direito ao benefício na forma prevista no § 2º do art. 36, independentemente da categoria do segurado na data do requerimento. *(Acrescido pelo Decreto 10.410/2020)*	⊗ Dispositivo sem correspondência na antiga redação.

§ 5º Observado o disposto no § 4º do art. 13, as contribuições vertidas para regime próprio de previdência social serão consideradas para todos os efeitos, inclusive para os de carência. (Parágrafo acrescido pelo Decreto nº 3.265, de 29/11/1999)

§ 6º Para fins de carência, as contribuições anteriores à data de publicação da Emenda à Constituição nº 103, de 12 de novembro de 2019, serão consideradas em conformidade com a legislação vigente à época. *(Acrescido pelo Decreto 10.410/2020)*	⊗ Dispositivo sem correspondência na antiga redação.

Art. 27. (Revogado pelo Decreto nº 5.399, de 24/3/2005)

Nova Redação	Antiga Redação
Art. 27-A. Na hipótese de perda da qualidade de segurado, para fins da concessão dos benefícios de auxílio por incapacidade temporária, de aposentadoria por incapacidade permanente, de salário-maternidade e de auxílio-reclusão, as contribuições anteriores à perda somente serão computadas para fins de carência depois que o segurado contar, a partir da nova filiação ao RGPS, com metade do número de contribuições exigidas para o cumprimento do período de carência definido no art. 29. *(Redação dada pelo Decreto 10.410/2020)*	**Art. 27-A.** Havendo perda da qualidade de segurado, as contribuições anteriores a essa perda somente serão computadas para efeito de carência depois que o segurado contar, a partir da nova filiação ao Regime Geral de Previdência Social, com, no mínimo, um terço do número de contribuições exigidas para o cumprimento da carência definida no art. 29.

Parágrafo único. Aplica-se o disposto no *caput* ao segurado oriundo de regime próprio de previdência social que se filiar ao Regime Geral de Previdência Social após os prazos a que se refere o inciso II do *caput* e o § 1º do art. 13. (Artigo acrescido pelo Decreto nº 5.545, de 22/9/2005)

Art. 28. O período de carência é contado:

Nova Redação	Antiga Redação
I - para o segurado empregado, inclusive o doméstico, e o trabalhador avulso, a partir da data de sua filiação ao RGPS; e *(Redação dada pelo Decreto 10.410/2020)*	I – para o segurado empregado e trabalhador avulso, da data de filiação ao Regime Geral de Previdência Social; e
II - para o segurado contribuinte individual, observado o disposto no § 4º do art. 26, e o segurado facultativo, inclusive o segurado especial que contribua na forma prevista no § 2º do art. 200, a partir da data do efetivo recolhimento da primeira contribuição sem atraso, e não serão consideradas, para esse fim, as contribuições recolhidas com atraso referentes a competências anteriores, observado, quanto ao segurado facultativo, o disposto nos § 3º e § 4º do art. 11. *(Redação dada pelo Decreto 10.410/2020)*	II – para o segurado empregado doméstico, contribuinte individual, observado o disposto no § 4º do art. 26, e facultativo, inclusive o segurado especial que contribui na forma do § 2º do art. 200, da data do efetivo recolhimento da primeira contribuição sem atraso, não sendo consideradas para esse fim as contribuições recolhidas com atraso referentes a competências anteriores, observado, quanto ao segurado facultativo, o disposto nos §§ 3º e 4º do art. 11. (Inciso com redação dada pelo Decreto nº 6.042, de 12/2/2007)

§ 1º Para o segurado especial que não contribui na forma do § 2º do art. 200, o período de carência de que trata o § 1º do art. 26 é contado a partir do efetivo exercício da atividade rural, mediante comprovação, na forma do disposto no art. 62. (Parágrafo com redação dada pelo Decreto nº 6.042, de 12/2/2007)

§ 2º O período a que se refere o inciso XVIII do art. 60 será computado para fins de carência.

§ 3º Para os segurados a que se refere o inciso II, optantes pelo recolhimento trimestral na forma prevista nos §§ 15 e 16 do art. 216, o período de carência é contado a partir do mês de inscrição do segurado, desde que efetuado o recolhimento da primeira contribuição no prazo estipulado no referido § 15.

Nova Redação	Antiga Redação
§ 4º Para os segurados a que se refere o inciso II do *caput*, na hipótese de perda da qualidade de segurado, somente serão consideradas, para fins de carência, as contribuições efetivadas após novo recolhimento sem atraso, observado o disposto no art. 19-E. *(Acrescido pelo Decreto 10.410/2020)*	⊗ Dispositivo sem correspondência na antiga redação.

Art. 29. A concessão das prestações pecuniárias do Regime Geral de Previdência Social, ressalvado o disposto no art. 30, depende dos seguintes períodos de carência:

Nova Redação	Antiga Redação
I - doze contribuições mensais, nos casos de auxílio por incapacidade temporária e aposentadoria por incapacidade permanente; e *(Redação dada pelo Decreto 10.410/2020)*	I – doze contribuições mensais, nos casos de auxílio-doença e aposentadoria por invalidez;
II - cento e oitenta contribuições mensais, nos casos de aposentadoria programada, por idade do trabalhador rural e especial; *(Redação dada pelo Decreto 10.410/2020)*	II – cento e oitenta contribuições mensais, nos casos de aposentadoria por idade, tempo de contribuição e especial.

III – dez contribuições mensais, no caso de salário-maternidade, para as seguradas contribuinte individual, especial e facultativa, respeitado o disposto no § 2º do art. 93 e no inciso II do art. 101. (Inciso com nova redação dada pelo Decreto nº 3.452, de 9/5/2000)

Nova Redação	Antiga Redação
IV - vinte e quatro contribuições mensais, no caso de auxílio-reclusão. *(Acrescido pelo Decreto 10.410/2020)*	⊗ Dispositivo sem correspondência na antiga redação.

Parágrafo único. Em caso de parto antecipado, o período de carência a que se refere o inciso III será reduzido em número de contribuições equivalente ao número de meses em que o parto foi antecipado. (Inciso acrescido pelo Decreto nº 3.265, de 29/11/1999)

Nova Redação	Antiga Redação
Art. 30. Independe de carência a concessão das seguintes prestações:	
I - pensão por morte, salário-família e auxílio-acidente de qualquer natureza, observado, quanto à pensão por morte, o disposto no inciso V do *caput* e nos § 3º e § 4º do art. 114; *(Redação dada pelo Decreto 10.410/2020)*	I – pensão por morte, auxílio-reclusão, salário-família e auxílio-acidente de qualquer natureza.
II – salário-maternidade, para as seguradas empregada, empregada doméstica e trabalhadora avulsa; (Inciso com redação dada pelo Decreto nº 3.265, de 29/11/1999)	
III - auxílio por incapacidade temporária e aposentadoria por incapacidade permanente nos casos de acidente de qualquer natureza ou causa e de doença profissional ou do trabalho e nos casos de segurado que, após filiar-se ao RGPS, seja acometido de alguma das doenças ou afecções especificadas em lista elaborada pelos Ministérios da Saúde e da Economia, atualizada a cada três anos, de acordo com os critérios de estigma, deformação, mutilação, deficiência ou outro fator que lhe confira especificidade e gravidade que mereçam tratamento particularizado; *(Redação dada pelo Decreto 10.410/2020)*	III – auxílio-doença e aposentadoria por invalidez nos casos de acidente de qualquer natureza ou causa, bem como nos casos de segurado que, após filiar-se ao Regime Geral de Previdência Social, for acometido de alguma das doenças ou afecções especificadas em lista elaborada pelos Ministérios da Saúde e da Previdência e Assistência Social a cada três anos, de acordo com os critérios de estigma, deformação, mutilação, deficiência ou outro fator que lhe confira especificidade e gravidade que mereçam tratamento particularizado;
IV – aposentadoria por idade ou por invalidez, auxílio-doença, auxílio-reclusão ou pensão por morte aos segurados especiais, desde que comprovem o exercício de atividade rural no período imediatamente anterior ao requerimento do benefício, ainda que de forma descontínua, igual ao número de meses correspondente à carência do benefício requerido; e	
V – reabilitação profissional.	
§ 1º Entende-se como acidente de qualquer natureza ou causa aquele de origem traumática e por exposição a agentes exógenos, físicos, químicos ou biológicos, que acarrete lesão corporal ou perturbação funcional que cause a morte ou a perda ou a redução permanente ou temporária da capacidade laborativa. *(Acrescido pelo Decreto 10.410/2020)*	⊗ Dispositivo sem correspondência na antiga redação.

Nova Redação	Antiga Redação
§ 2º Até que seja elaborada a lista de doenças ou afecções a que se refere o inciso III do *caput*, independerá de carência a concessão de auxílio por incapacidade temporária e de aposentadoria por incapacidade permanente ao segurado que, após filiar-se ao RGPS, seja acometido por alguma das seguintes doenças: *(Acrescido pelo Decreto 10.410/2020)*	⊗ Dispositivo sem correspondência na antiga redação.
I - tuberculose ativa;	⊗ Dispositivo sem correspondência na antiga redação.
II - hanseníase;	⊗ Dispositivo sem correspondência na antiga redação.
III - alienação mental;	⊗ Dispositivo sem correspondência na antiga redação.
IV - esclerose múltipla;	⊗ Dispositivo sem correspondência na antiga redação.
V - hepatopatia grave;	⊗ Dispositivo sem correspondência na antiga redação.
VI - neoplasia maligna;	⊗ Dispositivo sem correspondência na antiga redação.
VII - cegueira;	⊗ Dispositivo sem correspondência na antiga redação.
VIII - paralisia irreversível e incapacitante;	⊗ Dispositivo sem correspondência na antiga redação.
IX - cardiopatia grave;	⊗ Dispositivo sem correspondência na antiga redação.
X - doença de Parkinson;	⊗ Dispositivo sem correspondência na antiga redação.
XI - espondiloartrose anquilosante;	⊗ Dispositivo sem correspondência na antiga redação.
XII - nefropatia grave;	⊗ Dispositivo sem correspondência na antiga redação.
XIII - estado avançado da doença de Paget (osteíte deformante);	⊗ Dispositivo sem correspondência na antiga redação.
XIV - síndrome da imunodeficiência adquirida (aids); ou	⊗ Dispositivo sem correspondência na antiga redação.

Nova Redação	Antiga Redação
XV - contaminação por radiação, com base em conclusão da medicina especializada.	⊗ Dispositivo sem correspondência na antiga redação.

Seção III
Do Salário de benefício

Nova Redação	Antiga Redação
Art. 31. Salário de benefício é o valor básico utilizado para o cálculo da renda mensal dos benefícios de prestação continuada, inclusive aqueles regidos por normas especiais, exceto: *(Redação dada pelo Decreto 10.410/2020)*	**Art. 31.** Salário de benefício é o valor básico utilizado para cálculo da renda mensal dos benefícios de prestação continuada, inclusive os regidos por normas especiais, exceto o salário-família, a pensão por morte, o salário-maternidade e os demais benefícios de legislação especial.
I - o salário-família; *(Acrescido pelo Decreto 10.410/2020)*	⊗ Dispositivo sem correspondência na antiga redação.
II - a pensão por morte; *(Acrescido pelo Decreto 10.410/2020)*	⊗ Dispositivo sem correspondência na antiga redação.
III - o salário-maternidade; *(Acrescido pelo Decreto 10.410/2020)*	⊗ Dispositivo sem correspondência na antiga redação.
IV - o auxílio-reclusão; e *(Acrescido pelo Decreto 10.410/2020)*	⊗ Dispositivo sem correspondência na antiga redação.
V - os demais benefícios previstos em legislação especial. *(Acrescido pelo Decreto 10.410/2020)*	⊗ Dispositivo sem correspondência na antiga redação.
~~Parágrafo único. O INSS terá até cento e oitenta dias, contados da data do pedido, para fornecer ao segurado as informações constantes do CNIS sobre contribuições e remunerações utilizadas no cálculo do salário de benefício. (Parágrafo único acrescido pelo Decreto nº 4.079, de 9/1/2002)~~ *(Revogado pelo Decreto 10.410/2020)*	Parágrafo único. O INSS terá até cento e oitenta dias, contados da data do pedido, para fornecer ao segurado as informações constantes do CNIS sobre contribuições e remunerações utilizadas no cálculo do salário de benefício. (Parágrafo único acrescido pelo Decreto nº 4.079, de 9/1/2002)
Art. 32. O salário de benefício a ser utilizado para o cálculo dos benefícios de que trata este Regulamento, inclusive aqueles previstos em acordo internacional, consiste no resultado da média	**Art. 32.** O salário de benefício consiste: (Caput do artigo com redação dada pelo Decreto nº 3.265, de 29/11/1999)

Nova Redação	Antiga Redação
aritmética simples dos salários de contribuição e das remunerações adotadas como base para contribuições a regime próprio de previdência social ou como base para contribuições decorrentes das atividades militares de que tratam os art. 42 e art. 142 da Constituição, considerados para a concessão do benefício, atualizados monetariamente, correspondentes a cem por cento do período contributivo desde a competência julho de 1994 ou desde o início da contribuição, se posterior a essa competência. *(Redação dada pelo Decreto 10.410/2020)* **COMENTÁRIO EM VÍDEO:**	
~~I – para as aposentadorias por idade e por tempo de contribuição, na média aritmética simples dos maiores salários de contribuição correspondentes a oitenta por cento de todo o período contributivo, multiplicada pelo fator previdenciário; (Inciso acrescido pelo Decreto nº 3.265, de 29/11/1999)~~ *(Revogado pelo Decreto 10.410/2020)*	I – para as aposentadorias por idade e por tempo de contribuição, na média aritmética simples dos maiores salários de contribuição correspondentes a oitenta por cento de todo o período contributivo, multiplicada pelo fator previdenciário; (Inciso acrescido pelo Decreto nº 3.265, de 29/11/1999)
~~II – para as aposentadorias por invalidez e especial, auxílio-doença e auxílio-acidente na média aritmética simples dos maiores salários de contribuição correspondentes a oitenta por cento de todo o período contributivo; (Inciso com redação dada pelo Decreto nº 5.545, de 22/9/2005)~~ *(Revogado pelo Decreto 10.410/2020)*	II – para as aposentadorias por invalidez e especial, auxílio-doença e auxílio-acidente na média aritmética simples dos maiores salários de contribuição correspondentes a oitenta por cento de todo o período contributivo; (Inciso com redação dada pelo Decreto nº 5.545, de 22/9/2005)

III – (Revogado pelo Decreto nº 5.545, de 22/9/2005)

§ 1º (Revogado pelo Decreto nº 3.265, de 29/11/1999)

Nova Redação	Antiga Redação
§ 2º (Revogado pelo Decreto nº 5.399, de 24/3/2005)	
§ 3º O valor do salário de benefício não será inferior ao de um salário mínimo, nem superior ao limite máximo do salário de contribuição na data de início do benefício. → Portaria do ME/SEPT 3.659/2020. Art. 2º A partir de 1º de fevereiro de 2020, o salário de benefício e o salário de contribuição não poderão ser inferiores a R$ 1.045,00 (um mil e quarenta e cinco reais), nem superiores a R$ 6.101,06 (seis mil, cento e um reais e seis centavos).	
§ 4º Serão considerados para o cálculo do salário de benefício os ganhos habituais do segurado empregado, a qualquer título, sob forma de moeda corrente ou de utilidades, sobre os quais tenha incidido contribuição previdenciária, exceto o décimo terceiro salário, observado o disposto no art. 19-E. *(Redação dada pelo Decreto 10.410/2020)*	§ 4º Serão considerados para cálculo do salário de benefício os ganhos habituais do segurado empregado, a qualquer título, sob forma de moeda corrente ou de utilidades, sobre os quais tenham incidido contribuição previdenciária.
§ 5º Não será considerado, no cálculo do salário de benefício, o aumento dos salários de contribuição que exceder o limite legal, inclusive o voluntariamente concedido nos trinta e seis meses imediatamente anteriores ao início do benefício, salvo se homologado pela Justiça do Trabalho, resultante de promoção regulada por normas gerais da empresa, admitida pela legislação do trabalho, de sentença normativa ou de reajustamento salarial obtido pela categoria respectiva.	
§ 6º Se, no período básico de cálculo, o segurado tiver recebido benefício por incapacidade, considerar-se-á como salário de contribuição, no período, salário de benefício que serviu de base para o cálculo de renda mensal, reajustado nas mesmas épocas e nas mesmas bases dos benefícios em geral, não podendo ser inferior ao salário mínimo nem superior ao limite máximo do salário de contribuição.	
§ 7º Exceto para o salário-família e o auxílio-acidente, será pago o valor mínimo de benefício para as prestações referidas no art. 30, quando não houver salário de contribuição no período básico de cálculo.	
§ 8º Para fins de apuração do salário de benefício de qualquer aposentadoria precedida de auxílio-acidente, o valor mensal deste será somado ao salário de contribuição antes da aplicação da correção a que se refere o art. 33, não podendo o total apurado ser superior ao limite máximo do salário de contribuição.	

<table>
<tr><th>Nova Redação</th><th>Antiga Redação</th></tr>
<tr><td>§ 9º Quando inexistirem salários de contribuição a partir de julho de 1994, as aposentadorias concedidas nos termos do disposto nos § 5º e § 6º do art. 13 terão o valor correspondente ao do salário-mínimo, observado, no caso de acordos internacionais, o disposto no § 1º do art. 35. *(Redação dada pelo Decreto 10.410/2020)*</td><td>§ 9º No caso dos §§ 3º e 4º do art. 56, o valor inicial do benefício será calculado considerando-se como período básico de cálculo os meses de contribuição imediatamente anteriores ao mês em que o segurado completou o tempo de contribuição, trinta anos para a mulher e trinta e cinco anos para o homem, observado o disposto no § 2º do art. 35 e a legislação de regência. (Parágrafo com redação dada pelo Decreto nº 3.265, de 29/11/1999)</td></tr>
<tr><td colspan="2">§ 10. Para os segurados contribuinte individual e facultativo optantes pelo recolhimento trimestral na forma prevista no § 15 do art. 216, que tenham solicitado qualquer benefício previdenciário, o salário de benefício consistirá na média aritmética simples de todos os salários de contribuição integrantes da contribuição trimestral, desde que efetivamente recolhidos. (Parágrafo com redação dada pelo Decreto nº 3.265, de 29/11/1999)</td></tr>
<tr><td>~~§ 11. O fator previdenciário será calculado considerando-se a idade, a expectativa de sobrevida e o tempo de contribuição do segurado ao se aposentar, mediante a fórmula: (Parágrafo acrescido pelo Decreto nº 3.265, de 29/11/1999)~~ *(Revogado pelo Decreto 10.410/2020)*
~~$f = \frac{Tc \times a}{Es} \times \left[1 + \frac{(Id + Tc \times a)}{100} \right]$~~
~~onde:~~
~~f = fator previdenciário;~~
~~Es = expectativa de sobrevida no momento da aposentadoria;~~
~~Tc = tempo de contribuição até o momento da aposentadoria;~~
~~Id = idade no momento da aposentadoria; e~~
~~a = alíquota de contribuição correspondente a 0,31.~~</td><td>§ 11. O fator previdenciário será calculado considerando-se a idade, a expectativa de sobrevida e o tempo de contribuição do segurado ao se aposentar, mediante a fórmula: (Parágrafo acrescido pelo Decreto nº 3.265, de 29/11/1999)
$f = \frac{Tc \times a}{Es} \times \left[1 + \frac{(Id + Tc \times a)}{100} \right]$
onde:
f = fator previdenciário;
Es = expectativa de sobrevida no momento da aposentadoria;
Tc = tempo de contribuição até o momento da aposentadoria;
Id = idade no momento da aposentadoria; e
a = alíquota de contribuição correspondente a 0,31.</td></tr>
</table>

Nova Redação	Antiga Redação
~~§ 12. Para efeito do disposto no parágrafo anterior, a expectativa de sobrevida do segurado na idade da aposentadoria será obtida a partir da tábua completa de mortalidade construída pela Fundação Instituto Brasileiro de Geografia e Estatística, para toda a população brasileira, considerando-se a média nacional única para ambos os sexos. (Parágrafo acrescido pelo Decreto nº 3.265, de 29/11/1999)~~ *(Revogado pelo Decreto 10.410/2020)*	§ 12. Para efeito do disposto no parágrafo anterior, a expectativa de sobrevida do segurado na idade da aposentadoria será obtida a partir da tábua completa de mortalidade construída pela Fundação Instituto Brasileiro de Geografia e Estatística, para toda a população brasileira, considerando-se a média nacional única para ambos os sexos. (Parágrafo acrescido pelo Decreto nº 3.265, de 29/11/1999)
~~§ 13. Publicada a tábua de mortalidade, os benefícios previdenciários requeridos a partir dessa data considerarão a nova expectativa de sobrevida. (Parágrafo acrescido pelo Decreto nº 3.265, de 29/11/1999)~~ *(Revogado pelo Decreto 10.410/2020)*	§ 13. Publicada a tábua de mortalidade, os benefícios previdenciários requeridos a partir dessa data considerarão a nova expectativa de sobrevida. (Parágrafo acrescido pelo Decreto nº 3.265, de 29/11/1999)
~~§ 14. Para efeito da aplicação do fator previdenciário ao tempo de contribuição do segurado serão adicionados:~~ *(Revogado pelo Decreto 10.410/2020)*	§ 14. Para efeito da aplicação do fator previdenciário ao tempo de contribuição do segurado serão adicionados:

§ 15. No cálculo do salário de benefício serão considerados os salário de contribuição vertidos para regime próprio de previdência social de segurado oriundo desse regime, após a sua filiação ao Regime Geral de Previdência Social, de acordo com o disposto no art. 214. (Parágrafo acrescido pelo Decreto nº 3.265, de 29/11/1999)

Nova Redação	Antiga Redação
~~§ 16. Na hipótese do § 23 do art. 216, enquanto as contribuições não forem complementadas, o salário de contribuição será computado, para efeito de benefício, proporcionalmente à contribuição efetivamente recolhida. (Parágrafo acrescido pelo Decreto nº 3.265, de 29/11/1999)~~ *(Revogado pelo Decreto 10.410/2020)*	§ 16. Na hipótese do § 23 do art. 216, enquanto as contribuições não forem complementadas, o salário de contribuição será computado, para efeito de benefício, proporcionalmente à contribuição efetivamente recolhida. (Parágrafo acrescido pelo Decreto nº 3.265, de 29/11/1999)
~~§ 17. No caso do parágrafo anterior, não serão considerados como tempo de contribuição, para o fim de concessão de benefício previdenciário, enquanto as contribuições não forem complementadas, o período correspondente às~~	§ 17. No caso do parágrafo anterior, não serão considerados como tempo de contribuição, para o fim de concessão de benefício previdenciário, enquanto as contribuições não forem complementadas, o período correspondente às

Nova Redação	Antiga Redação
~~competências em que se verificar recolhimento de contribuição sobre salário de contribuição menor que um salário mínimo. (Parágrafo acrescido pelo Decreto nº 3.265, de 29/11/1999)~~ *(Revogado pelo Decreto 10.410/2020)*	competências em que se verificar recolhimento de contribuição sobre salário de contribuição menor que um salário mínimo. (Parágrafo acrescido pelo Decreto nº 3.265, de 29/11/1999)
§ 18. Para fins de cálculo da renda mensal inicial teórica dos benefícios por totalização, no âmbito dos acordos internacionais, serão considerados os tempos de contribuição para a previdência social brasileira e para a do país acordante, observado o disposto no § 9º. *(Redação dada pelo Decreto 10.410/2020)*	§ 18. O salário de benefício, para fins de cálculo da prestação teórica dos benefícios por totalização, no âmbito dos acordos internacionais, do segurado com contribuição para a previdência social brasileira, será apurado:
~~I – quando houver contribuído, no Brasil, em número igual ou superior a sessenta por cento do número de meses decorridos desde a competência julho de 1994, mediante a aplicação do disposto no art. 188-A e seus §§ 1º e 2º;~~ *(Revogado pelo Decreto 10.410/2020)*	I – quando houver contribuído, no Brasil, em número igual ou superior a sessenta por cento do número de meses decorridos desde a competência julho de 1994, mediante a aplicação do disposto no art. 188-A e seus §§ 1º e 2º;
~~II – quando houver contribuído, no Brasil, em número inferior ao indicado no inciso I, com base no valor da média aritmética simples de todos os salários de contribuição correspondentes a todo o período contributivo contado desde julho de 1994, multiplicado pelo fator previdenciário, observados o § 2º do art. 188-A, o § 19 e, quando for o caso, o § 14, ambos deste artigo; e~~ *(Revogado pelo Decreto 10.410/2020)*	II – quando houver contribuído, no Brasil, em número inferior ao indicado no inciso I, com base no valor da média aritmética simples de todos os salários de contribuição correspondentes a todo o período contributivo contado desde julho de 1994, multiplicado pelo fator previdenciário, observados o § 2º do art. 188-A, o § 19 e, quando for o caso, o § 14, ambos deste artigo; e
~~III – sem contribuição, no Brasil, a partir da competência julho de 1994, com base na média aritmética simples de todo o período contributivo, multiplicado pelo fator previdenciário, observados o disposto no § 2º do art. 188-A e, quando for o caso, no § 14 deste artigo. (Parágrafo acrescido pelo Decreto nº 4.729, de 9/6/2003)~~ *(Revogado pelo Decreto 10.410/2020)*	III – sem contribuição, no Brasil, a partir da competência julho de 1994, com base na média aritmética simples de todo o período contributivo, multiplicado pelo fator previdenciário, observados o disposto no § 2º do art. 188-A e, quando for o caso, no § 14 deste artigo. (Parágrafo acrescido pelo Decreto nº 4.729, de 9/6/2003)

Nova Redação	Antiga Redação
~~§ 19. Para a hipótese de que trata o § 18, o tempo de contribuição a ser considerado na aplicação da fórmula do fator previdenciário é o somatório do tempo de contribuição para a previdência social brasileira e o tempo de contribuição para a previdência social do país acordante. (Parágrafo acrescido pelo Decreto nº 4.729, de 9/6/2003)~~ *(Revogado pelo Decreto 10.410/2020)*	§ 19. Para a hipótese de que trata o § 18, o tempo de contribuição a ser considerado na aplicação da fórmula do fator previdenciário é o somatório do tempo de contribuição para a previdência social brasileira e o tempo de contribuição para a previdência social do país acordante. (Parágrafo acrescido pelo Decreto nº 4.729, de 9/6/2003)
§ 20. (Revogado pelo Decreto n.º 6.939, de 18/8/2009)	
§ 21. O salário de benefício do segurado especial consiste no valor equivalente ao salário mínimo, ressalvado o disposto no inciso II do § 2º do art. 39 deste Regulamento. (Parágrafo acrescido pelo Decreto nº 6.722, de 30/12/2008)	
§ 22. Considera-se período contributivo:	
I – para o empregado, inclusive o doméstico, e o trabalhador avulso - o conjunto de competências em que houve ou deveria ter havido contribuição em razão do exercício de atividade remunerada sujeita à filiação obrigatória ao RGPS, observado o disposto no art. 19-E; ou *(Redação dada pelo Decreto 10.410/2020)*	I – para o empregado, empregado doméstico e trabalhador avulso: o conjunto de meses em que houve ou deveria ter havido contribuição em razão do exercício de atividade remunerada sujeita a filiação obrigatória ao regime de que trata este Regulamento; ou
II – para os demais segurados, inclusive o facultativo: o conjunto de meses de efetiva contribuição ao regime de que trata este Regulamento. (Parágrafo acrescido pelo Decreto nº 6.939, de 18/8/2009)	
§ 22-A. O período contributivo até 13 de novembro de 2019 será apurado em conformidade com o disposto no art. 188-G. *(Acrescido pelo Decreto 10.410/2020)*	⊗ Dispositivo sem correspondência na antiga redação.
§ 23. O auxílio por incapacidade temporária não poderá exceder a média aritmética simples dos últimos doze salários de contribuição, inclusive no caso de remuneração variável, ou, se não houver doze salários de contribuição, a média aritmética simples dos salários de contribuição existentes, observado o disposto no art. 33. *(Redação dada pelo Decreto 10.410/2020)*	§ 23. É garantida a aplicação do fator previdenciário no cálculo das aposentadorias por tempo de contribuição e por idade devidas ao segurado com deficiência, se resultar em renda mensal de valor mais elevado, devendo o INSS, quando da concessão do benefício, proceder ao cálculo da renda mensal inicial com e sem a aplicação do fator previdenciário. (Incluído pelo Decreto nº 8.145, de 2013)

Nova Redação	Antiga Redação
§ 24. Para fins do cálculo das aposentadorias programadas para as quais seja exigido tempo mínimo de contribuição, poderão ser excluídas do cálculo da média dos salários de contribuição e das remunerações adotadas como base para contribuições a regime próprio de previdência social ou como base para contribuições decorrentes das atividades militares de que tratam os art. 42 e art. 142 da Constituição, utilizado para definição do salário de benefício, as contribuições que resultem em redução do valor do benefício, observado o disposto nos § 25 e § 26. *(Redação dada pelo Decreto 10.410/2020)*	§ 24. Para efeitos do disposto no § 23, na aplicação do fator previdenciário, será considerado o tempo de contribuição computado para fins de cálculo do salário de benefício. (Incluído pelo Decreto nº 8.145, de 2013)
§ 25. Para fins da exclusão a que se refere o § 24, consideram-se programadas as aposentadorias programada, especial e por idade do trabalhador rural e as aposentadorias transitórias por idade e por tempo de contribuição, para as quais se exige tempo mínimo de contribuição. *(Acrescido pelo Decreto 10.410/2020)*	⊗ Dispositivo sem correspondência na antiga redação.
§ 26. A exclusão das contribuições de que trata o § 24 não altera o direito à aposentadoria previamente reconhecido, desde que mantida a quantidade de contribuições equivalentes ao período de carência e observado o tempo mínimo de contribuição necessário à elegibilidade da aposentadoria requerida. *(Acrescido pelo Decreto 10.410/2020)*	⊗ Dispositivo sem correspondência na antiga redação.
§ 27. É vedada a utilização das contribuições excluídas na forma prevista no § 24 para qualquer finalidade, inclusive para: *(Acrescido pelo Decreto 10.410/2020)*	⊗ Dispositivo sem correspondência na antiga redação.
I - o acréscimo do percentual da renda mensal;	

Nova Redação	Antiga Redação
II - o somatório de pontos das aposentadorias por tempo de contribuição e especial;	
III - o cumprimento de período adicional exigido para as aposentadorias por tempo de contribuição;	
IV - a averbação em outro regime previdenciário; ou	
V - a obtenção dos proventos de inatividade de que tratam os art. 42 e art. 142 da Constituição.	

Art. 33. Todos os salários de contribuição utilizados no cálculo do salário de benefício serão corrigidos, mês a mês, de acordo com a variação integral do Índice Nacional de Preço ao Consumidor – INPC, referente ao período decorrido a partir da primeira competência do salário de contribuição que compõe o período básico de cálculo até o mês anterior ao do início do benefício, de modo a preservar o seu valor real. (Artigo com redação dada pelo Decreto nº 5.545, de 22/9/2005)

Nova Redação	Antiga Redação
Art. 34. O salário de benefício do segurado que contribuir em razão de atividades concomitantes será calculado com base na soma dos salários de contribuição das atividades exercidas na data do requerimento ou do óbito ou no período básico de cálculo, observado o disposto no art. 32. *(Redação dada pelo Decreto 10.410/2020)*	**Art. 34.** O salário de benefício do segurado que contribui em razão de atividades concomitantes será calculado com base na soma dos salários de contribuição das atividades exercidas até a data do requerimento ou do óbito ou no período básico de cálculo, observado o disposto no art. 32 e nas normas seguintes:
I a III – *(Revogados pelo Decreto 10.410/2020)*	I – quando o segurado satisfizer, em relação a cada atividade, as condições para obtenção do benefício requerido, o salário de benefício será calculado com base na soma dos respectivos salários de contribuição; II – quando não se verificar a hipótese do inciso anterior, o salário de benefício corresponderá à soma das seguintes parcelas:

Nova Redação	Antiga Redação
	a) o salário de benefício calculado com base nos salários de contribuição das atividades em relação às quais são atendidas as condições do benefício requerido; e *b)* um percentual da medida do salário de contribuição de cada uma das demais atividades, equivalente à relação entre o número de meses completos de contribuição e os do período da carência do benefício requerido; e III – quando se tratar de benefício por tempo de contribuição, o percentual de que trata a alínea b do inciso anterior será o resultante da relação entre os anos completos de atividade e o número de anos de contribuição considerado para a concessão do benefício.
§ 1º O disposto neste artigo não se aplica ao segurado que, em obediência ao limite máximo do salário de contribuição, contribuiu apenas por uma das atividades concominantes.	
~~§ 2º Quando o exercício de uma das atividades concomitantes se desdobrar por atividades sucessivas, o tempo a ser considerado para os efeitos deste artigo será a soma dos períodos de contribuição correspondentes.~~ *(Revogado pelo Decreto 10.410/2020)*	§ 2º Quando o exercício de uma das atividades concomitantes se desdobrar por atividades sucessivas, o tempo a ser considerado para os efeitos deste artigo será a soma dos períodos de contribuição correspondentes.
~~§ 3º Se o segurado se afastar de uma das atividades antes da data do requerimento ou do óbito, porém em data abrangida pelo período básico de cálculo do salário de benefício, o respectivo salário de contribuição será computado, observadas, conforme o caso, as normas deste artigo.~~ *(Revogado pelo Decreto 10.410/2020)*	§ 3º Se o segurado se afastar de uma das atividades antes da data do requerimento ou do óbito, porém em data abrangida pelo período básico de cálculo do salário de benefício, o respectivo salário de contribuição será computado, observadas, conforme o caso, as normas deste artigo.

Nova Redação	Antiga Redação
~~§ 4º O percentual a que se referem a alínea b do inciso II e o inciso III do caput não pode ser superior a cem por cento do limite máximo do salário de contribuição.~~ *(Revogado pelo Decreto 10.410/2020)*	§ 4º O percentual a que se referem a alínea b do inciso II e o inciso III do caput não pode ser superior a cem por cento do limite máximo do salário de contribuição.
§ 5º Na hipótese prevista no § 3º do art. 73, o salário de benefício do auxílio por incapacidade temporária será calculado com base na soma dos salários de contribuição referentes às atividades para as quais o segurado seja considerado incapacitado. *(Redação dada pelo Decreto 10.410/2020)*	§ 5º No caso do § 3º do art. 73, o salário de benefício da aposentadoria por invalidez deve corresponder à soma das parcelas seguintes:
I e II – *(Revogados pelo Decreto 10.410/2020)*	I – o valor do salário de benefício do auxílio-doença a ser transformado em aposentadoria por invalidez, reajustado na forma do § 6º do art. 32; e II – o valor correspondente ao percentual da média dos salários de contribuição de cada uma das demais atividades não consideradas no cálculo do auxílio-doença a ser transformado, percentual este equivalente à relação entre os meses completos de contribuição, até o máximo de doze, e os estipulados como período de carência para aposentadoria por invalidez.
§ 6º *(Revogado pelo Decreto 10.410/2020)*	§ 6º Não se aplica o disposto neste artigo ao segurado que tenha sofrido redução dos salários de contribuição das atividades concomitantes em respeito ao limite desse salário.

Seção IV
Da Renda Mensal do Benefício

Art. 35. A renda mensal do benefício de prestação continuada que substituir o salário de contribuição ou o rendimento do trabalho do segurado não terá valor inferior ao salário mínimo nem superior ao limite máximo do salário-de contribuição, exceto no caso previsto no art. 45.

Nova Redação	Antiga Redação
§ 1º A renda mensal inicial pro rata dos benefícios por totalização, concedidos com base em acordos internacionais, será proporcional ao tempo de contribuição para previdência social brasileira e poderá ter valor inferior ao do salário-mínimo. *(Redação dada pelo Decreto 10.410/2020)*	§ 1º A renda mensal dos benefícios por totalização, concedidos com base em acordos internacionais de previdência social, pode ter valor inferior ao do salário mínimo.
§ 2º *(Revogado pelo Decreto 10.410/2020)*	§ 2º A renda mensal inicial, apurada na forma do § 9º do art. 32, será reajustada pelos índices de reajustamento aplicados aos benefícios, até a data da entrada do requerimento, não sendo devido qualquer pagamento relativamente a período anterior a esta data.

§ 3º No hipótese de a média apurada na forma do art. 32 resultar superior ao limite máximo do salário de contribuição vigente no mês de início do benefício, a diferença percentual entre esta média e o referido limite será incorporada ao valor do benefício juntamente com o primeiro reajuste do mesmo após a concessão, observado que nenhum benefício assim reajustado poderá superar o limite máximo do salário de contribuição vigente na competência em que ocorrer o reajuste.

Art. 36. No cálculo do valor da renda mensal de benefício serão computados:

Nova Redação	Antiga Redação
I - para o segurado empregado, inclusive o doméstico, e o trabalhador avulso, os salários de contribuição referentes aos meses de contribuições devidas, ainda que não recolhidas pela empresa ou pelo empregador doméstico, observado o disposto no art. 19-E, sem prejuízo da respectiva cobrança e da aplicação das penalidades cabíveis; e *(Redação dada pelo Decreto 10.410/2020)*	I – para o segurado empregado e o trabalhador avulso, os salários de contribuição referentes aos meses de contribuições devidas, ainda que não recolhidas pela empresa, sem prejuízo da respectiva cobrança e da aplicação das penalidades cabíveis; e
II - para o segurado empregado, inclusive o doméstico, o trabalhador avulso e o segurado especial, o valor do auxílio-acidente será considerado como salário de contribuição para fins de concessão de qualquer aposentadoria, nos termos do disposto no § 8º do art. 32. *(Redação dada pelo Decreto 10.410/2020)*	II – para o segurado empregado, o trabalhador avulso e o segurado especial, o valor do auxílio-acidente, considerado como salário de contribuição para fins de concessão de qualquer aposentadoria, nos termos do § 8º do art. 32.

Nova Redação	Antiga Redação
§ 1º Para os demais segurados, somente serão computados os salários de contribuição referentes aos meses de contribuição efetivamente recolhida, observado o disposto no art. 19-E. *(Redação dada pelo Decreto 10.410/2020)*	§ 1º Para os demais segurados somente serão computados os salários de contribuição referentes aos meses de contribuição efetivamente recolhida.
§ 2º No caso de segurado empregado, inclusive o doméstico, e de trabalhador avulso que tenham cumprido todas as condições para a concessão do benefício pleiteado, mas não possam comprovar o valor dos seus salários de contribuição no período básico de cálculo, será considerado, para o cálculo do benefício referente ao período sem comprovação do valor do salário de contribuição, o valor do salário-mínimo e essa renda será recalculada quando da apresentação de prova dos salários de contribuição. *(Redação dada pelo Decreto 10.410/2020)*	§ 2º No caso de segurado empregado ou de trabalhador avulso que tenham cumprido todas as condições para a concessão do benefício pleiteado, mas não possam comprovar o valor dos seus salários de contribuição no período básico de cálculo, considerar-se-á para o cálculo do benefício, no período sem comprovação do valor do salário de contribuição, o valor do salário mínimo, devendo esta renda ser recalculada quando da apresentação de prova dos salários de contribuição. (Parágrafo com redação dada pelo Decreto nº 3.265, de 29/11/1999)
§ 3º Na hipótese de jornada de trabalho parcial ou intermitente, a aplicação do disposto no § 2º fica condicionada à apresentação do contrato de trabalho do qual conste a remuneração contratada ou a demonstração das remunerações auferidas que possibilite a verificação do valor do salário de contribuição para fins de aplicação do disposto no art. 19-E. *(Redação dada pelo Decreto 10.410/2020)*	§ 3º Para o segurado empregado doméstico que, mesmo tendo satisfeito as condições exigidas para a concessão do benefício requerido, não possa comprovar o efetivo recolhimento das contribuições devidas, será concedido o benefício de valor mínimo, devendo sua renda ser recalculada quando da apresentação da prova de recolhimento das contribuições.
§ 4º Na hipótese prevista no § 2º, após a concessão do benefício, o INSS notificará a Secretaria Especial da Receita Federal do Brasil do Ministério da Economia por meio eletrônico, para que esta adote as providências a que se referem os art. 238 ao art. 243, o art. 245 e o art. 246. *(Redação dada pelo Decreto 10.410/2020)*	§ 4º Nos casos dos §§ 2º e 3º, após a concessão do benefício, o órgão concessor deverá notificar o setor de arrecadação do Instituto Nacional do Seguro Social, para adoção das providências previstas nos arts. 238 a 246.

Nova Redação	Antiga Redação
§ 5º Sem prejuízo do disposto no § 2º, cabe à previdência social manter cadastro dos segurados com os informes necessários para o cálculo de sua renda mensal. *(Redação dada pelo Decreto 10.410/2020)*	§ 5º Sem prejuízo do disposto nos §§ 2º e 3º, cabe à previdência social manter cadastro dos segurados com todos os informes necessários para o cálculo da renda mensal.

§ 6º Para o segurado especial que não contribui facultativamente, o disposto no inciso II será aplicado somando-se ao valor da aposentadoria a renda mensal do auxílio-acidente vigente na data de início da referida aposentadoria, não sendo, neste caso, aplicada a limitação contida no inciso I do § 2º do art. 39 e do art. 183.

Nova Redação	Antiga Redação
~~§ 7º A renda mensal inicial da aposentadoria por invalidez concedida por transformação de auxílio-doença será de cem por cento do salário de benefício que serviu de base para o cálculo da renda mensal inicial do auxílio-doença, reajustado pelos mesmos índices de correção dos benefícios em geral.~~ *(Revogado pelo Decreto 10.410/2020)*	§ 7º A renda mensal inicial da aposentadoria por invalidez concedida por transformação de auxílio-doença será de cem por cento do salário de benefício que serviu de base para o cálculo da renda mensal inicial do auxílio-doença, reajustado pelos mesmos índices de correção dos benefícios em geral.

Art. 37. A renda mensal inicial, recalculada de acordo com o disposto nos §§ 2º e 3º do art. 36, deve ser reajustada como a dos benefícios correspondentes com igual data de início e substituirá, a partir da data do requerimento de revisão do valor do benefício, a renda mensal que prevalecia até então.

Parágrafo único. Para fins da substituição de que trata o *caput*, o requerimento de revisão deve ser aceito pelo Instituto Nacional do Seguro Social a partir da concessão do benefício em valor provisório e processado quando da apresentação de prova dos salários de contribuição ou de recolhimento das contribuições.

Nova Redação	Antiga Redação
Art. 38. ~~Para o cálculo da renda mensal do benefício referido no inciso III do caput do art. 39, deverá ser considerado o tempo de contribuição de que trata o art. 60.~~ *(Revogado pelo Decreto 10.410/2020)*	**Art. 38.** Para o cálculo da renda mensal do benefício referido no inciso III do caput do art. 39, deverá ser considerado o tempo de contribuição de que trata o art. 60.
Art. 39. A renda mensal inicial do benefício será calculada a partir da aplicação dos percentuais definidos neste Regulamento, para cada espécie, sobre o salário de benefício. *(Redação dada pelo Decreto 10.410/2020)*	**Art. 39.** A renda mensal do benefício de prestação continuada será calculada aplicando-se sobre o salário de benefício os seguintes percentuais:

Nova Redação	Antiga Redação
~~I – auxílio-doença – noventa e um por cento do salário de benefício;~~ *(Revogado pelo Decreto 10.410/2020)*	I – auxílio-doença – noventa e um por cento do salário de benefício;
~~II – aposentadoria por invalidez – cem por cento do salário de benefício;~~ *(Revogado pelo Decreto 10.410/2020)*	II – aposentadoria por invalidez – cem por cento do salário de benefício;
~~III – aposentadoria por idade – setenta por cento do salário de benefício, mais um por cento deste por grupo de doze contribuições mensais, até o máximo de trinta por cento;~~ *(Revogado pelo Decreto 10.410/2020)*	III – aposentadoria por idade – setenta por cento do salário de benefício, mais um por cento deste por grupo de doze contribuições mensais, até o máximo de trinta por cento;
~~IV – aposentadoria por tempo de contribuição:~~ *(Revogado pelo Decreto 10.410/2020)*	IV – aposentadoria por tempo de contribuição:
~~*a)* para a mulher – cem por cento do salário de benefício aos trinta anos de contribuição;~~	*a)* para a mulher – cem por cento do salário de benefício aos trinta anos de contribuição;
~~*b)* para o homem – cem por cento do salário de benefício aos trinta e cinco anos de contribuição; e~~	*b)* para o homem – cem por cento do salário de benefício aos trinta e cinco anos de contribuição; e
~~*c)* cem por cento do salário de benefício, para o professor aos trinta anos, e para a professora aos vinte e cinco anos de contribuição e de efetivo exercício em função de magistério na educação infantil, no ensino fundamental ou no ensino médio;~~	*c)* cem por cento do salário de benefício, para o professor aos trinta anos, e para a professora aos vinte e cinco anos de contribuição e de efetivo exercício em função de magistério na educação infantil, no ensino fundamental ou no ensino médio;
~~*d)* cem por cento do salário de benefício, para o segurado que comprovar, na condição de pessoa com deficiência, o tempo de contribuição disposto no art. 70-B; (Incluído pelo Decreto nº 8.145, de 2013)~~	*d)* cem por cento do salário de benefício, para o segurado que comprovar, na condição de pessoa com deficiência, o tempo de contribuição disposto no art. 70-B; (Incluído pelo Decreto nº 8.145, de 2013)
~~V – aposentadoria especial – cem por cento do salário de benefício; e~~ *(Revogado pelo Decreto 10.410/2020)*	V – aposentadoria especial – cem por cento do salário de benefício; e

Nova Redação	Antiga Redação
~~VI – auxílio-acidente – cinquenta por cento do salário de benefício.~~ *(Revogado pelo Decreto 10.410/2020)*	VI – auxílio-acidente – cinquenta por cento do salário de benefício.
§ 1º Para fins da aplicação dos percentuais a que se refere o *caput*, presume-se como efetivado o recolhimento correspondente, quando se tratar de segurado empregado, inclusive o doméstico, e de trabalhador avulso, observado o disposto no art. 19-E. *(Redação dada pelo Decreto 10.410/2020)*	§ 1º Para efeito do percentual de acréscimo de que trata o inciso III do caput, assim considerado o relativo a cada grupo de doze contribuições mensais, presumir-se-á efetivado o recolhimento correspondente, quando se tratar de segurado empregado ou trabalhador avulso.
§ 2º Para os segurados especiais, inclusive os com deficiência, é garantida a concessão, alternativamente: (Redação dada pelo Decreto nº 8.145, de 2013)	
I - de aposentadoria por idade do trabalhador rural ou por incapacidade permanente, de auxílio por incapacidade temporária, de auxílio-reclusão ou de pensão por morte, no valor de um salário-mínimo, observado o disposto no inciso III do *caput* do art. 30, e de auxílio-acidente, observado o disposto no art. 104; ou *(Redação dada pelo Decreto 10.410/2020)*	I – de aposentadoria por idade ou por invalidez, de auxílio-doença, de auxílio-reclusão ou de pensão por morte, no valor de um salário mínimo, observado o disposto no inciso III do art. 30; ou
II – dos benefícios especificados neste Regulamento, observados os critérios e a forma de cálculo estabelecidos, desde que contribuam, facultativamente, de acordo com o disposto no § 2º do art. 200.	
§ 3º O valor mensal da pensão por morte e do auxílio-reclusão será apurado em conformidade com o disposto, respectivamente, nos art. 106 e art. 117. *(Redação dada pelo Decreto 10.410/2020)*	§ 3º O valor mensal da pensão por morte ou do auxílio-reclusão será de cem por cento do valor da aposentadoria que o segurado recebia ou daquela a que teria direito se estivesse aposentado por invalidez na data de seu falecimento, observado o disposto no § 8º do art. 32.
§ 4º Se, na data do óbito, o segurado estiver recebendo aposentadoria e auxílio-acidente, o valor mensal da pensão por morte será calculado conforme o disposto no art. 106, sem a incorporação do valor do auxílio-acidente. *(Redação dada pelo Decreto 10.410/2020)*	§ 4º Se na data do óbito o segurado estiver recebendo aposentadoria e auxílio-acidente, o valor mensal da pensão por morte será calculado conforme o disposto no parágrafo anterior, não incorporando o valor do auxílio-acidente.

Nova Redação	Antiga Redação
§ 5º Após a cessação do auxílio por incapacidade temporária decorrente de acidente de qualquer natureza ou causa, independentemente de o segurado ter retornado ou não ao trabalho, se houver agravamento ou sequela que resulte na reabertura do benefício, a renda mensal será igual a noventa e um por cento do valor do salário de benefício do auxílio por incapacidade temporária cessado, observado o disposto no § 23 do art. 32, corrigido até o mês anterior ao da reabertura do benefício pelos mesmos índices de correção empregados no cálculo dos benefícios em geral. *(Redação dada pelo Decreto 10.410/2020)*	§ 5º Após a cessação do auxílio-doença decorrente de acidente de qualquer natureza ou causa, tendo o segurado retornado ou não ao trabalho, se houver agravamento ou sequela que resulte na reabertura do benefício, a renda mensal será igual a noventa e um por cento do salário de benefício do auxílio-doença cessado, corrigido até o mês anterior ao da reabertura do benefício, pelos mesmos índices de correção dos benefícios em geral.
§ 6º A renda mensal inicial das aposentadorias dos segurados que tenham contribuído exclusivamente na forma prevista no § 2º do art. 21 da Lei nº 8.212, de 1991, corresponderá ao salário-mínimo e, nas demais hipóteses, será aplicado o disposto no art. 32 ou no art. 188-E, conforme o caso. *(Acrescido pelo Decreto 10.410/2020)*	⊗ Dispositivo sem correspondência na antiga redação.

Seção V
Do Reajustamento do Valor do Benefício

Art. 40. É assegurado o reajustamento dos benefícios para preservar-lhes, em caráter permanente, o valor real da data de sua concessão.

§ 1º Os valores dos benefícios em manutenção serão reajustados, anualmente, na mesma data do reajuste do salário mínimo, pro rata, de acordo com suas respectivas datas de início ou do último reajustamento, com base no Índice Nacional de Preços ao Consumidor – INPC, apurado pela Fundação Instituto Brasileiro de Geografia e Estatística – IBGE. (Parágrafo com redação dada pelo Decreto nº 6.042, de 12/2/2007)

§ 2º Os benefícios com renda mensal superior a um salário mínimo serão pagos do primeiro ao quinto dia útil do mês subsequente ao de sua competência, observada a distribuição proporcional do número de beneficiários por dia de pagamento. (Parágrafo com redação dada pelo Decreto nº 6.722, de 30/12/2008)

§ 3º (Revogado pelo Decreto nº 6.042, de 12/2/2007)

§ 4º Os benefícios com renda mensal no valor de até um salário mínimo serão pagos no período compreendido entre o quinto dia útil que anteceder o final do mês de sua competência e o quinto dia útil do mês subsequente, observada a distribuição proporcional dos beneficiários por dia de pagamento. (Parágrafo acrescido pelo Decreto nº 4.729, de 9/6/2003 e com nova redação dada pelo Decreto nº 6.722, de 30/12/2008)

§ 5º Para os efeitos dos §§ 2º e 4º, considera-se dia útil aquele de expediente bancário com horário normal de atendimento. (Parágrafo acrescido pelo Decreto nº 6.722, de 30/12/2008)

§ 6º Para os benefícios que tenham sido majorados devido à elevação do salário mínimo, o referido aumento deverá ser compensado no momento da aplicação do disposto no § 1º, de acordo com normas a serem baixadas pelo Ministério da Previdência Social. (Parágrafo acrescido pelo Decreto nº 6.722, de 30/12/2008)

Art. 41. O valor mensal do abono de permanência em serviço, do auxílio-suplementar e do auxílio-acidente será reajustado na forma do disposto no art. 40 e não varia de acordo com o salário de contribuição do segurado.

Art. 42. Nenhum benefício reajustado poderá exceder o limite máximo do salário de benefício na data do reajustamento, respeitados os direitos adquiridos, nem inferior ao valor de um salário mínimo. (*Caput* do artigo com redação dada pelo Decreto nº 6.722, de 30/12/2008)

Parágrafo único. O auxílio-acidente, o abono de permanência em serviço, o auxílio-suplementar o salário-família e a parcela a cargo do Regime Geral de Previdência Social dos benefícios por totalização, concedidos com base em acordos internacionais de previdência social, poderão ter valor inferior ao do salário mínimo.

Nova Redação	Antiga Redação
Seção VI **Dos benefícios** *(Redação dada pelo Decreto 10.410/2020)* ***Subseção I*** ***Da aposentadoria por incapacidade permanente*** *(Redação dada pelo Decreto 10.410/2020)*	**Seção VI** **Dos Benefícios** ***Subseção I*** ***Da Aposentadoria por Invalidez***
Art. 43. A aposentadoria por incapacidade permanente, uma vez cumprido o período de carência exigido, quando for o caso, será devida ao segurado que, em	**Art. 43.** A aposentadoria por invalidez, uma vez cumprida a carência exigida, quando for o caso, será devida ao segurado que, estando ou não em gozo de

Nova Redação	Antiga Redação
gozo ou não de auxílio por incapacidade temporária, for considerado incapaz para o trabalho e insuscetível de reabilitação para o exercício de atividade que lhe garanta a subsistência, que lhe será paga enquanto permanecer nessa condição. *(Redação dada pelo Decreto 10.410/2020)*	auxílio-doença, for considerado incapaz para o trabalho e insuscetível de reabilitação para o exercício de atividade que lhe garanta a subsistência, e ser-lhe-á paga enquanto permanecer nessa condição.
§ 1º A concessão de aposentadoria por incapacidade permanente dependerá da verificação da condição de incapacidade por meio de exame médico-pericial a cargo da Perícia Médica Federal, de modo que o segurado possa, às suas expensas, ser acompanhado por médico de sua confiança. *(Redação dada pelo Decreto 10.410/2020)*	§ 1º A concessão de aposentadoria por invalidez dependerá da verificação da condição de incapacidade, mediante exame médico-pericial a cargo da previdência social, podendo o segurado, às suas expensas, fazer-se acompanhar de médico de sua confiança.
§ 2º A doença ou lesão de que o segurado já era portador ao filiar-se ao RGPS não lhe conferirá direito à aposentadoria por incapacidade permanente, exceto quando a incapacidade sobrevier por motivo de progressão ou agravamento dessa doença ou lesão. *(Redação dada pelo Decreto 10.410/2020)*	§ 2º A doença ou lesão de que o segurado já era portador ao filiar-se ao Regime Geral de Previdência Social não lhe conferirá direito à aposentadoria por invalidez, salvo quando a incapacidade sobrevier por motivo de progressão ou agravamento dessa doença ou lesão.
Art. 44. A aposentadoria por incapacidade permanente será devida a partir do dia imediato ao da cessação do auxílio por incapacidade temporária, ressalvado o disposto no § 1º, e consistirá em renda mensal decorrente da aplicação dos seguintes percentuais incidentes sobre o salário de benefício, definido na forma do disposto no art. 32: *(Redação dada pelo Decreto 10.410/2020)*	**Art. 44.** A aposentadoria por invalidez consiste numa renda mensal calculada na forma do inciso II do caput do art. 39 e será devida a contar do dia imediato ao da cessação do auxílio-doença, ressalvado o disposto no § 1º.
I - sessenta por cento, com acréscimo de dois pontos percentuais para cada ano de contribuição que exceder o tempo de vinte anos de contribuição, para os homens, ou quinze anos de contribuição, para as mulheres; ou *(Acrescido pelo Decreto 10.410/2020)*	⊗ Dispositivo sem correspondência na antiga redação.

<table>
<tr><th>Nova Redação</th><th>Antiga Redação</th></tr>
<tr><td>II - cem por cento, quando a aposentadoria decorrer de: (Acrescido pelo Decreto 10.410/2020)</td><td rowspan="4">⊗ Dispositivo sem correspondência na antiga redação.</td></tr>
<tr><td>a) acidente de trabalho;</td></tr>
<tr><td>b) doença profissional; ou</td></tr>
<tr><td>c) doença do trabalho.</td></tr>
<tr><td>§ 1º Na hipótese de a perícia médica inicial concluir pela existência de incapacidade total e definitiva para o trabalho, a aposentadoria por incapacidade permanente será devida: (Redação dada pelo Decreto 10.410/2020)</td><td>§ 1º Concluindo a perícia médica inicial pela existência de incapacidade total e definitiva para o trabalho, a aposentadoria por invalidez será devida:</td></tr>
<tr><td colspan="2">I – ao segurado empregado a contar do décimo sexto dia do afastamento da atividade ou a partir da data da entrada do requerimento, se entre o afastamento e a entrada do requerimento decorrerem mais de trinta dias; e (Inciso com redação dada pelo Decreto nº 3.265, de 29/11/1999)</td></tr>
<tr><td colspan="2">II – ao segurado empregado doméstico, contribuinte individual, trabalhador avulso, especial ou facultativo, a contar da data do início da incapacidade ou da data da entrada do requerimento, se entre essas datas decorrerem mais de trinta dias. (Inciso com redação dada pelo Decreto nº 3.265, de 29/11/1999)</td></tr>
<tr><td colspan="2">§ 2º Durante os primeiros quinze dias de afastamento consecutivos da atividade por motivo de invalidez, caberá à empresa pagar ao segurado empregado o salário. (Parágrafo com redação dada pelo Decreto nº 3.265, de 29/11/1999)</td></tr>
<tr><td>§ 3º A concessão de aposentadoria por incapacidade permanente, inclusive quando precedida de auxílio por incapacidade temporária concedido na forma prevista no art. 73, fica condicionada ao afastamento do segurado de todas as suas atividades. (Redação dada pelo Decreto 10.410/2020)</td><td>§ 3º A concessão de aposentadoria por invalidez, inclusive mediante transformação de auxílio-doença concedido na forma do art. 73, está condicionada ao afastamento de todas as atividades.</td></tr>
<tr><td>Art. 45. O valor da aposentadoria por incapacidade permanente do segurado que necessitar da assistência permanente de outra pessoa será acrescido de vinte e cinco por cento, observada a relação constante do Anexo I, e: (Redação dada pelo Decreto 10.410/2020)</td><td>Art. 45. O valor da aposentadoria por invalidez do segurado que necessitar da assistência permanente de outra pessoa será acrescido de vinte e cinco por cento, observada a relação constante do Anexo I, e:</td></tr>
</table>

Nova Redação	Antiga Redação
I – devido ainda que o valor da aposentadoria atinja o limite máximo legal; e	
II – recalculado quando o benefício que lhe deu origem for reajustado.	
Parágrafo único. O acréscimo de que trata o *caput* cessará com a morte do aposentado, não sendo incorporado ao valor da pensão por morte.	
Art. 46. O segurado aposentado por incapacidade permanente poderá ser convocado a qualquer momento para avaliação das condições que ensejaram o afastamento ou a aposentadoria, concedida judicial ou administrativamente, sem prejuízo do disposto no § 1º e sob pena de suspensão do benefício. *(Redação dada pelo Decreto 10.410/2020)*	**Art. 46.** O segurado aposentado por invalidez está obrigado, a qualquer tempo, sem prejuízo do disposto no parágrafo único e independentemente de sua idade e sob pena de suspensão do benefício a submeter-se a exame médico a cargo da previdência social, processo de reabilitação profissional por ela prescrito e custeado e tratamento dispensado gratuitamente, exceto o cirúrgico e a transfusão de sangue, que são facultativos.
§ 1º Observado o disposto no *caput*, o aposentado por incapacidade permanente fica obrigado, sob pena de suspensão do pagamento do benefício, a submeter-se a exame médico-pericial pela Perícia Médica Federal, a processo de reabilitação profissional a cargo do INSS e a tratamento dispensado gratuitamente, exceto o cirúrgico e a transfusão de sangue, que são facultativos. *(Acrescido pelo Decreto 10.410/2020)*	Parágrafo único. Observado o disposto no caput, o aposentado por invalidez fica obrigado sob pena de sustação do pagamento do benefício, a submeter-se a exames médico-periciais, a realizarem-se bienalmente.
§ 2º O aposentado por incapacidade permanente que não tenha retornado à atividade estará isento do exame médico-pericial de que trata este artigo: *(Acrescido pelo Decreto 10.410/2020)*	⊗ Dispositivo sem correspondência na antiga redação.
I - após completar cinquenta e cinco anos de idade e quando decorridos quinze anos da data de concessão da aposentadoria por incapacidade permanente ou do auxílio por incapacidade temporária que a tenha precedido; ou	
II - após completar sessenta anos de idade.	

Nova Redação	Antiga Redação
§ 3º A isenção de que trata o § 2º não se aplica quando o exame tem as seguintes finalidades: *(Acrescido pelo Decreto 10.410/2020)*	⊗ Dispositivo sem correspondência na antiga redação.
I - verificação da necessidade de assistência permanente de outra pessoa para a concessão do acréscimo de vinte e cinco por cento sobre o valor do benefício, nos termos do disposto no art. 45;	
II - verificação da recuperação da capacidade laborativa, por meio de solicitação do aposentado que se julgar apto; ou	
III - subsídios à autoridade judiciária na concessão de curatela, observado o disposto no § 4º do art. 162.	
§ 4º O aposentado por incapacidade permanente, ainda que tenha implementado as condições de que o trata o § 2º, será submetido ao exame médico-pericial de que trata este artigo quando necessário para apuração de fraude. *(Acrescido pelo Decreto 10.410/2020)*	⊗ Dispositivo sem correspondência na antiga redação.
§ 5º O segurado com síndrome da imunodeficiência adquirida (aids) fica dispensado da avaliação de que trata o *caput*, observado o disposto nos § 3º e § 4º. *(Acrescido pelo Decreto 10.410/2020)*	⊗ Dispositivo sem correspondência na antiga redação.
§ 6º A Perícia Médica Federal terá acesso aos prontuários médicos do segurado registrados no Sistema Único de Saúde - SUS, desde que haja anuência prévia do periciado e seja garantido o sigilo sobre os seus dados. *(Acrescido pelo Decreto 10.410/2020)*	⊗ Dispositivo sem correspondência na antiga redação.
§ 7º O atendimento domiciliar e hospitalar é assegurado pela Perícia Médica Federal e pelo serviço social ao segurado com dificuldade de locomoção, quando	⊗ Dispositivo sem correspondência na antiga redação.

Nova Redação	Antiga Redação
o seu deslocamento, em razão de sua limitação funcional e de condições de acessibilidade, lhe impuser ônus desproporcional e indevido. *(Acrescido pelo Decreto 10.410/2020)*	
Art. 47. O aposentado por incapacidade permanente que se julgar apto a retornar à atividade deverá solicitar ao INSS a realização de nova avaliação médico-pericial. *(Redação dada pelo Decreto 10.410/2020)*	**Art. 47.** O aposentado por invalidez que se julgar apto a retornar à atividade deverá solicitar a realização de nova avaliação médico-pericial.
Parágrafo único. Na hipótese de a Perícia Médica Federal concluir pela recuperação da capacidade laborativa, a aposentadoria do segurado será cancelada, observado o disposto no art. 49. *(Redação dada pelo Decreto 10.410/2020)*	Parágrafo único. Se a perícia médica do Instituto Nacional do Seguro Social concluir pela recuperação da capacidade laborativa, a aposentadoria será cancelada, observado o disposto no art. 49.
Art. 48. O aposentado por incapacidade permanente que retornar voluntariamente à atividade terá a sua aposentadoria automaticamente cessada, a partir da data de seu retorno, observado o disposto no art. 179. *(Redação dada pelo Decreto 10.410/2020)*	**Art. 48.** O aposentado por invalidez que retornar voluntariamente à atividade terá sua aposentadoria automaticamente cessada, a partir da data do retorno.
Art. 49. Verificada a recuperação da capacidade laborativa do aposentado por incapacidade permanente, exceto na hipótese prevista no art. 48, serão observadas as seguintes normas: *(Redação dada pelo Decreto 10.410/2020)*	**Art. 49.** Verificada a recuperação da capacidade de trabalho do aposentado por invalidez, excetuando-se a situação prevista no art. 48, serão observadas as normas seguintes:
I - quando a recuperação for total e ocorrer no prazo de cinco anos, contado da data de início da aposentadoria por incapacidade permanente ou do auxílio por incapacidade temporária que a antecedeu sem interrupção, o benefício cessará: *(Redação dada pelo Decreto 10.410/2020)*	I – quando a recuperação for total e ocorrer dentro de cinto anos contados da data do início da aposentadoria por invalidez ou do auxílio-doença que a antecedeu sem interrupção, o benefício cessará:

a) de imediato, para o segurado empregado que tiver direito a retornar à função que desempenhava na empresa ao se aposentar, na forma da legislação trabalhista, valendo como documento, para tal fim, o certificado de capacidade fornecido pela previdência social; ou

Nova Redação	Antiga Redação
b) após tantos meses quantos forem os anos de duração do auxílio por incapacidade temporária e da aposentadoria por incapacidade permanente, para os demais segurados; e	*b)* após tantos meses quantos forem os anos de duração do auxílio-doença e da aposentadoria por invalidez, para os demais segurados; e

II – quando a recuperação for parcial ou ocorrer após o período previsto no inciso I, ou ainda quando o segurado for declarado apto para o exercício de trabalho diverso do qual habitualmente exercia, a aposentadoria será mantida, sem prejuízo da volta à atividade:

a) pelo seu valor integral, durante seis meses contados da data em que for verificada a recuperação da capacidade;

b) com redução de cinquenta por cento, no período seguinte de seis meses; e

c) com redução de setenta e cinco por cento, também por igual período de seis meses, ao término do qual cessará definitivamente.

Art. 50. O segurado que retomar à atividade poderá requerer, a qualquer tempo, novo benefício, tendo este processamento normal.

Nova Redação	Antiga Redação
§ 1º Observado o disposto no art. 167, caso haja requerimento de novo benefício durante os períodos a que se refere o art. 49, caberá ao segurado optar por um dos benefícios, assegurada a opção pelo benefício mais vantajoso. *(Acrescido pelo Decreto 10.410/2020)* COMENTÁRIO EM VÍDEO:	Parágrafo único. Se o segurado requerer qualquer benefício durante o período citado no artigo anterior, a aposentadoria por invalidez somente será cessada, para a concessão do novo benefício, após o cumprimento do período de que tratam as alíneas b do inciso I e a do inciso II do art. 49.
§ 2º Na hipótese de opção pelo recebimento de novo benefício nos termos do disposto no § 1º, cuja duração se encerre antes da cessação do benefício decorrente do disposto no art. 49, o pagamento deste poderá ser restabelecido pelo período remanescente, respeitadas as reduções correspondentes. *(Acrescido pelo Decreto 10.410/2020)*	⊗ Dispositivo sem correspondência na antiga redação.

Nova Redação	Antiga Redação
Subseção II ***Da aposentadoria programada*** *(Redação dada pelo Decreto 10.410/2020)*	***Subseção II*** ***Da Aposentadoria por Idade***
Art. 51. A aposentadoria programada, uma vez cumprido o período de carência exigido, será devida ao segurado que cumprir, cumulativamente, os seguintes requisitos: *(Redação dada pelo Decreto 10.410/2020)*	**Art. 51.** A aposentadoria por idade, uma vez cumprida a carência exigida, será devida ao segurado que completar sessenta e cinco anos de idade, se homem, ou sessenta, se mulher, reduzidos esses limites para sessenta e cinquenta e cinco anos de idade para os trabalhadores rurais, respectivamente homens e mulheres, referidos na alínea a do inciso I, na alínea j do inciso V e nos incisos VI e VII do caput do art. 9º, bem como para os segurados garimpeiros que trabalhem, comprovadamente, em regime de economia familiar, conforme definido no § 5º do art. 9º. (Caput do artigo com redação dada pelo Decreto nº 3.265, de 29/11/1999)
I - sessenta e dois anos de idade, se mulher, e sessenta e cinco anos de idade, se homem; e *(Acrescido pelo Decreto 10.410/2020)*	⊗ Dispositivo sem correspondência na antiga redação.
II - quinze anos de tempo de contribuição, se mulher, e vinte anos de tempo de contribuição, se homem. *(Acrescido pelo Decreto 10.410/2020)*	⊗ Dispositivo sem correspondência na antiga redação.
§ 1º Para fins de apuração do tempo de contribuição a que se refere o inciso II do *caput*, é vedada a inclusão de tempo fictício. *(Redação dada pelo Decreto 10.410/2020)*	§ 1º Para os efeitos do disposto no caput, o trabalhador rural deve comprovar o efetivo exercício de atividade rural, ainda que de forma descontínua, no período imediatamente anterior ao requerimento do benefício ou, conforme o caso, ao mês em que cumpriu o requisito etário, por tempo igual ao número de meses de contribuição correspondente à carência do benefício pretendido,

Nova Redação	Antiga Redação
	computado o período a que se referem os incisos III a VIII do § 8º do art. 9º. (Parágrafo acrescido pelo Decreto nº 6.722, de 30/12/2008)
§ 2º O período pelo qual os segurados contribuinte individual e facultativo tiverem contribuído na forma prevista no art. 199-A será considerado como tempo de contribuição, observada a restrição estabelecida em seu § 2º. *(Redação dada pelo Decreto 10.410/2020)*	§ 2º Os trabalhadores rurais de que trata o caput que não atendam ao disposto no § 1º, mas que satisfaçam essa condição, se forem considerados períodos de contribuição sob outras categorias do segurado, farão jus ao benefício ao completarem sessenta e cinco anos de idade, se homem, e sessenta anos, se mulher. (Parágrafo acrescido pelo Decreto nº 6.722, de 30/12/2008)
§ 3º e 4º *(Revogados pelo Decreto 10.410/2020)*	§ 3º Para efeito do § 2º, o cálculo da renda mensal do benefício será apurado na forma do disposto no inciso II do caput do art. 32, considerando-se como salário de contribuição mensal do período como segurado especial o limite mínimo do salário de contribuição da previdência social. (Parágrafo acrescido pelo Decreto nº 6.722, de 30/12/2008) § 4º Aplica-se o disposto nos §§ 2º e 3º ainda que na oportunidade do requerimento da aposentadoria o segurado não se enquadre como trabalhador rural. (Parágrafo acrescido pelo Decreto nº 6.722, de 30/12/2008)
Art. 52. A aposentadoria programada será devida: *(Redação dada pelo Decreto 10.410/2020)*	**Art. 52.** A aposentadoria por idade será devida:

I – ao segurado empregado, inclusive o doméstico:

a) a partir da data do desligamento do emprego, quando requerida até noventa dias depois dela; ou

b) a partir da data do requerimento, quando não houver desligamento do emprego ou quando for requerida após o prazo da alínea a; e

II – para os demais segurados, a partir da data da entrada do requerimento.

Nova Redação	Antiga Redação
Art. 53. O valor da aposentadoria programada corresponderá a sessenta por cento do salário de benefício definido na forma prevista no art. 32, com acréscimo de dois pontos percentuais para cada contribuição que exceder o tempo de vinte anos de contribuição, para os homens, ou de quinze anos de contribuição, para as mulheres." *(Redação dada pelo Decreto 10.410/2020)*	**Art. 53.** A aposentadoria por idade consiste numa renda mensal calculada na forma de inciso III do caput do art. 39.
Subseção II-A ***Da aposentadoria programada do professor*** *(Redação dada pelo Decreto 10.410/2020)*	⊗ Dispositivo sem correspondência na antiga redação.
Art. 54. Para o professor que comprove, exclusivamente, tempo de efetivo exercício em função de magistério na educação infantil, no ensino fundamental ou no ensino médio, desde que cumprido o período de carência exigido, será concedida a aposentadoria de que trata esta Subseção quando cumprir, cumulativamente, os seguintes requisitos: *(Redação dada pelo Decreto 10.410/2020)*	**Art. 54.** A aposentadoria por idade pode ser requerida pela empresa, desde que o segurado tenha cumprido a carência, quando este completar setenta anos de idade, se do sexo masculino, ou sessenta e cinco, se do sexo feminino, sendo compulsória, caso em que será garantida ao empregado a indenização prevista na legislação trabalhista, considerada como data da rescisão do contrato de trabalho a imediatamente anterior à do início da aposentadoria.
I - cinquenta e sete anos de idade, se mulher, e sessenta anos de idade, se homem; e *(Acrescido pelo Decreto 10.410/2020)*	⊗ Dispositivo sem correspondência na antiga redação.
II - vinte e cinco anos de contribuição, para ambos os sexos, em efetivo exercício na função a que se refere o *caput*. *(Acrescido pelo Decreto 10.410/2020)*	⊗ Dispositivo sem correspondência na antiga redação.
§ 1º O valor da aposentadoria de que trata este artigo será apurado na forma prevista no art. 53. *(Acrescido pelo Decreto 10.410/2020)*	⊗ Dispositivo sem correspondência na antiga redação.

Nova Redação	Antiga Redação
§ 2º Para fins de concessão da aposentadoria de que trata este artigo, considera-se função de magistério aquela exercida por professor em estabelecimento de ensino de educação básica em seus diversos níveis e modalidades, incluídas, além do exercício da docência, as funções de direção de unidade escolar e de coordenação e assessoramento pedagógicos. *(Acrescido pelo Decreto 10.410/2020)*	⊗ Dispositivo sem correspondência na antiga redação.
§ 3º A comprovação da condição de professor será feita por meio da apresentação: *(Acrescido pelo Decreto 10.410/2020)* I - do diploma registrado nos órgãos competentes federais e estaduais ou de documento que comprove a habilitação para o exercício do magistério, na forma prevista em lei específica; e II - dos registros em carteira profissional ou Carteira de Trabalho e Previdência Social complementados, quando for o caso, por declaração do estabelecimento de ensino no qual tenha sido exercida a atividade, sempre que essa informação for necessária para caracterização do efetivo exercício da função de magistério, nos termos do disposto no *caput*.	⊗ Dispositivo sem correspondência na antiga redação.
§ 4º É vedada a conversão de tempo de serviço de magistério, exercido em qualquer época, em tempo de serviço comum. *(Acrescido pelo Decreto 10.410/2020)*	⊗ Dispositivo sem correspondência na antiga redação.
§ 5º A aposentadoria de que trata este artigo será devida na forma prevista no art. 52. *(Acrescido pelo Decreto 10.410/2020)*	⊗ Dispositivo sem correspondência na antiga redação.

Art. 55. (Revogado pelo Decreto 6.722, de 30/12/2008).

Nova Redação	Antiga Redação
Subseção III ***Da aposentadoria por idade do trabalhador rural*** *(Redação dada pelo Decreto 10.410/2020)*	***Subseção III*** ***Da Aposentadoria por Tempo de Contribuição***
Art. 56. A aposentadoria por idade do trabalhador rural, uma vez cumprido o período de carência exigido, será devida aos segurados a que se referem a alínea "a" do inciso I, a alínea "j" do inciso V e os incisos VI e VII do *caput* do art. 9º e aos segurados garimpeiros que trabalhem, comprovadamente, em regime de economia familiar, conforme definido no § 5º do art. 9º, quando completarem cinquenta e cinco anos de idade, se mulher, e sessenta anos de idade, se homem. *(Redação dada pelo Decreto 10.410/2020)*	**Art. 56.** A aposentadoria por tempo de contribuição será devida ao segurado após trinta e cinco anos de contribuição, se homem, ou trinta anos, se mulher, observado o disposto no art. 199-A. (Caput do artigo com redação dada pelo Decreto nº 6.042, de 12/2/2007)
§ 1º Para fins do disposto no *caput*, o segurado a que se refere o inciso VII do *caput* do art. 9º comprovará o efetivo exercício de atividade rural, ainda que de forma descontínua, no período imediatamente anterior ao requerimento do benefício ou, conforme o caso, ao mês em que tiver cumprido o requisito etário, por tempo igual ao número de meses de contribuição correspondente à carência do benefício pretendido, computados os períodos pelos quais o segurado especial tenha recebido os rendimentos a que se referem os incisos III ao VIII do § 8º do art. 9º. *(Redação dada pelo Decreto 10.410/2020)*	§ 1º A aposentadoria por tempo de contribuição do professor que comprove, exclusivamente, tempo de efetivo exercício em função de magistério na educação infantil, no ensino fundamental ou no ensino médio, será devida ao professor aos trinta anos de contribuição e à professora aos vinte e cinco anos de contribuição. (Parágrafo com redação dada pelo Decreto nº 6.722, de 30/12/2008)
§ 2º O valor da renda mensal da aposentadoria de que trata este artigo para os trabalhadores rurais a que se referem a alínea "a" do inciso I, a alínea "j" do	§ 2º Para os fins do disposto no § 1º, considera-se função de magistério a exercida por professor, quando exercida em estabelecimento de educação básica

Nova Redação	Antiga Redação
inciso V e o inciso VI do *caput* do art. 9º, para o garimpeiro e para o segurado especial que contribua facultativamente corresponderá a setenta por cento do salário de benefício definido na forma prevista no art. 32, com acréscimo de um ponto percentual para cada ano de contribuição. *(Redação dada pelo Decreto 10.410/2020)*	em seus diversos níveis e modalidades, incluídas, além do exercício da docência, as funções de direção de unidade escolar e as de coordenação e assessoramento pedagógico. (Parágrafo com redação dada pelo Decreto nº 6.722, de 30/12/2008)
§ 3º O valor da renda mensal do benefício de que trata este artigo para os trabalhadores rurais a que se refere o inciso VII do *caput* do art. 9º será de um salário-mínimo. *(Redação dada pelo Decreto 10.410/2020)*	§ 3º Se mais vantajoso, fica assegurado o direito à aposentadoria, nas condições legalmente previstas na data do cumprimento de todos os requisitos previstos no caput, ao segurado que optou por permanecer em atividade.
§ 4º O segurado especial que contribui na forma prevista no § 2º do art. 200 somente fará jus à aposentadoria com valor apurado na forma prevista no § 2º deste artigo após o cumprimento do período de carência exigido, hipótese em que não será considerado como período de carência o tempo de atividade rural não contributivo. *(Redação dada pelo Decreto 10.410/2020)*	§ 4º Para efeito do disposto no parágrafo anterior, o valor inicial da aposentadoria, apurado conforme o § 9º do art. 32, será comparado com o valor da aposentadoria calculada na forma da regra geral deste Regulamento, mantendo-se o mais vantajoso, considerando-se como data de início do benefício a data da entrada do requerimento.
§ 5º A aposentadoria de que trata este artigo será devida na forma prevista no art. 52. *(Redação dada pelo Decreto 10.410/2020)*	§ 5º O segurado oriundo de regime próprio de previdência social que se filiar ao Regime Geral de Previdência Social a partir de 16 de dezembro de 1998 fará jus à aposentadoria por tempo de contribuição nos termos desta Subseção, não se lhe aplicando o disposto no art. 188. (Parágrafo acrescido pelo Decreto nº 3.265, de 29/11/1999)
Art. 57. Os trabalhadores rurais que não atendam ao disposto no art. 56 mas que satisfaçam essa condição, se considerados períodos de contribuição sob	**Art. 57.** A aposentadoria por tempo de contribuição consiste numa renda mensal calculada na forma do inciso IV do caput do art. 39.

Nova Redação	Antiga Redação
outras categorias de segurado, farão jus ao benefício ao atenderem os requisitos definidos nos incisos I e II do *caput* do art. 51. *(Redação dada pelo Decreto 10.410/2020)* **COMENTÁRIO EM VÍDEO:**	
§ 1º Para fins do disposto no *caput*, o valor da renda mensal da aposentadoria será apurado na forma do disposto no art. 53, considerando-se como salário de contribuição mensal do período como segurado especial o salário-mínimo. *(Acrescido pelo Decreto 10.410/2020)*	⊗ Dispositivo sem correspondência na antiga redação.
§ 2º O disposto neste artigo aplica-se ainda que, na oportunidade do requerimento da aposentadoria, o segurado não se enquadre como trabalhador rural. *(Acrescido pelo Decreto 10.410/2020)*	⊗ Dispositivo sem correspondência na antiga redação.
Art. 58. ~~A data do início de aposentadoria por tempo de contribuição será fixada conforme o disposto nos incisos I e II do art. 52.~~ *(Revogado pelo Decreto 10.410/2020)*	**Art. 58.** A data do início de aposentadoria por tempo de contribuição será fixada conforme o disposto nos incisos I e II do art. 52.
Art. 59. ~~Considera-se tempo de contribuição o tempo, contado de data a data, desde o início até a data do requerimento ou do desligamento de atividade abrangida pela previdência social, descontados os períodos legalmente estabelecidos como de suspensão de contrato de trabalho, de interrupção de exercício e de desligamento da atividade.~~ *(Revogado pelo Decreto 10.410/2020)*	**Art. 59.** Considera-se tempo de contribuição o tempo, contado de data a data, desde o início até a data do requerimento ou do desligamento de atividade abrangida pela previdência social, descontados os períodos legalmente estabelecidos como de suspensão de contrato de trabalho, de interrupção de exercício e de desligamento da atividade.

Nova Redação	Antiga Redação
~~§ 1º Cabe ao contribuinte individual comprovar a interrupção ou o encerramento da atividade pela qual vinha contribuindo, sob pena de ser considerado em débito no período sem contribuição. (Parágrafo acrescido pelo Decreto nº 4.729, de 9/6/2003)~~	§ 1º Cabe ao contribuinte individual comprovar a interrupção ou o encerramento da atividade pela qual vinha contribuindo, sob pena de ser considerado em débito no período sem contribuição. (Parágrafo acrescido pelo Decreto nº 4.729, de 9/6/2003)
~~§ 2º A comprovação da interrupção ou encerramento da atividade do contribuinte individual será feita, no caso dos segurados enquadrados nas alíneas j e l do inciso V do art. 9º, mediante declaração, ainda que extemporânea, e, para os demais, com base em distrato social, alteração contratual ou documento equivalente emitido por junta comercial, secretaria federal, estadual, distrital ou municipal ou por outros órgãos oficiais, ou outra forma admitida pelo INSS. (Parágrafo acrescido pelo Decreto nº 4.729, de 9/6/2003)~~	§ 2º A comprovação da interrupção ou encerramento da atividade do contribuinte individual será feita, no caso dos segurados enquadrados nas alíneas j e l do inciso V do art. 9º, mediante declaração, ainda que extemporânea, e, para os demais, com base em distrato social, alteração contratual ou documento equivalente emitido por junta comercial, secretaria federal, estadual, distrital ou municipal ou por outros órgãos oficiais, ou outra forma admitida pelo INSS. (Parágrafo acrescido pelo Decreto nº 4.729, de 9/6/2003)
Art. 60. ~~Até que lei específica discipline a matéria, são contados como tempo de contribuição, entre outros:~~ *(Revogado pelo Decreto 10.410/2020)*	**Art. 60.** Até que lei específica discipline a matéria, são contados como tempo de contribuição, entre outros:
~~I – o período de exercício de atividade remunerada abrangida pela previdência social urbana e rural, ainda que anterior à sua instituição, respeitado o disposto no inciso XVII;~~	I – o período de exercício de atividade remunerada abrangida pela previdência social urbana e rural, ainda que anterior à sua instituição, respeitado o disposto no inciso XVII;
~~II – O período de contribuição efetuada por segurado depois de ter deixado de exercer atividade remunerada que o enquadrava como segurado obrigatório de previdência social;~~	II – O período de contribuição efetuada por segurado depois de ter deixado de exercer atividade remunerada que o enquadrava como segurado obrigatório de previdência social;
~~III – o período em que o segurado esteve recebendo auxílio-doença ou aposentadoria por invalidez, entre períodos de atividade;~~	III – o período em que o segurado esteve recebendo auxílio-doença ou aposentadoria por invalidez, entre períodos de atividade;

Nova Redação	Antiga Redação
~~IV – o tempo de serviço militar, salvo se já contado para inatividade remunerada nas Forças Armadas ou auxiliares, ou para aposentadoria no serviço público federal, estadual, do Distrito Federal ou municipal, ainda que anterior à filiação ao Regime Geral de Previdência Social, nas seguintes condições:~~	IV – o tempo de serviço militar, salvo se já contado para inatividade remunerada nas Forças Armadas ou auxiliares, ou para aposentadoria no serviço público federal, estadual, do Distrito Federal ou municipal, ainda que anterior à filiação ao Regime Geral de Previdência Social, nas seguintes condições:
~~*a)* obrigatório ou voluntário; e~~	*a)* obrigatório ou voluntário; e
~~*b)* alternativo, assim considerado o atribuído pelas Forças Armadas àqueles que, após alistamento, alegarem imperativo de consciência, entendendo-se como tal o decorrente de crença religiosa e de convicção filosófica ou política, para se eximirem de atividades de caráter militar,~~	*b)* alternativo, assim considerado o atribuído pelas Forças Armadas àqueles que, após alistamento, alegarem imperativo de consciência, entendendo-se como tal o decorrente de crença religiosa e de convicção filosófica ou política, para se eximirem de atividades de caráter militar,
~~V – o período em que a segurada esteve recebendo salário-maternidade;~~	V – o período em que a segurada esteve recebendo salário-maternidade;
~~VI – o período de contribuição efetuada como segurado facultativo;~~	VI – o período de contribuição efetuada como segurado facultativo;
~~VII – o período de afastamento da atividade do segurado anistiado que, em virtude de motivação exclusivamente política, foi atingido por atos de exceção, institucional ou complementar, ou abrangido pelo Decreto Legislativo nº 18, de 15 de dezembro de 1961, pelo Decreto-Lei nº 864, de 12 de setembro de 1969, ou que, em virtude de pressões ostensivas ou expedientes oficiais sigilosos, tenha sido demitido ou compelido ao afastamento de atividade remunerada no período de 18 de setembro de 1946 a 5 de outubro de 1988;~~	VII – o período de afastamento da atividade do segurado anistiado que, em virtude de motivação exclusivamente política, foi atingido por atos de exceção, institucional ou complementar, ou abrangido pelo Decreto Legislativo nº 18, de 15 de dezembro de 1961, pelo Decreto-Lei nº 864, de 12 de setembro de 1969, ou que, em virtude de pressões ostensivas ou expedientes oficiais sigilosos, tenha sido demitido ou compelido ao afastamento de atividade remunerada no período de 18 de setembro de 1946 a 5 de outubro de 1988;
~~VIII – o tempo de serviço público federal, estadual, do Distrito Federal ou municipal, inclusive o prestado a autarquia~~	VIII – o tempo de serviço público federal, estadual, do Distrito Federal ou municipal, inclusive o prestado a autarquia

Nova Redação	Antiga Redação
~~ou a sociedade de economia mista ou fundação instituída pelo Poder Público, regularmente certificado na forma da Lei nº 3.841, de 15 de dezembro de 1960, desde que a respectiva certidão tenha sido requerida na entidade para a qual o serviço foi prestado até 30 de setembro de 1975, véspera do início da vigência da Lei nº 6.226, de 14 de junho de 1975;~~	ou a sociedade de economia mista ou fundação instituída pelo Poder Público, regularmente certificado na forma da Lei nº 3.841, de 15 de dezembro de 1960, desde que a respectiva certidão tenha sido requerida na entidade para a qual o serviço foi prestado até 30 de setembro de 1975, véspera do início da vigência da Lei nº 6.226, de 14 de junho de 1975;
~~IX – o período em que o segurado esteve recebendo benefício por incapacidade por acidente do trabalho, intercalado ou não;~~	IX – o período em que o segurado esteve recebendo benefício por incapacidade por acidente do trabalho, intercalado ou não;
~~X – o tempo de serviço do segurado trabalhador rural anterior à competência novembro de 1991;~~	X – o tempo de serviço do segurado trabalhador rural anterior à competência novembro de 1991;
~~XI – o tempo de exercício de mandato classista junto a órgão deliberação coletiva em que, nessa qualidade, tenha havido contribuição para a previdência social;~~	XI – o tempo de exercício de mandato classista junto a órgão deliberação coletiva em que, nessa qualidade, tenha havido contribuição para a previdência social;
~~XII – o tempo de serviço público prestado à administração federal direta e autarquias federais, bem como às estaduais, do Distrito Federal e municipais, quando aplicada a legislação que autorizou a contagem recíproca de tempo de contribuição;~~	XII – o tempo de serviço público prestado à administração federal direta e autarquias federais, bem como às estaduais, do Distrito Federal e municipais, quando aplicada a legislação que autorizou a contagem recíproca de tempo de contribuição;
~~XIII – o período de licença remunerada, desde que tenha havido desconto de contribuições;~~	XIII – o período de licença remunerada, desde que tenha havido desconto de contribuições;
~~XIV – o período em que o segurado tenha sido colocado pela empresa em disponibilidade remunerada, desde que tenha havido desconto de contribuições;~~	XIV – o período em que o segurado tenha sido colocado pela empresa em disponibilidade remunerada, desde que tenha havido desconto de contribuições;

Nova Redação	Antiga Redação
~~XV – o tempo de serviço prestado à Justiça dos Estados, às serventias extrajudiciais e às escrivanias judiciais, desde que não tenha havido remuneração pelos cofres públicos e que a atividade não estivesse à época vinculada a regime próprio de previdência social;~~	XV – o tempo de serviço prestado à Justiça dos Estados, às serventias extrajudiciais e às escrivanias judiciais, desde que não tenha havido remuneração pelos cofres públicos e que a atividade não estivesse à época vinculada a regime próprio de previdência social;
~~XVI – o tempo de atividade patronal ou autônoma, exercida anteriormente à vigência da Lei nº 3.807, de 26 de agosto de 1960, desde que indenizado conforme o disposto no art. 122,~~	XVI – o tempo de atividade patronal ou autônoma, exercida anteriormente à vigência da Lei nº 3.807, de 26 de agosto de 1960, desde que indenizado conforme o disposto no art. 122,
~~XVII – o período de atividade na condição de empregador rural, desde que comprovado o recolhimento de contribuições na forma da Lei nº 6.260, de 6 de novembro de 1975, com indenização do período anterior, conforme o disposto no art. 122;~~	XVII – o período de atividade na condição de empregador rural, desde que comprovado o recolhimento de contribuições na forma da Lei nº 6.260, de 6 de novembro de 1975, com indenização do período anterior, conforme o disposto no art. 122;
~~XVIII – o período de atividade dos auxiliares locais de nacionalidade brasileira no exterior, amparados pela Lei nº 8.745, de 1993, anteriormente a 1º de janeiro de 1994, desde que sua situação previdenciária esteja regularizada junto ao Instituto Nacional do Seguro Social;~~	XVIII – o período de atividade dos auxiliares locais de nacionalidade brasileira no exterior, amparados pela Lei nº 8.745, de 1993, anteriormente a 1º de janeiro de 1994, desde que sua situação previdenciária esteja regularizada junto ao Instituto Nacional do Seguro Social;
~~XIX – o tempo de exercício de mandato eletivo federal, estadual, distrital ou municipal, desde que tenha havido contribuição em época própria e não tenha sido contado para efeito de aposentadoria por outro regime de previdência social;~~	XIX – o tempo de exercício de mandato eletivo federal, estadual, distrital ou municipal, desde que tenha havido contribuição em época própria e não tenha sido contado para efeito de aposentadoria por outro regime de previdência social;
~~XX – o tempo de trabalho em que o segurado esteve exposto a agentes nocivos químicos, físicos, biológicos ou associação de agentes prejudiciais à saúde ou à integridade física, observado o disposto nos arts. 64 a 70; e~~	XX – o tempo de trabalho em que o segurado esteve exposto a agentes nocivos químicos, físicos, biológicos ou associação de agentes prejudiciais à saúde ou à integridade física, observado o disposto nos arts. 64 a 70; e

Nova Redação	Antiga Redação
~~XXI – o tempo de contribuição efetuado pelo servidor público de que tratam as alíneas i, j e l do inciso I do caput do art. 9º e o § 2º do art. 26, com base nos arts. 8º e 9º da Lei nº 8.162, de 8 de janeiro de 1991, e no art. 2º da Lei nº 8.688, de 21 de julho de 1993.~~	XXI – o tempo de contribuição efetuado pelo servidor público de que tratam as alíneas i, j e l do inciso I do caput do art. 9º e o § 2º do art. 26, com base nos arts. 8º e 9º da Lei nº 8.162, de 8 de janeiro de 1991, e no art. 2º da Lei nº 8.688, de 21 de julho de 1993.
~~XXII – o tempo exercido na condição de aluno-aprendiz referente ao período de aprendizado profissional realizado em escola técnica, desde que comprovada a remuneração, mesmo que indireta, à conta do orçamento público e o vínculo empregatício. (Inciso acrescido pelo Decreto nº 6.722, de 30/12/2008)~~	XXII – o tempo exercido na condição de aluno-aprendiz referente ao período de aprendizado profissional realizado em escola técnica, desde que comprovada a remuneração, mesmo que indireta, à conta do orçamento público e o vínculo empregatício. (Inciso acrescido pelo Decreto nº 6.722, de 30/12/2008)
~~§ 1º Não será computado como tempo de contribuição o já considerado para concessão de qualquer aposentadoria prevista neste Regulamento ou por outro regime de previdência social.~~	§ 1º Não será computado como tempo de contribuição o já considerado para concessão de qualquer aposentadoria prevista neste Regulamento ou por outro regime de previdência social.
~~§ 2º (Revogado pelo Decreto nº 3.265, de 29/11/1999)~~	§ 2º (Revogado pelo Decreto nº 3.265, de 29/11/1999)
~~§ 3º O tempo de contribuição de que trata este artigo será considerado para cálculo do valor da renda mensal de qualquer benefício.~~	§ 3º O tempo de contribuição de que trata este artigo será considerado para cálculo do valor da renda mensal de qualquer benefício.
~~§ 4º O segurado especial que contribui na forma do § 2º do art. 200 somente fará jus à aposentadoria por idade, tempo de contribuição e especial após o cumprimento da carência exigida para estes benefícios, não sendo considerado como período de carência o tempo de atividade rural não contributivo.~~	§ 4º O segurado especial que contribui na forma do § 2º do art. 200 somente fará jus à aposentadoria por idade, tempo de contribuição e especial após o cumprimento da carência exigida para estes benefícios, não sendo considerado como período de carência o tempo de atividade rural não contributivo.
~~§ 5º Não se aplica o disposto no inciso VII ao segurado demitido ou exonerado em razão de processos administrativos ou de aplicação de política de pessoal~~	§ 5º Não se aplica o disposto no inciso VII ao segurado demitido ou exonerado em razão de processos administrativos ou de aplicação de política de pessoal

Nova Redação	Antiga Redação
~~do governo, da empresa ou da entidade a que estavam vinculados, assim como ao segurado ex-dirigente ou ex-representante sindical que não comprove prévia existência do vínculo empregatício mantido com a empresa ou sindicato e o consequente afastamento da atividade remunerada em razão dos atos mencionados no referido inciso.~~	do governo, da empresa ou da entidade a que estavam vinculados, assim como ao segurado ex-dirigente ou ex-representante sindical que não comprove prévia existência do vínculo empregatício mantido com a empresa ou sindicato e o consequente afastamento da atividade remunerada em razão dos atos mencionados no referido inciso.
~~§ 6º Caberá a cada interessado alcançado pelas disposições do inciso VII comprovar a condição de segurado obrigatório da previdência social, mediante apresentação dos documentos contemporâneos dos fatos ensejadores da demissão ou afastamento da atividade remunerada, assim como apresentar o ato declaratório da anistia, expedido pela autoridade competente, e a consequente comprovação da sua publicação oficial.~~	§ 6º Caberá a cada interessado alcançado pelas disposições do inciso VII comprovar a condição de segurado obrigatório da previdência social, mediante apresentação dos documentos contemporâneos dos fatos ensejadores da demissão ou afastamento da atividade remunerada, assim como apresentar o ato declaratório da anistia, expedido pela autoridade competente, e a consequente comprovação da sua publicação oficial.
~~§ 7º Para o cômputo do período a que se refere o inciso VII, o Instituto Nacional do Seguro Social deverá observar se no ato declaratório da anistia consta o fundamento legal no qual se fundou e o nome do órgão, da empresa ou da entidade a que estava vinculado o segurado à época dos atos que ensejaram a demissão ou o afastamento da atividade remunerada.~~	§ 7º Para o cômputo do período a que se refere o inciso VII, o Instituto Nacional do Seguro Social deverá observar se no ato declaratório da anistia consta o fundamento legal no qual se fundou e o nome do órgão, da empresa ou da entidade a que estava vinculado o segurado à época dos atos que ensejaram a demissão ou o afastamento da atividade remunerada.
~~§ 8º É indispensável para o cômputo do período a que se refere o inciso VII a prova da relação de causa entre a demissão ou afastamento da atividade remunerada e a motivação referida no citado inciso.~~	§ 8º É indispensável para o cômputo do período a que se refere o inciso VII a prova da relação de causa entre a demissão ou afastamento da atividade remunerada e a motivação referida no citado inciso.

Nova Redação	Antiga Redação
Art. 61. ~~Observado o disposto no art. 19, são contados como tempo de contribuição, para efeito do disposto nos §§ 1º e 2º do art. 56: (Caput do artigo com redação dada pelo Decreto nº 4.079, de 9/1/2002)~~ *(Revogado pelo Decreto 10.410/2020)*	**Art. 61.** Observado o disposto no art. 19, são contados como tempo de contribuição, para efeito do disposto nos §§ 1º e 2º do art. 56: (Caput do artigo com redação dada pelo Decreto nº 4.079, de 9/1/2002)
~~I – o de serviço público federal, estadual, do Distrito Federal ou municipal;~~	I – o de serviço público federal, estadual, do Distrito Federal ou municipal;
~~II – o de recebimento de benefício por incapacidade, entre períodos de atividade; e~~	II – o de recebimento de benefício por incapacidade, entre períodos de atividade; e
~~III – o de benefício por incapacidade decorrente de acidente do trabalho, intercalado ou não.~~	III – o de benefício por incapacidade decorrente de acidente do trabalho, intercalado ou não.
~~§ 1º A comprovação da condição de professor far-se-á mediante a apresentação:~~	§ 1º A comprovação da condição de professor far-se-á mediante a apresentação:
~~I – do respectivo diploma registrado nos órgãos competentes federais e estaduais, ou de qualquer outro documento que comprove a habilitação para o exercício do magistério, na forma de lei específica; e~~	I – do respectivo diploma registrado nos órgãos competentes federais e estaduais, ou de qualquer outro documento que comprove a habilitação para o exercício do magistério, na forma de lei específica; e
~~II – dos registros em Carteira Profissional e/ou Carteira de Trabalho e Previdência Social complementados, quando for o caso, por declaração do estabelecimento de ensino onde foi exercida a atividade, sempre que necessária essa informação, para efeito e caracterização do efetivo exercício da função de magistério, nos termos do § 2º do art. 56.~~	II – dos registros em Carteira Profissional e/ou Carteira de Trabalho e Previdência Social complementados, quando for o caso, por declaração do estabelecimento de ensino onde foi exercida a atividade, sempre que necessária essa informação, para efeito e caracterização do efetivo exercício da função de magistério, nos termos do § 2º do art. 56.
~~§ 2º É vedada a conversão de tempo de serviço de magistério, exercido em qualquer época, em tempo de serviço comum.~~	§ 2º É vedada a conversão de tempo de serviço de magistério, exercido em qualquer época, em tempo de serviço comum.

Nova Redação	Antiga Redação
Art. 62. ~~A prova de tempo de serviço, considerado tempo de contribuição na forma do art. 60, observado o disposto no art. 19 e, no que couber, as peculiaridades do segurado de que tratam as alíneas j e l do inciso V do caput do art. 9º e do art. 11, é feita mediante documentos que comprovem o exercício de atividade nos períodos a serem contados, devendo esses documentos ser contemporâneos dos fatos a comprovar e mencionar as datas de início e término e, quando se tratar de trabalhador avulso, a duração do trabalho e a condição em que foi prestado. (Caput do artigo com redação dada pelo Decreto nº 4.079, de 9/1/2002)~~ *(Revogado pelo Decreto 10.410/2020)*	**Art. 62.** A prova de tempo de serviço, considerado tempo de contribuição na forma do art. 60, observado o disposto no art. 19 e, no que couber, as peculiaridades do segurado de que tratam as alíneas j e l do inciso V do caput do art. 9º e do art. 11, é feita mediante documentos que comprovem o exercício de atividade nos períodos a serem contados, devendo esses documentos ser contemporâneos dos fatos a comprovar e mencionar as datas de início e término e, quando se tratar de trabalhador avulso, a duração do trabalho e a condição em que foi prestado. (Caput do artigo com redação dada pelo Decreto nº 4.079, de 9/1/2002)
~~§ 1º As anotações em Carteira Profissional e/ou Carteira de Trabalho e Previdência Social relativas a férias, alterações de salários e outras que demonstrem a sequência do exercício da atividade podem suprir possível falha de registro de admissão ou dispensa. (Parágrafo com redação dada pelo Decreto nº 4.729, de 9/6/2003)~~	§ 1º As anotações em Carteira Profissional e/ou Carteira de Trabalho e Previdência Social relativas a férias, alterações de salários e outras que demonstrem a sequência do exercício da atividade podem suprir possível falha de registro de admissão ou dispensa. (Parágrafo com redação dada pelo Decreto nº 4.729, de 9/6/2003)
~~§ 2º Subsidiariamente ao disposto no art. 19, servem para a prova do tempo de contribuição que trata o caput: (Caput do parágrafo com redação dada pelo Decreto nº 6.722, de 30/12/2008)~~	§ 2º Subsidiariamente ao disposto no art. 19, servem para a prova do tempo de contribuição que trata o caput: (Caput do parágrafo com redação dada pelo Decreto nº 6.722, de 30/12/2008)
~~I – para os trabalhadores em geral, os documentos seguintes: (Caput do inciso com redação dada pelo Decreto nº 6.722, de 30/12/2008)~~	I – para os trabalhadores em geral, os documentos seguintes: (Caput do inciso com redação dada pelo Decreto nº 6.722, de 30/12/2008)
~~*a)* o contrato individual de trabalho, a Carteira Profissional, a Carteira de Trabalho e Previdência Social, a carteira de férias, a carteira sanitária, a caderneta~~	*a)* o contrato individual de trabalho, a Carteira Profissional, a Carteira de Trabalho e Previdência Social, a carteira de férias, a carteira sanitária, a caderneta

Nova Redação	Antiga Redação
~~de matrícula e a caderneta de contribuições dos extintos institutos de aposentadoria e pensões, a caderneta de inscrição pessoal visada pela Capitania dos Portos, pela Superintendência do Desenvolvimento da Pesca, pelo Departamento Nacional de Obras Contra as Secas e declarações da Secretaria da Receita Federal do Brasil; (Alínea acrescida pelo Decreto nº 6.722, de 30/12/2008)~~	de matrícula e a caderneta de contribuições dos extintos institutos de aposentadoria e pensões, a caderneta de inscrição pessoal visada pela Capitania dos Portos, pela Superintendência do Desenvolvimento da Pesca, pelo Departamento Nacional de Obras Contra as Secas e declarações da Secretaria da Receita Federal do Brasil; (Alínea acrescida pelo Decreto nº 6.722, de 30/12/2008)
~~*b)* certidão de inscrição em órgão de fiscalização profissional, acompanhada do documento que prove o exercício da atividade; (Alínea acrescida pelo Decreto nº 6.722, de 30/12/2008)~~	*b)* certidão de inscrição em órgão de fiscalização profissional, acompanhada do documento que prove o exercício da atividade; (Alínea acrescida pelo Decreto nº 6.722, de 30/12/2008)
~~*c)* contrato social e respectivo distrato, quando for o caso, ata de assembleia-geral e registro de empresário; ou (Alínea acrescida pelo Decreto nº 6.722, de 30/12/2008)~~	*c)* contrato social e respectivo distrato, quando for o caso, ata de assembleia-geral e registro de empresário; ou (Alínea acrescida pelo Decreto nº 6.722, de 30/12/2008)
~~*d)* certificado de sindicato ou órgão gestor de mão de obra que agrupa trabalhadores avulsos; (Alínea acrescida pelo Decreto nº 6.722, de 30/12/2008)~~	*d)* certificado de sindicato ou órgão gestor de mão de obra que agrupa trabalhadores avulsos; (Alínea acrescida pelo Decreto nº 6.722, de 30/12/2008)
~~II – de exercício de atividade rural, alternativamente: (Caput do inciso com redação dada pelo Decreto nº 6.722, de 30/12/2008)~~	II – de exercício de atividade rural, alternativamente: (Caput do inciso com redação dada pelo Decreto nº 6.722, de 30/12/2008)
~~*a)* contrato individual de trabalho ou Carteira de Trabalho e Previdência Social; (Alínea acrescida pelo Decreto nº 6.722, de 30/12/2008)~~	*a)* contrato individual de trabalho ou Carteira de Trabalho e Previdência Social; (Alínea acrescida pelo Decreto nº 6.722, de 30/12/2008)
~~*b)* contrato de arrendamento, parceria ou comodato rural; (Alínea acrescida pelo Decreto nº 6.722, de 30/12/2008)~~	*b)* contrato de arrendamento, parceria ou comodato rural; (Alínea acrescida pelo Decreto nº 6.722, de 30/12/2008)

Nova Redação	Antiga Redação
~~*c)* declaração fundamentada de sindicato que represente o trabalhador rural ou, quando for o caso, de sindicato ou colônia de pescadores, desde que homologada pelo INSS; (Alínea acrescida pelo Decreto nº 6.722, de 30/12/2008)~~	*c)* declaração fundamentada de sindicato que represente o trabalhador rural ou, quando for o caso, de sindicato ou colônia de pescadores, desde que homologada pelo INSS; (Alínea acrescida pelo Decreto nº 6.722, de 30/12/2008)
~~*d)* comprovante de cadastro do Instituto Nacional de Colonização e Reforma Agrária - INCRA; (Alínea acrescida pelo Decreto nº 6.722, de 30/12/2008)~~	*d)* comprovante de cadastro do Instituto Nacional de Colonização e Reforma Agrária - INCRA; (Alínea acrescida pelo Decreto nº 6.722, de 30/12/2008)
~~*e)* bloco de notas do produtor rural; (Alínea acrescida pelo Decreto nº 6.722, de 30/12/2008)~~	*e)* bloco de notas do produtor rural; (Alínea acrescida pelo Decreto nº 6.722, de 30/12/2008)
~~*f)* notas fiscais de entrada de mercadorias, de que trata o § 24 do art. 225, emitidas pela empresa adquirente da produção, com indicação do nome do segurado como vendedor; (Alínea acrescida pelo Decreto nº 6.722, de 30/12/2008)~~	*f)* notas fiscais de entrada de mercadorias, de que trata o § 24 do art. 225, emitidas pela empresa adquirente da produção, com indicação do nome do segurado como vendedor; (Alínea acrescida pelo Decreto nº 6.722, de 30/12/2008)
~~*g)* documentos fiscais relativos a entrega de produção rural à cooperativa agrícola, entreposto de pescado ou outros, com indicação do segurado como vendedor ou consignante; (Alínea acrescida pelo Decreto nº 6.722, de 30/12/2008)~~	*g)* documentos fiscais relativos a entrega de produção rural à cooperativa agrícola, entreposto de pescado ou outros, com indicação do segurado como vendedor ou consignante; (Alínea acrescida pelo Decreto nº 6.722, de 30/12/2008)
~~*h)* comprovantes de recolhimento de contribuição à Previdência Social decorrentes da comercialização da produção; (Alínea acrescida pelo Decreto nº 6.722, de 30/12/2008)~~	*h)* comprovantes de recolhimento de contribuição à Previdência Social decorrentes da comercialização da produção; (Alínea acrescida pelo Decreto nº 6.722, de 30/12/2008)
~~*i)* cópia da declaração de imposto de renda, com indicação de renda proveniente da comercialização de produção rural; (Alínea acrescida pelo Decreto nº 6.722, de 30/12/2008)~~	*i)* cópia da declaração de imposto de renda, com indicação de renda proveniente da comercialização de produção rural; (Alínea acrescida pelo Decreto nº 6.722, de 30/12/2008)
~~*j)* licença de ocupação ou permissão outorgada pelo INCRA; ou (Alínea acrescida pelo Decreto nº 6.722, de 30/12/2008)~~	*j)* licença de ocupação ou permissão outorgada pelo INCRA; ou (Alínea acrescida pelo Decreto nº 6.722, de 30/12/2008)

Nova Redação	Antiga Redação
l) certidão fornecida pela Fundação Nacional do Índio – FUNAI, certificando a condição do índio como trabalhador rural, desde que homologada pelo INSS. (Alínea acrescida pelo Decreto nº 6.722, de 30/12/2008)	*l)* certidão fornecida pela Fundação Nacional do Índio – FUNAI, certificando a condição do índio como trabalhador rural, desde que homologada pelo INSS. (Alínea acrescida pelo Decreto nº 6.722, de 30/12/2008)
III a VIII – (Revogados pelo Decreto 6.722, de 30/12/2008)	III a VIII – (Revogados pelo Decreto 6.722, de 30/12/2008)
§ 3º Na falta de documento contemporâneo podem ser aceitos declaração do empregador ou seu preposto, atestado de empresa ainda existente, certificado ou certidão de entidade oficial dos quais constem os dados previstos no caput deste artigo, desde que extraídos de registros efetivamente existentes e acessíveis à fiscalização do Instituto Nacional do Seguro Social. (Parágrafo com redação dada pelo Decreto nº 4.729, de 9/6/2003)	§ 3º Na falta de documento contemporâneo podem ser aceitos declaração do empregador ou seu preposto, atestado de empresa ainda existente, certificado ou certidão de entidade oficial dos quais constem os dados previstos no caput deste artigo, desde que extraídos de registros efetivamente existentes e acessíveis à fiscalização do Instituto Nacional do Seguro Social. (Parágrafo com redação dada pelo Decreto nº 4.729, de 9/6/2003)
§ 4º Se o documento apresentado pelo segurado não atender ao estabelecido neste artigo, a prova exigida pode ser complementada por outros documentos que levem à convicção do fato a comprovar, inclusive mediante justificação administrativa, na forma do Capítulo VI deste Título. (Parágrafo com redação dada pelo Decreto nº 4.729, de 9/6/2003)	§ 4º Se o documento apresentado pelo segurado não atender ao estabelecido neste artigo, a prova exigida pode ser complementada por outros documentos que levem à convicção do fato a comprovar, inclusive mediante justificação administrativa, na forma do Capítulo VI deste Título. (Parágrafo com redação dada pelo Decreto nº 4.729, de 9/6/2003)
§ 5º A comprovação realizada mediante justificação administrativa ou judicial só produz efeito perante a previdência social quando baseada em início de prova material. (Parágrafo com redação dada pelo Decreto nº 4.729, de 9/6/2003)	§ 5º A comprovação realizada mediante justificação administrativa ou judicial só produz efeito perante a previdência social quando baseada em início de prova material. (Parágrafo com redação dada pelo Decreto nº 4.729, de 9/6/2003)
§ 6º A prova material somente terá validade para a pessoa referida no documento, não sendo permitida sua utilização por outras pessoas. (Parágrafo com redação dada pelo Decreto nº 4.729, de 9/6/2003)	§ 6º A prova material somente terá validade para a pessoa referida no documento, não sendo permitida sua utilização por outras pessoas. (Parágrafo com redação dada pelo Decreto nº 4.729, de 9/6/2003)

Nova Redação	Antiga Redação
~~§ 7º A empresa colocará à disposição de servidor designado por dirigente do Instituto Nacional do Seguro Social as informações ou registros de que dispuser, relativamente a segurado a seu serviço e previamente identificado, para fins de instrução ou revisão de processo de reconhecimento de direitos e outorga de benefícios do Regime Geral de Previdência Social. (Parágrafo acrescido pelo Decreto nº 6.496, de 30/6/2008)~~	§ 7º A empresa colocará à disposição de servidor designado por dirigente do Instituto Nacional do Seguro Social as informações ou registros de que dispuser, relativamente a segurado a seu serviço e previamente identificado, para fins de instrução ou revisão de processo de reconhecimento de direitos e outorga de benefícios do Regime Geral de Previdência Social. (Parágrafo acrescido pelo Decreto nº 6.496, de 30/6/2008)
~~§ 8º A declaração mencionada na alínea c do inciso II do § 2º, além da identificação da entidade e do emitente da declaração, com indicação do respectivo mandato:~~	§ 8º A declaração mencionada na alínea c do inciso II do § 2º, além da identificação da entidade e do emitente da declaração, com indicação do respectivo mandato:
~~I – deverá ser fornecida em duas vias, em papel timbrado da entidade, com numeração sequencial controlada e ininterrupta;~~	I – deverá ser fornecida em duas vias, em papel timbrado da entidade, com numeração sequencial controlada e ininterrupta;
~~II – deverá conter a identificação, a qualificação pessoal do beneficiário e a categoria de produtor a que pertença;~~	II – deverá conter a identificação, a qualificação pessoal do beneficiário e a categoria de produtor a que pertença;
~~III – deverá consignar os documentos e informações que serviram de base para a sua emissão, bem como, se for o caso, a origem dos dados extraídos de registros existentes na própria entidade declarante ou em outro órgão, entidade ou empresa, desde que idôneos e acessíveis à previdência social;~~	III – deverá consignar os documentos e informações que serviram de base para a sua emissão, bem como, se for o caso, a origem dos dados extraídos de registros existentes na própria entidade declarante ou em outro órgão, entidade ou empresa, desde que idôneos e acessíveis à previdência social;
~~IV – não poderá conter informação referente a período anterior ao início da atividade da entidade declarante, salvo se baseada em documento que constitua prova material do exercício da atividade; e~~	IV – não poderá conter informação referente a período anterior ao início da atividade da entidade declarante, salvo se baseada em documento que constitua prova material do exercício da atividade; e

Nova Redação	Antiga Redação
~~V – deverá consignar dados relativos ao período e forma de exercício da atividade rural na forma estabelecida pelo INSS. (Parágrafo acrescido pelo Decreto nº 6.722, de 30/12/2008)~~	V – deverá consignar dados relativos ao período e forma de exercício da atividade rural na forma estabelecida pelo INSS. (Parágrafo acrescido pelo Decreto nº 6.722, de 30/12/2008)
~~§ 9º Sempre que a categoria de produtor informada na declaração de que trata a alínea c do inciso II do § 2º for de parceiro, meeiro, arrendatário, comodatário, ou outra modalidade de outorgado, o documento deverá identificar e qualificar o outorgante. (Parágrafo acrescido pelo Decreto nº 6.722, de 30/12/2008)~~	§ 9º Sempre que a categoria de produtor informada na declaração de que trata a alínea c do inciso II do § 2º for de parceiro, meeiro, arrendatário, comodatário, ou outra modalidade de outorgado, o documento deverá identificar e qualificar o outorgante. (Parágrafo acrescido pelo Decreto nº 6.722, de 30/12/2008)
~~§ 10. A segunda via da declaração prevista na alínea c do inciso II do § 2º deverá ser mantida na própria entidade, com numeração sequencial em ordem crescente, à disposição do INSS e demais órgãos de fiscalização e controle. (Parágrafo acrescido pelo Decreto nº 6.722, de 30/12/2008)~~	§ 10. A segunda via da declaração prevista na alínea c do inciso II do § 2º deverá ser mantida na própria entidade, com numeração sequencial em ordem crescente, à disposição do INSS e demais órgãos de fiscalização e controle. (Parágrafo acrescido pelo Decreto nº 6.722, de 30/12/2008)
~~§ 11. Na hipótese de inexistência de sindicato que represente o trabalhador rural, a declaração mencionada na alínea c do inciso II do § 2º poderá ser suprida pela apresentação de duas declarações firmadas por autoridades administrativas ou judiciárias locais, desde que exerçam cargos ou funções de juízes federais ou estaduais ou do Distrito Federal, promotores de justiça, delegados de polícia, comandantes de unidades militares do Exército, Marinha, Aeronáutica ou de forças auxiliares, titulares de representação local do Ministério do Trabalho e Emprego e de diretores titulares de estabelecimentos públicos de ensino fundamental e médio. (Parágrafo acrescido pelo Decreto nº 6.722, de 30/12/2008)~~	§ 11. Na hipótese de inexistência de sindicato que represente o trabalhador rural, a declaração mencionada na alínea c do inciso II do § 2º poderá ser suprida pela apresentação de duas declarações firmadas por autoridades administrativas ou judiciárias locais, desde que exerçam cargos ou funções de juízes federais ou estaduais ou do Distrito Federal, promotores de justiça, delegados de polícia, comandantes de unidades militares do Exército, Marinha, Aeronáutica ou de forças auxiliares, titulares de representação local do Ministério do Trabalho e Emprego e de diretores titulares de estabelecimentos públicos de ensino fundamental e médio. (Parágrafo acrescido pelo Decreto nº 6.722, de 30/12/2008)

Nova Redação	Antiga Redação
~~§ 12. As autoridades mencionadas no § 11 somente poderão fornecer declaração relativa a período anterior à data do início das suas funções na localidade se puderem fundamentá-la com documentos contemporâneos do fato declarado, que evidenciem plena convicção de sua veracidade. (Parágrafo acrescido pelo Decreto nº 6.722, de 30/12/2008)~~	§ 12. As autoridades mencionadas no § 11 somente poderão fornecer declaração relativa a período anterior à data do início das suas funções na localidade se puderem fundamentá-la com documentos contemporâneos do fato declarado, que evidenciem plena convicção de sua veracidade. (Parágrafo acrescido pelo Decreto nº 6.722, de 30/12/2008)
~~§ 13. A declaração de que trata o § 11, sujeita à homologação pelo INSS, e a certidão a que se refere a alínea I do inciso II do § 2º deverão obedecer, no que couber, ao disposto no § 8º. (Parágrafo acrescido pelo Decreto nº 6.722, de 30/12/2008)~~	§ 13. A declaração de que trata o § 11, sujeita à homologação pelo INSS, e a certidão a que se refere a alínea I do inciso II do § 2º deverão obedecer, no que couber, ao disposto no § 8º. (Parágrafo acrescido pelo Decreto nº 6.722, de 30/12/2008)
~~§ 14. A homologação a que se refere a alínea I do inciso II do § 2º se restringe às informações relativas à atividade rural, em especial o atendimento dos incisos II, III e V do § 8º. (Parágrafo acrescido pelo Decreto nº 6.939, de 18/8/2009)~~	§ 14. A homologação a que se refere a alínea I do inciso II do § 2º se restringe às informações relativas à atividade rural, em especial o atendimento dos incisos II, III e V do § 8º. (Parágrafo acrescido pelo Decreto nº 6.939, de 18/8/2009)
Art. 63. ~~Não será admitida prova exclusivamente testemunhal para efeito de comprovação de tempo de serviço ou de contribuição, salvo na ocorrência de motivo de força maior ou caso fortuito, observado o disposto no § 2º do art. 143.~~ *(Revogado pelo Decreto 10.410/2020)*	**Art. 63.** Não será admitida prova exclusivamente testemunhal para efeito de comprovação de tempo de serviço ou de contribuição, salvo na ocorrência de motivo de força maior ou caso fortuito, observado o disposto no § 2º do art. 143.

Subseção IV
Da Aposentadoria Especial

Art. 64. A aposentadoria especial, uma vez cumprido o período de carência exigido, será devida ao segurado empregado, trabalhador avulso e contribuinte individual, este último somente quando	**Art. 64.** A aposentadoria especial, uma vez cumprida a carência exigida, será devida ao segurado empregado, trabalhador avulso e contribuinte individual, este somente quando cooperado filiado

Nova Redação	Antiga Redação
cooperado filiado a cooperativa de trabalho ou de produção, que comprove o exercício de atividades com efetiva exposição a agentes químicos, físicos e biológicos prejudiciais à saúde, ou a associação desses agentes, de forma permanente, não ocasional nem intermitente, vedada a caracterização por categoria profissional ou ocupação, durante, no mínimo, quinze, vinte ou vinte e cinco anos, e que cumprir os seguintes requisitos: *(Redação dada pelo Decreto 10.410/2020)*	a cooperativa de trabalho ou de produção, que tenha trabalhado durante quinze, vinte ou vinte e cinco anos, conforme o caso, sujeito a condições especiais que prejudiquem a saúde ou a integridade física. (Caput do artigo com redação dada pelo Decreto nº 4.729, de 9/6/2003)
I - cinquenta e cinco anos de idade, quando se tratar de atividade especial de quinze anos de contribuição; *(Acrescido pelo Decreto 10.410/2020)*	⊗ Dispositivo sem correspondência na antiga redação.
II - cinquenta e oito anos de idade, quando se tratar de atividade especial de vinte anos de contribuição; ou *(Acrescido pelo Decreto 10.410/2020)*	⊗ Dispositivo sem correspondência na antiga redação.
III - sessenta anos de idade, quando se tratar de atividade especial de vinte e cinco anos de contribuição. *(Acrescido pelo Decreto 10.410/2020)*	⊗ Dispositivo sem correspondência na antiga redação.
§ 1º A efetiva exposição a agente prejudicial à saúde configura-se quando, mesmo após a adoção das medidas de controle previstas na legislação trabalhista, a nocividade não seja eliminada ou neutralizada. *(Redação dada pelo Decreto 10.410/2020)*	§ 1º A concessão da aposentadoria especial prevista neste artigo dependerá da comprovação, durante o período mínimo fixado no caput: (Redação dada pelo Decreto nº 8.123, de 2013) I – do tempo de trabalho permanente, não ocasional nem intermitente; e (Incluído pelo Decreto nº 8.123, de 2013) II – da exposição do segurado aos agentes nocivos químicos, físicos, biológicos ou a associação de agentes prejudiciais à saúde ou à integridade física. (Incluído pelo Decreto nº 8.123, de 2013)

Nova Redação	Antiga Redação
§ 1º-A. Para fins do disposto no § 1º, considera-se: *(Acrescido pelo Decreto 10.410/2020)*	⊗ Dispositivo sem correspondência na antiga redação.
I - eliminação - a adoção de medidas de controle que efetivamente impossibilitem a exposição ao agente prejudicial à saúde no ambiente de trabalho; e *(Redação dada pelo Decreto 10.410/2020)*	
II - neutralização - a adoção de medidas de controle que reduzam a intensidade, a concentração ou a dose do agente prejudicial à saúde ao limite de tolerância previsto neste Regulamento ou, na sua ausência, na legislação trabalhista. *(Redação dada pelo Decreto 10.410/2020)*	
§ 2º Para fins do disposto no *caput*, a exposição aos agentes químicos, físicos e biológicos prejudiciais à saúde, ou a associação desses agentes, deverá superar os limites de tolerância estabelecidos segundo critérios quantitativos ou estar caracterizada de acordo com os critérios da avaliação qualitativa de que trata o § 2º do art. 68. *(Redação dada pelo Decreto 10.410/2020)*	§ 2º Consideram-se condições especiais que prejudiquem a saúde e a integridade física aquelas nas quais a exposição ao agente nocivo ou associação de agentes presentes no ambiente de trabalho esteja acima dos limites de tolerância estabelecidos segundo critérios quantitativos ou esteja caracterizada segundo os critérios da avaliação qualitativa dispostos no § 2º do art. 68. (Redação dada pelo Decreto nº 8.123, de 2013)

Art. 65. Considera-se tempo de trabalho permanente aquele que é exercido de forma não ocasional nem intermitente, no qual a exposição do empregado, do trabalhador avulso ou do cooperado ao agente nocivo seja indissociável da produção do bem ou da prestação do serviço. (Redação dada pelo Decreto nº 8.123, de 2013)

Parágrafo único. Aplica-se o disposto no *caput* aos períodos de descanso determinados pela legislação trabalhista, inclusive ao período de férias, e aos de percepção de salário-maternidade, desde que, à data do afastamento, o segurado estivesse exposto aos fatores	Parágrafo único. Aplica-se o disposto no caput aos períodos de descanso determinados pela legislação trabalhista, inclusive férias, aos de afastamento decorrentes de gozo de benefícios de auxílio-doença ou aposentadoria por invalidez acidentários, bem como aos

Nova Redação	Antiga Redação
de risco de que trata o art. 68. *(Redação dada pelo Decreto 10.410/2020)* **COMENTÁRIO EM VÍDEO:**	de percepção de salário-maternidade, desde que, à data do afastamento, o segurado estivesse exposto aos fatores de risco de que trata o art. 68. (Redação dada pelo Decreto nº 8.123, de 2013)
Art. 66. Para o segurado que houver exercido duas ou mais atividades sujeitas a agentes químicos, físicos e biológicos prejudiciais à saúde, ou a associação desses agentes, sem completar em quaisquer delas o prazo mínimo exigido para a aposentadoria especial, os respectivos períodos de exercício serão somados após conversão, hipótese em que será considerada a atividade preponderante para efeito de enquadramento. *(Redação dada pelo Decreto 10.410/2020)*	**Art. 66.** Para o segurado que houver exercido duas ou mais atividades sujeitas a condições especiais prejudiciais à saúde ou à integridade física, sem completar em qualquer delas o prazo mínimo exigido para a aposentadoria especial, os respectivos períodos de exercício serão somados após conversão, devendo ser considerada a atividade preponderante para efeito de enquadramento. (Redação dada pelo Decreto nº 8.123, de 2013)

§ 1º Para fins do disposto no *caput*, não serão considerados os períodos em que a atividade exercida não estava sujeita a condições especiais, observado, nesse caso, o disposto no art. 70. (Redação dada pelo Decreto nº 8.123, de 2013)

§ 2º A conversão de que trata o *caput* será feita segundo a tabela abaixo: (Redação dada pelo Decreto nº 8.123, de 2013)

Tempo a converter	Multiplicadores		
	Para 15	Para 20	Para 25
De 15 anos	-	1,33	1,67
De 20 anos	0,75	-	1,25
De 25 anos	0,60	0,80	-

Nova Redação	Antiga Redação
§ 3º A atividade preponderante será aquela pela qual o segurado tenha contribuído por mais tempo, antes da conversão, e servirá como parâmetro para definir o tempo mínimo necessário para a aposentadoria especial e para a conversão. *(Acrescido pelo Decreto 10.410/2020)*	⊗ Dispositivo sem correspondência na antiga redação.

Nova Redação	Antiga Redação
Art. 67. O valor da aposentadoria especial corresponderá a sessenta por cento do salário de benefício definido na forma prevista no art. 32, com acréscimo de dois pontos percentuais para cada ano de contribuição que exceder o tempo de vinte anos de contribuição exceto no caso da aposentadoria a que se refere o inciso I do *caput* do art. 64 e das mulheres, cujo acréscimo será aplicado para cada ano de contribuição que exceder quinze anos de contribuição. *(Redação dada pelo Decreto 10.410/2020)*	**Art. 67.** A renda mensal inicial da aposentadoria especial será equivalente a cem por cento do salário de benefício, observado, quanto à data de início do benefício, o disposto na legislação previdenciária. (Redação dada pelo Decreto nº 8.123, de 2013)
Art. 68. A relação dos agentes químicos, físicos, biológicos, e da associação desses agentes, considerados para fins de concessão de aposentadoria especial, é aquela constante do Anexo IV. *(Redação dada pelo Decreto 10.410/2020)*	**Art. 68.** A relação dos agentes nocivos químicos, físicos, biológicos ou associação de agentes prejudiciais à saúde ou à integridade física, considerados para fins de concessão de aposentadoria especial, consta do Anexo IV.
§ 1º A Secretaria Especial de Previdência e Trabalho do Ministério da Economia promoverá a elaboração de estudos com base em critérios técnicos e científicos para atualização periódica do disposto no Anexo IV. *(Redação dada pelo Decreto 10.410/2020)*	§ 1º As dúvidas sobre o enquadramento dos agentes de que trata o caput, para efeito do disposto nesta Subseção, serão resolvidas pelo Ministério do Trabalho e Emprego e pelo Ministério da Previdência e Assistência Social.
§ 2º A avaliação qualitativa de riscos e agentes prejudiciais à saúde será comprovada pela descrição: *(Redação dada pelo Decreto 10.410/2020)*	§ 2º A avaliação qualitativa de riscos e agentes nocivos será comprovada mediante descrição: (Redação dada pelo Decreto nº 8.123, de 2013)
I - das circunstâncias de exposição ocupacional a determinado agente ou associação de agentes prejudiciais à saúde presentes no ambiente de trabalho durante toda a jornada de trabalho; *(Redação dada pelo Decreto 10.410/2020)*	I – das circunstâncias de exposição ocupacional a determinado agente nocivo ou associação de agentes nocivos presentes no ambiente de trabalho durante toda a jornada; (Incluído pelo Decreto nº 8.123, de 2013)

II – de todas as fontes e possibilidades de liberação dos agentes mencionados no inciso I; e (Incluído pelo Decreto nº 8.123, de 2013)

Nova Redação	Antiga Redação
III – dos meios de contato ou exposição dos trabalhadores, as vias de absorção, a intensidade da exposição, a frequência e a duração do contato. (Incluído pelo Decreto nº 8.123, de 2013)	
§ 3º A comprovação da efetiva exposição do segurado a agentes prejudiciais à saúde será feita por meio de documento, em meio físico ou eletrônico, emitido pela empresa ou por seu preposto com base em laudo técnico de condições ambientais do trabalho expedido por médico do trabalho ou engenheiro de segurança do trabalho. *(Redação dada pelo Decreto 10.410/2020)*	§ 3º A comprovação da efetiva exposição do segurado aos agentes nocivos será feita mediante formulário emitido pela empresa ou seu preposto, com base em laudo técnico de condições ambientais do trabalho expedido por médico do trabalho ou engenheiro de segurança do trabalho. (Redação dada pelo Decreto nº 8.123, de 2013)
§ 4º Os agentes reconhecidamente cancerígenos para humanos, listados pela Secretaria Especial de Previdência e Trabalho do Ministério da Economia, serão avaliados em conformidade com o disposto nos § 2º e § 3º deste artigo e no *caput* do art. 64 e, caso sejam adotadas as medidas de controle previstas na legislação trabalhista que eliminem a nocividade, será descaracterizada a efetiva exposição. *(Redação dada pelo Decreto 10.410/2020)* **COMENTÁRIO EM VÍDEO:**	§ 4º A presença no ambiente de trabalho, com possibilidade de exposição a ser apurada na forma dos §§ 2º e 3º, de agentes nocivos reconhecidamente cancerígenos em humanos, listados pelo Ministério do Trabalho e Emprego, será suficiente para a comprovação de efetiva exposição do trabalhador. (Redação dada pelo Decreto nº 8.123, de 2013)
§ 5º O laudo técnico a que se refere o § 3º conterá informações sobre a existência de tecnologia de proteção coletiva ou individual e sobre a sua eficácia e será elaborado com observância às normas editadas pela Secretaria Especial de Previdência e Trabalho do Ministério Economia e aos procedimentos adotados pelo INSS. *(Redação dada pelo Decreto 10.410/2020)*	§ 5º No laudo técnico referido no § 3º, deverão constar informações sobre a existência de tecnologia de proteção coletiva ou individual, e de sua eficácia, e deverá ser elaborado com observância das normas editadas pelo Ministério do Trabalho e Emprego e dos procedimentos estabelecidos pelo INSS. (Redação dada pelo Decreto nº 8.123, de 2013)

Nova Redação	Antiga Redação
§ 6º A empresa que não mantiver laudo técnico atualizado com referência aos agentes existentes no ambiente de trabalho prejudiciais à saúde de seus trabalhadores ou que emitir documento de comprovação de efetiva exposição em desacordo com o referido laudo incorrerá na infração a que se refere a alínea "n"do inciso II do *caput* do art. 283. *(Redação dada pelo Decreto 10.410/2020)*	§ 6º A empresa que não mantiver laudo técnico atualizado com referência aos agentes nocivos existentes no ambiente de trabalho de seus trabalhadores ou que emitir documento de comprovação de efetiva exposição em desacordo com o respectivo laudo estará sujeita às penalidades previstas na legislação. (Redação dada pelo Decreto nº 8.123, de 2013)
§ 7º O INSS estabelecerá os procedimentos para fins de concessão de aposentadoria especial, podendo, se necessário, confirmar as informações contidas nos documentos mencionados nos §§ 2º e 3º.	
§ 8º A empresa deverá elaborar e manter atualizado o perfil profissiográfico previdenciário, ou o documento eletrônico que venha a substituí-lo, no qual deverão ser contempladas as atividades desenvolvidas durante o período laboral, garantido ao trabalhador o acesso às informações nele contidas, sob pena de sujeição às sanções previstas na alínea "h" do inciso I do *caput* do art. 283. *(Redação dada pelo Decreto 10.410/2020)*	§ 8º A empresa deverá elaborar e manter atualizado o perfil profissiográfico do trabalhador, contemplando as atividades desenvolvidas durante o período laboral, documento que a ele deverá ser fornecido, por cópia autêntica, no prazo de trinta dias da rescisão do seu contrato de trabalho, sob pena de sujeição às sanções previstas na legislação aplicável. (Redação dada pelo Decreto nº 8.123, de 2013)
§ 9º Para fins do disposto no § 8º, considera-se perfil profissiográfico previdenciário o documento que contenha o histórico laboral do trabalhador, elaborado de acordo com o modelo instituído pelo INSS. *(Redação dada pelo Decreto 10.410/2020)*	§ 9º Considera-se perfil profissiográfico, para os efeitos do § 8º, o documento com o históricolaboral do trabalhador, segundo modelo instituído pelo INSS, que, entre outras informações, deve conter o resultado das avaliações ambientais, o nome dos responsáveis pela monitoração biológica e das avaliações ambientais, os resultados de monitoração biológica e os dados administrativos correspondentes. (Redação dada pelo Decreto nº 8.123, de 2013)

Nova Redação	Antiga Redação
§ 10. O trabalhador ou o seu preposto terá acesso às informações prestadas pela empresa sobre o seu perfil profissiográfico previdenciário e poderá, inclusive, solicitar a retificação de informações que estejam em desacordo com a realidade do ambiente de trabalho, conforme orientação estabelecida em ato do Ministro de Estado da Economia. *(Redação dada pelo Decreto 10.410/2020)*	§ 10. O trabalhador ou seu preposto terá acesso às informações prestadas pela empresa sobre o seu perfil profissiográfico, podendo inclusive solicitar a retificação de informações quando em desacordo com a realidade do ambiente de trabalho, conforme orientação estabelecida em ato do Ministro de Estado da Previdência Social. (Redação dada pelo Decreto nº 8.123, de 2013)
§ 11. A cooperativa de trabalho e a empresa contratada para prestar serviços mediante cessão ou empreitada de mão de obra atenderão ao disposto nos §§ 3º, 4º e 5º com base nos laudos técnicos de condições ambientais de trabalho emitidos pela empresa contratante, quando o serviço for prestado em estabelecimento da contratante. (Redação dada pelo Decreto nº 8.123, de 2013)	
§ 12. Nas avaliações ambientais deverão ser considerados, além do disposto no Anexo IV, a metodologia e os procedimentos de avaliação estabelecidos pela Fundação Jorge Duprat Figueiredo de Segurança e Medicina do Trabalho – FUNDACENTRO. (Incluído pelo Decreto nº 8.123, de 2013)	
§ 13. Na hipótese de não terem sido estabelecidos pela FUNDACENTRO a metodologia e os procedimentos de avaliação, caberá ao Ministério da Economia indicar outras instituições para estabelecê-los. *(Redação dada pelo Decreto 10.410/2020)*	§ 13. Na hipótese de não terem sido estabelecidos pela FUNDACENTRO a metodologia e procedimentos de avaliação, cabe ao Ministério do Trabalho e Emprego definir outras instituições que os estabeleçam. (Incluído pelo Decreto nº 8.123, de 2013)
Art. 69. A data de início da aposentadoria especial será fixada: (Redação dada pelo Decreto nº 8.123, de 2013)	
I – para o segurado empregado: (Incluído pelo Decreto nº 8.123, de 2013)	
a) a partir da data do desligamento do emprego, quando requerida a aposentadoria especial, até noventa dias após essa data; ou (Incluída pelo Decreto nº 8.123, de 2013)	
b) a partir da data do requerimento, quando não houver desligamento do emprego ou quando a aposentadoria for requerida após o prazo estabelecido na alínea "a"; e (Incluída pelo Decreto nº 8.123, de 2013)	

Nova Redação	Antiga Redação

II – para os demais segurados, a partir da data da entrada do requerimento. (Incluído pelo Decreto nº 8.123, de 2013)

Parágrafo único. O segurado que retornar ao exercício de atividade ou operação que o sujeite aos riscos e agentes nocivos constantes do Anexo IV, ou nele permanecer, na mesma ou em outra empresa, qualquer que seja a forma de prestação do serviço ou categoria de segurado, será imediatamente notificado da cessação do pagamento de sua aposentadoria especial, no prazo de sessenta dias contado da data de emissão da notificação, salvo comprovação, nesse prazo, de que o exercício dessa atividade ou operação foi encerrado. (Redação dada pelo Decreto nº 8.123, de 2013)

Art. 70. ~~A conversão de tempo de atividade sob condições especiais em tempo de atividade comum dar-se-á de acordo com a seguinte tabela:~~ *(Revogado pelo Decreto 10.410/2020)*

TEMPO A CONVERTER	MULTIPLICADORES	
	(Mulher) (para 30)	(Homem) (para 30)
DE 15 ANOS	2,00	2,33
DE 20 ANOS	1,50	1,75
DE 25 ANOS	1,20	1,40

~~§ 1º A caracterização e a comprovação do tempo de atividade sob condições especiais obedecerá ao disposto na legislação em vigor na época da prestação do serviço.~~

~~§ 2º As regras de conversão de tempo de atividade sob condições especiais em tempo de atividade comum constantes deste artigo aplicam-se ao trabalho prestado em qualquer período. (Artigo com redação dada pelo Decreto nº 4.827, de 3/9/2003)~~

Art. 70. A conversão de tempo de atividade sob condições especiais em tempo de atividade comum dar-se-á de acordo com a seguinte tabela:

TEMPO A CONVERTER	MULTIPLICADORES	
	(Mulher) (para 30)	(Homem) (para 30)
DE 15 ANOS	2,00	2,33
DE 20 ANOS	1,50	1,75
DE 25 ANOS	1,20	1,40

§ 1º A caracterização e a comprovação do tempo de atividade sob condições especiais obedecerá ao disposto na legislação em vigor na época da prestação do serviço.

§ 2º As regras de conversão de tempo de atividade sob condições especiais em tempo de atividade comum constantes deste artigo aplicam-se ao trabalho prestado em qualquer período. (Artigo com redação dada pelo Decreto nº 4.827, de 3/9/2003)

Subseção IV-A
Das Aposentadorias por Tempo de Contribuição e por Idade do Segurado com Deficiência

Incluído pelo Decreto nº 8.145, de 2013

Nova Redação	Antiga Redação
Art. 70-A. A concessão da aposentadoria por tempo de contribuição ou por idade ao segurado que tenha reconhecido, após ter sido submetido a avaliação biopsicossocial realizada por equipe multiprofissional e interdisciplinar, grau de deficiência leve, moderada ou grave está condicionada à comprovação da condição de pessoa com deficiência na data da entrada do requerimento ou na data da implementação dos requisitos para o benefício. *(Redação dada pelo Decreto 10.410/2020)*	**Art. 70-A.** A concessão da aposentadoria por tempo de contribuição ou por idade ao segurado que tenha reconhecido, em avaliação médica e funcional realizada por perícia própria do INSS, grau de deficiência leve, moderada ou grave, está condicionada à comprovação da condição de pessoa com deficiência na data da entrada do requerimento ou na data da implementação dos requisitos para o benefício. (Incluído pelo Decreto nº 8.145, de 2013)

Art. 70-B. A aposentadoria por tempo de contribuição do segurado com deficiência, cumprida a carência, é devida ao segurado empregado, inclusive o doméstico, trabalhador avulso, contribuinte individual e facultativo, observado o disposto no art. 199-A e os seguintes requisitos: (Incluído pelo Decreto nº 8.145, de 2013)

I – aos vinte e cinco anos de tempo de contribuição na condição de pessoa com deficiência, se homem, e vinte anos, se mulher, no caso de segurado com deficiência grave; (Incluído pelo Decreto nº 8.145, de 2013)

II – aos vinte e nove anos de tempo de contribuição na condição de pessoa com deficiência, se homem, e vinte e quatro anos, se mulher, no caso de segurado com deficiência moderada; e (Incluído pelo Decreto nº 8.145, de 2013)

III – aos trinta e três anos de tempo de contribuição na condição de pessoa com deficiência, se homem, e vinte e oito anos, se mulher, no caso de segurado com deficiência leve. (Incluído pelo Decreto nº 8.145, de 2013)

Parágrafo único. A aposentadoria de que trata o *caput* é devida aos segurados especiais que contribuam facultativamente, de acordo com o disposto no art. 199 e no § 2º do art. 200. (Incluído pelo Decreto nº 8.145, de 2013)

<table>
<tr><th>Nova Redação</th><th>Antiga Redação</th></tr>
<tr><td colspan="2">Art. 70-C. A aposentadoria por idade da pessoa com deficiência, cumprida a carência, é devida ao segurado aos sessenta anos de idade, se homem, e cinquenta e cinco anos de idade, se mulher. (Incluído pelo Decreto nº 8.145, de 2013)</td></tr>
<tr><td colspan="2">§ 1º Para efeitos de concessão da aposentadoria de que trata o caput, o segurado deve contar com no mínimo quinze anos de tempo de contribuição, cumpridos na condição de pessoa com deficiência, independentemente do grau, observado o disposto no art. 70-D. (Incluído pelo Decreto nº 8.145, de 2013)</td></tr>
<tr><td colspan="2">§ 2º Aplica-se ao segurado especial com deficiência o disposto nos §§ 1º a 4º do art. 51, e na hipótese do § 2º será considerada a idade prevista no caput deste artigo, desde que o tempo exigido para a carência da aposentadoria por idade seja cumprido na condição de pessoa com deficiência. (Incluído pelo Decreto nº 8.145, de 2013)</td></tr>
<tr><td>Art. 70-D. Para efeito de concessão da aposentadoria da pessoa com deficiência, a avaliação de que trata o art. 70-A deverá, entre outros aspectos: (Redação dada pelo Decreto 10.410/2020)</td><td>Art. 70-D. Para efeito de concessão da aposentadoria da pessoa com deficiência, compete à perícia própria do INSS, nos termos de ato conjunto do Ministro de Estado Chefe da Secretaria de Direitos Humanos da Presidência da República, dos Ministros de Estado da Previdência Social, da Fazenda, do Planejamento, Orçamento e Gestão e do Advogado-Geral da União: (Incluído pelo Decreto nº 8.145, de 2013)</td></tr>
<tr><td colspan="2">I – avaliar o segurado e fixar a data provável do início da deficiência e o seu grau; e (Incluído pelo Decreto nº 8.145, de 2013)</td></tr>
<tr><td colspan="2">II – identificar a ocorrência de variação no grau de deficiência e indicar os respectivos períodos em cada grau. (Incluído pelo Decreto nº 8.145, de 2013)</td></tr>
<tr><td>§ 1º A comprovação da deficiência anterior à data da vigência da Lei Complementar nº 142, de 8 de maio de 2013, será instruída por documentos que subsidiem a avaliação de que trata o art. 70-A, vedada a prova exclusivamente testemunhal. (Redação dada pelo Decreto 10.410/2020)</td><td>§ 1º A comprovação da deficiência anterior à data da vigência da Lei Complementar nº 142, de 8 de maio de 2013, será instruída por documentos que subsidiem a avaliação médica e funcional, vedada a prova exclusivamente testemunhal. (Incluído pelo Decreto nº 8.145, de 2013)</td></tr>
<tr><td colspan="2">§ 2º A avaliação da pessoa com deficiência será realizada para fazer prova dessa condição exclusivamente para fins previdenciários. (Incluído pelo Decreto nº 8.145, de 2013)</td></tr>
</table>

Nova Redação	Antiga Redação

§ 3º Considera-se pessoa com deficiência aquela que tem impedimentos de longo prazo de natureza física, mental, intelectual ou sensorial, os quais, em interação com diversas barreiras, podem obstruir sua participação plena e efetiva na sociedade em igualdade de condições com as demais pessoas. (Incluído pelo Decreto nº 8.145, de 2013)

Nova Redação	Antiga Redação
~~§ 4º Ato conjunto do Ministro de Estado Chefe da Secretaria de Direitos Humanos da Presidência da República, dos Ministros de Estado da Previdência Social, da Fazenda, do Planejamento, Orçamento e Gestão e do Advogado-Geral da União definirá impedimento de longo prazo para os efeitos deste Decreto. (Incluído pelo Decreto nº 8.145, de 2013)~~ *(Revogado pelo Decreto 10.410/2020)*	§ 4º Ato conjunto do Ministro de Estado Chefe da Secretaria de Direitos Humanos da Presidência da República, dos Ministros de Estado da Previdência Social, da Fazenda, do Planejamento, Orçamento e Gestão e do Advogado-Geral da União definirá impedimento de longo prazo para os efeitos deste Decreto. (Incluído pelo Decreto nº 8.145, de 2013)

Art. 70-E. Para o segurado que, após a filiação ao RGPS, tornar-se pessoa com deficiência, ou tiver seu grau alterado, os parâmetros mencionados nos incisos I, II e III do *caput* do art. 70-B serão proporcionalmente ajustados e os respectivos períodos serão somados após conversão, conforme as tabelas abaixo, considerando o grau de deficiência preponderante, observado o disposto no art. 70-A: (Incluído pelo Decreto nº 8.145, de 2013)

MULHER				
TEMPO A CONVERTER	**MULTIPLICADORES**			
	Para 20	Para 24	Para 28	Para 30
De 20 anos	1,00	1,20	1,40	1,50
De 24 anos	0,83	1,00	1,17	1,25
De 28 anos	0,71	0,86	1,00	1,07
De 30 anos	0,67	0,80	0,93	1,00

HOMEM				
TEMPO A CONVERTER	**MULTIPLICADORES**			
	Para 25	Para 29	Para 33	Para 35
De 25 anos	1,00	1,16	1,32	1,40
De 29 anos	0,86	1,00	1,14	1,21
De 33 anos	0,76	0,88	1,00	1,06
De 35 anos	0,71	0,83	0,94	1,00

§ 1º O grau de deficiência preponderante será aquele em que o segurado cumpriu maior tempo de contribuição, antes da conversão, e servirá como parâmetro para definir o tempo mínimo necessário para a aposentadoria por tempo de contribuição da pessoa com deficiência e para a conversão. (Incluído pelo Decreto nº 8.145, de 2013)

§ 2º Quando o segurado contribuiu alternadamente na condição de pessoa sem deficiência e com deficiência, os respectivos períodos poderão ser somados, após aplicação da conversão de que trata o *caput*. (Incluído pelo Decreto nº 8.145, de 2013)

Art. 70-F. A redução do tempo de contribuição da pessoa com deficiência não poderá ser acumulada, no mesmo período contributivo, com a redução aplicada aos períodos de contribuição relativos a atividades exercidas sob condições especiais que prejudiquem a saúde ou a integridade física. (Incluído pelo Decreto nº 8.145, de 2013)

§ 1º É garantida a conversão do tempo de contribuição cumprido em condições especiais que prejudiquem a saúde ou a integridade física do segurado, inclusive da pessoa com deficiência, para fins da aposentadoria de que trata o art. 70-B, se resultar mais favorável ao segurado, conforme tabela abaixo: (Incluído pelo Decreto nº 8.145, de 2013)

MULHER					
TEMPO A CONVERTER	**MULTIPLICADORES**				
	Para 15	Para 20	Para 24	Para 25	Para 28
De 15 anos	1,00	1,33	1,60	1,67	1,87
De 20 anos	0,75	1,00	1,20	1,25	1,40
De 24 anos	0,63	0,83	1,00	1,04	1,17
De 25 anos	0,60	0,80	0,96	1,00	1,12
De 28 anos	0,54	0,71	0,86	0,89	1,00
HOMEM					
TEMPO A CONVERTER	**MULTIPLICADORES**				
	Para 15	Para 20	Para 25	Para 29	Para 33
De 15 anos	1,00	1,33	1,67	1,93	2,20
De 20 anos	0,75	1,00	1,25	1,45	1,65
De 25 anos	0,60	0,80	1,00	1,16	1,32
De 29 anos	0,52	0,69	0,86	1,00	1,14
De 33 anos	0,45	0,61	0,76	0,88	1,00

<table>
<tr><th>Nova Redação</th><th>Antiga Redação</th></tr>
<tr><td colspan="2">§ 2º É vedada a conversão do tempo de contribuição da pessoa com deficiência para fins de concessão da aposentadoria especial de que trata a Subseção IV da Seção VI do Capítulo II. (Incluído pelo Decreto nº 8.145, de 2013)</td></tr>
<tr><td>~~§ 3º Para fins da aposentadoria por idade da pessoa com deficiência é assegurada a conversão do período de exercício de atividade sujeita a condições especiais que prejudiquem a saúde ou a integridade física, cumprido na condição de pessoa com deficiência, exclusivamente para efeito de cálculo do valor da renda mensal, vedado o cômputo do tempo convertido para fins de carência. (Incluído pelo Decreto nº 8.145, de 2013)~~ *(Revogado pelo Decreto 10.410/2020)*</td><td>§ 3º Para fins da aposentadoria por idade da pessoa com deficiência é assegurada a conversão do período de exercício de atividade sujeita a condições especiais que prejudiquem a saúde ou a integridade física, cumprido na condição de pessoa com deficiência, exclusivamente para efeito de cálculo do valor da renda mensal, vedado o cômputo do tempo convertido para fins de carência. (Incluído pelo Decreto nº 8.145, de 2013)</td></tr>
<tr><td colspan="2">**Art. 70-G.** É facultado ao segurado com deficiência optar pela percepção de qualquer outra espécie de aposentadoria do RGPS que lhe seja mais vantajosa. (Incluído pelo Decreto nº 8.145, de 2013)</td></tr>
<tr><td>**Art. 70-H.** A critério do INSS, o segurado com deficiência deverá, a qualquer tempo, submeter-se à avaliação de que trata o art. 70-A. *(Redação dada pelo Decreto 10.410/2020)*</td><td>**Art. 70-H.** A critério do INSS, o segurado com deficiência deverá, a qualquer tempo, submeter-se a perícia própria para avaliação ou reavaliação do grau de deficiência. (Incluído pelo Decreto nº 8.145, de 2013)</td></tr>
<tr><td colspan="2">Parágrafo único. Após a concessão das aposentadorias na forma dos arts. 70-B e 70-C, será observado o disposto nos arts. 347 e 347-A. (Incluído pelo Decreto nº 8.145, de 2013)</td></tr>
<tr><td colspan="2">**Art. 70-I.** Aplicam-se à pessoa com deficiência as demais normas relativas aos benefícios do RGPS. (Incluído pelo Decreto nº 8.145, de 2013)</td></tr>
<tr><td>**Art. 70-J.** A renda mensal da aposentadoria devida ao segurado com deficiência será calculada a partir da aplicação dos seguintes percentuais sobre o salário de benefício definido na forma prevista no art. 32: *(Acrescido pelo Decreto 10.410/2020)*</td><td>⊗ Dispositivo sem correspondência na antiga redação.</td></tr>
</table>

Nova Redação	Antiga Redação
I - cem por cento, na hipótese de aposentadoria por tempo de contribuição de que trata o art. 70-B; ou	
II - setenta por cento, acrescido de um ponto percentual do salário de benefício por grupo de doze contribuições mensais até o máximo de trinta por cento, na hipótese de aposentadoria por idade de que trata o art. 70-C.	
Subseção V ***Do auxílio por incapacidade temporária*** *(Redação dada pelo Decreto 10.410/2020)*	***Subseção V*** ***Do Auxílio-doença***
Art. 71. O auxílio por incapacidade temporária será devido ao segurado que, uma vez cumprido, quando for o caso, o período de carência exigido, ficar incapacitado para o seu trabalho ou para a sua atividade habitual por mais de quinze dias consecutivos, conforme definido em avaliação médico-pericial. *(Redação dada pelo Decreto 10.410/2020)*	**Art. 71.** O auxílio-doença será devido ao segurado que, após cumprida, quando for o caso, a carência exigida, ficar incapacitado para o seu trabalho ou para a sua atividade habitual por mais de quinze dias consecutivos.
§ 1º Não será devido auxílio por incapacidade temporária ao segurado que se filiar ao RGPS já portador de doença ou lesão invocada como causa para a concessão do benefício, exceto quando a incapacidade sobrevier por motivo de progressão ou agravamento dessa doença ou lesão. *(Redação dada pelo Decreto 10.410/2020)*	§ 1º Não será devido auxílio-doença ao segurado que se filiar ao Regime Geral de Previdência Social já portador de doença ou lesão invocada como causa para a concessão do benefício, salvo quando a incapacidade sobrevier por motivo de progressão ou agravamento dessa doença ou lesão.
§ 2º Será devido auxílio por incapacidade temporária, independentemente do cumprimento de período de carência, aos segurados obrigatório e facultativo quando sofrerem acidente de qualquer natureza. *(Redação dada pelo Decreto 10.410/2020)*	§ 2º Será devido auxílio-doença, independentemente de carência, aos segurados obrigatório e facultativo, quando sofrerem acidente de qualquer natureza.

Nova Redação	Antiga Redação
§ 3º Não será devido o auxílio por incapacidade temporária ao segurado recluso em regime fechado. *(Acrescido pelo Decreto 10.410/2020)*	⊗ Dispositivo sem correspondência na antiga redação.
§ 4º O segurado em gozo de auxílio por incapacidade temporária na data do recolhimento à prisão terá o seu benefício suspenso. *(Acrescido pelo Decreto 10.410/2020)*	⊗ Dispositivo sem correspondência na antiga redação.
§ 5º A suspensão prevista no § 4º será pelo prazo de até sessenta dias, contado da data do recolhimento à prisão, hipótese em que o benefício será cessado após o referido prazo. *(Acrescido pelo Decreto 10.410/2020)*	⊗ Dispositivo sem correspondência na antiga redação.
§ 6º Na hipótese de o segurado ser colocado em liberdade antes do prazo previsto no § 5º, o benefício será restabelecido a partir da data de sua soltura. *(Acrescido pelo Decreto 10.410/2020)*	⊗ Dispositivo sem correspondência na antiga redação.
§ 7º Em caso de prisão declarada ilegal, o segurado terá direito à percepção do benefício por todo o período devido, efetuado o encontro de contas na hipótese de ter havido pagamento de auxílio-reclusão com valor inferior ao do auxílio por incapacidade temporária no mesmo período. *(Acrescido pelo Decreto 10.410/2020)*	⊗ Dispositivo sem correspondência na antiga redação.
§ 8º O disposto nos § 3º ao § 7º aplica-se somente aos benefícios dos segurados que tiverem sido recolhidos à prisão a partir da data de publicação da Lei nº 13.846, de 18 de junho de 2019. *(Acrescido pelo Decreto 10.410/2020)*	⊗ Dispositivo sem correspondência na antiga redação.
§ 9º O segurado recluso em cumprimento de pena em regime aberto ou semiaberto fará jus ao auxílio por incapacidade temporária. *(Acrescido pelo Decreto 10.410/2020)*	⊗ Dispositivo sem correspondência na antiga redação.

Nova Redação	Antiga Redação
Art. 72. O auxílio por incapacidade temporária consiste em renda mensal correspondente a noventa e um por cento do salário de benefício definido na forma prevista no art. 32 e será devido: *(Redação dada pelo Decreto 10.410/2020)*	**Art. 72.** O auxílio-doença consiste numa renda mensal calculada na forma do inciso I do caput do art. 39 e será devido:
I – a contar do décimo sexto dia do afastamento da atividade para o segurado empregado, exceto o doméstico; (Inciso com redação dada pelo Decreto nº 3.265, de 29/11/1999)	
II – a contar da data do início da incapacidade, para os demais segurados, desde que o afastamento seja superior a quinze dias; *(Redação dada pelo Decreto 10.410/2020)*	II – a contar da data do início da incapacidade, para os demais segurados; ou
III – a contar da data de entrada do requerimento, quando requerido após o trigésimo dia do afastamento da atividade, para todos os segurados.	
§ 1º Quando o acidentado não se afastar do trabalho no dia do acidente, os quinze dias de responsabilidade da empresa pela sua remuneração integral são contados a partir da data do afastamento.	
§ 2º (Revogado pelo Decreto nº 3.668, de 22/11/2000)	
§ 3º O auxílio por incapacidade temporária será devido durante o curso de reclamação trabalhista relacionada com a rescisão do contrato de trabalho, ou após a decisão final, desde que implementadas as condições mínimas para a concessão do benefício, observado o disposto nos § 2º e § 3º do art. 36. *(Redação dada pelo Decreto 10.410/2020)*	§ 3º O auxílio-doença será devido durante o curso de reclamação trabalhista relacionada com a rescisão do contrato de trabalho, ou após a decisão final, desde que implementadas as condições mínimas para a concessão do benefício, observado o disposto nos §§ 2º e 3º do art. 36.
Art. 73. O auxílio por incapacidade temporária do segurado que exercer mais de uma atividade abrangida pela previdência social será devido mesmo no caso de incapacidade apenas para o exercício de uma delas, hipótese em que o segurado deverá informar a Perícia Médica Federal a respeito de	**Art. 73.** O auxílio-doença do segurado que exercer mais de uma atividade abrangida pela previdência social será devido mesmo no caso de incapacidade apenas para a exercício de uma delas, devendo a perícia médica ser conhecedora de todas as atividades que o mesmo estiver exercendo.

Nova Redação	Antiga Redação
todas as atividades que estiver exercendo. *(Redação dada pelo Decreto 10.410/2020)*	
§ 1º Na hipótese prevista neste artigo, o auxílio por incapacidade temporária será concedido em relação à atividade para a qual o segurado estiver incapacitado, consideradas para fins de carência somente as contribuições relativas a essa atividade. *(Redação dada pelo Decreto 10.410/2020)*	§ 1º Na hipótese deste artigo, o auxílio-doença será concedido em relação à atividade para a qual o segurado estiver incapacitado, considerando-se para efeito de carência somente as contribuições relativas a essa atividade.
§ 2º Se nas várias atividades o segurado exercer a mesma profissão, será exigido de imediato o afastamento de todas.	
§ 3º Constatada durante o recebimento do auxílio por incapacidade temporária concedido nos termos do disposto neste artigo a incapacidade do segurado para cada uma das demais atividades, o valor do benefício deverá ser revisto com base nos salários de contribuição de cada uma das atividades, observado o disposto nos incisos I ao III do *caput* do art. 72. *(Redação dada pelo Decreto 10.410/2020)*	§ 3º Constatada, durante o recebimento do auxílio-doença concedido nos termos deste artigo, a incapacidade do segurado para cada uma das demais atividades, o valor do benefício deverá ser revisto com base nos respectivos salários de contribuição, observado o disposto nos incisos I a III do art. 72.
§ 4º Na hipótese prevista no § 1º, o valor do auxílio por incapacidade temporária poderá ser inferior ao salário-mínimo, desde que, se somado às demais remunerações recebidas, resulte em valor superior ao salário-mínimo. *(Redação dada pelo Decreto 10.410/2020)*	§ 4º Ocorrendo a hipótese do § 1º, o valor do auxílio-doença poderá ser inferior ao salário mínimo desde que somado às demais remunerações recebidas resultar valor superior a este. (Parágrafo acrescido pelo Decreto nº 4.729, de 9/6/2003)
§ 5º O segurado que, durante o gozo do auxílio por incapacidade temporária, vier a exercer atividade remunerada que lhe garanta a subsistência poderá ter o benefício cancelado a partir do retorno à atividade, observado o disposto no art. 179. *(Acrescido pelo Decreto 10.410/2020)*	⊗ Dispositivo sem correspondência na antiga redação.

Nova Redação	Antiga Redação
§ 6º Na hipótese prevista no § 5º, caso a atividade remunerada exercida seja diversa daquela que gerou o benefício, deverá ser verificada a incapacidade para cada uma das atividades exercidas, observado o disposto no *caput* e nos § 1º, § 2º e § 3º. *(Acrescido pelo Decreto 10.410/2020)*	⊗ Dispositivo sem correspondência na antiga redação.
Art. 74. Quando o segurado que exercer mais de uma atividade for considerado definitivamente incapacitado para uma delas, o auxílio por incapacidade temporária deverá ser mantido indefinidamente, hipótese em que não caberá a concessão de aposentadoria por incapacidade permanente enquanto a incapacidade não se estender às demais atividades. *(Redação dada pelo Decreto 10.410/2020)*	**Art. 74.** Quando o segurado que exercer mais de uma atividade se incapacitar definitivamente para uma delas, deverá o auxílio-doença ser mantido indefinidamente, não cabendo sua transformação em aposentadoria por invalidez, enquanto essa incapacidade não se estender às demais atividades.

Parágrafo único. Na situação prevista no *caput*, o segurado somente poderá transferir-se das demais atividades que exerce após o conhecimento da reavaliação médico-pericial.

Nova Redação	Antiga Redação
Art. 75. Durante os primeiros quinze dias consecutivos de afastamento da atividade por motivo de incapacidade temporária, compete à empresa pagar o salário ao segurado empregado. *(Redação dada pelo Decreto 10.410/2020)*	**Art. 75.** Durante os primeiros quinze dias consecutivos de afastamento da atividade por motivo de doença, incumbe à empresa pagar ao segurado empregado o seu salário. (Caput do artigo com redação dada pelo Decreto nº 3.265, de 29/11/1999)

§ 1º Cabe à empresa que dispuser de serviço médico próprio ou em convênio o exame médico e o abono das faltas correspondentes aos primeiros quinze dias de afastamento.

Nova Redação	Antiga Redação
§ 2º Quando a incapacidade ultrapassar o período de quinze dias consecutivos, o segurado será encaminhado ao INSS para avaliação médico-pericial. *(Redação dada pelo Decreto 10.410/2020)*	§ 2º Quando a incapacidade ultrapassar quinze dias consecutivos, o segurado será encaminhado à perícia médica do INSS, que o submeterá à avaliação pericial por profissional médico integrante de seus quadros ou, na hipótese do art. 75-B, de órgãos e entidades públicos

Nova Redação	Antiga Redação
	que integrem o Sistema Único de Saúde – SUS, ressalvados os casos em que for admitido o reconhecimento da incapacidade pela recepção da documentação médica do segurado, conforme previsto no art. 75-A. (Parágrafo com redação dada pelo Decreto nº 8.691, de 14/3/2016)
§ 3º Se concedido novo benefício decorrente do mesmo motivo que gerou a incapacidade no prazo de sessenta dias, contado da data da cessação do benefício anterior, a empresa ficará desobrigada do pagamento relativo aos quinze primeiros dias de afastamento, prorrogando-se o benefício anterior e descontando-se os dias trabalhados, se for o caso. *(Redação dada pelo Decreto 10.410/2020)*	§ 3º Se concedido novo benefício decorrente da mesma doença dentro de sessenta dias contados da cessação do benefício anterior, a empresa fica desobrigada do pagamento relativo aos quinze primeiros dias de afastamento, prorrogando-se o benefício anterior e descontando-se os dias trabalhados, se for o caso.
§ 4º Se o segurado empregado, por motivo de incapacidade, afastar-se do trabalho durante o período de quinze dias, retornar à atividade no décimo sexto dia e voltar a se afastar no prazo de sessenta dias, contado da data de seu retorno, em decorrência do mesmo motivo que gerou a incapacidade, este fará jus ao auxílio por incapacidade temporária a partir da data do novo afastamento. *(Redação dada pelo Decreto 10.410/2020)*	§ 4º Se o segurado empregado, por motivo de doença, afastar-se do trabalho durante quinze dias, retornando à atividade no décimo sexto dia, e se dela voltar a se afastar dentro de sessenta dias desse retorno, em decorrência da mesma doença, fará jus ao auxílio-doença a partir da data do novo afastamento. (Parágrafo com redação dada pelo Decreto nº 5.545, de 22/9/2005)
§ 5º Na hipótese prevista no § 4º, se o retorno à atividade tiver ocorrido antes do período de quinze dias do afastamento, o segurado fará jus ao auxílio por incapacidade temporária a partir do dia seguinte ao que completar aquele período. *(Redação dada pelo Decreto 10.410/2020)*	§ 5º Na hipótese do § 4º, se o retorno à atividade tiver ocorrido antes de quinze dias do afastamento, o segurado fará jus ao auxílio-doença a partir do dia seguinte ao que completar aquele período. (Parágrafo acrescido pelo Decreto nº 4.729, de 9/6/2003)

Nova Redação	Antiga Redação
§ 6º Na impossibilidade de realização do exame médico-pericial inicial antes do término do período de recuperação indicado pelo médico assistente em documentação, o empregado é autorizado a retornar ao trabalho no dia seguinte à data indicada pelo médico assistente, mantida a necessidade de comparecimento do segurado à perícia na data agendada. *(Redação dada pelo Decreto 10.410/2020)*	§ 6º A impossibilidade de atendimento pela Previdência Social ao segurado antes do término do período de recuperação indicado pelo médico assistente na documentação autoriza o retorno do empregado ao trabalho no dia seguinte à data indicada pelo médico assistente. (Parágrafo acrescido pelo Decreto nº 8.691, de 14/3/2016)
Art. 75-A. ~~O reconhecimento da incapacidade para concessão ou prorrogação do auxílio-doença decorre da realização de avaliação pericial ou da recepção da documentação médica do segurado, hipótese em que o benefício será concedido com base no período de recuperação indicado pelo médico assistente. (Artigo acrescido pelo Decreto nº 8.691, de 14/3/2016)~~ *(Revogado pelo Decreto 10.410/2020)*	**Art. 75-A.** O reconhecimento da incapacidade para concessão ou prorrogação do auxílio-doença decorre da realização de avaliação pericial ou da recepção da documentação médica do segurado, hipótese em que o benefício será concedido com base no período de recuperação indicado pelo médico assistente. (Artigo acrescido pelo Decreto nº 8.691, de 14/3/2016)
~~§ 1º O reconhecimento da incapacidade pela recepção da documentação médica do segurado poderá ser admitido, conforme disposto em ato do INSS:~~	§ 1º O reconhecimento da incapacidade pela recepção da documentação médica do segurado poderá ser admitido, conforme disposto em ato do INSS:
~~I – nos pedidos de prorrogação do benefício do segurado empregado; ou~~	I - nos pedidos de prorrogação do benefício do segurado empregado; ou
~~II – nas hipóteses de concessão inicial do benefício quando o segurado, independentemente de ser obrigatório ou facultativo, estiver internado em unidade de saúde.~~	II – nas hipóteses de concessão inicial do benefício quando o segurado, independentemente de ser obrigatório ou facultativo, estiver internado em unidade de saúde.
~~§ 2º Observado o disposto no § 1º, o INSS definirá:~~	§ 2º Observado o disposto no § 1º, o INSS definirá:
~~I – o procedimento pelo qual irá receber, registrar e reconhecer a documentação médica do segurado, por meio físico ou eletrônico, para fins de reconhecimento da incapacidade laboral; e~~	I - o procedimento pelo qual irá receber, registrar e reconhecer a documentação médica do segurado, por meio físico ou eletrônico, para fins de reconhecimento da incapacidade laboral; e

Nova Redação	Antiga Redação
~~II – as condições para o reconhecimento do período de recuperação indicado pelo médico assistente, com base em critérios estabelecidos pela área técnica do INSS.~~	II – as condições para o reconhecimento do período de recuperação indicado pelo médico assistente, com base em critérios estabelecidos pela área técnica do INSS.
~~§ 3º Para monitoramento e controle do registro e do processamento da documentação médica recebida do segurado, o INSS deverá aplicar critérios internos de segurança operacional sobre os parâmetros utilizados na concessão inicial e na prorrogação dos benefícios.~~	§ 3º Para monitoramento e controle do registro e do processamento da documentação médica recebida do segurado, o INSS deverá aplicar critérios internos de segurança operacional sobre os parâmetros utilizados na concessão inicial e na prorrogação dos benefícios.
~~§ 4º O disposto neste artigo não afasta a possibilidade de o INSS convocar o segurado, em qualquer hipótese e a qualquer tempo, para avaliação pericial.~~	§ 4º O disposto neste artigo não afasta a possibilidade de o INSS convocar o segurado, em qualquer hipótese e a qualquer tempo, para avaliação pericial.
Art. 75-B. ~~Nas hipóteses de que trata o § 5º do art. 60 da Lei 8.213, de 24 de julho de 1991, o INSS poderá celebrar, mediante sua coordenação e supervisão, convênios, termos de execução descentralizada, termos de fomento ou de colaboração, contratos não onerosos ou acordos de cooperação técnica para a colaboração no processo de avaliação pericial por profissional médico de órgãos e entidades públicos que integrem o Sistema Único de Saúde – SUS. (Artigo acrescido pelo Decreto nº 8.691, de 14/3/2016)~~ *(Revogado pelo Decreto 10.410/2020)*	**Art. 75-B.** Nas hipóteses de que trata o § 5º do art. 60 da Lei 8.213, de 24 de julho de 1991, o INSS poderá celebrar, mediante sua coordenação e supervisão, convênios, termos de execução descentralizada, termos de fomento ou de colaboração, contratos não onerosos ou acordos de cooperação técnica para a colaboração no processo de avaliação pericial por profissional médico de órgãos e entidades públicos que integrem o Sistema Único de Saúde – SUS. (Artigo acrescido pelo Decreto nº 8.691, de 14/3/2016)
~~Parágrafo único. A execução do disposto neste artigo fica condicionada à edição de:~~	Parágrafo único. A execução do disposto neste artigo fica condicionada à edição de:
~~I – ato do INSS para normatizar as hipóteses de que trata o§ 5º do art. 60 da Lei nº 8.213, de 1991; e~~	I – ato do INSS para normatizar as hipóteses de que trata o§ 5º do art. 60 da Lei nº 8.213, de 1991; e

Nova Redação	Antiga Redação
~~II – ato conjunto dos Ministérios do Trabalho e Previdência Social e da Saúde para dispor sobre a cooperação entre o INSS e os órgãos e as entidades que integram o SUS, observado o disposto no art. 14-A da Lei 8.080, de 19 de setembro de 1990.~~	II – ato conjunto dos Ministérios do Trabalho e Previdência Social e da Saúde para dispor sobre a cooperação entre o INSS e os órgãos e as entidades que integram o SUS, observado o disposto no art. 14-A da Lei 8.080, de 19 de setembro de 1990.
Art. 76. A previdência social processará, de ofício, o benefício quando tiver ciência da incapacidade do segurado sem que este tenha requerido auxílio por incapacidade temporária. *(Redação dada pelo Decreto 10.410/2020)*	**Art. 76.** A previdência social deve processar de ofício o benefício, quando tiver ciência da incapacidade do segurado sem que este tenha requerido auxílio-doença.
Art. 76-A. É facultado à empresa protocolar requerimento de auxílio por incapacidade temporária ou documento dele originário de seu empregado ou de contribuinte individual a ela vinculado ou a seu serviço, na forma estabelecida pelo INSS. *(Redação dada pelo Decreto 10.410/2020)*	**Art. 76-A.** É facultado à empresa protocolar requerimento de auxílio-doença ou documento dele originário de seu empregado ou de contribuinte individual a ela vinculado ou a seu serviço, na forma estabelecida pelo INSS.
Parágrafo único. *(Revogado pelo Decreto 10.410/2020)*	Parágrafo único. A empresa que adotar o procedimento previsto no caput terá acesso as decisões administrativas a ele relativas. (Artigo acrescido pelo Decreto nº 5.699, de 13/2/2006)
Art. 76-B. A empresa terá acesso às decisões administrativas de benefícios requeridos por seus empregados, resguardadas as informações consideradas sigilosas, na forma estabelecida em ato do INSS. *(Acrescido pelo Decreto 10.410/2020)*	⊗ Dispositivo sem correspondência na antiga redação.
Art. 77. O segurado em gozo de auxílio por incapacidade temporária concedido judicial ou administrativamente está obrigado, independentemente de	**Art. 77.** O segurado em gozo de auxílio-doença está obrigado, independentemente de sua idade e sob pena de suspensão do benefício, a submeter-se

Nova Redação	Antiga Redação
sua idade e sob pena de suspensão do benefício, a submeter-se a exame médico a cargo da Perícia Médica Federal, processo de reabilitação profissional a cargo do INSS e tratamento dispensado gratuitamente, exceto o cirúrgico e a transfusão de sangue, que são facultativos. *(Redação dada pelo Decreto 10.410/2020)*	a exame médico a cargo da previdência social, processo de reabilitação profissional por ela prescrito e custeado e tratamento dispensado gratuitamente, exceto o cirúrgico e a transfusão de sangue, que são facultativos.
Art. 77-A. O segurado em gozo de auxílio por incapacidade temporária concedido judicial ou administrativamente poderá ser convocado a qualquer tempo para avaliação das condições que ensejaram sua concessão ou manutenção. *(Acrescido pelo Decreto 10.410/2020)*	⊗ Dispositivo sem correspondência na antiga redação.
Art. 78. O auxílio por incapacidade temporária cessa pela recuperação da capacidade para o trabalho, pela concessão de aposentadoria por incapacidade permanente ou, na hipótese de o evento causador da redução da capacidade laborativa ser o mesmo que gerou o auxílio por incapacidade temporária, pela concessão do auxílio acidente. *(Redação dada pelo Decreto 10.410/2020)*	**Art. 78.** O auxílio-doença cessa pela recuperação da capacidade para o trabalho, pela transformação em aposentadoria por invalidez ou auxílio-acidente de qualquer natureza, neste caso se resultar sequela que implique redução da capacidade para o trabalho que habitualmente exercia.
§ 1º Sempre que possível, o ato de concessão ou de reativação de auxílio por incapacidade temporária, judicial ou administrativo, deverá estabelecer o prazo estimado para a duração do benefício. *(Redação dada pelo Decreto 10.410/2020)*	§ 1º O INSS poderá estabelecer, mediante avaliação pericial ou com base na documentação médica do segurado, nos termos do art. 75-A, o prazo que entender suficiente para a recuperação da capacidade para o trabalho do segurado. (Parágrafo com redação dada pelo Decreto nº 8.691, de 14/3/2016)

§ 2º Caso o prazo concedido para a recuperação se revele insuficiente, o segurado poderá solicitar a sua prorrogação, na forma estabelecida pelo INSS. (Parágrafo com redação dada pelo Decreto nº 8.691, de 14/3/2016)

Nova Redação	Antiga Redação
§ 3º A comunicação da concessão do auxílio por incapacidade temporária conterá as informações necessárias ao requerimento de sua prorrogação. *(Redação dada pelo Decreto 10.410/2020)*	§ 3º A comunicação da concessão do auxílio-doença conterá as informações necessárias para o requerimento de sua prorrogação. (Parágrafo com redação dada pelo Decreto nº 8.691, de 14/3/2016)
§ 4º Caso não seja estabelecido o prazo de que trata o § 1º, o benefício cessará após o prazo de cento e vinte dias, contado da data de concessão ou de reativação do auxílio por incapacidade temporária, exceto se o segurado requerer a sua prorrogação ao INSS, observado o disposto no art. 79. *(Redação dada pelo Decreto 10.410/2020)*	§ 4º A recepção de novo atestado fornecido por médico assistente com declaração de alta médica do segurado, antes do prazo estipulado na concessão ou na prorrogação do auxílio-doença, culminará na cessação do benefício na nova data indicada. (Parágrafo acrescido pelo Decreto nº 8.691, de 14/3/2016)
§ 5º O segurado que se considerar capaz antes do prazo estabelecido pela Perícia Médica Federal no ato da concessão ou da prorrogação do auxílio por incapacidade temporária somente retornará ao trabalho após nova avaliação médico-pericial. *(Acrescido pelo Decreto 10.410/2020)*	⊗ Dispositivo sem correspondência na antiga redação.
§ 6º O segurado poderá desistir do requerimento de prorrogação antes da realização do exame médico-pericial, hipótese em que o benefício será mantido até a data da sua desistência, desde que posterior à data de cessação estabelecida pela Perícia Médica Federal. *(Acrescido pelo Decreto 10.410/2020)*	⊗ Dispositivo sem correspondência na antiga redação.
§ 7º O segurado que não concordar com o resultado da avaliação a que se refere o § 1º poderá apresentar, no prazo de trinta dias, recurso da decisão proferida pela Perícia Médica Federal perante o Conselho de Recursos da Previdência Social - CRPS, cuja análise médico-pericial, se necessária, será feita por perito médico federal diverso daquele que tenha realizado o exame anterior. *(Acrescido pelo Decreto 10.410/2020)*	⊗ Dispositivo sem correspondência na antiga redação.

Nova Redação	Antiga Redação
Art. 79. O segurado em gozo de auxílio por incapacidade temporária insuscetível de recuperação para sua atividade habitual deverá submeter-se a processo de reabilitação profissional para o exercício de outra atividade. *(Redação dada pelo Decreto 10.410/2020)*	**Art. 79.** O segurado em gozo de auxílio-doença, insuscetível de recuperação para sua atividade habitual, deverá submeter-se a processo de reabilitação profissional para exercício de outra atividade, não cessando o benefício até que seja dado como habilitado para o desempenho de nova atividade que lhe garanta a subsistência ou, quando considerado não recuperável, seja aposentado por invalidez.
§ 1º O benefício a que se refere o *caput* será mantido até que o segurado seja considerado reabilitado para o desempenho de atividade que lhe garanta a subsistência ou, quando considerado não recuperável, seja aposentado por incapacidade permanente. *(Acrescido pelo Decreto 10.410/2020)*	⊗ Dispositivo sem correspondência na antiga redação.
§ 2º A alteração das atribuições e responsabilidades do segurado compatíveis com a limitação que tenha sofrido em sua capacidade física ou mental não configura desvio de cargo ou função do segurado reabilitado ou que estiver em processo de reabilitação profissional a cargo do INSS. *(Acrescido pelo Decreto 10.410/2020)*	⊗ Dispositivo sem correspondência na antiga redação.
Art. 80. O segurado empregado, inclusive o doméstico, em gozo de auxílio por incapacidade temporária será considerado pela empresa e pelo empregador doméstico como licenciado. *(Redação dada pelo Decreto 10.410/2020)*	**Art. 80.** O segurado empregado em gozo de auxílio-doença é considerado pela empresa como licenciado.
Parágrafo único. A empresa que garantir ao segurado licença remunerada ficará obrigada a pagar-lhe, durante o período do auxílio por incapacidade temporária, a eventual diferença entre o valor do benefício recebido e a quantia garantida pela licença. *(Redação dada pelo Decreto 10.410/2020)*	Parágrafo único. A empresa que garantir ao segurado licença remunerada ficará obrigada a pagar-lhe durante o período de auxílio-doença a eventual diferença entre o valor deste e a importância garantida pela licença.

Nova Redação	Antiga Redação

Subseção VI
Do Salário-família

Nova Redação	Antiga Redação
Art. 81. O salário-família é devido, mensalmente, ao segurado empregado, inclusive o doméstico, e ao trabalhador avulso com salário de contribuição inferior ou igual a R$ 1.425,56 (mil quatrocentos e vinte e cinco reais e cinquenta e seis centavos), na proporção do respectivo número de filhos ou de enteados e de menores tutelados, desde que comprovada a dependência econômica dos dois últimos nos termos do disposto no art. 16, observado o disposto no art. 83. *(Redação dada pelo Decreto 10.410/2020)*	**Art. 81.** O salário-família será devido, mensalmente, ao segurado empregado, exceto o doméstico, e ao trabalhador avulso que tenham salário de contribuição inferior ou igual a R$360,00 (trezentos e sessenta reais), na proporção do respectivo número de filhos ou equiparados, nos termos do art. 16, observado o disposto no art. 83.

Art. 82. O salário-família será pago mensalmente:

Nova Redação	Antiga Redação
I - ao empregado, inclusive o doméstico, pela empresa ou pelo empregador doméstico, juntamente com o salário, e ao trabalhador avulso, pelo sindicato ou órgão gestor de mão de obra, por meio de convênio; *(Redação dada pelo Decreto 10.410/2020)*	I – ao empregado, pela empresa, com o respectivo salário, e ao trabalhador avulso, pelo sindicato ou órgão gestor de mão de obra, mediante convênio;
II - ao empregado, inclusive o doméstico, e ao trabalhador avulso aposentados por incapacidade permanente ou em gozo de auxílio por incapacidade temporária, pelo INSS, juntamente com o benefício; *(Redação dada pelo Decreto 10.410/2020)*	II – ao empregado e trabalhador avulso aposentados por invalidez ou em gozo de auxílio-doença, pelo Instituto Nacional do Seguro Social, juntamente com o benefício;

III – ao trabalhador rural aposentado por idade aos sessenta anos, se do sexo masculino, ou cinquenta e cinco anos, se do sexo feminino, pelo Instituto Nacional do Seguro Social, juntamente com a aposentadoria; e

Nova Redação	Antiga Redação
IV - aos demais empregados, inclusive os domésticos, e aos trabalhadores avulsos aposentados aos sessenta e cinco anos de idade, se homem, ou aos sessenta anos, se mulher, pelo INSS, juntamente com a aposentadoria. *(Redação dada pelo Decreto 10.410/2020)*	IV – aos demais empregados e trabalhadores avulsos aposentados aos sessenta e cinco anos de idade, se do sexo masculino, ou sessenta anos, se do sexo feminino, pelo Instituto Nacional do Seguro Social, juntamente com a aposentadoria.

<table>
<tr><th>Nova Redação</th><th>Antiga Redação</th></tr>
<tr><td colspan="2">§ 1º No caso do inciso I, quando o salário do empregado não for mensal, o salário--família será pago juntamente com o último pagamento relativo ao mês.</td></tr>
<tr><td colspan="2">§ 2º O salário-família do trabalhador avulso independe do número de dias trabalhados no mês, devendo o seu pagamento corresponder ao valor integral da cota.</td></tr>
<tr><td>§ 3º Quando o pai e a mãe são segurados empregados, inclusive domésticos, ou trabalhadores avulsos, ambos têm direito ao salário-família. (Redação dada pelo Decreto 10.410/2020)</td><td>§ 3º Quando o pai e a mãe são segurados empregados ou trabalhadores avulsos, ambos têm direito ao salário-família.</td></tr>
<tr><td>§ 4º As cotas do salário-família pagas pela empresa ou pelo empregador doméstico serão deduzidas quando do recolhimento das contribuições. (Redação dada pelo Decreto 10.410/2020)</td><td>§ 4º As cotas do salário-família, pagas pela empresa, deverão ser deduzidas quando do recolhimento das contribuições sobre a folha de salário.</td></tr>
<tr><td>Art. 83. O valor da cota do salário--família por filho ou por enteado e por menor tutelado, desde que comprovada a dependência econômica dos dois últimos, até quatorze anos de idade ou inválido, é de R$ 48,62 (quarenta e oito reais e sessenta e dois centavos). (Redação dada pelo Decreto 10.410/2020)</td><td>Art. 83. A partir de 1º de maio de 2004, o valor da cota do salário-família por filho ou equiparado de qualquer condição, até quatorze anos de idade ou inválido, é de: (Caput do artigo com redação dada pelo Decreto nº 5.545, de 22/9/2005)</td></tr>
<tr><td><s>I – R$ 20,00 (vinte reais), para o segurado com remuneração mensal não superior a R$ 390,00 (trezentos e noventa reais); e (Inciso acrescido pelo Decreto nº 5.545, de 22/9/2005)</s> (Revogado pelo Decreto 10.410/2020)

→ <s>Portaria MF 9/2019: Art. 4º O valor da cota do salário-família por filho ou equiparado de qualquer condição, até 14 (quatorze) anos de idade, ou inválido de qualquer idade, a partir de 1º de janeiro de 2019, é de: I - R$ 46,54 (quarenta e seis reais e cinquenta e quatro centavos) para o segurado com remuneração mensal não superior a R$ 907,77 (novecentos e sete reais e setenta e sete centavos);</s></td><td>I – R$ 20,00 (vinte reais), para o segurado com remuneração mensal não superior a R$ 390,00 (trezentos e noventa reais); e (Inciso acrescido pelo Decreto nº 5.545, de 22/9/2005)

→ Portaria MF 9/2019: Art. 4º O valor da cota do salário-família por filho ou equiparado de qualquer condição, até 14 (quatorze) anos de idade, ou inválido de qualquer idade, a partir de 1º de janeiro de 2019, é de: I - R$ 46,54 (quarenta e seis reais e cinquenta e quatro centavos) para o segurado com remuneração mensal não superior a R$ 907,77 (novecentos e sete reais e setenta e sete centavos);</td></tr>
</table>

Nova Redação	Antiga Redação
~~II – R$ 14,09 (quatorze reais e nove centavos), para o segurado com remuneração mensal superior a R$ 390,00 (trezentos e noventa reais) e igual ou inferior a R$ 586,19 (quinhentos e oitenta e seis reais e dezenove centavos). (Inciso acrescido pelo Decreto nº 5.545, de 22/9/2005)~~ *(Revogado pelo Decreto 10.410/2020)* → ~~Portaria MF 9/2019: Art. 4º O valor da cota do salário-família por filho ou equiparado de qualquer condição, até 14 (quatorze) anos de idade, ou inválido de qualquer idade, a partir de 1º de janeiro de 2019, é de: II - R$ 32,80 (trinta e dois reais e oitenta centavos) para o segurado com remuneração mensal superior a R$ 907,77 (novecentos e sete reais e setenta e sete centavos) e igual ou inferior a R$ 1.364,43 (um mil trezentos e sessenta e quatro reais e quarenta e três centavos).~~	II – R$ 14,09 (quatorze reais e nove centavos), para o segurado com remuneração mensal superior a R$ 390,00 (trezentos e noventa reais) e igual ou inferior a R$ 586,19 (quinhentos e oitenta e seis reais e dezenove centavos). (Inciso acrescido pelo Decreto nº 5.545, de 22/9/2005) → Portaria MF 9/2019: Art. 4º O valor da cota do salário-família por filho ou equiparado de qualquer condição, até 14 (quatorze) anos de idade, ou inválido de qualquer idade, a partir de 1º de janeiro de 2019, é de: II - R$ 32,80 (trinta e dois reais e oitenta centavos) para o segurado com remuneração mensal superior a R$ 907,77 (novecentos e sete reais e setenta e sete centavos) e igual ou inferior a R$ 1.364,43 (um mil trezentos e sessenta e quatro reais e quarenta e três centavos).
Art. 84. O pagamento do salário-família será devido a partir da data de apresentação da certidão de nascimento do filho ou da documentação relativa ao enteado e ao menor tutelado, desde que comprovada a dependência econômica dos dois últimos, e fica condicionado à apresentação anual de atestado de vacinação obrigatória dos referidos dependentes, de até seis anos de idade, e de comprovação semestral de frequência à escola dos referidos dependentes, a partir de quatro anos de idade, observado, para o empregado doméstico, o disposto no § 5º. *(Redação dada pelo Decreto 10.410/2020)*	**Art. 84.** O pagamento do salário-família será devido a partir da data da apresentação da certidão de nascimento do filho ou da documentação relativa ao equiparado, estando condicionado à apresentação anual de atestado de vacinação obrigatória, até seis anos de idade, e de comprovação semestral de frequência à escola do filho ou equiparado, a partir dos sete anos de idade. (Caput do artigo com redação dada pelo Decreto nº 3.265, de 29/11/1999)
§ 1º A empresa e o empregador doméstico deverão conservar, durante o prazo decadencial de que trata o art. 348, os comprovantes dos pagamentos e as	§ 1º A empresa deverá conservar, durante dez anos, os comprovantes dos pagamentos e as cópias das certidões correspondentes, para exame pela

Nova Redação	Antiga Redação
cópias das certidões correspondentes, para exame pela fiscalização. *(Redação dada pelo Decreto 10.410/2020)*	fiscalização do Instituto Nacional do Seguro Social, conforme o disposto no § 7º do art. 225. (Parágrafo único renumerado pelo Decreto nº 3.265, de 29/11/1999)
§ 2º Na hipótese de o segurado empregado ou de o trabalhador avulso não apresentar o atestado de vacinação obrigatória e a comprovação de frequência escolar do filho, do enteado ou do menor tutelado, desde que comprovada a dependência econômica dos dois últimos, nas datas definidas pelo INSS, o benefício do salário-família será suspenso até que a documentação seja apresentada. *(Redação dada pelo Decreto 10.410/2020)*	§ 2º Se o segurado não apresentar o atestado de vacinação obrigatória e a comprovação de frequência escolar do filho ou equiparado, nas datas definidas pelo Instituto Nacional do Seguro Social, o benefício do salário-família será suspenso, até que a documentação seja apresentada. (Parágrafo acrescido pelo Decreto nº 3.265, de 29/11/1999)
§ 3º Não é devido salário-família no período entre a suspensão do benefício motivada pela falta de comprovação da frequência escolar e o seu reativamento, exceto se provada a frequência escolar regular no período. *(Redação dada pelo Decreto 10.410/2020)*	§ 3º Não é devido salário-família no período entre a suspensão do benefício motivada pela falta de comprovação da frequência escolar e o seu reativamento, salvo se provada a frequência escolar regular no período. (Parágrafo acrescido pelo Decreto nº 3.265, de 29/11/1999)
§ 4º A comprovação semestral de frequência escolar de que trata o *caput* será feita por meio da apresentação de documento emitido pela escola, na forma estabelecida na legislação específica, em nome do aluno, de qual conste o registro de frequência regular, ou de atestado do estabelecimento de ensino que comprove a regularidade da matrícula e a frequência escolar do aluno. *(Redação dada pelo Decreto 10.410/2020)*	§ 4º A comprovação de frequência escolar será feita mediante apresentação de documento emitido pela escola, na forma de legislação própria, em nome do aluno, onde consta o registro de frequência regular ou de atestado do estabelecimento de ensino, comprovando a regularidade da matrícula e frequência escolar do aluno. (Parágrafo acrescido pelo Decreto nº 3.265, de 29/11/1999)

Nova Redação	Antiga Redação
§ 5º Para recebimento do salário-família, o empregado doméstico apresentará ao seu empregador apenas a certidão de nascimento do filho ou a documentação relativa ao enteado e ao menor tutelado, desde que comprovada a dependência econômica dos dois últimos. *(Acrescido pelo Decreto 10.410/2020)*	⊗ Dispositivo sem correspondência na antiga redação.
Art. 85. A invalidez do filho, do enteado ou do menor tutelado, desde que comprovada a dependência econômica dos dois últimos, maior de quatorze anos de idade será verificada em exame médico-pericial realizado pela Perícia Médica Federal. *(Redação dada pelo Decreto 10.410/2020)*	**Art. 85.** A invalidez do filho ou equiparado maior de quatorze anos de idade deve ser verificada em exame médico-pericial a cargo da previdência social.
Art. 86. O salário-família correspondente ao mês de afastamento do trabalho será pago integralmente pela empresa, pelo empregador doméstico ou pelo sindicato ou pelo órgão gestor de mão de obra, conforme o caso, e, ao mês da cessação de benefício, pelo INSS. *(Redação dada pelo Decreto 10.410/2020)*	**Art. 86.** O salário-família correspondente ao mês de afastamento do trabalho será pago integralmente pela empresa, pelo sindicato ou órgão gestor de mão de obra, conforme o caso, e o do mês da cessação de benefício pelo Instituto Nacional do Seguro Social.

Art. 87. Tendo havido divórcio, separação judicial ou de fato dos pais, ou em caso de abandono legalmente caracterizado ou perda do pátrio-poder, o salário-família passará a ser pago diretamente àquele a cujo cargo ficar o sustento do menor, ou a outra pessoa, se houver determinação judicial nesse sentido.

Art. 88. O direito ao salário-família cessa automaticamente:

Nova Redação	Antiga Redação
I - por morte do filho, do enteado ou do menor tutelado, a contar do mês seguinte ao do óbito; *(Redação dada pelo Decreto 10.410/2020)*	I – por morte do filho ou equiparado, a contar do mês seguinte ao do óbito;
II - quando o filho, o enteado ou o menor tutelado completar quatorze anos de idade, exceto se inválido, a contar do mês seguinte ao da data do aniversário; *(Redação dada pelo Decreto 10.410/2020)*	II – quando o filho ou equiparado completar quatorze anos de idade, salvo se inválido, a contar do mês seguinte ao da data do aniversário;

Nova Redação	Antiga Redação
III - pela recuperação da capacidade do filho, do enteado ou do menor tutelado inválido, a contar do mês seguinte ao da cessação da incapacidade; ou *(Redação dada pelo Decreto 10.410/2020)*	III – pela recuperação da capacidade do filho ou equiparado inválido, a contar do mês seguinte ao da cessação da incapacidade; ou
IV – pelo desemprego do segurado.	
Art. 89. Para efeito de concessão e manutenção do salário-família, o segurado firmará termo de responsabilidade, no qual se comprometerá a comunicar à empresa, ao empregador doméstico ou ao INSS, conforme o caso, qualquer fato ou circunstância que determine a perda do direito ao benefício e ficará sujeito, em caso de descumprimento, às sanções penais e trabalhistas. *(Redação dada pelo Decreto 10.410/2020)*	**Art. 89.** Para efeito de concessão e manutenção do salário-família, o segurado deve firmar termo de responsabilidade, no qual se comprometa a comunicar à empresa ou ao Instituto Nacional do Seguro Social qualquer fato ou circunstância que determine a perda do direito ao benefício, ficando sujeito, em caso do não cumprimento, às sanções penais e trabalhistas.
Art. 90. A falta de comunicação oportuna de fato que implique cessação do salário-família e a prática, pelo segurado, de fraude de qualquer natureza para o seu recebimento autorizam a empresa, o empregador doméstico ou o INSS, conforme o caso, a descontar dos pagamentos de cotas devidas com relação a outros filhos, enteados ou menores tutelados ou, na falta delas, do próprio salário do segurado ou da renda mensal do seu benefício, o valor das cotas indevidamente recebidas, sem prejuízo das sanções penais cabíveis, observado o disposto no § 2º do art. 154. *(Redação dada pelo Decreto 10.410/2020)*	**Art. 90.** A falta de comunicação oportuna de fato que implique cessação do salário-família, bem como a prática, pelo empregado, de fraude de qualquer natureza para o seu recebimento, autoriza a empresa, o Instituto Nacional do Seguro Social, o sindicato ou órgão gestor de mão de obra, conforme o caso, a descontar dos pagamentos de cotas devidas com relação a outros filhos ou, na falta delas, do próprio salário do empregado ou da renda mensal do seu benefício, o valor das cotas indevidamente recebidas, sem prejuízo das sanções penais cabíveis, observado o disposto no § 2º do art. 154.
Art. 91. O empregado, inclusive o doméstico, ou o trabalhador avulso deve dar quitação à empresa ou ao empregador doméstico de cada recebimento mensal do salário-família, na própria folha de pagamento ou por outra forma admitida, de modo que a quitação fique claramente caracterizada. *(Redação dada pelo Decreto 10.410/2020)*	**Art. 91.** O empregado deve dar quitação à empresa, sindicato ou órgão gestor de mão de obra de cada recebimento mensal do salário-família, na própria folha de pagamento ou por outra forma admitida, de modo que a quitação fique plena e claramente caracterizada.

Art. 92. As cotas do salário-família não serão incorporadas, para qualquer efeito, ao salário ou ao benefício.

Subseção VII
Do Salário-maternidade

Art. 93. O salário-maternidade é devido à segurada da previdência social, durante cento e vinte dias, com início vinte e oito dias antes e término noventa e um dias depois do parto, podendo ser prorrogado na forma prevista no § 3º. (*Caput* do artigo com redação dada pelo Decreto nº 4.862, de 21/10/2003)

§ 1º Para a segurada empregada, inclusive a doméstica, observar-se-á, no que couber, as situações e condições previstas na legislação trabalhista relativas à proteção à maternidade.

§ 2º Será devido o salário-maternidade à segurada especial, desde que comprove o exercício de atividade rural nos últimos dez meses imediatamente anteriores à data do parto ou do requerimento do benefício, quando requerido antes do parto, mesmo que de forma descontínua, aplicando-se, quando for o caso, o disposto no parágrafo único do art. 29. (Parágrafo com redação dada pelo Decreto nº 5.545, de 22/9/2005)

Nova Redação	Antiga Redação
§ 3º Em casos excepcionais, os períodos de repouso anterior e posterior ao parto podem ser aumentados de mais duas semanas, por meio de atestado médico específico submetido à avaliação médico-pericial. *(Redação dada pelo Decreto 10.410/2020)*	§ 3º Em casos excepcionais, os períodos de repouso anterior e posterior ao parto podem ser aumentados de mais duas semanas, mediante atestado médico específico. (Parágrafo com redação dada pelo Decreto nº 3.668, de 22/11/2000)

§ 4º Em caso de parto antecipado ou não, a segurada tem direito aos cento e vinte dias previstos neste artigo.

§ 5º Em caso de aborto não criminoso, comprovado mediante atestado médico, a segurada terá direito ao salário-maternidade correspondente a duas semanas. (Parágrafo com redação dada pelo Decreto nº 3.668, de 22/11/2000)

§ 6º (Revogado pelo Decreto nº 4.032, de 26/11/2001)

Nova Redação	Antiga Redação
Art. 93-A. O salário-maternidade é devido ao segurado ou à segurada da previdência social que adotar ou obtiver guarda judicial, para fins de adoção de criança de até doze anos de idade, pelo período de cento e vinte dias. *(Redação dada pelo Decreto 10.410/2020)*	**Art. 93-A.** O salário-maternidade é devido à segurada da Previdência Social que adotar ou obtiver guarda judicial para fins de adoção de criança com idade: (Caput do artigo acrescido pelo Decreto nº 4.729, de 9/6/2003)

Nova Redação	Antiga Redação
~~I – até um ano completo, por cento e vinte dias; (Inciso acrescido pelo Decreto nº 4.729, de 9/6/2003)~~ *(Revogado pelo Decreto 10.410/2020)*	I – até um ano completo, por cento e vinte dias; (Inciso acrescido pelo Decreto nº 4.729, de 9/6/2003)
~~II – a partir de um ano até quatro anos completos, por sessenta dias; ou (Inciso acrescido pelo Decreto nº 4.729, de 9/6/2003)~~ *(Revogado pelo Decreto 10.410/2020)*	II – a partir de um ano até quatro anos completos, por sessenta dias; ou (Inciso acrescido pelo Decreto nº 4.729, de 9/6/2003)
~~III – a partir de quatro anos até completar oito anos, por trinta dias. (Inciso acrescido pelo Decreto nº 4.729, de 9/6/2003)~~ *(Revogado pelo Decreto 10.410/2020)*	III – a partir de quatro anos até completar oito anos, por trinta dias. (Inciso acrescido pelo Decreto nº 4.729, de 9/6/2003)
§ 1º O salário-maternidade é devido ao segurado ou à segurada independentemente de a mãe biológica ter recebido o mesmo benefício quando do nascimento da criança. *(Redação dada pelo Decreto 10.410/2020)*	§ 1º O salário-maternidade é devido à segurada independentemente de a mãe biológica ter recebido o mesmo benefício quando do nascimento da criança. (Parágrafo acrescido pelo Decreto nº 4.729, de 9/6/2003)
§ 2º O salário-maternidade não é devido quando o termo de guarda não contiver a observação de que é para fins de adoção ou só contiver o nome do cônjuge ou companheiro. (Parágrafo acrescido pelo Decreto nº 4.729, de 9/6/2003)	
§ 3º Para a concessão do salário-maternidade é indispensável: *(Redação dada pelo Decreto 10.410/2020)*	§ 3º Para a concessão do salário-maternidade é indispensável que conste da nova certidão de nascimento da criança, ou do termo de guarda, o nome da segurada adotante ou guardiã, bem como, deste último, tratar-se de guarda para fins de adoção. (Parágrafo acrescido pelo Decreto nº 4.729, de 9/6/2003)
I - que conste da nova certidão de nascimento da criança o nome do segurado ou da segurada adotante; ou *(Acrescido pelo Decreto 10.410/2020)*	⊗ Dispositivo sem correspondência na antiga redação.
II - no caso do termo de guarda para fins de adoção, que conste o nome do segurado ou da segurada guardião. *(Acrescido pelo Decreto 10.410/2020)*	⊗ Dispositivo sem correspondência na antiga redação.

Nova Redação	Antiga Redação
§ 4º Na hipótese de haver adoção ou guarda judicial para adoção de mais de uma criança, será devido somente um salário-maternidade, observado o disposto no art. 98. *(Redação dada pelo Decreto 10.410/2020)*	§ 4º Quando houver adoção ou guarda judicial para adoção de mais de uma criança, é devido um único salário-maternidade relativo à criança de menor idade, observado o disposto no art. 98. (Parágrafo acrescido pelo Decreto nº 4.729, de 9/6/2003)
§ 5º A renda mensal do salário-maternidade é calculada na forma do disposto nos arts. 94, 100 ou 101, de acordo com a forma de contribuição da segurada à Previdência Social. (Parágrafo acrescido pelo Decreto nº 4.729, de 9/6/2003)	
§ 6º O salário-maternidade de que trata este artigo é pago diretamente pela previdência social. (Parágrafo acrescido pelo Decreto nº 4.862, de 21/10/2003)	
§ 7º Ressalvadas as hipóteses de pagamento de salário-maternidade à mãe biológica e de pagamento ao cônjuge ou companheiro sobrevivente, nos termos do disposto no art. 93-B, não poderá ser concedido salário-maternidade a mais de um segurado ou segurada em decorrência do mesmo processo de adoção ou guarda, ainda que o cônjuge ou companheiro esteja vinculado a regime próprio de previdência social. *(Acrescido pelo Decreto 10.410/2020)*	⊗ Dispositivo sem correspondência na antiga redação.
Art. 93-B. No caso de óbito do segurado ou da segurada que fazia jus ao recebimento do salário-maternidade, o benefício será pago, pelo tempo restante a que o segurado ou a segurada teria direito ou por todo o período, ao cônjuge ou companheiro sobrevivente que tenha a qualidade de segurado, exceto no caso de óbito do filho ou de seu abandono. *(Acrescido pelo Decreto 10.410/2020)*	⊗ Dispositivo sem correspondência na antiga redação.
§ 1º O pagamento do benefício nos termos do disposto no *caput* deverá ser requerido até o último dia do prazo previsto para o término do salário-maternidade originário.	

Nova Redação	Antiga Redação
§ 2º Os requerimentos de salário-maternidade efetuados após a data prevista no § 1º serão indeferidos.	
§ 3º O benefício de que trata o *caput* será pago diretamente pela previdência social durante o período entre a data do óbito e o último dia do término do salário-maternidade originário e corresponderá:	
I - à remuneração integral, para o empregado e o trabalhador avulso, observado o disposto no art. 248 da Constituição e no art. 19-E;	
II - ao último salário de contribuição, para o empregado doméstico, observado o disposto no art. 19-E;	
III - a um doze avos da soma dos doze últimos salários de contribuição, apurados em período não superior a quinze meses, para o contribuinte individual, o facultativo ou o desempregado que mantenha a qualidade de segurado, nos termos do disposto no art. 13; e	
IV - ao valor do salário-mínimo, para o segurado especial que não contribua facultativamente.	
§ 4º Aplica-se o disposto neste artigo ao segurado ou à segurada que adotar ou obtiver guarda judicial para fins de adoção.	
Art. 93-C. A percepção do salário-maternidade, inclusive nos termos do disposto no art. 93-B, está condicionada ao afastamento do trabalho ou da atividade desempenhada pelo segurado ou pela segurada, sob pena de suspensão do benefício. *(Acrescido pelo Decreto 10.410/2020)*	⊗ Dispositivo sem correspondência na antiga redação.

<table>
<tr><th>Nova Redação</th><th>Antiga Redação</th></tr>
<tr><td colspan="2">Art. 94. O salário-maternidade para a segurada empregada consiste numa renda mensal igual à sua remuneração integral e será pago pela empresa, efetivando-se a compensação, observado o disposto no art. 248 da Constituição, quando do recolhimento das contribuições incidentes sobre a folha de salários e demais rendimentos pagos ou creditados, a qualquer título, à pessoa física que lhe preste serviço, devendo aplicar-se à renda mensal do benefício o disposto no art. 198. (Caput do artigo com redação dada pelo Decreto nº 4.862, de 21/10/2003)</td></tr>
<tr><td colspan="2">§ 1º (Revogado pelo Decreto nº 3.265, de 29/11/1999)</td></tr>
<tr><td colspan="2">§ 2º (Revogado pelo Decreto nº 3.265, de 29/11/1999)</td></tr>
<tr><td colspan="2">§ 3º A empregada deve dar quitação à empresa dos recolhimentos mensais do salário-maternidade na própria folha de pagamento ou por outra forma admitida, de modo que a quitação fique plena e claramente caracterizada. (Parágrafo acrescido pelo Decreto nº 4.862, de 21/10/2003)</td></tr>
<tr><td>§ 4º A empresa deve conservar, durante o prazo decadencial de que trata o art. 348, comprovantes dos pagamentos e atestados ou das certidões correspondentes para exame pela fiscalização. (Redação dada pelo Decreto 10.410/2020)</td><td>§ 4º A empresa deve conservar, durante dez anos, os comprovantes dos pagamentos e os atestados ou certidões correspondentes para exame pela fiscalização do INSS, conforme o disposto no § 7º do art. 225. (Parágrafo acrescido pelo Decreto nº 4.862, de 21/10/2003)</td></tr>
<tr><td colspan="2">Art. 95. Compete à interessada instruir o requerimento do salário-maternidade com os atestados médicos necessários.</td></tr>
<tr><td colspan="2">Parágrafo único. Quando o benefício for requerido após o parto, o documento comprobatório é a Certidão de Nascimento, podendo, no caso de dúvida, a segurada ser submetida à avaliação pericial junto ao Instituto Nacional do Seguro Social. (Artigo com redação dada pelo Decreto nº 3.668, de 22/11/2000)</td></tr>
<tr><td>Art. 96. O início do afastamento do trabalho da segurada empregada, inclusive da doméstica, será determinado com base em atestado médico ou certidão de nascimento do filho. (Redação dada pelo Decreto 10.410/2020)</td><td>Art. 96. O início do afastamento do trabalho da segurada empregada será determinado com base em atestado médico ou certidão de nascimento do filho. (Caput do artigo com redação dada pelo Decreto nº 4.862, de 21/10/2003)</td></tr>
<tr><td colspan="2">§ 1º (Revogado pelo Decreto nº 4.729, de 9/6/2003)</td></tr>
<tr><td colspan="2">§ 2º (Revogado pelo Decreto nº 4.729, de 9/6/2003)</td></tr>
</table>

<table>
<tr><th>Nova Redação</th><th>Antiga Redação</th></tr>
<tr><td colspan="2">Art. 97. O salário-maternidade da segurada empregada será devido pela previdência social enquanto existir relação de emprego, observadas as regras quanto ao pagamento desse benefício pela empresa. (Caput do artigo com redação dada pelo Decreto nº 6.122, de 13/6/2007)</td></tr>
<tr><td>Parágrafo único. Durante o período de graça a que se refere o art. 13, a segurada desempregada fará jus ao recebimento do salário-maternidade, situação em que o benefício será pago diretamente pela previdência social. (Redação dada pelo Decreto 10.410/2020)

COMENTÁRIO EM VÍDEO:</td><td>Parágrafo único. Durante o período de graça a que se refere o art. 13, a segurada desempregada fará jus ao recebimento do salário-maternidade nos casos de demissão antes da gravidez, ou, durante a gestação, nas hipóteses de dispensa por justa causa ou a pedido, situações em que o benefício será pago diretamente pela previdência social. (Parágrafo único acrescido pelo Decreto nº 6.122, de 13/6/2007)</td></tr>
<tr><td>Art. 98. A segurada que exerça atividades concomitantes fará jus ao salário-maternidade relativo a cada atividade para a qual tenha cumprido os requisitos exigidos, observadas as seguintes condições: (Redação dada pelo Decreto 10.410/2020)</td><td>Art. 98. No caso de empregos concomitantes, a segurada fará jus ao salário-maternidade relativo a cada emprego.</td></tr>
<tr><td>I - na hipótese de uma ou mais atividades ter remuneração ou salário de contribuição inferior ao salário-mínimo mensal, o benefício somente será devido se o somatório dos valores auferidos em todas as atividades for igual ou superior a um salário-mínimo mensal; (Acrescido pelo Decreto 10.410/2020)</td><td>⊗ Dispositivo sem correspondência na antiga redação.</td></tr>
<tr><td>II - o salário-maternidade relativo a uma ou mais atividades poderá ser inferior ao salário-mínimo mensal; e (Acrescido pelo Decreto 10.410/2020)</td><td>⊗ Dispositivo sem correspondência na antiga redação.</td></tr>
</table>

Nova Redação	Antiga Redação
III - o valor global do salário-maternidade, consideradas todas as atividades, não poderá ser inferior ao salário-mínimo mensal. *(Acrescido pelo Decreto 10.410/2020)*	⊗ Dispositivo sem correspondência na antiga redação.
Art. 99. Nos meses de início e término do salário-maternidade da segurada empregada, inclusive da doméstica, o salário-maternidade será proporcional aos dias de afastamento do trabalho. *(Redação dada pelo Decreto 10.410/2020)*	**Art. 99.** Nos meses de início e término do salário-maternidade da segurada empregada, o salário-maternidade será proporcional aos dias de afastamento do trabalho.
Art. 100. O salário-maternidade da segurada trabalhadora avulsa, pago diretamente pela previdência social, consiste em renda mensal igual à sua remuneração integral, observado o disposto no art. 19-E, hipótese em que se aplica à renda mensal do benefício o disposto no art. 198. *(Redação dada pelo Decreto 10.410/2020)*	**Art. 100.** O salário-maternidade da segurada trabalhadora avulsa, pago diretamente pela previdência social, consiste numa renda mensal igual à sua remuneração integral equivalente a um mês de trabalho, devendo aplicar-se à renda mensal do benefício o disposto no art. 198. (Artigo com redação dada pelo Decreto nº 4.862, de 21/10/2003)
Art. 100-A. O salário-maternidade devido à empregada do MEI, de que trata o § 26 do art. 9º, será pago diretamente pela previdência social, e o valor da contribuição previdenciária será deduzido da renda mensal do benefício, nos termos do disposto no art. 198. *(Acrescido pelo Decreto 10.410/2020)*	⊗ Dispositivo sem correspondência na antiga redação.
Parágrafo único. Caberá ao MEI recolher a contribuição previdenciária a seu cargo durante a percepção do salário-maternidade pela segurada a seu serviço.	
Art. 100-B. O salário-maternidade devido à empregada intermitente será pago diretamente pela previdência social,	⊗ Dispositivo sem correspondência na antiga redação.

Nova Redação	Antiga Redação
observado o disposto no art. 19-E, e o valor da contribuição previdenciária será deduzido da renda mensal do benefício, nos termos do disposto no art. 198, e não será aplicado o disposto no art. 94. *(Acrescido pelo Decreto 10.410/2020)* **COMENTÁRIO EM VÍDEO:**	
§ 1º O salário-maternidade de que trata este artigo consiste na média aritmética simples das remunerações apuradas no período referente aos doze meses que antecederem o parto, a adoção ou a obtenção da guarda para fins de adoção.	
§ 2º Na hipótese de empregos intermitentes concomitantes, a média aritmética a que se refere o § 1º será calculada em relação a todos os empregos e será pago somente um salário-maternidade.	
§ 3º A contribuição previdenciária a cargo da empresa terá como base de cálculo a soma das remunerações pagas no período de doze meses anteriores à data de início do salário-maternidade, dividida pelo número de meses em que houve remuneração.	
Art. 100-C. O salário-maternidade devido à empregada com jornada parcial cujo salário de contribuição seja inferior ao seu limite mínimo mensal , observado o disposto no art. 19-E, será pago diretamente pela previdência social, e o valor da contribuição previdenciária	⊗ Dispositivo sem correspondência na antiga redação.

Nova Redação	Antiga Redação
deverá ser deduzido da renda mensal do benefício, nos termos do disposto no art. 198. *(Acrescido pelo Decreto 10.410/2020)* **COMENTÁRIO EM VÍDEO:**	
§ 1º Na hipótese de empregos parciais concomitantes, se o somatório dos rendimentos auferidos em todos os empregos for igual ou superior ao limite mínimo mensal do salário de contribuição, o salário-maternidade será pago pelas empresas, observado o disposto no inciso II do *caput* do art. 98.	
§ 2º Para fins do disposto no § 1º, a empresa que pagar remuneração inferior ao limite mínimo mensal do salário de contribuição deverá exigir da empregada cópia dos comprovantes de pagamento efetuado pelas demais empresas.	
§ 3º Cabe à empresa recolher a contribuição previdenciária a seu cargo durante a percepção do salário-maternidade pela segurada a seu serviço, mesmo na hipótese de o benefício ser pago pela previdência social.	
§4º A contribuição a que se refere o § 3º terá como base de cálculo a remuneração integral que a empresa pagava à empregada antes da percepção do salário-maternidade.	
§ 5º Na hipótese prevista no *caput*, o valor do salário-maternidade será de um salário-mínimo.	

Nova Redação	Antiga Redação
§ 6º A empresa deverá conservar, durante o prazo decadencial de que trata o art. 348, os comprovantes de pagamento a que se refere o § 2º, para exame pela fiscalização.	
Art. 101. O salário-maternidade, observado o disposto nos art. 35, art. 198, art. 199, art. 199-A ou art. 200, pago diretamente pela previdência social, consistirá: *(Redação dada pelo Decreto 10.410/2020)*	**Art. 101.** O salário-maternidade, observado o disposto nos arts. 35, 198, 199 ou 199-A, pago diretamente pela previdência social, consistirá: (Caput do artigo com redação dada pelo Decreto nº 6.722, de 30/12/2008)
I - no valor correspondente ao do último salário de contribuição, para a segurada empregada doméstica, observado o disposto no art. 19-E; *(Redação dada pelo Decreto 10.410/2020)*	I – em valor correspondente ao do seu último salário de contribuição, para a segurada empregada doméstica; (Inciso com redação dada pelo Decreto nº 3.265, de 29/11/1999)
II – em um salário mínimo, para a segurada especial; (Inciso com redação dada pelo Decreto nº 3.265, de 29/11/1999)	
III - em um doze avos da soma dos doze últimos salários de contribuição, observado o disposto no art. 19-E, apurados em período não superior a quinze meses, para as seguradas contribuinte individual e facultativa e para a desempregada que mantenha a qualidade de segurada na forma prevista no art. 13. *(Redação dada pelo Decreto 10.410/2020)*	III – em um doze avos da soma dos doze últimos salários de contribuição, apurados em período não superior a quinze meses, para as seguradas contribuinte individual, facultativa e para as que mantenham a qualidade de segurada na forma do art. 13. (Inciso com redação dada pelo Decreto nº 6.122, de 13/6/2007)
§ 1º (Revogado pelo Decreto nº 3.265, de 29/11/1999)	
§ 2º (Revogado pelo Decreto nº 3.265, de 29/11/1999)	
§ 3º O documento comprobatório para requerimento do salário-maternidade da segurada que mantenha esta qualidade é a certidão de nascimento do filho, exceto nos casos de aborto espontâneo, quando deverá ser apresentado atestado médico, e no de adoção ou guarda para fins de adoção, casos em que serão observadas as regras do art. 93-A, devendo o evento gerador do benefício ocorrer, em qualquer hipótese, dentro do período previsto no art. 13. (Parágrafo acrescido pelo Decreto nº 6.122, de 13/6/2007)	
Art. 102. O salário-maternidade não pode ser acumulado com benefício por incapacidade.	

Nova Redação	Antiga Redação

Parágrafo único. Quando ocorrer incapacidade em concomitância com o período de pagamento do salário-maternidade, o benefício por incapacidade, conforme o caso, deverá ser suspenso enquanto perdurar o referido pagamento, ou terá sua data de início adiada para o primeiro dia seguinte ao término do período de cento e vinte dias.

Art. 103. A segurada aposentada que retornar à atividade fará jus ao pagamento do salário-maternidade, de acordo com o disposto no art. 93.

Subseção VIII
Do Auxílio-acidente

Nova Redação	Antiga Redação
Art. 104. O auxílio-acidente será concedido, como indenização, ao segurado empregado, inclusive o doméstico, ao trabalhador avulso e ao segurado especial quando, após a consolidação das lesões decorrentes de acidente de qualquer natureza, resultar sequela definitiva que, a exemplo das situações discriminadas no Anexo III, implique redução da capacidade para o trabalho que habitualmente exercia. *(Redação dada pelo Decreto 10.410/2020)*	**Art. 104.** O auxílio-acidente será concedido, como indenização, ao segurado empregado, exceto o doméstico, ao trabalhador avulso e ao segurado especial quando, após a consolidação das lesões decorrentes de acidente de qualquer natureza, resultar sequela definitiva, conforme as situações discriminadas no anexo III, que implique: (Caput do artigo com redação dada pelo Decreto nº 4.729, de 9/6/2003)
~~I – redução da capacidade para o trabalho que habitualmente exerciam; (Inciso com redação dada pelo Decreto nº 4.729, de 9/6/2003)~~ *(Revogado pelo Decreto 10.410/2020)*	I – redução da capacidade para o trabalho que habitualmente exerciam; (Inciso com redação dada pelo Decreto nº 4.729, de 9/6/2003)
~~II – redução da capacidade para o trabalho que habitualmente exerciam e exija maior esforço para o desempenho da mesma atividade que exerciam à época do acidente; ou~~ *(Revogado pelo Decreto 10.410/2020)*	II – redução da capacidade para o trabalho que habitualmente exerciam e exija maior esforço para o desempenho da mesma atividade que exerciam à época do acidente; ou
~~III – impossibilidade de desempenho da atividade que exerciam à época do acidente, porém permita o desempenho de outra, após processo de reabilitação profissional, nos casos indicados pela perícia médica do Instituto Nacional do Seguro Social.~~ *(Revogado pelo Decreto 10.410/2020)*	III – impossibilidade de desempenho da atividade que exerciam à época do acidente, porém permita o desempenho de outra, após processo de reabilitação profissional, nos casos indicados pela perícia médica do Instituto Nacional do Seguro Social.

<table>
<tr><th>Nova Redação</th><th>Antiga Redação</th></tr>
<tr><td colspan="2">§ 1º O auxílio-acidente mensal corresponderá a cinquenta por cento do salário de benefício que deu origem ao auxílio-doença do segurado, corrigido até o mês anterior ao do início do auxílio-acidente e será devido até a véspera de início de qualquer aposentadoria ou até a data do óbito do segurado.</td></tr>
<tr><td>§ 2º O auxílio-acidente será devido a partir do dia seguinte ao da cessação do auxílio por incapacidade temporária, independentemente de qualquer remuneração ou rendimento auferido pelo acidentado, vedada a sua acumulação com qualquer aposentadoria. (Redação dada pelo Decreto 10.410/2020)</td><td>§ 2º O auxílio-acidente será devido a contar do dia seguinte ao da cessação do auxílio-doença, independentemente de qualquer remuneração ou rendimento auferido pelo acidentado, vedada sua acumulação com qualquer aposentadoria.</td></tr>
<tr><td colspan="2">§ 3º O recebimento de salário ou concessão de outro benefício, exceto de aposentadoria, não prejudicará a continuidade do recebimento do auxílio-acidente.</td></tr>
<tr><td colspan="2">§ 4º Não dará ensejo ao benefício a que se refere este artigo o caso:</td></tr>
<tr><td colspan="2">I – que apresente danos funcionais ou redução da capacidade funcional sem repercussão na capacidade laborativa; e</td></tr>
<tr><td colspan="2">II – de mudança de função, mediante readaptação profissional promovida pela empresa, como medida preventiva, em decorrência de inadequação do local de trabalho.</td></tr>
<tr><td colspan="2">§ 5º A perda da audição, em qualquer grau, somente proporcionará a concessão do auxílio-acidente quando, além do reconhecimento do nexo entre o trabalho e o agravo, resultar, comprovadamente, na redução ou perda da capacidade para o trabalho que o segurado habitualmente exercia. (Parágrafo com redação dada pelo Decreto nº 6.939, de 18/8/2009)</td></tr>
<tr><td>§ 6º No caso de reabertura de auxílio por incapacidade temporária por acidente de qualquer natureza que tenha dado origem a auxílio-acidente, este será suspenso até a cessação do auxílio por incapacidade temporária reaberto, quando será reativado. (Redação dada pelo Decreto 10.410/2020)</td><td>§ 6º No caso de reabertura de auxílio-doença por acidente de qualquer natureza que tenha dado origem a auxílio-acidente, este será suspenso até a cessação do auxílio-doença reaberto, quando será reativado.</td></tr>
<tr><td colspan="2">§ 7º Cabe a concessão de auxílio-acidente oriundo de acidente de qualquer natureza ocorrido durante o período de manutenção da qualidade de segurado, desde que atendidas às condições inerentes à espécie. (Parágrafo com redação dada pelo Decreto nº 6.722, de 30/12/2008)</td></tr>
</table>

Nova Redação	Antiga Redação
§ 8º Para fins do disposto no *caput* considerar-se-á a atividade exercida na data do acidente. (Parágrafo acrescido pelo Decreto nº 4.729, de 9/6/2003)	

Subseção IX
Da Pensão por Morte

Art. 105. A pensão por morte será devida ao conjunto dos dependentes do segurado que falecer, aposentado ou não, a contar da data:

Nova Redação	Antiga Redação
I - do óbito, quando requerida em até cento e oitenta dias após o óbito, para os filhos menores de dezesseis anos, ou quando requerida no prazo de noventa dias, para os demais dependentes; *(Redação dada pelo Decreto 10.410/2020)*	I – do óbito, quando requerido até trinta dias depois deste; (Caput do inciso com redação dada pelo Decreto nº 5.545, de 22/9/2005)
II – do requerimento, quando requerida após o prazo previsto no inciso I; ou	
III – da decisão judicial, no caso de morte presumida.	
§ 1º No caso do disposto no inciso II, a data de início do benefício será a data do óbito, aplicados os devidos reajustamentos até a data de início do pagamento, não sendo devida qualquer importância relativa ao período anterior à data de entrada do requerimento. (Parágrafo com redação dada pelo Decreto nº 5.545, de 22/9/2005)	
§ 2º (Revogado pelo Decreto nº 5.545, de 22/9/2005)	
§ 3º O exercício de atividade remunerada, inclusive na condição de MEI, não impede a concessão ou a manutenção da parte individual da pensão do dependente com deficiência intelectual, mental ou grave. *(Acrescido pelo Decreto 10.410/2020)*	⊗ Dispositivo sem correspondência na antiga redação.
§ 4º Perde o direito à pensão por morte o condenado criminalmente por sentença transitada em julgado, como autor, coautor ou partícipe de homicídio doloso, ou de tentativa desse crime, cometido contra a pessoa do segurado, ressalvados os absolutamente incapazes e os inimputáveis. *(Acrescido pelo Decreto 10.410/2020)*	⊗ Dispositivo sem correspondência na antiga redação.

Nova Redação	Antiga Redação
§ 5º Perde o direito à pensão por morte o cônjuge ou o companheiro ou a companheira se comprovada, a qualquer tempo, simulação ou fraude no casamento ou na união estável, ou a formalização desses com o fim exclusivo de constituir benefício previdenciário, apurada em processo judicial, assegurados os direitos ao contraditório e à ampla defesa. *(Acrescido pelo Decreto 10.410/2020)*	⊗ Dispositivo sem correspondência na antiga redação.
§ 6º Ajuizada a ação judicial para reconhecimento da condição de dependente, este poderá requerer a sua habilitação provisória ao benefício de pensão por morte, exclusivamente para fins de rateio dos valores com outros dependentes, vedado o pagamento da cota respectiva até o trânsito em julgado da ação, ressalvada a existência de decisão judicial que disponha em sentido contrário. *(Acrescido pelo Decreto 10.410/2020)*	⊗ Dispositivo sem correspondência na antiga redação.
§ 7º Nas ações judiciais em que o INSS for parte, este poderá proceder, de ofício, à habilitação excepcional da pensão objeto da ação apenas para efeitos de rateio, descontados os valores referentes à habilitação das demais cotas, vedado o pagamento da respectiva cota até o trânsito em julgado da ação, ressalvada a existência de decisão judicial que disponha em sentido contrário.	⊗ Dispositivo sem correspondência na antiga redação.
§ 8º Julgada improcedente a ação a que se referem os § 6º e § 7º, o valor retido para pagamento ao autor será corrigido pelos índices legais de reajustamento e será pago de forma proporcional aos demais dependentes, de acordo com as suas cotas e o tempo de duração de seus benefícios. *(Acrescido pelo Decreto 10.410/2020)*	⊗ Dispositivo sem correspondência na antiga redação.

Nova Redação	Antiga Redação
§ 9º Fica assegurada ao INSS a cobrança dos valores indevidamente pagos em decorrência da habilitação a que se referem os § 6º e § 7º. *(Acrescido pelo Decreto 10.410/2020)*	⊗ Dispositivo sem correspondência na antiga redação.
Art. 106. A pensão por morte consiste em renda mensal equivalente a uma cota familiar de cinquenta por cento do valor da aposentadoria recebida pelo segurado ou daquela a que teria direito se fosse aposentado por incapacidade permanente na data do óbito, acrescida de cotas de dez pontos percentuais por dependente, até o máximo de cem por cento. *(Redação dada pelo Decreto 10.410/2020)*	**Art. 106.** A pensão por morte consiste numa renda mensal calculada na forma do § 3º do art. 39.
§ 1º O valor da pensão por morte, no caso de morte de segurado recluso que tenha contribuído para a previdência social durante o período de reclusão, será calculado de modo a considerar o tempo de contribuição adicional e os correspondentes salários de contribuição. *(Acrescido pelo Decreto 10.410/2020)*	Parágrafo único. O valor da pensão por morte devida aos dependentes do segurado recluso que, nessa condição, exercia atividade remunerada será obtido mediante a realização de cálculo com base no novo tempo de contribuição e salários de contribuição correspondentes, neles incluídas as contribuições recolhidas enquanto recluso, facultada a opção pela pensão com valor correspondente ao do auxílio-reclusão, na forma do disposto no § 3º do art. 39. (Parágrafo único acrescido pelo Decreto nº 4.729, de 9/6/2003)
§ 2º Na hipótese de haver dependente inválido ou com deficiência intelectual, mental ou grave, o valor da pensão por morte será equivalente a cem por cento do valor da aposentadoria recebida pelo segurado ou daquela a que teria direito se fosse aposentado por incapacidade permanente na data do óbito, até o limite máximo do salário de benefício do RGPS, observado o disposto no § 1º do art. 113. *(Acrescido pelo Decreto 10.410/2020)*	⊗ Dispositivo sem correspondência na antiga redação.

Nova Redação	Antiga Redação
§ 3º O valor da pensão será recalculado na forma do disposto no *caput*, quando: *(Acrescido pelo Decreto 10.410/2020)*	⊗ Dispositivo sem correspondência na antiga redação.
I - a invalidez ou deficiência intelectual, mental ou grave sobrevier à data do óbito, enquanto estiver mantida a qualidade de dependente; ou	
II - deixar de haver dependente inválido ou com deficiência intelectual, mental ou grave.	

Art. 107. A concessão da pensão por morte não será protelada pela falta de habilitação de outro possível dependente, e qualquer habilitação posterior que importe em exclusão ou inclusão de dependente somente produzirá efeito a contar da data da habilitação.

Nova Redação	Antiga Redação
Art. 108. A pensão por morte será devida ao filho, ao enteado, ao menor tutelado e ao irmão, desde que comprovada a dependência econômica dos três últimos, que sejam inválidos ou que tenham deficiência intelectual, mental ou grave, cuja invalidez ou deficiência tenha ocorrido antes da data do óbito, observado o disposto no § 1º do art. 17. *(Redação dada pelo Decreto 10.410/2020)*	**Art. 108.** A pensão por morte somente será devida ao filho e ao irmão cuja invalidez tenha ocorrido antes da emancipação ou de completar a idade de vinte e um anos, desde que reconhecida ou comprovada, pela perícia médica do INSS, a continuidade da invalidez até a data do óbito do segurado. (Artigo com redação dada pelo Decreto nº 6.939, de 18/8/2009)

Parágrafo único. (Revogado pelo Decreto 6.722, de 30/12/2008).

Nova Redação	Antiga Redação
§ 1º A invalidez será reconhecida pela Perícia Médica Federal e a deficiência, por meio de avaliação biopsicossocial realizada por equipe multiprofissional e interdisciplinar. *(Acrescido pelo Decreto 10.410/2020)*	⊗ Dispositivo sem correspondência na antiga redação.
§ 2º A condição do dependente inválido ou com deficiência intelectual, mental ou grave poderá ser reconhecida previamente ao óbito do segurado e, quando necessário, ser reavaliada quando da concessão do benefício. *(Acrescido pelo Decreto 10.410/2020)*	⊗ Dispositivo sem correspondência na antiga redação.

Nova Redação	Antiga Redação
Art. 109. O pensionista inválido fica obrigado, sob pena de suspensão do benefício, a submeter-se a exame médico a cargo da Perícia Médica Federal, processo de reabilitação profissional a cargo do INSS e tratamento dispensado gratuitamente, exceto o cirúrgico e a transfusão de sangue, que são facultativos. *(Redação dada pelo Decreto 10.410/2020)*	**Art. 109.** O pensionista inválido está obrigado, independentemente de sua idade e sob pena de suspensão do benefício, a submeter-se a exame médico a cargo da previdência social, processo de reabilitação profissional por ela prescrito e custeado e tratamento dispensado gratuitamente, exceto o cirúrgico e a transfusão de sangue, que são facultativos.
§ 1º O pensionista inválido que não tenha retornado à atividade estará isento do exame de que trata o *caput* a partir dos sessenta anos de idade. *(Acrescido pelo Decreto 10.410/2020)*	⊗ Dispositivo sem correspondência na antiga redação.
§ 2º A isenção de que trata o § 1º não se aplica quando o exame tiver a finalidade de: *(Acrescido pelo Decreto 10.410/2020)*	⊗ Dispositivo sem correspondência na antiga redação.
I - verificar a recuperação da capacidade de trabalho, em razão de solicitação do pensionista que se julgar apto; e	
II - subsidiar autoridade judiciária na concessão de curatela, nos termos do disposto no art. 162.	
§ 3º O pensionista inválido, ainda que tenha implementado a condição de que trata o § 1º, será submetido ao exame médico-pericial de que trata este artigo quando necessário para apuração de fraude. *(Acrescido pelo Decreto 10.410/2020)*	⊗ Dispositivo sem correspondência na antiga redação.

Art. 110. O cônjuge ausente somente fará jus ao benefício a partir da data de sua habilitação e mediante prova de dependência econômica, não excluindo do direito a companheira ou o companheiro.

Art. 111. O cônjuge divorciado ou separado judicialmente ou de fato, que recebia pensão de alimentos, receberá a pensão em igualdade de condições com os demais dependentes referidos no inciso I do art. 16.

Nova Redação	Antiga Redação
Parágrafo único. Na hipótese de o segurado estar, na data do seu óbito, obrigado por determinação judicial a pagar alimentos temporários a ex-cônjuge ou a ex-companheiro ou ex-companheira, a pensão por morte será devida pelo prazo remanescente na data do óbito, caso não incida outra hipótese de cancelamento anterior do benefício. *(Acrescido pelo Decreto 10.410/2020)*	⊗ Dispositivo sem correspondência na antiga redação.

Art. 112. A pensão poderá ser concedida, em caráter provisório, por morte presumida:

I – mediante sentença declaratória de ausência, expedida por autoridade judiciária, a contar da data de sua emissão; ou

II – em caso de desaparecimento do segurado por motivo de catástrofe, acidente ou desastre, a contar da data da ocorrência, mediante prova hábil.

Parágrafo único. Verificado o reaparecimento do segurado, o pagamento da pensão cessa imediatamente, ficando os dependentes desobrigados da reposição dos valores recebidos, salvo má-fé.

Art. 113. A pensão por morte, havendo mais de um pensionista, será rateada entre todos, em partes iguais.

Nova Redação	Antiga Redação
§ 1º Na hipótese prevista no § 2º do art. 106, enquanto o dependente inválido ou com deficiência intelectual, mental ou grave mantiver essa condição, independentemente do número de dependentes habilitados ao benefício, o valor da pensão será rateado entre todos os dependentes em partes iguais. *(Acrescido pelo Decreto 10.410/2020)*	Parágrafo único. Reverterá em favor dos demais dependentes a parte daquele cujo direito à pensão cessar.
§ 2º Na hipótese de deixar de haver dependente inválido ou com deficiência intelectual, mental ou grave, o valor da pensão será recalculado na forma prevista no *caput* do art. 106 e rateado de acordo com o disposto no *caput*. *(Acrescido pelo Decreto 10.410/2020)*	⊗ Dispositivo sem correspondência na antiga redação.

Nova Redação	Antiga Redação
§ 3º As cotas por dependente cessarão com a perda dessa qualidade e não serão reversíveis aos demais dependentes, preservado o valor de cem por cento da pensão por morte quando o número de dependentes remanescentes for igual ou superior a cinco. *(Acrescido pelo Decreto 10.410/2020)*	⊗ Dispositivo sem correspondência na antiga redação.

Art. 114. O pagamento da cota individual da pensão por morte cessa:

I – pela morte do pensionista;

Nova Redação	Antiga Redação
II - para o filho, o enteado, o menor tutelado ou o irmão, de ambos os sexos, ao completar vinte e um anos de idade, exceto se o pensionista for inválido ou tiver deficiência intelectual, mental ou grave; *(Redação dada pelo Decreto 10.410/2020)*	II – para o pensionista menor de idade, ao completar vinte e um anos, salvo se for inválido, ou pela emancipação, ainda que inválido, exceto, neste caso, se a emancipação for decorrente de colação de grau científico em curso de ensino superior; ou (Inciso com redação dada pelo Decreto nº 3.265, de 29/11/1999)
III - para o filho, o enteado, o menor tutelado ou o irmão inválido, pela cessação da invalidez; *(Redação dada pelo Decreto 10.410/2020)*	III – para o pensionista inválido, pela cessação da invalidez, verificada em exame médico-pericial a cargo da previdência social.
III-A - para o filho, o enteado, o menor tutelado ou o irmão que tenha deficiência intelectual, mental ou grave, pelo afastamento da deficiência; *(Acrescido pelo Decreto 10.410/2020)*	⊗ Dispositivo sem correspondência na antiga redação.

IV – pela adoção, para o filho adotado que receba pensão por morte dos pais biológicos. (Inciso acrescido pelo Decreto nº 5.545, de 22/9/2005)

Nova Redação	Antiga Redação
V - para o cônjuge ou o companheiro ou a companheira: *(Acrescido pelo Decreto 10.410/2020)*	⊗ Dispositivo sem correspondência na antiga redação.
a) se inválido ou com deficiência, pela cessação da invalidez ou pelo afastamento da deficiência, respeitados os períodos mínimos decorrentes da aplicação do disposto nas alíneas "b" e "c";	

Nova Redação	Antiga Redação
b) em quatro meses, se o óbito ocorrer sem que o segurado tenha vertido dezoito contribuições mensais ou se o casamento ou a união estável tiver sido iniciado a menos de dois anos antes do óbito do segurado; ou	
c) transcorridos os seguintes períodos, estabelecidos de acordo com a idade do beneficiário na data de óbito do segurado, se o óbito ocorrer depois de vertidas dezoito contribuições mensais e de, no mínimo, dois anos de casamento ou união estável:	
1. três anos, com menos de vinte e um anos de idade;	
2. seis anos, entre vinte e um e vinte e seis anos de idade;	
3. dez anos, entre vinte e sete e vinte e nove anos de idade;	
4. quinze anos, entre trinta e quarenta anos de idade;	
5. vinte anos, entre quarenta e um e quarenta e três anos de idade; ou	
6. vitalícia, com quarenta e quatro ou mais anos de idade;	
VI - pela perda do direito na forma do disposto nos § 4º e § 5º do art. 105; e *(Acrescido pelo Decreto 10.410/2020)*	⊗ Dispositivo sem correspondência na antiga redação.
VII - pelo decurso do prazo remanescente na data do óbito estabelecido na determinação judicial para recebimento de pensão de alimentos temporários para o ex-cônjuge ou o ex-companheiro ou a ex-companheira, caso não incida outra hipótese de cancelamento anterior do benefício. *(Acrescido pelo Decreto 10.410/2020)*	⊗ Dispositivo sem correspondência na antiga redação.

Nova Redação	Antiga Redação
§ 1º Com a extinção da cota do último pensionista, a pensão por morte será encerrada. (Parágrafo único renumerado pelo Decreto nº 5.545, de 22/9/2005)	
§ 2º Não se aplica o disposto no inciso IV do *caput* quando o cônjuge ou companheiro adota o filho do outro. (Parágrafo acrescido pelo Decreto nº 5.545, de 22/9/2005)	
§ 3º Serão aplicados, conforme o caso, o disposto na alínea "a" ou na alínea "c" do inciso V do *caput* se o óbito do segurado decorrer de acidente de qualquer natureza ou de doença profissional ou do trabalho, independentemente do recolhimento de dezoito contribuições mensais ou da comprovação de dois anos de casamento ou de união estável. *(Acrescido pelo Decreto 10.410/2020)*	⊗ Dispositivo sem correspondência na antiga redação.
§ 4º O tempo de contribuição para regime próprio de previdência social, utilizado na forma prevista no art. 125, será considerado na contagem das dezoito contribuições mensais de que tratam as alíneas "b" e "c" do inciso V do *caput*. *(Acrescido pelo Decreto 10.410/2020)*	⊗ Dispositivo sem correspondência na antiga redação.
§ 5º Na hipótese de haver fundados indícios de autoria, coautoria ou participação de dependente, ressalvados os absolutamente incapazes e os inimputáveis, em homicídio, ou em tentativa desse crime, cometido contra a pessoa do segurado, será possível a suspensão provisória de sua parte no benefício de pensão por morte, por meio de processo administrativo próprio, respeitados os direitos à ampla defesa e ao contraditório, e, na hipótese de absolvição, serão devidas as parcelas corrigidas desde a data da suspensão e a reativação imediata do benefício. *(Acrescido pelo Decreto 10.410/2020)*	⊗ Dispositivo sem correspondência na antiga redação.

Nova Redação	Antiga Redação
§ 6º Para os fins do disposto na alínea "c" do inciso V do *caput*, após o transcurso de, no mínimo, três anos e desde que nesse período se verifique o incremento mínimo de um ano inteiro na média nacional única, para ambos os sexos, correspondente à expectativa de sobrevida da população brasileira ao nascer, poderão ser estabelecidos, em números inteiros, novas idades, em ato do Ministro de Estado da Economia, limitado o acréscimo à comparação com as idades anteriores ao referido incremento. *(Acrescido pelo Decreto 10.410/2020)*	⊗ Dispositivo sem correspondência na antiga redação.
Art. 115. A cota do filho, do enteado, do menor tutelado ou do irmão dependente que se tornar inválido ou pessoa com deficiência intelectual, mental ou grave antes de completar vinte e um anos de idade não será extinta se confirmada a invalidez ou a deficiência nos termos do disposto no § 1º do art. 108. *(Redação dada pelo Decreto 10.410/2020)*	**Art. 115.** O dependente menor de idade que se invalidar antes de completar vinte e um anos deverá ser submetido a exame médico-pericial, não se extinguindo a respectiva cota se confirmada a invalidez.

Subseção X
Do Auxílio-reclusão

Nova Redação	Antiga Redação
Art. 116. O auxílio-reclusão, cumprida a carência prevista no inciso IV do *caput* do art. 29, será devido, nas condições da pensão por morte, aos dependentes do segurado de baixa renda recolhido à prisão em regime fechado que não receber remuneração da empresa nem estiver em gozo de auxílio por incapacidade temporária, de pensão por morte, de salário-maternidade, de aposentadoria ou de abono de permanência em serviço. *(Redação dada pelo Decreto 10.410/2020)*	**Art. 116.** O auxílio-reclusão será devido, nas mesmas condições da pensão por morte, aos dependentes do segurado recolhido à prisão que não receber remuneração da empresa nem estiver em gozo de auxílio-doença, aposentadoria ou abono de permanência em serviço, desde que o seu último salário de contribuição seja inferior ou igual a R$360,00 (trezentos e sessenta reais).

Nova Redação	Antiga Redação
→ Portaria ME/SEPT 3.659/2020. Art. 5º O auxílio-reclusão, a partir de 1º de janeiro de 2020, será devido aos dependentes do segurado de baixa renda recolhido à prisão em regime fechado que não receber remuneração da empresa e nem estiver em gozo de auxílio-doença, pensão por morte, salário-maternidade, aposentadoria ou abono de permanência em serviço que, no mês de recolhimento à prisão tenha renda igual ou inferior a R$ 1.425,56 (um mil, quatrocentos e vinte e cinco reais e cinquenta e seis centavos), independentemente da quantidade de contratos e de atividades exercidas, observado o valor de: I - R$ 1.039,00 (um mil e trinta e nove reais), de 1º de janeiro a 31 de janeiro de 2020; e II - R$ 1.045,00 (um mil e quarenta e cinco reais), a partir de 1º de fevereiro de 2020.	
§ 1º Para fins de concessão do benefício de que trata este artigo, considera-se segurado de baixa renda aquele que tenha renda bruta mensal igual ou inferior a R$ 1.425,56 (um mil quatrocentos e vinte e cinco reais e cinquenta e seis centavos), corrigidos pelos mesmos índices de reajuste aplicados aos benefícios do RGPS, calculada com base na média aritmética simples dos salários de contribuição apurados no período dos doze meses anteriores ao mês do recolhimento à prisão. *(Redação dada pelo Decreto 10.410/2020)*	§ 1º É devido auxílio-reclusão aos dependentes do segurado quando não houver salário de contribuição na data do seu efetivo recolhimento à prisão, desde que mantida a qualidade de segurado.
§ 2º O requerimento do auxílio-reclusão será instruído com certidão judicial que ateste o recolhimento efetivo à prisão e será obrigatória a apresentação de prova de permanência na condição de presidiário para a manutenção do benefício. *(Redação dada pelo Decreto 10.410/2020)*	§ 2º O pedido de auxílio-reclusão deve ser instruído com certidão do efetivo recolhimento do segurado à prisão, firmada pela autoridade competente.
§ 2º-A. O INSS celebrará convênios com os órgãos públicos responsáveis pelo cadastro dos presos para obter informações sobre o recolhimento à prisão. *(Acrescido pelo Decreto 10.410/2020)*	⊗ Dispositivo sem correspondência na antiga redação.
§ 2º-B. A certidão judicial e a prova de permanência na condição de presidiário serão substituídas pelo acesso à base de dados, por meio eletrônico, a ser	⊗ Dispositivo sem correspondência na antiga redação.

Nova Redação	Antiga Redação
disponibilizada pelo Conselho Nacional de Justiça, com dados cadastrais que assegurem a identificação plena do segurado e da sua condição de presidiário. *(Acrescido pelo Decreto 10.410/2020)*	
§ 3º Aplicam-se ao auxílio-reclusão as normas referentes à pensão por morte e, no caso de qualificação de cônjuge ou companheiro ou companheira após a prisão do segurado, o benefício será devido a partir da data de habilitação, desde que comprovada a preexistência da dependência econômica. *(Redação dada pelo Decreto 10.410/2020)*	§ 3º Aplicam-se ao auxílio-reclusão as normas referentes à pensão por morte, sendo necessária, no caso de qualificação de dependentes após a reclusão ou detenção do segurado, a preexistência da dependência econômica.
§ 4º A data de início do benefício será: *(Redação dada pelo Decreto 10.410/2020)*	§ 4º A data de início do benefício será fixada na data do efetivo recolhimento do segurado à prisão, se requerido até trinta dias depois desta, ou na data do requerimento, se posterior, observado, no que couber, o disposto no inciso I do art. 105. (Parágrafo com redação dada pelo Decreto nº 4.729, de 9/6/2003)
I - a do efetivo recolhimento do segurado à prisão, se o benefício for requerido no prazo de cento e oitenta dias, para os filhos menores de dezesseis anos, ou de noventa dias, para os demais dependentes; ou *(Acrescido pelo Decreto 10.410/2020)*	⊗ Dispositivo sem correspondência na antiga redação.
II - a do requerimento, se o benefício for requerido após os prazos a que se refere o inciso I. *(Acrescido pelo Decreto 10.410/2020)*	⊗ Dispositivo sem correspondência na antiga redação.
§ 5º O auxílio-reclusão será devido somente durante o período em que o segurado estiver recolhido à prisão sob regime fechado. *(Redação dada pelo Decreto 10.410/2020)*	§ 5º O auxílio-reclusão é devido, apenas, durante o período em que o segurado estiver recolhido à prisão sob regime fechado ou semiaberto. (Parágrafo acrescido pelo Decreto nº 4.729, de 9/6/2003)

Nova Redação	Antiga Redação
§ 6º O exercício de atividade remunerada iniciado após a prisão do segurado recluso em cumprimento de pena em regime fechado não acarreta a perda do direito ao recebimento do auxílio-reclusão para os seus dependentes. *(Redação dada pelo Decreto 10.410/2020)*	§ 6º O exercício de atividade remunerada pelo segurado recluso em cumprimento de pena em regime fechado ou semiaberto que contribuir na condição de segurado de que trata a alínea o do inciso V do art. 9º ou do inciso IX do § 1º do art. 11 não acarreta perda do direito ao recebimento do auxílio-reclusão pelos seus dependentes. (Parágrafo acrescido pelo Decreto nº 4.729, de 9/6/2003)
Art. 117. O valor do auxílio-reclusão será apurado na forma estabelecida para o cálculo da pensão por morte, não poderá exceder o valor de um salário-mínimo e será mantido enquanto o segurado permanecer em regime fechado. *(Redação dada pelo Decreto 10.410/2020)*	**Art. 117.** O auxílio-reclusão será mantido enquanto o segurado permanecer detento ou recluso.
§ 1º Até que o acesso à base de dados a que se refere o § 2º-B do art. 116 seja disponibilizado pelo Conselho Nacional de Justiça, o beneficiário apresentará trimestralmente atestado de que o segurado continua em regime fechado, que deverá ser firmado pela autoridade competente. *(Redação dada pelo Decreto 10.410/2020)*	§ 1º O beneficiário deverá apresentar trimestralmente atestado de que o segurado continua detido ou recluso, firmado pela autoridade competente.
§ 2º No caso de fuga, o benefício será suspenso e, se houver recaptura do segurado, será restabelecido a contar da data em que esta ocorrer, desde que esteja ainda mantida a qualidade de segurado.	
§ 3º Se houver exercício de atividade dentro do período de fuga, o mesmo será considerado para a verificação da perda ou não da qualidade de segurado.	
Art. 118. Na hipótese de óbito do segurado recluso, o auxílio-reclusão que estiver sendo pago será cessado e será concedida a pensão por morte em conformidade com o disposto nos art. 105 ao art. 115. *(Redação dada pelo Decreto 10.410/2020)*	**Art. 118.** Falecendo o segurado detido ou recluso, o auxílio-reclusão que estiver sendo pago será automaticamente convertido em pensão por morte.

Nova Redação	Antiga Redação
Parágrafo único. Não havendo concessão de auxílio-reclusão, em razão da não comprovação da baixa renda, será devida pensão por morte aos dependentes se o óbito do segurado tiver ocorrido no prazo previsto no inciso IV do *caput* do art. 13. *(Redação dada pelo Decreto 10.410/2020)*	Parágrafo único. Não havendo concessão de auxílio-reclusão, em razão de salário de contribuição superior a R$360,00 (trezentos e sessenta reais), será devida pensão por morte aos dependentes se o óbito do segurado tiver ocorrido dentro do prazo previsto no inciso IV do art. 13.

Art. 119. É vedada a concessão do auxílio-reclusão após a soltura do segurado.

Subseção XI
Do Abono Anual

Nova Redação	Antiga Redação
Art. 120. Será devido abono anual ao segurado e ao dependente que, durante o ano, receberam auxílio por incapacidade temporária, auxílio-acidente, aposentadoria, salário-maternidade, pensão por morte ou auxílio-reclusão. *(Redação dada pelo Decreto 10.410/2020)*	**Art. 120.** Será devido abono anual ao segurado e ao dependente que, durante o ano, recebeu auxílio-doença, auxílio-acidente, aposentadoria, salário-maternidade, pensão por morte ou auxílio-reclusão. (Caput do artigo com redação dada pelo Decreto nº 4.032, de 26/11/2001)

§ 1º O abono anual será calculado, no que couber, da mesma forma que a gratificação natalina dos trabalhadores, tendo por base o valor da renda mensal do benefício do mês de dezembro de cada ano. (Parágrafo único renumerado pelo Decreto nº 4.032, de 26/11/2001)

Nova Redação	Antiga Redação
→ Atualização: § 1º O abono anual será calculado, no que couber, da mesma forma que a gratificação natalina dos trabalhadores e terá por base o valor da renda mensal do benefício do mês de dezembro de cada ano e o seu pagamento será efetuado em duas parcelas, da seguinte forma: *(Redação dada pelo Decreto 10.410/2020, em vigor em 1º de janeiro de 2021)* I - a primeira parcela corresponderá a até cinquenta por cento do valor do benefício devido no mês de agosto e será paga juntamente com os benefícios dessa competência; e *(Acrescido pelo Decreto 10.410/2020, em vigor em 1º de janeiro de 2021)*	

Nova Redação	Antiga Redação
II - a segunda parcela corresponderá à diferença entre o valor total do abono anual e o valor da primeira parcela e será paga juntamente com os benefícios da competência de novembro. *(Acrescido pelo Decreto 10.410/2020, em vigor em 1º de janeiro de 2021)*	

§ 2º O valor do abono anual correspondente ao período de duração do salário-maternidade será pago, em cada exercício, juntamente com a última parcela do benefício nele devida. (Parágrafo acrescido pelo Decreto nº 4.032, de 26/11/2001)

CAPÍTULO III
DO RECONHECIMENTO DA FILIAÇÃO

Nova Redação	Antiga Redação
Seção única **Do reconhecimento do tempo de contribuição** *(Redação dada pelo Decreto 10.410/2020)*	**Seção única** **Do Reconhecimento do Tempo de Filiação**
Art. 121. Reconhecimento do tempo de contribuição é o direito de o segurado ter reconhecido, em qualquer época, o tempo de exercício de atividade anteriormente abrangida pela previdência social, observado o disposto no art. 122. *(Redação dada pelo Decreto 10.410/2020)*	**Art. 121.** Reconhecimento de filiação é o direito do segurado de ter reconhecido, em qualquer época, o tempo de exercício de atividade anteriormente abrangida pela previdência social.

Subseção I
Da Indenização

Nova Redação	Antiga Redação
Art. 122. O reconhecimento do tempo de contribuição no período em que o exercício de atividade remunerada não exigia filiação obrigatória à previdência social somente será feito por meio de indenização das contribuições relativas ao respectivo período, conforme o disposto no § 7º e nos § 9º ao § 14 do art. 216 e nos § 8º e § 8º-A do art. 239. *(Redação dada pelo Decreto 10.410/2020)*	**Art. 122.** O reconhecimento de filiação no período em que o exercício de atividade remunerada não exigia filiação obrigatória à previdência social somente será feito mediante indenização das contribuições relativas ao respectivo período, conforme o disposto nos §§ 7º a 14 do art. 216 e § 8º do art. 239.

Nova Redação	Antiga Redação
§ 1º O valor a ser indenizado poderá ser objeto de parcelamento por solicitação do segurado à Secretaria Especial da Receita Federal do Brasil do Ministério da Economia, observado o disposto no § 1º do art. 128. *(Redação dada pelo Decreto 10.410/2020)*	§ 1º O valor a ser indenizado poderá ser objeto de parcelamento mediante solicitação do segurado, de acordo com o disposto no art. 244, observado o § 1º do art. 128.
§ 2º *(Revogado pelo Decreto 10.410/2020)*	§ 2º Para fins de concessão de benefício constante das alíneas a a e e h do inciso I do art. 25, não se admite o parcelamento de débito.
Art. 123. Para fins de contagem recíproca, o tempo de serviço prestado pelo trabalhador rural anteriormente à competência novembro de 1991 somente será reconhecido por meio da indenização de que trata o § 13 do art. 216, observado o disposto nos § 8º e § 8º-A do art. 239. *(Redação dada pelo Decreto 10.410/2020)*	**Art. 123.** Para fins de concessão dos benefícios deste Regulamento, o tempo de serviço prestado pelo trabalhador rural anteriormente à competência novembro de 1991 será reconhecido, desde que devidamente comprovado.
~~Parágrafo único. Para fins de contagem recíproca, o tempo de serviço a que se refere o caput somente será reconhecido mediante a indenização de que trata o § 13 do art. 216, observado o disposto no § 8º do 239.~~ *(Revogado pelo Decreto 10.410/2020)*	Parágrafo único. Para fins de contagem recíproca, o tempo de serviço a que se refere o caput somente será reconhecido mediante a indenização de que trata o § 13 do art. 216, observado o disposto no § 8º do 239.

Subseção II
Da Retroação da Data do Início das Contribuições

Art. 124. Caso o segurado contribuinte individual manifeste interesse em recolher contribuições relativas a período anterior à sua inscrição, a retroação da data do início das contribuições será autorizada, desde que comprovado o exercício de atividade remunerada no respectivo período, observado o disposto no § 7º e nos § 9º ao § 14 do art. 216 e nos § 8º e § 8º-A do art. 239. *(Redação dada pelo Decreto 10.410/2020)*	**Art. 124.** Caso o segurado contribuinte individual manifeste interesse em recolher contribuições relativas a período anterior à sua inscrição, a retroação da data do início das contribuições será autorizada, desde que comprovado o exercício de atividade remunerada no respectivo período, observado o disposto nos §§ 7º a 14 do art. 216 e no § 8º do art. 239. (Caput do artigo com redação dada pelo Decreto nº 3.265, de 29/11/1999)

Nova Redação	Antiga Redação
Parágrafo único. O valor do débito poderá ser objeto de parcelamento desde que solicitado pelo segurado à Secretaria Especial da Receita Federal do Brasil do Ministério da Economia. *(Redação dada pelo Decreto 10.410/2020)*	Parágrafo único. O valor do débito poderá ser objeto de parcelamento mediante solicitação do segurado junto ao setor de arrecadação e fiscalização do Instituto Nacional do Seguro Social, observado o disposto no § 2º do art. 122, no § 1º do art. 128 e no art. 244.

CAPÍTULO IV
DA CONTAGEM RECÍPROCA DE TEMPO DE CONTRIBUIÇÃO

Nova Redação	Antiga Redação
Art. 125. Para efeito de contagem recíproca, hipótese em que os diferentes sistemas de previdência social ou proteção social se compensarão financeiramente, fica assegurado: *(Redação dada pelo Decreto 10.410/2020)*	**Art. 125.** Para efeito de contagem recíproca, hipótese em que os diferentes sistemas de previdência social compensar-se-ão financeiramente, é assegurado:
I - o cômputo do tempo de contribuição na administração pública e de serviço militar exercido nas atividades de que tratam os art. 42, art. 142 e art. 143 da Constituição, para fins de concessão de benefícios previstos no RGPS, inclusive de aposentadoria em decorrência de tratado, convenção ou acordo internacional; e *(Redação dada pelo Decreto 10.410/2020)*	I – o cômputo do tempo de contribuição na administração pública, para fins de concessão de benefícios previstos no Regime Geral de Previdência Social, inclusive de aposentadoria em decorrência de tratado, convenção ou acordo internacional; e (Inciso com redação dada pelo Decreto nº 6.042, de 12/2/2007)
II - para fins de emissão de certidão de tempo de contribuição, pelo INSS, para utilização no serviço público ou para inativação militar, o cômputo do tempo de contribuição na atividade privada, rural e urbana, observado o disposto nos § 4º e § 4º-A deste artigo, no art. 123, no § 13 do art. 216 e nos § 8º e § 8º-A do art. 239. *(Redação dada pelo Decreto 10.410/2020)*	II – para fins de emissão de certidão de tempo de contribuição, pelo INSS, para utilização no serviço público, o cômputo do tempo de contribuição na atividade privada, rural e urbana, observado o disposto no § 4º deste artigo e no parágrafo único do art. 123, § 13 do art. 216 e § 8º do art. 239. (Inciso com redação dada pelo Decreto nº 6.042, de 12/2/2007)

§ 1º Para os fins deste artigo, é vedada: (Redação dada pelo Decreto nº 8.145, de 2013)

<table>
<tr><th>Nova Redação</th><th>Antiga Redação</th></tr>
<tr><td>I - conversão do tempo de contribuição exercido em atividade sujeita à condições especiais, nos termos do disposto no art. 66; (Redação dada pelo Decreto 10.410/2020)</td><td>I – conversão do tempo de contribuição exercido em atividade sujeita à condições especiais, nos termos dos arts. 66 e 70; (Redação dada pelo Decreto nº 8.145, de 2013)</td></tr>
<tr><td colspan="2">II – conversão do tempo cumprido pelo segurado com deficiência, reconhecida na forma do art. 70-D, em tempo de contribuição comum; e (Redação dada pelo Decreto nº 8.145, de 2013)</td></tr>
<tr><td colspan="2">III – a contagem de qualquer tempo de serviço fictício. (Redação dada pelo Decreto nº 8.145, de 2013)</td></tr>
<tr><td colspan="2">§ 2º Admite-se a aplicação da contagem recíproca de tempo de contribuição no âmbito dos tratados, convenções ou acordos internacionais de previdência social. (Parágrafo com nova redação dada pelo Decreto nº 6.042, de 12/2/2007))</td></tr>
<tr><td>§ 3º É permitida a emissão de certidão de tempo de contribuição para períodos de contribuição posteriores à data da aposentadoria no RGPS, observado o disposto no art. 19-E. (Redação dada pelo Decreto 10.410/2020)</td><td>§ 3º É permitida a emissão de certidão de tempo de contribuição para períodos de contribuição posteriores à data da aposentadoria no Regime Geral de Previdência Social. (Parágrafo acrescido pelo Decreto nº 4.729, de 9/6/2003)</td></tr>
<tr><td>§ 4º Para efeito de contagem recíproca, o período em que os segurados contribuinte individual e facultativo tiverem contribuído na forma prevista no art. 199-A só será computado se forem complementadas as contribuições na forma prevista no § 2º do referido artigo. (Redação dada pelo Decreto 10.410/2020)

COMENTÁRIO EM VÍDEO:</td><td>§ 4º Para efeito de contagem recíproca, o período em que o segurado contribuinte individual e o facultativo tiverem contribuído na forma do art. 199-A só será computado se forem complementadas as contribuições na forma do § 1º do citado artigo. (Parágrafo acrescido pelo Decreto nº 6.042, de 12/2/2007)</td></tr>
<tr><td>§ 4º-A. Para efeito de contagem recíproca, a partir de 14 de novembro de 2019, somente serão consideradas as competências cujos salários de contribuição</td><td>⊗ Dispositivo sem correspondência na antiga redação.</td></tr>
</table>

Nova Redação	Antiga Redação
tenham valor igual ou superior ao limite mínimo mensal do salário de contribuição para o RGPS, observado o disposto no art. 19-E. *(Acrescido pelo Decreto 10.410/2020)*	

§ 5º A certidão referente ao tempo de contribuição com deficiência deverá identificar os períodos com deficiência e seus graus. (Incluído pelo Decreto nº 8.145, de 2013)

Art. 126. O segurado terá direito de computar, para fins de concessão dos benefícios do Regime Geral de Previdência Social, o tempo de contribuição na administração pública federal direta, autárquica e fundacional. (*Caput* do artigo com redação dada pelo Decreto nº 3.112, de 6/7/1999)

Parágrafo único. Poderá ser contado o tempo de contribuição na administração pública direta, autárquica e fundacional dos Estados, do Distrito Federal e dos Municípios, desde que estes assegurem aos seus servidores, mediante legislação própria, a contagem de tempo de contribuição em atividade vinculada ao Regime Geral de Previdência Social.

Art. 127. O tempo de contribuição de que trata este Capítulo será contado de acordo com a legislação pertinente, observadas as seguintes normas:

I – não será admitida a contagem em dobro ou em outras condições especiais;

II – é vedada a contagem de tempo de contribuição no serviço público com o de contribuição na atividade privada, quando concomitantes;

III – não será contado por um regime o tempo de contribuição utilizado para concessão de aposentadoria por outro regime;

Nova Redação	Antiga Redação
IV - o tempo de contribuição anterior ou posterior à obrigatoriedade de filiação à previdência social só será contado por meio de indenização da contribuição correspondente ao período respectivo, com acréscimo de juros moratórios de cinco décimos por cento ao mês, capitalizados anualmente, e multa de dez por cento, observado o disposto nos § 8º e § 8º-A do art. 239; *(Redação dada pelo Decreto 10.410/2020)*	IV – o tempo de contribuição anterior ou posterior à obrigatoriedade de filiação à previdência social somente será contado mediante observância, quanto ao período respectivo, do disposto nos arts. 122 e 124; e

Nova Redação	Antiga Redação
V - é vedada a emissão de certidão de tempo de contribuição com o registro exclusivo de tempo de serviço sem a comprovação de contribuição efetiva, exceto para segurado empregado, empregado doméstico, trabalhador avulso e, a partir de 1º de abril de 2003, para o contribuinte individual que preste serviço a empresa obrigada a arrecadar a contribuição a seu cargo, observado o disposto no art. 5º da Lei nº 10.666, de 2003; *(Redação dada pelo Decreto 10.410/2020)*	V – o tempo de contribuição do segurado trabalhador rural anterior à competência novembro de 1991 será computado, desde que observado o disposto no parágrafo único do art. 123, no § 13 do art. 216 e no § 8º do art. 239.
VI - para ex-servidor público, a certidão de tempo de contribuição somente poderá ser emitida por regime próprio de previdência social; *(Acrescido pelo Decreto 10.410/2020)*	⊗ Dispositivo sem correspondência na antiga redação.
VII - é vedada a contagem recíproca de tempo de contribuição do RGPS por regime próprio de previdência social sem a emissão da certidão de tempo de contribuição correspondente, ainda que o tempo de contribuição referente ao RGPS tenha sido prestado pelo servidor público ao próprio ente instituidor; *(Acrescido pelo Decreto 10.410/2020)*	⊗ Dispositivo sem correspondência na antiga redação.
VIII - é vedada a desaverbação de tempo em regime próprio de previdência social quando o tempo averbado tiver gerado a concessão de vantagens remuneratórias ao servidor público em atividade; e *(Acrescido pelo Decreto 10.410/2020)*	⊗ Dispositivo sem correspondência na antiga redação.
IX - para fins de elegibilidade às aposentadorias especiais referidas no § 4º do art. 40 e no § 1º do art. 201 da Constituição, os períodos reconhecidos pelo regime previdenciário de origem como de	⊗ Dispositivo sem correspondência na antiga redação.

Nova Redação	Antiga Redação
tempo especial sem conversão em tempo comum deverão estar incluídos nos períodos de contribuição compreendidos na certidão de tempo de contribuição e discriminados de data a data. *(Acrescido pelo Decreto 10.410/2020)*	
Parágrafo único. O disposto no inciso V do *caput* não se aplica ao tempo de serviço anterior à edição da Emenda Constitucional nº 20, de 15 de dezembro de 1998, que tenha sido equiparado por lei a tempo de contribuição. *(Acrescido pelo Decreto 10.410/2020)*	⊗ Dispositivo sem correspondência na antiga redação.

Art. 128. A certidão de tempo de contribuição anterior ou posterior à filiação obrigatória à previdência social somente será expedida mediante a observância do disposto nos arts. 122 e 124.

§ 1º A certidão de tempo de contribuição, para fins de averbação do tempo em outros regimes de previdências, somente será expedida pelo Instituto Nacional de Seguro Social após a comprovação da quitação de todos os valores devidos, inclusive de eventuais parcelamentos de débitos.

§ 2º (Revogado pelo Decreto nº 3.265, de 29/11/1999)

Nova Redação	Antiga Redação
§ 3º A certidão de tempo de contribuição referente a período de atividade rural anterior à competência novembro de 1991 somente será emitida por meio da comprovação do recolhimento das contribuições correspondentes ou da indenização, na forma prevista nos § 13 e § 14 do art. 216, observado o disposto nos § 8º e § 8º-A do art. 239. *(Redação dada pelo Decreto 10.410/2020)*	§ 3º Observado o disposto no § 6º do art. 62, a certidão de tempo de contribuição referente a período de atividade rural anterior à competência novembro de 1991 somente será emitida mediante comprovação do recolhimento das contribuições correspondentes ou indenização nos termos dos §§ 13 e 14 do art. 216, observado o disposto no § 8º do art. 239.

Art. 129. O segurado em gozo de auxílio-acidente, auxílio-suplementar ou abono de permanência em serviço terá o benefício encerrado na data da emissão da certidão de tempo de contribuição. (Artigo com redação dada pelo Decreto nº 4.729, de 9/6/2003)

Art. 130. O tempo de contribuição para regime próprio de previdência social ou para Regime Geral de Previdência Social deve ser provado com certidão fornecida: (*Caput* do artigo com redação dada pelo Decreto nº 6.722, de 30/12/2008)

I – pela unidade gestora do regime próprio de previdência social ou pelo setor competente da administração federal, estadual, do Distrito Federal e municipal, suas autarquias e fundações, desde que devidamente homologada pela unidade gestora do regime próprio, relativamente ao tempo de contribuição para o respectivo regime próprio de previdência social; ou (Inciso com redação dada pelo Decreto nº 6.722, de 30/12/2008)

II – pelo setor competente do Instituto Nacional do Seguro Social, relativamente ao tempo de contribuição para o Regime Geral de Previdência Social. (Inciso com redação dada pelo Decreto nº 3.668, de 22/11/2000)

Nova Redação	Antiga Redação
§ 1º O setor competente do INSS promoverá o levantamento do tempo de contribuição ao RGPS, com base na documentação apresentada, observado o disposto no art. 19. *(Redação dada pelo Decreto 10.410/2020)*	§ 1º O setor competente do Instituto Nacional do Seguro Social deverá promover o levantamento do tempo de filiação ao Regime Geral de Previdência Social à vista dos assentamentos internos ou das anotações na Carteira do Trabalho ou na Carteira de Trabalho e Previdência Social, ou de outros meios de prova admitidos em direito. (Parágrafo com redação dada pelo Decreto nº 3.668, de 22/11/2000)

§ 2º O setor competente do órgão federal, estadual, do Distrito Federal ou municipal deverá promover o levantamento do tempo de contribuição para o respectivo regime próprio de previdência social à vista dos assentamentos funcionais.

§ 3º Após as providências de que tratam os §§ 1º e 2º, e observado, quando for o caso, o disposto no § 9º, os setores competentes deverão emitir certidão de tempo de contribuição, sem rasuras, constando, obrigatoriamente: (*Caput* do parágrafo com redação dada pelo Decreto nº 3.668, de 22/11/2000)

I – órgão expedidor;

II – nome do servidor, seu número de matrícula, RG, CPF, sexo, data de nascimento, filiação, número do PIS ou PASEP, e, quando for o caso, cargo efetivo, lotação, data de admissão e data de exoneração ou emissão; (Inciso com redação dada pelo Decreto nº 6.722, de 30/12/2008)

III – período de contribuição, de data a data, compreendido na certidão;

IV – fonte de informação;

V – discriminação da frequência durante o período abrangido pela certidão, indicadas as várias alterações, tais como faltas, licenças, suspensões e outras ocorrências;

Nova Redação	Antiga Redação
VI – soma do tempo líquido;	
VII – declaração expressa do servidor responsável pela certidão, indicando o tempo líquido de efetiva contribuição em dias, ou anos, meses e dias;	
VIII – assinatura do responsável pela certidão e do dirigente do órgão expedidor e, no caso de ser emitida por outro órgão da administração do ente federativo, homologação da unidade gestora do regime próprio de previdência social; (Inciso com redação dada pelo Decreto nº 6.722, de 30/12/2008)	
IX – indicação da lei que assegure, aos servidores do Estado, do Distrito Federal ou do Município, aposentadorias por invalidez, idade, tempo de contribuição e compulsória, e pensão por morte, com aproveitamento de tempo de contribuição prestado em atividade vinculada ao Regime Geral de Previdência Social.	
§ 4º A certidão de tempo de contribuição deverá ser expedida em duas vias, das quais a primeira será fornecida ao interessado, mediante recibo passado na segunda via, implicando sua concordância quanto ao tempo certificado.	
§§ 5º e 6º (Revogados pelo Decreto 6.722, de 30/12/2013).	
§ 7º Quando solicitado pelo segurado que exerce cargos constitucionalmente acumuláveis, é permitida a emissão de certidão única com destinação do tempo de contribuição para, no máximo, dois órgãos distintos.	
§ 8º Na situação do parágrafo anterior, a certidão de tempo de contribuição deverá ser expedida em três vias, das quais a primeira e a segunda serão fornecidas ao interessado, mediante recibo passado na terceira via, implicando sua concordância quanto ao tempo certificado.	
§ 9º A certidão só poderá ser fornecida para os períodos de efetiva contribuição para o Regime Geral de Previdência Social, devendo ser excluídos aqueles para os quais não tenha havido contribuição, salvo se recolhida na forma dos §§ 7º a 14 do art. 216. (Parágrafo acrescido pelo Decreto nº 3.668, de 22/11/2000)	
§ 10. Poderá ser emitida, por solicitação do segurado, certidão de tempo de contribuição para período fracionado. (Parágrafo acrescido pelo Decreto nº 3.668, de 22/11/2000)	
§ 11. Na hipótese do parágrafo anterior, a certidão conterá informação de todo o tempo de contribuição ao Regime Geral de Previdência Social e a indicação dos períodos a serem aproveitados no regime próprio de previdência social. (Parágrafo acrescido pelo Decreto nº 3.668, de 22/11/2000)	

§ 12. É vedada a contagem de tempo de contribuição de atividade privada com a do serviço público ou de mais de uma atividade no serviço público, quando concomitantes, ressalvados os casos de acumulação de cargos ou empregos públicos admitidos pela Constituição. (Parágrafo acrescido pelo Decreto nº 3.668, de 22/11/2000 e com nova redação dada pelo Decreto nº 6.722, de 30/12/2008)

§ 13. Em hipótese alguma será expedida certidão de tempo de contribuição para período que já tiver sido utilizado para a concessão de aposentadoria, em qualquer regime de previdência social. (Parágrafo acrescido pelo Decreto nº 3.668, de 22/11/2000)

§ 14. A certidão de que trata o § 3º deverá vir acompanhada de relação dos valores das remunerações, por competência, que serão utilizados para fins de cálculo dos proventos da aposentadoria. (Parágrafo acrescido pelo Decreto nº 6.722, de 30/12/2008)

§ 15. O tempo de serviço considerado para efeito de aposentadoria e cumprido até 15 de dezembro de 1998 será contado como tempo de contribuição. (Parágrafo acrescido pelo Decreto nº 6.722, de 30/12/2008)

§ 16. Caberá revisão da certidão de tempo de contribuição, inclusive de ofício, quando constatado erro material, vedada à destinação da certidão a órgão diverso daquele a que se destinava originariamente. (Parágrafo acrescido pelo Decreto nº 6.722, de 30/12/2008)

Art. 131. Concedido o benefício, caberá:

I – ao Instituto Nacional do Seguro Social comunicar o fato ao órgão público emitente da certidão, para as anotações nos registros funcionais e/ou na segunda via da certidão de tempo de contribuição; e

II – ao órgão público comunicar o fato ao Instituto Nacional do Seguro Social, para efetuar os registros cabíveis.

Nova Redação	Antiga Redação
Art. 132. O tempo de contribuição na administração pública federal, estadual, distrital ou municipal de que trata este Capítulo será considerado para efeito do percentual de acréscimo previsto no inciso I do *caput* do art. 44, no art. 53, no § 1º do art. 54, no art. 67, no inciso II do *caput* do art. 70-J, no § 3º do art. 188-H,	**Art. 132.** O tempo de contribuição na administração pública federal, estadual, do Distrito Federal ou municipal de que trata este Capítulo será considerado para efeito do percentual de acréscimo previsto no inciso III do art. 39.

Nova Redação	Antiga Redação
no 4º do art. 188-I, no § 3º do art. 188-J, no § 4º do art. 188-M, no § 3º do art. 188- N e no § 3º do art. 188-P. *(Redação dada pelo Decreto 10.410/2020)*	

Art. 133. O tempo de contribuição certificado na forma deste Capítulo produz, no Instituto Nacional do Seguro Social e nos órgãos ou autarquias federais, estaduais, do Distrito Federal ou municipais, todos os efeitos previstos na respectiva legislação pertinente.

Art. 134. As aposentadorias e demais benefícios resultantes da contagem de tempo de contribuição na forma deste Capítulo serão concedidos e pagos pelo regime a que o interessado pertencer ao requerê-los e o seu valor será calculado na forma da legislação pertinente.

Art. 135. (Revogado pelo Decreto nº 5.545, de 22/9/2005)

CAPÍTULO V
DA HABILITAÇÃO E DA REABILITAÇÃO PROFISSIONAL

Art. 136. A assistência (re)educativa e de (re)adaptação profissional, instituída sob a denominação genérica de habilitação e reabilitação profissional, visa proporcionar aos beneficiários, incapacitados parcial ou totalmente para o trabalho, em caráter obrigatório, independentemente de carência, e às pessoas portadoras de deficiência, os meios indicados para proporcionar o reingresso no mercado de trabalho e no contexto em que vivem.

§ 1º Cabe ao Instituto Nacional do Seguro Social promover a prestação de que trata este artigo aos segurados, inclusive aposentados, e, de acordo com as possibilidades administrativas, técnicas, financeiras e as condições locais do órgão, aos seus dependentes, preferencialmente mediante a contratação de serviços especializados.

§ 2º As pessoas portadoras de deficiência serão atendidas mediante celebração de convênio de cooperação técnico-financeira.

Art. 137. O processo de habilitação e de reabilitação profissional do beneficiário será desenvolvido por meio das funções básicas de:

I – avaliação do potencial laborativo; (Inciso com redação dada pelo Decreto nº 3.668, de 22/11/2000)

II – orientação e acompanhamento da programação profissional;

III – articulação com a comunidade, inclusive mediante a celebração de convênio para reabilitação física restrita a segurados que cumpriram os pressupostos de elegibilidade ao programa de reabilitação profissional, com vistas ao reingresso no mercado de trabalho; e (Inciso com redação dada pelo Decreto nº 4.729, de 9/6/2003)

IV – acompanhamento e pesquisa da fixação no mercado de trabalho.

Nova Redação	Antiga Redação
§ 1º A execução das funções de que trata o *caput* será realizada, preferencialmente, por meio do trabalho de equipe multiprofissional especializada, sempre que possível, na localidade do domicílio do beneficiário, ressalvadas as situações excepcionais em que ele tenha direito à reabilitação profissional fora dela. *(Redação dada pelo Decreto 10.410/2020)*	§ 1º A execução das funções de que trata o caput dar-se-á, preferencialmente, mediante o trabalho de equipe multiprofissional especializada em medicina, serviço social, psicologia, sociologia, fisioterapia, terapia ocupacional e outras afins ao processo, sempre que possível na localidade do domicílio do beneficiário, ressalvadas as situações excepcionais em que este terá direito à reabilitação profissional fora dela.
§ 1º-A. A avaliação da elegibilidade do segurado para encaminhamento à reabilitação profissional, a reavaliação da incapacidade de segurados em programa de reabilitação profissional e a prescrição de órteses, próteses e meios auxiliares de locomoção e acessórios serão realizadas pela Perícia Médica Federal. *(Acrescido pelo Decreto 10.410/2020)*	⊗ Dispositivo sem correspondência na antiga redação.

§ 2º Quando indispensáveis ao desenvolvimento do processo de reabilitação profissional, o Instituto Nacional do Seguro Social fornecerá aos segurados, inclusive aposentados, em caráter obrigatório, prótese e órtese, seu reparo ou substituição, instrumentos de auxílio para locomoção, bem como equipamentos necessários à habilitação e à reabilitação profissional, transporte urbano e alimentação e, na medida das possibilidades do Instituto, aos seus dependentes.

§ 3º No caso das pessoas portadoras de deficiência, a concessão dos recursos materiais referidos no parágrafo anterior ficará condicionada à celebração de convênio de cooperação técnico-financeira.

Nova Redação	Antiga Redação
§ 4º O Instituto Nacional do Seguro Social não reembolsará as despesas realizadas com a aquisição de órtese ou prótese e outros recursos materiais não prescritos ou não autorizados por suas unidades de reabilitação profissional.	
Art. 138. Cabe à unidade de reabilitação profissional encaminhar para avaliação médico-pericial a ocorrência de que trata o § 2º do art. 337. *(Redação dada pelo Decreto 10.410/2020)*	**Art. 138.** Cabe à unidade de reabilitação profissional comunicar à perícia médica a ocorrência de que trata o § 2º do art. 337.
Art. 139. A programação profissional será desenvolvida mediante cursos e/ou treinamentos, na comunidade, por meio de contratos, acordos e convênios com instituições e empresas públicas ou privadas, na forma do art. 317.	
§ 1º O treinamento do reabilitando, quando realizado em empresa, não estabelece qualquer vínculo empregatício ou funcional entre o reabilitando e a empresa, bem como entre estes e o Instituto Nacional do Seguro Social.	
§ 2º Compete ao reabilitando, além de acatar e cumprir as normas estabelecidas nos contratos, acordos ou convênios, pautar-se no regulamento daquelas organizações.	
Art. 140. Concluído o processo de reabilitação profissional, o Instituto Nacional do Seguro Social emitirá certificado individual indicando a função para a qual o reabilitando foi capacitado profissionalmente, sem prejuízo do exercício de outra para a qual se julgue capacitado.	
§ 1º Não constitui obrigação da previdência social a manutenção do segurado no mesmo emprego ou a sua colocação em outro para o qual foi reabilitado, cessando o processo de reabilitação profissional com a emissão de certificado a que se refere o *caput*.	
§ 2º Cabe à previdência social a articulação com a comunidade, com vistas ao levantamento da oferta do mercado de trabalho, ao direcionamento da programação profissional e à possibilidade de reingresso do reabilitando no mercado formal.	
§ 3º O acompanhamento e a pesquisa de que trata o inciso IV do art. 137 é obrigatório e tem como finalidade a comprovação da efetividade do processo de reabilitação profissional.	
Art. 141. A empresa com cem ou mais empregados está obrigada a preencher de dois por cento a cinco por cento de seus cargos com beneficiários reabilitados ou pessoas portadoras de deficiência, habilitadas, na seguinte proporção:	

Nova Redação	Antiga Redação
I – até duzentos empregados, dois por cento;	
II – de duzentos e um a quinhentos empregados, três por cento;	
III – de quinhentos e um a mil empregados, quatro por cento; ou	
IV – mais de mil empregados, cinco por cento.	
§ 1º A dispensa de pessoa com deficiência ou de beneficiário reabilitado pela previdência social ao final de contrato por prazo determinado de mais de noventa dias e a dispensa imotivada em contrato por prazo indeterminado somente poderão ocorrer após a contratação de outro trabalhador com deficiência ou beneficiário reabilitado pela previdência social. *(Redação dada pelo Decreto 10.410/2020)*	§ 1º A dispensa de empregado na condição estabelecida neste artigo, quando se tratar de contrato por tempo superior a noventa dias e a imotivada, no contrato por prazo indeterminado, somente poderá ocorrer após a contratação de substituto em condições semelhantes.
§ 2º (Revogado pelo Decreto nº 3.298, de 20/12/1999)	
§ 3º À Secretaria Especial de Previdência e Trabalho do Ministério da Economia compete estabelecer a sistemática de fiscalização e gerar dados e estatísticas sobre o total de empregados e as vagas preenchidas por pessoas com deficiência e por beneficiários reabilitados pela previdência social, além de fornecê-los, quando solicitados, aos sindicatos, às entidades representativas dos empregados ou aos cidadãos interessados. *(Acrescido pelo Decreto 10.410/2020)*	⊗ Dispositivo sem correspondência na antiga redação.
§ 4º Para a reserva de cargos será considerada somente a contratação direta de pessoa com deficiência, excluído o aprendiz com deficiência de que trata a Consolidação das Leis do Trabalho, aprovada pelo Decreto-Lei nº 5.452, de 1943. *(Acrescido pelo Decreto 10.410/2020)*	⊗ Dispositivo sem correspondência na antiga redação.

CAPÍTULO VI
DA JUSTIFICAÇÃO ADMINISTRATIVA

COMENTÁRIO EM VÍDEO:

Nova Redação	Antiga Redação
Art. 142. A justificação administrativa constitui meio para suprir a falta ou a insuficiência de documento ou para produzir prova de fato ou circunstância de interesse dos beneficiários perante a previdência social. *(Redação dada pelo Decreto 10.410/2020)*	**Art. 142.** A justificação administrativa constitui recurso utilizado para suprir a falta ou insuficiência de documento ou produzir prova de fato ou circunstância de interesse dos beneficiários, perante a previdência social.

§ 1º Não será admitida a justificação administrativa quando o fato a comprovar exigir registro público de casamento, de idade ou de óbito, ou de qualquer ato jurídico para o qual a lei prescreva forma especial.

Nova Redação	Antiga Redação
§ 2º A justificação administrativa é parte do processo de atualização de dados do CNIS ou de reconhecimento de direitos, vedada a sua tramitação na condição de processo autônomo. *(Redação dada pelo Decreto 10.410/2020)*	§ 2º O processo de justificação administrativa é parte de processo antecedente, vedada sua tramitação na condição de processo autônomo.
§ 3º Quando a concessão do benefício depender de documento ou de prova de ato ao qual o segurado não tenha acesso, exceto quanto a registro público ou início de prova material, a justificação administrativa será oportunizada, observado o disposto no art. 151. *(Acrescido pelo Decreto 10.410/2020)*	⊗ Dispositivo sem correspondência na antiga redação.
§ 4º A prova material somente terá validade para a pessoa referida no documento, vedada a sua utilização por outras pessoas. *(Acrescido pelo Decreto 10.410/2020)*	⊗ Dispositivo sem correspondência na antiga redação.

Nova Redação	Antiga Redação
Art. 143. A justificação administrativa ou judicial, para fins de comprovação de tempo de contribuição, dependência econômica, identidade e relação de parentesco, somente produzirá efeito quando for baseada em início de prova material contemporânea dos fatos e não serão admitidas as provas exclusivamente testemunhais. *(Redação dada pelo Decreto 10.410/2020)*	**Art. 143.** A justificação administrativa ou judicial, no caso de prova exigida pelo art. 62, dependência econômica, identidade e de relação de parentesco, somente produzirá efeito quando baseada em início de prova material, não sendo admitida prova exclusivamente testemunhal.
§ 1º Será dispensado o início de prova material quando houver ocorrência de motivo de força maior ou de caso fortuito. *(Redação dada pelo Decreto 10.410/2020)*	§ 1º No caso de prova exigida pelo art. 62 é dispensado início de prova material quando houver ocorrência de motivo de força maior ou caso fortuito.
§ 2º Caracteriza motivo de força maior ou caso fortuito a verificação de ocorrência notória, tais como incêndio, inundação ou desmoronamento, que tenha atingido a empresa na qual o segurado alegue ter trabalhado, devendo ser comprovada mediante registro da ocorrência policial feito em época própria ou apresentação de documentos contemporâneos dos fatos, e verificada a correlação entre a atividade da empresa e a profissão do segurado.	
§ 3º Se a empresa não estiver mais em atividade, deverá o interessado juntar prova oficial de sua existência no período que pretende comprovar.	
§ 4º No caso dos segurados empregado doméstico e contribuinte individual, após a homologação do processo, este deverá ser encaminhado ao setor competente de arrecadação para levantamento e cobrança do crédito. (Parágrafo com redação dada pelo Decreto nº 3.265, de 29/11/1999)	
Art. 144. A homologação da justificação judicial processada com base em prova exclusivamente testemunhal dispensa a justificação administrativa, desde que complementada com início de prova material contemporânea dos fatos. *(Redação dada pelo Decreto 10.410/2020)*	**Art. 144.** A homologação da justificação judicial processada com base em prova exclusivamente testemunhal dispensa a justificação administrativa, se complementada com início razoável de prova material.
Parágrafo único. A inclusão, a exclusão, a ratificação e a retificação de vínculos, remunerações e contribuições, ainda que reconhecidos em ação trabalhista	⊗ Dispositivo sem correspondência na antiga redação.

Nova Redação	Antiga Redação
transitada em julgado, dependerão da existência de início de prova material contemporânea dos fatos. *(Acrescido pelo Decreto 10.410/2020)*	
Art. 145. Para o processamento de justificação administrativa, o interessado deverá apresentar requerimento no qual exponha, clara e minuciosamente, os pontos que pretende justificar, além de indicar testemunhas idôneas, em número não inferior a dois nem superior a seis, cujos depoimentos possam levar à convicção da veracidade do que se pretende comprovar. *(Redação dada pelo Decreto 10.410/2020)*	**Art. 145.** Para o processamento de justificação administrativa, o interessado deverá apresentar requerimento expondo, clara e minuciosamente, os pontos que pretende justificar, indicando testemunhas idôneas, em número não inferior a três nem superior a seis, cujos depoimentos possam levar à convicção da veracidade do que se pretende comprovar.
Parágrafo único. As testemunhas, no dia e no horário marcados, serão inquiridas a respeito dos pontos que forem objeto da justificação de que trata o *caput*. *(Redação dada pelo Decreto 10.410/2020)*	Parágrafo único. As testemunhas, no dia e hora marcados, serão inquiridas a respeito dos pontos que forem objeto da justificação, indo o processo concluso, a seguir, à autoridade que houver designado o processante, a quem competirá homologar ou não a justificação realizada.
Art. 146. Não podem ser testemunhas:	
~~I – os loucos de todo o gênero;~~ *(Revogado pelo Decreto 10.410/2020)*	I – os loucos de todo o gênero;
~~II – os cegos e surdos, quando a ciência do fato, que se quer provar, dependa dos sentidos, que lhes faltam;~~ *(Revogado pelo Decreto 10.410/2020)*	II – os cegos e surdos, quando a ciência do fato, que se quer provar, dependa dos sentidos, que lhes faltam;
III – os menores de dezesseis anos; e	
IV – o cônjuge, o companheiro ou a companheira, os ascendentes, os descendentes e os colaterais, até o terceiro grau, por consanguinidade ou afinidade. *(Redação dada pelo Decreto 10.410/2020)*	IV – o ascendente, descendente ou colateral, até o terceiro grau, por consanguinidade ou afinidade.

Nova Redação	Antiga Redação
Parágrafo único. A pessoa com deficiência poderá testemunhar em igualdade de condições com as demais pessoas e lhe serão assegurados todos os recursos de tecnologia assistiva. *(Acrescido pelo Decreto 10.410/2020)*	⊗ Dispositivo sem correspondência na antiga redação.

Art. 147. Não caberá recurso da decisão da autoridade competente do Instituto Nacional do Seguro Social que considerar eficaz ou ineficaz a justificação administrativa.

Art. 148. A justificação administrativa será avaliada globalmente quanto à forma e ao mérito, valendo perante o Instituto Nacional do Seguro Social para os fins especificamente visados, caso considerada eficaz.

Art. 149. A justificação administrativa será processada sem ônus para o interessado e nos termos das instruções do Instituto Nacional do Seguro Social.

Art. 150. Aos autores de declarações falsas, prestadas em justificações processadas perante a previdência social, serão aplicadas as penas previstas no art. 299 do Código Penal.

Nova Redação	Antiga Redação
Art. 151. Somente será admitido o processamento de justificação administrativa quando necessário para corroborar o início de prova material apto a demonstrar a plausibilidade do que se pretende comprovar. *(Redação dada pelo Decreto 10.410/2020)*	**Art. 151.** Somente será admitido o processamento de justificação administrativa na hipótese de ficar evidenciada a inexistência de outro meio capaz de configurar a verdade do fato alegado, e o início de prova material apresentado levar à convicção do que se pretende comprovar.

CAPÍTULO VII
DAS DISPOSIÇÕES DIVERSAS RELATIVAS ÀS PRESTAÇÕES DO REGIME GERAL DE PREVIDÊNCIA SOCIAL

Art. 152. Nenhum benefício ou serviço da previdência social poderá ser criado, majorado ou estendido, sem a correspondente fonte de custeio total.

Art. 153. O benefício concedido a segurado ou dependente não pode ser objeto de penhora, arresto ou sequestro, sendo nula de pleno direito a sua venda ou cessão, ou a constituição de qualquer ônus sobre ele, bem como a outorga de poderes irrevogáveis ou em causa própria para seu recebimento, ressalvado o disposto no art. 154.

Nova Redação	Antiga Redação
Art. 153-A. A concessão de aposentadoria requerida a partir de 14 de novembro de 2019 com utilização de tempo de contribuição decorrente de cargo, emprego ou função pública acarretará o rompimento do vínculo que gerou o referido tempo de contribuição. *(Acrescido pelo Decreto 10.410/2020)* COMENTÁRIO EM VÍDEO:	⊗ Dispositivo sem correspondência na antiga redação.
Parágrafo único. Para fins do disposto no *caput*, após a consolidação da aposentadoria, nos termos do disposto no art. 181-B, o INSS notificará a empresa responsável sobre a aposentadoria do segurado e constarão da notificação as datas de concessão e de início do benefício.	
Art. 154. O Instituto Nacional do Seguro Social pode descontar da renda mensal do benefício:	
I – contribuições devidas pelo segurado à previdência social;	
II - pagamento administrativo ou judicial de benefício previdenciário ou assistencial indevido, ou além do devido, inclusive na hipótese de cessação do benefício pela revogação de decisão judicial, em valor que não exceda trinta por cento da importância da renda mensal do benefício, nos termos do disposto neste Regulamento; *(Redação dada pelo Decreto 10.410/2020)*	II – pagamentos de benefícios além do devido, observado o disposto nos §§ 2º ao 5º;
III – imposto de renda na fonte;	
IV – alimentos decorrentes de sentença judicial; e	

Nova Redação	Antiga Redação
V - mensalidades de associações e demais entidades de aposentados legalmente reconhecidas, constituídas e em funcionamento, desde que autorizadas por seus filiados, observado o disposto nos § 1º ao § 1º-G; e *(Redação dada pelo Decreto 10.410/2020)*	V – mensalidades de associações e demais entidades de aposentados legalmente reconhecidas, desde que autorizadas por seus filiados, observado o disposto no § 1º.
VI - pagamento de empréstimos, financiamentos, cartões de crédito e operações de arrendamento mercantil concedidos por instituições financeiras e sociedades de arrendamento mercantil ou por entidades fechadas ou abertas de previdência complementar, públicas e privadas, quando expressamente autorizado pelo beneficiário, até o limite de trinta e cinco por cento do valor do benefício, dos quais cinco por cento serão destinados exclusivamente para: *(Redação dada pelo Decreto 10.410/2020)*	VI – pagamento de empréstimos, financiamentos e operações de arrendamento mercantil concedidos por instituições financeiras e sociedades de arrendamento mercantil, públicas ou privadas, quando expressamente autorizado pelo beneficiário, até o limite de trinta por cento do valor do benefício. (Inciso acrescido pelo Decreto nº 4.862, de 21/10/2003)
a) amortização de despesas contraídas por meio de cartão de crédito; ou	⊗ Dispositivo sem correspondência na antiga redação.
b) utilização com a finalidade de saque por meio do cartão de crédito.	⊗ Dispositivo sem correspondência na antiga redação.
§ 1º O INSS estabelecerá requisitos adicionais para a efetivação dos descontos de que trata este artigo, observados critérios de conveniência administrativa, segurança das operações, interesse dos beneficiários e interesse público. *(Redação dada pelo Decreto 10.410/2020)*	§ 1º O desconto a que se refere o inciso V do caput ficará na dependência da conveniência administrativa do setor de benefícios do Instituto Nacional do Seguro Social.
§ 1º-A. Os benefícios previdenciários, uma vez concedidos, permanecerão bloqueados para os descontos previstos no inciso V do *caput* e somente serão desbloqueados por meio de autorização prévia, pessoal e específica por parte do beneficiário, conforme critérios e requisitos a serem definidos em ato do INSS. *(Acrescido pelo Decreto 10.410/2020)*	⊗ Dispositivo sem correspondência na antiga redação.

Nova Redação	Antiga Redação
§ 1º-B. A autorização do segurado prevista no § 1º-A deverá, sob pena de os descontos serem excluídos automaticamente, ser revalidada a cada três anos, a partir de 31 de dezembro de 2021, segundo critérios e requisitos a serem definidos em ato do INSS. *(Acrescido pelo Decreto 10.410/2020)*	⊗ Dispositivo sem correspondência na antiga redação.
§ 1º-C. A autorização do segurado de que trata o inciso V do *caput* poderá ser revogada, a qualquer tempo, pelo próprio beneficiário. *(Acrescido pelo Decreto 10.410/2020)*	⊗ Dispositivo sem correspondência na antiga redação.
§ 1º-D. Considera-se associação ou entidade de aposentados aquela formada somente por: *(Acrescido pelo Decreto 10.410/2020)*	⊗ Dispositivo sem correspondência na antiga redação.
I - aposentados do RGPS, com objetivos inerentes a essa categoria; ou	
II - pessoas de categoria profissional específica, cujo estatuto as preveja como associados ativos e inativos, e que tenha objetivos comuns àquela classe e finalidade específica de representação de aposentados, autorizada a realizar descontos de mensalidades associativas por meio de retenção no valor do pagamento do benefício.	
§ 1º-E. Considera-se mensalidade de associações e demais entidades de aposentados a contribuição associativa, em valor fixo, devida exclusivamente em razão da condição de associado, em decorrência de previsão estatutária ou definição pelas assembleias gerais, a qual não admite descontos de taxas extras, contribuições especiais, retribuição por	⊗ Dispositivo sem correspondência na antiga redação.

Nova Redação	Antiga Redação
serviços ou pacotes de serviços específicos, prêmios de seguros, empréstimos nem qualquer outro tipo de desconto, ainda que embutidos no valor da mensalidade. *(Acrescido pelo Decreto 10.410/2020)*	
§ 1º-F. O INSS avaliará periodicamente a quantidade de reclamações de beneficiários, ações judiciais, processos de órgãos de controle e impacto em sua rede de atendimento, dentre outros elementos, para avaliar a conveniência da manutenção ou da rescisão do acordo de cooperação técnica. *(Acrescido pelo Decreto 10.410/2020)*	⊗ Dispositivo sem correspondência na antiga redação.
§ 1º-G. Para fins de repasse do desconto efetuado pelo INSS, as entidades referidas no inciso V do *caput* deverão estar em situação regular perante as Fazendas nacional, estadual, distrital e municipal, a previdência social, FGTS, o Sistema Integrado de Administração Financeira do Governo Federal – Siafi, o Sistema de Cadastramento Unificado de Fornecedores - Sicaf e o Cadastro Informativo de Créditos não Quitados do Setor Público Federal - Cadin. *(Acrescido pelo Decreto 10.410/2020)*	⊗ Dispositivo sem correspondência na antiga redação.

§ 2º A restituição de importância recebida indevidamente por beneficiário da previdência social, nos casos comprovados de dolo, fraude ou má-fé, deverá ser atualizada nos moldes do art. 175, e feita de uma só vez ou mediante acordo de parcelamento na forma do art. 244, independentemente de outras penalidades legais. (Parágrafo com redação dada pelo Decreto nº 5.699, de 13/2/2006)

§ 3º Caso o débito seja originário de erro da previdência social, o segurado, usufruindo de benefício regularmente concedido, poderá devolver o valor de forma parcelada, atualizado nos moldes do art. 175, devendo cada parcela corresponder, no máximo, a trinta por cento do valor do benefício em manutenção, e ser descontado em número de meses necessários à liquidação do débito.

Nova Redação	Antiga Redação
§ 4º Se o débito for originário de erro da previdência social e o segurado não usufruir de benefício, o valor deverá ser devolvido, com a correção de que trata o parágrafo anterior, da seguinte forma:	
I – no caso de empregado, com a observância do disposto no art. 365; e	
II – no caso dos demais beneficiários, será observado:	
a) se superior a cinco vezes o valor do benefício suspenso ou cessado, no prazo de sessenta dias, contados da notificação para fazê-lo, sob pena de inscrição em Dívida Ativa; e	
b) se inferior a cinco vezes o valor do benefício suspenso ou cessado, no prazo de trinta dias, contados da notificação para fazê-lo, sob pena de inscrição em Dívida Ativa.	
§ 5º No caso de revisão de benefícios em que resultar valor superior ao que vinha sendo pago, em razão de erro da previdência social, o valor resultante da diferença verificada entre o pago e o devido será objeto de atualização nos mesmos moldes do art. 175.	
§ 6º O INSS disciplinará o desconto e a retenção de valores de benefícios com fundamento no disposto no inciso VI do *caput*, observadas as seguintes condições: *(Redação dada pelo Decreto 10.410/2020)*	§ 6º O INSS disciplinará, em ato próprio, o desconto de valores de benefícios com fundamento no inciso VI do caput, observadas as seguintes condições: (Caput do parágrafo acrescido pelo Decreto nº 4.862, de 21/10/2003)
I – a habilitação das instituições consignatárias deverá ser definida de maneira objetiva e transparente; (Inciso acrescido pelo Decreto nº 4.862, de 21/10/2003)	
II – o desconto somente poderá incidir sobre os benefícios de aposentadoria, qualquer que seja sua espécie, ou de pensão por morte, recebidos pelos seus respectivos titulares; (Inciso acrescido pelo Decreto nº 4.862, de 21/10/2003)	
III – a prestação de informações aos titulares de benefícios em manutenção e às instituições consignatárias necessária à realização do desconto deve constar de rotinas próprias; (Inciso acrescido pelo Decreto nº 4.862, de 21/10/2003)	
IV – os prazos para o início dos descontos autorizados e para o repasse das prestações às instituições consignatárias devem ser definidos de forma justa e eficiente; (Inciso acrescido pelo Decreto nº 4.862, de 21/10/2003)	

<table>
<tr><th>Nova Redação</th><th>Antiga Redação</th></tr>
<tr><td>~~V – o valor dos encargos a serem cobrados pelo INSS deverá corresponder, apenas, ao ressarcimento dos custos operacionais, que serão absorvidos integralmente pelas instituições consignatárias; (Inciso acrescido pelo Decreto nº 4.862, de 21/10/2003)~~ *(Revogado pelo Decreto 10.410/2020)*</td><td>V – o valor dos encargos a serem cobrados pelo INSS deverá corresponder, apenas, ao ressarcimento dos custos operacionais, que serão absorvidos integralmente pelas instituições consignatárias; (Inciso acrescido pelo Decreto nº 4.862, de 21/10/2003)</td></tr>
<tr><td colspan="2">VI – o próprio titular do benefício deverá firmar autorização expressa para o desconto; (Inciso acrescido pelo Decreto nº 4.862, de 21/10/2003)</td></tr>
<tr><td>VII - o valor do desconto não poderá exceder trinta e cinco por cento do valor disponível do benefício, assim entendido o valor do benefício após a dedução das consignações de que tratam os incisos I ao V do *caput*, correspondente à última competência paga, excluídas aquelas que contenham o décimo terceiro salário ou sua parcela, estabelecido no momento da contratação; *(Redação dada pelo Decreto 10.410/2020)*</td><td>VII – o valor do desconto não poderá exceder a trinta por cento do valor disponível do benefício, assim entendido o valor do benefício após a dedução das consignações de que tratam os incisos I a V do caput, correspondente a última competência paga, excluída a que contenha o décimo terceiro salário, estabelecido no momento da contratação; (Inciso acrescido pelo Decreto nº 4.862, de 21/10/2003)</td></tr>
<tr><td colspan="2">VIII – o empréstimo poderá ser concedido por qualquer instituição consignatária, independentemente de ser ou não responsável pelo pagamento de benefício; (Inciso acrescido pelo Decreto nº 4.862, de 21/10/2003 e com nova redação dada pelo Decreto nº 5.180, de 13/8/2004)</td></tr>
<tr><td colspan="2">IX – os beneficiários somente poderão realizar as operações previstas no inciso VI do *caput* se receberem o benefício no Brasil; (Inciso acrescido pelo Decreto nº 4.862, de 21/10/2003 e com nova redação dada pelo Decreto nº 5.180, de 13/8/2004)</td></tr>
<tr><td colspan="2">X – a retenção recairá somente sobre as parcelas mensais fixas integrais, vedada a administração de eventual saldo devedor; (Inciso acrescido pelo Decreto nº 4.862, de 21/10/2003)</td></tr>
<tr><td colspan="2">XI – o titular de benefício poderá autorizar mais de um desconto em favor da mesma instituição consignatária, respeitados o limite consignável e a prevalência de retenção em favor dos contratos mais antigos; (Inciso acrescido pelo Decreto nº 4.862, de 21/10/2003)</td></tr>
</table>

XII – a eventual modificação no valor do benefício ou das consignações de que tratam os incisos I a V do *caput* que resulte margem consignável inferior ao valor da parcela pactuada, poderá ensejar a reprogramação da retenção, alterando-se o valor e o prazo do desconto, desde que solicitado pela instituição consignatária e sem acréscimo de custos operacionais; e (Inciso acrescido pelo Decreto nº 4.862, de 21/10/2003)

XIII – outras que se fizerem necessárias. (Inciso acrescido pelo Decreto nº 4.862, de 21/10/2003)

§ 7º Na hipótese de coexistência de descontos relacionados nos incisos II e VI do *caput*, prevalecerá o desconto do inciso II. (Parágrafo acrescido pelo Decreto nº 4.862, de 21/10/2003)

Nova Redação	Antiga Redação
§ 7º-A. Os benefícios previdenciários, uma vez concedidos, permanecerão bloqueados para os descontos previstos no inciso VI do *caput* e somente serão desbloqueados por meio de autorização prévia, pessoal e específica por parte do beneficiário, conforme critérios e requisitos a serem definidos em ato do INSS. *(Acrescido pelo Decreto 10.410/2020)*	⊗ Dispositivo sem correspondência na antiga redação.
§ 7º-B. A autorização do segurado de que trata o § 7º-A poderá ser revogada, a qualquer tempo, pelo próprio beneficiário. *(Acrescido pelo Decreto 10.410/2020)*	⊗ Dispositivo sem correspondência na antiga redação.

§ 8º É facultado ao titular do benefício solicitar a substituição da instituição financeira pagadora do benefício por outra, para pagamento de benefício mediante crédito em conta corrente, exceto se já tiver realizado operação com a instituição pagadora na forma do § 9º e enquanto houver saldo devedor em amortização. (Parágrafo acrescido pelo Decreto nº 4.862, de 21/10/2003 e com nova redação dada pelo Decreto nº 5.699, de 13/2/2006)

Nova Redação	Antiga Redação
§ 9º O titular de benefício de aposentadoria, independentemente de sua espécie, ou de pensão por morte concedida pelo RGPS poderá autorizar, de forma irrevogável e irretratável, que a instituição financeira na qual receba o seu benefício retenha valores referentes ao pagamento mensal de empréstimos,	§ 9º O titular de benefício de aposentadoria, qualquer que seja a sua espécie, ou de pensão por morte do regime deste Regulamento, poderá autorizar, de forma irrevogável e irretratável, que a instituição financeira na qual receba seu benefício retenha valores referentes ao pagamento mensal de empréstimos,

Nova Redação	Antiga Redação
financiamentos, cartões de crédito e operações de arrendamento mercantil por ela concedidos, quando previstos em contrato, para fins de amortização, observadas as normas editadas pelo INSS. *(Redação dada pelo Decreto 10.410/2020)*	financiamentos e operações de arrendamento mercantil por ela concedidos, para fins de amortização. (Parágrafo nova redação dada pelo Decreto nº 5.699, de 13/2/2006)

§ 10. O INSS não responde, em nenhuma hipótese, pelos débitos contratados pelos segurados, restringindo-se sua responsabilidade:

I – à retenção dos valores autorizados pelo beneficiário e seu repasse à instituição consignatária, em relação às operações contratadas na forma do inciso VI do *caput*; e

II – à manutenção dos pagamentos na mesma instituição financeira enquanto houver saldo devedor, desde que seja por ela comunicado, na forma estabelecida pelo INSS, e enquanto não houver retenção superior ao limite de trinta por cento do valor do benefício, em relação às operações contratadas na forma do § 9º. (Parágrafo acrescido pelo Decreto nº 5.699, de 13/2/2006)

Nova Redação	Antiga Redação
§ 11. Serão inscritos em dívida ativa pela Procuradoria-Geral Federal os créditos constituídos pelo INSS em decorrência de benefício previdenciário ou assistencial pago indevidamente ou além do devido, inclusive na hipótese de cessação do benefício pela revogação de decisão judicial, nos termos do disposto na Lei nº 6.830, de 22 de setembro de 1980, para a execução judicial. *(Acrescido pelo Decreto 10.410/2020)*	⊗ Dispositivo sem correspondência na antiga redação.
§ 12. Será objeto de inscrição em dívida ativa, para fins do disposto no § 11, em conjunto ou separadamente, o terceiro beneficiado que sabia ou deveria saber da origem do benefício pago indevidamente em razão de fraude, dolo ou coação, desde que devidamente identificado em procedimento administrativo de responsabilização. *(Acrescido pelo Decreto 10.410/2020)*	⊗ Dispositivo sem correspondência na antiga redação.

Nova Redação	Antiga Redação
§ 13. O procedimento administrativo de responsabilização de que trata o § 12 ocorrerá na forma prevista no art. 179 deste Regulamento e no art. 27 do Decreto- Lei nº 4.657, de 4 de setembro de 1942. *(Acrescido pelo Decreto 10.410/2020)*	⊗ Dispositivo sem correspondência na antiga redação.

Art. 154-A. O INSS poderá arredondar, para a unidade de real imediatamente superior, os valores em centavos dos benefícios de prestação continuada pagos mensalmente a seus beneficiários.

Parágrafo único. Os valores recebidos a maior pelo beneficiário serão descontados no pagamento do abono anual ou do último valor do pagamento do benefício, na hipótese de sua cessação. (Artigo acrescido pelo Decreto nº 4.032, de 26/11/2001)

Art. 155. Será fornecido ao beneficiário demonstrativo minucioso das importâncias pagas, discriminando-se o valor da mensalidade, as diferenças eventualmente pagas, com o período a que se referem, e os descontos efetuados.

Art. 156. O benefício será pago diretamente ao beneficiário, salvo em caso de ausência, moléstia contagiosa ou impossibilidade de locomoção, quando será pago a procurador, cujo mandato não terá prazo superior a doze meses, podendo ser renovado ou revalidado pelos setores de benefícios do Instituto Nacional do Seguro Social.

Parágrafo único. O procurador do beneficiário deverá firmar, perante o Instituto Nacional do Seguro Social, termo de responsabilidade mediante o qual se comprometa a comunicar ao Instituto qualquer evento que possa anular a procuração, principalmente o óbito do outorgante, sob pena de incorrer nas sanções criminais cabíveis.

Art. 157. O Instituto Nacional do Seguro Social apenas poderá negar-se a aceitar procuração quando se manifestar indício de inidoneidade do documento ou do mandatário, sem prejuízo, no entanto, das providências que se fizerem necessárias.

Art. 158. Na constituição de procuradores, observar-se-á subsidiariamente o disposto no Código Civil.

§ 1º O dependente excluído na forma prevista no § 9º do art. 16 ou que tenha a parte provisoriamente suspensa na forma prevista no § 5º do art. 114 não poderá representar outro dependente para fins de recebimento e percepção do benefício. *(Acrescido pelo Decreto 10.410/2020)*	⊗ Dispositivo sem correspondência na antiga redação.

Nova Redação	Antiga Redação
§ 2º O dependente que perder o direito à pensão por morte na forma prevista no § 5º do art. 105 não poderá representar outro dependente para fins de percepção do benefício. *(Acrescido pelo Decreto 10.410/2020)*	⊗ Dispositivo sem correspondência na antiga redação.

Art. 159. Somente será aceita a constituição de procurador com mais de uma procuração, ou procurações coletivas, nos casos de representantes credenciados de leprosários, sanatórios, asilos e outros estabelecimentos congêneres, nos casos de parentes de primeiro grau, ou, em outros casos, a critério do Instituto Nacional do Seguro Social.

Art. 160. Não poderão ser procuradores:

I – os servidores públicos civis ativos e os militares ativos, salvo se parentes até o segundo grau; e

II – os incapazes para os atos da vida civil, ressalvado o disposto no art. 666 do Código Civil. (Inciso com redação dada pelo Decreto nº 4.729, de 9/6/2003)

Parágrafo único. Podem outorgar procuração as pessoas maiores ou emancipadas, no gozo dos direitos civis.

Art. 161. O serviço social constitui atividade auxiliar do seguro social e visa prestar ao beneficiário orientação e apoio no que concerne à solução dos problemas pessoais e familiares e à melhoria da sua inter-relação com a previdência social, para a solução de questões referentes a benefícios, bem como, quando necessário, à obtenção de outros recursos sociais da comunidade.

§ 1º Será dada prioridade de atendimento a segurados em benefício por incapacidade temporária e atenção especial a aposentados e pensionistas. (Parágrafo acrescido pelo Decreto nº 6.722, de 30/12/2008)

§ 2º Para assegurar o efetivo atendimento aos beneficiários, poderão ser utilizados mecanismos de intervenção técnica, ajuda material, recursos sociais, intercâmbio com empresas, inclusive mediante celebração de convênios, acordos ou contratos, ou pesquisa social. (Parágrafo acrescido pelo Decreto nº 6.722, de 30/12/2008)

§ 3º O serviço social terá como diretriz a participação do beneficiário na implementação e fortalecimento da política previdenciária, em articulação com associações e entidades de classes. (Parágrafo acrescido pelo Decreto nº 6.722, de 30/12/2008)

Nova Redação	Antiga Redação

§ 4º O serviço social prestará assessoramento técnico aos estados, Distrito Federal e municípios na elaboração de suas respectivas propostas de trabalho relacionadas com a previdência social. (Parágrafo acrescido pelo Decreto nº 6.722, de 30/12/2008)

§ 5º O Ministro de Estado da Previdência Social editará atos complementares para a aplicação do disposto neste artigo. (Parágrafo acrescido pelo Decreto nº 6.722, de 30/12/2008)

Art. 162. O benefício devido ao segurado ou dependente civilmente incapaz será pago ao cônjuge, pai, mãe, tutor ou curador, admitindo-se, na sua falta e por período não superior a seis meses, o pagamento a herdeiro necessário, mediante termo de compromisso firmado no ato do recebimento.

Nova Redação	Antiga Redação
~~Parágrafo único. O período a que se refere o caput poderá ser prorrogado por iguais períodos, desde que comprovado o andamento regular do processo legal de tutela ou curatela. (Parágrafo único acrescido pelo Decreto nº 6.214, de 26/9/2007)~~ *(Revogado pelo Decreto 10.410/2020)*	Parágrafo único. O período a que se refere o caput poderá ser prorrogado por iguais períodos, desde que comprovado o andamento regular do processo legal de tutela ou curatela. (Parágrafo único acrescido pelo Decreto nº 6.214, de 26/9/2007)

~~§ 1º É obrigatória a apresentação do termo de curatela, ainda que provisória, para a concessão de aposentadoria por invalidez decorrente de doença mental.~~ (Revogado pelo Decreto nº 5.699, de 2006)

~~§ 2º Verificada, administrativamente, a recuperação da capacidade para o trabalho do curatelado de que trata o § 1º, a aposentadoria será encerrada.~~ (Revogado pelo Decreto nº 5.699, de 2006)

Nova Redação	Antiga Redação
§ 3º O período a que se refere o *caput* poderá ser prorrogado por iguais períodos, desde que comprovado o andamento regular do processo legal de tutela ou curatela. *(Acrescido pelo Decreto 10.410/2020)* → Mantida numeração conforme publicação oficial.	⊗ Dispositivo sem correspondência na antiga redação.
§ 4º Na hipótese de interdição do beneficiário, para fins de curatela, a autoridade judiciária poderá utilizar-se de laudo médico-pericial da Perícia Médica Federal. *(Acrescido pelo Decreto 10.410/2020)* → Mantida numeração conforme publicação oficial.	⊗ Dispositivo sem correspondência na antiga redação.

Nova Redação	Antiga Redação
§ 5º No ato de requerimento de benefícios operacionalizados pelo INSS, não será exigida apresentação de termo de curatela de titular ou de beneficiário com deficiência, observados os procedimentos a serem estabelecidos em ato do INSS. *(Acrescido pelo Decreto 10.410/2020)* ➔ Mantida numeração conforme publicação oficial.	⊗ Dispositivo sem correspondência na antiga redação.

Art. 163. O segurado e o dependente, após dezesseis anos de idade, poderão firmar recibo de benefício, independentemente da presença dos pais ou do tutor. (Artigo com redação dada pelo Decreto nº 4.079, de 9/1/2002)

Art. 164. A impressão digital do beneficiário incapaz de assinar, aposta na presença de servidor da previdência social ou representante desta, vale como assinatura para quitação de pagamento de benefício.

Art. 165. O valor não recebido em vida pelo segurado somente será pago aos seus dependentes habilitados à pensão por morte ou, na falta deles, aos seus sucessores na forma da lei civil, independentemente de inventário ou arrolamento.

Art. 166. Os benefícios poderão ser pagos mediante depósito em conta corrente bancária em nome do beneficiário. (*Caput* do artigo com redação dada pelo Decreto nº 4.729, de 9/6/2003)

§ 1º (Revogado pelo Decreto nº 3.265, de 29/11/1999)

§ 2º (Revogado pelo Decreto nº 4.729, de 9/6/2003)

§ 3º Na hipótese da falta de movimentação relativo a saque em conta corrente cujos depósitos sejam decorrentes exclusivamente de pagamento de benefícios, por prazo superior a sessenta dias, os valores dos benefícios remanescentes serão estornados e creditados à Conta Única do Tesouro Nacional, com a identificação de sua origem. (Parágrafo acrescido pelo Decreto nº 4.729, de 9/6/2003)

Art. 167. Exceto na hipótese de direito adquirido, não é permitido o recebimento conjunto dos seguintes benefícios do RGPS, inclusive quando decorrentes de acidente do trabalho: *(Redação dada pelo Decreto 10.410/2020)*	**Art. 167.** Salvo no caso de direito adquirido, não é permitido o recebimento conjunto dos seguintes benefícios da previdência social, inclusive quando decorrentes de acidente do trabalho:
I - aposentadoria com auxílio por incapacidade temporária; *(Redação dada pelo Decreto 10.410/2020)*	I – aposentadoria com auxílio-doença;

<table>
<tr><th>Nova Redação</th><th>Antiga Redação</th></tr>
<tr><td colspan="2">II – mais de uma aposentadoria;</td></tr>
<tr><td colspan="2">III – aposentadoria com abono de permanência em serviço;</td></tr>
<tr><td>IV - salário-maternidade com auxílio por incapacidade temporária; (Redação dada pelo Decreto 10.410/2020)</td><td>IV – salário-maternidade com auxílio--doença;</td></tr>
<tr><td colspan="2">V – mais de um auxílio-acidente;</td></tr>
<tr><td colspan="2">VI – mais de uma pensão deixada por cônjuge;</td></tr>
<tr><td colspan="2">VII – mais de uma pensão deixada por companheiro ou companheira;</td></tr>
<tr><td colspan="2">VIII – mais de uma pensão deixada por cônjuge e companheiro ou companheira; e</td></tr>
<tr><td colspan="2">IX – auxílio-acidente com qualquer aposentadoria.</td></tr>
<tr><td>§ 1º Nas hipóteses de que tratam os incisos VI, VII e VIII do caput, fica facultado ao dependente optar pela pensão mais vantajosa, observado o disposto no art. 167-A. (Redação dada pelo Decreto 10.410/2020)</td><td>§ 1º No caso dos incisos VI, VII e VIII é facultado ao dependente optar pela pensão mais vantajosa.</td></tr>
<tr><td colspan="2">§ 2º É vedado o recebimento conjunto do seguro-desemprego com qualquer benefício de prestação continuada da previdência social, exceto pensão por morte, auxílio-reclusão, auxílio-acidente, auxílio-suplementar ou abono de permanência em serviço.</td></tr>
<tr><td colspan="2">§ 3º É permitida a acumulação dos benefícios previstos neste Regulamento com o benefício de que trata a Lei nº 7.070, de 20 de dezembro de 1982, que não poderá ser reduzido em razão de eventual aquisição de capacidade laborativa ou de redução de incapacidade para o trabalho ocorrida após a sua concessão.</td></tr>
<tr><td>§ 4º O segurado recluso em regime fechado, durante a percepção, pelos dependentes, do benefício de auxílio-reclusão, não terá o direito aos benefícios de salário-maternidade e de aposentadoria reconhecido, exceto se manifestada a opção pelo benefício mais vantajoso também pelos dependentes. (Redação dada pelo Decreto 10.410/2020)</td><td>§ 4º O segurado recluso, ainda que contribua na forma do § 6º do art. 116, não faz jus aos benefícios de auxílio-doença e de aposentadoria durante a percepção, pelos dependentes, do auxílio-reclusão, permitida a opção, desde que manifestada, também, pelos dependentes, pelo benefício mais vantajoso. (Parágrafo acrescido pelo Decreto nº 4.729, de 9/6/2003)</td></tr>
</table>

Nova Redação	Antiga Redação
Art. 167-A. Será admitida a acumulação dos seguintes benefícios: *(Acrescido pelo Decreto 10.410/2020)*	⊗ Dispositivo sem correspondência na antiga redação.
I - de pensão por morte deixada por cônjuge ou companheiro do RGPS com pensão por morte concedida por outro regime de previdência social ou com pensões decorrentes das atividades militares de que tratam o art. 42 e o art. 142 da Constituição;	
II - de pensão por morte deixada por cônjuge ou companheiro do RGPS com aposentadoria do mesmo regime e de regime próprio de previdência social ou com proventos de inatividade decorrentes das atividades militares de que tratam o art. 42 e o art. 142 da Constituição; ou	
III - de aposentadoria concedida no âmbito do RGPS com pensão deixada por cônjuge ou companheiro de regime próprio de previdência social ou com proventos de inatividade decorrentes das atividades militares de que tratam o art. 42 e o art. 142 da Constituição.	
§ 1º Nas hipóteses de acumulação previstas no *caput*, fica assegurada a percepção do valor integral do benefício mais vantajoso e de uma parte de cada um dos demais benefícios, apurada cumulativamente de acordo com as seguintes faixas:	
I - sessenta por cento do valor que exceder um salário-mínimo, até o limite de dois salários-mínimos;	
II - quarenta por cento do valor que exceder dois salários-mínimos, até o limite de três salários-mínimos;	

Nova Redação	Antiga Redação
III - vinte por cento do valor que exceder três salários-mínimos, até o limite de quatro salários-mínimos; e	
IV - dez por cento do valor que exceder quatro salários-mínimos.	
§ 2º A aplicação do disposto no § 1º poderá ser revista a qualquer tempo, a pedido do interessado, em razão de alteração de algum dos benefícios.	
§ 3º Na hipótese de recebimento de pensão desdobrada, para fins de aplicação do disposto no § 1º, em relação a esse benefício, será considerado o valor correspondente ao somatório da cota individual e da parcela da cota familiar, devido ao pensionista, que será revisto em razão do fim do desdobramento ou da alteração do número de dependentes.	
§ 4º As restrições previstas neste artigo não se aplicam caso o direito aos benefícios tenha sido adquirido até 13 de novembro de 2019.	
§ 5º Para fins do disposto neste artigo, no ato de habilitação ou concessão de benefício sujeito a acumulação, o INSS deverá:	
I - verificar a filiação do segurado ao RGPS ou a regime próprio de previdência social;	
II - solicitar ao segurado que manifeste expressamente a sua opção pelo benefício que lhe seja mais vantajoso; e	
III - quando for o caso, verificar a condição do segurado ou pensionista, de modo a considerar, dentre outras, as informações constantes do CNIS.	

Nova Redação	Antiga Redação
§ 6º O Ministério da Economia manterá sistema de cadastro dos segurados do RGPS e dos servidores vinculados a regimes próprios de previdência social, e poderá, para tanto, firmar acordo de cooperação com outros órgãos da administração pública federal, estadual, distrital ou municipal para a manutenção e a gestão do referido sistema de cadastro.	
§ 7º Até que o sistema de que trata o § 6º seja implementado, a comprovação de que o aposentado ou o pensionista cônjuge ou companheira ou companheiro do RGPS não recebe aposentadoria ou pensão de outro regime próprio de previdência social será feita por meio de autodeclaração, a qual o sujeitará às sanções administrativas, civis e penais aplicáveis caso seja constatada a emissão de declaração falsa.	
§ 8º Caberá ao aposentado ou pensionista do RGPS informar ao INSS a obtenção de aposentadoria ou pensão de cônjuge ou companheira ou companheiro de outro regime, sob pena de suspensão do benefício.	
Art. 168. Exceto nas hipóteses de aposentadoria por incapacidade permanente ou especial, observado quanto a esta última o disposto no parágrafo único do art. 69, o retorno do aposentado à atividade não prejudicará o recebimento de sua aposentadoria. *(Redação dada pelo Decreto 10.410/2020)*	**Art. 168.** Salvo nos casos de aposentadoria por invalidez ou especial, observado quanto a esta o disposto no parágrafo único do art. 69, o retorno do aposentado à atividade não prejudica o recebimento de sua aposentadoria, que será mantida no seu valor integral. (Artigo com redação dada pelo Decreto nº 4.729, de 9/6/2003)

Art. 169. Os pagamentos dos benefícios de prestação continuada não poderão ser antecipados.

§ 1º Excepcionalmente, nas hipóteses de estado de calamidade pública, reconhecidas por ato do Poder Executivo federal, o INSS poderá, nos termos estabelecidos em ato do Secretário Especial de Previdência e Trabalho do Ministério da Economia, antecipar aos beneficiários domiciliados nos respectivos Municípios: (Redação dada pelo Decreto 9.700/2019)

<table>
<tr><th>Nova Redação</th><th>Antiga Redação</th></tr>
<tr><td colspan="2">I – o cronograma de pagamento dos benefícios de prestação continuada previdenciária e assistencial, enquanto perdurar o estado de calamidade; e</td></tr>
<tr><td colspan="2">II – o valor correspondente a uma renda mensal do benefício devido, excetuados os temporários, mediante opção dos beneficiários. (Parágrafo acrescido pelo Decreto nº 7.223, de 29/6/2010)</td></tr>
<tr><td colspan="2">§ 2º O valor antecipado de que trata o inciso II do § 1º será ressarcido de forma parcelada, mediante desconto da renda do benefício, para esse fim equiparado ao crédito de que trata o inciso II do caput do art. 154, nos termos do ato a que se refere o § 1º. (Parágrafo acrescido pelo Decreto nº 7.223, de 29/6/2010)</td></tr>
<tr><td>Art. 170. Compete exclusivamente aos servidores públicos ocupantes dos cargos de que trata o § 3º do art. 30 da Lei nº 11.907, de 2 de fevereiro de 2009, a realização das atividades médico-periciais relacionadas com o RGPS, sem prejuízo de outras disposições constantes no referido artigo. (Redação dada pelo Decreto 10.410/2020)</td><td>Art. 170. Compete privativamente aos servidores de que trata o art. 2º da Lei nº 10.876, de 2 de junho de 2004, a realização de exames médico-periciais para concessão e manutenção de benefícios e outras atividades médico-periciais inerentes ao regime de que trata este Regulamento, sem prejuízo do disposto no mencionado artigo. (Caput do artigo com redação dada pelo Decreto nº 6.939, de 18/8/2009)</td></tr>
<tr><td>Parágrafo único. Os servidores de que trata o caput poderão solicitar ao médico assistente do beneficiário que forneça informações sobre antecedentes médicos a ele relativas, na forma disciplinada pela Secretaria Especial de Previdência e Trabalho do Ministério da Economia, para fins do disposto no § 2º do art. 43 e no § 1º do art. 71 ou para subsidiar emissão de laudo médico-pericial conclusivo. (Redação dada pelo Decreto 10.410/2020)</td><td>Parágrafo único. Os servidores de que trata o caput poderão solicitar ao médico assistente do beneficiário que forneça informações sobre antecedentes médicos a este relativas, na forma a ser disciplinada pelo INSS, para fins do disposto nos § 2º do art. 43 e § 1º do art. 71 ou para subsidiar emissão de laudo médico pericial conclusivo. (Parágrafo único acrescido pelo Decreto nº 6.939, de 18/8/2009)</td></tr>
<tr><td>Art. 170-A. Incumbem privativamente aos servidores públicos da Carreira do Seguro Social de que trata a Lei nº 10.855, de 1º de abril de 2004, as atribuições previstas no inciso I do caput do art. 5º-B da referida Lei, e compete à Secretaria Especial de Previdência e</td><td>⊗ Dispositivo sem correspondência na antiga redação.</td></tr>
</table>

<table>
<tr><th>Nova Redação</th><th>Antiga Redação</th></tr>
<tr><td>Trabalho do Ministério da Economia a edição de atos complementares para a especificação e a definição das atividades acessórias ou preparatórias ao exercício das atribuições privativas e para a atuação no exame de matérias e processos administrativos de benefícios sociais. (Acrescido pelo Decreto 10.410/2020)</td><td></td></tr>
<tr><td colspan="2">Art. 171. Quando o segurado ou dependente deslocar-se por determinação do Instituto Nacional do Seguro Social para submeter-se a exame médico-pericial ou a processo de reabilitação profissional em localidade diversa da de sua residência, deverá a instituição custear o seu transporte e pagar-lhe diária no valor de R$24,57 (vinte e quatro reais e cinquenta e sete centavos), ou promover sua hospedagem mediante contratação de serviços de hotéis, pensões ou similares.</td></tr>
<tr><td colspan="2">§ 1º Caso o beneficiário, a critério do Instituto Nacional do Seguro Social, necessite de acompanhante, a viagem deste poderá ser autorizada, aplicando-se o disposto neste artigo.</td></tr>
<tr><td colspan="2">§ 2º Quando o beneficiário ficar hospedado em hotéis, pensões ou similares contratados ou conveniados pelo Instituto Nacional do Seguro Social, não caberá pagamento de diária.</td></tr>
<tr><td colspan="2">Art. 172. Fica o Instituto Nacional do Seguro Social obrigado a emitir e a enviar aos beneficiários aviso de concessão de benefício, além da memória de cálculo do valor dos benefícios concedidos.</td></tr>
<tr><td>Art. 173. O segurado em gozo de aposentadoria, que voltar a exercer atividade abrangida pelo RGPS, somente terá direito ao salário-família, ao salário-maternidade e à reabilitação profissional, quando empregado ou trabalhador avulso, observados o disposto no art. 168 e, nos casos de aposentadoria especial, no parágrafo único do art. 69. (Redação dada pelo Decreto 10.410/2020)

COMENTÁRIO EM VÍDEO:</td><td>Art. 173. O segurado em gozo de aposentadoria por tempo de contribuição, especial ou por idade, que voltar a exercer atividade abrangida pelo Regime Geral de Previdência Social, somente terá direito ao salário-família e à reabilitação profissional, quando empregado ou trabalhador avulso, observado o disposto no art. 168 e, nos casos de aposentadoria especial, a proibição de que trata o parágrafo único do art. 69.</td></tr>
</table>

Nova Redação	Antiga Redação

Art. 174. O primeiro pagamento do benefício será efetuado até quarenta e cinco dias após a data da apresentação, pelo segurado, da documentação necessária à sua concessão. (*Caput* do artigo com redação dada pelo Decreto nº 6.722, de 30/12/2008)

Parágrafo único. O prazo fixado no *caput* fica prejudicado nos casos de justificação administrativa ou outras providências a cargo do segurado, que demandem a sua dilatação, iniciando-se essa contagem a partir da data da conclusão das mesmas.

Art. 175. O pagamento de parcelas relativas a benefícios efetuado com atraso, independentemente de ocorrência de mora e de quem lhe deu causa, deve ser corrigido monetariamente desde o momento em que restou devido, pelo mesmo índice utilizado para os reajustamentos dos benefícios do RGPS, apurado no período compreendido entre o mês que deveria ter sido pago e o mês do efetivo pagamento. (Artigo com redação dada pelo Decreto nº 6.722, de 30/12/2008)

Nova Redação	Antiga Redação
Art. 176. A apresentação de documentação incompleta não constitui, por si só, motivo para recusa do requerimento de benefício ou serviço, ainda que seja possível identificar previamente que o segurado não faça jus ao benefício ou serviço pretendido. *(Redação do artigo dada pelo Decreto 10.410/2020)* **COMENTÁRIO EM VÍDEO:**	**Art. 176.** A apresentação de documentação incompleta não constitui motivo para recusa do requerimento de benefício. (Artigo com redação dada pelo Decreto nº 3.668, de 22/11/2000)
§ 1º Na hipótese de que trata o *caput*, o INSS deverá proferir decisão administrativa, com ou sem análise de mérito, em todos os pedidos administrativos formulados, e, quando for o caso, emitirá carta de exigência prévia ao requerente.	⊗ Dispositivo sem correspondência na antiga redação.
§ 2º Encerrado o prazo para cumprimento da exigência sem que os documentos solicitados tenham sido apresentados pelo requerente, o INSS:	⊗ Dispositivo sem correspondência na antiga redação.

Nova Redação	Antiga Redação
I - decidirá pelo reconhecimento do direito, caso haja elementos suficientes para subsidiar a sua decisão; ou	
II - decidirá pelo arquivamento do processo sem análise de mérito do requerimento, caso não haja elementos suficientes ao reconhecimento do direito nos termos do disposto no art. 40 da Lei nº 9.784, de 29 de janeiro de 1999.	
§ 3º Não caberá recurso ao CRPS da decisão que determine o arquivamento do requerimento sem análise de mérito decorrente da não apresentação de documentação indispensável ao exame do requerimento.	⊗ Dispositivo sem correspondência na antiga redação.
§ 4º Caso haja manifestação formal do segurado no sentido de não dispor de outras informações ou documentos úteis, diversos daqueles apresentados ou disponíveis ao INSS, será proferida a decisão administrativa com análise de mérito do requerimento.	⊗ Dispositivo sem correspondência na antiga redação.
§ 5º O arquivamento do processo não inviabilizará a apresentação de novo requerimento pelo interessado, que terá efeitos a partir da data de apresentação da nova solicitação.	⊗ Dispositivo sem correspondência na antiga redação.
§ 6º O reconhecimento do direito ao benefício com base em documento apresentado após a decisão administrativa proferida pelo INSS considerará como data de entrada do requerimento a data de apresentação do referido documento.	⊗ Dispositivo sem correspondência na antiga redação.
§ 7º O disposto neste artigo aplica-se aos pedidos de revisão e recursos fundamentados em documentos não apresentados no momento do requerimento administrativo e, quanto aos seus efeitos financeiros, aplica-se o disposto no § 4º do art. 347.	⊗ Dispositivo sem correspondência na antiga redação.

Nova Redação	Antiga Redação
Art. 176-A. O requerimento de benefícios e de serviços administrados pelo INSS será formulado por meio de canais de atendimento eletrônico, observados os procedimentos previstos em ato do INSS. *(Acrescido pelo Decreto 10.410/2020)*	⊗ Dispositivo sem correspondência na antiga redação.
§ 1º O requerimento formulado será processado em meio eletrônico em todas as fases do processo administrativo, ressalvados os atos que exijam a presença do requerente.	
§ 2º Excepcionalmente, caso o requerente não disponha de meios adequados para apresentação da solicitação pelos canais de atendimento eletrônico, o requerimento e o agendamento de serviços poderão ser feitos presencialmente nas Agências da Previdência Social.	
Art. 176-B. O INSS poderá firmar acordo de cooperação técnica com entes públicos e demais entidades para fins de geração e recebimento de requerimentos de benefícios. *(Acrescido pelo Decreto 10.410/2020)*	⊗ Dispositivo sem correspondência na antiga redação.
Art. 176-C. O requerente poderá, enquanto não proferida a decisão do INSS e por meio de manifestação escrita, desistir do requerimento formulado, nos termos do disposto no art. 51 da Lei nº 9.784, de 1999. *(Acrescido pelo Decreto 10.410/2020)* **COMENTÁRIO EM VÍDEO:**	⊗ Dispositivo sem correspondência na antiga redação.

Nova Redação	Antiga Redação
§ 1º Havendo vários interessados, a desistência a que se refere o *caput* atinge somente quem a tenha formulado.	
§ 2º A desistência do requerimento não impede o INSS de analisar a matéria objeto do requerimento para fins de uniformização de entendimento, de forma geral e abstrata, ou para efeito de apuração de irregularidade.	
Art. 176-D. Se, na data de entrada do requerimento do benefício, o segurado não satisfizer os requisitos para o reconhecimento do direito, mas implementá-los em momento posterior, antes da decisão do INSS, o requerimento poderá ser reafirmado para a data em que satisfizer os requisitos, que será fixada como início do benefício, exigindo-se, para tanto, a concordância formal do interessado, admitida a sua manifestação de vontade por meio eletrônico. *(Acrescido pelo Decreto 10.410/2020)* **COMENTÁRIO EM VÍDEO:**	⊗ Dispositivo sem correspondência na antiga redação.
Art. 176-E. Caberá ao INSS conceder o benefício mais vantajoso ao requerente ou benefício diverso do requerido, desde que os elementos constantes do processo administrativo assegurem o reconhecimento desse direito. *(Acrescido pelo Decreto 10.410/2020)* **COMENTÁRIO EM VÍDEO:**	⊗ Dispositivo sem correspondência na antiga redação.

Nova Redação	Antiga Redação
Parágrafo único. Na hipótese de direito à concessão de benefício diverso do requerido, caberá ao INSS notificar o segurado para que este manifeste expressamente a sua opção pelo benefício, observado o disposto no art. 176-D.	

Art. 177. (Revogado pelo Decreto 3.668/2000)

Art. 178. O pagamento mensal de benefícios de valor superior a vinte vezes o limite máximo de salário de contribuição deverá ser autorizado expressamente pelo Gerente-Executivo do Instituto Nacional do Seguro Social, observada a análise da Divisão ou Serviço de Benefícios. (*Caput* do artigo com redação dada pelo Decreto nº 5.545, de 22/9/2005)

→ Portaria ME/SEPT 3.659/2020. Art. 9º A partir de 1º de janeiro de 2020, o pagamento mensal de benefícios de valor superior a R$ 122.021,15 (cento e vinte e dois mil, vinte e um reais e quinze centavos) deverá ser autorizado expressamente pelo Gerente-Executivo do INSS, observada a análise da Divisão ou Serviço de Benefícios.	

Parágrafo único. Os benefícios de valor inferior ao limite estipulado no *caput*, quando do reconhecimento do direito da concessão, revisão e manutenção de benefícios, serão supervisionados pelas Agências da Previdência Social e Divisões ou Serviços de Benefícios, sob critérios pré-estabelecidos pela Direção Central (Parágrafo único com redação dada pelo Decreto nº 5.545, de 22/9/2005)

Art. 179. O INSS manterá programa permanente de revisão da concessão e da manutenção dos benefícios por ele administrados, a fim de apurar irregularidades ou erros materiais. *(Redação do artigo dada pelo Decreto 10.410/2020)*	**Art. 179.** O Ministério da Previdência e Assistência Social e o Instituto Nacional do Seguro Social manterão programa permanente de revisão da concessão e da manutenção dos benefícios da previdência social, a fim de apurar irregularidades e falhas existentes.
§ 1º Na hipótese de haver indícios de irregularidade ou erro material na concessão, na manutenção ou na revisão do benefício, o INSS notificará o beneficiário, o seu representante legal ou o seu procurador para apresentar defesa, provas ou os documentos dos quais dispuser, no prazo de:	§ 1º Havendo indício de irregularidade na concessão ou na manutenção do benefício ou, ainda, ocorrendo a hipótese prevista no § 4º, a previdência social notificará o beneficiário para apresentar defesa, provas ou documentos de que dispuser, no prazo de dez dias. (Parágrafo com redação dada pelo Decreto nº 5.699, de 13/2/2006)

Nova Redação	Antiga Redação
I - trinta dias, no caso de trabalhador urbano; ou	⊗ Dispositivo sem correspondência na antiga redação.
II - sessenta dias, no caso de:	⊗ Dispositivo sem correspondência na antiga redação.
a) trabalhador rural individual;	
b) trabalhador rural avulso;	
c) agricultor familiar; ou	
d) segurado especial.	
§ 2º A notificação a que se refere o § 1º será feita, preferencialmente:	§ 2º A notificação a que se refere o § 1º far-se-á por via postal com aviso de recebimento e, não comparecendo o beneficiário nem apresentando defesa, será suspenso o benefício, com notificação ao beneficiário. (Parágrafo com redação dada pelo Decreto nº 4.729, de 9/6/2003)
I - por rede bancária, conforme definido em ato do INSS;	⊗ Dispositivo sem correspondência na antiga redação.
II - por meio eletrônico, por meio de cadastramento prévio, na forma definida em ato do INSS, a ser realizado por procedimento em que seja assegurada a identificação adequada do interessado;	⊗ Dispositivo sem correspondência na antiga redação.
III - por via postal, por meio de carta simples destinada ao endereço constante do cadastro do segurado que requereu o benefício, hipótese em que o aviso de recebimento será considerado prova suficiente da sua notificação;	⊗ Dispositivo sem correspondência na antiga redação.
IV - pessoalmente, quando entregue ao interessado em mão; ou	⊗ Dispositivo sem correspondência na antiga redação.
V - por edital, na hipótese de o segurado não ter sido localizado por meio da comunicação a que se refere o inciso III.	⊗ Dispositivo sem correspondência na antiga redação.

Nova Redação	Antiga Redação
§ 3º A defesa poderá ser apresentada pelo canal de atendimento eletrônico do INSS ou na Agência da Previdência Social do domicílio do beneficiário.	§ 3º Decorrido o prazo concedido pela notificação postal, sem que tenha havido resposta, ou caso seja considerada pela previdência social como insuficiente ou improcedente a defesa apresentada, o benefício será cancelado, dando-se conhecimento da decisão ao beneficiário. (Parágrafo com redação dada pelo Decreto nº 4.729, de 9/6/2003)
§ 4º O benefício será suspenso nas seguintes hipóteses:	§ 4º O recenseamento previdenciário relativo ao pagamento dos benefícios do Regime Geral de Previdência Social de que tratam o § 4º do art. 69 e o caput do art. 60 da Lei nº 8.212, de 1991, deverá ser realizado pelo menos uma vez a cada quatro anos. (Parágrafo acrescido pelo Decreto nº 5.545, de 22/9/2005)
I - de não apresentação da defesa no prazo estabelecido no § 1º; ou	⊗ Dispositivo sem correspondência na antiga redação.
II - de defesa considerada insuficiente ou improcedente pelo INSS.	⊗ Dispositivo sem correspondência na antiga redação.
§ 5º O INSS notificará o beneficiário quanto à suspensão do benefício de que trata o § 4º, que disporá do prazo de trinta dias, contado da data de notificação, para interposição de recurso.	§ 5º A coleta e transmissão de dados cadastrais de titulares de benefícios, com o objetivo de cumprir o disposto no § 4º, serão realizados por meio da rede bancária contratada para os fins do art. 60 da Lei nº 8.212, de 1991. (Parágrafo acrescido pelo Decreto nº 5.545, de 22/9/2005)
§ 6º Decorrido o prazo a que se refere o § 5º sem que o beneficiário, o seu representante legal ou o seu procurador apresente recurso administrativo aos canais de atendimento do INSS ou a outros canais autorizados, o benefício será cessado.	§ 6º Na impossibilidade de notificação do beneficiário ou na falta de atendimento à convocação por edital, o pagamento será suspenso até o comparecimento do beneficiário e regularização dos dados cadastrais ou será adotado procedimento previsto no § 1º. (Parágrafo acrescido pelo Decreto nº 5.699, de 13/2/2006)

Nova Redação	Antiga Redação
§ 7º Para fins do disposto no *caput*, o INSS poderá realizar recenseamento para atualização do cadastro dos beneficiários e verificação dos benefícios administrados pelo INSS, observado o disposto nos incisos III, IV e V do § 8º.	⊗ Dispositivo sem correspondência na antiga redação.
§ 8º Aqueles que receberem benefícios realizarão anualmente a comprovação de vida nas instituições financeiras, por meio de atendimento eletrônico com uso de biometria ou por outro meio definido pelo INSS que assegure a identificação do beneficiário, observadas as seguintes disposições:	⊗ Dispositivo sem correspondência na antiga redação.
I - a prova de vida e a renovação de senha serão efetuadas por aquele que receber o benefício, que deverá ser identificado por funcionário da instituição, quando realizadas nas instituições financeiras;	
II - o representante legal ou o procurador do beneficiário, legalmente cadastrado no INSS, poderá realizar a prova de vida no INSS ou na instituição financeira responsável pelo pagamento;	
III - a prova de vida de segurados com idade igual ou superior a sessenta anos será disciplinada em ato do INSS;	
IV - o INSS disporá de meios, incluída a realização de pesquisa externa, que garantam a identificação e o processo de prova de vida para pessoas com dificuldade de locomoção e idosos acima de oitenta anos que recebam benefícios; e	
V - o INSS poderá bloquear o pagamento do benefício encaminhado às instituições financeiras até que o beneficiário atenda à convocação para a realização de prova de vida, permitida a liberação do pagamento automaticamente pela instituição financeira.	

Nova Redação	Antiga Redação
§ 8º-A. A prova de vida para quem reside no exterior, a ser encaminhada obrigatoriamente ao INSS, deverá ser realizada nas embaixadas ou nos consulados brasileiros no exterior ou por meio de apostilamento de documento definido pelo INSS para esse fim.	⊗ Dispositivo sem correspondência na antiga redação.
§ 9º O recurso de que trata o § 5º não terá efeito suspensivo.	⊗ Dispositivo sem correspondência na antiga redação.
§ 10. Apurada irregularidade recorrente ou fragilidade nos procedimentos, reconhecida na forma prevista no *caput* ou pelos órgãos de controle, os procedimentos de análise e concessão de benefícios serão revistos, de modo a reduzir o risco de fraude e concessão irregular.	⊗ Dispositivo sem correspondência na antiga redação.
§ 11. Para fins do disposto no § 8º, preservados o sigilo e a integridade dos dados, o INSS:	⊗ Dispositivo sem correspondência na antiga redação.
I - terá acesso aos dados biométricos mantidos e administrados pelos órgãos públicos federais; e	
II - poderá ter, por meio de convênio, acesso aos dados biométricos hospedados em sistemas:	
a) da Justiça Eleitoral; e	
b) de outros entes federativos.	
Art. 179-A. O INSS implementará e manterá processo administrativo eletrônico para requerimento de benefícios e serviços e disponibilizará canais eletrônicos de atendimento. *(Acrescido pelo Decreto 10.410/2020)*	⊗ Dispositivo sem correspondência na antiga redação.
§ 1º O INSS facilitará o requerimento, a concessão, a manutenção e a revisão de benefícios por meio eletrônico	

Nova Redação	Antiga Redação
e implementará procedimentos automatizados de atendimento e prestação de serviços por meio telefônico ou por canais remotos.	
§ 2º Poderão ser celebrados acordos de cooperação, na modalidade de adesão, com órgãos e entidades da União, dos Estados, do Distrito Federal e dos Municípios, para o recebimento de documentos e o apoio administrativo às atividades do INSS que demandem a prestação de serviços presenciais.	
§ 3º A implementação de serviços eletrônicos pelo INSS preverá mecanismos de controle preventivos de fraude e de identificação segura do cidadão.	
Art. 179-B. No exercício de suas competências, observado o disposto nos incisos XI e XII do *caput* do art. 5º da Constituição e na Lei nº 13.709, de 14 de agosto de 2018, o INSS terá acesso aos dados necessários para a análise, a concessão, a revisão e a manutenção de benefícios por ele administrados, em especial aos dados: *(Acrescido pelo Decreto 10.410/2020)*	⊗ Dispositivo sem correspondência na antiga redação.
I - dos registros e dos prontuários eletrônicos do SUS, administrados pelo Ministério da Saúde;	
II - dos documentos médicos mantidos por entidades públicas e privadas, e, no caso destas últimas, será necessária a celebração de convênio para que o acesso seja garantido; e	
III - de movimentação das contas do FGTS, mantidas pela Caixa Econômica Federal.	

Nova Redação	Antiga Redação
§ 1º Para fins do cumprimento do disposto no *caput*, serão preservados o sigilo e a integridade dos dados acessados pelo INSS, eventualmente existentes, e, quanto aos dados dos prontuários eletrônicos do SUS e dos documentos médicos mantidos por entidades públicas e privadas, o acesso será franqueado exclusivamente aos peritos médicos federais designados pelo INSS.	
§ 2º O Ministério da Economia terá acesso às bases de dados geridas ou administradas pelo INSS, incluída a folha de pagamento de benefícios detalhada.	
§ 3º As bases de dados e as informações de que tratam o *caput* e o § 1º poderão ser compartilhadas com os regimes próprios de previdência social somente para fins de cumprimento de suas competências relacionadas à recepção, à análise, à concessão, à revisão e à manutenção de benefícios por eles administrados, preservados o sigilo e a integridade dos dados, na forma disciplinada em ato conjunto do Secretário Especial de Previdência e Trabalho do Ministério da Economia e do gestor dos dados.	
§ 4º Fica dispensada a celebração de convênio, acordo de cooperação técnica ou instrumentos congêneres para a concessão do acesso aos dados de que trata o *caput* quando se tratar de dados hospedados por órgãos da administração pública federal e caberá ao INSS a responsabilidade de arcar com os custos envolvidos, quando houver, para o acesso ou a extração dos dados, exceto quando estabelecido de forma diversa entre os órgãos envolvidos.	

Nova Redação	Antiga Redação
§ 5º As solicitações de acesso a dados hospedados por entidades privadas têm característica de requisição, dispensados a celebração de convênio, acordo de cooperação técnica ou instrumentos congêneres para a concessão do acesso aos dados de que trata o *caput* e o ressarcimento de eventuais custos, vedado o compartilhamento dos referidos dados com outras entidades de direito privado.	
Art. 179-C. O servidor responsável pela análise dos pedidos dos benefícios motivará suas decisões ou opiniões técnicas e responderá pessoalmente apenas nas hipóteses de dolo e de erro grosseiro. *(Acrescido pelo Decreto 10.410/2020)*	⊗ Dispositivo sem correspondência na antiga redação.
Art. 179-D. A administração pública federal desenvolverá ações de segurança da informação e das comunicações, incluídas as de segurança cibernética, de segurança das infraestruturas, de qualidade dos dados e de segurança de interoperabilidade de bases governamentais, e efetuará a sua integração, inclusive com as bases de dados e informações dos Estados, do Distrito Federal e dos Municípios, com o objetivo de atenuar riscos e inconformidades em pagamentos de benefícios sociais. *(Acrescido pelo Decreto 10.410/2020)*	⊗ Dispositivo sem correspondência na antiga redação.
Art. 179-E. Os benefícios administrados pelo INSS que forem objeto de apuração de irregularidade ou fraude pela Coordenação-Geral de Inteligência Previdenciária e Trabalhista da Secretaria Especial de Previdência e Trabalho do Ministério da Economia poderão ter	⊗ Dispositivo sem correspondência na antiga redação.

Nova Redação	Antiga Redação
o respectivo valor bloqueado cautelarmente pelo INSS, por meio de decisão fundamentada, quando houver risco iminente de prejuízo ao erário e restarem evidenciados elementos suficientes que indiquem a existência de irregularidade ou fraude na sua concessão ou manutenção, hipótese em que será facultado ao titular a apresentação de defesa, nos termos do disposto neste Regulamento. *(Acrescido pelo Decreto 10.410/2020)*	
§ 1º Para fins do disposto neste artigo, o bloqueio do valor do benefício consiste no comando bancário que impossibilita temporariamente a movimentação do valor referente ao benefício.	
§ 2º Será dada prioridade à tramitação de processo no qual seja requerido o bloqueio do valor do benefício.	
§ 3º Na hipótese prevista no § 2º, a tramitação do processo deverá ser concluída no prazo de trinta dias, contado da data de apresentação da defesa pelo titular do benefício.	
§ 4º Encerrado o prazo de que trata o § 3º, independentemente de concluída a tramitação do processo, o benefício será desbloqueado automaticamente, ressalvada a hipótese prevista no § 5º.	
§ 5º Na hipótese de o titular do benefício não apresentar defesa, o bloqueio será convertido automaticamente em suspensão do benefício.	
§ 6º Ato conjunto da Secretaria Especial de Previdência e Trabalho do Ministério da Economia e do INSS disciplinará os procedimentos, os requisitos e a forma de encaminhamento das apurações de irregularidade ou fraude e de efetivação do bloqueio de que trata este artigo.	

<table>
<tr><th>Nova Redação</th><th>Antiga Redação</th></tr>
<tr><td colspan="2">Art. 180. Ressalvado o disposto nos §§ 5º e 6º do art. 13, a perda da qualidade de segurado importa em caducidade dos direitos inerentes a essa qualidade. (Caput do artigo com redação dada pelo Decreto nº 4.729, de 9/6/2003)</td></tr>
<tr><td colspan="2">§ 1º A perda da qualidade de segurado não prejudica o direito à aposentadoria para cuja concessão tenham sido preenchidos todos os requisitos, segundo a legislação em vigor à época em que estes requisitos foram atendidos.</td></tr>
<tr><td colspan="2">§ 2º Não será concedida pensão por morte aos dependentes do segurado que falecer após a perda desta qualidade, nos termos dos arts. 13 a 15, salvo se preenchidos os requisitos para obtenção de aposentadoria na forma do parágrafo anterior, observado o disposto no art. 105.</td></tr>
<tr><td colspan="2">§ 3º No cálculo da aposentadoria de que trata o § 1º, será observado o disposto no § 9º do art. 32 e no art. 52.</td></tr>
<tr><td colspan="2">Art. 181. Todo e qualquer benefício concedido pelo Instituto Nacional do Seguro Social, ainda que à conta do Tesouro Nacional, submete-se ao limite a que se refere o § 5º do art. 214.</td></tr>
<tr><td colspan="2">Parágrafo único. Aos beneficiários de que trata o art. 150 da Lei nº 8.213, de 1991, aplicam-se as disposições previstas neste Regulamento, vedada a adoção de critérios diferenciados para a concessão de benefícios.</td></tr>
<tr><td>Art. 181-A. ~~Fica garantido ao segurado com direito à aposentadoria por idade a opção pela não aplicação do fator previdenciário, devendo o Instituto Nacional do Seguro Social, quando da concessão do benefício, proceder ao cálculo da renda mensal inicial com e sem o fator previdenciário. (Artigo acrescido pelo Decreto nº 3.265, de 29/11/1999)~~ (Revogado pelo Decreto 10.410/2020)</td><td>Art. 181-A. Fica garantido ao segurado com direito à aposentadoria por idade a opção pela não aplicação do fator previdenciário, devendo o Instituto Nacional do Seguro Social, quando da concessão do benefício, proceder ao cálculo da renda mensal inicial com e sem o fator previdenciário. (Artigo acrescido pelo Decreto nº 3.265, de 29/11/1999)</td></tr>
<tr><td>Art. 181-B. As aposentadorias concedidas pela previdência social são irreversíveis e irrenunciáveis. (Redação dada pelo Decreto 10.410/2020)</td><td>Art. 181-B. As aposentadorias por idade, tempo de contribuição e especial concedidas pela previdência social, na forma deste Regulamento, são irreversíveis e irrenunciáveis. (Caput do artigo acrescido pelo Decreto nº 3.265, de 29/11/1999)</td></tr>
</table>

Nova Redação	Antiga Redação
§ 1º O disposto neste artigo não se aplica à concessão de aposentadoria por incapacidade permanente. *(Acrescido pelo Decreto 10.410/2020)*	⊗ Dispositivo sem correspondência na antiga redação.
§ 2º O segurado poderá desistir do seu pedido de aposentadoria desde que manifeste essa intenção e requeira o arquivamento definitivo do pedido antes da ocorrência de um dos seguintes atos: *(Acrescido pelo Decreto 10.410/2020)*	Parágrafo único. O segurado pode desistir do seu pedido de aposentadoria desde que manifeste esta intenção e requeira o arquivamento definitivo do pedido antes da ocorrência do primeiro de um dos seguintes atos: (Caput do parágrafo único com redação dada pelo Decreto nº 6.208, de 18/9/2007)
I - recebimento do primeiro pagamento do benefício; ou	I – recebimento do primeiro pagamento do benefício; ou (Inciso acrescido pelo Decreto nº 6.208, de 18/9/2007)
II - efetivação do saque do FGTS ou do PIS.	II – saque do respectivo Fundo de Garantia do Tempo de Serviço ou do Programa de Integração Social. (Inciso acrescido pelo Decreto nº 6.208, de 18/9/2007)
§ 3º O disposto no *caput* não impede a cessação dos benefícios não acumuláveis por força de disposição legal ou constitucional. *(Acrescido pelo Decreto 10.410/2020)*	⊗ Dispositivo sem correspondência na antiga redação.

Art. 181-C. Na hipótese de o inventariante não tomar a iniciativa do pagamento das contribuições devidas pelo segurado falecido o Instituto Nacional do Seguro Social deverá requerer, no inventário ou arrolamento de bens por ele deixado, o pagamento da dívida.

Parágrafo único. Na hipótese de ter sido feita a partilha da herança sem a liquidação das contribuições devidas pelo segurado falecido, respondem os herdeiros, cada qual em proporção da parte que na herança lhe coube, aplicando-se, em relação aos herdeiros dependentes, o disposto no art. 154, inciso I, combinado com o § 3º do mesmo artigo. (Artigo acrescido pelo Decreto nº 4.729, de 9/6/2003)

Nova Redação	Antiga Redação
Art. 181-D. Se mais vantajoso, fica assegurado o direito à aposentadoria, nas condições legalmente previstas na data do cumprimento de todos os requisitos ao segurado que tiver optado por permanecer em atividade. *(Acrescido pelo Decreto 10.410/2020)* COMENTÁRIO EM VÍDEO:	⊗ Dispositivo sem correspondência na antiga redação.
§ 1º Para fins do disposto no *caput*, o valor inicial da aposentadoria, apurado conforme as regras vigentes na data em que todos os requisitos tiverem sido cumpridos, será comparado com o valor da aposentadoria calculada na data de entrada do requerimento, hipótese em que será mantido o benefício mais vantajoso e será considerada como data de início do benefício a data de entrada do requerimento, observado o disposto no art. 52.	
§ 2º A renda mensal inicial, apurada na forma prevista no § 1º, será reajustada pelos índices de reajustamento aplicados aos benefícios até a data de entrada do requerimento e não será devido qualquer pagamento relativamente a período anterior a essa data.	
Art. 181-E. Para fins do disposto neste Regulamento, considera-se ano civil o período de doze meses contados de 1º de janeiro a 31 de dezembro do respectivo ano. *(Acrescido pelo Decreto 10.410/2020)*	⊗ Dispositivo sem correspondência na antiga redação.

Nova Redação	Antiga Redação

CAPÍTULO VIII
DAS DISPOSIÇÕES TRANSITÓRIAS RELATIVAS ÀS PRESTAÇÕES DO REGIME GERAL DE PREVIDÊNCIA SOCIAL

Art. 182. A carência das aposentadorias por idade, tempo de contribuição e especial de que tratam os art. 188-H ao art. 188-P para os segurados inscritos na previdência social urbana até 24 de julho de 1991 e para os trabalhadores e empregadores rurais amparados pela previdência social rural obedecerá à seguinte tabela, considerado o ano em que o segurado tiver implementado todas as condições necessárias à obtenção do benefício, ressalvada a aposentadoria por idade, para a qual será considerado o ano em que o segurado tiver implementado a idade exigida: *(Redação dada pelo Decreto 10.410/2020)*

Art. 182. A carência das aposentadorias por idade, tempo de contribuição e especial para os segurados inscritos na previdência social urbana até 24 de julho de 1991, bem como para os trabalhadores e empregadores rurais amparados pela previdência social rural, obedecerá à seguinte tabela, levando-se em conta o ano em que o segurado implementou todas as condições necessárias à obtenção do benefício:

Parágrafo único. Não se aplica a tabela de que trata o *caput* para os benefícios de aposentadoria por tempo de contribuição e por idade garantida aos segurados com deficiência, de que tratam os arts. 70-B e 70-C. (Incluído pelo Decreto nº 8.145, de 2013)

Ano de implementação das condições	Meses de contribuição exigidos
1998	102 meses
1999	108 meses
2000	114 meses
2001	120 meses
2002	126 meses
2003	132 meses
2004	138 meses
2005	144 meses
2006	150 meses
2007	156 meses
2008	162 meses
2009	168 meses
2010	174 meses
2011	180 meses

Art. 183. O trabalhador rural enquadrado como segurado obrigatório do RGPS, na forma da alínea a do inciso I ou da alínea j do inciso V do *caput* do art. 9º, pode requerer a aposentadoria por idade, no valor de um salário mínimo, até 31 de dezembro de 2010, desde que comprove o exercício de atividade rural, ainda que de forma descontínua, no período imediatamente anterior ao requerimento do benefício ou, conforme o caso, ao mês em que cumpriu o requisito etário, em número de meses idêntico à carência do referido benefício. (Artigo com redação dada pelo Decreto nº 6.722, de 30/12/2008)

Art. 183-A. Na concessão de aposentadoria por idade do empregado rural, em valor equivalente ao salário mínimo, serão contados para efeito de carência:

I – até 31 de dezembro de 2010, o período de atividade comprovado na forma do inciso II, letra a, do § 2º do art. 62, observado o disposto no art. 183;

II – de janeiro de 2011 a dezembro de 2015, cada mês comprovado de emprego, multiplicado por três, limitado a doze meses dentro do respectivo ano civil; e

III – de janeiro de 2016 a dezembro de 2020, cada mês comprovado de emprego, multiplicado por dois, limitado a doze meses dentro do respectivo ano civil.

Nova Redação	Antiga Redação
§ 1º O disposto no inciso I do *caput* aplica-se ao trabalhador rural que se enquadre na categoria de segurado contribuinte individual que comprovar a prestação de serviço de natureza rural, em caráter eventual, a uma ou mais empresas, sem relação de emprego. *(Acrescido pelo Decreto 10.410/2020)*	Parágrafo único. Aplica-se o disposto no caput e respectivo inciso I ao trabalhador rural enquadrado na categoria de segurado contribuinte individual que comprovar a prestação de serviço de natureza rural, em caráter eventual, a uma ou mais empresas, sem relação de emprego. (Artigo acrescido pelo Decreto nº 6.722, de 30/12/2008)
§ 2º Para fins do disposto no inciso I do *caput*, a comprovação do tempo de contribuição até 31 de dezembro de 2010 do empregado rural e do contribuinte individual rural ocorrerá por meio dos documentos de que trata o § 1º do art. 19-B ou por justificação administrativa. *(Acrescido pelo Decreto 10.410/2020)*	⊗ Dispositivo sem correspondência na antiga redação.

Art. 184. O segurado que recebe aposentadoria por idade, tempo de contribuição ou especial do Regime Geral de Previdência Social que permaneceu ou retornou à atividade e que contribuindo até 14 de abril de 1994, véspera da vigência da Lei nº 8.870, de 15 de abril de 1994, receberá o pecúlio, em pagamento único, quando do desligamento da atividade que vinha exercendo.

§ 1º O pecúlio de que trata este artigo consistirá em pagamento único de valor correspondente à soma das importâncias relativas às contribuições do segurado, remuneradas de acordo com o índice de remuneração básica dos depósitos de poupança com data de aniversário no dia primeiro.

§ 2º O disposto no parágrafo anterior aplica-se a contar de 25 de julho de 1991, data da vigência da Lei nº 8.213, de 1991, observada, com relação às contribuições anteriores, a legislação vigente à época do seu recolhimento.

Art. 185. Serão mantidos, de acordo com a respectiva legislação específica, as prestações e o seu financiamento, referentes aos benefícios de ferroviário servidor público ou autárquico federal ou em regime especial que não optou pelo regime da Consolidação das Leis do Trabalho, na forma da Lei nº 6.184, de 11 de dezembro de 1974, bem como de seus dependentes.

Art. 186. (Revogado pelo Decreto nº 4.079, de 9/1/2002)

Art. 187. É assegurada a concessão de aposentadoria, a qualquer tempo, nas condições previstas na legislação anterior à Emenda Constitucional nº 20, de 1998, ao segurado do Regime Geral de Previdência Social que, até 16 de dezembro de 1998, tenha cumprido os requisitos para obtê-la.

Nova Redação	Antiga Redação
§ 1º Quando da concessão de aposentadoria nos termos previstos no *caput*, o tempo de serviço será considerado até 16 de dezembro de 1998 e a renda mensal inicial será calculada com base nos trinta e seis últimos salários de contribuição anteriores àquela data, reajustada pelos mesmos índices aplicados aos benefícios, até a data de entrada do requerimento, hipótese em que não será devido qualquer pagamento relativamente a período anterior, observado, quando couber, o disposto no § 9º do art. 32. *(Acrescido pelo Decreto 10.410/2020)*	Parágrafo único. Quando da concessão de aposentadoria nos termos do caput, o tempo de serviço será considerado até 16 de dezembro de 1998, e a renda mensal inicial será calculada com base nos trinta e seis últimos salários de contribuição anteriores àquela data, reajustada pelos mesmos índices aplicados aos benefícios, até a data da entrada do requerimento, não sendo devido qualquer pagamento relativamente a período anterior a esta data, observado, quando couber, o disposto no § 9º do art. 32 e nos §§ 3º e 4º do art. 56.
§ 2º O segurado que, até 16 de dezembro de 1998, tenha cumprido os requisitos para obter a aposentadoria proporcional somente fará jus ao acréscimo de cinco por cento a que se refere o § 4º do art. 188 se cumprir o requisito previsto no inciso I do *caput* do art. 188. *(Acrescido pelo Decreto 10.410/2020)*	⊗ Dispositivo sem correspondência na antiga redação.

Nova Redação	Antiga Redação
Art. 187-A. O professor que tenha exercido atividade de magistério, em qualquer nível, e que até 16 de dezembro de 1998 não tenha implementado as condições para aposentadoria por tempo de serviço de professor, poderá ter contado esse tempo até aquela data acrescido de dezessete por cento, se homem, e de vinte por cento, se mulher, se optar pela aposentadoria transitória por tempo de contribuição, desde que cumpridos trinta e cinco anos de contribuição, se homem, e trinta anos, se mulher, exclusivamente em funções de magistério. *(Acrescido pelo Decreto 10.410/2020)*	⊗ Dispositivo sem correspondência na antiga redação.
Art. 188. Ao segurado filiado ao RGPS até 16 de dezembro de 1998, uma vez cumprido o período de carência exigido, será assegurada, a qualquer tempo, a aposentadoria com valores proporcionais ao tempo de contribuição, quando cumpridos, cumulativamente, até 13 de novembro de 2019, os seguintes requisitos:*(Redação dada pelo Decreto 10.410/2020)*	**Art. 188.** O segurado filiado ao Regime Geral de Previdência Social até 16 de dezembro de 1998, cumprida a carência exigida, terá direito a aposentadoria, com valores proporcionais ao tempo de contribuição, quando, cumulativamente: (Caput do artigo com redação dada pelo Decreto nº 4.729, de 9/6/2003)

I – contar cinquenta e três anos ou mais de idade, se homem, e quarenta e oito anos ou mais de idade, se mulher; e

II – contar tempo de contribuição igual, no mínimo, à soma de:

a) trinta anos, se homem, e vinte e cinco anos, se mulher; e (Alínea com redação dada pelo Decreto nº 4.729, de 9/6/2003)

b) um período adicional de contribuição equivalente a, no mínimo, quarenta por cento do tempo que, em 16 de dezembro de 1998, faltava para atingir o limite de tempo constante da alínea a. (Alínea com redação dada pelo Decreto nº 4.729, de 9/6/2003)

§ 1º (Revogado pelo Decreto nº 4.729, de 9/6/2003)

Nova Redação	Antiga Redação
§ 2º Para o segurado que tenha cumprido os requisitos a que se refere o *caput* até 28 de novembro de 1999, a renda mensal inicial da aposentadoria será calculada com base nos trinta e seis últimos salários de contribuição anteriores àquela data, apurados no período de quarenta e oito meses, e reajustada pelos mesmos índices aplicados ao benefício a que o segurado fazia jus, até a data de entrada do requerimento. *(Redação dada pelo Decreto 10.410/2020)*	§ 2º O valor da renda mensal da aposentadoria proporcional será equivalente a setenta por cento do valor da aposentadoria a que se referem as alíneas a e b do inciso IV do art. 39, acrescido de cinco por cento por ano de contribuição que supere a soma a que se refere o inciso II até o limite de cem por cento. (Parágrafo com redação dada pelo Decreto nº 4.729, de 9/6/2003)
§ 3º Para o segurado que tenha cumprido os requisitos a que se refere o *caput* no período entre 29 de novembro de 1999 e 13 de novembro de 2019 e que optar pela aposentadoria em conformidade com as regras vigentes à época, a renda mensal inicial será calculada na forma prevista no art. 188-E e reajustada pelos mesmos índices aplicados aos benefícios do RGPS, até a data de entrada do requerimento. *(Redação dada pelo Decreto 10.410/2020)*	§ 3º O segurado que, até 16 de dezembro de 1998, tenha cumprido os requisitos para obter a aposentadoria proporcional somente fará jus ao acréscimo de cinco por cento a que se refere o § 2º se cumprir o requisito previsto no inciso I, observado o disposto no art. 187 ou a opção por aposentar-se na forma dos arts. 56 a 63. (Parágrafo com redação dada pelo Decreto nº 4.729, de 9/6/2003)
§ 4º O valor da renda mensal da aposentadoria proporcional será equivalente a setenta por cento da média apurada na forma prevista nos § 2º e § 3º, acrescida de cinco pontos percentuais por ano de contribuição que supere a soma a que se refere o inciso II do *caput*, até o limite de cem por cento. *(Redação dada pelo Decreto 10.410/2020)*	§ 4º O professor que, até 16 de dezembro de 1998, tenha exercido atividade de magistério, em qualquer nível, e que opte por se aposentar na forma do disposto nas alíneas a e b do inciso IV do art. 39, terá o tempo de serviço exercido até aquela data contado com o acréscimo de dezessete por cento, se homem, e de vinte por cento, se mulher, desde que se aposente, exclusivamente, com tempo de efetivo exercício de atividade de magistério, sem prejuízo do direito à aposentadoria na forma do § 1º do art. 56. (Parágrafo com redação dada pelo Decreto nº 5.545, de 22/9/2005)

Nova Redação	Antiga Redação
Art. 188-A. Será assegurada a concessão de aposentadoria, a qualquer tempo, ao segurado do RGPS, inclusive o oriundo de regime próprio de previdência social, que, até 13 de novembro de 2019, uma vez cumprido o período de carência exigido, tenha cumprido os seguintes requisitos: *(Redação dada pelo Decreto 10.410/2020)*	**Art. 188-A.** Para o segurado filiado à previdência social até 28 de novembro de 1999, inclusive o oriundo de regime próprio de previdência social, que vier a cumprir as condições exigidas para a concessão dos benefícios do Regime Geral de Previdência Social, no cálculo do salário de benefício será considerada a média aritmética simples dos maiores salários de contribuição, correspondentes a, no mínimo, oitenta por cento de todo o período contributivo decorrido desde a competência julho de 1994, observado o disposto nos incisos I e II do caput e § 14 do art. 32. (Caput do artigo acrescido pelo Decreto nº 3.265, de 29/11/1999)
I - no caso de aposentadoria por idade - sessenta e cinco anos de idade, se homem, e sessenta anos de idade, se mulher;	⊗ Dispositivo sem correspondência na antiga redação.
II - no caso de aposentadoria por tempo de contribuição:	⊗ Dispositivo sem correspondência na antiga redação.
a) para os professores que comprovem tempo de efetivo exercício exclusivamente em função de magistério na educação infantil, no ensino fundamental ou no ensino médio:	
1. trinta anos de contribuição, se homem; ou	
2. vinte e cinco anos de contribuição, se mulher; e	
b) para os demais segurados:	
1. trinta e cinco anos de contribuição, se homem; e	
2. trinta anos de contribuição, se mulher; ou	

Nova Redação	Antiga Redação
III - no caso de aposentadoria especial - quinze, vinte ou vinte e cinco anos de contribuição, conforme o caso, para os segurados sujeitos a condições especiais que prejudiquem a sua saúde ou a sua integridade física.	⊗ Dispositivo sem correspondência na antiga redação.
~~§ 1º No caso das aposentadorias por idade, tempo de contribuição e especial, o divisor considerado no cálculo da média a que se refere o caput não poderá ser inferior a sessenta por cento do período decorrido da competência julho de 1994 até a data de início do benefício, limitado a cem por cento de todo o período contributivo. (Parágrafo acrescido pelo Decreto nº 3.265, de 29/11/1999)~~ *(Revogado pelo Decreto 10.410/2020)*	§ 1º No caso das aposentadorias por idade, tempo de contribuição e especial, o divisor considerado no cálculo da média a que se refere o caput não poderá ser inferior a sessenta por cento do período decorrido da competência julho de 1994 até a data de início do benefício, limitado a cem por cento de todo o período contributivo. (Parágrafo acrescido pelo Decreto nº 3.265, de 29/11/1999)
~~§ 2º Para a obtenção do salário de benefício, o fator previdenciário de que trata o art. 32 será aplicado de forma progressiva, incidindo sobre um sessenta avos da média aritmética de que trata o caput, por competência que se seguir a 28 de novembro de 1999, cumulativa e sucessivamente, até completar 60/60 (sessenta sessenta avos) da referida média, na competência novembro de 2004. (Parágrafo acrescido pelo Decreto nº 3.265, de 29/11/1999)~~ *(Revogado pelo Decreto 10.410/2020)*	§ 2º Para a obtenção do salário de benefício, o fator previdenciário de que trata o art. 32 será aplicado de forma progressiva, incidindo sobre um sessenta avos da média aritmética de que trata o caput, por competência que se seguir a 28 de novembro de 1999, cumulativa e sucessivamente, até completar 60/60 (sessenta sessenta avos) da referida média, na competência novembro de 2004. (Parágrafo acrescido pelo Decreto nº 3.265, de 29/11/1999)
§ 3º (Revogado pelo Decreto nº 5.399, de 24/3/2005)	
~~§ 4º Nos casos de auxílio-doença e de aposentadoria por invalidez, o salário de benefício consiste na média aritmética simples dos maiores salários de contribuição correspondentes a oitenta por cento do período contributivo decorrido desde a competência julho de 1994 até a data do início do benefício. (Parágrafo acrescido com redação dada pelo Decreto nº 6.939, de 18/8/2009)~~ *(Revogado pelo Decreto 10.410/2020)*	§ 4º Nos casos de auxílio-doença e de aposentadoria por invalidez, o salário de benefício consiste na média aritmética simples dos maiores salários de contribuição correspondentes a oitenta por cento do período contributivo decorrido desde a competência julho de 1994 até a data do início do benefício. (Parágrafo acrescido com redação dada pelo Decreto nº 6.939, de 18/8/2009)

Nova Redação	Antiga Redação
§ 5º O valor da renda mensal da aposentadoria concedida na forma prevista neste artigo será apurado na data de 13 de novembro de 2019, em conformidade com o disposto nos art. 188-E e art. 188-F, e reajustado pelos mesmos índices aplicados ao benefício até a data do requerimento. *(Acrescido pelo Decreto 10.410/2020)*	⊗ Dispositivo sem correspondência na antiga redação.
Art. 188-B. ~~Fica garantido ao segurado que, até o dia 28 de novembro de 1999, tenha cumprido os requisitos para a concessão de benefício, o cálculo do valor inicial segundo as regras até então vigentes, considerando-se como período básico de cálculo os trinta e seis meses imediatamente anteriores àquela data, observado o § 2º do art. 35, e assegurada a opção pelo cálculo na forma do art. 188-A, se mais vantajoso. (Artigo acrescido pelo Decreto nº 3.265, de 29/11/1999)~~ *(Revogado pelo Decreto 10.410/2020)*	**Art. 188-B.** Fica garantido ao segurado que, até o dia 28 de novembro de 1999, tenha cumprido os requisitos para a concessão de benefício, o cálculo do valor inicial segundo as regras até então vigentes, considerando-se como período básico de cálculo os trinta e seis meses imediatamente anteriores àquela data, observado o § 2º do art. 35, e assegurada a opção pelo cálculo na forma do art. 188-A, se mais vantajoso. (Artigo acrescido pelo Decreto nº 3.265, de 29/11/1999)
Art. 188-C. (Revogado pelo Decreto nº 4.729, de 9/6/2003)	
Art. 188-D. (Revogado pelo Decreto nº 4.729, de 9/6/2003)	
Art. 188-E. O salário de benefício a ser utilizado para apuração do valor da renda mensal dos benefícios concedidos com base em direito adquirido até 13 de novembro de 2019 consistirá: *(Redação do artigo dada pelo Decreto 10.410/2020)*	**Art. 188-E.** O cálculo das aposentadorias concedidas mediante a utilização do critério estabelecido nos §§ 5º e 6º do art. 13 obedecerá ao disposto no art. 188-A e, quando inexistirem salários de contribuição a partir de julho de 1994, serão concedidas no valor mínimo do salário de benefício. (Artigo acrescido pelo Decreto nº 4.729, de 9/6/2003)
I - para as aposentadorias por idade e por tempo de contribuição, na média aritmética simples dos maiores salários de contribuição correspondentes a oitenta por cento de todo o período contributivo, multiplicada pelo fator previdenciário; e	⊗ Dispositivo sem correspondência na antiga redação.

Nova Redação	Antiga Redação
II - para as aposentadorias por invalidez e especial, auxílio-doença e auxílio-acidente, na média aritmética simples dos maiores salários de contribuição correspondentes a oitenta por cento de todo o período contributivo.	⊗ Dispositivo sem correspondência na antiga redação.
§ 1º No caso das aposentadorias por idade, por tempo de contribuição e especial, o divisor considerado no cálculo da média a que se referem os incisos I e II do *caput* não poderá ser inferior a sessenta por cento do período decorrido da competência julho de 1994 até a data de início do benefício, limitado a cem por cento de todo o período contributivo.	⊗ Dispositivo sem correspondência na antiga redação.
§ 2º O fator previdenciário a que se refere o inciso I do *caput* será calculado com base na idade, na expectativa de sobrevida e no tempo de contribuição do segurado ao se aposentar, por meio da seguinte a fórmula: $f = \frac{Tc \times a}{Es} \times \left[1 + \frac{(Id + Tc \times a)}{100} \right]$ Em que: *f* = fator previdenciário; *Es* = expectativa de sobrevida no momento da aposentadoria; *Tc* = tempo de contribuição até o momento da aposentadoria; *Id* = idade no momento da aposentadoria; e *a* = alíquota de contribuição correspondente a 0,31.	⊗ Dispositivo sem correspondência na antiga redação.
§ 3º Para fins do disposto no § 2º, a expectativa de sobrevida do segurado na idade da aposentadoria será obtida a partir da tábua completa de mortalidade construída pelo IBGE para toda a população brasileira, considerada a média nacional única para ambos os sexos.	⊗ Dispositivo sem correspondência na antiga redação.

Nova Redação	Antiga Redação
§ 4º Os benefícios previdenciários requeridos a partir da data de publicação da tábua de mortalidade considerarão a nova expectativa de sobrevida.	⊗ Dispositivo sem correspondência na antiga redação.
§ 5º Para efeito da aplicação do fator previdenciário, ao tempo de contribuição do segurado serão adicionados:	⊗ Dispositivo sem correspondência na antiga redação.
I - cinco anos, se mulher; ou	
II - no caso de professores que comprovem tempo de efetivo exercício exclusivamente em função de magistério na educação infantil, no ensino fundamental ou no ensino médio:	
a) cinco anos, se homem; e	
b) dez anos, se mulher.	
§ 6º Fica garantida a aplicação do fator previdenciário no cálculo das aposentadorias por tempo de contribuição e por idade devidas ao segurado com deficiência, se resultar em renda mensal de valor mais elevado, hipótese em que caberá ao INSS, quando da concessão do benefício, proceder ao cálculo da renda mensal inicial com e sem a aplicação do fator previdenciário.	⊗ Dispositivo sem correspondência na antiga redação.
§ 7º Fica garantido ao segurado com direito à aposentadoria por idade na forma do disposto no art. 188-H a opção pela não aplicação do fator previdenciário e caberá ao INSS, quando da concessão do benefício, proceder ao cálculo da renda mensal inicial com e sem o fator previdenciário.	⊗ Dispositivo sem correspondência na antiga redação.
§ 8º O segurado que tiver cumprido os requisitos para a aposentadoria por tempo de contribuição poderá optar pela não incidência do fator previdenciário no cálculo de sua aposentadoria	⊗ Dispositivo sem correspondência na antiga redação.

Nova Redação	Antiga Redação
se o total resultante da soma de sua idade e de seu tempo de contribuição, incluídas as frações, tiver atingido o número de pontos:	
I - a partir de 5 de novembro de 2015 até 30 de dezembro de 2018:	
a) igual ou superior a noventa e cinco pontos, se homem, observado o tempo mínimo de contribuição de trinta e cinco anos; ou	
b) igual ou superior a oitenta e cinco pontos, se mulher, observado o tempo mínimo de contribuição de trinta anos; e	
II - de 31 de dezembro de 2018 até 31 de dezembro de 2019:	
a) igual ou superior a noventa e seis pontos, se homem, observado o tempo mínimo de contribuição de trinta e cinco anos; ou	
b) igual ou superior a oitenta e seis pontos, se mulher, observado o tempo mínimo de contribuição de trinta anos.	
§ 9º Para fins de aplicação do disposto no *caput* e no § 8º, o tempo mínimo de contribuição dos professores que comprovarem tempo de efetivo exercício exclusivamente em função de magistério na educação infantil, no ensino fundamental ou no ensino médio será de trinta anos de contribuição, se homem, e vinte e cinco anos de contribuição, se mulher.	⊗ Dispositivo sem correspondência na antiga redação.
§ 10. Na hipótese prevista no § 9º, ao resultado da soma da idade do professor e de seu tempo de contribuição serão acrescidos cinco pontos.	⊗ Dispositivo sem correspondência na antiga redação.

Nova Redação	Antiga Redação
Art. 188-F. A renda mensal do benefício concedido ao segurado de que trata o art. 188-A será calculada sobre o salário de benefício, apurado na forma prevista no art. 188-E, ao qual serão aplicados os seguintes percentuais: *(Redação do artigo dada pelo Decreto 10.410/2020)*	**Art. 188-F.** Aplica-se o disposto no § 2º do art. 56 aos pedidos de benefícios requeridos a partir de 11 de maio de 2006, levando-se em consideração todo o período de exercício nas atividades citadas. (Artigo acrescido pelo Decreto nº 6.722, de 30/12/2008)
I - no caso de aposentadoria por idade - setenta por cento do salário de benefício, mais um ponto percentual por grupo de doze contribuições mensais, até o máximo de trinta por cento;	⊗ Dispositivo sem correspondência na antiga redação.
II - no caso de aposentadoria por tempo de contribuição:	⊗ Dispositivo sem correspondência na antiga redação.
a) cem por cento do salário de benefício aos trinta anos de contribuição, se mulher;	
b) cem por cento do salário de benefício aos trinta e cinco anos de contribuição, se homem; e	
c) no caso de professores que comprovem tempo de efetivo exercício exclusivamente em função de magistério na educação infantil, no ensino fundamental ou no ensino médio:	
1. cem por cento do salário de benefício aos vinte e cinco anos de contribuição, se mulher; e	
2. cem por cento do salário de benefício aos trinta anos de contribuição, se homem; e	
III - no caso de aposentadoria especial - cem por cento do salário de benefício.	⊗ Dispositivo sem correspondência na antiga redação.
Parágrafo único. Para fins de cálculo do percentual de acréscimo de que trata o inciso I do *caput*, presume-se como efetivado o recolhimento correspondente quando se tratar de segurado empregado, empregado doméstico ou trabalhador avulso.	⊗ Dispositivo sem correspondência na antiga redação.

Nova Redação	Antiga Redação
Art. 188-G. O tempo de contribuição até 13 de novembro de 2019 será contado de data a data, desde o início da atividade até a data do desligamento, considerados, além daqueles referidos no art. 19-C, os seguintes períodos: *(Acrescido pelo Decreto 10.410/2020)*	⊗ Dispositivo sem correspondência na antiga redação.
I - o tempo de serviço militar, exceto se já contado para inatividade remunerada nas Forças Armadas ou auxiliares ou para aposentadoria no serviço público federal, estadual, distrital ou municipal, ainda que anterior à filiação ao RGPS, obrigatório, voluntário ou alternativo, assim considerado o tempo atribuído pelas Forças Armadas àqueles que, após o alistamento, alegaram imperativo de consciência, entendido como tal aquele decorrente de crença religiosa ou de convicção filosófica ou política, para se eximirem de atividades de caráter militar;	
II - o tempo em que o anistiado político esteve compelido ao afastamento de suas atividades profissionais, em decorrência de punição ou de fundada ameaça de punição, por motivo exclusivamente político, situação que será comprovada nos termos do disposto na Lei nº 10.559, de 13 de novembro de 2002;	
III - o tempo de serviço público federal, estadual, distrital ou municipal, inclusive aquele prestado a autarquia, sociedade de economia mista ou fundação instituída pelo Poder Público, regularmente certificado na forma prevista na Lei nº 3.841, de 15 de dezembro de 1960, desde que a certidão tenha sido requerida na entidade para a qual o serviço tenha sido prestado até 30 de setembro de 1975, data imediatamente anterior ao início da vigência da Lei nº 6.226, de 14 de junho de 1975;	

Nova Redação	Antiga Redação
IV - o tempo de serviço do segurado trabalhador rural anterior à competência novembro de 1991;	
V - o tempo de exercício de mandato classista junto a órgão de deliberação coletiva em que, nessa qualidade, tenha havido contribuição para a previdência social;	
VI - o tempo de serviço prestado à Justiça dos Estados, às serventias extrajudiciais e às escrivanias judiciais, desde que não tenha havido remuneração pelo erário e que a atividade não estivesse, à época, vinculada a regime próprio de previdência social;	
VII - o tempo de atividade dos auxiliares locais de nacionalidade brasileira no exterior amparados pela Lei nº 8.745, de 9 de dezembro de 1993, anteriormente a 1º de janeiro de 1994, desde que a sua situação previdenciária esteja regularizada no INSS;	
VIII - o tempo de contribuição efetuado pelo servidor público de que tratam as alíneas "i", "j" e "l" do inciso I do *caput* do art. 9º e o § 2º do art. 26, com fundamento do disposto nos art. 8º e art. 9º da Lei nº 8.162, de 8 de janeiro de 1991, e no art. 2º da Lei nº 8.688, de 21 de julho de 1993; e	
IX - o tempo exercido na condição de aluno-aprendiz referente ao período de aprendizado profissional realizado em escola técnica, desde que comprovados a remuneração pelo erário, mesmo que indireta, e o vínculo empregatício.	
Parágrafo único. O tempo de contribuição de que trata este artigo será considerado para fins de cálculo do valor da renda mensal de qualquer benefício.	

Nova Redação	Antiga Redação
Art. 188-H. Ressalvado o direito de opção pelas aposentadorias de que tratam os art. 51, art. 188-I, art. 188-J, art. 188-K e art. 188-L, a aposentadoria por idade será devida, a qualquer tempo, ao segurado filiado ao RGPS até 13 de novembro de 2019 que cumprir, cumulativamente, os seguintes requisitos: *(Acrescido pelo Decreto 10.410/2020)*	⊗ Dispositivo sem correspondência na antiga redação.
I - sessenta anos de idade, se mulher, e sessenta e cinco anos de idade, se homem;	
II - quinze anos de contribuição, para ambos os sexos; e	
III - carência de cento e oitenta contribuições mensais, para ambos os sexos.	
§ 1º A partir de 1º de janeiro de 2020, serão acrescidos seis meses a cada ano à idade considerada mínima para a aposentadoria por idade para as mulheres até atingir sessenta e dois anos de idade.	
§ 2º A data do início da aposentadoria de que trata este artigo será estabelecida em conformidade com o disposto no art. 52.	
§ 3º O valor da aposentadoria de que trata este artigo corresponderá a sessenta por cento do salário de benefício definido na forma prevista no art. 32, com acréscimo de dois pontos percentuais para cada ano de contribuição que exceder o tempo de vinte anos de contribuição, para os homens, e de quinze anos de contribuição, para as mulheres.	

Nova Redação	Antiga Redação
Art. 188-I. Ressalvado o direito de opção pelas aposentadorias de que tratam os art. 51, art. 188-H, art. 188-J, art. 188-K e art. 188-L, observado o disposto no art. 199-A, a aposentadoria por tempo de contribuição será devida, a qualquer tempo, ao segurado filiado ao RGPS até 13 de novembro de 2019 que cumprir cumulativamente, os seguintes requisitos : *(Acrescida pelo Decreto 10.410/2020)*	⊗ Dispositivo sem correspondência na antiga redação.
I - trinta anos de contribuição, se mulher, e trinta e cinco anos de contribuição, se homem;	
II - somatório da idade e do tempo de contribuição, incluídas as frações, equivalente a oitenta e seis pontos, se mulher, e noventa e seis pontos, se homem; e	
III - carência de cento e oitenta contribuições mensais, para ambos os sexos.	
§ 1º A partir de 1º de janeiro de 2020, será acrescido um ponto a cada ano ao somatório considerado mínimo, a que se refere o inciso II do *caput*, até atingir o limite de cem pontos, se mulher, e de cento e cinco pontos, se homem.	
§ 2º A idade e o tempo de contribuição serão apurados em dias para o cálculo do somatório de pontos a que se refere o inciso II do *caput*.	
§ 3º A data do início da aposentadoria de que trata este artigo será estabelecida em conformidade com o disposto no art. 52.	
§ 4º O valor da aposentadoria de que trata este artigo será apurado na forma prevista no § 3º do art. 188-H.	

Nova Redação	Antiga Redação
Art. 188-J. Ressalvado o direito de opção pelas aposentadorias de que tratam os art. 51, art. 188-H, art. 188-I, art. 188-K e art. 188-L, observado o disposto no art. 199-A, a aposentadoria por tempo de contribuição será devida, a qualquer tempo, ao segurado filiado ao RGPS até 13 de novembro de 2019 que cumprir, cumulativamente, os seguintes requisitos: *(Acrescida pelo Decreto 10.410/2020)*	⊗ Dispositivo sem correspondência na antiga redação.
I - cinquenta e seis anos de idade, se mulher, e sessenta e um anos de idade, se homem;	
II - trinta anos de contribuição, se mulher, e trinta e cinco anos de contribuição, se homem; e	
III - carência de cento e oitenta contribuições mensais, para ambos os sexos.	
§ 1º A partir de 1º de janeiro de 2020, serão acrescidos seis meses a cada ano à idade considerada mínima para aposentadoria por tempo de contribuição até atingir sessenta e dois anos, para as mulheres, e sessenta e cinco anos, para os homens.	
§ 2º A data do início da aposentadoria de que trata este artigo será estabelecida em conformidade com o disposto no art. 52.	
§ 3º O valor da aposentadoria concedida em conformidade com o disposto neste artigo será apurado na forma prevista no § 3º do art. 188-H.	
Art. 188-K. Ressalvado o direito de opção pelas aposentadorias de que tratam os art. 51, art. 188-H, art. 188-I, art. 188-J e art. 188-L, observado o disposto no art. 199-A, a aposentadoria por	⊗ Dispositivo sem correspondência na antiga redação.

Nova Redação	Antiga Redação
tempo de contribuição será devida, a qualquer tempo, ao segurado filiado ao RGPS até 13 de novembro de 2019 que contar com mais de vinte e oito anos de contribuição, se mulher, e com mais de trinta e três anos de contribuição, se homem, que cumprir, cumulativamente, os seguintes requisitos: *(Acrescido pelo Decreto 10.410/2020)*	
I - trinta anos de contribuição, se mulher, e trinta e cinco anos de contribuição, se homem;	
II - cumprimento de período adicional de contribuição correspondente a cinquenta por cento do tempo que, em 13 de novembro de 2019, faltaria para atingir trinta anos de contribuição, se mulher, e trinta e cinco anos de contribuição, se homem; e	
III - carência de cento e oitenta contribuições mensais, para ambos os sexos.	
§ 1º A data do início da aposentadoria de que trata este artigo será estabelecida em conformidade com o disposto no art. 52.	
§ 2º O valor da aposentadoria de que trata este artigo corresponderá ao valor do salário de benefício definido na forma prevista no art. 32, multiplicado pelo fator previdenciário, calculado na forma prevista nos § 2º ao § 5º do art. 188-E.	
§ 3º A aplicação do fator previdenciário no cálculo do valor da aposentadoria de que trata este artigo é obrigatória, observado o disposto no art. 32, hipótese em que não se aplica o disposto no art. 29-C da Lei nº 8.213, de 1991.	

Nova Redação	Antiga Redação
Art. 188-L. Ressalvado o direito de opção pelas aposentadorias de que tratam os art. 51, art. 188-H, art. 188-I, art. 188-J e art. 188-K, a aposentadoria por tempo de contribuição será devida, a qualquer tempo, ao segurado filiado ao RGPS até 13 de novembro de 2019 que cumprir, cumulativamente, os seguintes requisitos: *(Acrescido pelo Decreto 10.410/2020)*	⊗ Dispositivo sem correspondência na antiga redação.
I - cinquenta e sete anos de idade, se mulher, e sessenta anos de idade, se homem;	
II - trinta anos de contribuição, se mulher, e trinta e cinco anos de contribuição, se homem;	
III - cumprimento de período adicional de contribuição correspondente ao tempo que, em 13 de novembro de 2019, faltaria para atingir trinta anos de contribuição, se mulher, e trinta e cinco anos de contribuição, se homem; e	
IV - carência de cento e oitenta contribuições mensais, para ambos os sexos.	
§ 1º A data do início da aposentadoria de que trata este artigo será estabelecida em conformidade com o disposto no art. 52.	
§ 2º O valor da aposentadoria de que trata este artigo corresponderá a cem por cento do salário de benefício definido na forma prevista no art. 32.	
Art. 188-M. Ressalvado o direito de opção pelas aposentadorias de que tratam os art. 51, art. 54, art. 188-H ao art. 188-L, art. 188-N e art. 188-O, observado o disposto nos § 2º e § 3º do art. 54,	⊗ Dispositivo sem correspondência na antiga redação.

Nova Redação	Antiga Redação
a aposentadoria por tempo de contribuição será devida, a qualquer tempo, ao professor filiado ao RGPS até 13 de novembro de 2019 que comprovar tempo de efetivo exercício exclusivamente em função de magistério na educação infantil, no ensino fundamental ou no ensino médio e que cumprir, cumulativamente, os seguintes requisitos: *(Acrescido pelo Decreto 10.410/2020)*	
I - vinte e cinco anos de contribuição, se mulher, e trinta anos de contribuição, se homem;	
II - somatório da idade e do tempo de contribuição, incluídas as frações, equivalente a oitenta e um pontos, se mulher, e noventa e um pontos, se homem; e	
III - carência de cento e oitenta contribuições mensais, para ambos os sexos.	
§ 1º A partir de 1º de janeiro de 2020, será acrescido um ponto a cada ano ao somatório considerado mínimo, a que se refere o inciso II do *caput*, até atingir o limite de noventa e dois pontos, se mulher, e de cem pontos, se homem.	
§ 2º A idade e o tempo de contribuição serão apurados em dias para o cálculo do somatório de pontos a que se refere o inciso II do *caput*.	
§ 3º A data do início da aposentadoria de que trata este artigo será estabelecida em conformidade com o disposto no art. 52.	
§ 4º O valor da aposentadoria de que trata este artigo será apurado na forma prevista no § 3º do art. 188-H.	

Nova Redação	Antiga Redação
Art. 188-N. Ressalvado o direito de opção pelas aposentadorias de que tratam os art. 51, art. 54, art. 188-H ao 188-M e art. 188-O, observado o disposto no art. 199-A, a aposentadoria por tempo de contribuição será devida, a qualquer tempo, ao professor filiado ao RGPS até 13 de novembro de 2019 que comprovar tempo de efetivo exercício exclusivamente em função de magistério na educação infantil, no ensino fundamental ou no ensino médio e cumprir, cumulativamente, os seguintes requisitos: *(Acrescido pelo Decreto 10.410/2020)*	⊗ Dispositivo sem correspondência na antiga redação.
I - cinquenta e um anos de idade, se mulher, e cinquenta e seis anos de idade, se homem;	
II - vinte e cinco anos de contribuição, se mulher, e trinta anos de contribuição, se homem; e	
III - carência de cento e oitenta contribuições mensais, para ambos os sexos.	
§ 1º A partir de 1º de janeiro de 2020, serão acrescidos seis meses a cada ano à idade considerada mínima para aposentadoria por idade até atingir cinquenta e sete anos, para as mulheres, e sessenta anos de idade, para os homens.	
§ 2º A data do início da aposentadoria de que trata este artigo será estabelecida em conformidade com o disposto no art. 52.	
§ 3º O valor da aposentadoria de que trata este artigo será apurado na forma prevista no § 3º do art. 188-H.	

Nova Redação	Antiga Redação
Art. 188-O. Ressalvado o direito de opção pelas aposentadorias de que tratam os art. 51, art. 54 e art. 188-H ao 188-N, observado o disposto nos § 2º e § 3º do art. 54, a aposentadoria por tempo de contribuição será devida, a qualquer tempo, ao professor filiado ao RGPS até 13 de novembro de 2019 que comprovar tempo de efetivo exercício exclusivamente em função de magistério na educação infantil, no ensino fundamental ou no ensino médio e que cumprir, cumulativamente, os seguintes requisitos: *(Acrescido pelo Decreto 10.410/2020)*	⊗ Dispositivo sem correspondência na antiga redação.
I - cinquenta e dois anos de idade, se mulher, e cinquenta e cinco anos de idade, se homem;	
II - vinte e cinco anos de contribuição, se mulher, e trinta anos de contribuição, se homem;	
III - cumprimento de período adicional de contribuição correspondente ao tempo que, em 13 de novembro de 2019, faltaria para atingir vinte e cinco anos de contribuição, se mulher, e trinta anos de contribuição, se homem; e	
IV - carência de cento e oitenta contribuições mensais, para ambos os sexos.	
§ 1º A data do início da aposentadoria de que trata este artigo será estabelecida em conformidade com o disposto no art. 52.	
§ 2º O valor da aposentadoria de que trata este artigo corresponderá a cem por cento do salário de benefício definido na forma prevista no art. 32.	

Nova Redação	Antiga Redação
Art. 188-P. Ressalvado o direito de opção pelas aposentadorias de que tratam os art. 51, art. 64 e art. 188-I ao 188-L, uma vez cumprido o período de carência exigido, a aposentadoria especial será devida ao segurado empregado, trabalhador avulso e contribuinte individual, este último somente quando cooperado filiado a cooperativa de trabalho ou de produção, filiados ao RGPS até 13 de novembro de 2019, quando o somatório da sua idade e do seu tempo de contribuição e o tempo de efetiva exposição forem, respectivamente, de: *(Acrescido pelo Decreto 10.410/2020)*	⊗ Dispositivo sem correspondência na antiga redação.
I - sessenta e seis pontos e quinze anos de efetiva exposição;	
II - setenta e seis pontos e vinte anos de efetiva exposição; ou	
III - oitenta e seis pontos e vinte e cinco anos de efetiva exposição.	
§ 1º A idade e o tempo de contribuição serão apurados em dias para o cálculo do somatório de pontos a que se refere o *caput*.	
§ 2º A data do início da aposentadoria de que trata este artigo será estabelecida em conformidade com o disposto no art. 52.	
§ 3º O valor da aposentadoria de que trata este artigo corresponderá a sessenta por cento do salário de benefício definido na forma prevista no art. 32, com acréscimo de dois pontos percentuais para cada ano de contribuição que exceder o tempo de vinte anos de	

contribuição, exceto na hipótese prevista no inciso I do *caput*, e das mulheres, cujo acréscimo será aplicado para cada ano que exceder quinze anos de tempo de contribuição.

§ 4º A concessão da aposentadoria especial prevista neste artigo dependerá da comprovação, durante os períodos mínimos exigidos:

I - do tempo de trabalho permanente, não ocasional nem intermitente; e

II - da efetiva exposição do segurado a agentes químicos, físicos e biológicos prejudiciais à saúde ou à integridade física, ou a associação desses agentes, comprovada na forma prevista nos art. 64 ao art. 68.

§ 5º A conversão de tempo de atividade sob condições especiais em tempo de atividade comum aplica-se somente ao trabalho prestado até 13 de novembro de 2019, em conformidade com o disposto na seguinte tabela:

TEMPO A CONVERTER	**MULTIPLICADORES**	
	Mulher (30 anos de contribuição)	**Homem (35 anos de contribuição)**
DE 15 ANOS	2,00	2,33
DE 20 ANOS	1,50	1,75
DE 25 ANOS	1,20	1,40

§ 6º A caracterização e a comprovação do tempo de atividade sob condições especiais obedecerão ao disposto na legislação em vigor à época da prestação do serviço.

Nova Redação	Antiga Redação
Art. 188-Q. Para a aposentadoria por idade concedida a pessoa com deficiência, será assegurada, exclusivamente para fins de cálculo do valor da renda mensal, a conversão do período de exercício de atividade sujeito a condições especiais que prejudiquem a sua saúde ou a sua integridade física, cumprido na condição de pessoa com deficiência até 13 de novembro de 2019, vedado o cômputo do tempo convertido para fins de carência. *(Acrescido pelo Decreto 10.410/2020)*	⊗ Dispositivo sem correspondência na antiga redação.

Art. 189. Os benefícios de legislação especial pagos pela previdência social à conta do Tesouro Nacional e de ex-combatentes, iniciados até 16 de dezembro de 1998, serão reajustados com base nos mesmos índices aplicáveis aos benefícios de prestação continuada da previdência social.

Art. 190. A partir de 14 de outubro de 1996, não serão mais devidos os benefícios de legislação específica do jornalista profissional, do jogador profissional de futebol e do telefonista.

Parágrafo único. A aposentadoria especial do aeronauta nos moldes do Decreto-Lei nº 158, de 10 de fevereiro de 1967, está extinta a partir de 16 de dezembro de 1998, passando a ser devida ao aeronauta os benefícios deste Regulamento.

Art. 191. É vedada a inclusão em regime próprio de previdência social do servidor de que tratam as alíneas i, l e m do inciso I do *caput* do art. 9º, sendo automática sua filiação ao Regime Geral de Previdência Social a partir de 16 de dezembro de 1998.

Art. 192. Aos menores de dezesseis anos filiados ao Regime Geral de Previdência Social até 16 de dezembro de 1998 são assegurados todos os direitos previdenciários.

Art. 193. O Instituto Nacional do Seguro Social deverá rever:

I – as aposentadorias concedidas no período de 29 de abril de 1995 até a data da publicação deste Regulamento, com conversão de tempo de atividade sob condições especiais em tempo de atividade comum, considerando-se a legislação vigente quando do cumprimento dos requisitos necessários à concessão das referidas aposentadorias; e

II – as aposentadorias por tempo de serviço e especial e as certidões de tempo de serviço com cômputo de tempo de serviço rural concedidas ou emitidas a partir de 24 de julho de 1991 até a data da publicação deste Regulamento.

LIVRO III
DO CUSTEIO DA SEGURIDADE SOCIAL

TÍTULO I
DO FINANCIAMENTO DA SEGURIDADE SOCIAL

CAPÍTULO I
INTRODUÇÃO

Art. 194. A seguridade social é financiada por toda a sociedade, de forma direta e indireta, mediante recursos provenientes dos orçamentos da União, dos Estados, do Distrito Federal, dos Municípios e de contribuições sociais.

Art. 195. No âmbito federal, o orçamento da seguridade social é composto de receitas provenientes:

I – da União;

II – das contribuições sociais; e

III – de outras fontes.

Parágrafo único. Constituem contribuições sociais:

I – as das empresas, incidentes sobre a remuneração paga, devida ou creditada aos segurados e demais pessoas físicas a seu serviço, mesmo sem vínculo empregatício;

II – as dos empregadores domésticos, incidentes sobre o salário de contribuição dos empregados domésticos a seu serviço;

III – as dos trabalhadores, incidentes sobre seu salário de contribuição;

IV – as das associações desportivas que mantém equipe de futebol profissional, incidentes sobre a receita bruta decorrente dos espetáculos desportivos de que participem em todo território nacional em qualquer modalidade desportiva, inclusive jogos internacionais, e de qualquer forma de patrocínio, licenciamento de uso de marcas e símbolos, publicidade, propaganda e transmissão de espetáculos desportivos;

V – as incidentes sobre a receita bruta proveniente da comercialização da produção rural;

VI – as das empresas, incidentes sobre a receita ou o faturamento e o lucro; e

VII – as incidentes sobre a receita de concursos de prognósticos.

CAPÍTULO II
DA CONTRIBUIÇÃO DA UNIÃO

Art. 196. A contribuição da União é constituída de recursos adicionais do Orçamento Fiscal, fixados obrigatoriamente na Lei Orçamentária anual.

Parágrafo único. A União é responsável pela cobertura de eventuais insuficiências financeiras da seguridade social, quando decorrentes do pagamento de benefícios de prestação continuada da previdência social, na forma da Lei Orçamentária anual.

Art. 197. Para pagamento dos encargos previdenciários da União poderão contribuir os recursos da seguridade social referidos no inciso VI do parágrafo único do art. 195, na forma da Lei Orçamentária anual, assegurada a destinação de recursos para as ações de saúde e assistência social.

CAPÍTULO III
DA CONTRIBUIÇÃO DO SEGURADO

Seção I
Da Contribuição do Segurado Empregado, Empregado Doméstico e Trabalhador Avulso

Nova Redação	Antiga Redação
Art. 198. A contribuição do segurado empregado, inclusive o doméstico, e do trabalhador avulso é calculada por meio da aplicação da alíquota correspondente, de forma progressiva, sobre o seu salário de contribuição mensal, observado o disposto no art. 214, de acordo com a seguinte tabela, com vigência a partir de 1º de março de 2020: *(Redação dada pelo Decreto 10.410/2020)*	**Art. 198.** A contribuição do segurado empregado, inclusive o doméstico, e do trabalhador avulso é calculada mediante a aplicação da correspondente alíquota, de forma não cumulativa, sobre o seu salário de contribuição mensal, observado o disposto no art. 214, de acordo com a seguinte tabela:

SALÁRIO DE CONTRIBUIÇÃO R$	ALÍQUOTA PARA FINS DE RECOLHIMENTO AO INSS
até um salário-mínimo	7,5%
acima de um salário-mínimo até 2.089,60	9%
de 2.089,61 até 3.134,40	12%
de 3.134,41 até 6.101,06	14%

SALÁRIOS DE CONTRIBUIÇÃO	ALÍQUOTAS
Até R$ 360,00	8,0%
de R$ 360,01 até R$ 600,00	9,0%
de R$ 600,01 até R$ 1.200,00	11,0%

- Portaria MF 9/2019 que atualizou estes valores para:

SALÁRIO DE CONTRIBUIÇÃO R$	ALÍQUOTA PARA FINS DE RECOLHIMENTO AO INSS
até 1.751,81	8%
de 1.751,82 até 2.919,72	9%
de 2.919,73 até 5.839,45	11%

Parágrafo único. A contribuição do segurado trabalhador rural a que se refere à alínea r do inciso I do art. 9º é de oito por cento sobre o respectivo salário de contribuição definido no inciso I do art. 214. (Parágrafo único acrescido pelo Decreto nº 6.722, de 30/12/2008)

Seção II
Da Contribuição dos Segurados Contribuinte Individual e Facultativo

(Seção com redação dada pelo Decreto nº 3.265, de 29/11/1999)

Art. 199. A alíquota de contribuição dos segurados contribuinte individual e facultativo é de vinte por cento aplicada sobre o respectivo salário de contribuição, observado os limites a que se referem os §§ 3º e 5º do art. 214. (Artigo com redação dada pelo Decreto nº 3.265, de 29/11/1999)

Art. 199-A. A partir da competência em que o segurado fizer a opção pela exclusão do direito ao benefício de aposentadoria por tempo de contribuição, é de onze por cento, sobre o valor correspondente ao limite mínimo mensal do salário de contribuição, a alíquota de contribuição: (*Caput* do artigo acrescido pelo Decreto nº 6.042, de 12/2/2007)

I – do segurado contribuinte individual, que trabalhe por conta própria, sem relação de trabalho com empresa ou equiparado; (Inciso acrescido pelo Decreto nº 6.042, de 12/2/2007)

Nova Redação	Antiga Redação
II - do segurado facultativo, observado o disposto no inciso II do § 1º; e *(Redação dada pelo Decreto 10.410/2020)*	II – do segurado facultativo; e (Inciso acrescido pelo Decreto nº 6.042, de 12/2/2007)
III - até a competência abril de 2011, do MEI, de que trata o § 26 do art. 9º, cuja contribuição deverá ser recolhida na forma regulamentada em ato do Comitê Gestor do Simples Nacional. *(Redação dada pelo Decreto 10.410/2020)*	III – do MEI de que trata a alínea p do inciso V do art. 9º, cuja contribuição deverá ser recolhida na forma regulamentada pelo Comitê Gestor do Simples Nacional. (Inciso acrescido pelo Decreto nº 6.042, de 12/2/2007 e com nova redação dada pelo Decreto nº 6.722, de 30/12/2008)
§ 1º A alíquota de contribuição de que trata o *caput* é de cinco por cento: *(Redação dada pelo Decreto 10.410/2020)*	§ 1º O segurado, inclusive aquele com deficiência, que tenha contribuído na forma do caput e pretenda contar o tempo de contribuição correspondente, para fins de obtenção da aposentadoria por tempo de contribuição ou de contagem recíproca do tempo de contribuição, deverá complementar a contribuição mensal. (Redação dada pelo Decreto nº 8.145, de 2013)
I - a partir da competência maio de 2011, para o MEI, de que trata o § 26 do art. 9º, cuja contribuição deverá ser recolhida na forma regulamentada em ato do Comitê Gestor do Simples Nacional; e *(Redação dada pelo Decreto 10.410/2020)*	⊗ Dispositivo sem correspondência na antiga redação.
II - a partir da competência setembro de 2011, para o segurado facultativo sem renda própria que se dedique exclusivamente ao trabalho doméstico no âmbito de sua residência, desde que pertencente a família de baixa renda, observado o disposto no § 5º. *(Redação dada pelo Decreto 10.410/2020)*	⊗ Dispositivo sem correspondência na antiga redação.
§ 2º O segurado, inclusive aquele com deficiência, que tenha contribuído na forma do *caput* e do § 1º e pretenda	§ 2º A complementação de que trata o § 1º dar-se-á mediante o recolhimento sobre o valor correspondente ao limite

Nova Redação	Antiga Redação
contar o tempo de contribuição correspondente para fins de obtenção de aposentadoria por tempo de contribuição ou de contagem recíproca do tempo de contribuição deverá complementar a contribuição mensal. *(Redação dada pelo Decreto 10.410/2020)*	mínimo mensal do salário de contribuição em vigor na competência a ser complementada da diferença entre o percentual pago e o de vinte por cento, acrescido dos juros moratórios de que trata o § 3º do art. 5º da Lei nº 9.430, de 27 de dezembro de 1996. (Redação dada pelo Decreto nº 8.145, de 2013)
§ 3º A complementação de que trata o § 2º será feita por meio do recolhimento da diferença entre o percentual pago e o de vinte por cento sobre o valor correspondente ao limite mínimo mensal do salário de contribuição em vigor na competência a ser complementada, acrescido dos juros moratórios de que trata o § 3º do art. 5º da Lei no 9.430, de 27 de dezembro de 1996. *(Redação dada pelo Decreto 10.410/2020)*	§ 3º A contribuição complementar a que se refere os §§ 1º e 2º será exigida a qualquer tempo, sob pena do indeferimento ou cancelamento do benefício. (Incluído pelo Decreto nº 8.145, de 2013)
§ 4º A contribuição complementar referida nos § 2º e § 3º será exigida a qualquer tempo, sob pena do indeferimento ou do cancelamento da certidão emitida para fins de contagem recíproca ou da aposentadoria por tempo de contribuição, observado o disposto no art. 347-A. *(Acrescido pelo Decreto 10.410/2020)*	⊗ Dispositivo sem correspondência na antiga redação.
§ 5º Para fins do disposto no inciso II do § 1º, considera-se de baixa renda a família inscrita no Cadastro Único para Programas Sociais do Governo Federal - CadÚnico cuja renda mensal seja de até dois salários-mínimos. *(Acrescido pelo Decreto 10.410/2020)*	⊗ Dispositivo sem correspondência na antiga redação.
§ 6º O segurado facultativo que auferir renda própria não poderá recolher contribuição na forma prevista no § 1º, exceto se a renda for proveniente, exclusivamente, de auxílios assistenciais de natureza eventual e temporária e de	⊗ Dispositivo sem correspondência na antiga redação.

Nova Redação	Antiga Redação
valores oriundos de programas sociais de transferência de renda, observado o disposto no § 5º. *(Acrescido pelo Decreto 10.410/2020)*	

Seção III
Da Contribuição do Produtor Rural Pessoa Física e do Segurado Especial

Art. 200. A contribuição do empregador rural pessoa física, em substituição à contribuição de que tratam o inciso I do art. 201 e o art.202, e a do segurado especial, incidente sobre a receita bruta da comercialização da produção rural, é de: (*Caput* do artigo com redação dada pelo Decreto nº 4.032, de 26/11/2001)

Nova Redação	Antiga Redação
I - um inteiro e dois décimos por cento; e *(Redação dada pelo Decreto 10.410/ 2020)*	I – dois por cento para a seguridade social; e

II – zero vírgula um por cento para o financiamento dos benefícios concedidos em razão do grau de incidência de incapacidade laborativa decorrente dos incisos ambientais do trabalho.

§ 1º (Revogado pelo Decreto nº 4.032, de 26/11/2001)

§ 2º O segurado especial referido neste artigo, além da contribuição obrigatória de que tratam os incisos I e II do *caput*, poderá contribuir, facultativamente, na forma do art. 199. (Parágrafo com redação dada pelo Decreto nº 6.042, de 12/2/2007)

§ 3º O produtor rural pessoa física de que trata a alínea a do inciso V do *caput* do art. 9º contribui, também, obrigatoriamente, na forma do art. 199, observando ainda o disposto nas alíneas a e b do inciso I do art. 216.

§ 4º Integra a receita bruta de que trata este artigo, além dos valores decorrentes da comercialização da produção relativa aos produtos a que se refere o § 5º, a receita proveniente: (*Caput* do parágrafo com redação dada pelo Decreto nº 6.722, de 30/12/2008)

I – da comercialização da produção obtida em razão de contrato de parceria ou meação de parte do imóvel rural; (Inciso acrescido pelo Decreto nº 6.722, de 30/12/2008)

II – da comercialização de artigos de artesanato de que trata o inciso VII do § 8º do art. 9º; (Inciso acrescido pelo Decreto nº 6.722, de 30/12/2008)

III – de serviços prestados, de equipamentos utilizados e de produtos comercializados no imóvel rural, desde que em atividades turística e de entretenimento desenvolvidas no próprio imóvel, inclusive hospedagem, alimentação, recepção, recreação e atividades pedagógicas, bem como taxa de visitação e serviços especiais; (Inciso acrescido pelo Decreto nº 6.722, de 30/12/2008)

IV – do valor de mercado da produção rural dada em pagamento ou que tiver sido trocada por outra, qualquer que seja o motivo ou finalidade; e (Inciso acrescido pelo Decreto nº 6.722, de 30/12/2008)

V – de atividade artística de que trata o inciso VIII do § 8º do art. 9º. (Inciso acrescido pelo Decreto nº 6.722, de 30/12/2008)

§ 5º Integram a produção, para os efeitos dos incisos I e II do *caput*, observado o disposto no § 25 do art. 9º, os produtos de origem animal ou vegetal, em estado natural ou submetidos a processos de beneficiamento ou industrialização rudimentar, assim compreendidos, entre outros, os processos de lavagem, limpeza, descaroçamento, pilagem, descascamento, lenhamento, pasteurização, resfriamento, secagem, socagem, fermentação, embalagem, cristalização, fundição, carvoejamento, cozimento, destilação, moagem e torrefação, bem como os subprodutos e os resíduos obtidos por meio desses processos. (Parágrafo com redação dada pelo Decreto nº 6.722, de 30/12/2008)

§ 6º (Revogado pelo Decreto 6.722, de 30/12/2008).

I – o produto vegetal destinado ao plantio e reflorestamento;

II – o produto vegetal vendido por pessoa ou entidade que, registrada no Ministério da Agricultura e do Abastecimento, se dedique ao comércio de sementes e mudas no País;

III – o produto animal destinado à reprodução ou criação pecuária ou granjeira; e

IV – o produto animal utilizado como cobaia para fins de pesquisas científicas no País.

§ 7º A contribuição de que trata este artigo será recolhida:

I – pela empresa adquirente, consumidora ou consignatária ou a cooperativa, que ficam sub-rogadas no cumprimento das obrigações do produtor rural pessoa física de que trata a alínea a do inciso V do *caput* do art. 9º e do segurado especial, independentemente de as operações de venda ou consignação terem sido realizadas diretamente com estes ou com intermediário pessoa física, exceto nos casos do inciso III;

Nova Redação	Antiga Redação
II – pela pessoa física não produtor rural, que fica sub-rogada no cumprimento das obrigações do produtor rural pessoa física de que trata a alínea a do inciso V do *caput* do art. 9º do segurado especial, quando adquire produção para venda, no varejo, a consumidor pessoa física; ou	
III – pela pessoa física de que trata alínea a do inciso V do *caput* do art. 9º e pelo segurado especial, caso comercializem sua produção com adquirente domiciliado no exterior, diretamente, no varejo, a consumidor pessoa física, a outro produtor rural pessoa física ou a outro segurado especial.	
§ 8º O produtor rural pessoa física continua obrigado a arrecadar e recolher ao Instituto Nacional do Seguro Social a contribuição do segurado empregado e do trabalhador avulso a seu serviço, descontando-a da respectiva remuneração, nos mesmos prazos e segundo as mesmas normas aplicadas às empresas em geral.	
§ 9º Sem prejuízo do disposto no inciso III do § 7º, o produtor rural pessoa física e o segurado especial são obrigados a recolher, diretamente, a contribuição incidente sobre a receita bruta proveniente: (*Caput* do parágrafo acrescido pelo Decreto nº 6.722, de 30/12/2008)	
I – da comercialização de artigos de artesanato elaborados com matéria-prima produzida pelo respectivo grupo familiar; (Inciso acrescido pelo Decreto nº 6.722, de 30/12/2008)	
II – de comercialização de artesanato ou do exercício de atividade artística, observado o disposto nos incisos VII e VIII do § 8º do art. 9º; e (Inciso acrescido pelo Decreto nº 6.722, de 30/12/2008)	
III – de serviços prestados, de equipamentos utilizados e de produtos comercializados no imóvel rural, desde que em atividades turística e de entretenimento desenvolvidas no próprio imóvel, inclusive hospedagem, alimentação, recepção, recreação e atividades pedagógicas, bem como taxa de visitação e serviços especiais. (Inciso acrescido pelo Decreto nº 6.722, de 30/12/2008)	
§ 10. O segurado especial é obrigado a arrecadar a contribuição de trabalhadores a seu serviço e a recolhê-la no prazo referido na alínea b do inciso I do art. 216. (Parágrafo acrescido pelo Decreto nº 6.722, de 30/12/2008)	
§ 11. Não integram a base de cálculo da contribuição de que trata o *caput* a produção rural destinada ao plantio ou ao reflorestamento nem o produto animal destinado à reprodução ou à criação pecuária ou granjeira e à utilização como	⊗ Dispositivo sem correspondência na antiga redação.

Nova Redação	Antiga Redação
cobaia para fins de pesquisas científicas, quando vendido pelo próprio produtor a quem o utilize diretamente com essas finalidades e, no caso de produto vegetal, a pessoa ou entidade registrada no Ministério da Agricultura, Pecuária e Abastecimento que se dedique ao comércio de sementes e mudas no País. *(Acrescido pelo Decreto 10.410/2020)*	
§ 12. O produtor rural pessoa física poderá optar por contribuir na forma prevista no *caput* deste artigo ou na forma prevista no inciso I do *caput* do art. 201 e no art. 202, hipótese em que deverá manifestar a sua opção por meio do pagamento da contribuição incidente sobre a folha de salários relativa a janeiro de cada anocalendário ou à primeira competência subsequente ao início da atividade rural. *(Acrescido pelo Decreto 10.410/2020)*	⊗ Dispositivo sem correspondência na antiga redação.
§ 13. A opção de contribuição de que trata o § 12 será irretratável para todo o ano-calendário. *(Acrescido pelo Decreto 10.410/2020)*	⊗ Dispositivo sem correspondência na antiga redação.

Art. 200-A. Equipara-se ao empregador rural pessoa física o consórcio simplificado de produtores rurais, formado pela união de produtores rurais pessoas físicas, que outorgar a um deles poderes para contratar, gerir e demitir trabalhadores rurais, na condição de empregados, para prestação de serviços, exclusivamente, aos seus integrantes, mediante documento registrado em cartório de títulos e documentos.

§ 1º O documento de que trata o *caput* deverá conter a identificação de cada produtor, seu endereço pessoal e o de sua propriedade rural, bem como o respectivo registro no Instituto Nacional de Colonização e Reforma Agrária ou informações relativas à parceria, arrendamento ou equivalente e à matrícula no INSS de cada um dos produtores rurais.

§ 2º O consórcio deverá ser matriculado no INSS, na forma por este estabelecida, em nome do empregador a quem hajam sido outorgados os mencionados poderes. (Artigo acrescido pelo Decreto nº 4.032, de 26/11/2001)

Nova Redação	Antiga Redação

Art. 200-B. As contribuições de que tratam o inciso I do art. 201 e o art. 202, bem como a devida ao Serviço Nacional Rural, são substituídas, em relação à remuneração paga, devida ou creditada ao trabalhador rural contratado pelo consórcio simplificado de produtores rurais de que trata o art. 200-A, pela contribuição dos respectivos produtores rurais. (Artigo acrescido pelo Decreto nº 4.032, de 26/11/2001)

CAPÍTULO IV
DAS CONTRIBUIÇÕES DA EMPRESA E DO EMPREGADOR DOMÉSTICO

Seção I
Das Contribuições da Empresa

Art. 201. A contribuição a cargo da empresa, destinada à seguridade social, é de:

I – vinte por cento sobre o total das remunerações pagas, devidas ou creditadas, a qualquer título, no decorrer do mês, aos segurados empregado e trabalhador avulso, além das contribuições previstas nos arts. 202 e 204; (Inciso com redação dada pelo Decreto nº 3.265, de 29/11/1999)

II – vinte por cento sobre o total das remunerações ou retribuições pagas ou creditadas no decorrer do mês ao segurado contribuinte individual; (Inciso com redação dada pelo Decreto nº 3.265, de 29/11/1999)

Nova Redação	Antiga Redação
~~III – quinze por cento sobre o valor bruto da nota fiscal ou fatura de prestação de serviços, relativamente a serviços que lhes são prestados por cooperados por intermédio de cooperativas de trabalho, observado, no que couber, as disposições dos §§ 7º e 8º do art. 219; (Inciso com redação dada pelo Decreto nº 3.265, de 29/11/1999)~~ *(Revogado pelo Decreto 10.410/2020)*	III – quinze por cento sobre o valor bruto da nota fiscal ou fatura de prestação de serviços, relativamente a serviços que lhes são prestados por cooperados por intermédio de cooperativas de trabalho, observado, no que couber, as disposições dos §§ 7º e 8º do art. 219; (Inciso com redação dada pelo Decreto nº 3.265, de 29/11/1999)
IV - um inteiro e sete décimos por cento sobre o total da receita bruta proveniente da comercialização da produção rural, em substituição às contribuições previstas no inciso I do *caput* e no art. 202, quando se tratar de pessoa jurídica que tenha como fim apenas a atividade de produção rural. *(Redação dada pelo Decreto 10.410/2020)*	IV – dois vírgula cinco por cento sobre o total da receita bruta proveniente da comercialização da produção rural, em substituição às contribuições previstas no inciso I do caput e no art. 202, quando se tratar de pessoa jurídica que tenha como fim apenas a atividade de produção rural. (Inciso com redação dada pelo Decreto nº 4.032, de 26/11/2001)

Nova Redação	Antiga Redação
§ 1º São consideradas remuneração as importâncias auferidas em uma ou mais empresas, assim entendida a totalidade dos rendimentos pagos, devidos ou creditados a qualquer título, durante o mês, destinados a retribuir o trabalho, qualquer que seja a sua forma, inclusive os ganhos habituais sob a forma de utilidades, ressalvado o disposto no § 9º do art. 214 e excetuado o lucro distribuído ao segurado empresário, observados os termos do inciso II do § 5º.	
§ 2º Para fins do disposto no inciso II do *caput*, integra a remuneração a bolsa de estudos paga ou creditada ao médico-residente participante do programa de residência médica de que trata o art. 4º da Lei nº 6.932, de 1981. *(Redação dada pelo Decreto 10.410/2020)*	§ 2º Integra a remuneração para os fins do disposto nos incisos II e III do caput, a bolsa de estudos paga ou creditada ao médico-residente participante do programa de residência médica de que trata o art. 4º da Lei nº 6.932, de 7 de julho de 1981, na redação dada pela Lei nº 10.405, de 9 de janeiro de 2002. (Parágrafo com redação dada pelo Decreto nº 4.729, de 9/6/2003)
§ 3º Não havendo comprovação dos valores pagos ou creditados aos segurados de que tratam as alíneas e a i do inciso V do art. 9º, em face de recusa ou sonegação de qualquer documento ou informação, ou sua apresentação deficiente, a contribuição da empresa referente a esses segurados será de vinte por cento sobre:	
I – o salário de contribuição do segurado nessa condição;	
II – a maior remuneração paga a empregados da empresa; ou	
III – o salário mínimo, caso não ocorra nenhuma das hipóteses anteriores. (Parágrafo com redação dada pelo Decreto nº 3.452, de 9/5/2000)	
§ 4º Na contratação de serviços de transporte rodoviário de carga ou de passageiro ou de serviços prestados com a utilização de trator, máquina de terraplenagem, colheitadeira e assemelhados a base de cálculo da contribuição da empresa corresponde a vinte por cento do valor registrado na nota fiscal, na fatura ou no recibo, quando esses serviços forem prestados sem vínculo empregatício por condutor autônomo de veículo rodoviário, auxiliar de condutor autônomo de veículo rodoviário, inclusive por taxista e motorista	§ 4º A remuneração paga ou creditada a condutor autônomo de veículo rodoviário, ou ao auxiliar de condutor autônomo de veículo rodoviário, em automóvel cedido em regime de colaboração, nos termos da Lei nº 6.094, de 30 de agosto de 1974, pelo frete, carreto ou transporte de passageiros, realizado por conta própria, corresponde a vinte por cento do rendimento bruto. (Parágrafo com redação dada pelo Decreto nº 4.032, de 26/11/2001)

Nova Redação	Antiga Redação
de transporte remunerado privado individual de passageiros, e operador de máquinas. *(Redação dada pelo Decreto 10.410/2020)*	

§ 5º No caso de sociedade civil de prestação de serviços profissionais relativos ao exercício de profissões legalmente regulamentadas, a contribuição da empresa referente aos segurados a que se referem as alíneas g a i do inciso V do art. 9º, observado o disposto no art. 225 e legislação específica, será de vinte por cento sobre: (*Caput* do parágrafo com redação dada pelo Decreto nº 3.265, de 29/11/1999)

I – a remuneração paga ou creditada aos sócios em decorrência de seu trabalho, de acordo com a escrituração contábil da empresa; ou

II – os valores totais pagos ou creditados aos sócios, ainda que a título de antecipação de lucro da pessoa jurídica, quando não houver discriminação entre a remuneração decorrente do trabalho e a proveniente do capital social ou tratar-se de adiantamento de resultado ainda não apurado por meio de demonstração de resultado do exercício. (Inciso com redação dada pelo Decreto nº 4.729, de 9/6/2003)

§ 6º No caso de banco comercial, banco de investimento, banco de desenvolvimento, caixa econômica, sociedade de crédito, financiamento e investimento, sociedade de crédito imobiliário, inclusive associação de poupança e empréstimo, sociedade corretora, distribuidora de títulos e valores mobiliários, inclusive bolsa de mercadorias e de valores, empresa de arrendamento mercantil, cooperativa de crédito, empresa de seguros privados e de capitalização, agente autônomo de seguros privados e de crédito e entidade de previdência privada, aberta e fechada, além das contribuições referidas nos incisos I e II do *caput* e nos arts. 202 e 204, é devida a contribuição adicional de dois vírgula cinco por cento sobre a base de cálculo definida nos incisos I e II do *caput*. (Parágrafo com redação dada pelo Decreto nº 3.265, de 29/11/1999)

§ 7º A pessoa jurídica enquadrada na condição de microempresa ou de empresa de pequeno porte, na forma do art. 2º da Lei nº 9.317, de 5 de dezembro de 1996, que optar pela inscrição no Sistema Integrado de Pagamento de Impostos e Contribuições das Microempresas e Empresas de Pequeno Porte, contribuirá na forma estabelecida no art. 23 da referida Lei, em substituição às contribuições de que tratam os incisos I a IV do *caput* e os arts. 201-A, 202 e 204. (Parágrafo com redação dada pelo Decreto nº 4.032, de 26/11/2001)

§ 8º A contribuição será sempre calculada na forma do inciso II do *caput* quando a remuneração ou retribuição for paga ou creditada a pessoa física, quando ausentes os requisitos que caracterizem o segurado como empregado, mesmo que não esteja inscrita no Regime Geral de Previdência Social. (Parágrafo com redação dada pelo Decreto nº 3.265, de 29/11/1999)

<table>
<tr><th>Nova Redação</th><th>Antiga Redação</th></tr>
<tr><td colspan="2">§§ 9º a 14 (Revogados pelo Decreto nº 3.265, de 29/11/1999)</td></tr>
<tr><td>§ 15. Para fins do disposto no inciso IV do caput e no § 8º do art. 202, considera-se receita bruta o valor recebido ou creditado pela comercialização da produção, assim entendida a operação de venda ou consignação, observadas as disposições constantes dos § 5º e § 11 do art. 200. (Redação dada pelo Decreto 10.410/2020)</td><td>§ 15. Para os efeitos do inciso IV do caput e do § 8º do art. 202, considera-se receita bruta o valor recebido ou creditado pela comercialização da produção, assim entendida a operação de venda ou consignação, observadas as disposições do § 5º do art. 200.</td></tr>
<tr><td colspan="2">§ 16. A partir de 14 de outubro de 1996, as contribuições de que tratam o inciso IV do caput e o § 8º do art. 202 são de responsabilidade do produtor rural pessoa jurídica, não sendo admitida a sub-rogação ao adquirente, consignatário ou cooperativa.</td></tr>
<tr><td colspan="2">§ 17. O produtor rural pessoa jurídica continua obrigado a arrecadar e recolher ao Instituto Nacional do Seguro Social a contribuição do segurado empregado e do trabalhador avulso a seu serviço, descontando-a da respectiva remuneração, nos mesmos prazos e segundo as mesmas normas aplicadas às empresas em geral.</td></tr>
<tr><td colspan="2">§ 18. (Revogado pelo Decreto nº 4.032, de 26/11/2001)</td></tr>
<tr><td colspan="2">§ 19. A cooperativa de trabalho não está sujeita à contribuição de que trata o inciso II do caput, em relação às importâncias por ela pagas, distribuídas ou creditadas aos respectivos cooperados, a título de remuneração ou retribuição pelos serviços que, por seu intermédio, tenham prestado a empresas. (Parágrafo com redação dada pelo Decreto nº 3.452, de 9/5/2000)</td></tr>
<tr><td>~~§ 20. A contribuição da empresa, relativamente aos serviços que lhe são prestados por cooperados por intermédio de cooperativas de trabalho na atividade de transporte rodoviário de carga ou passageiro, é de quinze por cento sobre a parcela correspondente ao valor dos serviços prestados pelos cooperados, que não será inferior a vinte por cento do valor da nota fiscal ou fatura. (Parágrafo acrescido pelo Decreto nº 4.032, de 26/11/2001)~~ (Revogado pelo Decreto 10.410/2020)</td><td>§ 20. A contribuição da empresa, relativamente aos serviços que lhe são prestados por cooperados por intermédio de cooperativas de trabalho na atividade de transporte rodoviário de carga ou passageiro, é de quinze por cento sobre a parcela correspondente ao valor dos serviços prestados pelos cooperados, que não será inferior a vinte por cento do valor da nota fiscal ou fatura. (Parágrafo acrescido pelo Decreto nº 4.032, de 26/11/2001)</td></tr>
</table>

Nova Redação	Antiga Redação
§ 21. O disposto no inciso IV do *caput* não se aplica às operações relativas à prestação de serviços a terceiros, cujas contribuições previdenciárias continuam sendo devidas na forma deste artigo e do art. 202. (Parágrafo acrescido pelo Decreto nº 4.032, de 26/11/2001)	
§ 22. A pessoa jurídica, exceto a agroindústria, que, além da atividade rural, explorar também outra atividade econômica autônoma, quer seja comercial, industrial ou de serviços, no mesmo ou em estabelecimento distinto, independentemente de qual seja a atividade preponderante, contribuirá de acordo com os incisos I, II e III do art. 201 e art. 202. (Parágrafo acrescido pelo Decreto nº 4.032, de 26/11/2001)	
§ 23. Nos contratos de trabalho intermitente, a empresa recolherá as contribuições previdenciárias da empresa e do empregado e o valor devido ao FGTS, o qual será calculado com base nos valores pagos no período mensal, e fornecerá ao empregado o comprovante de cumprimento dessas obrigações. *(Acrescido pelo Decreto 10.410/2020)*	⊗ Dispositivo sem correspondência na antiga redação.
§ 24. Não integram a base de cálculo da contribuição de que trata o inciso IV do *caput* a produção rural destinada ao plantio ou ao reflorestamento nem o produto animal destinado à reprodução ou à criação pecuária ou granjeira e à utilização como cobaia para fins de pesquisas científicas, quando vendido pelo próprio produtor a quem o utilize diretamente com essas finalidades e, no caso de produto vegetal, a pessoa ou entidade registrada no Ministério da Agricultura, Pecuária e Abastecimento que se dedique ao comércio de sementes e mudas no País. *(Acrescido pelo Decreto 10.410/2020)*	⊗ Dispositivo sem correspondência na antiga redação.
§ 25. O empregador rural pessoa jurídica poderá optar por contribuir na forma prevista no inciso I do *caput* deste artigo e no *caput* do art. 202 ou na forma prevista no inciso IV do *caput* deste artigo e no § 8º do art. 202, hipótese em que	⊗ Dispositivo sem correspondência na antiga redação.

Nova Redação	Antiga Redação
deverá manifestar a sua opção por meio do pagamento da contribuição incidente sobre a folha de salários relativa a janeiro de cada ano-calendário ou à primeira competência subsequente ao início da atividade rural. *(Acrescido pelo Decreto 10.410/2020)*	
§ 26. A opção de contribuição de que trata o § 25 será irretratável para todo o ano-calendário. *(Acrescido pelo Decreto 10.410/2020)*	⊗ Dispositivo sem correspondência na antiga redação.
§ 27. A empresa contratante de serviços de hidráulica, eletricidade, pintura, alvenaria, carpintaria e manutenção ou reparo de veículos, executados por intermédio de MEI, mantém, em relação a essa contratação, a obrigatoriedade de recolhimento da contribuição a que se referem o inciso II do *caput* e o § 6º. *(Acrescido pelo Decreto 10.410/2020)*	⊗ Dispositivo sem correspondência na antiga redação.

Art. 201-A. A contribuição devida pela agroindústria, definida como sendo o produtor rural pessoa jurídica cuja atividade econômica seja a industrialização de produção própria ou de produção própria e adquirida de terceiros, incidente sobre o valor da receita bruta proveniente da comercialização da produção, em substituição às previstas no inciso I do art. 201 e art. 202, é de: (*Caput* do artigo acrescido pelo Decreto nº 4.032, de 26/11/2001)

I – dois vírgula cinco por cento destinados à Seguridade Social; e (Inciso acrescido pelo Decreto nº 4.032, de 26/11/2001)

II – zero vírgula um por cento para o financiamento do benefício previsto nos arts. 64 a 70, e daqueles concedidos em razão do grau de incidência de incapacidade para o trabalho decorrente dos riscos ambientais da atividade. (Inciso acrescido pelo Decreto nº 4.032, de 26/11/2001)

§ 1º Para os fins deste artigo, entende-se por receita bruta o valor total da receita proveniente da comercialização da produção própria e da adquirida de terceiros, industrializada ou não. (Parágrafo acrescido pelo Decreto nº 4.032, de 26/11/2001)

Nova Redação	Antiga Redação
§ 2º O disposto neste artigo não se aplica às operações relativas à prestação de serviços a terceiros, cujas contribuições previdenciárias continuam sendo devidas na forma do art. 201 e 202, obrigando-se a empresa a elaborar folha de salários e registros contábeis distintos. (Parágrafo acrescido pelo Decreto nº 4.032, de 26/11/2001)	
§ 3º Na hipótese do § 2º, a receita bruta correspondente aos serviços prestados a terceiros não integram a base de cálculo da contribuição de que trata o *caput*. (Parágrafo acrescido pelo Decreto nº 4.032, de 26/11/2001)	
§ 4º O disposto neste artigo não se aplica:	
I – às sociedades cooperativas e às agroindústrias de piscicultura, carcinicultura, suinocultura e avicultura; e	
II – à pessoa jurídica que, relativamente à atividade rural, se dedique apenas ao florestamento e reflorestamento como fonte de matéria-prima para industrialização própria mediante a utilização de processo industrial que modifique a natureza química da madeira ou a transforme em pasta celulósica. (Parágrafo com redação dada pelo Decreto nº 4.862, de 21/10/2003)	
§ 5º Aplica-se o disposto no inciso II do § 4º ainda que a pessoa jurídica comercialize resíduos vegetais ou sobras ou partes da produção, desde que a receita bruta decorrente dessa comercialização represente menos de um por cento de sua receita bruta proveniente da comercialização da produção. (Parágrafo acrescido pelo Decreto nº 4.862, de 21/10/2003)	
Art. 201-B. Aplica-se o disposto no artigo anterior, ainda que a agroindústria explore, também, outra atividade econômica autônoma, no mesmo ou em estabelecimento distinto, hipótese em que a contribuição incidirá sobre o valor da receita bruta dela decorrente. (Artigo acrescido pelo Decreto nº 4.032, de 26/11/2001)	
Art. 201-C. Quando a cooperativa de produção rural contratar empregados para realizarem, exclusivamente, a colheita da produção de seus cooperados, as contribuições de que tratam o art. 201, I, e o art. 202, relativas à folha de salário destes segurados, serão substituídas pela contribuição devida pelos cooperados, cujas colheitas sejam por eles realizadas, incidentes sobre a receita bruta da comercialização da produção rural, na forma prevista no art. 200, se pessoa física, no inciso IV do *caput* do art. 201 e no § 8º do art. 202, se pessoa jurídica.	
§ 1º A cooperativa deverá elaborar folha de salários distinta e apurar os encargos decorrentes da contratação de que trata o *caput* separadamente dos relativos aos seus empregados regulares, discriminadamente por cooperado, na forma definida pelo INSS.	

§ 2º A cooperativa é diretamente responsável pela arrecadação e recolhimento da contribuição previdenciária dos segurados contratados na forma deste artigo.

§ 3º O disposto neste artigo aplica-se à contribuição devida ao Serviço Nacional Rural. (Artigo acrescido pelo Decreto nº 4.032, de 26/11/2001)

Art. 201-D. As alíquotas de que tratam os incisos I e II do art. 201, em relação às empresas que prestam serviços de tecnologia da informação – TI e de tecnologia da informação e comunicação – TIC, ficam reduzidas de acordo com a aplicação sucessiva das seguintes operações:

I – subtrair do valor da receita bruta total de venda de bens e serviços relativa aos doze meses imediatamente anteriores ao trimestre-calendário o valor correspondente aos impostos e às contribuições incidentes sobre venda;

II – identificar, no valor da receita bruta total resultante da operação prevista no inciso I, a parte relativa aos serviços mencionados nos §§ 3º e 4º que foram exportados;

III – dividir a receita bruta de exportação resultante do inciso II pela receita bruta total resultante do inciso I;

IV – multiplicar a razão decorrente do inciso III por um décimo;

V – multiplicar o valor encontrado de acordo com a operação do inciso IV por cem, para que se chegue ao percentual de redução;

VI – subtrair de vinte por cento o percentual resultante do inciso V, de forma que se obtenha a nova alíquota percentual a ser aplicada sobre a base de cálculo da contribuição previdenciária.

§ 1º A alíquota apurada na forma do inciso VI do *caput* será aplicada uniformemente nos meses que compõem o trimestrecalendário.

§ 2º No caso de empresa em início de atividades ou sem receita de exportação até a data de publicação da Lei nº 11.774, de 17 de setembro de 2008, a apuração de que trata o *caput* poderá ser realizada com base em período inferior a doze meses, observado o mínimo de três meses anteriores.

§ 3º Para efeito do *caput*, consideram-se serviços de TI e TIC:

I – análise e desenvolvimento de sistemas;

II – programação;

III – processamento de dados e congêneres;

Nova Redação	Antiga Redação

IV – elaboração de programas de computadores, inclusive de jogos eletrônicos;

V – licenciamento ou cessão de direito de uso de programas de computação;

VI – assessoria e consultoria em informática;

VII – suporte técnico em informática, inclusive instalação, configuração e manutenção de programas de computação e bancos de dados; e

VIII – planejamento, confecção, manutenção e atualização de páginas eletrônicas.

§ 4º O disposto neste artigo aplica-se também a empresas que prestam serviços de call center .

§ 5º No caso das empresas que prestam serviços referidos nos §§ 3º e 4º, os valores das contribuições devidas a terceiros, denominados outras entidades ou fundos, com exceção do Fundo Nacional de Desenvolvimento da Educação – FNDE, ficam reduzidos no percentual resultante das operações referidas no *caput* e de acordo com a aplicação sucessiva das seguintes operações:

I – calcular a contribuição devida no mês a cada entidade ou fundo, levando em consideração as regras aplicadas às empresas em geral;

II – aplicar o percentual de redução, resultante do inciso V do *caput*, sobre o valor resultante do inciso I;

III – subtrair, do valor apurado na forma do inciso I, o valor obtido no inciso II, o que resultará no valor a ser recolhido a cada entidade ou fundo no mês.

§ 6º As reduções de que tratam o *caput* e o § 5º pressupõem o atendimento ao seguinte:

I – até 31 de dezembro de 2009, a empresa deverá implementar o Programa de Prevenção de Riscos Ambientais e de Doenças Ocupacionais previsto em lei, caracterizado pela plena execução do Programa de Prevenção de Riscos Ambientais – PPRA e do Programa de Controle Médico de Saúde Ocupacional – PCMSO, conforme disciplinado nas normas regulamentadoras do Ministério do Trabalho e Emprego, devendo ainda estabelecer metas de melhoria das condições e do ambiente de trabalho que reduzam a ocorrência de benefícios por incapacidade decorrentes de acidentes do trabalho ou doenças ocupacionais em pelo menos cinco por cento em relação ao ano anterior; (Inciso com redação dada pelo Decreto nº 7331, de 19/10/2010)

a) a responsabilidade pela elaboração do programa de prevenção de riscos ambientais e de doenças ocupacionais será, exclusivamente, de engenheiro com especialização em Engenharia de Segurança do Trabalho, devidamente registrado no Conselho Regional de Engenharia e Arquitetura - CREA, que o assinará;

b) o programa de prevenção de riscos ambientais e de doenças ocupacionais elaborado deverá ser homologado pelas Superintendências Regionais do Trabalho, vinculadas ao Ministério do Trabalho e Emprego, e será colocado à disposição da fiscalização da Secretaria da Receita Federal do Brasil e do Ministério do Trabalho e Emprego sempre que exigido; (Alíneas acrescidas pelo Decreto 6.945, de 21/8/2009)

II - até 31 de dezembro de 2010, a empresa que comprovar estar executando o programa de prevenção de riscos ambientais e de doenças ocupacionais implantado nos prazo e forma estabelecidos no inciso I, terá presumido o atendimento à exigência fixada no inciso I do § 9º do art. 14 da Lei nº 11.774, de 2008;

III - a partir de 1º de janeiro de 2011, a empresa deverá comprovar a eficácia do respectivo programa de prevenção de riscos ambientais e de doenças ocupacionais, por meio de relatórios que atestem o atendimento da meta de redução de sinistralidade nele estabelecida;

IV - (Revogado pelo Decreto nº 7.331, de 19/10/2010)

§ 7º Sem prejuízo do disposto no § 6º, as empresas dos setores de TI e de TIC só farão jus às reduções de que tratam o *caput* e o § 5º se aplicarem montante igual ou superior a dez por cento do benefício auferido, alternativa ou cumulativamente em despesas:

I - para capacitação de pessoal, relacionada a aspectos técnicos associados aos serviços de TI e TIC, referidos no § 3º, bem como a serviços de call centers, aí incluída a capacitação em temas diretamente relacionados com qualidade de produtos, processos ou sistemas, bem como a proficiência em línguas estrangeiras;

II - relacionadas ao desenvolvimento de atividades de avaliação de conformidade, incluindo certificação de produtos, serviços e sistemas, realizadas com entidades ou especialistas do País ou do exterior;

III - realizadas com desenvolvimento tecnológico de produtos, processos e serviços, sendo consideradas atividades de pesquisa e desenvolvimento em TI aquelas dispostas nos arts. 24 e 25 do Decreto nº 5.906, de 26 de setembro de 2006; ou

IV – realizadas no apoio a projetos de desenvolvimento científico ou tecnológico, por instituições de pesquisa e desenvolvimento, conforme definidos nos arts. 27 e 28 do Decreto nº 5.906, de 2006, devidamente credenciadas pelo Comitê da Área de Tecnologia da Informação – CATI ou pelo Comitê das Atividades de Pesquisa e Desenvolvimento da Amazônia – CAPDA.

§ 8º O valor do benefício e a especificação das contrapartidas referidos no § 7º deverão ser declarados formalmente pelas empresas beneficiárias, a cada exercício, ao Ministério da Ciência e Tecnologia, na forma a ser definida em ato daquele Ministério.

§ 9º Para fins do § 8º, as empresas beneficiadas pela Lei nº 8.248, de 23 de outubro de 1991, poderão deduzir do montante previsto no § 7º as despesas efetivamente realizadas, no atendimento às exigências da referida Lei, observado o disposto no § 10.

§ 10. O disposto no § 9º aplica-se exclusivamente às despesas de mesma natureza das previstas no § 7º.

§ 11. A União compensará, mensalmente, o Fundo do Regime Geral de Previdência Social, de que trata o art. 68 da Lei Complementar nº 101, de 4 de maio de 2000, no valor correspondente à renúncia previdenciária decorrente da desoneração de que trata este artigo, de forma a não afetar a apuração do resultado financeiro do Regime Geral de Previdência Social.

§ 12. A renúncia de que trata o § 11 consistirá na diferença entre o valor da contribuição que seria devido, como se não houvesse incentivo, e o valor da contribuição efetivamente recolhido.

§ 13. O valor estimado da renúncia será incluído na Lei Orçamentária Anual, sem prejuízo do repasse enquanto não constar na mencionada Lei.

§ 14. O não cumprimento das exigências de que tratam os §§ 6º e 7º implica a perda do direito das reduções de que tratam o *caput* e o § 5º, ensejando o recolhimento da diferença de contribuições com os acréscimos legais cabíveis.

Art. 202. A contribuição da empresa, destinada ao financiamento da aposentadoria especial, nos termos dos arts. 64 a 70, e dos benefícios concedidos em razão do grau de incidência de incapacidade laborativa decorrente dos riscos ambientais do trabalho corresponde à aplicação dos seguintes percentuais, incidentes sobre o total da remuneração paga, devida ou creditada a qualquer título, no decorrer do mês, ao segurado empregado e trabalhador avulso:

I – um por cento para a empresa em cuja atividade preponderante o risco de acidente do trabalho seja considerado leve;

II – dois por cento para a empresa em cuja atividade preponderante o risco de acidente do trabalho seja considerado médio; ou

III – três por cento para a empresa em cuja atividade preponderante o risco de acidente do trabalho seja considerado grave.

§ 1º As alíquotas constantes do *caput* serão acrescidas de doze, nove ou seis pontos percentuais, respectivamente, se a atividade exercida pelo segurado a serviço da empresa ensejar a concessão de aposentadoria especial após quinze, vinte ou vinte e cinco anos de contribuição.

§ 2º O acréscimo de que trata o parágrafo anterior incide exclusivamente sobre a remuneração do segurado sujeito às condições especiais que prejudiquem a saúde ou a integridade física.

Nova Redação	Antiga Redação
§ 3º Considera-se preponderante a atividade que ocupa, em cada estabelecimento da empresa, o maior número de segurados empregados e de trabalhadores avulsos. *(Redação dada pelo Decreto 10.410/2020)*	§ 3º Considera-se preponderante a atividade que ocupa, na empresa, o maior número de segurados empregados e trabalhadores avulsos.
§ 3º-A. Considera-se estabelecimento da empresa a dependência, matriz ou filial, que tenha número de Cadastro Nacional da Pessoa Jurídica - CNPJ próprio e a obra de construção civil executada sob sua responsabilidade. *(Acrescido pelo Decreto 10.410/2020)*	⊗ Dispositivo sem correspondência na antiga redação.

§ 4º A atividade econômica preponderante da empresa e os respectivos riscos de acidentes do trabalho compõem a Relação de Atividades Preponderantes e correspondentes Graus de Risco, prevista no Anexo V.

§ 5º É de responsabilidade da empresa realizar o enquadramento na atividade preponderante, cabendo à Secretaria da Receita Previdenciária do Ministério da Previdência Social revê-lo a qualquer tempo. (Parágrafo com redação dada pelo Decreto nº 6.042, de 12/2/2007)

§ 6º Verificado erro no autoenquadramento, a Secretaria da Receita Previdenciária adotará as medidas necessárias à sua correção, orientará o responsável pela empresa em caso de recolhimento indevido e procederá à notificação dos valores devidos. (Parágrafo com redação dada pelo Decreto nº 6.042, de 12/2/2007)

<table>
<tr><th>Nova Redação</th><th>Antiga Redação</th></tr>
<tr><td colspan="2">§ 7º O disposto neste artigo não se aplica à pessoa física de que trata a alínea a do inciso V do caput do art. 9º.</td></tr>
<tr><td colspan="2">§ 8º Quando se tratar de produtor rural pessoa jurídica que se dedique à produção rural e contribua nos moldes do inciso IV do caput do art. 201, a contribuição referida neste artigo corresponde a zero vírgula um por cento incidente sobre a receita bruta proveniente da comercialização de sua produção.</td></tr>
<tr><td colspan="2">§ 9º (Revogado pelo Decreto nº 3.265, de 29/11/1999)</td></tr>
<tr><td colspan="2">§ 10. Será devida contribuição adicional de doze, nove ou seis pontos percentuais, a cargo da cooperativa de produção, incidente sobre a remuneração paga, devida ou creditada ao cooperado filiado, na hipótese de exercício de atividade que autorize a concessão de aposentadoria especial após quinze, vinte ou vinte e cinco anos de contribuição, respectivamente. (Parágrafo acrescido pelo Decreto nº 4.729, de 9/6/2003)</td></tr>
<tr><td><del>§ 11. Será devida contribuição adicional de nove, sete ou cinco pontos percentuais, a cargo da empresa tomadora de serviços de cooperado filiado a cooperativa de trabalho, incidente sobre o valor bruto da nota fiscal ou fatura de prestação de serviços, conforme a atividade exercida pelo cooperado permita a concessão de aposentadoria especial após quinze, vinte ou vinte e cinco anos de contribuição, respectivamente. (Parágrafo acrescido pelo Decreto nº 4.729, de 9/6/2003)</del> (Revogado pelo Decreto 10.410/2020)</td><td>§ 11. Será devida contribuição adicional de nove, sete ou cinco pontos percentuais, a cargo da empresa tomadora de serviços de cooperado filiado a cooperativa de trabalho, incidente sobre o valor bruto da nota fiscal ou fatura de prestação de serviços, conforme a atividade exercida pelo cooperado permita a concessão de aposentadoria especial após quinze, vinte ou vinte e cinco anos de contribuição, respectivamente. (Parágrafo acrescido pelo Decreto nº 4.729, de 9/6/2003)</td></tr>
<tr><td><del>§ 12. Para os fins do § 11, será emitida nota fiscal ou fatura de prestação de serviços específica para a atividade exercida pelo cooperado que permita a concessão de aposentadoria especial. (Parágrafo acrescido pelo Decreto nº 4.729, de 9/6/2003)</del> (Revogado pelo Decreto 10.410/2020)</td><td>§ 12. Para os fins do § 11, será emitida nota fiscal ou fatura de prestação de serviços específica para a atividade exercida pelo cooperado que permita a concessão de aposentadoria especial. (Parágrafo acrescido pelo Decreto nº 4.729, de 9/6/2003)</td></tr>
<tr><td colspan="2">§ 13. A empresa informará mensalmente, por meio da Guia de Recolhimento do Fundo de Garantia do Tempo de Serviço e Informações à Previdência Social – GFIP, a alíquota correspondente ao seu grau de risco, a respectiva atividade preponderante e a atividade do estabelecimento, apuradas de acordo com o disposto nos §§ 3ºe 5º. (Parágrafo acrescido pelo Decreto nº 6.042, de 12/2/2007)</td></tr>
</table>

Nova Redação	Antiga Redação
Art. 202-A. As alíquotas a que se refere o *caput* do art. 202 serão reduzidas em até cinquenta por cento ou aumentadas em até cem por cento em razão do desempenho da empresa, individualizada pelo seu CNPJ em relação à sua atividade econômica, aferido pelo Fator Acidentário de Prevenção - FAP. *(Redação dada pelo Decreto 10.410/2020)*	**Art. 202-A.** As alíquotas constantes nos incisos I a III do art. 202 serão reduzidas em até cinquenta por cento ou aumentadas em até cem por cento, em razão do desempenho da empresa em relação à sua respectiva atividade, aferido pelo Fator Acidentário de Prevenção – FAP. (Caput do artigo acrescido pelo Decreto nº 6.042, de 12/2/2007)
§ 1º O FAP consiste em multiplicador variável em um intervalo contínuo de cinco décimos a dois inteiros aplicado à respectiva alíquota, considerado o critério de truncamento na quarta casa decimal. *(Redação dada pelo Decreto 10.410/2020)*	§ 1º O FAP consiste num multiplicador variável num intervalo contínuo de cinco décimos (0,5000) a dois inteiros (2,0000), aplicado com quatro casas decimais, considerado o critério de arredondamento na quarta casa decimal, a ser aplicado à respectiva alíquota. (Parágrafo com redação dada pelo Decreto nº 6.957, de 9/9/2009)
§ 2º Para fins da redução ou da majoração a que se refere o *caput*, o desempenho da empresa, individualizada pelo seu CNPJ será discriminado em relação à sua atividade econômica, a partir da criação de índice composto pelos índices de gravidade, de frequência e de custo que pondera os respectivos percentis. *(Redação dada pelo Decreto 10.410/2020)*	§ 2º Para fins da redução ou majoração a que se refere o caput, proceder-se-á à discriminação do desempenho da empresa, dentro da respectiva atividade econômica, a partir da criação de um índice composto pelos índices de gravidade, de frequência e de custo que pondera os respectivos percentis com pesos de cinquenta por cento, de trinta cinco por cento e de quinze por cento, respectivamente. (Parágrafo com redação dada pelo Decreto nº 6.957, de 9/9/2009)
§ 3º (Revogado pelo Decreto 6.957/2009)	
§ 4º Os índices de frequência, gravidade e custo serão calculados segundo metodologia aprovada pelo Conselho Nacional de Previdência Social, levando-se em conta: (*Caput* do parágrafo acrescido pelo Decreto nº 6.042, de 12/2/2007)	
I - para o índice de frequência, os registros de acidentes ou benefícios de natureza acidentária; *(Redação dada pelo Decreto 10.410/2020)*	I – para o índice de frequência, os registros de acidentes e doenças do trabalho informados ao INSS por meio de Comunicação de Acidente do Trabalho – CAT

Nova Redação	Antiga Redação
	e de benefícios acidentários estabelecidos por nexos técnicos pela perícia médica do INSS, ainda que sem CAT a eles vinculados; (Inciso acrescido com redação dada pelo Decreto nº 6.957, de 9/9/2009)
II - para o índice de gravidade, as hipóteses de auxílio por incapacidade temporária, auxílio-acidente, aposentadoria por incapacidade permanente, pensão por morte e morte de natureza acidentária, aos quais são atribuídos pesos diferentes em razão da gravidade da ocorrência, da seguinte forma: *(Redação dada pelo Decreto 10.410/2020)*	II – para o índice de gravidade, todos os casos de auxílio-doença, auxílio-acidente, aposentadoria por invalidez e pensão por morte, todos de natureza acidentária, aos quais são atribuídos pesos diferentes em razão da gravidade da ocorrência, como segue: (Caput com redação dada pelo Decreto nº 6.957, de 9/9/2009)
a) pensão por morte e morte de natureza acidentária - peso de cinquenta por cento;	*a)* pensão por morte: peso de cinquenta por cento; (Alínea acrescida pelo Decreto nº 6.957, de 9/9/2009)
b) aposentadoria por incapacidade permanente - peso de trinta por cento; e	*b)* aposentadoria por invalidez: peso de trinta por cento; e (Alínea acrescida pelo Decreto nº 6.957, de 9/9/2009)
c) auxílio por incapacidade temporária e auxílio-acidente - peso de dez por cento para cada; e	*c)* auxílio-doença e auxílio-acidente: peso de dez por cento para cada um; e (Alínea acrescida pelo Decreto nº 6.957, de 9/9/2009)
III - para o índice de custo, os valores dos benefícios de natureza acidentária pagos ou devidos pela previdência social. *(Redação dada pelo Decreto 10.410/2020)*	III – para o índice de custo, os valores dos benefícios de natureza acidentária pagos ou devidos pela Previdência Social, apurados da seguinte forma: (Caput do inciso com redação dada pelo Decreto nº 6.957, de 9/9/2009)
~~*a)* nos casos de auxílio-doença, com base no tempo de afastamento do trabalhador, em meses e fração de mês; e (Alínea acrescida pelo Decreto nº 6.957, de 9/9/2009)~~ *(Revogada pelo Decreto 10.410/2020)*	*a)* nos casos de auxílio-doença, com base no tempo de afastamento do trabalhador, em meses e fração de mês; e (Alínea acrescida pelo Decreto nº 6.957, de 9/9/2009)

Nova Redação	Antiga Redação
~~*b)* nos casos de morte ou de invalidez, parcial ou total, mediante projeção da expectativa de sobrevida do segurado, na data de início do benefício, a partir da tábua de mortalidade construída pela Fundação Instituto Brasileiro de Geografia e Estatística – IBGE para toda a população brasileira, considerando-se a média nacional única para ambos os sexos. (Alínea acrescida pelo Decreto nº 6.957, de 9/9/2009)~~ *(Revogada pelo Decreto 10.410/2020)*;	*b)* nos casos de morte ou de invalidez, parcial ou total, mediante projeção da expectativa de sobrevida do segurado, na data de início do benefício, a partir da tábua de mortalidade construída pela Fundação Instituto Brasileiro de Geografia e Estatística – IBGE para toda a população brasileira, considerando-se a média nacional única para ambos os sexos. (Alínea acrescida pelo Decreto nº 6.957, de 9/9/2009)
§ 5º O Ministério da Economia publicará, anualmente, no Diário Oficial da União, portaria para disponibilizar consulta ao FAP e aos róis dos percentis de frequência, gravidade e custo por subclasse da Classificação Nacional de Atividades Econômicas. *(Redação dada pelo Decreto 10.410/2020)*	§ 5º O Ministério da Previdência Social publicará anualmente, sempre no mesmo mês, no Diário Oficial da União, os róis dos percentis de frequência, gravidade e custo por Subclasse da Classificação Nacional de Atividades Econômicas – CNAE e divulgará na rede mundial de computadores o FAP de cada empresa, com as respectivas ordens de frequência, gravidade, custo e demais elementos que possibilitem a esta verificar o respectivo desempenho dentro da sua CNAE-Subclasse. (Parágrafo com redação dada pelo Decreto nº 6.957, de 9/9/2009)
§ 6º O FAP produzirá efeitos tributários a partir do primeiro dia do quarto mês subsequente ao de sua divulgação. (Parágrafo acrescido pelo Decreto nº 6.042, de 12/2/2007)	
§ 7º Para o cálculo anual do FAP, serão utilizados os dados de janeiro a dezembro de cada ano, até completar o período de dois anos, a partir do qual os dados do ano inicial serão substituídos pelos novos dados anuais incorporados. (Parágrafo com redação dada pelo Decreto nº 6.957, de 9/9/2009)	
§ 8º O FAP será calculado a partir de 1º de janeiro do ano seguinte àquele ano em que o estabelecimento completar dois anos de sua constituição. *(Redação dada pelo Decreto 10.410/2020)*	§ 8º Para a empresa constituída após janeiro de 2007, o FAP será calculado a partir de 1º de janeiro do ano seguinte ao que completar dois anos de constituição. (Parágrafo acrescido pelo Decreto nº 6.042, de 12/2/2007 e com nova redação dada pelo Decreto nº 6.957, de 9/9/2009)

Nova Redação	Antiga Redação
§ 9º *(Revogado pelo Decreto 10.410/2020)*	§ 9º Excepcionalmente, no primeiro processamento do FAP serão utilizados os dados de abril de 2007 a dezembro de 2008. (Parágrafo com redação dada pelo Decreto nº 6.957, de 9/9/2009)
§ 10. A metodologia aprovada pelo Conselho Nacional de Previdência indicará a sistemática de cálculo e a forma de aplicação de índices e critérios acessórios à composição do índice composto do FAP. *(Redação dada pelo Decreto 10.410/2020)*	§ 10. A metodologia aprovada pelo Conselho Nacional de Previdência Social indicará a sistemática de cálculo e a forma de aplicação de índices e critérios acessórios à composição do índice composto do FAP. (Parágrafo acrescido pelo Decreto nº 6.957, de 9/9/2009)
Art. 202-B. *(Revogado pelo Decreto 10.410/2020)*	**Art. 202-B.** O FAP atribuído às empresas pelo Ministério da Previdência Social poderá ser contestado perante o Departamento de Políticas de Saúde e Segurança Ocupacional da Secretaria Políticas de Previdência Social do Ministério da Previdência Social, no prazo de trinta dias da sua divulgação oficial.

Art. 203. A fim de estimular investimentos destinados a diminuir os riscos ambientais no trabalho, o Ministério da Previdência e Assistência Social poderá alterar o enquadramento de empresa que demonstre a melhoria das condições do trabalho, com redução dos agravos à saúde do trabalhador, obtida através de investimentos em prevenção e em sistemas gerenciais de risco.

§ 1º A alteração do enquadramento estará condicionada à inexistência de débitos em relação às contribuições devidas ao Instituto Nacional do Seguro Social e aos demais requisitos estabelecidos pelo Ministério da Previdência e Assistência Social.

§ 2º O Instituto Nacional do Seguro Social, com base principalmente na comunicação prevista no art. 336, implementará sistema de controle e acompanhamento de acidentes do trabalho.

§ 3º Verificado o descumprimento por parte da empresa dos requisitos fixados pelo Ministério da Previdência e Assistência Social, para fins de enquadramento de que trata o artigo anterior, o Instituto Nacional do Seguro Social procederá à notificação dos valores devidos.

Art. 204. As contribuições a cargo da empresa, provenientes do faturamento e do lucro, destinadas à seguridade social, arrecadadas, normatizadas, fiscalizadas e cobradas pela Secretaria da Receita Federal. (*Caput* do artigo com redação dada pelo Decreto nº 4.729, de 9/6/2003)

§§ 1º a 3º (Revogados pelo Decreto nº 4.729, de 9/6/2003)

Art. 205. A contribuição empresarial da associação desportiva que mantém equipe de futebol profissional, destinada à seguridade social, em substituição às previstas no inciso I do *caput* do art. 201 e no art. 202, corresponde a cinco por cento da receita bruta decorrente dos espetáculos desportivos de que participe em todo território nacional, em qualquer modalidade desportiva, inclusive jogos internacionais, e de qualquer forma de patrocínio, licenciamento de uso de marcas e símbolos, publicidade, propaganda e transmissão de espetáculos desportivos.

§ 1º Cabe à entidade promotora do espetáculo a responsabilidade de efetuar o desconto de cinco por cento da receita bruta decorrente dos espetáculos desportivos e o respectivo recolhimento do Instituto Nacional do Seguro Social, no prazo de até dois dias úteis após a realização do evento.

§ 2º Cabe à associação desportiva que mantém equipe de futebol profissional informar à entidade promotora do espetáculo desportivo todas as receitas auferidas no evento, discriminando-as detalhadamente.

§ 3º Cabe à empresa ou entidade que repassar recursos a associação desportiva que mantém equipe de futebol profissional, a título de patrocínio, licenciamento de uso de marcas e símbolos, publicidade, propaganda e transmissão de espetáculos, a responsabilidade de reter e recolher, no prazo estabelecido na alínea b do inciso I do art. 216, o percentual de cinco por cento da receita bruta, inadmitida qualquer dedução.

§ 4º O Conselho Deliberativo do Instituto Nacional de Desenvolvimento do Desporto informará ao Instituto Nacional do Seguro Social, com a antecedência necessária, a realização de todo espetáculo esportivo de que a associação desportiva referida no *caput* participe no território nacional.

§ 5º O não recolhimento das contribuições a que se referem os §§ 1º e 3º nos prazos estabelecidos no § 1º deste artigo e na alínea b do inciso I do art. 216, respectivamente, sujeitará os responsáveis ao pagamento de atualização monetária, quando couber, juros moratórios e multas, na forma do art. 239.

§ 6º O não desconto ou a não retenção das contribuições a que se referem os §§ 1º e 3º sujeitará a entidade promotora do espetáculo, a empresa ou a entidade às penalidades previstas no art. 283.

Nova Redação	Antiga Redação
§ 7º O disposto neste artigo não se aplica às demais entidades desportivas, que continuam a contribuir na forma dos arts. 201, 202 e 204, a partir da competência novembro de 1991.	
§ 8º O disposto no *caput* e §§ 1º a 6º aplica-se à associação desportiva que mantém equipe de futebol profissional e que se organize na forma da Lei nº 9.615, de 24 de março de 1998.	

Seção II
Da Isenção de Contribuições

Arts. 206 a **210.** (Revogado pelo Decreto nº 7.237, de 20/7/2010)

Seção III
Da Contribuição do Empregador Doméstico

Nova Redação	Antiga Redação
Art. 211. A contribuição previdenciária do empregador doméstico sobre o salário de contribuição do empregado doméstico a seu serviço será de: *(Redação dada pelo Decreto 10.410/2020)*	**Art. 211.** A contribuição do empregador doméstico é de doze por cento do salário de contribuição do empregado doméstico a seu serviço.
I - oito por cento de contribuição patronal; e	⊗ Dispositivo sem correspondência na antiga redação.
II - oito décimos por cento de contribuição social para financiamento do seguro contra acidentes do trabalho.	⊗ Dispositivo sem correspondência na antiga redação.
Art. 211-A. O empregador doméstico não poderá contratar o MEI, de que trata o § 26 do art. 9º, quando existentes os elementos da relação de emprego doméstico, sob pena de ficar sujeito às obrigações dela decorrentes, inclusive trabalhistas, tributárias e previdenciárias. *(Acrescido pelo Decreto 10.410/2020)*	⊗ Dispositivo sem correspondência na antiga redação.
Art. 211-B. O Simples Doméstico, instituído pela Lei Complementar nº 150, de 1º de junho de 2015, assegurará o recolhimento mensal por meio de documento único de arrecadação dos seguintes valores: *(Acrescido pelo Decreto 10.410/2020)*	⊗ Dispositivo sem correspondência na antiga redação.

Nova Redação	Antiga Redação
I - sete inteiros e cinco décimos por cento a quatorze por cento de contribuição previdenciária, a cargo do segurado empregado doméstico, nos termos do disposto no art. 198;	
II - oito por cento de contribuição patronal previdenciária, a cargo do empregador doméstico, nos termos do disposto no art. 211;	
III - oito décimos por cento de contribuição social para financiamento do seguro contra acidentes do trabalho, nos termos do disposto no art. 211;	
IV - oito por cento de contribuição para o FGTS;	
V - três inteiros e dois décimos por cento de contribuição para fins de aplicação do disposto no art. 22 da Lei Complementar nº 150, de 2015; e	
VI - quando couber, percentual referente ao imposto sobre a renda retido na fonte de que trata o inciso I do *caput* do art. 7º da Lei nº 7.713, de 22 de dezembro de 1988.	
§ 1º As contribuições, os depósitos e o imposto de que tratam os incisos I ao VI do *caput* incidem sobre a remuneração paga ou devida no mês anterior a cada empregado doméstico, incluída na remuneração a gratificação de natal.	
§ 2º A contribuição e o imposto de que tratam os incisos I e VI do *caput* serão descontados da remuneração do empregado doméstico pelo empregador doméstico, que é responsável por seu recolhimento.	

Nova Redação	Antiga Redação
§ 3º O produto da arrecadação das contribuições, dos depósitos e do imposto de que trata o *caput* será centralizado na Caixa Econômica Federal.	
§ 4º A Caixa Econômica Federal, com base nos elementos identificadores do recolhimento, disponíveis no sistema do Simples Doméstico, transferirá para a Conta Única do Tesouro Nacional o valor arrecadado das contribuições e do imposto de que tratam os incisos I, II, III e VI do *caput*.	
§ 5º O recolhimento de que trata o *caput* será efetuado em instituições financeiras integrantes da rede arrecadadora de receitas federais.	
§ 6º O empregador doméstico fornecerá, mensalmente, ao empregado doméstico cópia do documento a que se refere o *caput*.	
§ 7º O recolhimento mensal, por meio de documento único de arrecadação, e a exigência das contribuições, dos depósitos e do imposto, nos valores definidos nos incisos I ao VI do *caput*, somente serão devidos a partir da competência outubro de 2015.	
Art. 211-C. O empregador doméstico fica obrigado a pagar a remuneração devida ao empregado doméstico e a arrecadar e a recolher as contribuições, os depósitos e o imposto a que se referem os incisos I ao VI do *caput* do art. 211-B até o dia 7 do mês seguinte ao da competência. *(Acrescido pelo Decreto 10.410/2020)*	⊗ Dispositivo sem correspondência na antiga redação.

Nova Redação	Antiga Redação
§ 1º Os valores a que se referem os incisos I, II, III e VI do *caput* do art. 211-B não recolhidos até a data de vencimento estarão sujeitos à incidência de encargos legais na forma prevista na legislação do imposto sobre a renda.	
§ 2º Os valores a que se referem os incisos IV e V do *caput* referentes ao FGTS não recolhidos até a data de vencimento serão corrigidos e terão a incidência de multa, observado o disposto na Lei nº 8.036, de 11 de maio de 1990.	

CAPÍTULO V
DA CONTRIBUIÇÃO SOBRE A RECEITA DE CONCURSOS DE PROGNÓSTICOS

Art. 212. Constitui receita da seguridade social a renda líquida dos concursos de prognósticos, excetuando-se os valores destinados ao Programa de Crédito Educativo.

§ 1º Consideram-se concurso de prognósticos todo e qualquer concurso de sorteio de números ou quaisquer outros símbolos, loterias e apostas de qualquer natureza no âmbito federal, estadual, do Distrito Federal ou municipal, promovidos por órgãos do Poder Público ou por sociedades comerciais ou civis.

§ 2º A contribuição de que trata este artigo constitui-se de:

I – renda líquida dos concursos de prognósticos realizados pelos órgãos do Poder Público destinada à seguridade social de sua esfera de governo;

II – cinco por cento sobre o movimento global de apostas em prado de corridas; e

III – cinco por cento sobre o movimento global de sorteio de números ou de quaisquer modalidades de símbolos.

§ 3º Para o efeito do disposto no parágrafo anterior, entende-se como:

I – renda líquida – o total da arrecadação, deduzidos os valores destinados ao pagamento de prêmios, de impostos e de despesas com administração;

II – movimento global das apostas – total das importâncias relativas às várias modalidades de jogos, inclusive o de acumulada, apregoadas para o público no prado de corrida, subsede ou outra dependência da entidade; e

III – movimento global de sorteio de números – o total da receita bruta, apurada com a venda de cartelas, cartões ou quaisquer outras modalidades, para sorteio realizado em qualquer condição.

CAPÍTULO VI
DAS OUTRAS RECEITAS DA SEGURIDADE SOCIAL

Art. 213. Constituem outras receitas da seguridade social:

I – as multas, a atualização monetária e os juros moratórios;

II – a remuneração recebida pela prestação de serviços de arrecadação, fiscalização e cobrança prestados a terceiros;

III – as receitas provenientes de prestação de outros serviços e de fornecimento ou arrecadamento de bens;

IV – as demais receitas patrimoniais, industriais e financeiras;

V – as doações, legados, subvenções e outras receitas eventuais;

VI – cinquenta por cento da receita obtida na forma do parágrafo único do art. 243 da Constituição Federal, repassados pelo Instituto Nacional do Seguro Social aos órgãos responsáveis pelas ações de proteção à saúde e a ser aplicada no tratamento e recuperação de viciados em entorpecentes e drogas afins;

VII – quarenta por cento do resultado dos leilões dos bens apreendidos pela Secretaria da Receita Federal; e

VIII – outras receitas previstas em legislação específica.

Parágrafo único. As companhias seguradoras que mantém seguro obrigatório de danos pessoais causados por veículos automotores de vias terrestres, de que trata a Lei nº 6.194, de 19 de dezembro de 1974, deverão repassar à seguridade social cinquenta por cento do valor total do prêmio recolhido, destinados ao Sistema Único de Saúde, para custeio da assistência médico-hospitalar dos segurados vitimados em acidentes de trânsito. (Parágrafo único com redação dada pelo Decreto nº 3.265, de 29/11/1999)

CAPÍTULO VII
DO SALÁRIO DE CONTRIBUIÇÃO

Art. 214. Entende-se por salário de contribuição:

I – para o empregado e o trabalhador avulso: a remuneração auferida em uma ou mais empresas, assim entendida a totalidade dos rendimentos pagos, devidos ou creditados a qualquer título, durante o mês, destinados a retribuir o trabalho, qualquer que seja a sua forma, inclusive as gorjetas, os ganhos habituais sob a forma de utilidades e os adiantamentos decorrentes de reajuste salarial, quer pelos serviços efetivamente prestados, quer pelo tempo à disposição do empregador ou tomador de serviços, nos termos da lei ou do contrato ou, ainda, de convenção ou acordo coletivo de trabalho ou sentença normativa;

II – para o empregado doméstico: a remuneração registrada na Carteira Profissional e/ou na Carteira de Trabalho e Previdência Social, observados os limites mínimo e máximo previstos nos §§ 3º e 5º;

III – para o contribuinte individual: a remuneração auferida em uma ou mais empresas ou pelo exercício de sua atividade por conta própria, durante o mês, observados os limites a que se referem os §§ 3º e 5º; (Inciso com redação dada pelo Decreto nº 3.265, de 29/11/1999)

IV – para o dirigente sindical na qualidade de empregado: a remuneração paga, devida ou creditada pela entidade sindical, pela empresa ou por ambas; e

V – para o dirigente sindical na qualidade de trabalhador avulso: a remuneração paga, devida ou creditada pela entidade sindical.

VI – para o segurado facultativo: o valor por ele declarado, observados os limites a que se referem os §§ 3º e 5º; (Inciso acrescido pelo Decreto nº 3.265, de 29/11/1999)

§ 1º Quando a admissão, a dispensa, o afastamento ou a falta do empregado, inclusive o doméstico, ocorrer no curso do mês, o salário de contribuição será proporcional ao número de dias efetivamente trabalhados, observadas as normas estabelecidas pelo Instituto Nacional do Seguro Social.

§ 2º O salário-maternidade é considerado salário de contribuição.

§ 3º O limite mínimo do salário de contribuição corresponde:

I – para os segurados contribuinte individual e facultativo, ao salário mínimo; e

II – para os segurados empregado, inclusive o doméstico, e trabalhador avulso, ao piso salarial legal ou normativo da categoria ou, inexistindo este, ao salário mínimo, tomado no seu valor mensal, diário ou horário, conforme o ajustado e o tempo de trabalho efetivo durante o mês. (Parágrafo com redação dada pelo Decreto nº 3.265, de 29/11/1999)

§ 4º A remuneração adicional de férias de que trata o inciso XVII do art. 7º da Constituição Federal integra o salário de contribuição.

§ 5º O valor do limite máximo do salário de contribuição será publicado mediante portaria do Ministério da Previdência e Assistência Social, sempre que ocorrer alteração do valor dos benefícios.

→ Portaria ME/SEPT 3.659/2020, que altera o limite máximo do salário de contribuição para R$ 6.101,06 (seis mil, cento e um reais e seis centavos).	

Nova Redação	Antiga Redação
§ 6º A gratificação natalina – décimo terceiro salário – integra o salário de contribuição, exceto para o cálculo do salário de benefício, sendo devida a contribuição quando do pagamento ou crédito da última parcela ou na rescisão do contrato de trabalho.	
§ 7º A contribuição de que trata o § 6º incidirá sobre o valor bruto da gratificação, sem compensação dos adiantamentos pagos, mediante aplicação, em separado, da tabela de que trata o art. 198 e observadas as normas estabelecias pelo Instituto Nacional do Seguro Social.	
§ 8º *(Revogado pelo Decreto 10.410/2020)*	§ 8º O valor das diárias para viagens, quando excedente a cinquenta por cento da remuneração mensal do empregado, integra o salário de contribuição pelo seu valor total.
§ 9º Não integram o salário de contribuição, exclusivamente:	
I – os benefícios da previdência social, nos termos e limites legais, ressalvado o disposto no § 2º;	
II – a ajuda de custo e o adicional mensal recebidos pelo aeronauta, nos termos da Lei nº 5.929, de 30 de outubro de 1973;	
III – a parcela in natura recebida de acordo com programa de alimentação aprovado pelo Ministério do Trabalho e Emprego, nos termos da Lei nº 6.321, de 14 de abril de 1976;	
IV – as importâncias recebidas a título de férias indenizadas e respectivo adicional constitucional, inclusive o valor correspondente à dobra da remuneração de férias de que trata o art. 137 da Consolidação das Leis do Trabalho;	
V – as importâncias recebidas a título de:	
a) indenização compensatória de quarenta por cento do montante depositado no Fundo de Garantia do Tempo de Serviço, como proteção à relação de emprego contra despedida arbitrária ou sem justa causa, conforme disposto no inciso I do art. 10 do Ato das Disposições Constitucionais Transitórias;	
b) indenização por tempo de serviço, anterior a 5 de outubro de 1988, do empregado não optante pelo Fundo de Garantia do Tempo de Serviço;	
c) indenização por despedida sem justa causa do empregado nos contratos por prazo determinado, conforme estabelecido no art. 479 da Consolidação das Leis do Trabalho;	

Nova Redação	Antiga Redação
d) indenização do tempo de serviço do safrista, quando da expiração normal do contrato, conforme disposto no art. 14 da Lei nº 5.889, de 8 de junho de 1973;	
e) incentivo à demissão;	
f) (Revogada pelo Decreto nº 6.727, de 12/1/2009)	
g) indenização por dispensa sem justa causa no período de trinta dias que antecede a correção salarial a que se refere o art. 9º da Lei nº 7.238, de 29 de outubro de 1984;	
h) indenizações previstas nos arts. 496 e 497 da Consolidação das Leis do Trabalho;	
i) abono de férias na forma dos arts. 143 e 144 da Consolidação das Leis do Trabalho;	
j) ganhos eventuais expressamente desvinculados do salário por força de lei; *(Redação dada pelo Decreto 10.410/2020)*	*j)* ganhos eventuais e abonos expressamente desvinculados do salário por força de lei; (Alínea com redação dada pelo Decreto nº 3.265, de 29/11/1999)
k) licença-prêmio indenizada; *(Acrescida pelo Decreto 10.410/2020)*	⊗ Dispositivo sem correspondência na antiga redação.
l) outras indenizações, desde que expressamente previstas em lei; e *(Redação dada pelo Decreto 10.410/2020)*	*l)* licença-prêmio indenizada; e
m) importâncias, ainda que habituais, pagas a título de ajuda de custo, auxílio-alimentação, vedado o seu pagamento em dinheiro, e diárias para viagem; e *(Acrescida pelo Decreto 10.410/2020)*	*m)* outras indenizações, desde que expressamente previstas em lei;
n) prêmios e abonos; *(Acrescida pelo Decreto 10.410/2020)*	⊗ Dispositivo sem correspondência na antiga redação.
VI - a parcela recebida a título de vale-transporte, ainda que paga em dinheiro, na forma da legislação própria; *(Redação dada pelo Decreto 10.410/2020)*	VI – a parcela recebida a título de vale-transporte, na forma da legislação própria;
VII – a ajuda de custo, em parcela única, recebida exclusivamente em decorrência de mudança de local de trabalho do empregado, na forma do art. 470 da Consolidação das Leis do Trabalho;	

Nova Redação	Antiga Redação
VIII – *(Revogado pelo Decreto 10.410/2020)*	VIII – as diárias para viagens, desde que não excedam a cinquenta por cento da remuneração mensal do empregado;
IX – a importância recebida a título de bolsa de complementação educacional de estagiário, quando paga nos termos do disposto na Lei nº 11.788, de 2008; *(Redação dada pelo Decreto 10.410/2020)*	IX – a importância recebida a título de bolsa de complementação educacional de estagiário, quando paga nos termos da Lei nº 6.494, de 1977;
X – a participação do empregado nos lucros ou resultados da empresa, quando paga ou creditada de acordo com lei específica;	
XI – o abono do Programa de Integração Social/Programa de Assistência ao Servidor Público;	
XII – os valores correspondentes a transporte, alimentação e habitação fornecidos pela empresa ao empregado contratado para trabalhar em localidade distante da de sua residência, em canteiro de obras ou local que, por força da atividade, exija deslocamento e estada, observadas as normas de proteção estabelecidas pelo Ministério do Trabalho e Emprego;	
XIII – a importância paga ao empregado a título de complementação ao valor do auxílio-doença desde que este direito seja extensivo à totalidade dos empregados da empresa;	
XIV – as parcelas destinadas à assistência ao trabalhador da agroindústria canavieira de que trata o art. 36 da Lei nº 4.870, de 1º de dezembro de 1965;	
XV – o valor das contribuições efetivamente pago pela pessoa jurídica relativo a programa de previdência complementar privada, aberta ou fechada, desde que disponível à totalidade de seus empregados e dirigentes, observados, no que couber, os arts. 9º e 468 da Consolidação das Leis do Trabalho;	
XVI - o valor relativo à assistência prestada por serviço médico ou odontológico, próprio ou não, inclusive o reembolso de despesas com medicamentos, óculos, aparelhos ortopédicos, próteses, órteses, despesas médico-hospitalares e outras similares, mesmo quando concedido em diferentes modalidades de planos e coberturas; *(Redação dada pelo Decreto 10.410/2020)*	XVI – o valor relativo à assistência prestada por serviço médico ou odontológico, próprio da empresa ou com ela conveniado, inclusive o reembolso de despesas com medicamentos, óculos, aparelhos ortopédicos, despesas médico-hospitalares e outras similares, desde que a cobertura abranja a totalidade dos empregados e dirigentes da empresa;

Nova Redação	Antiga Redação
XVII – o valor correspondente a vestuários, equipamentos e outros acessórios fornecidos ao empregado e utilizados no local do trabalho para prestação dos respectivos serviços;	
XVIII – o ressarcimento de despesas pelo uso de veículo do empregado, quando devidamente comprovadas; (Inciso com redação dada pelo Decreto nº 3.265, de 29/11/1999)	
XIX - o valor relativo a plano educacional ou bolsa de estudo que vise à educação básica de empregados e de seus dependentes e, desde que vinculada às atividades desenvolvidas pela empresa, à educação profissional e tecnológica de empregados, nos termos do disposto na Lei nº 9.394, de 20 de dezembro de 1996, observados os seguintes requisitos: *(Redação dada pelo Decreto 10.410/2020)*	XIX – o valor relativo a plano educacional que vise à educação básica, nos termos do art. 21 da Lei nº 9.394, de 1996, e a cursos de capacitação e qualificação profissionais vinculados às atividades desenvolvidas pela empresa, desde que não seja utilizado em substituição de parcela salarial e que todos os empregados e dirigentes tenham acesso ao mesmo;
a) o valor não ser utilizado em substituição de parcela salarial; e	⊗ Dispositivo sem correspondência na antiga redação.
b) o valor mensal do plano educacional ou da bolsa de estudo, considerado individualmente, não ultrapassar cinco por cento do valor da remuneração do segurado a que se destina ou o valor correspondente a cento e cinquenta por cento do valor do limite mínimo mensal do salário de contribuição, o que for maior;	⊗ Dispositivo sem correspondência na antiga redação.
XX – (Revogado pelo Decreto 3.265/1999)	
XXI – os valores recebidos em decorrência da cessão de direitos autorais; e	
XXII – o valor da multa paga ao empregado em decorrência da mora no pagamento das parcelas constantes do instrumento de rescisão do contrato de trabalho, conforme previsto no § 8º do art. 477 da Consolidação das Leis do Trabalho.	
XXIII – o reembolso creche pago em conformidade com a legislação trabalhista, observado o limite máximo de seis anos de idade da criança, quando devidamente comprovadas as despesas; (Inciso acrescido pelo Decreto nº 3.265, de 29/11/1999)	

<table>
<tr><th>Nova Redação</th><th>Antiga Redação</th></tr>
<tr><td colspan="2">XXIV – o reembolso babá, limitado ao menor salário de contribuição mensal e condicionado à comprovação do registro na Carteira de Trabalho e Previdência Social da empregada, do pagamento da remuneração e do recolhimento da contribuição previdenciária, pago em conformidade com a legislação trabalhista, observado o limite máximo de seis anos de idade da criança; e (Inciso acrescido pelo Decreto nº 3.265, de 29/11/1999)</td></tr>
<tr><td colspan="2">XXV – o valor das contribuições efetivamente pago pela pessoa jurídica relativo a prêmio de seguro de vida em grupo, desde que previsto em acordo ou convenção coletiva de trabalho e disponível à totalidade de seus empregados e dirigentes, observados, no que couber, os arts. 9º e 468 da Consolidação das Leis do Trabalho. (Inciso acrescido pelo Decreto nº 3.265, de 29/11/1999)</td></tr>
<tr><td>XXVI - o valor correspondente ao vale-cultura. (Acrescido pelo Decreto 10.410/ 2020)</td><td>⊗ Dispositivo sem correspondência na antiga redação.</td></tr>
<tr><td colspan="2">§ 10. As parcelas referidas no parágrafo anterior, quando pagas ou creditadas em desacordo com a legislação pertinente, integram o salário de contribuição para todos os fins e efeitos, sem prejuízo da aplicação das cominações legais cabíveis.</td></tr>
<tr><td colspan="2">§ 11. Para a identificação dos ganhos habituais recebidos sob a forma de utilidades, deverão ser observados:</td></tr>
<tr><td colspan="2">I – os valores reais das utilidades recebidas; ou</td></tr>
<tr><td colspan="2">II – os valores resultantes da aplicação dos percentuais estabelecidos em lei em função do salário mínimo, aplicados sobre a remuneração paga caso não haja determinação dos valores de que trata o inciso I.</td></tr>
<tr><td colspan="2">§ 12. O valor pago à empregada gestante, inclusive à doméstica, em função do disposto na alínea b do inciso II do art. 10 do Ato das Disposições Constitucionais Transitórias da Constituição Federal, integra o salário de contribuição, excluídos os casos de conversão em indenização previstos nos arts. 496 e 497 da Consolidação das Leis do Trabalho.</td></tr>
<tr><td><s>§ 13. Para efeito de verificação do limite de que tratam o § 8º e o inciso VIII do § 9º, não será computado, no cálculo da remuneração, o valor das diárias.</s> (Revogado pelo Decreto 10.410/2020)</td><td>§ 13. Para efeito de verificação do limite de que tratam o § 8º e o inciso VIII do § 9º, não será computado, no cálculo da remuneração, o valor das diárias.</td></tr>
<tr><td colspan="2">§ 14. A incidência da contribuição sobre a remuneração das férias ocorrerá no mês a que elas se referirem, mesmo quando pagas antecipadamente na forma da legislação trabalhista;</td></tr>
</table>

<table>
<tr><th>Nova Redação</th><th>Antiga Redação</th></tr>
<tr><td colspan="2">§ 15. O valor mensal do auxílio-acidente integra o salário de contribuição, para fins de cálculo do salário de benefício de qualquer aposentadoria, observado, no que couber, o disposto no art. 32.</td></tr>
<tr><td colspan="2">§ 16. Não se considera remuneração direta ou indireta os valores despendidos pelas entidades religiosas e instituições de ensino vocacional com ministro de confissão religiosa, membros de instituto de vida consagrada, de congregação ou de ordem religiosa em face do seu mister religioso ou para sua subsistência, desde que fornecidos em condições que independam da natureza e da quantidade do trabalho executado. (Parágrafo acrescido pelo Decreto nº 4.032, de 26/11/2001)</td></tr>
<tr><td>§ 17. Para fins de aplicação do disposto no § 16: (Acrescido pelo Decreto 10.410/2020)</td><td rowspan="3">⊗ Dispositivo sem correspondência na antiga redação.</td></tr>
<tr><td>I - os critérios informadores dos valores despendidos pelas entidades religiosas e instituições de ensino vocacional aos ministros de confissão religiosa, membros de vida consagrada, de congregação ou de ordem religiosa não são taxativos e, sim, exemplificativos; e</td></tr>
<tr><td>II - os valores despendidos, ainda que pagos de forma e em montante diferenciados, em pecúnia ou a título de ajuda de custo de moradia, transporte ou formação educacional, vinculados exclusivamente à atividade religiosa não configuram remuneração direta ou indireta.</td></tr>
<tr><td>§ 18. Para fins do disposto neste artigo, consideram-se prêmios as liberalidades concedidas pelo empregador em forma de bens, serviços ou valores em dinheiro a empregado ou a grupo de empregados, em razão de desempenho superior ao ordinariamente esperado no exercício de suas atividades. (Acrescido pelo Decreto 10.410/2020)</td><td>⊗ Dispositivo sem correspondência na antiga redação.</td></tr>
</table>

Nova Redação	Antiga Redação
§ 20. O salário de contribuição do condutor autônomo de veículo rodoviário, inclusive o taxista e o motorista de transporte remunerado privado individual de passageiros, do auxiliar de condutor autônomo e do operador de trator, máquina de terraplanagem, colheitadeira e assemelhados, sem vínculo empregatício, a que se referem os incisos I e II do § 15º do art. 9º, e do cooperado filiado a cooperativa de transportadores autônomos corresponde a vinte por cento do valor bruto auferido pelo frete, carreto ou transporte e não se admite a dedução de qualquer valor relativo aos dispêndios com combustível e manutenção do veículo. *(Acrescido pelo Decreto 10.410/2020)* ➔ *Mantivemos numeração conforme publicação oficial.*	⊗ Dispositivo sem correspondência na antiga redação.

Art. 215. (Revogado pelo Decreto nº 3.265, de 29/11/2006)

CAPÍTULO VIII
DA ARRECADAÇÃO E RECOLHIMENTO DAS CONTRIBUIÇÕES

Seção I
Das Normas Gerais de Arrecadação

Art. 216. A arrecadação e o recolhimento das contribuições e de outras importâncias devidas à seguridade social, observado o que a respeito dispuserem o Instituto Nacional do Seguro Social e a Secretaria da Receita Federal, obedecem às seguintes normas gerais:

I – a empresa é obrigada a:

a) arrecadar a contribuição do segurado empregado, do trabalhador avulso e do contribuinte individual a seu serviço, descontando-a da respectiva remuneração; (Alínea com redação dada pelo Decreto nº 4.729, de 9/6/2003)

b) recolher o produto arrecadado na forma da alínea a e as contribuições a seu cargo incidentes sobre as remunerações pagas, devidas ou creditadas, a qualquer título, inclusive adiantamentos decorrentes de reajuste salarial, acordo ou convenção coletiva, aos segurados empregado, contribuinte individual e trabalhador avulso a seu serviço, e sobre o valor bruto da nota fiscal ou fatura de serviço, relativo a serviços que lhe tenham sido prestados por cooperados, por intermédio de cooperativas de trabalho, até o dia vinte do mês seguinte àquele a que se referirem as remunerações, bem como as importâncias retidas na forma do art. 219, até o dia vinte do mês seguinte àquele da emissão da nota fiscal ou fatura, antecipando-se o vencimento para o dia útil imediatamente anterior quando não houver expediente bancário no dia vinte; (Alínea com redação dada pelo Decreto nº 6.722, de 30/12/2008)

c) recolher as contribuições de que trata o art. 204, na forma e prazos definidos pela legislação tributária federal; (Alínea com redação dada pelo Decreto nº 4.729, de 9/6/2003)

II – os segurados contribuinte individual, quando exercer atividade econômica por conta própria ou prestar serviço a pessoa física ou a outro contribuinte individual, produtor rural pessoa física, missão diplomática ou repartição consular de carreira estrangeiras, ou quando tratar-se de brasileiro civil que trabalha no exterior para organismo oficial internacional do qual o Brasil seja membro efetivo, ou ainda, na hipótese do § 28, e o facultativo estão obrigados a recolher sua contribuição, por iniciativa própria, até o dia quinze do mês seguinte àquele a que as contribuições se referirem, prorrogando-se o vencimento para o dia útil subsequente quando não houver expediente bancário no dia quinze, facultada a opção prevista no § 15; (Inciso com redação dada pelo Decreto nº 4.729, de 9/6/2003)

III – a empresa adquirente, consumidora ou consignatária ou a cooperativa são obrigadas a recolher a contribuição de que trata o art. 200 no prazo referido na alínea b do inciso I, no mês subsequente ao da operação de venda ou consignação da produção rural, independentemente de estas operações terem sido realizadas diretamente com o produtor ou com o intermediário pessoa física;

IV – o produtor rural pessoa física e o segurado especial são obrigados a recolher a contribuição de que trata o art. 200 no prazo referido na alínea b do inciso I, no mês subsequente ao da operação de venda, caso comercializem a sua produção com adquirente domiciliado no exterior, diretamente, no varejo, a consumidor pessoa física, a outro produtor rural pessoa física ou a outro segurado especial;

V – (Revogado pelo Decreto nº 3.452, de 9/5/2000)

VI – a pessoa física não produtor rural que adquire produção para venda, no varejo, a consumidor pessoa física é obrigada a recolher a contribuição de que trata o art. 200 no prazo referido na alínea b do inciso I, no mês subsequente ao da operação de venda;

Nova Redação	Antiga Redação
VII – o produtor rural pessoa jurídica é obrigado a recolher a contribuição de que trata o inciso IV do *caput* do art. 201 e o § 8º do art. 202 no prazo referido na alínea b do inciso I, no mês subsequente ao da operação de venda; (Inciso com redação dada pelo Decreto nº 3.452, de 9/5/2000)	
VIII - o empregador doméstico fica obrigado a arrecadar a contribuição do segurado empregado doméstico a seu serviço e recolhê-la, além dos demais valores de que trata o *caput* do art. 211-B, até o dia 7 do mês seguinte ao da competência; *(Redação dada pelo Decreto 10.410/2020)*	VIII – o empregador doméstico é obrigado a arrecadar a contribuição do segurado empregado doméstico a seu serviço e recolhê-la, assim como a parcela a seu cargo, no prazo referido no inciso II, cabendo-lhe durante o período da licença-maternidade da empregada doméstica apenas o recolhimento da contribuição a seu cargo, facultada a opção prevista no § 16;
VIII-A - durante o período da licença-maternidade da empregada doméstica, o empregador doméstico fica obrigado a recolher apenas os valores de que tratam os incisos II ao V do *caput* do art. 211-B; *(Acrescido pelo Decreto 10.410/2020)*	⊗ Dispositivo sem correspondência na antiga redação.

IX – a empresa que remunera empregado licenciado para exercer mandato de dirigente sindical é obrigada a recolher a contribuição deste, bem como as parcelas a seu cargo, na forma deste artigo;

X – a entidade sindical que remunera dirigente que mantém a qualidade de segurado empregado, licenciado da empresa, ou trabalhador avulso é obrigada a recolher a contribuição destes, bem como as parcelas a seu cargo, na forma deste artigo; e

XI – a entidade sindical que remunera dirigente que mantém a qualidade de segurado contribuinte individual é obrigada a recolher a contribuição prevista no inciso II do *caput* do art. 201 na forma deste artigo, observado o disposto no § 26; (Inciso com redação dada pelo Decreto nº 4.729, de 9/6/2003)

XII – a empresa que remunera contribuinte individual é obrigada a fornecer a este comprovante do pagamento do serviço prestado consignando, além dos valores da remuneração e do desconto feito, o número da inscrição do segurado no Instituto Nacional do Seguro Social; (Inciso com redação dada pelo Decreto nº 4.729, de 9/6/2003)

XIII – cabe ao empregador, durante o período de licença-maternidade da empregada, recolher apenas a parcela da contribuição a seu cargo. (Inciso acrescido pelo Decreto nº 3.452, de 9/5/2000)

§ 1º O desconto da contribuição do segurado incidente sobre o valor bruto da gratificação natalina – décimo terceiro salário – é devido quando do pagamento ou crédito da última parcela e deverá ser calculado em separado, observado o § 7º do art. 214, e recolhida, juntamente com a contribuição a cargo da empresa, até o dia vinte do mês de dezembro, antecipando-se o vencimento para o dia útil imediatamente anterior se não houver expediente bancário no dia vinte. (Parágrafo com redação dada pelo Decreto nº 4.729, de 9/6/2003)

§ 1º-A. O empregador doméstico pode recolher a contribuição do segurado empregado a seu serviço e a parcela a seu cargo relativas à competência novembro até o dia 20 de dezembro, juntamente com a contribuição referente à gratificação natalina – décimo terceiro salário – utilizando-se de um único documento de arrecadação. (Parágrafo acrescido pelo Decreto nº 6.722, de 30/12/2008)

§ 2º Se for o caso, a contribuição de que trata o § 1º será atualizada monetariamente a partir da data prevista para o seu recolhimento, utilizando-se o mesmo indexador definido para as demais contribuições arrecadadas pelo Instituto Nacional do Seguro Social.

§ 3º No caso de rescisão de contrato de trabalho, as contribuições devidas serão recolhidas no mesmo prazo referido na alínea b do inciso I, do mês subsequente à rescisão, computando-se em separado a parcela referente à gratificação natalina – décimo terceiro salário.

§ 4º A pessoa jurídica de direito privado beneficiada pela isenção de que tratam os arts. 206 ou 207 é obrigada a arrecadar a contribuição do segurado empregado e do trabalhador avulso a seu serviço, descontando-a da respectiva remuneração, e recolhê-la no prazo referido na alínea b do inciso I.

§ 5º O desconto da contribuição e da consignação legalmente determinado sempre se presumirá feito, oportuna e regularmente, pela empresa, pelo empregador doméstico, pelo adquirente, consignatário e cooperativa a isso obrigados, não lhes sendo lícito alegarem qualquer omissão para se eximirem do recolhimento, ficando os mesmos diretamente responsáveis pelas importâncias que deixarem de descontar ou tiverem descontado em desacordo com este Regulamento.

§ 6º Sobre os valores das contribuições arrecadadas pelo Instituto Nacional do Seguro Social e não recolhidas até a data de seu vencimento serão aplicadas na data do pagamento as disposições dos arts. 238 e 239.

Nova Redação	Antiga Redação
§ 7º Para apuração e constituição dos créditos a que se refere o § 1º do art. 348, a seguridade social utilizará como base de incidência o valor da média aritmética simples dos maiores salários de contribuição correspondentes a oitenta por cento de todo o período contributivo decorrido desde a competência julho de 1994, corrigidos mês a mês pelos mesmos índices utilizados para a obtenção do salário de benefício, observado o limite máximo a que se refere o § 5º do art. 214. *(Redação dada pelo Decreto 10.410/2020)*	§ 7º Para apuração e constituição dos créditos a que se refere o § 1º do art. 348, a seguridade social utilizará como base de incidência o valor da média aritmética simples dos maiores salários de contribuição correspondentes a oitenta por cento de todo o período contributivo decorrido desde a competência julho de 1994, ainda que não recolhidas as contribuições correspondentes, corrigidos mês a mês pelos mesmos índices utilizados para a obtenção do salário de benefício na forma deste Regulamento, observado o limite máximo a que se refere o § 5º do art. 214. (Parágrafo com redação dada pelo Decreto nº 6.042, de 12/2/2007)
§ 7º-A. O valor do salário de contribuição mensal, calculado na forma prevista no § 7º, sofrerá desindexação para apropriação no CNIS, conforme critérios definidos pelo INSS. *(Acrescido pelo Decreto 10.410/2020)*	⊗ Dispositivo sem correspondência na antiga redação.

§ 8º (Revogado pelo Decreto 6.722, de 30/12/2008).

§ 9º No caso de o segurado manifestar interesse em indenizar contribuições relativas a período em que o exercício de atividade remunerada não exigia filiação obrigatória à previdência social, aplica-se, desde que a atividade tenha se tornado de filiação obrigatória, o disposto no § 7º. (Parágrafo com redação dada pelo Decreto nº 6.722, de 30/12/2008)

§ 10. O disposto no § 7º não se aplica aos casos de contribuições em atraso de segurado contribuinte individual não alcançadas pela decadência do direito de a previdência social constituir o respectivo crédito, obedecendo-se, em relação a elas, às disposições do *caput* e §§ 2º a 6º do art. 239. (Parágrafo com redação dada pelo Decreto nº 6.722, de 30/12/2008)

§ 11. Para o segurado recolher contribuições relativas a período anterior à sua inscrição, aplica-se o disposto nos §§ 7º a 10.

§ 12. Somente será feito o reconhecimento da filiação nas situações referidas nos §§ 7º, 9º e 11 após o efetivo recolhimento das contribuições relativas ao período em que for comprovado o exercício da atividade remunerada. (Parágrafo com redação dada pelo Decreto nº 3.265, de 29/11/1999)

<table>
<tr><th>Nova Redação</th><th>Antiga Redação</th></tr>
<tr><td colspan="2">§ 13. No caso de indenização relativa ao exercício de atividade remunerada para fins de contagem recíproca correspondente a período de filiação obrigatória ou não, na forma do inciso IV do art. 127, a base de incidência será a remuneração da data do requerimento sobre a qual incidem as contribuições para o regime próprio de previdência social a que estiver filiado o interessado, observados os limites a que se referem os §§ 3º e 5º do art. 214. (Parágrafo com redação dada pelo Decreto nº 3.265, de 29/11/1999)</td></tr>
<tr><td colspan="2">§ 14. Sobre os salários de contribuição apurados na forma dos §§ 7º a 11 e 13 será aplicada a alíquota de vinte por cento, e o resultado multiplicado pelo número de meses do período a ser indenizado, observado o disposto no § 8º do art. 239.</td></tr>
<tr><td colspan="2">§ 15. É facultado aos segurados contribuinte individual e facultativo, cujos salários de contribuição sejam iguais ao valor de um salário mínimo, optarem pelo recolhimento trimestral das contribuições previdenciárias, com vencimento no dia quinze do mês seguinte ao de cada trimestre civil, prorrogando-se o vencimento para o dia útil subsequente quando não houver expediente bancário no dia quinze. (Parágrafo com redação dada pelo Decreto nº 3.265, de 29/11/1999)</td></tr>
<tr><td>~~§ 16. Aplica-se o disposto no parágrafo anterior ao empregador doméstico relativamente aos empregados a seu serviço, cujos salários de contribuição sejam iguais ao valor de um salário mínimo, ou inferiores nos casos de admissão, dispensa ou fração do salário em razão de gozo de benefício. (Parágrafo com redação dada pelo Decreto nº 3.265, de 29/11/1999)~~ *(Revogado pelo Decreto 10.410/2020)*</td><td>§ 16. Aplica-se o disposto no parágrafo anterior ao empregador doméstico relativamente aos empregados a seu serviço, cujos salários de contribuição sejam iguais ao valor de um salário mínimo, ou inferiores nos casos de admissão, dispensa ou fração do salário em razão de gozo de benefício. (Parágrafo com redação dada pelo Decreto nº 3.265, de 29/11/1999)</td></tr>
<tr><td colspan="2">§ 17. A inscrição do segurado no segundo ou terceiro mês do trimestre civil não altera a data de vencimento prevista no § 15, no caso de opção pelo recolhimento trimestral.</td></tr>
<tr><td>~~§ 18. Não é permitida a opção prevista no § 16 relativamente à contribuição correspondente à gratificação natalina – décimo terceiro salário – do empregado doméstico, observado o disposto no § 1º e as demais disposições que regem a matéria.~~ *(Revogado pelo Decreto 10.410/2020)*</td><td>§ 18. Não é permitida a opção prevista no § 16 relativamente à contribuição correspondente à gratificação natalina – décimo terceiro salário – do empregado doméstico, observado o disposto no § 1º e as demais disposições que regem a matéria.</td></tr>
</table>

§ 19. Fica autorizada, nos termo deste Regulamento, a compensação de contribuições devidas ao Instituto Nacional do Seguro Social, pelos hospitais contratados ou conveniados com o Sistema Único de Saúde com parcela dos créditos correspondentes a faturas emitidas para recebimento de internações hospitalares, cujo valor correspondente será retido pelo órgão pagador do Sistema Único de Saúde para amortização de parcela do débito, nos termos da Lei nº 8.870, de 1994.

§ 20. Na hipótese de o contribuinte individual prestar serviço a outro contribuinte individual equiparado a empresa ou a produtor rural pessoa física ou a missão diplomática e repartição consular de carreira estrangeiras, poderá deduzir, da sua contribuição mensal, quarenta e cinco por cento da contribuição patronal do contratante, efetivamente recolhida ou declarada, incidente sobre a remuneração que este lhe tenha pago ou creditado, no respectivo mês, limitada a nove por cento do respectivo salário de contribuição. (Parágrafo com redação dada pelo Decreto nº 4.729, de 9/6/2003)

§ 21. Para efeito de dedução, considera-se contribuição declarada a informação prestada na Guia de Recolhimento do Fundo de Garantia do Tempo de Serviço e Informações à Previdência Social ou declaração fornecida pela empresa ao segurado, onde conste, além de sua identificação completa, inclusive com o número no Cadastro Nacional de Pessoas Jurídicas, o nome e o número da inscrição do contribuinte individual, o valor da retribuição paga e o compromisso de que esse valor será incluído na citada Guia de Recolhimento do Fundo de Garantia do Tempo de Serviço e Informações à Previdência Social e efetuado o recolhimento da correspondente contribuição. (Parágrafo acrescido pelo Decreto nº 3.265, de 29/11/1999)

§ 22. (Revogado pelo Decreto nº 4.729, de 9/6/2003)

§ 23. O contribuinte individual que não comprovar a regularidade da dedução de que tratam os §§ 20 e 21 terá glosado o valor indevidamente deduzido, devendo complementar as contribuições com os acréscimos legais devidos. (Parágrafo com redação dada pelo Decreto nº 4.729, de 9/6/2003)

§ 24. (Revogado pelo Decreto 6.722, de 30/12/2008).

§ 25. Relativamente aos que recebem salário variável, o recolhimento da contribuição decorrente de eventual diferença da gratificação natalina (13º salário) deverá ser efetuado juntamente com a competência dezembro do mesmo ano. (Parágrafo acrescido pelo Decreto nº 3.265, de 29/11/1999)

§ 26. A alíquota de contribuição a ser descontada pela empresa da remuneração paga, devida ou creditada ao contribuinte individual a seu serviço, observado o limite máximo do salário de contribuição, é de onze por cento no caso das empresas em geral e de vinte por cento quando se tratar de entidade beneficente de assistência social isenta das contribuições sociais patronais. (Parágrafo acrescido pelo Decreto nº 4.729, de 9/6/2003)

§ 27. O contribuinte individual contratado por pessoa jurídica obrigada a proceder à arrecadação e ao recolhimento da contribuição por ele devida, cuja remuneração recebida ou creditada no mês, por serviços prestados a ela, for inferior ao limite mínimo do salário de contribuição, é obrigado a complementar sua contribuição mensal, diretamente, mediante a aplicação da alíquota estabelecida no art. 199 sobre o valor resultante da subtração do valor das remunerações recebidas das pessoas jurídicas do valor mínimo do salário de contribuição mensal. (Parágrafo acrescido pelo Decreto nº 4.729, de 9/6/2003)

Nova Redação	Antiga Redação
§ 27-A. O segurado que, no somatório de remunerações auferidas no período de um mês, receber remuneração inferior ao limite mínimo mensal do salário de contribuição poderá solicitar o ajuste das competências pertencentes ao mesmo ano civil, na forma por ele indicada, ou autorizar que os ajustes sejam feitos automaticamente, para que o limite mínimo mensal do salário de contribuição seja alcançado, por meio da opção por: *(Acrescido pelo Decreto 10.410/2020)* **COMENTÁRIO EM VÍDEO:**	⊗ Dispositivo sem correspondência na antiga redação.
I - complementar a sua contribuição, observado que:	
a) o recolhimento da complementação deverá ser efetuado pelo próprio segurado até o dia quinze do mês seguinte ao da competência de referência e, após essa data, com incidência dos acréscimos legais de que tratam os art. 238 e art. 239;	
b) para o empregado, o empregado doméstico e o trabalhador avulso, a complementação será efetuada por meio da aplicação da alíquota de sete inteiros e	

Nova Redação	Antiga Redação
cinco décimos por cento, inclusive para o mês em que exista contribuição concomitante na condição de contribuinte individual; e	
c) para o contribuinte individual que preste serviço a empresa, de que trata o § 26, e que contribua exclusivamente nessa condição, a complementação será efetuada por meio da aplicação da alíquota de vinte por cento;	
II - utilizar o valor da contribuição que exceder o limite mínimo de uma competência em outra, observado que:	
a) para efeito de utilização da contribuição, serão considerados os salários de contribuição apurados por categoria, consolidados na competência de origem;	
b) o salário de contribuição poderá ser utilizado para complementar uma ou mais competências com valor inferior ao limite mínimo, mesmo que em categoria distinta;	
c) poderão ser utilizados valores excedentes ao limite mínimo do salário de contribuição de mais de uma competência para compor o salário de contribuição de apenas uma competência; e	
d) utilizado o valor excedente, caso o salário de contribuição da competência favorecida ainda permaneça inferior ao limite mínimo, esse valor poderá ser complementado nos termos do disposto no inciso I; ou	
III - agrupar contribuições inferiores ao limite mínimo de diferentes competências, para aproveitamento em contribuições mínimas mensais, observado que:	

Nova Redação	Antiga Redação
a) as competências que não atingirem o valor mínimo do salário de contribuição poderão ser agrupadas desde que o resultado do agrupamento não ultrapasse o valor mínimo do salário de contribuição;	
b) na hipótese de o resultado do agrupamento ser inferior ao limite mínimo do salário de contribuição, o segurado poderá complementar na forma prevista no inciso I ou utilizar valores excedentes na forma prevista no inciso II; e	
c) as competências em que tenha havido exercício de atividade e tenham sido zeradas em decorrência do agrupamento poderão ser objeto de recolhimento pelo segurado, respeitado o limite mínimo.	
§ 27-B. Para fins do disposto no § 27-A, o valor da contribuição referente ao décimo terceiro salário não poderá ser utilizado em decorrência do disposto no § 6º do art. 214. *(Acrescido pelo Decreto 10.410/2020)*	⊗ Dispositivo sem correspondência na antiga redação.
§ 27-C. É vedada a reversão da utilização e do agrupamento de que trata o § 27-A. *(Acrescido pelo Decreto 10.410/2020)*	⊗ Dispositivo sem correspondência na antiga redação.
§ 27-D. Caso ocorram eventos posteriores que gerem inconsistências no cálculo da contribuição na competência favorecida por complementação, utilização ou agrupamento, essa competência ficará pendente de regularização. *(Acrescido pelo Decreto 10.410/2020)*	⊗ Dispositivo sem correspondência na antiga redação.

Nova Redação	Antiga Redação
§ 28. Cabe ao próprio contribuinte individual que prestar serviços, no mesmo mês, a mais de uma empresa, cuja soma das remunerações superar o limite mensal do salário de contribuição, comprovar às que sucederem à primeira o valor ou valores sobre os quais já tenha incidido o desconto da contribuição, de forma a se observar o limite máximo do salário de contribuição. (Parágrafo acrescido pelo Decreto nº 4.729, de 9/6/2003)	
§ 29. Na hipótese do § 28, o Instituto Nacional do Seguro Social poderá facultar ao contribuinte individual que prestar, regularmente, serviços a uma ou mais empresas, cuja soma das remunerações seja igual ou superior ao limite mensal do salário de contribuição, indicar qual ou quais empresas e sobre qual valor deverá proceder o desconto da contribuição, de forma a respeitar o limite máximo, e dispensar as demais dessa providência, bem como atribuir ao próprio contribuinte individual a responsabilidade de complementar a respectiva contribuição até o limite máximo, na hipótese de, por qualquer razão, deixar de receber remuneração ou receber remuneração inferior às indicadas para o desconto. (Parágrafo acrescido pelo Decreto nº 4.729, de 9/6/2003)	
§ 30. Aplica-se o disposto neste artigo, no que couber e observado o § 31, à cooperativa de trabalho em relação à contribuição devida pelo seu cooperado. (Parágrafo acrescido pelo Decreto nº 4.729, de 9/6/2003)	
§ 31. A cooperativa de trabalho fica obrigada a descontar vinte por cento do valor da quota distribuída ao cooperado contribuinte individual por serviços por ele prestados por seu intermédio a empresas, a pessoas físicas e a entidades em gozo de isenção e recolher o produto dessa arrecadação até o dia vinte do mês subsequente ao da competência a que se referir ou até o dia útil imediatamente anterior, se não houver expediente bancário naquele dia. *(Redação dada pelo Decreto 10.410/2020)*	§ 31. A cooperativa de trabalho é obrigada a descontar onze por cento do valor da quota distribuída ao cooperado por serviços por ele prestados, por seu intermédio, a empresas e vinte por cento em relação aos serviços prestados a pessoas físicas e recolher o produto dessa arrecadação no dia vinte do mês seguinte ao da competência a que se referir, antecipando-se o vencimento para o dia útil imediatamente anterior quando não houver expediente bancário no dia vinte. (Parágrafo acrescido pelo Decreto nº 4.729, de 9/6/2003 e com nova redação dada pelo Decreto nº 6.722, de 30/12/2008)
§ 32. Ficam excluídos da obrigação de descontar a contribuição do contribuinte individual que lhe preste serviço: *(Redação dada pelo Decreto 10.410/2020)*	§ 32. São excluídos da obrigação de arrecadar a contribuição do contribuinte individual que lhe preste serviço o produtor rural pessoa física, a missão diplomática, a repartição consular e o contribuinte individual. (Parágrafo acrescido pelo Decreto nº 4.729, de 9/6/2003)

Nova Redação	Antiga Redação
I - o produtor rural pessoa física; *(Redação dada pelo Decreto 10.410/2020)*	⊗ Dispositivo sem correspondência na antiga redação.
II - o contribuinte individual equiparado a empresa; *(Redação dada pelo Decreto 10.410/2020)*	⊗ Dispositivo sem correspondência na antiga redação.
III - a missão diplomática e a repartição consular de carreiras estrangeiras; e *(Redação dada pelo Decreto 10.410/2020)*	⊗ Dispositivo sem correspondência na antiga redação.
IV - o proprietário ou dono de obra de construção civil, quando pessoa física. *(Redação dada pelo Decreto 10.410/2020)*	⊗ Dispositivo sem correspondência na antiga redação.

§ 33. Na hipótese prevista no § 32, cabe ao contribuinte individual recolher a própria contribuição, sendo a alíquota, neste caso, de vinte por cento, observado o disposto nos §§ 20, 21 e 23. (Parágrafo com dação dada pelo Decreto nº 6.722, de 30/12/2008)

§ 34. O recolhimento da contribuição do produtor rural pessoa física ou produtor rural pessoa jurídica, quando houver, será efetuado pela Companhia Nacional de Abastecimento – CONAB, à conta do Programa de Aquisição de Alimentos, instituído pelo art. 19 da Lei nº 10.696, de 2 de julho de 2003, na aquisição de produtos agropecuários no âmbito do referido Programa. (Parágrafo acrescido pelo Decreto nº 6.722, de 30/12/2008)

Nova Redação	Antiga Redação
§ 35. Na hipótese prevista no § 5º do art. 11, o segurado contribuirá com a mesma alíquota com a qual vinha contribuindo anteriormente. *(Acrescido pelo Decreto 10.410/2020)*	⊗ Dispositivo sem correspondência na antiga redação.
§ 36. A Secretaria Especial da Receita Federal do Brasil do Ministério da Economia disponibilizará ao INSS as informações e os registros das contribuições referentes ao desconto dos empregados, inclusive o doméstico, e dos trabalhadores avulsos e às complementações previstas no § 27-A para fins de aplicação do disposto no § 9º do art. 19 sobre a contagem de tempo de contribuição, inclusive para instrução e revisão de direitos e outorga de benefícios. *(Acrescido pelo Decreto 10.410/2020)*	⊗ Dispositivo sem correspondência na antiga redação.

Nova Redação	Antiga Redação
§ 37. A complementação, o agrupamento e a utilização a que se refere o § 27-A não se aplicam ao contribuinte individual de que tratam os art. 199 e art. 199-A, cujo salário de contribuição não poderá ser inferior ao seu limite mínimo mensal. *(Acrescido pelo Decreto 10.410/2020)*	⊗ Dispositivo sem correspondência na antiga redação.

Art. 216-A. Os órgãos da administração pública direta, indireta e fundações públicas da União, bem como as demais entidades integrantes do Sistema Integrado de Administração Financeira do Governo Federal ao contratarem pessoa física para prestação de serviços eventuais, sem vínculo empregatício, inclusive como integrante de grupo-tarefa, deverão obter dela a respectiva inscrição no Instituto Nacional do Seguro Social, como contribuinte individual, ou providenciá-la em nome dela, caso não seja inscrita, e proceder ao desconto e recolhimento da respectiva contribuição, na forma do art. 216. (*Caput* com redação dada pelo Decreto nº 4.729, de 9/6/2003)

§ 1º Aplica-se o disposto neste artigo mesmo que o contratado exerça concomitantemente uma ou mais atividades abrangidas pelo Regime Geral de Previdência Social ou por qualquer outro regime de previdência social ou seja aposentado por qualquer regime previdenciário. (Parágrafo acrescido pelo Decreto nº 4.032, de 26/11/2001)

§ 2º O contratado que já estiver contribuindo para o Regime Geral de Previdência Social na condição de empregado ou trabalhador avulso sobre o limite máximo do salário de contribuição deverá comprovar esse fato e, se a sua contribuição nessa condição for inferior ao limite máximo, a contribuição como contribuinte individual deverá ser complementar, respeitando, no conjunto, aquele limite, procedendo-se, no caso, de conformidade com o disposto no § 28 do art. 216. (Parágrafo com redação dada pelo Decreto nº 4.729, de 9/6/2003)

§ 3º (Revogado pelo Decreto nº 4.729, de 9/6/2003)

§ 4º Aplica-se o disposto neste artigo às contratações feitas por organismos internacionais, em programas de cooperação e operações de mútua conveniência entre estes e o governo brasileiro. (Parágrafo acrescido pelo Decreto nº 4.032, de 26/11/2001)

Nova Redação	Antiga Redação
Art. 217. Na requisição de mão de obra de trabalhador avulso efetuada em conformidade com o disposto na Lei nº 12.815, de 2013, e na Lei nº 9.719,	**Art. 217.** Na requisição de mão de obra de trabalhador avulso efetuada em conformidade com as Leis nºs 8.630, de 1993, e 9.719, de 27 de novembro de

Nova Redação	Antiga Redação
de 27 de novembro de 1998, o responsável pelas obrigações previstas neste Regulamento, em relação aos segurados que lhe prestem serviços, é o operador portuário ou o tomador de mão de obra, inclusive o titular de instalação portuária de uso privativo, observadas as normas estabelecidas pelo INSS. *(Redação dada pelo Decreto 10.410/2020)*	1998, o responsável pelas obrigações previstas neste Regulamento, em relação aos segurados que lhe prestem serviços, é o operador portuário, o tomador de mão de obra, inclusive o titular de instalação portuária de uso privativo, observadas as normas fixadas pelo Instituto Nacional do Seguro Social.

§ 1º O operador portuário ou titular de instalação de uso privativo repassará ao órgão gestor de mão de obra, até vinte e quatro horas após a realização dos serviços: (*Caput* do parágrafo com redação dada pelo Decreto nº 4.032, de 26/11/2001)

I – o valor da remuneração devida aos trabalhadores portuários avulsos, inclusive a referente às férias e à gratificação natalina; e (Inciso acrescido pelo Decreto nº 4.032, de 26/11/2001)

II – o valor da contribuição patronal previdenciária correspondente e o valor daquela devida a terceiros conforme o art. 274. (Inciso acrescido pelo Decreto nº 4.032, de 26/11/2001)

§ 2º O órgão gestor de mão de obra é responsável: (*Caput* do parágrafo com redação dada pelo Decreto nº 4.032, de 26/11/2001)

I – pelo pagamento da remuneração ao trabalhador portuário avulso; (Inciso acrescido pelo Decreto nº 4.032, de 26/11/2001)

II – pela elaboração da folha de pagamento; (Inciso acrescido pelo Decreto nº 4.032, de 26/11/2001)

III – pelo preenchimento e entrega da Guia de Recolhimento do Fundo de Garantia do Tempo de Serviço e Informações à Previdência Social; e (Inciso acrescido pelo Decreto nº 4.032, de 26/11/2001)

IV – pelo recolhimento das contribuições de que tratam o art. 198, o inciso I do *caput* do art. 201 e os arts. 202 e 274, incidentes sobre a remuneração paga, devida ou creditada aos trabalhadores portuários avulsos, inclusive sobre férias e gratificação natalina, no prazo previsto na alínea b do inciso I do art. 216. (Inciso acrescido pelo Decreto nº 4.032, de 26/11/2001)

§ 3º (Revogado pelo Decreto nº 4.032, de 26/11/2001)

§ 4º O prazo previsto no § 1º pode ser alterado mediante convenção coletiva firmada entre entidades sindicais representativas dos trabalhadores e operadores portuários, observado o prazo legal para recolhimento dos encargos previdenciários. (Parágrafo com redação dada pelo Decreto nº 4.032, de 26/11/2001)

Nova Redação	Antiga Redação
§ 5º A contribuição do trabalhador avulso, relativamente à gratificação natalina, será calculada com base na alíquota correspondente ao seu salário de contribuição mensal. (Parágrafo com redação dada pelo Decreto nº 4.032, de 26/11/2001)	
§ 6º O salário-família devido ao trabalhador portuário avulso será pago pelo órgão gestor de mão de obra, mediante convênio, que se incumbirá de demonstrá-lo na folha de pagamento correspondente.	
Art. 218. A empresa tomadora ou requisitante dos serviços de trabalhador avulso, cuja contratação de pessoal não seja abrangida pelo disposto na Lei nº 12.815, de 2013, e na Lei nº 9.719, de 1998, é responsável pelo cumprimento de todas as obrigações previstas neste Regulamento, além do preenchimento e da entrega da GFIP em relação aos segurados que lhe prestem serviços, observadas as normas estabelecidas pelo INSS. *(Redação dada pelo Decreto 10.410/2020)*	**Art. 218.** A empresa tomadora ou requisitante dos serviços de trabalhador avulso, cuja contratação de pessoal não for abrangida pelas Leis nºs 8.630, de 1993, e 9.719, de 1998, é responsável pelo cumprimento de todas as obrigações previstas neste Regulamento, bem como pelo preenchimento e entrega da Guia de Recolhimento do Fundo de Garantia do Tempo de Serviço e Informações à Previdência Social em relação aos segurados que lhe prestem serviços, observadas as normas fixadas pelo Instituto Nacional do Seguro Social.
§ 1º O salário-família devido ao trabalhador avulso mencionado no *caput* será pago pelo sindicato de classe respectivo, mediante convênio, que se incumbirá de elaborar as folhas correspondentes.	
§ 2º O tomador de serviços é responsável pelo recolhimento das contribuições de que tratam o art. 198, o inciso I do *caput* do art. 201 e os arts. 202 e 274, incidentes sobre a remuneração paga, devida ou creditada ao trabalhador avulso, inclusive sobre férias e gratificação natalina, no prazo previsto na alínea b do inciso I do art. 216. (Parágrafo com redação dada pelo Decreto nº 4.032, de 26/11/2001)	

Seção II
Da Retenção e de Responsabilidade Solidária

Art. 219. A empresa contratante de serviços executados mediante cessão ou empreitada de mão de obra, inclusive em regime de trabalho temporário, deverá reter onze por cento do valor bruto da nota fiscal, fatura ou recibo de prestação de serviços e recolher a importância retida em nome da empresa contratada, observado o disposto no § 5º do art. 216. (*Caput* do artigo com nova redação dada pelo Decreto nº 4.729, de 9/6/2003)

§ 1º Exclusivamente para os fins deste Regulamento, entende-se como cessão de mão de obra a colocação à disposição do contratante, em suas dependências ou nas de terceiros, de segurados que realizem serviços contínuos, relacionados ou não com a atividade fim da empresa, independentemente da natureza e da forma de contratação, inclusive por meio de trabalho temporário na forma da Lei nº 6.019, de 3 de janeiro de 1974, entre outros.

§ 2º Enquadram-se na situação prevista no *caput* os seguintes serviços realizados mediante cessão de mão de obra:

I – limpeza, conservação e zeladoria;

II – vigilância e segurança;

III – construção civil;

IV – serviços rurais;

V – digitação e preparação de dados para processamento;

VI – acabamento, embalagem e acondicionamento de produtos;

VII – cobrança;

VIII – coleta e reciclagem de lixo e resíduos;

IX – copa e hotelaria;

X – corte e ligação de serviços públicos;

XI – distribuição;

XII – treinamento e ensino;

XIII – entrega de contas e documentos;

XIV – ligação e leitura de medidores;

XV – manutenção de instalações, de máquinas e de equipamentos;

XVI – montagem;

XVII – operação de máquinas, equipamentos e veículos;

XVIII – operação de pedágio e de terminais de transporte;

XIX – operação de transporte de passageiros, inclusive nos casos de concessão ou subconcessão; (Inciso com redação dada pelo Decreto nº 4.729, de 9/6/2003)

XX – portaria, recepção e ascensorista;

XXI – recepção, triagem e movimentação de materiais;

XXII – promoção de vendas e eventos;

Nova Redação	Antiga Redação
XXIII – secretaria e expediente;	
XXIV – saúde; e	
XXV – telefonia, inclusive telemarketing.	
§ 3º Os serviços relacionados nos incisos I a V também estão sujeitos à retenção de que trata o *caput* quando contratados mediante empreitada de mão de obra.	
§ 4º O valor retido de que trata este artigo deverá ser destacado na nota fiscal, fatura ou recibo de prestação de serviços, sendo compensado pelo respectivo estabelecimento da empresa contratada quando do recolhimento das contribuições destinadas à seguridade social devidas sobre a folha de pagamento dos segurados.	
§ 5º O contratado deverá elaborar folha de pagamento e Guia de Recolhimento do Fundo de Garantia do Tempo de Serviço e Informações à Previdência Social distintas para cada estabelecimento ou obra de construção civil da empresa contratante do serviço.	
§ 6º A empresa contratante do serviço deverá manter em boa guarda, em ordem cronológica e por contratada, as correspondentes notas fiscais, faturas ou recibos de prestação de serviços, Guias da Previdência Social e Guias de Recolhimento do Fundo de Garantia do Tempo de Serviço e Informações à Previdência Social com comprovante de entrega.	
§ 7º Na contratação de serviços em que a contratada se obriga a fornecer material ou dispor de equipamentos, fica facultada ao contratado a discriminação, na nota fiscal, fatura ou recibo, do valor correspondente ao material ou equipamentos, que será excluído da retenção, desde que contratualmente previsto e devidamente comprovado.	
§ 8º Cabe ao Instituto Nacional do Seguro Social normatizar a forma de apuração e o limite mínimo do valor do serviço contido no total da nota fiscal, fatura ou recibo, quando, na hipótese do parágrafo anterior, não houver previsão contratual dos valores correspondentes a material ou a equipamentos.	
§ 9º Na impossibilidade de haver compensação integral na própria competência, o saldo remanescente poderá ser compensado nas competências subsequentes, inclusive na relativa à gratificação natalina, ou ser objeto de restituição, não sujeitas ao disposto no § 3º do art. 247. (Parágrafo com redação dada pelo Decreto nº 4.729, de 9/6/2003)	
§ 10. Para fins de recolhimento e de compensação da importância retida, será considerada como competência aquela a que corresponder à data da emissão da nota fiscal, fatura ou recibo.	
§ 11. As importâncias retidas não podem ser compensadas com contribuições arrecadadas pelo Instituto Nacional do Seguro Social para outras entidades.	

§ 12. O percentual previsto no *caput* será acrescido de quatro, três ou dois pontos percentuais, relativamente aos serviços prestados pelos segurados empregado, cuja atividade permita a concessão de aposentadoria especial, após quinze, vinte ou vinte e cinco anos de contribuição, respectivamente. (Parágrafo acrescido pelo Decreto nº 4.729, de 9/6/2003)

Art. 220. O proprietário, o incorporador definido na Lei nº 4.591, de 1964, o dono da obra ou condômino da unidade imobiliária cuja contratação da construção, reforma ou acréscimo não envolva cessão de mão de obra, são solidários com o construtor, e este e aqueles com a subempreiteira, pelo cumprimento das obrigações para com a seguridade social, ressalvado o seu direito regressivo contra o executor ou contratante da obra e admitida a retenção de importância a este devida para garantia do cumprimento dessas obrigações, não se aplicando, em qualquer hipótese, o benefício de ordem.

§ 1º Não se considera cessão de mão de obra, para os fins deste artigo, a contratação de construção civil em que a empresa construtora assuma a responsabilidade direta e total pela obra ou repasse o contrato integralmente.

§ 2º O executor da obra deverá elaborar, distintamente para cada estabelecimento ou obra de construção civil da empresa contratante, folha de pagamento, Guia de Recolhimento do Fundo de Garantia do Tempo de Serviço e Informações à Previdência Social e Guia da Previdência Social, cujas cópias deverão ser exigidas pela empresa contratante quando da quitação da nota fiscal ou fatura, juntamente com o comprovante de entrega daquela Guia.

§ 3º A responsabilidade solidária de que trata o *caput* será elidida:

I – pela comprovação, na forma do parágrafo anterior, do recolhimento das contribuições incidentes sobre a remuneração dos segurados, incluída em nota fiscal ou fatura correspondente aos serviços executados, quando corroborada por escrituração contábil; e

II – pela comprovação do recolhimento das contribuições incidentes sobre a remuneração dos segurados, aferidas indiretamente nos termos, forma e percentuais previstos pelo Instituto Nacional do Seguro Social.

III – pela comprovação do recolhimento da retenção permitida no *caput* deste artigo, efetivada nos termos do art. 219. (Inciso acrescido pelo Decreto nº 4.032, de 26/11/2001)

§ 4º Considera-se construtor, para os efeitos deste Regulamento, a pessoa física ou jurídica que executa obra sob sua responsabilidade, no todo ou em parte.

Art. 221. Exclui-se da responsabilidade solidária perante a seguridade social o adquirente de prédio ou unidade imobiliária que realize a operação com empresa de comercialização ou com incorporador de imóveis definido na Lei nº 4.591, de 1964, ficando estes solidariamente responsáveis com o construtor, na forma prevista no art. 220.

Nova Redação	Antiga Redação
Art. 221-A. O instituto da responsabilidade solidária não se aplica à administração pública direta, autárquica e fundacional, quando contratante de serviços, inclusive de obra de construção civil, reforma ou acréscimo, independentemente da forma de contratação. *(Acrescido pelo Decreto 10.410/2020)*	⊗ Dispositivo sem correspondência na antiga redação.
Parágrafo único. A administração pública contratante de serviços, inclusive de construção civil executados por meio de cessão de mão de obra ou empreitada parcial, efetuará a retenção prevista no art. 219.	

Art. 222. As empresas que integram grupo econômico de qualquer natureza, bem como os produtores rurais integrantes do consórcio simplificado de que trata o art. 200-A, respondem entre si, solidariamente, pelas obrigações decorrentes do disposto neste Regulamento. (Artigo com redação dada pelo Decreto nº 4.032, de 26/11/2001)

Nova Redação	Antiga Redação
Art. 222-A. As empresas integrantes de consórcio constituído nos termos do disposto nos art. 278 e art. 279 da Lei nº 6.404, de 15 de dezembro de 1976, respondem pelas contribuições devidas, em relação às operações praticadas pelo consórcio, na proporção de sua participação no empreendimento. *(Acrescido pelo Decreto 10.410/2020)*	⊗ Dispositivo sem correspondência na antiga redação.
§ 1º O consórcio que realizar a contratação, em nome próprio, de pessoas jurídicas e físicas, com ou sem vínculo empregatício, poderá efetuar a retenção das contribuições e cumprir as respectivas obrigações acessórias, hipótese em que as empresas consorciadas serão solidariamente responsáveis.	

Nova Redação	Antiga Redação
§ 2º Na hipótese de a retenção das contribuições ou o cumprimento das obrigações acessórias relativas ao consórcio ser realizado por sua empresa líder, as empresas consorciadas também serão solidariamente responsáveis.	
§ 3º O disposto neste artigo abrange as contribuições destinadas a outras entidades e fundos, além da multa por atraso no cumprimento das obrigações acessórias.	

Art. 223. O operador portuário e o órgão gestor de mão de obra são solidariamente responsáveis pelo pagamento das contribuições previdenciárias e demais obrigações, inclusive acessórias, devidas à seguridade social, arrecadadas pelo Instituto Nacional do Seguro Social, relativamente à requisição de mão de obra de trabalhador avulso, vedada a invocação do benefício de ordem.

Art. 224. Os administradores de autarquias e fundações públicas, criadas ou mantidas pelo Poder Público, de empresas públicas e de sociedades de economia mista sujeitas ao controle da União, dos Estados, do Distrito Federal ou dos Municípios, que se encontrarem em mora por mais de trinta dias, no recolhimento das contribuições previstas neste Regulamento, tornam-se solidariamente responsáveis pelo respectivo pagamento, ficando ainda sujeitos às proibições do art. 1º e às sanções dos arts. 4º e 7º do Decreto-Lei nº 368, de 19 de dezembro de 1968.

Art. 224-A. O disposto nesta Seção não se aplica à contratação de serviços por intermédio de cooperativa de trabalho. (Artigo acrescido pelo Decreto nº 3.265, de 29/11/1999)

Seção III
Das Obrigações Acessórias

Art. 225. A empresa é também obrigada a:

I – preparar folha de pagamento da remuneração paga, devida ou creditada a todos os segurados a seu serviço, devendo manter, em cada estabelecimento, uma via da respectiva folha e recibos de pagamentos:

II – lançar mensalmente em títulos próprios de sua contabilidade, de forma discriminada, os fatos geradores de todas as contribuições, a montante das quantias descontadas, as contribuições da empresa e os totais recolhidos;

<table>
<tr><th>Nova Redação</th><th>Antiga Redação</th></tr>
<tr><td colspan="2">III – prestar ao Instituto Nacional do Seguro Social e à Secretaria da Receita Federal todas as informações cadastrais, financeiras e contábeis de interesse dos mesmos, na forma por eles estabelecida, bem como os esclarecimentos necessários à fiscalização;</td></tr>
<tr><td colspan="2">IV – informar mensalmente ao Instituto Nacional do Seguro Social, por intermédio da Guia de Recolhimento do Fundo de Garantia do Tempo de Serviço e Informações à Previdência Social, na forma por ele estabelecida, dados cadastrais, todos os fatos geradores de contribuição previdenciária e outras informações de interesse daquele Instituto;</td></tr>
<tr><td><del>V – encaminhar ao sindicato representativo da categoria profissional mais numerosa entre seus empregados, até o dia dez de cada mês, cópia da Guia da Previdência Social relativamente à competência anterior; e</del> (Revogado pelo Decreto 10.410/2020)</td><td>V – encaminhar ao sindicato representativo da categoria profissional mais numerosa entre seus empregados, até o dia dez de cada mês, cópia da Guia da Previdência Social relativamente à competência anterior; e</td></tr>
<tr><td colspan="2">VI – afixar cópia da Guia da Previdência Social, relativamente à competência anterior, durante o período de um mês, no quadro de horário de que trata o art. 74 da Consolidação das Leis do Trabalho.</td></tr>
<tr><td colspan="2">VII – informar, anualmente, à Secretaria da Receita Federal do Brasil, na forma por ela estabelecida, o nome, o número de inscrição na previdência social e o endereço completo dos segurados de que trata o inciso III do § 15 do art. 9º, por ela utilizados no período, a qualquer título, para distribuição ou comercialização de seus produtos, sejam eles de fabricação própria ou de terceiros, sempre que se tratar de empresa que realize vendas diretas. (Inciso acrescido pelo Decreto nº 6.722, de 30/12/2008)</td></tr>
<tr><td>VIII - comunicar, mensalmente, os empregados a respeito dos valores descontados de sua contribuição previdenciária e, quando for o caso, dos valores da contribuição do empregador incidentes sobre a remuneração do mês de competência por meio de contracheque, recibo de pagamento ou documento equivalente. (Acrescido pelo Decreto 10.410/2020)</td><td>⊗ Dispositivo sem correspondência na antiga redação.</td></tr>
<tr><td colspan="2">§ 1º As informações prestadas na Guia de Recolhimento do Fundo de Garantia do Tempo de Serviço e Informações à Previdência Social servirão como base de cálculo das contribuições arrecadadas pelo Instituto Nacional do Seguro Social, comporão a base de dados para fins de cálculo e concessão dos benefícios previdenciários, bem como constituir-se-ão em termo de confissão de dívida, na hipótese do não recolhimento.</td></tr>
</table>

<table>
<tr><th>Nova Redação</th><th>Antiga Redação</th></tr>
<tr><td colspan="2">§ 2º A entrega da Guia de Recolhimento do Fundo de Garantia do Tempo de Serviço e Informações à Previdência Social deverá ser efetuada na rede bancária, conforme estabelecido pelo Ministério da Previdência e Assistência Social, até o dia sete do mês seguinte àquele a que se referirem as informações. (Parágrafo com redação dada pelo Decreto nº 3.265, de 29/11/1999)</td></tr>
<tr><td colspan="2">§ 3º A Guia de Recolhimento do Fundo de Garantia do Tempo de Serviço e Informações à Previdência Social é exigida relativamente a fatos geradores ocorridos a partir de janeiro de 1999.</td></tr>
<tr><td colspan="2">§ 4º O preenchimento, as informações prestadas e a entrega da Guia de Recolhimento do Fundo de Garantia do Tempo de Serviço e Informações à Previdência Social são de inteira responsabilidade da empresa.</td></tr>
<tr><td>§ 5º A empresa manterá arquivados os documentos comprobatórios do cumprimento das obrigações de que trata este artigo e os documentos comprobatórios do pagamento de benefícios previdenciários reembolsados até que ocorra a prescrição relativa aos créditos decorrentes das operações a que os documentos se refiram, observados o disposto no § 22 e nas normas estabelecidas pela Secretaria Especial da Receita Federal do Brasil do Ministério da Economia e pelo Conselho Curador do Fundo de Garantia do Tempo de Serviço. (Redação dada pelo Decreto 10.410/2020)</td><td>§ 5º A empresa deverá manter à disposição da fiscalização, durante dez anos, os documentos comprobatórios do cumprimento das obrigações referidas neste artigo, observados o disposto no § 22 e as normas estabelecidas pelos órgãos competentes. (Parágrafo com redação dada pelo Decreto nº 4.729, de 9/6/2003)</td></tr>
<tr><td colspan="2">§ 6º O Instituto Nacional do Seguro Social e a Caixa Econômica Federal estabelecerão normas para disciplinar a entrega da Guia de Recolhimento do Fundo de Garantia do Tempo de Serviço e Informações à Previdência Social, nos casos de rescisão contratual.</td></tr>
<tr><td><del>§ 7º A comprovação dos pagamentos de benefícios reembolsados à empresa também deve ser mantida à disposição da fiscalização durante dez anos.</del> (Revogado pelo Decreto 10.410/2020)</td><td>§ 7º A comprovação dos pagamentos de benefícios reembolsados à empresa também deve ser mantida à disposição da fiscalização durante dez anos.</td></tr>
<tr><td colspan="2">§ 8º O disposto neste artigo aplica-se, no que couber, aos demais contribuintes e ao adquirente, consignatário ou cooperativa, sub-rogados na forma deste Regulamento.</td></tr>
</table>

Nova Redação	Antiga Redação

§ 9º A folha de pagamento de que trata o inciso I do *caput*, elaborado mensalmente, de forma coletiva por estabelecimento da empresa, por obra de construção civil e por tomador de serviços, com a correspondente totalização, deverá:

I - discriminar o nome dos segurados, indicando cargo, função ou serviço prestado;

II - agrupar os segurados por categoria, assim entendido: segurado empregado, trabalhador avulso, contribuinte individual; (Inciso com redação dada pelo Decreto nº 3.265, de 29/11/1999)

III - destacar o nome das seguradas em gozo de salário-maternidade;

IV - destacar as parcelas integrantes e não integrantes da remuneração e os descontos legais; e

V - indicar o número de quotas de salário-família atribuídas a cada segurado empregado ou trabalhador avulso.

§ 10. No que se refere ao trabalhador portuário avulso, o órgão gestor de mão de obra elaborará a folha de pagamento por navio, mantendo-a disponível para uso da fiscalização do Instituto Nacional do Seguro Social, indicando o operador portuário e os trabalhadores que participaram da operação, detalhando, com relação aos últimos:

I - os correspondentes números de registro ou cadastro no órgão gestor de mão de obra;

II - o cargo, função ou serviço prestado;

III - os turnos em que trabalharam; e

IV - as remunerações pagas, devidas ou creditadas a cada um dos trabalhadores e a correspondente totalização.

§ 11. No que se refere ao parágrafo anterior, o órgão gestor de mão de obra consolidará as folhas de pagamento relativas às operações concluídas no mês anterior por operador portuário e por trabalhador portuário avulso, indicando, com relação a estes, os respectivos números de registro ou cadastro, as datas dos turnos trabalhados, as importâncias pagas e os valores das contribuições previdenciárias retidas;

§ 12. Para efeito de observância do limite máximo da contribuição do segurado trabalhador avulso, de que trata o art. 198, o órgão gestor de mão de obra manterá resumo mensal e acumulado, por trabalhador portuário avulso, dos valores totais das férias, do décimo terceiro salário e das contribuições previdenciárias retidas.

§ 13. Os lançamentos de que trata o inciso II do *caput*, devidamente escriturados nos livros Diário e Razão, serão exigidos pela fiscalização após noventa dias contados da ocorrência dos fatos geradores das contribuições, devendo, obrigatoriamente:

I – atender ao princípio contábil do regime de competência; e

II – registrar em contas individualizadas, todos os fatos geradores de contribuições previdenciárias de forma a identificar, clara e precisamente, as rubricas integrantes e não integrantes do salário de contribuição, bem como as contribuições descontadas do segurado, as da empresa e os totais recolhidos, por estabelecimento da empresa, por obra de construção civil e por tomador de serviços.

§ 14. A empresa deverá manter à disposição da fiscalização os códigos ou abreviaturas que identifiquem as respectivas rubricas utilizadas na elaboração da folha de pagamento, bem como os utilizados na escrituração contábil.

§ 15. A exigência prevista no inciso II do *caput* não desobriga a empresa do cumprimento das demais normas legais e regulamentares referentes à escrituração contábil.

§ 16. São desobrigadas de apresentação de escrituração contábil: (*Caput* do parágrafo com redação dada pelo Decreto nº 3.265, de 29/11/1999)

I – o pequeno comerciante, nas condições estabelecidas pelo Decreto-lei nº 486, de 3 de março de 1969, e seu Regulamento;

II – a pessoa jurídica tributada com base no lucro presumido, de acordo com a legislação tributada federal, desde que mantenha a escrituração do Livro Caixa e Livro de Registro de Inventário; e

III – a pessoa jurídica que optar pela inscrição no Sistema Integrado de Pagamento de Impostos e Contribuições das Microempresas e Empresas de Pequeno Porte, desde que mantenha escrituração do Livro Caixa e Livro de Registro de Inventário.

§ 17. A empresa, agência ou sucursal estabelecida no exterior deverá apresentar os documentos comprobatórios do cumprimento das obrigações referidas neste artigo à sua congênere no Brasil, observada a solidariedade de que trata o art. 222.

§ 18. Para o cumprimento do disposto no inciso V do *caput* serão observadas as seguintes situações:

I – caso a empresa possua mais de um estabelecimento localizado em base geográfica diversa, a cópia da Guia da Previdência Social será encaminhada ao sindicato representativo da categoria profissional mais numerosa entre os empregados de cada estabelecimento;

II – a empresa que recolher suas contribuições em mais de uma Guia da Previdência Social encaminhará cópia de todas as guias;

III – a remessa poderá ser efetuada por qualquer meio que garanta a reprodução integral do documento, cabendo à empresa manter, em seus arquivos, prova do recebimento pelo sindicato; e

IV – cabe à empresa a comprovação, perante a fiscalização do Instituto Nacional do Seguro Social, do cumprimento de sua obrigação frente ao sindicato.

§ 19. O órgão gestor de mão de obra deverá, quando exigido pela fiscalização do Instituto Nacional do Seguro Social, exibir as listas de escalação diária dos trabalhadores portuários avulsos, por operador portuário e por navio.

§ 20. Caberá exclusivamente ao órgão gestor de mão de obra a responsabilidade pela exatidão dos dados lançados nas listas diárias referidas no parágrafo anterior.

§ 21. Fica dispensado do cumprimento do disposto nos incisos V e VI do *caput* o contribuinte individual, em relação a segurado que lhe presta serviço. (Parágrafo com redação dada pelo Decreto nº 3.265, de 29/11/1999)

Nova Redação	Antiga Redação
§ 22. A empresa que utiliza sistema de processamento eletrônico de dados para o registro de negócios e atividades econômicas, escrituração de livros ou produção de documentos de natureza contábil, fiscal, trabalhista e previdenciária fica obrigada a arquivar e conservar, devidamente certificados, os sistemas e os arquivos, em meio eletrônico ou assemelhado, durante o prazo decadencial de que trata o art. 348, os quais ficarão à disposição da fiscalização. *(Redação dada pelo Decreto 10.410/2020)*	§ 22. A empresa que utiliza sistema de processamento eletrônico de dados para o registro de negócios e atividades econômicas, escrituração de livros ou produção de documentos de natureza contábil, fiscal, trabalhista e previdenciária é obrigada a arquivar e conservar, devidamente certificados, os respectivos sistemas e arquivos, em meio digital ou assemelhado, durante dez anos, à disposição da fiscalização. (Parágrafo acrescido pelo Decreto nº 4.729, de 9/6/2003)

§ 23. A cooperativa de trabalho e a pessoa jurídica são obrigadas a efetuar a inscrição no Instituto Nacional do Seguro Social dos seus cooperados e contratados, respectivamente, como contribuintes individuais, se ainda não inscritos. (Parágrafo acrescido pelo Decreto nº 4.729, de 9/6/2003)

§ 24. A empresa ou cooperativa adquirente, consumidora ou consignatária da produção fica obrigada a fornecer ao segurado especial cópia do documento fiscal de entrada da mercadoria, onde conste, além do registro da operação realizada, o valor da respectiva contribuição previdenciária. (Parágrafo acrescido pelo Decreto nº 6.722, de 30/12/2008)

Nova Redação	Antiga Redação
§ 25. A contribuição do empregador de que trata o inciso VIII do *caput* compreende aquela destinada ao seguro de acidentes do trabalho e ao financiamento da aposentadoria especial, sem prejuízo de outras contribuições incidentes sobre a remuneração do empregado. *(Acrescido pelo Decreto 10.410/2020)*	⊗ Dispositivo sem correspondência na antiga redação.

Art. 226. O Município, por intermédio do órgão competente, fornecerá ao Instituto Nacional do Seguro Social, para fins de fiscalização, mensalmente, relação de todos os alvarás para construção civil e documentos de habite-se concedidos, de acordo com critérios estabelecidos pelo referido Instituto.

§ 1º A relação a que se refere o *caput* será encaminhada ao INSS até o dia dez do mês seguinte àquele a que se referirem os documentos. (Parágrafo com redação dada pelo Decreto nº 4.032, de 26/11/2001)

§ 2º O encaminhamento da relação fora do prazo ou a sua falta e a apresentação com incorreções ou omissões sujeitará o dirigente do órgão municipal à penalidade prevista na alínea *f* do inciso I do art. 283.

Art. 227. *Revogado pelo Decreto nº 8.302, 2014.*

Nova Redação	Antiga Redação
Art. 228. O titular do Cartório de Registro Civil de Pessoas Naturais remeterá ao INSS, no prazo de um dia útil, pelo Sistema Nacional de Informações de Registro Civil, ou pelo sistema que venha a substituí-lo, a relação dos nascimentos, dos natimortos, dos casamentos, dos óbitos, das averbações, das anotações e das retificações registradas na serventia. *(Redação do artigo dada pelo Decreto nº 10.410, de 2020)*	**Art. 228.** O titular de cartório de registro civil e pessoas naturais fica obrigado a comunicar, até o dia dez de cada mês, na forma estabelecida pelo instituto Nacional do Seguro Social, o registro dos óbitos ocorridos no mês imediatamente anterior, devendo da comunicação constar o nome, a filiação, a data e local de nascimento da pessoa falecida.
§ 1º Para os Municípios que não dispõem de provedor de conexão à internet ou de qualquer meio de acesso à internet, fica autorizada a remessa da relação no prazo de cinco dias úteis, conforme critérios definidos pelo INSS.	Parágrafo único. No caso de não haver sido registrado nenhum óbito, deverá o titular do cartório comunicar esse fato ao Instituto Nacional do Seguro Social, no prazo estipulado no caput. *(Revogado pelo Decreto nº 10.410, de 2020).*

Nova Redação	Antiga Redação
§ 2º Os registros de nascimento e de natimorto conterão, obrigatoriamente, as seguintes informações do registrado e da filiação:	⊗ Dispositivo sem correspondência na antiga redação.
I - nome completo;	
II - número de inscrição no CPF;	
III - sexo; e	
IV - data e local de nascimento.	
§ 3º Os registros de casamento e de óbito conterão, obrigatoriamente, as seguintes informações do registrado:	⊗ Dispositivo sem correspondência na antiga redação.
I - nome completo;	
II - número de inscrição no CPF;	
III - sexo; e	
IV - data e local de nascimento do registrado.	
§ 4º Além das informações a que se refere o § 3º, constarão dos registros de casamento e de óbito, caso estejam disponíveis, os seguintes dados:	⊗ Dispositivo sem correspondência na antiga redação.
I - número de inscrição no PIS ou no Pasep;	
II - NIT;	
III - número de benefício previdenciário ou assistencial, se o falecido for titular de qualquer benefício pago pelo INSS;	
IV - número de registro da carteira de identidade e órgão emissor;	
V - número do título de eleitor; e	
VI - número de registro e série da Carteira de Trabalho e Previdência Social.	

Nova Redação	Antiga Redação
§ 5º Na hipótese de não haver sido registrado nascimento, natimorto, casamento, óbito ou averbação, anotação e retificação no mês, o titular do Cartório de Registro Civil de Pessoas Naturais comunicará este fato ao INSS até o quinto dia útil do mês subsequente, na forma estabelecida pelo INSS.	Parágrafo único. No caso de não haver sido registrado nenhum óbito, deverá o titular do cartório comunicar esse falo ao Instituto Nacional do Seguro Social, no prazo estipulado no caput.
§ 6º O descumprimento de obrigação imposta por este artigo e o fornecimento de informação inexata sujeitarão o titular do Cartório de Registro Civil de Pessoas Naturais, além de outras penalidades, à penalidade prevista na alínea "e" do inciso I do *caput* do art. 283 e a ação regressiva, na forma estabelecida pelo INSS.	⊗ Dispositivo sem correspondência na antiga redação.

Seção IV
Da Competência para Arrecadar, Fiscalizar e Cobrar

Art. 229. O Instituto Nacional do Seguro Social é o órgão competente para:

I – arrecadar e fiscalizar o recolhimento das contribuições sociais previstas nos incisos I, II, III, IV e V do parágrafo único do art. 195, bem como as contribuições incidentes a título de substituição; (Inciso com redação dada pelo Decreto nº 4.032, de 26/11/2001)

II – constituir seus créditos por meio dos correspondentes lançamentos e promover a respectiva cobrança;

III – aplicar sanções; e

IV – normalizar procedimentos relativos à arrecadação, fiscalização e cobrança das contribuições referidas no inciso I.

§ 1º Os Auditores Fiscais da Previdência Social terão livre acesso a todas as dependências ou estabelecimentos da empresa, com vistas à verificação física dos segurados em serviço, para confronto com os registros e documentos da empresa, podendo requisitar e apreender livros, notas técnicas e demais documentos necessários ao perfeito desempenho de suas funções, caracterizando-se como embaraço à fiscalização qualquer dificuldade oposta à consecução do objetivo. (Parágrafo com redação dada pelo Decreto nº 3.265, de 29/11/1999)

§ 2º Se o Auditor Fiscal da Previdência Social constatar que o segurado contratado como contribuinte individual, trabalhador avulso, ou sob qualquer outra denominação, preenche as condições referidas no inciso I do *caput* do art. 9º, deverá desconsiderar o vínculo pactuado e efetuar o enquadramento como segurado empregado. (Parágrafo com redação dada pelo Decreto nº 3.265, de 29/11/1999)

§ 3º A fiscalização das entidades fechadas de previdência privada, estabelecida na Lei nº 6.435, de 15 de julho de 1977, será exercida pelos Fiscais de Contribuições Previdenciárias do Instituto Nacional do Seguro Social, devidamente credenciados pelo órgão próprio, sem prejuízo das atribuições e vantagens a que fazem jus, conforme disposto no Decreto nº 1.317, de 29 de novembro de 1994.

§ 4º A fiscalização dos regimes próprios de previdência social dos servidores públicos e dos militares da União, dos Estados, do Distrito Federal e dos Municípios, nos temos da Lei nº 9.717, de 27 de novembro de 1998, será exercida pelos Fiscais de Contribuições Previdenciárias do Instituto Nacional do Seguro Social, devidamente credenciados pelo órgão próprio, sem prejuízo das atribuições e vantagens a que fazem jus, conforme orientação expedida pelo Ministério da Previdência e Assistência Social,

§ 5º Aplica-se à fiscalização de que tratam os §§ 3º e 4º o disposto na Lei nº 8.212, de 1991, neste Regulamento e demais dispositivos da legislação previdenciária, no que couber e não colidir com os preceitos das Leis nº 6.435, de 1977, e 9.717, de 1998.

Art. 230. A Secretaria da Receita Federal é o órgão competente para:

I – arrecadar e fiscalizar o recolhimento das contribuições sociais previstas nos incisos VI e VII do parágrafo único do art. 195;

II – constituir seus créditos por meio dos correspondentes lançamentos e promover respectiva cobrança;

III – aplicar sanções; e

IV – normatizar procedimentos relativos à arrecadação, fiscalização e cobrança das contribuições de que trata o inciso I.

Seção V
Do Exame da Contabilidade

Art. 231. É prerrogativa do Ministério da Previdência e Assistência Social, do Instituto Nacional do Seguro Social e da Secretaria da Receita Federal o exame da contabilidade da empresa, não prevalecendo para esse efeito o disposto nos arts. 17 e 18 do Código Comercial, ficando obrigados a empresa e o segurado a prestarem todos os esclarecimentos e informações solicitados.

Art. 232. A empresa, o servidor de órgão público da administração direta e indireta, o segurado da previdência social, o serventuário da Justiça, o síndico ou seu representante legal, o comissário e o liquidante de empresa em liquidação judicial ou extrajudicial são obrigados a exibir todos os documentos c livros relacionados com as contribuições previstas neste Regulamento.

Art. 233. Ocorrendo recusa ou sonegação de qualquer documento ou informação, ou sua apresentação deficiente, o Instituto Nacional do Seguro Social e a Secretaria da Receita Federal podem, sem prejuízo da penalidade cabível nas esferas de sua competência, lançar de ofício importância que reputarem devida, cabendo à empresa, ao empregador doméstico ou ao segurado o ônus da prova em contrário.

Parágrafo único. Considera-se deficiente o documento ou informação apresentada que não preencha as formalidades legais, bem como aquele que contenha informação diversa da realidade, ou, ainda, que omita informação verdadeira.

Art. 234. Na falta de prova regular e formalizada, o montante dos salários pagos pela execução de obra de construção civil pode ser obtido mediante cálculo da mão de obra empregada, proporcional à área construída e ao padrão de execução da obra, de acordo com critérios estabelecidos pelo Instituto Nacional do Seguro Social, cabendo ao proprietário, dona da obra, incorporador, condômino da unidade imobiliária ou empresa corresponsável o ônus da prova em contrário.

Art. 235. Se, no exame da escrituração contábil e de qualquer outro documento da empresa, a fiscalização constatar que a contabilidade não registra o movimento real da remuneração dos segurados a seu serviço, da receita ou do faturamento e do lucro, esta será desconsiderada, sendo apuradas e lançadas de ofício as contribuições devidas, cabendo à empresa o ônus da prova em contrário.

Art. 236. Deverá ser dado tratamento especial ao exame da documentação que envolva operações ou assuntos de caráter sigiloso, ficando o fiscal responsável obrigado à guarda da informação e à sua utilização exclusivamente nos documentos elaborados em decorrência do exercício de suas atividades.

Art. 237. A autoridade policial prestará à fiscalização, mediante solicitação, o auxílio necessário ao regular desempenho dessa atividade.

Seção VI
Das Contribuições e Outras Importâncias não Recolhidas até o Vencimento

Art. 238. Os créditos de qualquer natureza da seguridade social, constituídos ou não, vencidos até 31 de dezembro de 1991 e não pagos até 2 de janeiro de 1992, serão atualizados monetariamente com base na legislação aplicável e convertidos, nessa data, em quantidade de Unidade Fiscal de Referência diária.

Nova Redação	Antiga Redação
§ 1º Os juros de mora calculados até 2 de janeiro de 1992 serão, também, convertidos em Unidade Fiscal de Referência, na mesma data.	
§ 2º Sobre a parcela correspondente à contribuição, convertida em quantidade de Unidade Fiscal de Referência, incidirão juros moratórios à razão de um por cento, ao mês-calendário ou fração, a partir de fevereiro de 1992, inclusive, além da multa variável pertinente.	
§ 3º Os créditos calculados e expressos em quantidade de Unidade Fiscal de Referência conforme o disposto neste artigo serão reconvertidos para moeda corrente, com base no valor da Unidade Fiscal de Referência na data do pagamento.	
Art. 239. As contribuições sociais e outras importâncias arrecadadas pela Secretaria Especial da Receita Federal do Brasil do Ministério da Economia, incluídas ou não em notificação fiscal de lançamento, pagas com atraso, objeto ou não de parcelamento, ficam sujeitas a: *(Redação dada pelo Decreto 10.410/2020)*	**Art. 239.** As contribuições sociais e outras importâncias arrecadadas pelo Instituto Nacional do Seguro Social, incluídas ou não em notificação fiscal de lançamento, pagas com atraso, objeto ou não de parcelamento, ficam sujeitas a:
I – atualização monetária, quando exigida pela legislação de regência;	
II – juros de mora, de caráter irrelevável, incidentes sobre o valor atualizado, equivalentes a:	
a) um por cento no mês do vencimento;	
b) taxa referencial do Sistema Especial de Liquidação e de Custódia nos meses intermediários; e	
c) um por cento no mês do pagamento; e	
III – multa variável, de caráter irrelevável, nos seguintes percentuais, para fatos geradores ocorridos a partir de 28 de novembro de 1999: (*Caput* do inciso com redação dada pelo Decreto nº 3.265, de 29/11/1999)	
a) para pagamento após o vencimento de obrigação não incluída em notificação fiscal de lançamento:	
1. oito por cento, dentro do mês de vencimento da obrigação; (Item com redação dada pelo Decreto nº 3.265, de 29/11/1999)	
2. quatorze por cento, no mês seguinte; ou (Item com redação dada pelo Decreto nº 3.265, de 29/11/1999)	

3. vinte por cento, a partir do segundo mês seguinte ao do vencimento da obrigação; (Item com redação dada pelo Decreto nº 3.265, de 29/11/1999)

b) para pagamento de obrigação incluída em notificação fiscal de lançamento:

1. vinte e quatro por cento, até quinze dias do recebimento da notificação; (Item com redação dada pelo Decreto nº 3.265, de 29/11/1999)

2. trinta por cento, após o décimo quinto dia do recebimento da notificação; (Item com redação dada pelo Decreto nº 3.265, de 29/11/1999)

3. quarenta por cento, após apresentação de recurso desde que antecedido de defesa, sendo ambos tempestivos, até quinze dias da ciência da decisão do Conselho de Recursos da Previdência Social; ou (Item com redação dada pelo Decreto nº 3.265, de 29/11/1999)

4. cinquenta por cento, após o décimo quinto dia da ciência da decisão do Conselho de Recursos da Previdência Social, enquanto não inscrita em Dívida Ativa; e (Item com redação dada pelo Decreto nº 3.265, de 29/11/1999)

c) para pagamento do crédito inscrito em Dívida Ativa:

1. sessenta por cento, quando não tenha sido objeto de parcelamento; (Item com redação dada pelo Decreto nº 3.265, de 29/11/1999)

2. setenta por cento, se houve parcelamento; (Item com redação dada pelo Decreto nº 3.265, de 29/11/1999)

3. oitenta por cento, após o ajuizamento da execução fiscal, mesmo que o devedor ainda não tenha sido citado, se o crédito não foi objeto de parcelamento; ou (Item com redação dada pelo Decreto nº 3.265, de 29/11/1999)

4. cem por cento, após o ajuizamento da execução fiscal, mesmo que o devedor ainda não tenha sido citado, se o crédito foi objeto de parcelamento. (Item com redação dada pelo Decreto nº 3.265, de 29/11/1999)

§ 1º (Revogado pelo Decreto nº 6.224, de 4/10/2007)

§ 2º Nas hipóteses de parcelamento, ou de reparcelamento incidirá um acréscimo de vinte por cento sobre a multa de mora a que se refere o inciso III.

§ 3º Se houver pagamento antecipado à vista, no todo ou em parte, do saldo devedor, o acréscimo previsto no parágrafo anterior não incidirá sobre a multa correspondente à parte do pagamento que se efetuar.

<table>
<tr><th>Nova Redação</th><th>Antiga Redação</th></tr>
<tr><td colspan="2">§ 4º O valor do pagamento parcial, antecipado, do saldo devedor de parcelamento ou do reparcelamento somente poderá ser utilizado para quitação de parcelas na ordem inversa do vencimento, sem prejuízo da que for devida no mês de competência em curso e sobre a qual incidirá sempre o acréscimo a que se refere o § 2º.</td></tr>
<tr><td colspan="2">§ 5º É facultada a realização de depósito à disposição da seguridade social, sujeito ao mesmo percentual do item 1 da alínea b do inciso III, desde que dentro do prazo legal para apresentação de defesa.</td></tr>
<tr><td colspan="2">§ 6º À correção monetária e aos acréscimos legais de que trata este artigo aplicar-se-á a legislação vigente em cada competência a que se referirem.</td></tr>
<tr><td colspan="2">§ 7º Às contribuições de que trata o art. 204, devidas e não recolhidas até as datas dos respectivos vencimentos, aplicam-se multas e juros moratórios na forma da legislação pertinente.</td></tr>
<tr><td>§ 8º Sobre as contribuições devidas e apuradas com fundamento no inciso IV do caput do art. 127 e no § 1º do art. 348 incidirão juros moratórios de cinco décimos por cento ao mês, capitalizados anualmente, limitados ao percentual máximo de cinquenta por cento, e multa de dez por cento. (Redação dada pelo Decreto 10.410/2020)

COMENTÁRIO EM VÍDEO:</td><td>§ 8º Sobre as contribuições devidas e apuradas com base no § 1º do art. 348 incidirão juros moratórios de cinco décimos por cento ao mês, capitalizados anualmente, limitados ao percentual máximo de cinquenta por cento, e multa de dez por cento. (Parágrafo com redação dada pelo Decreto nº 6.042, de 12/2/2007)</td></tr>
<tr><td>§ 8º-A. A incidência de juros moratórios e multa de que trata o § 8º será estabelecida para fatos geradores ocorridos a partir de 14 de outubro de 1996. (Acrescido pelo Decreto 10.410/2020)</td><td>⊗ Dispositivo sem correspondência na antiga redação.</td></tr>
<tr><td colspan="2">§ 9º Não se aplicam as multas impostas e calculadas como percentual do crédito por motivo de recolhimento fora do prazo das contribuições, nem quaisquer outras penas pecuniárias, às massas falidas de que trata o art. 192 da Lei nº 11.101, de 9 de fevereiro de 2005, e às missões diplomáticas estrangeiras no Brasil e aos membros dessas missões quando assegurada a isenção em tratado, convenção ou outro acordo internacional de que o Estado estrangeiro ou organismo internacional e o Brasil sejam partes. (Parágrafo com redação dada pelo Decreto nº 6.042, de 12/2/2007)</td></tr>
</table>

§ 10. O disposto no § 8º não se aplica aos casos de contribuições em atraso a partir da competência abril de 1995, obedecendo-se, a partir de então, às disposições aplicadas às empresas em geral. (Parágrafo acrescido pelo Decreto nº 3.265, de 29/11/1999)

§ 11. Na hipótese de as contribuições terem sido declaradas no documento a que se refere o inciso IV do art. 225, ou quando se tratar de empregador doméstico ou de empresa ou segurado dispensados de apresentar o citado documento, a multa de mora a que se refere o *caput* e seus incisos será reduzida em cinquenta por cento. (Parágrafo acrescido pelo Decreto nº 3.265, de 29/11/1999)

Art. 240. Os créditos de qualquer natureza da seguridade social, constituídos ou não, que forem objeto de parcelamento serão consolidados na data da concessão e expressos em moeda corrente.

§ 1º Os valores referentes a competências anteriores a 1º de janeiro de 1995 e expressos em Unidade Fiscal de Referência serão reconvertidos para moeda corrente, com base no valor da Unidade Fiscal de Referência na data do pagamento.

§ 2º O valor do crédito consolidado será dividido pela quantidade de parcelas mensais concedidas na forma da legislação pertinente.

§ 3º O valor de cada parcela mensal, por ocasião do pagamento, será acrescido de juros na forma da legislação pertinente.

§ 4º A parcela mensal com valores relativos a competências anteriores a janeiro de 1995 será determinada de acordo com as disposições do § 1º, acrescida de juros conforme a legislação pertinente.

Art. 241. No caso de parcelamento concedido administrativamente até o dia 31 de dezembro de 1991, cujo saldo devedor foi expresso em quantidade de Unidade Fiscal de Referência diária a partir de 1º de janeiro de 1992, mediante a divisão do débito, atualizado monetariamente, pelo valor da Unidade Fiscal de Referência diária no dia 1º de janeiro de 1992, terá o valor do débito ou da parcela expresso em Unidade Fiscal de Referência reconvertido para moeda corrente, multiplicando-se a quantidade de Unidade Fiscal de Referência pelo valor desta na data do pagamento.

Art. 242. Os valores das contribuições incluídos em notificação fiscal de lançamento e os acréscimos legais, observada a legislação de regência, serão expressos em moeda corrente.

§ 1º Os valores das contribuições incluídos na Guia de Recolhimento do Fundo de Garantia do Tempo de Serviço e Informações à Previdência Social, não recolhidos ou não parcelados, serão inscritos na Divida Ativa do Instituto Nacional do Seguro Social, dispensando-se o processo administrativo de natureza contenciosa.

§ 2º Os juros e a multa serão calculados com base no valor da contribuição.

Nova Redação	Antiga Redação

Art. 243. Constatada a falta de recolhimento de qualquer contribuição ou outra importância devida nos termos deste Regulamento, a fiscalização lavrará, de imediato, notificação fiscal de lançamento com discriminação clara e precisa dos fatos geradores, das contribuições devidas e dos períodos a que se referem, de acordo com as normas estabelecidas pelos órgãos competentes.

§ 1º Aplica-se o disposto neste artigo em caso de falta de pagamento de benefício reembolsado ou em caso de pagamento desse benefício sem observância das normas pertinentes estabelecidas pelo Instituto Nacional do Seguro Social.

§ 2º Recebida a notificação, o empregador doméstico, a empresa ou o segurado terão o prazo de trinta dias para efetuar o pagamento ou apresentar impugnação. (Parágrafo com redação dada pelo Decreto nº 6.103, de 30/4/2007)

§ 3º Decorrido esse prazo, será automaticamente declarada a revelia, considerado, de plano, procedente o lançamento, permanecendo o processo no órgão jurisdicionante, pelo prazo de trinta dias, para cobrança amigável.

§ 4º Após o prazo referido no parágrafo anterior, o crédito será inscrito em Dívida Ativa.

§ 5º Apresentada a defesa, o processo formado a partir da notificação fiscal de lançamento será submetido à autoridade competente, que decidirá sobre a procedência ou não do lançamento, cabendo recurso na forma da Subseção II da Seção II do Capítulo Único do Título I do Livro V.

§ 6º Ao lançamento considerado procedente aplicar-se-á o disposto no § 1º do art. 245, salvo se houver recurso tempestivo na forma da Subseção II da Seção II do Capítulo Único do Título I do Livro V.

§ 7º A liquidação de crédito incluído em notificação deve ser feita em moeda corrente, mediante documento próprio emitido exclusivamente pelo Instituto Nacional do Seguro Social.

Nova Redação	Antiga Redação
Art. 244. ~~As contribuições e demais importâncias devidas à seguridade social e não recolhidas até seu vencimento, incluídas ou não em notificação fiscal de lançamento, após verificadas e confessadas, poderão ser objeto de acordo, para pagamento parcelado em moeda corrente, em até sessenta meses sucessivos, observado o número de até quatro parcelas mensais para~~	**Art. 244.** As contribuições e demais importâncias devidas à seguridade social e não recolhidas até seu vencimento, incluídas ou não em notificação fiscal de lançamento, após verificadas e confessadas, poderão ser objeto de acordo, para pagamento parcelado em moeda corrente, em até sessenta meses sucessivos, observado o número de até quatro parcelas mensais para cada

Nova Redação	Antiga Redação
~~cada competência a serem incluídas no parcelamento.~~ *(Revogado pelo Decreto 10.410/2020)*	competência a serem incluídas no parcelamento.

Art. 245. O crédito da seguridade social é constituído por meio de notificação fiscal de lançamento, auto de infração, confissão ou documento declaratório de valores devidos apresentado pelo contribuinte ou outro instrumento previsto em legislação própria.

§ 1º As contribuições, a atualização monetária, os juros de mora, as multas, bem como outras importâncias devidas e não recolhidas até o seu vencimento devem ser lançados em livro próprio destinado à inscrição em Dívida Ativa do Instituto Nacional do Seguro Social e da Fazenda Nacional, após a constituição do respectivo crédito.

§ 2º A certidão textual do livro de que trata este artigo serve de título para que o órgão competente, por intermédio de seu procurador ou representante legal, promova em juízo a cobrança da Dívida Ativa, segundo o mesmo processo e com as mesmas prerrogativas e privilégios da Fazenda Nacional, nos termos da Lei nº 6.830, de 22 de setembro de 1980.

§ 3º Os órgãos competentes podem, antes de ajuizar a cobrança da Dívida Ativa, promover o protesto de título dado em garantia de sua liquidação, ficando, entretanto, ressalvado que o título será sempre recebido pró solvendo.

§ 4º Considera-se Dívida Ativa o crédito proveniente de fato jurídico gerador das obrigações legais ou contratuais, desde que inscrito no livro próprio, de conformidade com os dispositivos da Lei nº 6.830, de 1980.

§ 5º As contribuições arrecadadas pelo Instituto Nacional do Seguro Social poderão, sem prejuízo da respectiva liquidez e certeza, ser inscritas em Dívida Ativa.

Art. 246. O crédito relativo a contribuições, atualização monetária, juros de mora, multas, bem como a outras importâncias, está sujeito, nos processos de falência, concordata ou concurso de credores, às disposições atinentes aos créditos da União, aos quais é equiparado.

Parágrafo único. O Instituto Nacional do Seguro Social reivindicará os valores descontados pela empresa do segurado empregado e trabalhador avulso, as decorrentes da sub-rogação de que tratam os incisos I e II do § 7º do art. 200 e as importâncias retidas na forma do art. 219 e não recolhidos, sendo que esses valores não estão sujeitos ao concurso de credores.

Seção VII
Da Restituição e da Compensação de Contribuições e Outras Importâncias

Nova Redação	Antiga Redação
Art. 247. A restituição e a compensação de valores recolhidos indevidamente observarão os termos e as condições estabelecidos pela Secretaria Especial da Receita Federal do Brasil do Ministério da Economia. *(Redação dada pelo Decreto 10.410/2020)*	**Art. 247.** Somente poderá ser restituída ou compensada contribuição para a seguridade social, arrecadada pelo Instituto Nacional do Seguro Social, na hipótese de pagamento ou recolhimento indevido.
~~§ 1º Na hipótese de pagamento ou recolhimento indevido, a contribuição será atualizada monetariamente, nos períodos em que a legislação assim determinar, a contar da data do pagamento ou recolhimento até a da efetiva restituição ou compensação, utilizando-se os mesmos critérios aplicáveis à cobrança da própria contribuição em atraso, na forma da legislação de regência.~~ *(Revogado pelo Decreto 10.410/2020)*	§ 1º Na hipótese de pagamento ou recolhimento indevido, a contribuição será atualizada monetariamente, nos períodos em que a legislação assim determinar, a contar da data do pagamento ou recolhimento até a da efetiva restituição ou compensação, utilizando-se os mesmos critérios aplicáveis à cobrança da própria contribuição em atraso, na forma da legislação de regência.
~~§ 2º A partir de 1º de janeiro de 1996, a compensação ou restituição é acrescida de juros equivalentes à taxa referencial do Sistema Especial de Liquidação e de Custódia, acumulada mensalmente, calculados a partir da data do pagamento indevido ou a maior até o mês anterior ao da compensação ou restituição e de um por cento relativamente ao mês em que estiver sendo efetuada.~~ *(Revogado pelo Decreto 10.410/2020)*	§ 2º A partir de 1º de janeiro de 1996, a compensação ou restituição é acrescida de juros equivalentes à taxa referencial do Sistema Especial de Liquidação e de Custódia, acumulada mensalmente, calculados a partir da data do pagamento indevido ou a maior até o mês anterior ao da compensação ou restituição e de um por cento relativamente ao mês em que estiver sendo efetuada.
~~§ 3º Somente será admitida a restituição ou a compensação de contribuição a cargo da empresa, recolhida ao Instituto Nacional do Seguro Social, que, por sua natureza, não tenha sido transferida ao preço de bem ou serviço oferecido à sociedade.~~ *(Revogado pelo Decreto 10.410/2020)*	§ 3º Somente será admitida a restituição ou a compensação de contribuição a cargo da empresa, recolhida ao Instituto Nacional do Seguro Social, que, por sua natureza, não tenha sido transferida ao preço de bem ou serviço oferecido à sociedade.

Nova Redação	Antiga Redação
Art. 248. ~~A restituição de contribuição ou de outra importância recolhida indevidamente, que comporte, por sua natureza, a transferência de encargo financeiro, somente será feita àquele que provar ter assumido esse encargo ou, no caso de tê-lo transferido a terceiro, estar por este expressamente autorizado a recebê-la.~~ *(Revogado pelo Decreto 10.410/2020)*	**Art. 248.** A restituição de contribuição ou de outra importância recolhida indevidamente, que comporte, por sua natureza, a transferência de encargo financeiro, somente será feita àquele que provar ter assumido esse encargo ou, no caso de tê-lo transferido a terceiro, estar por este expressamente autorizado a recebê-la.
Art. 249. ~~Somente poderá ser restituído ou compensado, nas contribuições arrecadadas pelo Instituto Nacional do Seguro Social, valor decorrente das parcelas referidas nos incisos I, II, III, IV e V do parágrafo único do art. 195.~~ *(Revogado pelo Decreto 10.410/2020)*	**Art. 249.** Somente poderá ser restituído ou compensado, nas contribuições arrecadadas pelo Instituto Nacional do Seguro Social, valor decorrente das parcelas referidas nos incisos I, II, III, IV e V do parágrafo único do art. 195.
~~Parágrafo único. A restituição de contribuição indevidamente descontada do segurado somente poderá ser feita ao próprio segurado, ou ao seu procurador, salvo se comprovado que o responsável pelo recolhimento já lhe fez a devolução.~~	Parágrafo único. A restituição de contribuição indevidamente descontada do segurado somente poderá ser feita ao próprio segurado, ou ao seu procurador, salvo se comprovado que o responsável pelo recolhimento já lhe fez a devolução.
Art. 250. ~~O pedido de restituição ou de compensação de contribuição ou de outra importância recolhida à seguridade social e recebida pelo Instituto Nacional do Seguro Social será encaminhado ao próprio Instituto.~~ *(Revogado pelo Decreto 10.410/2020)*	**Art. 250.** O pedido de restituição ou de compensação de contribuição ou de outra importância recolhida à seguridade social e recebida pelo Instituto Nacional do Seguro Social será encaminhado ao próprio Instituto.
~~§ 1º No caso de restituição de contribuições para terceiros, vinculada à restituição de contribuições previdenciárias, será o pedido recebido e decidido pelo Instituto Nacional do Seguro Social, que providenciará a restituição, descontando-a obrigatoriamente do valor do repasse financeiro seguinte ao da restituição, comunicando o fato à respectiva entidade.~~	§ 1º No caso de restituição de contribuições para terceiros, vinculada à restituição de contribuições previdenciárias, será o pedido recebido e decidido pelo Instituto Nacional do Seguro Social, que providenciará a restituição, descontando-a obrigatoriamente do valor do repasse financeiro seguinte ao da restituição, comunicando o fato à respectiva entidade.

Nova Redação	Antiga Redação
~~§ 2º O pedido de restituição de contribuições que envolver somente importâncias relativas a terceiros será formulado diretamente à entidade respectiva e por esta decidido, cabendo ao Instituto Nacional do Seguro Social prestar as informações e realizar as diligências solicitadas.~~	§ 2º O pedido de restituição de contribuições que envolver somente importâncias relativas a terceiros será formulado diretamente à entidade respectiva e por esta decidido, cabendo ao Instituto Nacional do Seguro Social prestar as informações e realizar as diligências solicitadas.
Art. 251. ~~A partir de 1º de janeiro de 1992, nos casos de pagamento indevido ou a maior de contribuições, mesmo quando resultante de reforma, anulação, revogação ou rescisão de decisão condenatória, o contribuinte pode efetuar a compensação desse valor no recolhimento de importâncias correspondentes a períodos subsequentes.~~ *(Revogado pelo Decreto 10.410/2020)*	**Art. 251.** A partir de 1º de janeiro de 1992, nos casos de pagamento indevido ou a maior de contribuições, mesmo quando resultante de reforma, anulação, revogação ou rescisão de decisão condenatória, o contribuinte pode efetuar a compensação desse valor no recolhimento de importâncias correspondentes a períodos subsequentes.
~~§ 1º A compensação, independentemente da data do recolhimento, não pode ser superior a trinta por cento do valor a ser recolhido em cada competência, devendo o saldo remanescente em favor do contribuinte ser compensado nas competências subsequentes, aplicando-se as normas previstas nos §§ 1º e 2º do art. 247.~~	§ 1º A compensação, independentemente da data do recolhimento, não pode ser superior a trinta por cento do valor a ser recolhido em cada competência, devendo o saldo remanescente em favor do contribuinte ser compensado nas competências subsequentes, aplicando-se as normas previstas nos §§ 1º e 2º do art. 247.
~~§ 2º A compensação somente poderá ser efetuada com parcelas de contribuição da mesma espécie.~~	§ 2º A compensação somente poderá ser efetuada com parcelas de contribuição da mesma espécie.
~~§ 3º É facultado ao contribuinte optar pelo pedido de restituição.~~	§ 3º É facultado ao contribuinte optar pelo pedido de restituição.
~~§ 4º Em caso de compensação de valores nas situações a que se referem os arts. 248 e 249, os documentos comprobatórios da responsabilidade assumida pelo encargo financeiro, a autorização~~	§ 4º Em caso de compensação de valores nas situações a que se referem os arts. 248 e 249, os documentos comprobatórios da responsabilidade assumida pelo encargo financeiro, a autorização

Nova Redação	Antiga Redação
~~expressa de terceiro para recebimento em seu nome a procuração ou o recibo de devolução de contribuição descontada indevidamente de segurado, conforme o caso, devem ser mantidos à disposição da fiscalização, sob pena de glosa dos valores compensados.~~	expressa de terceiro para recebimento em seu nome a procuração ou o recibo de devolução de contribuição descontada indevidamente de segurado, conforme o caso, devem ser mantidos à disposição da fiscalização, sob pena de glosa dos valores compensados.
~~§ 5º Os órgãos competentes expedirão as instruções necessárias ao cumprimento do disposto neste artigo.~~	§ 5º Os órgãos competentes expedirão as instruções necessárias ao cumprimento do disposto neste artigo.
Art. 252. ~~No caso de recolhimento a maior, originário de evidente erro de cálculo, a restituição será feita por rito sumário estabelecido pelo Instituto Nacional do Seguro Social, reservando-se a este o direito de fiscalizar posteriormente a regularidade das importâncias restituídas.~~ *(Revogado pelo Decreto 10.410/2020)*	**Art. 252.** No caso de recolhimento a maior, originário de evidente erro de cálculo, a restituição será feita por rito sumário estabelecido pelo Instituto Nacional do Seguro Social, reservando-se a este o direito de fiscalizar posteriormente a regularidade das importâncias restituídas.
Art. 253. ~~O direito de pleitear restituição ou de realizar compensação de contribuições ou de outras importâncias extingue-se em cinco anos, contados da data:~~ *(Revogado pelo Decreto 10.410/2020)*	**Art. 253.** O direito de pleitear restituição ou de realizar compensação de contribuições ou de outras importâncias extingue-se em cinco anos, contados da data:
~~I – do pagamento ou recolhimento indevido; ou~~	I – do pagamento ou recolhimento indevido; ou
~~II – em que se tornar definitiva a decisão administrativa ou passar em julgado a sentença judicial que tenha reformado, anulado ou revogado a decisão condenatória.~~	II – em que se tornar definitiva a decisão administrativa ou passar em julgado a sentença judicial que tenha reformado, anulado ou revogado a decisão condenatória.
Art. 254. ~~Da decisão sobre pedido de restituição de contribuições ou de outras importâncias, cabe recurso na forma da Subseção II da Seção II do Capítulo Único do Titulo I do Livro V.~~ *(Revogado pelo Decreto 10.410/2020)*	**Art. 254.** Da decisão sobre pedido de restituição de contribuições ou de outras importâncias, cabe recurso na forma da Subseção II da Seção II do Capítulo Único do Titulo I do Livro V.

<table>
<tr><th>Nova Redação</th><th>Antiga Redação</th></tr>
<tr><td colspan="2">Seção VIII
Do Reembolso de Pagamento</td></tr>
<tr><td>Art. 255. A dedução e o reembolso relativos a quotas do salário-família e do salário-maternidade e a compensação do adicional de insalubridade a que se refere o § 2º do art. 394-A da Consolidação das Leis do Trabalho, aprovada pelo Decreto-Lei nº 5.452, de 1943, observarão os termos e as condições estabelecidos pela Secretaria Especial da Receita Federal do Brasil do Ministério da Economia. (Redação dada pelo Decreto 10.410/2020)</td><td>Art. 255. A empresa será reembolsada pelo pagamento do valor bruto do salário-maternidade, observado o disposto no art. 248 da Constituição, incluída a gratificação natalina proporcional ao período da correspondente licença e das cotas do salário-família pago aos segurados a seu serviço, de acordo com este Regulamento, mediante dedução do respectivo valor, no ato do recolhimento das contribuições devidas, na forma estabelecida pelo INSS. (Caput do artigo com redação dada pelo Decreto nº 4.862, de 21/10/2003)</td></tr>
<tr><td>§ 1º a 3º (Revogados pelo Decreto 10.410/2020)</td><td>§ 1º Se da dedução prevista no caput resultar saldo favorável, a empresa receberá, no ato da quitação, a importância correspondente.
§ 2º (Revogado pelo Decreto nº 3.265, de 29/11/1999)
§ 3º O reembolso de pagamento obedecerá aos mesmos critérios aplicáveis à restituição prevista no art. 247.</td></tr>
</table>

CAPÍTULO IX
DA MATRÍCULA DA EMPRESA, DO PRODUTOR RURAL PESSOA FÍSICA E DO SEGURADO ESPECIAL

Redação dada pelo Decreto nº 6.722, de 30/12/2008

Art. 256. A matrícula da empresa será feita:

I – simultaneamente com a inscrição no Cadastro Nacional da Pessoa Jurídica; ou

II – perante o Instituto Nacional do Seguro Social, no prazo de trinta dias contados do início de suas atividades, quando não sujeita a inscrição no Cadastro Nacional da Pessoa Jurídica.

§ 1º Independentemente do disposto neste artigo, o Instituto Nacional do Seguro Social procederá à matrícula:

I – de ofício, quando ocorrer omissão; e

II – de obra de construção civil, mediante comunicação obrigatória do responsável por sua execução, no prazo do inciso II do *caput*.

§ 2º A unidade matriculada na forma do inciso II do *caput* e do § 1º receberá certificado de matrícula com número cadastral básico, de caráter permanente.

§ 3º O não cumprimento do disposto no inciso II do *caput* e no inciso II do § 1º sujeita o responsável à multa prevista no art. 283.

§ 4º O Departamento Nacional de Registro do Comércio, por intermédio das juntas comerciais, bem como os cartórios de registro civil de pessoas jurídicas, prestarão obrigatoriamente ao Instituto Nacional do Seguro Social todas as informações referentes aos atos constitutivos e alterações posteriores relativos a empresas neles registradas, sem ônus para o Instituto.

§ 5º São válidos perante o Instituto Nacional do Seguro Social os atos de constituição, alteração e extinção de empresa registrados nas juntas comerciais.

§ 6º O Ministério da Previdência e Assistência Social estabelecerá as condições em que o Departamento Nacional de Registro do Comércio, por intermédio das juntas comerciais, e os cartórios de registro civil de pessoas jurídicas cumprirão o disposto no § 4º.

Art. 256-A. A matrícula atribuída pela Secretaria da Receita Federal do Brasil ao produtor rural pessoa física ou segurado especial é o documento de inscrição do contribuinte, em substituição à inscrição no Cadastro Nacional de Pessoa Jurídica – CNPJ, a ser apresentado em suas relações:

I – com o Poder Público, inclusive para licenciamento sanitário de produtos de origem animal ou vegetal submetidos a processos de beneficiamento ou industrialização artesanal;

II – com as instituições financeiras, para fins de contratação de operações de crédito; e

III – com os adquirentes de sua produção ou fornecedores de sementes, insumos, ferramentas e demais implementos agrícolas.

§ 1º Para fins de recolhimento das contribuições previdenciárias, a matrícula de que trata o *caput* será atribuída ao grupo familiar no ato de sua inscrição.

§ 2º O disposto no *caput* não se aplica ao licenciamento sanitário de produtos sujeitos à incidência do IPI ou ao contribuinte cuja inscrição no CNPJ seja obrigatória. (Artigo acrescido pelo Decreto nº 6.722, de 30/12/2008)

CAPÍTULO X
DA PROVA DE INEXISTÊNCIA DE DÉBITO

Arts. 257 a 259. Revogados pelo Decreto nº 8.302/2014.

Art. 260. Serão aceitas as seguintes modalidades de garantia:

I – depósito integral e atualizado do débito em moeda corrente;

II – hipoteca de bens imóveis com ou sem seus acessórios;

III – fiança bancária;

IV – vinculação de parcelas do preço de bens ou serviços a serem negociados a prazo pela empresa;

V – alienação fiduciária de bens móveis; ou

VI – penhora.

Parágrafo único. A garantia deve ter valor mínimo de cento e vinte por cento do total da dívida, observado, em qualquer caso, o valor de mercado dos bens indicados, em conformidade com os critérios estabelecidos pelo Instituto Nacional do Seguro Social.

Art. 261. A autorização do órgão competente para outorga de instrumento em que se estipule o pagamento do débito da empresa no ato, ou apenas parte no ato e o restante em parcelas ou prestações do saldo do preço do bem a ser negociado pela empresa, com vinculação ao cumprimento das obrigações assumidas na confissão de dívida fiscal desta perante a seguridade social, na forma do inciso IV do art. 260, será dada mediante interveniência no instrumento.

Parágrafo único. A autorização para lavratura de instrumento de interesse da empresa em que a garantia oferecida pelo devedor não tem relação com o bem transacionado será dada mediante alvará.

Art. 262. Revogado pelo Decreto nº 8.302, de 2014.

Art. 263. Revogado pelo Decreto nº 8.302, de 2014.

Art. 264. A inexistência de débito em relação às contribuições devidas ao Instituto Nacional do Seguro Social é condição necessária para que os Estados, o Distrito Federal e os Municípios possam receber as transferências dos recursos do Fundo de Participação dos Estados e do Distrito Federal e do Fundo de Participação dos Municípios, celebrar acordo, contrato, convênio ou ajuste, bem como receber empréstimo, financiamento, aval ou subvenção em geral de órgão ou entidade da administração direta e indireta da União.

Parágrafo único. Para recebimento do Fundo de Participação dos Estados e do Distrito Federal e do Fundo de Participação dos Municípios e para a consecução dos demais instrumentos citados no *caput*, os Estados, o Distrito Federal e os Municípios deverão apresentar aos órgãos ou entidades responsáveis pela liberação dos fundos, celebração de acordos, contratos, convênios ou ajustes, concessão de empréstimos, financiamentos, avais ou subvenções em geral os comprovantes de recolhimento das suas contribuições ao Instituto Nacional do Seguro Social referentes aos três meses imediatamente anteriores ao mês previsto para a efetivação daqueles procedimentos.

Art. 265. Os Estados, o Distrito Federal e os Municípios serão, igualmente, obrigados a apresentar, para os fins do disposto no art. 264, comprovação de pagamento da parcela mensal referente nos débitos com o Instituto Nacional do Seguro Social objeto do parcelamento.

TÍTULO II
DAS DISPOSIÇÕES DIVERSAS RELATIVAS AO CUSTEIO DA SEGURIDADE SOCIAL

Art. 266. Os sindicatos poderão apresentar denúncia contra a empresa, junto ao Instituto Nacional do Seguro Social, nas seguintes hipóteses:

I – falta de envio da Guia da Previdência Social para o sindicato, na forma do inciso V do *caput* do art. 225;

II – não afixação da Guia da Previdência Social no quadro de horário, na forma do inciso VI do *caput* do art. 225;

III – divergência entre os valores informados pela empresa e pelo Instituto Nacional do Seguro Social sobre as contribuições recolhidas na mesma competência; ou

IV – existência de evidentes indícios de recolhimento a menor das contribuições devidas, constatados pela comparação com dados disponíveis sobre quantidade de empregados e de rescisões de contrato de trabalho homologadas pelo sindicato.

§ 1º As denúncias formuladas pelos sindicatos deverão identificar com precisão a empresa infratora e serão encaminhadas por seu representante legal, especificando nome, número no Cadastro Nacional da Pessoa Jurídica e endereço da empresa denunciada, o item infringido e outros elementos indispensáveis à análise dos fatos.

§ 2º A constatação da improcedência da denúncia apresentada pelo sindicato implicará a cessação do seu direito ao acesso às informações fornecidas pelas empresas e pelo Instituto Nacional do Seguro Social, pelo prazo de:

Nova Redação	Antiga Redação

I – um ano, quando fundamentada nos incisos I, II e III do *caput*; e

II – quatro meses, quando fundamentada no inciso IV do *caput*.

§ 3º Os prazos mencionados no parágrafo anterior serão duplicados a cada reincidência, considerando-se esta a ocorrência de nova denúncia improcedente, dentro do período de cinco anos contados da data da denúncia não confirmada.

Art. 267. (Revogado pelo Decreto nº 4.032, de 26/11/2001)

Art. 268. O titular da firma individual e os sócios das empresas por cotas de responsabilidade limitada respondem solidariamente, com seus bens pessoais, pelos débitos junto à seguridade social.

Parágrafo único. Os acionistas controladores, os administradores, os gerentes e os diretores respondem solidariamente e subsidiariamente, com seus bens pessoais, quanto ao inadimplemento das obrigações para com a seguridade social, por dolo ou culpa.

Art. 269. Os orçamentos das entidades da administração pública direta e indireta devem consignar as dotações ao pagamento das contribuições devidas à seguridade social, de modo a assegurar a sua regular liquidação dentro do exercício.

Parágrafo único. O pagamento das contribuições devidas ao Instituto Nacional do Seguro Social terá prioridade absoluta nos cronogramas financeiros de desembolso dos órgãos da administração pública direta, das entidades de administração indireta e suas subsidiárias e das demais entidades sob controle acionário direto ou indireto da União, dos Estados, do Distrito Federal e dos Municípios, bem como de suas autarquias, e fundações instituídas ou mantidas pelo Poder Público.

Art. 270. A existência de débitos junto ao Instituto Nacional do Seguro Social, não renegociados ou renegociados e não saldados, nas condições estabelecidas em lei, importará na indisponibilidade dos recursos existentes, ou que venham a ingressar nas contas dos órgãos ou entidades devedoras de que trata o artigo anterior, abertas em quaisquer instituições financeiras, até o valor equivalente ao débito apurado na data de expedição de solicitação do Instituto Nacional do Seguro Social ao Banco Central do Brasil, incluindo o principal, corrigido monetariamente nos períodos em que a legislação assim dispuser, as multas e os juros.

Parágrafo único. Os Ministros da Fazenda e da Previdência e Assistência Social expedirão as instruções para aplicação do disposto neste artigo.

Art. 271. As contribuições referentes ao período de que trata o § 2º do art. 26, vertidas desde o inicio do vínculo do servidor com a administração pública ao Plano de Seguridade Social do Servidor Público, nos termos dos arts. 8º e 9º da Lei nº 8.162, de 1991, serão atualizadas monetariamente e repassadas de imediato ao Instituto Nacional do Seguro Social.

Art. 272. As alíquotas a que se referem o inciso II do art. 200 e os incisos I, II, III e § 8º do art. 202 são reduzidas em cinquenta por cento de seu valor, a partir de 22 de janeiro de 1998, por sessenta meses, nos contratos de trabalho por prazo determinado, nos termos da Lei nº 9.601, de 21 de janeiro de 1998. (Artigo com redação dada pelo Decreto nº 4.032, de 26/11/2001)

Art. 273. A empresa é obrigada a preparar folha de pagamento dos trabalhadores contratados com base na Lei nº 9.601, de 1998, na forma do art. 225, agrupando-os separadamente.

Art. 274. O Instituto Nacional do Seguro Social poderá arrecadar e fiscalizar, mediante remuneração de três vírgula cinco por cento sobre o montante arrecadado, contribuição por lei devida a terceiros, desde que provenha de empresa, segurado, aposentado ou pensionista a ele vinculado, aplicando-se a essa contribuição, no que couber, o disposto neste Regulamento.

§ 1º O disposto neste artigo aplica-se às contribuições que tenham a mesma base utilizada para o cálculo das contribuições incidentes sobre a remuneração paga, devida ou creditada a segurados, bem como sobre as contribuições incidentes sobre outras bases a título de substituição. (Parágrafo com redação dada pelo Decreto nº 4.032, de 26/11/2001)

§ 2º As contribuições previstas neste artigo ficam sujeitas nos mesmos prazos, condições, sanções e privilégios das contribuições da seguridade social, inclusive no que se refere à cobrança judicial.

Art. 275. O Instituto Nacional do Seguro Social divulgará, trimestralmente, lista atualizada dos devedores com débitos inscritos na Dívida Ativa relativos às contribuições previstas nos incisos I, II, III, IV e V do parágrafo único do art. 195, acompanhada de relatório circunstanciado das medidas administrativas e judiciais adotadas para a cobrança e execução da dívida.

§ 1º O relatório a que se refere o *caput* será encaminhado aos órgãos da administração federal direta e indireta, às entidades controladas direta ou indiretamente pela União, aos registros públicos, cartórios de registro de títulos e documentos, cartórios de registro de imóveis e ao sistema financeiro oficial, para os fins do § 3º do art. 195 da Constituição Federal e da Lei nº 7.711, de 22 de dezembro de 1988.

§ 2º O Ministério da Previdência e Assistência Social fica autorizado a firmar convênio com os governos estaduais, do Distrito Federal e municipais para extensão, àquelas esferas de governo, das hipóteses previstas no art. 1º da Lei nº 7.711, de 1988.

Art. 276. Nas ações trabalhistas de que resultar o pagamento de direitos sujeitos à incidência de contribuição previdenciária, o recolhimento das importâncias devidas à seguridade social será feito no dia dois do mês seguinte ao da liquidação da sentença.

§ 1º No caso do pagamento parcelado, as contribuições devidas à seguridade social serão recolhidas na mesma data e proporcionalmente ao valor de cada parcela.

§ 2º Nos acordos homologados em que não figurarem, discriminadamente, as parcelas legais de incidência da contribuição previdenciária, esta incidirá sobre o valor total do acordo homologado.

§ 3º Não se considera como discriminação de parcelas legais de incidência de contribuição previdenciária a fixação de percentual de verbas remuneratórias e indenizatórias constantes dos acordos homologados, aplicando-se, nesta hipótese, o disposto no parágrafo anterior.

§ 4º A contribuição do empregado no caso de ações trabalhistas será calculada, mês a mês, aplicando-se as alíquotas previstas no art. 198, observado o limite máximo do salário de contribuição.

§ 5º Na sentença ou acordo homologado, cujo valor da contribuição previdenciária devida for inferior ao limite mínimo permitido para recolhimento na Guia da Previdência Social, é autorizado o recolhimento dos valores devidos cumulativamente com as contribuições normais de mesma competência. (Parágrafo acrescido pelo Decreto nº 4.032, de 26/11/2001)

§ 6º O recolhimento das contribuições do empregado reclamante deverá ser feito na mesma inscrição em que são recolhidas as contribuições devidas pela empresa. (Parágrafo acrescido pelo Decreto nº 4.032, de 26/11/2001)

§ 7º Se da decisão resultar reconhecimento de vínculo empregatício, deverão ser exigidas as contribuições, tanto do empregador como do reclamante, para todo o período reconhecido, ainda que o pagamento das remunerações a ele correspondentes não tenham sido reclamadas na ação, tomando-se por base de incidência, na ordem, o valor da remuneração paga, quando conhecida, da remuneração paga a outro empregado de categoria ou função equivalente ou semelhante, do salário normativo da categoria ou do salário mínimo mensal, permitida a compensação das contribuições patronais eventualmente recolhidas. (Parágrafo acrescido pelo Decreto nº 4.032, de 26/11/2001)

§ 8º Havendo reconhecimento de vínculo empregatício para empregado doméstico, tanto as contribuições do segurado empregado como as do empregador deverão ser recolhidas na inscrição do trabalhador. (Parágrafo acrescido pelo Decreto nº 4.032, de 26/11/2001)

§ 9º É exigido o recolhimento da contribuição previdenciária de que trata o inciso II do art. 201, incidente sobre o valor resultante da decisão que reconhecer a ocorrência de prestação de serviço à empresa, mas não o vínculo empregatício, sobre o valor total da condenação ou do acordo homologado, independentemente da natureza da parcela e forma de pagamento. (Parágrafo acrescido pelo Decreto nº 4.032, de 26/11/2001)

Art. 277. A autoridade judiciária deverá velar pelo fiel cumprimento do disposto no artigo anterior, executando, de ofício, quando for o caso, as contribuições devidas, fazendo expedir notificação ao Instituto Nacional do Seguro Social, para dar-lhe ciência dos termos da sentença, do acordo celebrado ou de execução.

Parágrafo único. O Instituto Nacional do Seguro Social fornecerá, quando solicitados, as orientações e dados necessários ao cumprimento do que dispõe este artigo.

Art. 278. Nenhuma contribuição é devida à seguridade social se a construção residencial for unifamiliar, com área total não superior a setenta metros quadrados, destinada a uso próprio, do tipo econômico e tiver sido executada sem a utilização de mão de obra assalariada.

Parágrafo único. Comprovado o descumprimento de qualquer das disposições do *caput*, tornam-se devidas as contribuições previstas neste Regulamento, sem prejuízo das cominações legais cabíveis.

TÍTULO III
DAS DISPOSIÇÕES TRANSITÓRIAS RELATIVAS AO CUSTEIO DA SEGURIDADE SOCIAL

(Título acrescido pelo Decreto nº 3.265, de 29/11/1999)

Art. 278-A. (Revogado pelo Decreto nº 4.729, de 9/6/2003)

LIVRO IV
DAS PENALIDADES EM GERAL

TÍTULO I
DAS RESTRIÇÕES

Art. 279. A empresa que transgredir as normas deste Regulamento, além de outras sanções previstas, sujeitar-se-á às seguintes restrições:

I – suspensão de empréstimos e financiamentos. por instituições financeiras oficiais;

II – revisão de incentivo fiscal de tratamento tributário especial;

III – inabilitação para licitar e contratar com qualquer órgão ou entidade da administração pública direta ou indireta federal, estadual, do Distrito Federal ou municipal;

IV – interdição para o exercício do comércio, se for sociedade mercantil ou comerciante individual;

V – desqualificação para impetrar concordata; e

VI – cassação de autorização para funcionar no País, quando for o caso.

Art. 280. A empresa em débito para com a seguridade social não pode:

I – distribuir bonificação ou dividendo a acionista; e

II – dar ou atribuir cota ou participação nos lucros a sócio cotista, diretor ou outro membro de órgão dirigente, fiscal ou consultivo, ainda que a titulo de adiantamento.

TÍTULO II
DAS INFRAÇÕES E DAS PENALIDADES

CAPÍTULO I
DOS CRIMES

Art. 281. (Revogado pelo Decreto nº 4.032, de 26/11/2001)

CAPÍTULO II
DA APREENSÃO DE DOCUMENTOS

Art. 282. A seguridade social, por meio de seus órgãos competentes, promoverá a apreensão de comprovantes de arrecadação e de pagamento de benefícios, bem como de quaisquer documentos pertinentes, inclusive contábeis, mediante lavratura do competente termo, com a finalidade de apurar administrativamente a ocorrência dos crimes previstos em lei.

Parágrafo único. O Instituto Nacional do Seguro Social e a Secretaria da Receita Federal estabelecerão normas específicas para:

I – apreensão de comprovantes e demais documentos;

II – apuração administrativa da ocorrência de crimes;

III – devolução de comprovantes e demais documentos;

IV – instrução do processo administrativo de apuração;

V – encaminhamento do resultado da apuração referida no inciso IV à autoridade competente; e

VI – acompanhamento de processo judicial.

CAPÍTULO III
DAS INFRAÇÕES

Art. 283. Por infração a qualquer dispositivo das Leis nºs 8.212 e 8.213, ambas de 1991, e 10.666, de 8 de maio de 2003, para a qual não haja penalidade expressamente cominada neste Regulamento, fica o responsável sujeito a multa variável de R$ 636,17 (seiscentos e trinta e seis reais e dezessete centavos) a R$ 63.617,35 (sessenta e três mil, seiscentos e dezessete reais e trinta e cinco centavos), conforme a gravidade da infração, aplicando-se-lhe o disposto nos arts. 290 a 292, e de acordo com os seguintes valores: (*Caput* do artigo com redação dada pelo Decreto nº 4.862, de 21/10/2003)

→ ➤Portaria ME/SEPT 3.659/2020, Art. 8º, IV - o valor da multa indicada no inciso II do art. 283 do RPS é de R$ 25.192,89 (vinte e cinco mil, cento e noventa e dois reais e oitenta e nove centavos);

I – a partir de R$ 636,17 (seiscentos e trinta e seis reais e dezessete centavos) nas seguintes infrações:

a) deixar a empresa de preparar folha de pagamento das remunerações pagas, devidas ou creditadas a todos os segurados a seu serviço, de acordo com este Regulamento e com os demais padrões e normas estabelecidos pelo Instituto Nacional do Seguro Social;

b) deixar a empresa de se matricular no Instituto Nacional do Seguro Social, dentro de trinta dias contados da data do início de suas atividades, quando não sujeita a inscrição no Cadastro Nacional da Pessoa Jurídica;

c) deixar a empresa de descontar da remuneração paga aos segurados a seu serviço importância proveniente de dívida ou responsabilidade por eles contraída junto à seguridade social, relativa a benefícios pagos indevidamente;

d) deixar a empresa de matricular no Instituto Nacional do Seguro Social obra de construção civil de sua propriedade ou executada sob sua responsabilidade no prazo de trinta dias do início das respectivas atividades;

e) deixar o Titular de Cartório de Registro Civil de Pessoas Naturais de comunicar ao Instituto Nacional do Seguro Social, até o dia dez de cada mês, a ocorrência ou a não ocorrência de óbitos, no mês imediatamente anterior, bem como enviar informações inexatas, conforme o disposto no art. 228;

f) deixar o dirigente dos órgãos municipais competentes de prestar ao Instituto Nacional do Seguro Social as informações concernentes aos alvarás, habite-se ou documento equivalente, relativos a construção civil, na forma do art. 226; e

g) deixar a empresa de efetuar os descontos das contribuições devidas pelos segurados a seu serviço; (Alínea com redação dada pelo Decreto nº 4.862, de 21/10/2003)

h) deixar a empresa de elaborar e manter atualizado perfil profissiográfico abrangendo as atividades desenvolvidas pelo trabalhador e de fornecer a este, quando da rescisão do contrato de trabalho, cópia autêntica deste documento; e (Alínea acrescida pelo Decreto nº 4.862, de 21/10/2003)

II – a partir de R$6.361,73 (seis mil trezentos e sessenta e um reais e setenta e três centavos) nas seguintes infrações:

→ Portaria MF 9/2019, art. 9º, IV: o valor da multa indicada no inciso II do art. 283 do RPS é de R$ 24.112,64 (vinte e quatro mil cento e doze reais e sessenta e quatro centavos);

a) deixar a empresa de lançar mensalmente, em títulos próprios de sua contabilidade, de forma discriminada, os fatos geradores de todas as contribuições, o montante das quantias descontadas, as contribuições da empresa e os totais recolhidos;

b) deixar a empresa de apresentar ao Instituto Nacional do Seguro Social e à Secretaria da Receita Federal os documentos que contenham as informações cadastrais, financeiras e contábeis de interesse dos mesmos, na forma por eles estabelecida, ou os esclarecimentos necessários à fiscalização;

c) deixar o servidor, o serventuário da Justiça ou o titular de serventia extrajudicial de exigir documento comprobatório de inexistência de débito, quando da contratação com o poder público ou no recebimento de benefício ou de incentivo fiscal ou creditício;

d) deixar o servidor, o serventuário da Justiça ou o titular de serventia extrajudicial de exigir o documento comprobatório de inexistência de débito, quando da alienação ou oneração, a qualquer título de bem imóvel ou direito a ele relativo;

Nova Redação	Antiga Redação
e) deixar o servidor, o serventuário da Justiça ou o titular de serventia extrajudicial de exigir a apresentação do documento comprobatório de inexistência de débito na alienação ou oneração, a qualquer título, de bem móvel incorporado ao ativo permanente da empresa, de valor superior a R$15.904,18 (quinze mil novecentos e quatro reais e dezoito centavos);	
→ Portaria ME/SEPT 3.659/2020, Art. 8º, V - é exigida Certidão Negativa de Débito (CND) da empresa na alienação ou oneração, a qualquer título, de bem móvel incorporado ao seu ativo permanente de valor superior a R$ 62.981,70 (sessenta e dois mil, novecentos e oitenta e um reais e setenta centavos);	
f) deixar o servidor, o serventuário da Justiça ou o titular de serventia extrajudicial de exigir documento comprobatório de inexistência de débito no registro ou arquivamento, no órgão próprio, de ato relativo a baixa ou redução de capital de firma individual, redução de capital social, cisão total ou parcial, transformação ou extinção de entidade ou sociedade comercial ou civil e transferência de controle de cotas de sociedades de responsabilidade limitada;	
g) deixar o servidor, o serventuário da Justiça ou o titular de serventia extrajudicial de exigir documento comprobatório de inexistência de débito do proprietário, pessoa física ou jurídica, de obra de construção civil, quando da averbação de obra no Registro de Imóveis;	
h) deixar o servidor, o serventuário da Justiça ou o titular de serventia extrajudicial de exigir documento comprobatório de inexistência de débito do incorporador, quando da averbação de obra no Registro de Imóveis, independentemente do documento apresentado por ocasião da inscrição do memorial de incorporação;	
i) deixar o dirigente da entidade da administração pública direta ou indireta de consignar as dotações necessárias ao pagamento das contribuições devidas à seguridade social, de modo a assegurar a sua regular liquidação dentro do exercício;	
j) deixar a empresa, o servidor de órgão público da administração direta e indireta, o segurado da previdência social, o serventuário da Justiça ou o titular de serventia extrajudicial, o síndico ou seu representante, o comissário ou o liquidante de empresa em liquidação judicial ou extrajudicial, de exibir os documentos e livros relacionados com as contribuições previstas neste Regulamento ou apresentá-los sem atender às formalidades legais exigidas ou contendo informação diversa da realidade ou, ainda, com omissão de informação verdadeira;	
l) deixar a entidade promotora do espetáculo desportivo de efetuar o desconto da contribuição prevista no § 1º do art. 205;	

m) deixar a empresa ou entidade de reter e recolher a contribuição prevista no § 3º do art. 205;

n) deixar a empresa de manter laudo técnico atualizado com referência aos agentes nocivos existentes no ambiente de trabalho de seus trabalhadores ou emitir documento de comprovação de efetiva exposição em desacordo com o respectivo laudo; e (Alínea com redação dada pelo Decreto nº 6.722, de 30/12/2008)

o) (Revogada pelo Decreto nº 4.882, de 18/11/2003)

§ 1º Considera-se dirigente, para os fins do disposto neste Capítulo, aquele que tem a competência funcional para decidir a prática ou não do ato que constitua infração à legislação da seguridade social.

§ 2º A falta de inscrição do segurado sujeita o responsável à multa de R$ 1.254,89 (mil, duzentos e cinquenta e quatro reais e oitenta e nove centavos), por segurado não inscrito. (Parágrafo com redação dada pelo Decreto nº 6.722, de 30/12/2008)

§ 3º As demais infrações a dispositivos da legislação, para as quais não haja penalidade expressamente cominada, sujeitam o infrator à multa de R$636,17 (seiscentos e trinta e seis reais e dezessete centavos).

Art. 284. A infração ao disposto no inciso IV do *caput* do art. 225 sujeitará o responsável às seguintes penalidades administrativas:

I – valor equivalente a um multiplicador sobre o valor mínimo previsto no *caput* do art. 283, em função do número de segurados, pela não apresentação da Guia de Recolhimento do Fundo de Garantia do Tempo de Serviço e Informações à Previdência Social, independentemente do recolhimento da contribuição, conforme quadro abaixo:

0 a 5 segurados	1/2 valor mínimo
6 a 15 segurados	1 x o valor mínimo
16 a 50 segurados	2 x o valor mínimo
51 a 100 segurados	5 x o valor mínimo
101 a 500 segurados	10 x o valor mínimo
501 a 1000 segurados	20 x o valor mínimo
1001 a 5000 segurados	35 x o valor mínimo
acima de 5000 segurados	50 x o valor mínimo

II – cem por cento do valor devido relativo à contribuição não declarada, limitada aos valores previstos no inciso I, pela apresentação da Guia de Recolhimento do Fundo de Garantia do Tempo de Serviço e Informações à Previdência Social com dados não correspondentes aos fatos geradores, seja em relação às bases de cálculo, seja em relação às informações que alterem o valor das contribuições, ou do valor que seria devido se não houvesse isenção ou substituição, quando se tratar de infração cometida por pessoa jurídica de direito privado beneficente de assistência social em gozo de isenção das contribuições previdenciárias ou por empresa cujas contribuições incidentes sobre os respectivos fatos geradores tenham sido substituídas por outras; (Inciso com redação dada pelo Decreto nº 4.729, de 9/6/2003)

III – cinco por cento do valor mínimo previsto no *caput* do art. 283, por campo com informações inexatas, incompletas ou omissas, limitada aos valores previstos no inciso I, pela apresentação da Guia de Recolhimento do Fundo de Garantia do Tempo de Serviço e Informações à Previdência Social com erro de preenchimento nos dados não relacionados aos fatos geradores.

§ 1º A multa de que trata o inciso I, a partir do mês seguinte àquele em que o documento deveria ter sido entregue, sofrerá acréscimo de cinco por cento por mês calendário ou fração.

§ 2º O valor mínimo a que se refere o inciso I será o vigente na data da lavratura do auto de infração.

Art. 285. A infração ao disposto no art. 280 sujeita o responsável à multa de cinquenta por cento das quantias que tiverem sido pagas ou creditadas, a partir da data do evento.

Art. 286. A infração ao disposto no art. 336 sujeita o responsável à multa variável entre os limites mínimo e máximo do salário de contribuição, por acidente que tenha deixado de comunicar nesse prazo.

§ 1º Em caso de morte, a comunicação a que se refere este artigo deverá ser efetuada de imediato à autoridade competente.

§ 2º A multa será elevada em duas vezes o seu valor a cada reincidência.

§ 3º A multa será aplicada no seu grau mínimo na ocorrência da primeira comunicação feita fora do prazo estabelecido neste artigo, ou não comunicada, observado o disposto nos arts. 290 a 292.

Art. 287. Pelo descumprimento das obrigações contidas nos incisos V e VI do *caput* do art. 225, e verificado o disposto no inciso III do *caput* do art. 266, será aplicada multa de R$ 99,74 (noventa e nove reais e setenta e quatro centavos) a R$ 9.974,34 (nove mil, novecentos e setenta e quatro reais e trinta e quatro centavos), para cada competência em que tenha havido a irregularidade. (*Caput* do artigo com redação dada pelo Decreto nº 4.032, de 26/11/2001)

Nova Redação	Antiga Redação
→ Portaria ME/SEPT 3.659/2020, Art. 8º, II - o valor da multa pelo descumprimento das obrigações, indicadas no: a) caput do art. 287 do Regulamento da Previdência Social (RPS), varia de R$ 331,44 (trezentos e trinta e um reais e quarenta e quatro centavos) a R$ 33.146,17 (trinta e três mil, cento e quarenta e seis reais e dezessete centavos); b) inciso I do parágrafo único do art. 287 do RPS, é de R$ 73.658,11 (setenta e três mil, seiscentos e cinquenta e oito reais e onze centavos); e c) inciso II do parágrafo único do art. 287 do RPS, é de R$ 368.290,58 (trezentos e sessenta e oito mil, duzentos e noventa reais e cinquenta e oito centavos)	

Parágrafo único. O descumprimento das disposições constantes do art. 227 e dos incisos V e VI do *caput* do art. 257, sujeitará a instituição financeira à multa de:

→ Os artigos 227 e 257 foram revogados pelo Decreto 8.302, de 04 de setembro de 2014.

I – R$ 22.165,20 (vinte e dois mil, cento e sessenta e cinco reais e vinte centavos), no caso do art. 227; e (Inciso com redação dada pelo Decreto nº 4.032, de 26/11/2001)

→ O artigo 227 foi revogado pelo Decreto 8.302, de 04 de setembro de 2014.

II – R$ 110.826,01 (cento e dez mil, oitocentos e vinte e seis reais e um centavo), no caso dos incisos V e VI do *caput* do art. 257. (Inciso com redação dada pelo Decreto nº 4.032, de 26/11/2001)

→ O artigo 257 foi revogado pelo Decreto 8.302, de 04 de setembro de 2014.

Art. 288. O descumprimento do disposto nos §§ 19 e 20 do art. 225 sujeitará o infrator à multa de:

I – R$173,00 (cento e setenta e três reais) a R$ 1.730,00 (um mil setecentos e trinta reais), no caso do § 19; e

II – R$ 345,00 (trezentos e quarenta e cinco reais) a R$ 3.450,00 (três mil quatrocentos e cinquenta reais), no caso do § 20.

Art. 289. O dirigente de órgão ou entidade da administração federal, estadual, do Distrito Federal ou municipal responde pessoalmente pela multa aplicada por infração a dispositivos deste Regulamento, sendo obrigatório o respectivo desconto em folha de pagamento, mediante requisição dos órgãos competentes e a partir do primeiro pagamento que se seguir à requisição.

Parágrafo único. Ao disposto neste artigo não se aplica a multa de que trata o inciso III do art. 239.

CAPÍTULO IV
DAS CIRCUNSTÂNCIAS AGRAVANTES DA PENALIDADE

Art. 290. Constituem circunstâncias agravantes da infração, das quais dependerá a gradação da multa, ter o infrator:

I – tentado subornar servidor dos órgãos competentes;

II – agido com dolo, fraude ou má-fé;

III – desacatado, no ato da ação fiscal, o agente da fiscalização;

IV – obstado a ação da fiscalização; ou

V – incorrido em reincidência.

Parágrafo único. Caracteriza reincidência a prática de nova infração a dispositivo da legislação por uma mesma pessoa ou por seu sucessor, dentro de cinco anos da data em que se tornar irrecorrível administrativamente a decisão condenatória, da data do pagamento ou da data em que se configurou a revelia, referentes à autuação anterior. (Parágrafo único com redação dada pelo Decreto nº 6.032, de 1/2/2007)

CAPÍTULO V
DAS CIRCUNSTÂNCIAS ATENUANTES DA PENALIDADE

Art. 291. (Revogado pelo Decreto nº 6.727, de 12/1/2009)

CAPÍTULO VI
DA GRADAÇÃO DAS MULTAS

Art. 292. As multas serão aplicadas da seguinte forma:

I – na ausência de agravantes, serão aplicadas nos valores mínimos estabelecidos nos incisos I e II e no § 3º do art. 283 e nos arts. 286 e 288, conforme o caso;

II – as agravantes dos incisos I e II do art. 290 elevam a multa em três vezes;

III – as agravantes dos incisos III e IV do art. 290 elevam a multa em duas vezes;

IV – a agravante do inciso V do art. 290 eleva a multa em três vezes a cada reincidência no mesmo tipo de infração, e em duas vezes em caso de reincidência em infrações diferentes, observados os valores máximos estabelecidos no *caput* dos arts. 283 e 286, conforme o caso; e

V – (Revogado pelo Decreto nº 6.727, de 12/1/2009)

Parágrafo único. Na aplicação da multa a que se refere o art. 288, aplicar-se-á apenas as agravantes referidas nos incisos III a V do art. 290, as quais elevam a multa em duas vezes.

Art. 293. Constatada a ocorrência de infração a dispositivo deste Regulamento, será lavrado auto de infração com discriminação clara e precisa da infração e das circunstâncias em que foi praticada, contendo o dispositivo legal infringido, a penalidade aplicada e os critérios de gradação, e indicando local, dia e hora de sua lavratura, observadas as normas fixadas pelos órgãos competentes. (*Caput* do artigo com redação dada pelo Decreto nº 6.103, de 30/4/2007)

§ 1º Recebido o auto de infração, o autuado terá o prazo de trinta dias, a contar da ciência, para efetuar o pagamento da multa de ofício com redução de cinquenta por cento ou impugnar a autuação. (Parágrafo com redação dada pelo Decreto nº 6.103, de 30/4/2007)

§ 2º Impugnada a autuação, o autuado, após a ciência da decisão de primeira instância, poderá efetuar o pagamento da multa de ofício com redução de vinte e cinco por cento, até a data limite para interposição de recurso. (Parágrafo com redação dada pelo Decreto nº 6.103, de 30/4/2007)

§ 3º O recolhimento do valor da multa, com redução, implica renúncia ao direito de impugnar ou de recorrer. (Parágrafo com redação dada pelo Decreto nº 4.032, de 26/11/2001)

§ 4º Apresentada impugnação, o processo será submetido à autoridade competente, que decidirá sobre a autuação, cabendo recurso na forma da Subseção II da Seção II do Capítulo Único do Título I do Livro V deste Regulamento. (Parágrafo com redação dada pelo Decreto nº 6.032, de 1/2/2007)

§§ 5º e 6º (Revogados pelo Decreto nº 6.032, de 1/2/2007)

LIVRO V
DA ORGANIZAÇÃO DA SEGURIDADE SOCIAL

TÍTULO I
DO SISTEMA NACIONAL DE SEGURIDADE SOCIAL

Art. 294. As ações nas áreas de saúde, previdência social e assistência social, conforme o disposto no Capítulo II do Título VIII da Constituição Federal, serão organizadas em Sistema Nacional de Seguridade Social.

Parágrafo único. As áreas de que trata este artigo organizar-se-ão em conselhos setoriais, com representantes da União, dos Estados, do Distrito Federal, dos Municípios e da sociedade civil.

CAPÍTULO ÚNICO
DOS ÓRGÃOS COLEGIADOS

Seção I
Do Conselho Nacional de Previdência Social

Art. 295. O Conselho Nacional de Previdência Social, órgão superior de deliberação colegiada, terá como membros:

I – seis representantes do Governo Federal; e

II – nove representantes da sociedade civil, sendo:

a) três representantes dos aposentados e pensionistas;

b) três representantes dos trabalhadores em atividade; e

c) três representantes dos empregadores.

§ 1º Os membros do Conselho Nacional de Previdência Social e seus respectivos suplentes serão nomeados pelo Presidente da República, tendo os representantes titulares da sociedade civil mandato de dois anos, podendo ser reconduzidos, de imediato, uma única vez.

§ 2º Os representantes dos trabalhadores em atividade, dos aposentados, dos empregadores e seus respectivos suplentes serão indicados pelas centrais sindicais e confederações nacionais.

§ 3º O Conselho Nacional de Previdência Social reunir-se-á, ordinariamente, uma vez por mês, por convocação de seu Presidente, não podendo ser adiada a reunião por mais de quinze dias se houver requerimento nesse sentido da maioria dos conselheiros.

§ 4º Poderá ser convocada reunião extraordinária por seu Presidente ou a requerimento de um terço de seus membros, conforme dispuser o Regimento Interno do Conselho Nacional de Previdência Social.

Art. 296. Compete ao Conselho Nacional de Previdência Social:

I – estabelecer diretrizes gerais e apreciar as decisões de políticas aplicáveis à previdência social;

II – participar, acompanhar e avaliar, sistematicamente, a gestão previdenciária;

III – apreciar e aprovar os planos e programas da previdência social;

IV – apreciar e aprovar as propostas orçamentárias da previdência social, antes de sua consolidação na proposta orçamentária da seguridade social;

V – acompanhar e apreciar, mediante relatórios gerenciais por ele definidos, a execução dos planos, programas e orçamentos no âmbito da previdência social;

VI – acompanhar a aplicação da legislação pertinente à previdência social;

VII – apreciar a prestação de contas anual a ser remetida ao Tribunal de Contas da União, podendo, se for necessário, contratar auditoria externa;

VIII – estabelecer os valores mínimos em litígio, acima dos quais será exigida a anuência prévia do Procurador-Geral ou do Presidente do Instituto Nacional do Seguro Social para formalização de desistência ou transigência judiciais, conforme o disposto no art. 353;

IX – elaborar e aprovar seu regimento interno;

X – aprovar os critérios de arrecadação e de pagamento dos benefícios por intermédio da rede bancária ou por outras formas; e

XI – acompanhar e avaliar os trabalhos de implantação e manutenção do Cadastro Nacional de Informações Sociais.

Art. 296-A. Ficam instituídos, como unidades descentralizadas do Conselho Nacional de Previdência Social – CNPS, Conselhos de Previdência Social – CPS, que funcionarão junto às Gerências-Executivas do INSS. (*Caput* com redação dada pelo Dec. nº 5.699, de 13-2-2006)

§ 1º Os CPS serão compostos por dez conselheiros e respectivos suplentes, designados pelo titular da Gerência Executiva na qual for instalado, assim distribuídos: (Redação pelo Dec. nº 5.699, de 13-2-2006.

I – quatro representantes do Governo Federal; e (Acrescido pelo Dec. nº 4.874, de 11-11-2003)

I – seis representantes da sociedade, sendo: (Acrescido pelo Dec. nº 4.874, de 11-11-2003)

a) dois dos empregadores;

b) dois dos empregados; e

c) dois dos aposentados e pensionistas.

§ 2º O Governo Federal será representado: (Acrescido pelo Dec. nº 4.874, de 11-11-2003)

I – nas cidades onde houver mais de uma Gerência Executiva: (Redação pelo dada Decreto nº 5.699, de 13-2-2006)

a) pelo Gerente Executivo da Gerência Executiva a que se refere o § 1º; e (Redação dada pelo Dec. nº 6.722, de 30-12-2008)

b) outros Gerentes-Executivos; ou (Redação dada pelo Dec. nº 6.722, de 30-12-2008)

c) servidores da Divisão ou do Serviço Benefícios ou de Atendimento ou da Procuradoria Federal Especializada junto ao INSS de Gerência Executiva sediadas na cidade, ou de representante da Secretaria da Receita Federal do Brasil, ou de representante da DATAPREV; (Redação dada pelo Dec. nº 6.722, de 30-12-2008)

d) Revogada pelo Dec. nº 6.722, de 30-12-2008.

II – nas cidades onde houver apenas uma Gerência Executiva: (Redação dada pelo Decreto nº 5.699, de 13-2-2006)

a) pelo Gerente Executivo; (Redação dada pelo Decreto nº 5.699, de 13-2-2006)

b) servidores da Divisão ou do Serviço de Benefícios ou de Atendimento ou da Procuradoria Federal Especializada junto ao INSS da Gerência Executiva, ou de representante da Secretaria da Receita Federal do Brasil, ou de representante da DATAPREV. (Redação dada pelo Dec. nº 6.722, de 30-12-2008)

c e d) Revogadas. Dec. nº 6.722, de 30-12-2008.

III – *Revogado*. Dec. nº 5.699, de 13-2-2006.

§ 3º As reuniões serão mensais ou bimensais, a critério do respectivo CPS, e abertas ao público, cabendo a sua organização e funcionamento ao titular da Gerência Executiva na qual for instalado o colegiado. (Redação dada pelo Dec. nº 5.699, de 13-2-2006)

§ 4º Os representantes dos trabalhadores, dos aposentados e dos empregadores serão indicados pelas respectivas entidades sindicais ou associações representativas. (Redação dada pelo Dec. nº 6.722, de 30-12-2008)

§ 5º Os CPS terão caráter consultivo e de assessoramento, competindo ao CNPS disciplinar os procedimentos para o seu funcionamento, suas competências, os critérios de seleção dos representantes da sociedade e o prazo de duração dos respectivos mandatos, além de estipular por resolução o regimento dos CPS. (Acrescido pelo Decreto nº 4.874, de 11-11-2003)

§ 6º As funções dos conselheiros dos CPS não serão remuneradas e seu exercício será considerado serviço público relevante. (Acrescido pelo Decreto nº 4.874, de 11-11-2003)

§ 7º A Previdência Social não se responsabilizará por eventuais despesas com deslocamento ou estada dos conselheiros representantes da sociedade. (Acrescido pelo Decreto nº 4.874, de 11-11-2003)

§ 8º Nas cidades onde houver mais de uma Gerência Executiva, o Conselho será instalado naquela indicada pelo Gerente Regional do INSS cujas atribuições abranjam a referida cidade. (Redação dada pelo Dec. nº 6.722, de 30-12-2008)

§ 9º Cabe ao Gerente Executivo a designação dos conselheiros. (Acrescido pelo Dec. nº 6.722, de 30-12-2008)

§ 10. É facultado ao Gerente Regional do INSS participar das reuniões do CPS localizados em região de suas atribuições e presidi-las. (Acrescido pelo Dec. nº 6.722, de 30-12-2008)

Art. 297. Compete aos órgãos governamentais:

I – prestar toda e qualquer informação necessária ao adequado cumprimento das competências do Conselho Nacional de Previdência Social, fornecendo inclusive estudos técnicos; e

II – encaminhar ao Conselho Nacional de Previdência Social, com antecedência mínima de dois meses do seu envio ao Congresso Nacional, a proposta orçamentária da previdência social, devidamente detalhada.

Art. 298. As resoluções tomadas pelo Conselho Nacional de Previdência Social deverão ser publicadas no Diário Oficial da União.

Art. 299. As reuniões do Conselho Nacional de Previdência Social serão iniciadas com a presença da maioria absoluta de seus membros, sendo exigida para deliberação a maioria simples de votos.

Art. 300. As ausências ao trabalho dos representantes dos trabalhadores em atividade, decorrentes das atividades do Conselho Nacional de Previdência Social, serão abonadas, computando-se como jornada efetivamente trabalhada para todos os fins e efeitos legais.

Art. 301. Aos membros do Conselho Nacional de Previdência Social, enquanto representantes dos trabalhadores em atividade, titulares e suplentes, é assegurada a estabilidade no emprego, da nomeação até um ano após o término do mandato de representação, somente podendo ser demitidos por motivo de falta grave, regularmente comprovada mediante processo judicial.

Nova Redação	Antiga Redação

Art. 302. Compete ao Ministério da Previdência e Assistência Social proporcionar ao Conselho Nacional de Previdência Social os meios necessários ao exercício de suas competências, para o que contará com uma Secretaria Executiva do Conselho Nacional de Previdência Social.

Seção II
Do Conselho de Recursos da Previdência Social

Subseção I
Da Composição

Nova Redação	Antiga Redação
Art. 303. O Conselho de Recursos da Previdência Social - CRPS é órgão colegiado de julgamento, integrante da estrutura do Ministério da Economia. *(Redação dada pelo Decreto 10.410/2020)*	**Art. 303.** O Conselho de Recursos da Previdência Social – CRPS, colegiado integrante da estrutura do Ministério da Previdência Social, é órgão de controle jurisdicional das decisões do INSS, nos processos referentes a benefícios a cargo desta Autarquia. (Caput do artigo com redação dada pelo Decreto nº 6.722, de 30/12/2008)

§ 1º O Conselho de Recursos da Previdência Social compreende os seguintes órgãos:

Nova Redação	Antiga Redação
I - vinte e nove Juntas de Recursos, com a competência para julgar: *(Redação dada pelo Decreto 10.410/2020)*	I – vinte e nove Juntas de Recursos, com a competência para julgar, em primeira instância, os recursos interpostos contra as decisões prolatadas pelos órgãos regionais do INSS, em matéria de interesse de seus beneficiários; (Inciso com redação dada pelo Decreto nº 7.126, de 3/3/2010)
a) os recursos das decisões proferidas pelo INSS nos processos de interesse de seus beneficiários;	⊗ Dispositivo sem correspondência na antiga redação.
b) os recursos das decisões proferidas pelo INSS relacionados à comprovação de atividade rural de segurado especial de que trata o art. 38-B da Lei nº 8.213, de 1991, ou às demais informações relacionadas ao CNIS de que trata o art. 29-A da referida Lei;	⊗ Dispositivo sem correspondência na antiga redação.

Nova Redação	Antiga Redação
c) os recursos de decisões relacionadas à compensação financeira de que trata a Lei nº 9.796, de 5 de maio de 1999;	⊗ Dispositivo sem correspondência na antiga redação.
d) as contestações relativas à atribuição do FAP aos estabelecimentos da empresa; e	⊗ Dispositivo sem correspondência na antiga redação.
e) os recursos relacionados aos processos sobre irregularidades verificadas em procedimento de supervisão e de fiscalização nos regimes próprios de previdência social e aos processos sobre apuração de responsabilidade por infração às disposições da Lei nº 9.717, de 1998;	⊗ Dispositivo sem correspondência na antiga redação.
II - quatro Câmaras de Julgamento, com sede em Brasília, Distrito Federal, com a competência para julgar os recursos interpostos contra as decisões proferidas pelas Juntas de Recursos; e *(Redação dada pelo Decreto 10.410/2020)*	II – quatro Câmaras de Julgamento, com sede em Brasília, com a competência para julgar, em segunda instância, os recursos interpostos contra as decisões proferidas pelas Juntas de Recursos que infringirem lei, regulamento, enunciado ou ato normativo ministerial; (Inciso com redação dada pelo Decreto nº 6.722, de 30/12/2008)

III – (Revogado pelo Decreto nº 3.668, de 22/11/2000)

IV – Conselho Pleno, com a competência para uniformizar a jurisprudência previdenciária mediante enunciados, podendo ter outras competências definidas no Regimento Interno do Conselho de Recursos da Previdência Social. (Inciso acrescido pelo Decreto nº 4.729, de 9/6/2003 e com nova redação dada pelo Decreto nº 6.857, de 25/5/2009)

§ 2º O CRPS é presidido por representante do Governo, com notório conhecimento da legislação previdenciária, nomeado pelo Ministro de Estado da Previdência Social, cabendo-lhe dirigir os serviços administrativos do órgão. (Parágrafo com redação dada pelo Decreto nº 6.722, de 30/12/2008)

§ 3º (Revogado pelo Decreto nº 3.668, de 22/11/2000)

Art. 303

Nova Redação	Antiga Redação
§ 4º As Juntas de Recursos e as Câmaras de Julgamento, presididas por representante do Governo federal, são integradas por quatro conselheiros em cada turma, nomeados pelo Ministro de Estado da Economia, com a seguinte composição: *(Redação dada pelo Decreto 10.410/2020)*	§ 4º As Juntas e as Câmaras, presididas por representante do Governo, são compostas por quatro membros, denominados conselheiros, nomeados pelo Ministro de Estado da Previdência e Assistência Social, sendo dois representantes do Governo, um das empresas e um dos trabalhadores.
I - para os órgãos com competência para processar e julgar as contestações ou os recursos de que tratam os incisos I, II e III do *caput* do art. 305:	⊗ Dispositivo sem correspondência na antiga redação.
a) dois representantes do Governo federal;	
b) um representante das empresas; e	
c) um representante dos trabalhadores; e	
II - para os órgãos com competência para processar e julgar os recursos de que tratam os incisos IV e V do *caput* do art. 305:	⊗ Dispositivo sem correspondência na antiga redação.
a) dois representantes do Governo federal;	
b) um representante dos entes federativos; e	
c) um representante dos servidores públicos.	
§ 5º O mandato dos conselheiros do CRPS é de três anos, permitida a recondução, cumpridos os seguintes requisitos: *(Redação dada pelo Decreto 10.410/2020)* ➔ *Decreto 10.140/2020: art. 3º.*	§ 5º O mandato dos membros do Conselho de Recursos da Previdência Social é de dois anos, permitida a recondução, atendidas às seguintes condições: (Caput do parágrafo com redação dada pelo Decreto nº 5.699, de 13/2/2006)

Nova Redação	Antiga Redação
I - os representantes do Governo federal serão escolhidos entre servidores federais, preferencialmente do Ministério da Economia ou do INSS, ou de outro órgão da administração pública federal, estadual, municipal ou distrital, com graduação em Direito, os quais prestarão serviços exclusivos ao CRPS, sem prejuízo dos direitos e das vantagens percebidos no cargo de origem;	I – os representantes do Governo são escolhidos entre servidores federais, preferencialmente do Ministério da Previdência Social ou do INSS, com curso superior em nível de graduação concluído e notório conhecimento da legislação previdenciária, que prestarão serviços exclusivos ao Conselho de Recursos da Previdência Social, sem prejuízo dos direitos e vantagens do respectivo cargo de origem; (Inciso com redação dada pelo Decreto nº 5.699, de 13/2/2006)
II - os representantes das empresas e dos trabalhadores serão escolhidos entre os indicados em lista tríplice pelas entidades de classe ou sindicais das respectivas jurisdições, com graduação em Direito, e serão enquadrados como segurados obrigatórios do RGPS na condição de contribuintes individuais;	II – os representantes classistas, que deverão ter escolaridade de nível superior, exceto representantes dos trabalhadores rurais, que deverão ter nível médio, são escolhidos dentre os indicados, em lista tríplice, pelas entidades de classe ou sindicais das respectivas jurisdições, e manterão a condição de segurados do Regime Geral de Previdência Social; e (Inciso com redação dada pelo Decreto nº 4.729, de 9/6/2003)
III - os representantes dos entes federativos e dos servidores públicos serão escolhidos entre os indicados em lista tríplice pelo Conselho Nacional dos Regimes Próprios de Previdência Social, observadas as respectivas representações, com graduação em Direito, e manterão a qualidade de segurados do regime próprio a que estejam vinculados; e	III – o afastamento do representante dos trabalhadores da empresa empregadora não constitui motivo para alteração ou rescisão contratual.
IV - os representantes não poderão incidir em situações que caracterizem conflito de interesses, nos termos do disposto no art. 10 da Lei nº 12.813, de 16 de maio de 2013.	⊗ Dispositivo sem correspondência na antiga redação.

Nova Redação	Antiga Redação
§ 6º A gratificação dos membros de Câmara de Julgamento e Junta de Recursos será definida em ato do Ministro de Estado da Economia. *(Redação dada pelo Decreto nº 10.410, de 2020)* → *Decreto 10.140/2020: art. 2º.*	§ 6º A gratificação dos membros de Câmara de Julgamento e Junta de Recursos será definida pelo Ministro de Estado da Previdência e Assistência Social. (Parágrafo com redação dada pelo Decreto nº 3.668, de 22/11/2000)
~~I - o Presidente do Conselho definirá o número de sessões mensais, que não poderá ser inferior a dez, de acordo com o volume de processos em andamento;~~ *(Revogado pelo Decreto nº 10.410, de 2020).*	I - o Presidente do Conselho definirá o número de sessões mensais, que não poderá ser inferior a dez, de acordo com o volume de processos em andamento;
~~II - a gratificação de relatoria por processo relatado com voto corresponderá a um cinqüenta avos do valor da retribuição integral do cargo em comissão do grupo Direção e Assessoramento Superior prevista para o presidente da câmara ou junta a que pertencer o conselheiro; e~~ *(Revogado pelo Decreto nº 10.410, de 2020).*	II - a gratificação de relatoria por processo relatado com voto corresponderá a um cinqüenta avos do valor da retribuição integral do cargo em comissão do grupo Direção e Assessoramento Superior prevista para o presidente da câmara ou junta a que pertencer o conselheiro; e
~~III - o valor total da gratificação de relatoria do conselheiro não poderá ultrapassar o dobro da retribuição integral do cargo em comissão previsto para o presidente da câmara ou junta que pertencer.~~ *(Revogado pelo Decreto nº 10.410, de 2020).*	III - o valor total da gratificação de relatoria do conselheiro não poderá ultrapassar o dobro da retribuição integral do cargo em comissão previsto para o presidente da câmara ou junta que pertencer.

§ 7º Os servidores do Instituto Nacional do Seguro Social, mediante ato do Ministro de Estado da Previdência Social, poderão ser cedidos para terem exercício no Conselho de Recursos da Previdência Social, sem prejuízo dos direitos e das vantagens do respectivo cargo de origem, inclusive os previstos no art. 61 da Lei nº 8.112, de 11 de dezembro de 1990. (Parágrafo com redação dada pelo Decreto nº 4.729, de 9/6/2003)

§ 8º (Revogado pelo Decreto nº 3.452, de 9/5/2000)

§ 9º O conselheiro afastado por qualquer das razões elencadas no Regimento Interno do Conselho de Recursos da Previdência Social, exceto quando decorrente de renúncia voluntária, não poderá ser novamente designado para o exercício desta função antes do transcurso de cinco anos, contados do efetivo afastamento. (Parágrafo acrescido pelo Decreto nº 5.545, de 22/9/2005 e com nova redação dada pelo Decreto nº 5.699, de 13/2/2006)

Nova Redação	Antiga Redação
§ 10. O limite máximo de composições por Câmara de Julgamento ou Junta de Recursos, do Conselho de Recursos da Previdência Social, será definido em ato do Ministro de Estado da Previdência Social, por proposta fundamentada do presidente do referido Conselho, em função da quantidade de processos em tramitação em cada órgão julgador. (Parágrafo com redação dada pelo Decreto nº 6.496, de 30/6/2008)	
§ 11. (Revogado pelo Decreto 6.857/2009)	
§ 12. O afastamento do representante dos trabalhadores da empresa empregadora ou dos servidores do ente federativo não constitui motivo para alteração ou rescisão de seu vínculo contratual ou funcional. *(Acrescido pelo Decreto 10.410/2020)*	⊗ Dispositivo sem correspondência na antiga redação.

Art. 304. Compete ao Ministro de Estado da Previdência Social aprovar o Regimento Interno do CRPS. (Artigo com redação dada pelo Decreto nº 6.722, de 30/12/2008)

Nova Redação	Antiga Redação
Subseção II ***Das contestações e dos recursos*** *(Redação dada pelo Decreto 10.410/2020)*	***Subseção II*** ***Dos Recursos***
Art. 305. Compete ao CRPS processar e julgar: *(Redação dada pelo Decreto 10.410/2020)*	**Art. 305.** Das decisões do INSS nos processos de interesse dos beneficiários caberá recurso para o CRPS, conforme o disposto neste Regulamento e no regimento interno do CRPS. (Caput do artigo com redação dada pelo Decreto nº 7.126, de 3/3/2010)
I - os recursos das decisões proferidas pelo INSS nos processos de interesse de seus beneficiários; *(Acrescido pelo Decreto 10.410/2020)*	⊗ Dispositivo sem correspondência na antiga redação.
II - as contestações e os recursos relativos à atribuição, pelo Ministério da Economia, do FAP aos estabelecimentos das empresas; *(Acrescido pelo Decreto 10.410/2020)*	⊗ Dispositivo sem correspondência na antiga redação.

Nova Redação	Antiga Redação
III - os recursos das decisões proferidas pelo INSS relacionados à comprovação de atividade rural de segurado especial de que trata o art. 19-D ou às demais informações relacionadas ao CNIS de que trata o art. 19; *(Acrescido pelo Decreto 10.410/2020)*	⊗ Dispositivo sem correspondência na antiga redação.
IV - os recursos das decisões relacionadas à compensação financeira de que trata a Lei nº 9.796, de 1999; e *(Acrescido pelo Decreto 10.410/2020)*	⊗ Dispositivo sem correspondência na antiga redação.
V - os recursos relacionados aos processos sobre irregularidades verificadas em procedimento de supervisão e de fiscalização nos regimes próprios de previdência social e aos processos sobre apuração de responsabilidade por infração às disposições da Lei nº 9.717, de 1998. *(Acrescido pelo Decreto 10.410/2020)*	⊗ Dispositivo sem correspondência na antiga redação.
§ 1º O prazo para interposição de contestações e recursos ou para oferecimento de contrarrazões será de trinta dias, contado: *(Redação dada pelo Decreto 10.410/2020)*	§ 1º É de trinta dias o prazo para interposição de recursos e para o oferecimento de contrarrazões, contados da ciência da decisão e da interposição do recurso, respectivamente. (Parágrafo com redação dada pelo Decreto nº 4.729, de 9/6/2003)
I - no caso das contestações, da publicação no Diário Oficial da União das informações sobre a forma de consulta ao FAP; *(Acrescido pelo Decreto 10.410/2020)*	⊗ Dispositivo sem correspondência na antiga redação.
II - no caso dos recursos, da ciência da decisão; e *(Redação dada pelo Decreto 10.410/2020)*	⊗ Dispositivo sem correspondência na antiga redação.
III - no caso das contrarrazões, da interposição do recurso. *(Acrescido pelo Decreto 10.410/2020)*	⊗ Dispositivo sem correspondência na antiga redação.
§ 2º (Revogado pelo Decreto 3.265/1999)	

Nova Redação	Antiga Redação
§ 3º O INSS, a Secretaria Especial de Previdência e Trabalho do Ministério da Economia e, quando for o caso, na hipótese prevista no inciso IV do *caput*, os entes federativos poderão reformar suas decisões e deixar de encaminhar, no caso de reforma favorável ao interessado, a contestação ou o recurso à instância competente ou de rever o ato para o não prosseguimento da contestação ou do recurso. *(Redação dada pelo Decreto 10.410/2020)*	§ 3º O Instituto Nacional do Seguro Social e a Secretaria da Receita Previdenciária podem reformar suas decisões, deixando, no caso de reforma favorável ao interessado, de encaminhar o recurso à instância competente. (Parágrafo com redação dada pelo Decreto nº 6.032, de 1/2/2007)
§ 4º Se o reconhecimento do direito do interessado ocorrer na fase de instrução do recurso por ele interposto contra decisão de Junta de Recursos, ainda que de alçada, ou de Câmara de Julgamento, o processo, acompanhado das razões do novo entendimento, será encaminhado:	
I – à Junta de Recursos, no caso de decisão dela emanada, para fins de reexame da questão; ou	
II – à Câmara de Julgamento, se por ela proferida a decisão, para revisão do acórdão, na forma que dispuser o seu Regimento Interno.	
§ 5º (Revogado pelo Decreto 6.722/2008).	
§ 6º As contestações e os recursos a que se refere o inciso II do *caput* deverão dispor, exclusivamente, sobre razões relativas a divergências quanto aos elementos que compõem o cálculo do FAP. *(Acrescido pelo Decreto 10.410/2020)*	⊗ Dispositivo sem correspondência na antiga redação.
§ 7º Exceto se houver disposição em contrário disciplinada em ato do INSS, as razões do indeferimento e os demais elementos que compõem o processo administrativo previdenciário substituirão as contrarrazões apresentadas pelo INSS, hipótese em que o processo poderá ser remetido ao CRPS imediatamente após a interposição do recurso pelo interessado, preferencialmente por meio eletrônico. *(Acrescido pelo Decreto 10.410/2020)*	⊗ Dispositivo sem correspondência na antiga redação.

Nova Redação	Antiga Redação
§ 8º Ato conjunto do INSS e do CRPS estabelecerá os procedimentos operacionais relativos à tramitação dos recursos das decisões proferidas pelo INSS. *(Acrescido pelo Decreto 10.410/2020)*	⊗ Dispositivo sem correspondência na antiga redação.

Art. 306. (Revogado pelo Decreto 6.722/2008).

Nova Redação	Antiga Redação
Art. 307. A propositura pelo interessado de ação judicial que tenha por objeto idêntico pedido sobre o qual verse o processo administrativo importará renúncia ao direito de contestar e recorrer na esfera administrativa, com a consequente desistência da contestação ou do recurso interposto. *(Redação dada pelo Decreto 10.410/2020)*	**Art. 307.** A propositura pelo beneficiário de ação judicial que tenha por objeto idêntico pedido sobre o qual versa o processo administrativo importa renúncia ao direito de recorrer na esfera administrativa e desistência do recurso interposto. (Artigo com redação dada pelo Decreto nº 6.722, de 30/12/2008)
Art. 308. Os recursos interpostos tempestivamente contra decisões proferidas pelas Juntas de Recursos e pelas Câmaras de Julgamento do CRPS têm efeito suspensivo e devolutivo. *(Redação dada pelo Decreto 10.410/2020)*	**Art. 308.** Os recursos tempestivos contra decisões das Juntas de Recursos do Conselho de Recursos da Previdência Social têm efeito suspensivo e devolutivo. (Caput do artigo com redação dada pelo Decreto nº 5.699, de 13/2/2006)

§ 1º Para fins do disposto neste artigo, não se considera recurso o pedido de revisão de acórdão endereçado às Juntas de Recursos e Câmaras de Julgamento. (Parágrafo único acrescido pelo Decreto nº 4.729, de 9/6/2003 e transformado em § 1º com nova redação dada pelo Decreto nº 5.699, de 13/2/2006)

§ 2º É vedado ao INSS escusar-se de cumprir as diligências solicitadas pelo CRPS, bem como deixar de dar cumprimento às decisões definitivas daquele colegiado, reduzir ou ampliar o seu alcance ou executá-las de modo que contrarie ou prejudique seu evidente sentido. (Redação dada pelo Dec. 6.722/2008)

Nova Redação	Antiga Redação
Art. 309. Na hipótese de haver controvérsia em matéria previdenciária, na aplicação de lei ou de ato normativo, entre órgãos do Ministério da Economia, entidades a ele vinculadas e, na hipótese prevista no inciso IV do *caput*	**Art. 309.** Havendo controvérsia na aplicação de lei ou de ato normativo, entre órgãos do Ministério da Previdência e Assistência Social ou entidades vinculadas, ou ocorrência de questão previdenciária ou de assistência social de relevante

Nova Redação	Antiga Redação
do art. 305, entes federativos, ou ocorrência de questão previdenciária de relevante interesse público ou social, o órgão ministerial ou a entidade interessada poderá, por intermédio de seu dirigente, solicitar ao Ministro de Estado da Economia solução para a controvérsia ou questão. *(Redação dada pelo Decreto 10.410/2020)*	te interesse público ou social, poderá o órgão interessado, por intermédio de seu dirigente, solicitar ao Ministro de Estado da Previdência e Assistência Social solução para a controvérsia ou questão. (Caput do artigo com redação dada pelo Decreto nº 3.452, de 9/5/2000)

§ 1º A controvérsia na aplicação de lei ou ato normativo será relatada in abstracto e encaminhada com manifestações fundamentadas dos órgãos interessados, podendo ser instruída com cópias dos documentos que demonstrem sua ocorrência. (Parágrafo acrescido pelo Decreto nº 4.729, de 9/6/2003)

§ 2º A Procuradoria-Geral Federal Especializada/INSS deverá pronunciar-se em todos os casos previstos neste artigo. (Parágrafo acrescido pelo Decreto nº 4.729, de 9/6/2003)

Art. 310. (Revogado pelo Decreto 6.722, de 30/12/2008).

TÍTULO II
DOS CONVÊNIOS, CONTRATOS, CREDENCIAMENTOS E ACORDOS

Art. 311. A empresa, o sindicato ou entidade de aposentados devidamente legalizada poderá, mediante convênio, encarregar-se, relativamente a seu empregado ou associado e respectivos dependentes, de processar requerimento de benefício, preparando-o e instruindo-o de maneira a ser despachado pela previdência social. (*Caput* do artigo com redação dada pelo Decreto nº 6.722, de 30/12/2008)

Parágrafo único. Somente poderá optar pelo encargo de pagamento, as convenentes que fazem a complementação de benefícios, observada a conveniência administrativa do INSS. (Parágrafo único com nova redação dada pelo Decreto nº 6.939, de 18/8/2009)

Art. 312. A concessão e manutenção de prestação devida a beneficiário residente no exterior devem ser efetuadas nos termos do acordo entre o Brasil e o país de residência do beneficiário ou, na sua falta, nos termos de instruções expedidas pelo Ministério da Previdência e Assistência Social.

Art. 313. Os convênios, credenciamentos e acordos da linha do seguro social deverão ser feitos pelos setores de acordos e convênios do Instituto Nacional do Seguro Social.

Parágrafo único. O Instituto Nacional do Seguro Social poderá ainda colaborar para a complementação das instalações e equipamentos de entidades de habilitação e reabilitação profissional, com as quais mantenha convênio, ou fornecer outros recursos materiais para a melhoria do padrão de atendimento aos beneficiários.

Art. 314. A prestação de serviços da entidade que mantém convênio, contrato, credenciamento ou acordo com o Instituto Nacional do Seguro Social não cria qualquer vínculo empregatício entre este e o prestador de serviço.

Art. 315. Os órgãos da administração pública direta, autárquica e fundacional dos Estados, do Distrito Federal e dos Municípios poderão, mediante convênio com a previdência social, encarregar-se, relativamente aos seus funcionários, de formalizar processo de pedido de certidão de tempo de contribuição para fins de contagem recíproca, preparando-o e instruindo-o de forma a ser despachado pelo Instituto Nacional do Seguro Social.

Art. 316. O Instituto Nacional do Seguro Social, de acordo com as possibilidades administrativas e técnicas das unidades executivas de reabilitação profissional, poderá estabelecer convênios e/ou acordos de cooperação técnico-financeira, para viabilizar o atendimento às pessoas portadoras de deficiência.

Art. 317. Nos casos de impossibilidade de instalação de órgão ou setor próprio competente do Instituto Nacional do Seguro Social, assim como de efetiva incapacidade física ou técnica de implementação das atividades e atendimento adequado à clientela da previdência social, as unidades executivas de reabilitação profissional poderão solicitar a celebração de convênios, contratos ou acordos com entidades públicas ou privadas de comprovada idoneidade financeira e técnica, ou seu credenciamento, para prestação de serviço, por delegação ou simples cooperação técnica, sob coordenação e supervisão dos órgãos competentes do Instituto Nacional do Seguro Social.

TÍTULO III
DA DIVULGAÇÃO DOS ATOS E DECISÕES DA PREVIDÊNCIA SOCIAL

Art. 318. A divulgação dos atos e decisões dos órgãos e autoridades da previdência social, sobre benefícios, tem como objetivo:

I – dar inequívoco conhecimento deles aos interessados, inclusive para efeito de recurso;

II – possibilitar seu conhecimento público; e

III – produzir efeitos legais quanto aos direitos e obrigações deles derivados.

Nova Redação	Antiga Redação
Art. 319. O INSS notificará o interessado de sua decisão, preferencialmente por meio eletrônico, por meio de cadastramento prévio, na forma definida pelo INSS, realizado por procedimento em que seja assegurada a identificação adequada do interessado ou: *(Redação do artigo dada pelo Decreto 10.410/2020)*	**Art. 319.** O conhecimento da decisão do Instituto Nacional do Seguro Social deve ser dado ao beneficiário por intermédio do órgão local, mediante assinatura do mesmo no próprio processo.
I - por rede bancária, conforme definido em ato do INSS;	⊗ Dispositivo sem correspondência na antiga redação.
II - por via postal, por meio de carta simples destinada ao endereço constante do cadastro do segurado no INSS, hipótese em que o aviso de recebimento será considerado prova suficiente da notificação; ou	⊗ Dispositivo sem correspondência na antiga redação.
III - pessoalmente, quando entregue ao interessado em mão.	⊗ Dispositivo sem correspondência na antiga redação.
~~Parágrafo único. Quando a parte se recusar a assinar ou quando a ciência pessoal é impraticável, a decisão, com informações precisas sobre o seu fundamento, deve ser comunicada por correspondência sob registro, com Aviso de Recebimento.~~ *(Revogado pelo Decreto 10.410/2020)*	Parágrafo único. Quando a parte se recusar a assinar ou quando a ciência pessoal é impraticável, a decisão, com informações precisas sobre o seu fundamento, deve ser comunicada por correspondência sob registro, com Aviso de Recebimento.

Art. 320. O conhecimento das decisões e demais atos dos órgãos do Ministério da Previdência e Assistência Social deve ser dado mediante publicação no Diário Oficial da União, boletim de serviço ou outro órgão de divulgação oficialmente reconhecido, ou na forma do art. 319.

Nova Redação	Antiga Redação
Art. 321. O contrato, o convênio, o credenciamento e o acordo celebrados que impliquem pagamento de benefícios deverão ser publicados, em síntese, em boletim de serviço. *(Redação dada pelo Decreto 10.410/2020)*	**Art. 321.** Devem ser publicados em boletim de serviço, em síntese, o contrato, o convênio, o credenciamento e o acordo celebrados, e a sentença judicial que implique pagamento de benefícios.

Art. 322. O órgão do Instituto Nacional do Seguro Social, especialmente o pagador, só pode cumprir ato ou decisão de publicação obrigatória em boletim de serviço depois de atendida essa formalidade.

Parágrafo único. O administrador que determina e o servidor que realiza pagamento sem observar o disposto neste artigo são civilmente responsáveis por ele, ficando sujeitos também às penalidades administrativas cabíveis.

Art. 323. Os atos de que trata este Título serão publicados também no Diário Oficial da União, quando houver obrigação legal nesse sentido.

Art. 324. Os atos normativos ministeriais obrigam a todos os órgãos e entidades integrantes do Ministério da Previdência e Assistência Social, inclusive da administração indireta a ele vinculados.

Art. 325. Os atos e decisões normativas sobre benefícios dos órgãos e entidades da previdência social devem ser publicados na íntegra em boletim de serviço da entidade interessada, só tendo validade depois dessa publicação.

Parágrafo único. Os pareceres somente serão publicados quando aprovados pelas autoridades competentes e por determinação destas.

TÍTULO IV
DAS DISPOSIÇÕES DIVERSAS RELATIVAS À ORGANIZAÇÃO DA SEGURIDADE SOCIAL

Art. 326. O Instituto Nacional do Seguro Social, na forma da legislação específica, fica autorizado a contratar auditoria externa, periodicamente, para analisar e emitir parecer sobre demonstrativos econômico-financeiros e contábeis, arrecadação, cobrança e fiscalização de contribuições, bem como pagamento de benefícios, submetendo os resultados obtidos à apreciação do Conselho Nacional de Previdência Social.

Art. 327. A Auditoria e a Procuradoria do Instituto Nacional do Seguro Social deverão, a cada trimestre, elaborar relação das auditorias realizadas e dos trabalhos executados, bem como dos resultados obtidos, enviando-a à apreciação do Conselho Nacional de Previdência Social.

Art. 328. O Instituto Nacional do Seguro Social deverá implantar programa de qualificação e treinamento sistemático de pessoal, bem como promover reciclagem e redistribuição de funcionários conforme demandas dos órgãos regionais e locais, visando à melhoria da qualidade do atendimento, ao controle e à eficiência dos sistemas de arrecadação e fiscalização de contribuições, bem como de pagamento de benefícios.

Nova Redação	Antiga Redação
Art. 329. O Cadastro Nacional de Informações Sociais é destinado a registrar informações de interesse da Administração Pública Federal e dos beneficiários da previdência social.	
Parágrafo único. As contribuições aportadas pelos segurados e empresas terão o registro contábil individualizado, conforme dispuser o Ministério da Previdência e Assistência Social.	
Art. 329-A. ~~O Ministério da Previdência Social desenvolverá e manterá programa de cadastramento dos segurados especiais, observado o disposto nos §§ 7º e 8º do art. 18, podendo para tanto firmar convênio com órgãos federais, estaduais ou do Distrito Federal e dos municípios, bem como com entidades de classe, em especial as respectivas confederações ou federações.~~ *(Revogado pelo Decreto 10.410/2020)*	**Art. 329-A.** O Ministério da Previdência Social desenvolverá e manterá programa de cadastramento dos segurados especiais, observado o disposto nos §§ 7º e 8º do art. 18, podendo para tanto firmar convênio com órgãos federais, estaduais ou do Distrito Federal e dos municípios, bem como com entidades de classe, em especial as respectivas confederações ou federações.
~~§ 1º O Ministério da Previdência Social disciplinará a forma de manutenção e de atualização do cadastro, observada a periodicidade anual a contar do ano seguinte ao do efetivo cadastramento dos segurados especiais.~~	§ 1º O Ministério da Previdência Social disciplinará a forma de manutenção e de atualização do cadastro, observada a periodicidade anual a contar do ano seguinte ao do efetivo cadastramento dos segurados especiais.
~~§ 2º As informações contidas no cadastro de que trata o caput não dispensam a apresentação dos documentos previstos no inciso II, letra "a", do § 2º do art. 62, exceto as que forem obtidas e acolhidas pela previdência social diretamente de banco de dados disponibilizados por órgãos do poder público.~~	§ 2º As informações contidas no cadastro de que trata o caput não dispensam a apresentação dos documentos previstos no inciso II, letra "a", do § 2º do art. 62, exceto as que forem obtidas e acolhidas pela previdência social diretamente de banco de dados disponibilizados por órgãos do poder público.
~~§ 3º Da aplicação do disposto neste artigo não poderá resultar nenhum ônus para os segurados, sejam eles filiados ou não às entidades conveniadas. (Artigo acrescido pelo Decreto nº 6.722, de 30/12/2008)~~	§ 3º Da aplicação do disposto neste artigo não poderá resultar nenhum ônus para os segurados, sejam eles filiados ou não às entidades conveniadas. (Artigo acrescido pelo Decreto nº 6.722, de 30/12/2008)

Nova Redação	Antiga Redação
Art. 329-B. ~~As informações obtidas e acolhidas pelo INSS diretamente de bancos de dados disponibilizados por órgãos do poder público serão utilizadas para validar ou invalidar informação para o cadastramento do segurado especial, bem como, quando for o caso, para deixar de reconhecer no segurado essa condição. (Artigo acrescido pelo Decreto nº 6.722, de 30/12/2008)~~ *(Revogado pelo Decreto 10.410/2020)*	**Art. 329-B.** As informações obtidas e acolhidas pelo INSS diretamente de bancos de dados disponibilizados por órgãos do poder público serão utilizadas para validar ou invalidar informação para o cadastramento do segurado especial, bem como, quando for o caso, para deixar de reconhecer no segurado essa condição. (Artigo acrescido pelo Decreto nº 6.722, de 30/12/2008)
Art. 330. ~~Com a implantação do Cadastro Nacional de Informações Sociais, todos os segurados serão identificados pelo Número de Identificação do Trabalhador, que será único, pessoal e intransferível, independentemente de alterações de categoria profissional e formalizado pelo Documento de Cadastramento do Trabalhador.~~ *(Revogado pelo Decreto 10.410/2020)*	**Art. 330.** Com a implantação do Cadastro Nacional de Informações Sociais, todos os segurados serão identificados pelo Número de Identificação do Trabalhador, que será único, pessoal e intransferível, independentemente de alterações de categoria profissional e formalizado pelo Documento de Cadastramento do Trabalhador.
Art. 330. *(Revogado pelo Decreto 10.410/2020)*	

Art. 331. O Instituto Nacional do Seguro Social fica autorizado a efetuar permuta de informações, em caráter geral ou específico, com qualquer órgão ou entidade da administração direta ou indireta da União, Estados, Distrito Federal ou Municípios, com a prestação, quando for o caso, de assistência mútua na fiscalização dos respectivos tributos.

§ 1º A permuta de informações sobre a situação econômica ou financeira dos sujeitos passivos ou de terceiros e sobre a natureza e o estado dos seus negócios ou atividades somente poderá ser efetivada com a Secretaria da Receita Federal ou com a Fazenda Pública dos Estados, do Distrito Federal ou dos Municípios.

§ 2º Até que seja totalmente implantado o Cadastro Nacional de Informações Sociais, as instituições e órgãos federais, estaduais, do Distrito Federal e municipais, detentores de cadastros de empresas e de contribuintes em geral, deverão colocar à disposição do Instituto Nacional do Seguro Social, mediante convênio, todos os dados necessários à permanente atualização dos seus cadastros.

Nova Redação	Antiga Redação

§ 3º O convênio de que trata o parágrafo anterior estabelecerá, entre outras condições, a forma e a periodicidade de acesso ao cadastro e às alterações posteriores.

Nova Redação	Antiga Redação
Art. 332. O INSS estabelecerá indicadores qualitativos e quantitativos para acompanhamento e avaliação das concessões de benefícios realizadas. *(Redação dada pelo Decreto 10.410/2020)*	**Art. 332.** O setor de benefícios do Instituto Nacional do Seguro Social deverá estabelecer indicadores qualitativos e quantitativos para acompanhamento e avaliação das concessões de benefícios realizadas pelos órgãos locais de atendimento.
Art. 333. O INSS adotará como prática o cruzamento das informações declaradas pelos segurados com as informações constantes das bases de dados de que dispuser quando da análise dos requerimentos dos benefícios. *(Redação dada pelo Decreto 10.410/2020)*	**Art. 333.** Os postos de benefícios deverão adotar como prática o cruzamento das informações declaradas pelos segurados com os dados das empresas e de contribuintes em geral quando da concessão de benefícios.

Art. 334. Haverá, no âmbito da previdência social, uma Ouvidoria-Geral, cujas atribuições serão definidas em regulamento específico.

Art. 335. Deverão ser enviadas ao Congresso Nacional, anualmente, acompanhando a proposta orçamentária da seguridade social, projeções atuariais relativas à seguridade social, abrangendo um horizonte temporal de, no mínimo, vinte anos, considerando hipóteses alternativas quanto às variações demográficas, econômicas e institucionais relevantes.

LIVRO VI
DAS DISPOSIÇÕES GERAIS

Art. 336. Para fins estatísticos e epidemiológicos, a empresa deverá comunicar à previdência social o acidente de que tratam os arts. 19, 20, 21 e 23 da Lei nº 8.213, de 1991, ocorrido com o segurado empregado, exceto o doméstico, e o trabalhador avulso, até o primeiro dia útil seguinte ao da ocorrência e, em caso de morte, de imediato, à autoridade competente, sob pena da multa aplicada e cobrada na forma do art.286. (*Caput* do artigo com redação dada pelo Decreto nº 4.032, de 26/11/2001)

§ 1º Da comunicação a que se refere este artigo receberão cópia fiel o acidentado ou seus dependentes, bem como o sindicato a que corresponda a sua categoria.

<table>
<tr><th>Nova Redação</th><th>Antiga Redação</th></tr>
<tr><td colspan="2">§ 2º Na falta do cumprimento do disposto no caput, caberá ao setor de benefícios do Instituto Nacional do Seguro Social comunicar a ocorrência ao setor de fiscalização, para a aplicação e cobrança da multa devida.</td></tr>
<tr><td colspan="2">§ 3º Na falta de comunicação por parte da empresa, ou quando se tratar de segurado especial, podem formalizá-la o próprio acidentado, seus dependentes, a entidade sindical competente, o médico que o assistiu ou qualquer autoridade pública, não prevalecendo nestes casos o prazo previsto neste artigo. (Parágrafo com redação dada pelo Decreto nº 4.032, de 26/11/2001)</td></tr>
<tr><td colspan="2">§ 4º A comunicação a que se refere o § 3º não exime a empresa de responsabilidade pela falta do cumprimento do disposto neste artigo.</td></tr>
<tr><td colspan="2">§ 5º (Revogado pelo Decreto nº 3.265, de 29/11/1999)</td></tr>
<tr><td colspan="2">§ 6º Os sindicatos e entidades representativas de classe poderão acompanhar a cobrança, pela previdência social, das multas previstas neste artigo.</td></tr>
<tr><td>Art. 337. O acidente do trabalho será caracterizado tecnicamente pela Perícia Médica Federal, por meio da identificação do nexo causal entre o trabalho e o agravo. (Redação dada pelo Decreto nº 10.410, de 2020)</td><td>Art. 337. O acidente do trabalho será caracterizado tecnicamente pela perícia médica do INSS, mediante a identificação do nexo entre o trabalho e o agravo. (Caput do artigo com redação dada pelo Decreto nº 6.042, de 12/2/2007)</td></tr>
<tr><td><s>I - o acidente e a lesão;</s> (Revogado pelo Decreto nº 10.410, de 2020).</td><td>I - o acidente e a lesão;</td></tr>
<tr><td><s>II - a doença e o trabalho; e</s> (Revogado pelo Decreto nº 10.410, de 2020).</td><td>II - a doença e o trabalho; e</td></tr>
<tr><td><s>III - a causa mortis e o acidente.</s> (Revogado pelo Decreto nº 10.410, de 2020).</td><td>III - a causa mortis e o acidente.</td></tr>
<tr><td colspan="2">§ 1º O setor de benefícios do Instituto Nacional do Seguro Social reconhecerá o direito do segurado à habilitação do benefício acidentário.</td></tr>
<tr><td colspan="2">§ 2º Será considerado agravamento do acidente aquele sofrido pelo acidentado quando estiver sob a responsabilidade da reabilitação profissional.</td></tr>
<tr><td colspan="2">§ 3º Considera-se estabelecido o nexo entre o trabalho e o agravo quando se verificar nexo técnico epidemiológico entre a atividade da empresa e a entidade mórbida motivadora da incapacidade, elencada na Classificação Internacional de Doenças – CID em conformidade com o disposto na Lista C do Anexo II deste Regulamento. (Parágrafo acrescido pelo Decreto nº 6.042, de 12/2/2007 e com nova redação dada pelo Decreto nº 6.957, de 9/9/2009)</td></tr>
</table>

<table>
<tr><th>Nova Redação</th><th>Antiga Redação</th></tr>
<tr><td colspan="2">§ 4º Para os fins deste artigo, considera-se agravo a lesão, doença, transtorno de saúde, distúrbio, disfunção ou síndrome de evolução aguda, subaguda ou crônica, de natureza clínica ou subclínica, inclusive morte, independentemente do tempo de latência. (Parágrafo acrescido pelo Decreto nº 6.042, de 12/2/2007)</td></tr>
<tr><td>§ 5º Reconhecidos pela Perícia Médica Federal a incapacidade para o trabalho e o nexo causal entre o trabalho e o agravo, na forma prevista no § 3º, serão devidas as prestações acidentárias a que o beneficiário tiver direito. (Redação dada pelo Decreto 10.410/2020)</td><td>§ 5º Reconhecidos pela perícia médica do INSS a incapacidade para o trabalho e o nexo entre o trabalho e o agravo, na forma do § 3º, serão devidas as prestações acidentárias a que o beneficiário tenha direito. (Parágrafo acrescido pelo Decreto nº 6.042, de 12/2/2007)</td></tr>
<tr><td>§ 6º A Perícia Médica Federal deixará de aplicar o disposto no § 3º quando demonstrada a inexistência de nexo causal entre o trabalho e o agravo, sem prejuízo do disposto nos § 7º e § 12. (Redação dada pelo Decreto 10.410/2020)</td><td>§ 6º A perícia médica do INSS deixará de aplicar o disposto no § 3º quando demonstrada a inexistência de nexo entre o trabalho e o agravo, sem prejuízo do disposto nos §§ 7º e 12. (Parágrafo acrescido pelo Decreto nº 6.042, de 12/2/2007 e com nova redação dada pelo Decreto nº 6.939, de 18/8/2009)</td></tr>
<tr><td colspan="2">§ 7º A empresa poderá requerer ao INSS a não aplicação do nexo técnico epidemiológico ao caso concreto mediante a demonstração de inexistência de correspondente nexo entre o trabalho e o agravo. (Parágrafo acrescido pelo Decreto nº 6.042, de 12/2/2007 e com nova redação dada pelo Decreto nº 6.939, de 18/8/2009)</td></tr>
<tr><td colspan="2">§ 8º O requerimento de que trata o § 7º poderá ser apresentado no prazo de quinze dias da data para a entrega, na forma do inciso IV do art. 225, da GFIP que registre a movimentação do trabalhador, sob pena de não conhecimento da alegação em instância administrativa. (Parágrafo acrescido pelo Decreto nº 6.042, de 12/2/2007)</td></tr>
<tr><td>§ 9º Caracterizada a impossibilidade de atendimento ao disposto no § 8º, motivada pelo não conhecimento tempestivo do diagnóstico do agravo, o requerimento de que trata o § 7º poderá ser apresentado no prazo de quinze dias, contado da data em que a empresa tomar ciência da decisão a que se refere o § 5º. (Redação dada pelo Decreto 10.410/2020)</td><td>§ 9º Caracterizada a impossibilidade de atendimento ao disposto no § 8º, motivada pelo não conhecimento tempestivo do diagnóstico do agravo, o requerimento de que trata o § 7º poderá ser apresentado no prazo de quinze dias da data em que a empresa tomar ciência da decisão da perícia médica do INSS referida no § 5º. (Parágrafo acrescido pelo Decreto nº 6.042, de 12/2/2007)</td></tr>
</table>

§ 10. Juntamente com o requerimento de que tratam os §§ 8º e 9º, a empresa formulará as alegações que entender necessárias e apresentará as provas que possuir demonstrando a inexistência de nexo entre o trabalho e o agravo. (Parágrafo acrescido pelo Decreto nº 6.042, de 12/2/2007 e com nova redação dada pelo Decreto nº 6.939, de 18/8/2009)

§ 11. A documentação probatória poderá trazer, entre outros meios de prova, evidências técnicas circunstanciadas e tempestivas à exposição do segurado, podendo ser produzidas no âmbito de programas de gestão de risco, a cargo da empresa, que possuam responsável técnico legalmente habilitado. (Parágrafo acrescido pelo Decreto nº 6.042, de 12/2/2007)

§ 12. O INSS informará ao segurado sobre a contestação da empresa para que este, querendo, possa impugná-la, obedecendo, quanto à produção de provas, ao disposto no § 10, sempre que a instrução do pedido evidenciar a possibilidade de reconhecimento de inexistência do nexo entre o trabalho e o agravo. (Parágrafo acrescido pelo Decreto nº 6.042, de 12/2/2007 e com nova redação dada pelo Decreto nº 6.939, de 18/8/2009)

§ 13. Da decisão do requerimento de que trata o § 7º cabe recurso, com efeito suspensivo, por parte da empresa ou, conforme o caso, do segurado ao Conselho de Recursos da Previdência Social, nos termos dos arts. 305 a 310. (Parágrafo acrescido pelo Decreto nº 6.042, de 12/2/2007)

Art. 338. A empresa é responsável pela adoção e uso de medidas coletivas e individuais de proteção à segurança e saúde do trabalhador sujeito aos riscos ocupacionais por ela gerados. (*Caput* do artigo com redação dada pelo Decreto nº 4.032, de 26/11/2001)

§ 1º É dever da empresa prestar informações pormenorizadas sobre os riscos da operação a executar e do produto a manipular. (Parágrafo único transformado em § 1º pelo Decreto nº 4.032, de 26/11/2001)

Nova Redação	Antiga Redação
§ 2º A Perícia Médica Federal terá acesso aos ambientes de trabalho e a outros locais onde se encontrem os documentos referentes ao controle médico de saúde ocupacional e aqueles que digam respeito ao programa de prevenção de riscos ocupacionais para verificar a eficácia das medidas adotadas pela empresa para a prevenção e o controle das doenças ocupacionais. *(Redação dada pelo Decreto 10.410/2020)*	§ 2º Os médicos peritos da previdência social terão acesso aos ambientes de trabalho e a outros locais onde se encontrem os documentos referentes ao controle médico de saúde ocupacional, e aqueles que digam respeito ao programa de prevenção de riscos ocupacionais, para verificar a eficácia das medidas adotadas pela empresa para a prevenção e controle das doenças ocupacionais. (Parágrafo acrescido pelo Decreto nº 4.032, de 26/11/2001)

Nova Redação	Antiga Redação
§ 3º O INSS auditará a regularidade e a conformidade das demonstrações ambientais, incluindo-se as de monitoramento biológico, e dos controles internos da empresa relativos ao gerenciamento dos riscos ocupacionais, de modo a assegurar a veracidade das informações prestadas pela empresa e constantes do CNIS, bem como o cumprimento das obrigações relativas ao acidente de trabalho. (Parágrafo com redação dada pelo Decreto nº 4.882, de 18/11/2003)	
§ 4º Sempre que a Perícia Médica Federal constatar o descumprimento do disposto neste artigo, esta comunicará formalmente aos demais órgãos interessados, inclusive para fins de aplicação e cobrança da multa devida *(Redação dada pelo Decreto 10.410/2020)*	§ 4º Os médicos peritos da previdência social deverão, sempre que constatarem o descumprimento do disposto neste artigo, comunicar formalmente aos demais órgãos interessados na providência, inclusive para aplicação e cobrança da multa devida. (Parágrafo acrescido pelo Decreto nº 5.545, de 22/9/2005)
Art. 339. O Ministério do Trabalho e Emprego fiscalizará e os sindicatos e entidades representativas de classe acompanharão o fiel cumprimento do disposto nos arts. 338 e 343.	
Art. 340. Por intermédio dos estabelecimentos de ensino, sindicatos, associações de classe, Fundação Jorge Duprat Figueiredo de Segurança e Medicina do Trabalho, órgãos públicos e outros meios, serão promovidas regularmente instrução e formação com vistas a incrementar costumes e atitudes prevencionistas em matéria de acidentes, especialmente daquele referido no art. 336.	
Art. 341. O INSS ajuizará ação regressiva contra os responsáveis nas hipóteses de: *(Redação do artigo dada pelo Decreto 10.410/2020)*	**Art. 341.** Nos casos de negligência quanto às normas de segurança e saúde do trabalho indicadas para a proteção individual e coletiva, a previdência social proporá ação regressiva contra os responsáveis.
I - negligência quanto às normas-padrão de segurança e higiene do trabalho indicadas para proteção individual e coletiva; e	⊗ Dispositivo sem correspondência na antiga redação.
II - violência doméstica e familiar contra a mulher, nos termos do disposto na Lei nº 11.340, de 7 de agosto de 2006.	⊗ Dispositivo sem correspondência na antiga redação.

Nova Redação	Antiga Redação
§ 1º Os órgãos de fiscalização das relações de trabalho encaminharão à Procuradoria-Geral Federal os relatórios de análise de acidentes do trabalho com indícios de negligência quanto às normas-padrão de segurança e higiene do trabalho indicadas para proteção individual e coletiva.	Parágrafo único. O Ministério do Trabalho e Emprego, com base em informações fornecidas trimestralmente, a partir de 1º de março de 2011, pelo Ministério da Previdência Social relativas aos dados de acidentes e doenças do trabalho constantes das comunicações de acidente de trabalho registradas no período, encaminhará à Previdência Social os respectivos relatórios de análise de acidentes do trabalho com indícios de negligência quanto às normas de segurança e saúde do trabalho que possam contribuir para a proposição de ações judiciais regressivas. (Parágrafo único acrescido pelo Decreto nº 7331, de 19/10/2010)
§ 2º O pagamento de prestações pela previdência social em decorrência das hipóteses previstas nos incisos I e II do *caput* não exclui a responsabilidade civil da empresa, na hipótese de que trata o inciso I do *caput*, ou do responsável pela violência doméstica e familiar, na hipótese de que trata o inciso II do *caput*.	⊗ Dispositivo sem correspondência na antiga redação.
Art. 342. O pagamento pela previdência social das prestações decorrentes do acidente a que se refere o art. 336 não exclui a responsabilidade civil da empresa, do empregador doméstico ou de terceiros. *(Redação dada pelo Decreto 10.410/2020)*	**Art. 342.** O pagamento pela previdência social das prestações decorrentes do acidente a que se refere o art. 336 não exclui a responsabilidade civil da empresa ou de terceiros.

Art. 343. Constitui contravenção penal, punível com multa, deixar a empresa de cumprir as normas de segurança e saúde do trabalho.

Art. 344. Os litígios e medidas cautelares relativos aos acidentes de que trata o art. 336 serão apreciados:

I – na esfera administrativa, pelos órgãos da previdência social, segundo as regras e prazos aplicáveis às demais prestações, com prioridade para conclusão; e

Nova Redação	Antiga Redação
II – na via judicial, pela Justiça dos Estados e do Distrito Federal, segundo o rito sumaríssimo, inclusive durante as férias forenses, mediante petição instruída pela prova de efetiva notificação do evento à previdência social, através da Comunicação de Acidente de Trabalho.	
Parágrafo único. O procedimento judicial de que trata o inciso II é isento do pagamento de quaisquer custas e de verbas relativas à sucumbência.	
Art. 345. As ações referentes às prestações decorrentes do acidente de que trata o art. 336 prescrevem em cinco anos, observado o disposto no art. 347, contados da data:	
I - do acidente, quando dele resultar a morte ou a incapacidade temporária verificada em perícia médica a cargo da Perícia Médica Federal; ou *(Redação dada pelo Decreto 10.410/2020)*	I – do acidente, quando dele resultar a morte ou a incapacidade temporária, verificada esta em perícia médica a cargo da previdência social; ou
II - em que for reconhecido pela Perícia Médica Federal a incapacidade permanente ou o agravamento das sequelas do acidente *(Redação dada pelo Decreto 10.410/2020)*	II – em que for reconhecida pela previdência social a incapacidade permanente ou o agravamento das sequelas do acidente.
Art. 346. O segurado que houver sofrido o acidente a que se refere o art. 336 terá garantida, pelo prazo mínimo de doze meses, a manutenção de seu contrato de trabalho na empresa, após a cessação do auxílio por incapacidade temporária decorrente de acidente, independentemente da percepção de auxílio-acidente. *(Redação dada pelo Decreto 10.410/2020)*	**Art. 346.** O segurado que sofreu o acidente a que se refere o art. 336 tem garantida, pelo prazo mínimo de doze meses, a manutenção do seu contrato de trabalho na empresa, após a cessação do auxílio-doença acidentário, independentemente da percepção de auxílio-acidente.
Art. 347. É de dez anos o prazo de decadência de todo e qualquer direito ou ação do segurado ou beneficiário para a revisão dos atos de concessão, indeferimento, cancelamento ou cessação de benefício e dos atos de deferimento, indeferimento ou não concessão de revisão de benefício, contado: *(Redação dada pelo Decreto 10.410/2020)*	**Art. 347.** É de dez anos o prazo de decadência de todo e qualquer direito ou ação do segurado ou beneficiário para a revisão do ato de concessão de benefício, a contar do dia primeiro do mês seguinte ao do recebimento da primeira prestação ou, quando for o caso, do dia em que tomar conhecimento da decisão indeferitória definitiva no âmbito administrativo. (Caput do artigo com redação dada pelo Decreto nº 5.545, de 22/9/2005)

<table>
<tr><th>Nova Redação</th><th>Antiga Redação</th></tr>
<tr><td>I - do primeiro dia do mês subsequente ao do recebimento da primeira prestação ou da data em que a prestação deveria ter sido paga com o valor revisto; ou (Acrescido pelo Decreto 10.410/2020)</td><td>⊗ Dispositivo sem correspondência na antiga redação.</td></tr>
<tr><td>II - do dia em que o segurado tiver ciência da decisão de indeferimento, cancelamento ou cessação do seu pedido de benefício ou da decisão de deferimento ou indeferimento de revisão de benefício no âmbito administrativo. (Acrescido pelo Decreto 10.410/2020)</td><td>⊗ Dispositivo sem correspondência na antiga redação.</td></tr>
<tr><td colspan="2">§ 1º Prescreve em cinco anos, a contar da data em que deveriam ter sido pagas, toda e qualquer ação para haver prestações vencidas ou quaisquer restituições ou diferenças devidas pela previdência social, salvo o direito dos menores, incapazes e ausentes, na forma do Código Civil. (Parágrafo único transformado em § 1º pelo Decreto nº 4.729, de 9/6/2003)</td></tr>
<tr><td colspan="2">§ 2º Não é considerado pedido de revisão de decisão indeferitória definitiva, mas de novo pedido de benefício, o que vier acompanhado de outros documentos além dos já existentes no processo. (Parágrafo acrescido pelo Decreto nº 4.729, de 9/6/2003)</td></tr>
<tr><td colspan="2">§ 3º Não terá sequência eventual pedido de revisão de decisão indeferitória definitiva de benefício confirmada pela última instância do Conselho de Recursos da Previdência Social, aplicando-se, no caso de apresentação de outros documentos, além dos já existentes no processo, o disposto no § 2º. (Parágrafo acrescido pelo Decreto nº 4.729, de 9/6/2003)</td></tr>
<tr><td>§ 4º Nas hipóteses de requerimento de revisão de benefício em manutenção ou de recurso de decisão do INSS com apresentação de novos elementos extemporaneamente ao ato concessório, os efeitos financeiros serão fixados na data do pedido de revisão ou do recurso. (Redação dada pelo Decreto 10.410/2020)

COMENTÁRIO EM VÍDEO:</td><td>§ 4º No caso de revisão de benefício em manutenção com apresentação de novos elementos extemporaneamente ao ato concessório, os efeitos financeiros devem ser fixados na data do pedido de revisão.</td></tr>
</table>

<table>
<tr><th>Nova Redação</th><th>Antiga Redação</th></tr>
<tr><td colspan="2">Art. 347-A. O direito da Previdência Social de anular os atos administrativos de que decorram efeitos favoráveis para os seus beneficiários decai em dez anos, contados da data em que foram praticados, salvo comprovada má-fé.</td></tr>
<tr><td colspan="2">§ 1º No caso de efeitos patrimoniais contínuos, o prazo decadencial contar-se-á da percepção do primeiro pagamento.</td></tr>
<tr><td colspan="2">§ 2º Considera-se exercício do direito de anular qualquer medida de autoridade administrativa que importe impugnação à validade do ato. (Artigo acrescido pelo Decreto nº 5.545, de 22/9/2005)</td></tr>
<tr><td>Art. 348. O direito da seguridade social de apurar e constituir seus créditos extingue-se no prazo de cinco anos, contado: (Redação dada pelo Decreto 10.410/2020)</td><td>Art. 348. O direito da seguridade social de apurar e constituir seus créditos extingue-se após dez anos, contados:</td></tr>
<tr><td colspan="2">I – do primeiro dia do exercício seguinte àquele em que o crédito poderia ter sido constituído; ou</td></tr>
<tr><td colspan="2">II – da data em que se tornar definitiva a decisão que houver anulado, por vício formal, a constituição de crédito anteriormente efetuado.</td></tr>
<tr><td colspan="2">§ 1º Para comprovar o exercício de atividade remunerada, com vistas à concessão de benefícios, será exigido do contribuinte individual, a qualquer tempo, o recolhimento das correspondentes contribuições, observado o disposto nos §§ 7º a 14 do art. 216. (Parágrafo com redação dada pelo Decreto nº 3.265, de 29/11/1999)</td></tr>
<tr><td colspan="2">§ 2º Na hipótese de ocorrência de dolo, fraude ou simulação, a seguridade social pode, a qualquer tempo, apurar e constituir seus créditos.</td></tr>
<tr><td colspan="2">§ 3º O direito de pleitear judicialmente a desconstituição de exigência fiscal fixada pelo Instituto Nacional do Seguro Social no julgamento de litígio em processo administrativo fiscal extingue-se com o decurso do prazo de cento e oitenta dias, contado da intimação da referida decisão.</td></tr>
<tr><td>Art. 349. O direito da seguridade social de cobrar seus créditos, constituídos na forma prevista no art. 348, prescreverá no prazo de cinco anos, contado da data de sua constituição definitiva, observado o disposto nos art. 151 e art. 174 da Lei nº 5.172, de 25 de outubro de 1966 - Código Tributário Nacional. (Redação dada pelo Decreto 10.410/2020)</td><td>Art. 349. O direito da seguridade social de cobrar seus créditos, constituídos na forma do artigo anterior, prescreve em dez anos.</td></tr>
</table>

<table>
<tr><th>Nova Redação</th><th>Antiga Redação</th></tr>
<tr><td colspan="2">Art. 350. Será de responsabilidade da Procuradoria-Geral do Instituto Nacional do Seguro Social manter entendimentos com o Ministério Público, objetivando a agilização das causas judiciais necessárias à concessão e manutenção de benefícios.</td></tr>
<tr><td colspan="2">Art. 351. O pagamento de benefícios decorrente de sentença judicial far-se-á com a observância da prioridade garantida aos créditos alimentícios.</td></tr>
<tr><td>Art. 352. Para fins de reconhecimento inicial de benefícios previdenciários, desde que este não acarrete revisão de ato administrativo anterior, o Presidente do INSS poderá editar súmulas administrativas, que terão caráter vinculante perante o INSS nas seguintes hipóteses: (Redação do artigo dada pelo Decreto 10.410/2020)

COMENTÁRIO EM VÍDEO:</td><td>Art. 352. O Ministro da Previdência e Assistência Social poderá autorizar o Instituto Nacional do Seguro Social a formalizar a desistência ou abster-se de propor ações e recursos em processos judiciais sempre que a ação versar matéria sobre a qual haja declaração de inconstitucionalidade proferida pelo Supremo Tribunal Federal, súmula ou jurisprudência consolidada do Supremo Tribunal Federal ou dos tribunais superiores.</td></tr>
<tr><td>I - sobre tema a respeito do qual exista súmula ou parecer emitido pelo Advogado-Geral da União; e</td><td>⊗ Dispositivo sem correspondência na antiga redação.</td></tr>
<tr><td>II - sobre tema decidido pelo Supremo Tribunal Federal, em matéria constitucional, ou pelo Superior Tribunal de Justiça, no âmbito de suas competências, quando definido em sede de repercussão geral ou recurso repetitivo e não houver viabilidade de reversão da tese firmada em sentido desfavorável ao INSS, conforme disciplinado pelo Advogado-Geral da União, nos termos do disposto no § 2º do art. 19-D da Lei nº 10.522, de 19 de julho de 2002.</td><td>⊗ Dispositivo sem correspondência na antiga redação.</td></tr>
</table>

Nova Redação	Antiga Redação
§ 1º A edição da súmula administrativa de que trata este artigo será precedida de avaliação de impacto orçamentário e financeiro pela Secretaria Especial de Previdência e Trabalho do Ministério da Economia.	Parágrafo único. O Ministro da Previdência e Assistência Social disciplinará os procedimentos a serem adotados nas hipóteses em que a previdência social, relativamente aos créditos apurados com base em dispositivo declarado inconstitucional por decisão definitiva do Supremo Tribunal Federal, possa: I – abster-se de constituí-los; II – retificar o seu valor ou declará-los extintos, de ofício, quando houverem sido constituídos anteriormente, ainda que inscritos em Dívida Ativa; e III – formular desistência de ações de execução fiscal já ajuizadas, bem como deixar de interpor recursos de decisões judiciais.
§ 2º As súmulas administrativas serão numeradas em ordem cronológica e terão validade até que lei, decreto ou outra súmula discipline a matéria de forma diversa, e competirá ao INSS mantê-las atualizadas em seus sítios eletrônicos.	⊗ Dispositivo sem correspondência na antiga redação.
§ 3º Para fins do disposto neste artigo, a Procuradoria Federal Especializada junto ao INSS emitirá parecer conclusivo para propor a edição, a alteração ou o cancelamento de súmula administrativa, da qual deverá constar o fundamento para a sua edição.	⊗ Dispositivo sem correspondência na antiga redação.

Art. 353. A formalização de desistência ou transigência judiciais por parte de procurador da previdência social, será sempre precedida da anuência, por escrito, do Procurador-Geral do Instituto Nacional do Seguro Social ou do Presidente deste órgão, quando os valores em litígio ultrapassarem os limites definidos pelo Conselho Nacional de Previdência Social.

Parágrafo único. Os valores, a partir dos quais se exigirá a anuência do Procurador-Geral ou do Presidente do Instituto Nacional do Seguro Social, serão definidos periodicamente pelo Conselho Nacional de Previdência Social, mediante resolução própria.

Art. 354. O Instituto Nacional do Seguro Social, nas causas em que seja interessado na condição de autor, réu, assistente ou oponente, gozará das mesmas prerrogativas e privilégios assegurados à Fazenda Pública, inclusive quanto à inalienabilidade e impenhorabilidade de seus bens.

§ 1º O Instituto Nacional do Seguro Social é isento do pagamento de custas, traslados, preparos, certidões, registros, averbações e quaisquer outros emolumentos, nas causas em que seja interessado na condição de autor, réu, assistente ou oponente, inclusive nas ações de natureza trabalhista, acidentária e de benefício.

§ 2º O Instituto Nacional do Seguro Social antecipará os honorários periciais nas ações de acidentes do trabalho.

Art. 355. O Instituto Nacional do Seguro Social poderá requisitar a qualquer órgão ou entidade da administração direta ou indireta da União, dos Estados, do Distrito Federal e dos Municípios, bem como das demais entidades sob seu controle, elementos de fato e de direito relativos às alegações e ao pedido do autor de ação proposta contra a previdência social, bem assim promover diligências para localização de devedores e apuração de bens penhoráveis, que serão atendidas prioritariamente e sob regime de urgência.

Art. 356. Nos casos de indenização na forma do art. 122 e da retroação da data do início das contribuições, conforme o disposto no art. 124, após a homologação do processo pelo setor de benefícios do Instituto Nacional do Seguro Social, este deverá ser encaminhado ao setor de arrecadação e fiscalização, para levantamento e cobrança do débito.

Nova Redação	Antiga Redação
Art. 357. A Secretaria Especial de Previdência e Trabalho do Ministério da Economia e o INSS ficam autorizados a editar normas que disponham sobre os critérios e a forma de realização de pesquisas externas. *(Redação dada pelo Decreto 10.410/2020)*	**Art. 357.** Fica o Instituto Nacional do Seguro Social autorizado a designar servidores para a realização de pesquisas externas necessárias à concessão, manutenção e revisão de benefícios, bem como ao desempenho das atividades de serviço social, perícias médicas, habilitação e reabilitação profissional e arrecadação, junto a beneficiários, empresas, órgãos públicos, entidades representativas de classe, cartórios e demais entidades e profissionais credenciados.

Parágrafo único. Para efeito do disposto no *caput*, os servidores designados receberão, a título de indenização, o valor correspondente a um onze avos do valor mínimo do salário de contribuição do contribuinte individual, por deslocamento com pesquisa concluída. (Parágrafo com redação dada pelo Decreto nº 3.265, de 29/11/1999)

Art. 358. Na execução judicial da Dívida Ativa da União, suas autarquias e fundações públicas, será facultado ao exequente indicar bens à penhora, a qual será efetivada concomitantemente com a citação inicial do devedor.

§ 1º Os bens penhorados nos termos deste artigo ficam desde logo indisponíveis.

§ 2º Efetuado o pagamento integral da dívida executada, com seus acréscimos legais, no prazo de dois dias úteis contados da citação, independentemente da juntada aos autos do respectivo mandado, poderá ser liberada a penhora, desde que não haja outra execução pendente.

§ 3º O disposto neste artigo aplica-se também às execuções já processadas.

§ 4º Não sendo opostos embargos, no prazo legal, ou sendo eles julgados improcedentes, os autos serão conclusos ao juiz do feito, para determinar o prosseguimento da execução.

Art. 359. O Instituto Nacional do Seguro Social poderá contratar leiloeiros oficiais para promover a venda administrativa dos bens, adjudicados judicialmente ou que receber em dação de pagamento.

Parágrafo único. O Instituto Nacional do Seguro Social, no prazo de sessenta dias, providenciará alienação do bem por intermédio do leiloeiro oficial.

Art. 360. Nas execuções fiscais da Dívida Ativa do Instituto Nacional do Seguro Social, o leilão judicial dos bens penhorados realizar-se-á por leiloeiro oficial, indicado pelo credor, que procederá à hasta pública:

I – no primeiro leilão, pelo valor do maior lance, que não poderá ser inferior ao da avaliação; ou

II – no segundo leilão, por qualquer valor, excetuado o vil.

§ 1º Poderá o juiz, a requerimento do credor, autorizar seja parcelado o pagamento do valor da arrematação, na forma prevista para os parcelamentos administrativos de débitos previdenciários.

§ 2º Todas as condições do parcelamento deverão constar do edital de leilão.

§ 3º O débito do executado será quitado na proporção do valor de arrematação.

§ 4 º O arrematante deverá depositar, no ato, o valor da primeira parcela.

§ 5º Realizado o depósito, será expedida carta de arrematação, contendo as seguintes disposições:

I – valor da arrematação, valor e número de parcelas mensais em que será pago;

II – constituição de hipoteca do bem adquirido, ou de penhor, em favor do credor, servindo a carta de título hábil para registro da garantia;

III – indicação do arrematante como fiel depositário do bem móvel, quando constituído penhor; e

IV – especificação dos critérios de reajustamento do saldo e das parcelas, que será sempre mesmo vigente para os parcelamentos de créditos previdenciários.

§ 6º Se o arrematante não pagar no vencimento qualquer das parcelas mensais, o saldo devedor remanescente vencerá antecipadamente e será acrescido em cinquenta por cento de seu valor a título de multa, devendo, de imediato, ser inscrito em Dívida Ativa e executado.

§ 7º Se no primeiro ou no segundo leilões a que se refere o *caput* não houver licitante, o Instituto Nacional do Seguro Social poderá adjudicar o bem por cinquenta por cento do valor da avaliação.

§ 8º Se o bem adjudicado não puder ser utilizado pelo Instituto Nacional do Seguro Social e for de difícil venda, poderá ser negociado ou doado a outro órgão ou entidade pública que demonstre interesse na sua utilização.

§ 9º Não havendo interesse na adjudicação, poderá o juiz do feito, de ofício ou a requerimento do credor, determinar sucessivas repetições da hasta pública.

§ 10. O leiloeiro oficial, a pedido do credor, poderá ficar como fiel depositário dos bens penhorados e realizar a respectiva remoção.

Art. 361. O Instituto Nacional do Seguro Social poderá concordar com valores divergentes, para pagamento da dívida objeto de execução fiscal, quando a diferença entre os cálculos de atualização da dívida por ele elaborados ou levados a efeito pela contadoria do Juízo e os cálculos apresentados pelo executado for igual ou inferior a cinco por cento.

§ 1º O disposto neste artigo aplica-se somente a dívidas cuja petição inicial da execução tenha sido protocolada em Juízo até 31 de março de 1997.

§ 2º A extinção de processos de execução, em decorrência da aplicação do disposto neste artigo, não implicará condenação em honorários, custas e quaisquer outros ônus de sucumbência contra o exequente, oferecidos ou não embargos à execução, e acarretará a desistência de eventual recurso que tenha por razão a divergência de valores de atualização nos limites do percentual referido.

Art. 362. O Instituto Nacional do Seguro Social e a Secretaria da Receita Federal estabelecerão critérios para a dispensa de constituição ou exigência de crédito de valor inferior ao custo dessas medidas.

Art. 363. A arrecadação das receitas prevista nos incisos I, II, III, IV e V do parágrafo único do art. 195, bem como as contribuições incidentes a título de substituição, e o pagamento dos benefícios da seguridade social serão realizados pela rede bancária ou por outras formas, nos termos e condições aprovados pelo Conselho Nacional de Previdência Social. (Artigo com redação dada pelo Decreto nº 4.032, de 26/11/2001)

Art. 364. As receitas provenientes da cobrança de débitos dos Estados, do Distrito Federal e dos Municípios e da alienação, arrendamento ou locação de bens móveis ou imóveis pertencentes ao patrimônio do Instituto Nacional do Seguro Social deverão constituir reserva técnica, de longo prazo, que garantirá o seguro social instituído no Plano de Benefícios da Previdência Social.

Parágrafo único. É vedada a utilização dos recursos de que trata este artigo para cobrir despesas de custeio em geral, inclusive as decorrentes de criação, majoração ou extensão dos benefícios ou serviços da previdência social, admitindo-se sua utilização, excepcionalmente, em despesas de capital, conforme definido na lei orçamentária.

Art. 365. Mediante requisição do Instituto Nacional do Seguro Social, a empresa é obrigada a descontar, da remuneração paga aos segurados a seu serviço, a importância proveniente de dívida ou responsabilidade por eles contraída junto à seguridade social, relativa a benefícios pagos indevidamente, observado o disposto no art. 154.

Art. 366. O Presidente de Turma de Julgamento da Delegacia da Receita Federal do Brasil recorrerá de ofício sempre que a decisão: (*Caput* do artigo com redação dada pelo Decreto nº 6.224, de 4/10/2007)

I – declarar indevida contribuição ou outra importância apurada pela fiscalização; e (Inciso com redação dada pelo Decreto nº 6.224, de 4/10/2007)

II – relevar ou atenuar multa aplicada por infração a dispositivos deste Regulamento. (Inciso com redação dada pelo Decreto nº 6.224, de 4/10/2007)

§ 1º (Revogado pelo Decreto nº 6.224, de 4/10/2007)

§ 2º O recurso de que trata o *caput* será interposto ao Segundo Conselho de Contribuintes do Ministério da Fazenda. (Parágrafo com redação dada pelo Decreto nº 6.224, de 4/10/2007)

§ 3º O Ministro de Estado da Fazenda poderá estabelecer limite abaixo do qual será dispensada a interposição do recurso de ofício previsto neste artigo. (Parágrafo acrescido pelo Decreto nº 6.224, de 4/10/2007)

Art. 367. O Instituto Nacional do Seguro Social e a Empresa de Processamento de Dados da Previdência Social confrontarão a relação dos óbitos com os cadastros da previdência social, determinando o cancelamento dos pagamentos, a partir da data do falecimento dos beneficiários identificados na comunicação a que se refere o art. 228.

Art. 368. Fica o Instituto Nacional do Seguro Social obrigado a:

I – enviar às empresas e aos contribuintes individuais, quando por eles solicitado, extrato de recolhimento das suas contribuições;

II – emitir automaticamente e enviar às empresas avisos de cobrança de débitos;

III – emitir e enviar aos beneficiários carta de concessão de benefícios, além da memória de cálculo do valor dos benefícios concedidos;

IV – reeditar versão atualizada da Carta dos Direitos dos Segurados;

V – divulgar, com a devida antecedência, pelos meios de comunicação, alterações das contribuições das empresas e dos segurados em geral;

VI – descentralizar, progressivamente, o processamento eletrônico das informações, mediante extensão dos programas de informatização aos Postos de Atendimento e às Gerências Regionais de Arrecadação e Fiscalização; e

VII – garantir a integração dos sistemas de processamento eletrônico de inforrnações e sua compatibilidade com o Cadastro Nacional de Informações Sociais.

VIII – tornar disponível ao público, inclusive por meio de rede pública de transmissão de dados, informações atualizadas sobre as despesas do Regime Geral de Previdência Social, bem como os critérios e parâmetros adotados para garantir o seu equilíbrio financeiro e atuarial. (Inciso acrescido pelo Decreto nº 5.545, de 22/9/2005)

Nova Redação	Antiga Redação
Parágrafo único. O fornecimento das informações a que se referem os incisos I e III do *caput* poderá ocorrer por meio da sua disponibilização pelos canais de atendimento do INSS previstos na Carta de Serviços ao Usuário do INSS. *(Acrescido pelo Decreto 10.410/2020)*	⊗ Dispositivo sem correspondência na antiga redação.

Art. 369. Os depósitos judiciais e extrajudiciais referentes a contribuições sociais e outras importâncias arrecadadas pelo Instituto Nacional do Seguro Social serão efetuados na Caixa Econômica Federal mediante guia de recolhimento específica para essa finalidade, conforme modelo a ser aprovado pelo Instituto Nacional do Seguro Social e confeccionado e distribuído pela Caixa Econômica Federal.

§ 1º Quando houver mais de um interessado na ação, o depósito será efetuado, à ordem e disposição do Juízo, em nome de cada contribuinte, individualizadamente.

§ 2º A guia de recolhimento conterá, além de outros elementos fixados em ato normativo da autoridade competente, os dados necessários à identificação do órgão judicial em que tramita a ação.

§ 3º No caso de recebimento de depósito judicial, a Caixa Econômica Federal remeterá uma via da guia de recolhimento ao órgão judicial em que tramita a ação.

§ 4º A Caixa Econômica Federal tornará disponível para o Instituto Nacional do Seguro Social, por meio magnético, os dados referentes aos depósitos.

Art. 370. O valor dos depósitos recebidos será creditado pela Caixa Econômica Federal à Subconta da Previdência Social da Conta Única do Tesouro Nacional junto ao Banco Central do Brasil, no mesmo prazo fixado para recolhimento das contribuições arrecadadas pelo Instituto Nacional do Seguro Social.

Art. 371. Mediante ordem da autoridade judicial ou, no caso de depósito extrajudicial, da autoridade administrativa competente, o valor do depósito, após o encerramento da lide ou do processo litigioso, será:

I – devolvido ao depositante pela Caixa Econômica Federal, no prazo máximo de vinte e quatro horas, quando a sentença ou decisão lhe for favorável ou na proporção em que o for, acrescido de juros equivalentes à taxa referencial do Sistema Especial de Liquidação e de Custódia, para títulos federais, acumulada mensalmente, calculados a partir do mês subsequente ao da efetivação do depósito até o mês anterior ao de seu levantamento, e de juros de um por cento relativamente ao mês em que estiver sendo efetivada a devolução; ou

II – transformado em pagamento definitivo, proporcionalmente à exigência do correspondente crédito, quando se tratar de sentença ou decisão favorável ao Instituto Nacional do Seguro Social.

§ 1º O documento contendo os dados relativos aos depósitos devolvidos ou transformados em pagamento definitivo, a ser confeccionado e preenchido pela Caixa Econômica Federal, deverá ser aprovado pelo Instituto Nacional do Seguro Social.

§ 2º O valor dos depósitos devolvidos pela Caixa Econômica Federal será debitado à Subconta da Previdência Social da Conta Única do Tesouro Nacional junto ao Banco Central do Brasil, a título de restituição, no mesmo dia em que ocorrer a devolução.

§ 3º O Banco Central do Brasil creditará, na conta de reserva bancária da Caixa Econômica Federal, no mesmo dia, os valores devolvidos.

§ 4º Os valores das devoluções, inclusive dos juros acrescidos, serão contabilizados como estorno da respectiva espécie de receita em que tiver sido contabilizado o depósito.

§ 5º No caso de transformação do depósito em pagamento definitivo, a Caixa Econômica Federal efetuará a baixa em seus controles e comunicará a ocorrência ao Instituto Nacional do Seguro Social.

§ 6º A Caixa Econômica Federal manterá controle dos valores depositados, devolvidos e transformados em pagamento definitivo, por contribuinte e por processo, devendo, relativamente aos valores depositados e respectivos acréscimos de juros, tornar disponível o acesso aos registros, emitir extratos mensais e remetê-los ao Instituto Nacional do Seguro Social.

§ 7º Os extratos referidos neste artigo conterão dados que permitam identificar o depositante, o processo administrativo ou judicial, a movimentação dos depósitos durante o mês, além de outros elementos considerados indispensáveis.

Art. 372. Pelo recebimento dos depósitos e pela prestação dos demais serviços previstos nos arts. 369 a 371, a Caixa Econômica Federal será remunerada pela tarifa fixada pelo Ministro de Estado da Fazenda, na forma do disposto no Decreto nº 2.850, de 27 de novembro de 1998.

Art. 373. Os valores expressos em moeda corrente referidos neste Regulamento exceto aqueles referidos no art. 288, são reajustados nas mesmas épocas e com os mesmos índices utilizados para o reajustamento dos benefícios de prestação continuada da previdência social.

Art. 374. Serão aceitos os números de inscrição no Cadastro Geral de Contribuintes, até que seja concluída, pela Secretaria da Receita Federal, a implantação do Cadastro Nacional da Pessoa Jurídica.

Art. 375. Ficam anistiados, por força do art. 3º da Lei nº 9.476, de 23 de julho de 1997, os agentes políticos e os dirigentes de órgãos públicos estaduais, do Distrito Federal ou municipais, a quem foram impostas penalidades pecuniárias pessoais até 24 de julho de 1997, em decorrência do disposto no art. 289.

Art. 376. A multa de que trata a alínea e do inciso I do art. 283 retroagirá a 16 de abril de 1994, na que for mais favorável.

Art. 377. Os recursos a que se refere o Decreto nº 2.536, de 6 de abril de 1998, não têm efeito suspensivo.

Art. 378. (Revogado pelo Decreto nº 4.729, de 9/6/2003)

Art. 379. A pessoa jurídica de direito privado já beneficiária da isenção ou que já a tenha requerido e que atenda ao disposto nos arts. 206 ou 207 está dispensada do requerimento previsto no art. 208, devendo, até 30 de maio de 1999:

I – comunicar ao Instituto Nacional do Seguro Social que está enquadrada nos arts. 206 ou 207; e

II – apresentar ao Instituto Nacional do Seguro Social o plano de ação de atividades a serem desenvolvidas durante o ano em curso.

Parágrafo único. O Conselho Nacional de Assistência Social, mediante resolução que observe a natureza dos serviços assistenciais, poderá, por proposição da Secretaria de Estado de Assistência Social, considerar atendido o requisito de gratuidade, à vista de doações ou contribuições voluntárias feitas por terceiros, pelos responsáveis ou pelos próprios beneficiários dos serviços, desde que garantido o livre acesso a esses serviços, independentemente dessas doações e contribuições, não se lhes aplicando o disposto nos §§ 2º e 3º do art. 206.

Art. 380. Fica cancelada, a partir de 1º de abril de 1999, toda e qualquer isenção de contribuição para a seguridade social concedida, em caráter geral ou especial, em desacordo com os arts. 206 ou 207.

Art. 381. As normas deste Regulamento de natureza procedimental aplicam-se imediatamente a todos os processos pendentes no Ministério da Previdência e Assistência Social e no Instituto Nacional do Seguro Social.

Art. 382. Os tratados, convenções e outros acordos internacionais de que Estado estrangeiro ou organismo internacional e o Brasil sejam partes, e que versem sobre matéria previdenciária, serão interpretados como lei especial. (Artigo acrescido pelo Decreto nº 3.265, de 29/11/1999)

ANEXOS

ANEXO I

RELAÇÃO DAS SITUAÇÕES EM QUE O APOSENTADO POR INVALIDEZ TERÁ DIREITO À MAJORAÇÃO DE VINTE E CINCO POR CENTO PREVISTA NO ART. 45 DESTE REGULAMENTO.

1 - Cegueira total.
2 - Perda de nove dedos das mãos ou superior a esta.
3 - Paralisia dos dois membros superiores ou inferiores.
4 - Perda dos membros inferiores, acima dos pés, quando a prótese for impossível.
5 - Perda de uma das mãos e de dois pés, ainda que a prótese seja possível.
6 - Perda de um membro superior e outro inferior, quando a prótese for impossível.
7 - Alteração das faculdades mentais com grave perturbação da vida orgânica e social.
8 - Doença que exija permanência contínua no leito.
9 - Incapacidade permanente para as atividades da vida diária.

ANEXO II

AGENTES PATOGÊNICOS CAUSADORES DE DOENÇAS PROFISSIONAIS OU DO TRABALHO, CONFORME PREVISTO NO ART. 20 DA LEI Nº 8.213, DE 1991.

AGENTES PATOGÊNICOS	TRABALHOS QUE CONTÊM O RISCO
QUÍMICOS	
I - ARSÊNIO E SEUS COMPOSTOS ARSENICAIS	1. metalurgia de minérios arsenicais e indústria eletrônica; 2. extração do arsênio e preparação de seus compostos; 3. fabricação, preparação e emprego de tintas, lacas (gás arsina), inseticidas, parasiticidas e raticidas; 4. processos industriais em que haja desprendimento de hidrogênio arseniado; 5. preparação e conservação de peles e plumas (empalhamento de animais) e conservação da madeira; 6. agentes na produção de vidro, ligas de chumbo, medicamentos e semi-condutores.

AGENTES PATOGÊNICOS	TRABALHOS QUE CONTÊM O RISCO
QUÍMICOS	
II - ASBESTO OU AMIANTO	1. extração de rochas amiantíferas, furação, corte, desmonte, trituração, peneiramento e manipulação; 2. despejos do material proveniente da extração, trituração; 3. mistura, cardagem, fiação e tecelagam de amianto; 4. fabricação de guarnições para freios, materiais isolantes e produtos de fibrocimento; 5. qualquer colocação ou demolição de produtos de amianto que produza partículas atmosféricas de amianto.
III - BENZENO OU SEUS HOMÓLOGOS TÓXICOS	Fabricação e emprego do benzeno, seus homólogos ou seus derivados aminados e nitrosos: 1. instalações petroquímicas onde se produzir benzeno; 2. indústria química ou de laboratório; 3. produção de cola sintética; 4. usuários de cola sintética na fabricação de calçados, artigos de couro ou borracha e móveis; 5. produção de tintas; 6. impressores (especialmente na fotogravura); 7. pintura a pistola; 8. soldagem.
IV - BERÍLIO E SEUS COMPOSTOS TÓXICOS	1. extração, trituração e tratamento de berílio; 2. fabricação e fundição de ligas e compostos; 3. utilização na indústria aeroespacial e manufatura de instrumentos de precisão e ordenadores; ferramentas cortantes que não produzam faíscas para a indústria petrolífera; 4. fabricação de tubos fluorescentes, de ampolas de raios X, de eletrodos de aspiradores, catodos de queimadores e moderadores de reatores nucleares; 5. fabricação de cadinhos, vidros especiais e de porcelana para isolantes térmicos.
V - BROMO	Fabricação e emprego do bromo e do ácido brômico.

AGENTES PATOGÊNICOS	TRABALHOS QUE CONTÊM O RISCO
QUÍMICOS	
VI - CÁDMIO OU SEUS COMPOSTOS	1. extração, tratamento, preparação e fundição de ligas metálicas; 2. fabricação de compostos de cádmio para soldagem; 3. soldagem; 4. utilização em revestimentos metálicos (galvanização), como pigmentos e estabilizadores em plásticos, nos acumuladores de níquel-cádmio e soldagem de prata.
VII - CARBONETOS METÁLICOS DE TUNGSTÊNIO SINTERIZADOS	Produção de carbonetos sinterizados (mistura, pulverização, modelado, aquecimento em forno, ajuste, pulverização de precisão), na fabricação de ferramentas e de componentes para máquinas e no afiamento das ferramentas. Trabalhadores situados nas proximidades e dentro da mesma oficina.
VIII - CHUMBO OU SEUS COMPOSTOS TÓXICOS	1. extração de minérios, metalurgia e refinação do chumbo; 2. fabricação de acumuladores e baterias (placas); 3. fabricação e emprego de chumbo-tetraetila e chumbo-tetrametila; 4. fabricação e aplicação de tintas, esmaltes e vernizes à base de compostos de chumbo; 5. fundição e laminação de chumbo, de bronze, etc; 6. fabricação ou manipulação de ligas e compostos de chumbo; 7. fabricação de objetos e artefatos de chumbo, inclusive munições; 8. vulcanização da borracha pelo litargírio ou outros compostos de chumbo; 9. soldagem; 10. indústria de impressão; 11. fabricação de vidro, cristal e esmalte vitrificado; 12. sucata, ferro-velho; 13. fabricação de pérolas artificiais; 14. olaria; 15. fabricação de fósforos.
IX - CLORO	Fabricação e emprego de cloro e ácido clorídrico.

AGENTES PATOGÊNICOS	TRABALHOS QUE CONTÊM O RISCO
QUÍMICOS	
X - CROMO OU SEUS COMPOSTOS TÓXICOS	1. fabricação de ácido crômico, de cromatos e bicromatos e ligas de ferrocromo; 2. cromagem eletrolítica de metais (galvanoplastia); 3. curtição e outros trabalhos com o couro; 4. pintura a pistola com pigmentos de compostos de cromo, polimento de móveis; 5. manipulação de ácido crômico, de cromatos e bicromatos; 6. soldagem de aço inoxidável; 7. fabricação de cimento e trabalhos da construção civil; 8. impressão e técnica fotográfica.
XI - FLÚOR OU SEUS COMPOSTOS TÓXICOS	1. fabricação e emprego de flúor e de ácido fluorídrico; 2. siderurgia (como fundentes); 3. fabricação de ladrilhos, telhas, cerâmica, cimento, vidro, esmalte, fibra de vidro, fertilizantes fosfatados; 4. produção de gasolina (como catalisador alquilante); 5. soldagem elétrica; 6. galvanoplastia; 7. calefação de superfícies; 8. sistema de combustível para foguetes.
XII - FÓSFORO OU SEUS COMPOSTOS TÓXICOS	1. extração e preparação do fósforo branco e de seus compostos; 2. fabricação e aplicação de produtos fosforados e organofosforados (sínteses orgânicas, fertilizantes, praguicidas); 3. fabricação de projéteis incendiários, explosivos e gases asfixiantes à base de fósforo branco; 4. fabricação de ligas de bronze; 5. borrifadores, trabalhadores agrícolas e responsáveis pelo armazenamento, transporte e distribuição dos praguicidas organofosforados.

AGENTES PATOGÊNICOS	TRABALHOS QUE CONTÊM O RISCO
QUÍMICOS	
XIII - HIDROCARBONETOS ALIFÁTICOS OU AROMÁTICOS (seus derivados halogenados tóxicos)	
- Cloreto de metila	Síntese química (metilação), refrigerante, agente especial para extrações.
- Cloreto de metileno	Solvente (azeites, graxas, ceras, acetato de celulose), desengordurante, removedor de pinturas.
- Clorofórmio	Solvente (lacas), agente de extração.
- Tetracloreto de carbono	Síntese química, extintores de incêndio.
- Cloreto de etila	Síntese química, anestésico local (refrigeração).
1.1 - Dicloroetano	Síntese química, solvente (resinas, borracha, asfalto, pinturas), desengraxante.
1.1.1 - Tricloroetano	Agente desengraxante para limpeza de metais e limpeza a seco.
1.1.2 - Tricloroetano	Solvente.
- Tetracloroetano	Solvente.
- Tricloroetileno	Desengraxante, agente de limpeza a seco e de extração, sínteses químicas.
- Tetracloroetileno	Desengraxante, agente de limpeza a seco e de extração, sínteses químicas.
- Cloreto de vinila	Intermediário na fabricação de cloreto de polivinila.
- Brometo de metila	Inseticida em fumigação (cereais), sínteses químicas.
- Brometo de etila	Sínteses químicas, agente especial de extração.
1.2 - Dibromoetano	Inseticida em fumigação (solos), extintor de incêndios, solvente (celulóide, graxas, azeite, ceras).
- Clorobenzeno	Sínteses químicas, solvente.
- Diclorobenzeno	Sínteses químicas, solvente.
XIV - IODO	Fabricação e emprego do iodo.
XV - MANGANÊS E SEUS COMPOSTOS TÓXICOS	1. extração, tratamento e trituração de pirolusita (dióxido de manganês); 2. fabricação de ligas e compostos do manganês; 3. siderurgia; 4. fabricação de pilhas secas e acumuladores; 5. preparação de permanganato de potássio e fabricação de corantes; 6. fabricação de vidros especiais e cerâmica; 7. soldagem com eletrodos contendo manganês; 8. fabricação de tintas e fertilizantes; 9. curtimento de couro.

AGENTES PATOGÊNICOS	TRABALHOS QUE CONTÊM O RISCO
QUÍMICOS	
XVI - MERCÚRIO E SEUS COMPOSTOS TÓXICOS	1. extração e fabricação do mineral de mercúrio e de seus compostos; 2. fabricação de espoletas com fulminato de mercúrio; 3. fabricação de tintas; 4. fabricação de solda; 5. fabricação de aparelhos: barômetros, manômetros, termômetros, interruptores, lâmpadas, válvulas eletrônicas, ampolas de raio X, retificadores; 6. amalgamação de zinco para fabricação de eletrodos, pilhas e acumuladores; 7. douração e estanhagem de espelhos; 8. empalhamento de animais com sais de mercúrio; 9. recuperação de mercúrio por destilação de resíduos industriais; 10. tratamento a quente de amálgamas de ouro e prata para recuperação desses metais; 11. secretagem de pêlos, crinas e plumas, e feltragem à base de compostos de mercúrio; 12. fungicida no tratamento de sementes e brilhos vegetais e na proteção da madeira.
XVII - SUBSTÂNCIAS ASFIXIANTES 1. Monóxido de carbono	Produção e distribuição de gás obtido de combustíveis sólidos (gaseificação do carvão); mecânica de motores, principalmente movidos a gasolina, em recintos semifechados; soldagem acetilênica e a arco; caldeiras, indústria química; siderurgia, fundição, mineração de subsolo; uso de explosivos; controle de incêndios; controle de tráfego; construção de túneis; cervejarias.
2. Cianeto de hidrogênio ou seus derivados tóxicos	Operações de fumigação de inseticidas, síntese de produtos químicos orgânicos; eletrogalvanoplastia; extração de ouro e prata; produção de aço e de plásticos (especialmente o acrilonitrilo-estireno); siderurgia (fornos de coque).
3. Sulfeto de hidrogênio (Ácido sulfídrico)	Estações de tratamento de águas residuais; mineração; metalurgia; trabalhos em silos; processamento de açúcar da beterraba; curtumes e matadouros; produção de viscose e celofane; indústria química (produção de ácido sulfúrico, sais de bário); construção de túneis; perfuração de poços petrolíferos e gás; carbonização do carvão a baixa temperatura; litografia e fotogravura.

AGENTES PATOGÊNICOS	TRABALHOS QUE CONTÊM O RISCO
QUÍMICOS	
XVIII - SÍLICA LIVRE (Óxido de silício - Si O2)	1. extração de minérios (trabalhos no subsolo e a céu aberto); 2. decapagem, limpeza de metais, foscamento de vidros com jatos de areia, e outras atividades em que se usa areia como abrasivo; 3. fabricação de material refratário para fornos, chaminés e cadinhos, recuperação de resíduos; 4. fabricação de mós, rebolos, saponáceos, pós e pastas para polimento de metais; 5. moagem e manipulação de sílica na indústria de vidros e porcelanas; 6. trabalho em pedreiras; 7. trabalho em construção de túneis; 8. desbastes e polimento de pedras.
XIX - SULFETO DE CARBONO OU DISSULFETO DE CARBONO	1. fabricação de sulfeto de carbono; 2. indústria da viscose, raiom (seda artificial); 3. fabricação e emprego de solventes, inseticidas, parasiticidas e herbicidas; 4. fabricação de vernizes, resinas, sais de amoníaco, tetracloreto de carbono, têxteis, tubos eletrônicos a vácuo, gorduras; 5. limpeza a seco; galvanização; fumigação de grãos; 6. processamento de azeite, enxofre, bromo, cera, graxas e iodo.
XX - ALCATRÃO, BREU, BETUME, HULHA MINERAL, PARAFINA E PRODUTOS OU RESÍDUOS DESSAS SUBSTÂNCIAS, CAUSADORES DE EPITELIOMAS PRIMITIVOS DA PELE	Processos e operações industriais ou não, em que sejam utilizados alcatrão, breu, betume, hulha mineral, parafina e produtos ou resíduos dessas substâncias.
FÍSICOS	
XXI - RUÍDO E AFECÇÃO AUDITIVA	Mineração, construção de túneis, exploração de pedreiras (detonação, perfuração); engenharia pesada (fundição de ferro, prensa de forja); trabalho com máquinas que funcionam com potentes motores a combustão; utilização de máquinas têxteis; testes de reatores de aviões.

AGENTES PATOGÊNICOS	TRABALHOS QUE CONTÊM O RISCO
FÍSICOS	
XXII - VIBRAÇÕES (Afecções dos músculos, tendões, ossos, articulações, vasos sangüíneos periféricos ou dos nervos periféricos)	Indústria metalúrgica, construção naval e automobilística; mineração; agricultura (motosserras); instrumentos pneumáticos; ferramentas vibratórias, elétricas e manuais; condução de caminhões e ônibus.
XXIII - AR COMPRIMIDO	1. trabalhos em caixões ou câmaras pneumáticas e em tubulões pneumáticos; 2. operações com uso de escafandro; 3. operações de mergulho; 4. trabalho com ar comprimido em túneis pressurizados.
XXIV – RADIAÇÕES IONIZANTES	1. extração de minerais radioativos (tratamento, purificação, isolamento e preparo para distribuição), como o urânio; 2. operação com reatores nucleares ou com fontes de nêutrons ou de outras radiações corpusculares; 3. trabalhos executados com exposições a raios X, rádio e substâncias radioativas para fins industriais, terapêuticos e diagnósticos; 4. fabricação e manipulação de produtos químicos e farmacêuticos radioativos (urânio, radônio, mesotório, tório X, césio 137 e outros); 5. fabricação e aplicação de produtos luminescentes radíferos; 6. pesquisas e estudos dos raios X e substâncias radioativas em laboratórios.
BIOLÓGICOS	
POEIRAS ORGÂNICAS	
XXVI - ALGODÃO, LINHO, CÂNHAMO, SISAL	Trabalhadores nas diversas operações com poeiras provenientes desses produtos.
XXVII - AGENTES FÍSICOS, QUÍMICOS OU BIOLÓGICOS, QUE AFETAM A PELE, NÃO CONSIDERADOS EM OUTRAS RUBRICAS.	Trabalhadores mais expostos: agrícolas; da construção civil em geral; da indústria química; de eletrogalvanoplastia; de tinturaria; da indústria de plásticos reforçados com fibra de vidro; da pintura; dos serviços de engenharia (óleo de corte ou lubrificante); dos serviços de saúde (medicamentos, anestésicos locais, desinfetantes); do tratamento de gado; dos açougues.

LISTA A

AGENTES OU FATORES DE RISCO DE NATUREZA OCUPACIONAL RELACIONADOS COM A ETIOLOGIA DE DOENÇAS PROFISSIONAIS E DE OUTRAS DOENÇAS RELACIONADAS COM O TRABALHO

AGENTES ETIOLÓGICOS OU FATORES DE RISCO DE NATUREZA OCUPACIONAL	DOENÇAS CAUSALMENTE RELACIONADAS COM OS RESPECTIVOS AGENTES OU FATORES DE RISCO (DENOMINADAS E CODIFICADAS SEGUNDO A CID-10)
I - Arsênio e seus compostos asrsenicais	1. Angiossarcoma do fígado (C22.3) 2. Neoplasia maligna dos brônquios e do pulmão (C34.-) 3. Outras neoplasias malignas da pele (C44.-) 4. Polineuropatia devida a outras agentes tóxicos (G52.2) 5. Encefalopatia Tóxica Aguda (G92.1) 6. Blefarite (H01.0) 7. Conjuntivite (H10) 8. Queratite e Queratoconjuntivite (H16) 9. Arritmias cardíacas (I49.-) 10. Rinite Crônica (J31.0) 11. Ulceração ou Necrose do Septo Nasal (J34.0) 12. Bronquiolite Obliterante Crônica, Enfisema Crônico Difuso ou Fibrose Pulmonar Crônica (J68.4) 13. Estomatite Ulcerativa Crônica (K12.1) 14. Gastroenterite e Colites tóxicas (K52.-) 15. Hipertensão Portal (K76.6) 16. Dermatite de Contato por Irritantes (L24.-) 17. Outras formas de hiperpigmentação pela melanina: "Melanodermia" (L81.4) 18. Leucodermia, não classificada em outra parte (Inclui "Vitiligo Ocupacional") (L81.5) 19. Ceratose Palmar e Plantar Adquirida (L85.1) 20. Efeitos Tóxicos Agudos (T57.0)
II - Asbesto ou Amianto	1. Neoplasia maligna do estômago (C16.-) 2. Neoplasia maligna da laringe (C32.-) 3. Neoplasia maligna dos brônquios e do pulmão (C34.-) 4. Mesotelioma da pleura (C45.0) 5. Mesotelioma do peritônio (C45.1) 6. Mesotelioma do pericárdio (C45.2) 7. Placas epicárdicas ou pericárdicas (I34.8) 8. Asbestose (J60.-) 9. Derrame Pleural (J90.-) 10. Placas Pleurais (J92.-)

AGENTES ETIOLÓGICOS OU FATORES DE RISCO DE NATUREZA OCUPACIONAL	DOENÇAS CAUSALMENTE RELACIONADAS COM OS RESPECTIVOS AGENTES OU FATORES DE RISCO (DENOMINADAS E CODIFICADAS SEGUNDO A CID-10)
III - Benzeno e seus homólogos tóxicos	1. Leucemias (C91-C95.-) 2. Síndromes Mielodisplásicas (D46.-) 3. Anemia Aplástica devida a outros agentes externos (D61.2) 4. Hipoplasia Medular (D61.9) 5. Púrpura e outras manifestações hemorrágicas (D69.-) 6. Agranulocitose (Neutropenia tóxica) (D70) 7. Outros transtornos especificados dos glóbulos brancos: Leucocitose, Reação Leucemóide (D72.8) 8. Outros transtornos mentais decorrentes de lesão e disfunção cerebrais e de doença física (F06.-) (Tolueno e outros solventes aromáticos neurotóxicos) 9. Transtornos de personalidade e de comportamento decorrentes de doença, lesão e de disfunção de personalidade (F07.-) (Tolueno e outros solventes aromáticos neurotóxicos) 10. Transtorno Mental Orgânico ou Sintomático não especificado (F09.-) (Tolueno e outros solventes aromáticos neurotóxicos) 11. Episódios depressivos (F32.-) (Tolueno e outros solventes aromáticos neurotóxicos) 12. Neurastenia (Inclui "Síndrome de Fadiga") (F48.0) (Tolueno e outros solventes aromáticos neurotóxicos) 13. Encefalopatia Tóxica Crônica (G92.2) 14. Hipoacusia Ototóxica (H91.0) (Tolueno e Xileno) 15. Dermatite de Contato por Irritantes (L24.-) 16. Efeitos Tóxicos Agudos (T52.1 e T52.2)
IV - Berílio e seus compostos tóxicos	1. Neoplasia maligna dos brônquios e do pulmão (C34.-) 2. Conjuntivite (H10) 3. Beriliose (J63.2) 4. Bronquite e Pneumonite devida a produtos químicos, gases, fumaças e vapores ("Bronquite Química Aguda") (J68.0) 5. Edema Pulmonar Agudo devido a produtos químicos, gases, fumaças e vapores ("Edema Pulmonar Químico") (J68.1) 6. Bronquiolite Obliterante Crônica, Enfisema Crônico Difuso ou Fibrose Pulmonar Crônica (J68.4) 7. Dermatite de Contato por Irritantes (L24.-) 8. Efeitos Tóxicos Agudos (T56.7)

AGENTES ETIOLÓGICOS OU FATORES DE RISCO DE NATUREZA OCUPACIONAL	DOENÇAS CAUSALMENTE RELACIONADAS COM OS RESPECTIVOS AGENTES OU FATORES DE RISCO (DENOMINADAS E CODIFICADAS SEGUNDO A CID-10)
V -Bromo	1. Faringite Aguda ("Angina Aguda", "Dor de Garganta") (J02.9) 2. Laringotraqueíte Aguda (J04.2) 3. Faringite Crônica (J31.2) 4. Sinusite Crônica (J32.-) 5. Laringotraqueíte Crônica (J37.1) 6. Bronquite e Pneumonite devida a produtos químicos, gases, fumaças e vapores ("Bronquite Química Aguda") (J68.0) 7. Edema Pulmonar Agudo devido a produtos químicos, gases, fumaças e vapores ("Edema Pulmonar Químico") (J68.1) 8. Síndrome de Disfunção Reativa das Vias Aéreas (SDVA/RADS) (J68.3) 9. Bronquiolite Obliterante Crônica, Enfisema Crônico Difuso ou Fibrose Pulmonar Crônica (J68.4) 10. Estomatite Ulcerativa Crônica (K12.1) 11. Dermatite de Contato por Irritantes (L24.-) 12. Efeitos Tóxicos Agudos (T57.8.)
VI - Cádmio ou seus compostos	1. Neoplasia maligna dos brônquios e do pulmão (C34.-) 2. Transtornos do nervo olfatório (Inclui "Anosmia") (G52.0) 3. Bronquite e Pneumonite devida a produtos químicos, gases, fumaças e vapores ("Bronquite Química Aguda") (J68.0) 4. Edema Pulmonar Agudo devido a produtos químicos, gases, fumaças e vapores ("Edema Pulmonar Químico") (J68.1) 5. Síndrome de Disfunção Reativa das Vias Aéreas (SDVA/RADS) (J68.3) 6. Bronquiolite Obliterante Crônica, Enfisema Crônico Difuso ou Fibrose Pulmonar Crônica (J68.4) 7. Enfisema intersticial (J98.2) 8. Alterações pós-eruptivas da cor dos tecidos duros dos dentes (K03.7) 9. Gastroenterite e Colites tóxicas (K52.-) 10. Osteomalácia do Adulto Induzida por Drogas (M83.5) 11. Nefropatia Túbulo-Intersticial induzida por metais pesados (N14.3) 12. Efeitos Tóxicos Agudos (T56.3)

AGENTES ETIOLÓGICOS OU FATORES DE RISCO DE NATUREZA OCUPACIONAL	DOENÇAS CAUSALMENTE RELACIONADAS COM OS RESPECTIVOS AGENTES OU FATORES DE RISCO (DENOMINADAS E CODIFICADAS SEGUNDO A CID-10)
VII - Carbonetos metálicos de Tungstênio sinterizados	1. Outras Rinites Alérgicas (J30.3) 2. Asma (J45.-) 3. Pneumoconiose devida a outras poeiras inorgânicas especificadas (J63.8)
VIII - Chumbo ou seus compostos tóxicos	1. Outras anemias devidas a transtornos enzimáticos (D55.8) 2. Anemia Sideroblástica secundária a toxinas (D64.2) 3. Hipotireoidismo devido a substâncias exógenas (E03.-) 4. Outros transtornos mentais decorrentes de lesão e disfunção cerebrais e de doença física (F06.-) 5. Polineuropatia devida a outras agentes tóxicos (G52.2) 6. Encefalopatia Tóxica Aguda (G92.1) 7. Encefalopatia Tóxica Crônica (G92.2) 8. Hipertensão Arterial (I10.-) 9. Arritmias Cardíacas (I49.-) 10. "Cólica da Chumbo" (K59.8) 11. Gota Induzida pelo Chumbo (M10.1) 12. Nefropatia Túbulo-Intersticial induzida por metais pesados (N14.3) 13. Insuficiência Renal Crônica (N17) 14. Infertilidade Masculina (N46) 15. Efeitos Tóxicos Agudos (T56.0)
IX - Cloro	1. Rinite Crônica (J31.0) 2. Outras Doenças Pulmonares Obstrutivas Crônicas (Inclui "Asma Obstrutiva", "Bronquite Crônica", "Bronquite Obstrutiva Crônica") (J44.-) 3. Bronquite e Pneumonite devida a produtos químicos, gases, fumaças e vapores ("Bronquite Química Aguda") (J68.0) 4. Edema Pulmonar Agudo devido a produtos químicos, gases, fumaças e vapores ("Edema Pulmonar Químico") (J68.1) 5. Síndrome de Disfunção Reativa das Vias Aéreas (SDVA/RADS) (J68.3) 6. Bronquiolite Obliterante Crônica, Enfisema Crônico Difuso ou Fibrose Pulmonar Crônica (J68.4) 7. Efeitos Tóxicos Agudos (T59.4)

AGENTES ETIOLÓGICOS OU FATORES DE RISCO DE NATUREZA OCUPACIONAL	DOENÇAS CAUSALMENTE RELACIONADAS COM OS RESPECTIVOS AGENTES OU FATORES DE RISCO (DENOMINADAS E CODIFICADAS SEGUNDO A CID-10)
X - Cromo ou seus compostos tóxicos	1. Neoplasia maligna dos brônquios e do pulmão (C34.-) 2. Outras Rinites Alérgicas (J30.3) 3. Rinite Crônica (J31.0) 4. Ulceração ou Necrose do Septo Nasal (J34.0) 5. Asma (J45.-) 6. "Dermatoses Pápulo-Pustulosas e suas complicações infecciosas" (L08.9) 7. Dermatite Alérgica de Contato (L23.-) 8. Dermatite de Contato por Irritantes (L24.-) 9. Úlcera Crônica da Pele, não classificada em outra parte (L98.4) 10. Efeitos Tóxicos Agudos (T56.2)
XI - Flúor ou seus compostos tóxicos	1. Conjuntivite (H10) 2. Rinite Crônica (J31.0) 3. Bronquite e Pneumonite devida a produtos químicos, gases, fumaças e vapores ("Bronquite Química Aguda") (J68.0) 4. Edema Pulmonar Agudo devido a produtos químicos, gases, fumaças e vapores ("Edema Pulmonar Químico") (J68.1) 5. Bronquiolite Obliterante Crônica, Enfisema Crônico Difuso ou Fibrose Pulmonar Crônica (J68.4) 6. Erosão Dentária (K03.2) 7. Dermatite de Contato por Irritantes (L24.-) 8. Fluorose do Esqueleto (M85.1) 9. Intoxicação Aguda (T59.5)
XII - Fósforo ou seus compostos tóxicos	1. Polineuropatia devida a outras agentes tóxicos (G52.2) 2. Arritmias cardíacas (I49.-) (Agrotóxicos organofosforados e carbamatos) 3. Dermatite Alérgica de Contato (L23.-) 4. Dermatite de Contato por Irritantes (L24.-) 5. Osteomalácia do Adulto Induzida por Drogas (M83.5) 6. Osteonecrose (M87.-): Osteonecrose Devida a Drogas (M87.1); Outras Osteonecroses Secundárias (M87.3) 7. Intoxicação Aguda (T57.1) (Intoxicação Aguda por Agrotóxicos Organofosforados: T60.0)

AGENTES ETIOLÓGICOS OU FATORES DE RISCO DE NATUREZA OCUPACIONAL	DOENÇAS CAUSALMENTE RELACIONADAS COM OS RESPECTIVOS AGENTES OU FATORES DE RISCO (DENOMINADAS E CODIFICADAS SEGUNDO A CID-10)
XIII - Hidrocarbonetos alifáticos ou aromáticos (seus derivados halogenados tóxicos)	1. Angiossarcoma do fígado (C22.3) 2. Neoplasia maligna do pâncreas (C25.-) 3. Neoplasia maligna dos brônquios e do pulmão (C34.-) 4. Púrpura e outras manifestações hemorrágicas (D69.-) 5. Hipotireoidismo devido a substâncias exógenas (E03.) 6. Outras porfirias (E80.2) 7. Delirium, não sobreposto à demência, como descrita (F05.0) (Brometo de Metila) 8. Outros transtornos mentais decorrentes de lesão e disfunção cerebrais e de doença física (F06.-) 9. Transtornos de personalidade e de comportamento decorrentes de doença, lesão e de disfunção de personalidade (F07.-) 10. Transtorno Mental Orgânico ou Sintomático não especificado (F09.-) 11. Episódios Depressivos (F32.-) 12. Neurastenia (Inclui "Síndrome de Fadiga") (F48.0) 13. Outras formas especificadas de tremor (G25.2) 14. Transtorno extrapiramidal do movimento não especificado (G25.9) 15. Transtornos do nervo trigêmio (G50.-) 16. Polineuropatia devida a outros agentes tóxicos (G52.2) (n-Hexano) 17. Encefalopatia Tóxica Aguda (G92.1) 18. Encefalopatia Tóxica Crônica (G92.2) 19. Conjuntivite (H10) 20. Neurite Óptica (H46) 21. Distúrbios visuais subjetivos (H53.-) 22. Outras vertigens periféricas (H81.3) 23. Labirintite (H83.0) 24. Hipoacusia ototóxica (H91.0) 25. Parada Cardíaca (I46.-) 26. Arritmias cardíacas (I49.-) 27. Síndrome de Raynaud (I73.0) (Cloreto de Vinila)

AGENTES ETIOLÓGICOS OU FATORES DE RISCO DE NATUREZA OCUPACIONAL	DOENÇAS CAUSALMENTE RELACIONADAS COM OS RESPECTIVOS AGENTES OU FATORES DE RISCO (DENOMINADAS E CODIFICADAS SEGUNDO A CID-10)
XIII - Hidrocarbonetos alifáticos ou aromáticos (seus derivados halogenados tóxicos)	28. Acrocianose e Acroparestesia (I73.8) (Cloreto de Vinila) 29. Bronquite e Pneumonite devida a produtos químicos, gases, fumaças e vapores ("Bronquite Química Aguda") (J68.0) 30. Edema Pulmonar Agudo devido a produtos químicos, gases, fumaças e vapores ("Edema Pulmonar Químico") (J68.1) 31. Síndrome de Disfunção Reativa das Vias Aéreas (SDVA/RADS) (J68.3) 32. Bronquiolite Obliterante Crônica, Enfisema Crônico Difuso ou Fibrose Pulmonar Crônica (J68.4) 33. Doença Tóxica do Fígado (K71.-): Doença Tóxica do Fígado, com Necrose Hepática (K71.1); Doença Tóxica do Fígado, com Hepatite Aguda (K71.2); Doença Tóxica do Fígado com Hepatite Crônica Persistente (K71.3); Doença Tóxica do Fígado com Outros Transtornos Hepáticos (K71.8) 34. Hipertensão Portal (K76.6) (Cloreto de Vinila) 35. "Dermatoses Pápulo-Pustulosas e suas complicações infecciosas" (L08.9) 36. Dermatite de Contato por Irritantes (L24.-) 37. "Cloracne" (L70.8) 38. Outras formas de hiperpigmentação pela melanina: "Melanodermia" (L81.4) 39. Outros transtornos especificados de pigmentação: "Profiria Cutânea Tardia" (L81.8) 40. Geladura (Frostbite) Superficial: Eritema Pérnio (T33) (Anestésicos clorados locais) 41. Geladura (Frostbite) com Necrose de Tecidos (T34) (Anestésicos clorados locais) 42. Osteólise (M89.5) (de falanges distais de quirodáctilos) (Cloreto de Vinila) 43. Síndrome Nefrítica Aguda (N00.-) 44. Insuficiência Renal Aguda (N17) 45. Efeitos Tóxicos Agudos (T53.-)

AGENTES ETIOLÓGICOS OU FATORES DE RISCO DE NATUREZA OCUPACIONAL	DOENÇAS CAUSALMENTE RELACIONADAS COM OS RESPECTIVOS AGENTES OU FATORES DE RISCO (DENOMINADAS E CODIFICADAS SEGUNDO A CID-10)
XIV - Iodo	1. Conjuntivite (H10) 2. Faringite Aguda ("Angina Aguda", "Dor de Garganta") (J02.9) 3. Laringotraqueíte Aguda (J04.2) 4. Sinusite Crônica (J32.-) 5. Bronquite e Pneumonite devida a produtos químicos, gases, fumaças e vapores ("Bronquite Química Aguda") 6. Edema Pulmonar Agudo devido a produtos químicos, gases, fumaças e vapores ("Edema Pulmonar Químico") (J68.1) 7. Síndrome de Disfunção Reativa das Vias Aéreas (SDVA/RADS) (J68.3) 8. Bronquiolite Obliterante Crônica, Enfisema Crônico Difuso ou Fibrose Pulmonar Crônica (J68.4) 9. Dermatite Alérgica de Contato (L23.-) 10. Efeitos Tóxicos Agudos (T57.8)
XV - Manganês e seus compostos tóxicos	1. Demência em outras doenças específicas classificadas em outros locais (F02.8) 2. Outros transtornos mentais decorrentes de lesão e disfunção cerebrais e de doença física (F06.-) 3. Transtornos de personalidade e de comportamento decorrentes de doença, lesão e de disfunção de personalidade (F07.-) 4. Transtorno Mental Orgânico ou Sintomático não especificado (F09.-) 5. Episódios Depressivos (F32.-) 6. Neurastenia (Inclui "Síndrome de Fadiga") (F48.0) 7. Parkisonismo Secundário (G21.2) 8. Inflamação Coriorretiniana (H30) 9. Bronquite e Pneumonite devida a produtos químicos, gases, fumaças e vapores ("Bronquite Química Aguda") (J68.0) 10. Bronquiolite Obliterante Crônica, Enfisema Crônico Difuso ou Fibrose Pulmonar Crônica (J68.4) 11. Efeitos Tóxicos Agudos (T57.2)

AGENTES ETIOLÓGICOS OU FATORES DE RISCO DE NATUREZA OCUPACIONAL	DOENÇAS CAUSALMENTE RELACIONADAS COM OS RESPECTIVOS AGENTES OU FATORES DE RISCO (DENOMINADAS E CODIFICADAS SEGUNDO A CID-10)
XVI - Mercúrio e seus compostos tóxicos	1. Outros transtornos mentais decorrentes de lesão e disfunção cerebrais e de doença física (F06.-) 2. Transtornos de personalidade e de comportamento decorrentes de doença, lesão e de disfunção de personalidade (F07.-) 3. Transtorno Mental Orgânico ou Sintomático não especificado (F09.-) 4. Episódios Depressivos (F32.-) 5. Neurastenia (Inclui "Síndrome de Fadiga") (F48.0) 6. Ataxia Cerebelosa (G11.1) 7. Outras formas especificadas de tremor (G25.2) 8. Transtorno extrapiramidal do movimento não especificado (G25.9) 9. Encefalopatia Tóxica Aguda (G92.1) 10. Encefalopatia Tóxica Crônica (G92.2) 11. Arritmias cardíacas) (I49.-) 12. Gengivite Crônica (K05.1) 13. Estomatite Ulcerativa Crônica (K12.1) 14. Dermatite Alérgica de Contato (L23.-) 15. Doença Glomerular Crônica (N03.-) 16. Nefropatia Túbulo-Intersticial induzida por metais pesados (N14.3) 17. Efeitos Tóxicos Agudos (T57.1)
XVII - Substâncias asfixiantes: Monóxido de Carbono, Cianeto de Hidrogênio ou seus derivados tóxicos, Sulfeto de Hidrogênio (Ácido Sulfídrico)	1. Demência em outras doenças específicas classificadas em outros locais (F02.8) 2. Transtornos do nervo olfatório (Inclui "Anosmia") (G52.0) (H2S) 3. Encefalopatia Tóxica Crônica (G92.2) (Seqüela) 4. Conjuntivite (H10) (H2S) 5. Queratite e Queratoconjuntivite (H16) 6. Angina Pectoris (I20.-) (CO) 7. Infarto Agudo do Miocárdio (I21.-) (CO) 8. Parada Cardíaca (I46.-) (CO) 9. Arritmias cardíacas (I49.-) (CO) 10. Bronquite e Pneumonite devida a produtos químicos, gases, fumaças e vapores ("Bronquite Química Aguda") (HCN)

AGENTES ETIOLÓGICOS OU FATORES DE RISCO DE NATUREZA OCUPACIONAL	DOENÇAS CAUSALMENTE RELACIONADAS COM OS RESPECTIVOS AGENTES OU FATORES DE RISCO (DENOMINADAS E CODIFICADAS SEGUNDO A CID-10)
XVII - Substâncias asfixiantes: Monóxido de Carbono, Cianeto de Hidrogênio ou seus derivados tóxicos, Sulfeto de Hidrogênio (Ácido Sulfídrico)	11. Edema Pulmonar Agudo devido a produtos químicos, gases, fumaças e vapores ("Edema Pulmonar Químico") (J68.1) (HCN) 12. Síndrome de Disfunção Reativa das Vias Aéreas (SDVA/RADS) (J68.3) (HCN) 13. Bronquiolite Obliterante Crônica, Enfisema Crônico Difuso ou Fibrose Pulmonar Crônica (J68.4) (HCN; H2S) 14. Efeitos Tóxicos Agudos (T57.3; T58; T59.6)
XVIII - Sílica Livre	1. Neoplasia maligna dos brônquios e do pulmão (C34.-) 2. Cor Pulmonale (I27.9) 3. Outras Doenças Pulmonares Obstrutivas Crônicas (Inclui "Asma Obstrutiva", "Bronquite Crônica", "Bronquite Obstrutiva Crônica") (J44.-) 4. Silicose (J62.8) 5. Pneumoconiose associada com Tuberculose ("Sílico-Tuberculose") (J63.8) 6. Síndrome de Caplan (J99.1; M05.3)
XIX - Sulfeto de Carbono ou Dissulfeto de Carbono	1. Demência em outras doenças específicas classificadas em outros locais (F02.8) 2. Outros transtornos mentais decorrentes de lesão e disfunção cerebrais e de doença física (F06.-) 3. Transtornos de personalidade e de comportamento decorrentes de doença, lesão e de disfunção de personalidade (F07.-) 4. Transtorno Mental Orgânico ou Sintomático não especificado (F09.-) 5. Episódios Depressivos (F32.-) 6. Neurastenia (Inclui "Síndrome de Fadiga") (F48.0) 7. Polineuropatia devida a outros agentes tóxicos (G52.2) 8. Encefalopatia Tóxica Crônica (G92.2) 9. Neurite Óptica (H46) 10. Angina Pectoris (I20.-) 11. Infarto Agudo do Miocárdio (I21.-) 12. Ateroesclerose (I70.-) e Doença Ateroesclerótica do Coração (I25.1) 13. Efeitos Tóxicos Agudos (T52.8)

AGENTES ETIOLÓGICOS OU FATORES DE RISCO DE NATUREZA OCUPACIONAL	DOENÇAS CAUSALMENTE RELACIONADAS COM OS RESPECTIVOS AGENTES OU FATORES DE RISCO (DENOMINADAS E CODIFICADAS SEGUNDO A CID-10)
XX - Alcatrão, Breu, Betume, Hulha Mineral, Parafina e produtos ou resíduos dessas substâncias, causadores de epiteliomas primitivos da pele	1. Neoplasia maligna dos brônquios e do pulmão (C34.-) 2. Outras neoplasias malignas da pele (C44.-) 3. Neoplasia maligna da bexiga (C67.-) 4. Dermatite Alérgica de Contato (L23.-) 5. Outras formas de hiperpigmentação pela melanina: "Melanodermia" (L81.4)
XXI - Ruído e afecção auditiva	1. Perda da Audição Provocada pelo Ruído (H83.3) 2. Outras percepções auditivas anormais: Alteração Temporária do Limiar Auditivo, Comprometimento da Discriminação Auditiva e Hiperacusia (H93.2) 3. Hipertensão Arterial (I10.-) 4. Ruptura Traumática do Tímpano (pelo ruído) (S09.2)
XXII - Vibrações (afecções dos músculos, tendões, ossos, articulações, vasos sangüíneos periféricos ou dos nervos periféricos)	1. Síndrome de Raynaud (I73.0) 2. Acrocianose e Acroparestesia (I73.8) 3. Outros transtornos articulares não classificados em outra parte: Dor Articular (M25.5) 4. Síndrome Cervicobraquial (M53.1) 5. Fibromatose da Fascia Palmar: "Contratura ou Moléstia de Dupuytren" (M72.0) 6. Lesões do Ombro (M75.-): Capsulite Adesiva do Ombro (Ombro Congelado, Periartrite do Ombro) (M75.0); Síndrome do Manguito Rotatório ou Síndrome do Supraespinhoso (M75.1); Tendinite Bicipital (M75.2); Tendinite Calcificante do Ombro (M75.3); Bursite do Ombro (M75.5); Outras Lesões do Ombro (M75.8); Lesões do Ombro, não especificadas (M75.9) 7. Outras entesopatias (M77.-): Epicondilite Medial (M77.0); Epicondilite lateral ("Cotovelo de Tenista"); Mialgia (M79.1) 8. Outros transtornos especificados dos tecidos moles (M79.8) 9. Osteonecrose (M87.-): Osteonecrose Devida a Drogas (M87.1); Outras Osteonecroses Secundárias (M87.3) 10. Doença de Kienböck do Adulto (Osteo-condrose do Adulto do Semilunar do Carpo) (M93.1) e outras Osteocondro-patias especificadas (M93.8)

AGENTES ETIOLÓGICOS OU FATORES DE RISCO DE NATUREZA OCUPACIONAL	DOENÇAS CAUSALMENTE RELACIONADAS COM OS RESPECTIVOS AGENTES OU FATORES DE RISCO (DENOMINADAS E CODIFICADAS SEGUNDO A CID-10)
XXIII - Ar Comprimido	1. Otite Média não supurativa (H65.9) 2. Perfuração da Membrama do Tímpano (H72 ou S09.2) 3. Labirintite (H83.0) 4. Otalgia e Secreção Auditiva (H92.-) 5. Outros transtornos especificados do ouvido (H93.8) 6. Osteonecrose no "Mal dos Caixões" (M90.3) 7. Otite Barotraumática (T70.0) 8. Sinusite Barotraumática (T70.1) 9. "Mal dos Caixões" (Doença da Descompressão) (T70.4) 10. Síndrome devida ao deslocamento de ar de uma explosão (T70.8)
XXIV - Radiações Ionizantes	1. Neoplasia maligna da cavidade nasal e dos seios paranasais (C30-C31.-) 2. Neoplasia maligna dos brônquios e do pulmão (C34.-) 3. Neoplasia maligna dos ossos e cartilagens articulares dos membros (Inclui "Sarcoma Ósseo") 4. Outras neoplasias malignas da pele (C44.-) 5. Leucemias (C91-C95.-) 6. Síndromes Mielodisplásicas (D46.-) 7. Anemia Aplástica devida a outros agentes externos (D61.2) 8. Hipoplasia Medular (D61.9) 9. Púrpura e outras manifestações hemorrágicas (D69.-) 10. Agranulocitose (Neutropenia tóxica) (D70) 11. Outros transtornos especificados dos glóbulos brancos: Leucocitose, Reação Leucemóide (D72.8) 12. Polineuropatia induzida pela radiação (G62.8) 13. Blefarite (H01.0) 14. Conjuntivite (H10) 15. Queratite e Queratoconjuntivite (H16) 16. Catarata (H28) 17. Pneumonite por radiação (J70.0 e J70.1) 18. Gastroenterite e Colites tóxicas (K52.-) 19. Radiodermatite (L58.-): Radiodermatite Aguda (L58.0); Radiodermatite Crônica (L58.1); Radiodermatite, não especificada (L58.9); Afecções da pele e do tecido conjuntivo relacionadas com a radiação, não especificadas (L59.9) 20. Osteonecrose (M87.-): Osteonecrose Devida a Drogas (M87.1); Outras Osteonecroses Secundárias (M87.3) 21. Infertilidade Masculina (N46) 22. Efeitos Agudos (não especificados) da Radiação (T66)

AGENTES ETIOLÓGICOS OU FATORES DE RISCO DE NATUREZA OCUPACIONAL	DOENÇAS CAUSALMENTE RELACIONADAS COM OS RESPECTIVOS AGENTES OU FATORES DE RISCO (DENOMINADAS E CODIFICADAS SEGUNDO A CID-10)
XXV - Microorganismos e parasitas infecciosos vivos e seus produtos tóxicos (Exposição ocupacional ao agente e/ou transmissor da doença, em profissões e/ou condições de trabalho especificadas)	1. Tuberculose (A15-A19.-) 2. Carbúnculo (A22.-) 3. Brucelose (A23.-) 4. Leptospirose (A27.-) 5. Tétano (A35.-) 6. Psitacose, Ornitose, Doença dos Tratadores de Aves (A70.-) 7. Dengue (A90.-) 8. Febre Amarela (A95.-) 9. Hepatites Virais (B15-B19.-) 10. Doença pelo Vírus da Imunodeficiência Humana (HIV) (B20-B24.-) 11. Dermatofitose (B35.-) e Outras Micoses Superficiais (B36.-) 12. Paracoccidiomicose (Blastomicose Sul Americana, Blastomicose Brasileira, Doença de Lutz) (B41.-) 13. Malária (B50-B54.-) 14. Leishmaniose Cutânea (B55.1) ou Leishmaniose Cutâneo-Mucosa (B55.2) 15. Pneumonite por Hipersensibilidade a Poeira Orgânica (J67.-): Pulmão do Granjeiro (ou Pulmão do Fazendeiro) (J67.0); Bagaçose (J67.1); Pulmão dos Criadores de Pássaros (J67.2); Suberose (J67.3); Pulmão dos Trabalhadores de Malte (J67.4); Pulmão dos que Trabalham com Cogumelos (J67.5); Doença Pulmonar Devida a Sistemas de Ar Condicionado e de Umidificação do Ar (J67.7); Pneumonites de Hipersensibilidade Devidas a Outras Poeiras Orgânicas (J67.8); Pneumonite de Hipersensibilidade Devida a Poeira Orgânica não especificada (Alveolite Alérgica Extrínseca SOE; Pneumonite de Hipersensibilidade SOE (J67.0) 16. "Dermatoses Pápulo-Pustulosas e suas complicações infecciosas" (L08.9)
XXVI - Algodão, Linho, Cânhamo, Sisal	1. Outras Rinites Alérgicas (J30.3) 2. Outras Doenças Pulmonares Obstrutivas Crônicas (Inclui "Asma Obstrutiva", "Bronquite Crônica", "Bronquite Obstrutiva Crônica") (J44.-) 3. Asma (J45.-) 4. Bissinose (J66.0)

AGENTES ETIOLÓGICOS OU FATORES DE RISCO DE NATUREZA OCUPACIONAL	DOENÇAS CAUSALMENTE RELACIONADAS COM OS RESPECTIVOS AGENTES OU FATORES DE RISCO (DENOMINADAS E CODIFICADAS SEGUNDO A CID-10)
XXVII - Agentes físicos, químicos ou biológicos, que afetam a pele, não considerados em outras rubricas	1. "Dermatoses Pápulo-Pustulosas e suas complicações infecciosas" (L08.9) 2. Dermatite Alérgica de Contato (L23.-) 3. Dermatite de Contato por Irritantes (L24.-) 4. Urticária Alérgica (L50.0) 5. "Urticária Física" (devida ao calor e ao frio) (L50.2) 6. Urticária de Contato (L50.6) 7. Queimadura Solar (L55) 8. Outras Alterações Agudas da Pele devidas a Radiação Ultravioleta (L56.-): Dermatite por Fotocontato (Dermatite de Berloque) (L56.2); Urticária Solar (L56.3); Outras Alterações Agudas Especificadas da Pele devidas a Radiação Ultravioleta (L56.8); Outras Alterações Agudas da Pele devidas a Radiação Ultravioleta, sem outra especificação (L56.9) 9. Alterações da Pele devidas a Exposição Crônica a Radiação Não Ionizante (L57.-): Ceratose Actínica (L57.0); Outras Alterações: Dermatite Solar, "Pele de Fazendeiro", "Pele de Marinheiro" (L57.8) 10. "Cloracne" (L70.8) 11. "Elaioconiose" ou "Dermatite Folicular" (L72.8) 12. Outras formas de hiperpigmentação pela melanina: "Melanodermia" (L81.4) 13. Leucodermia, não classificada em outra parte (Inclui "Vitiligo Ocupacional") (L81.5) 14. Úlcera Crônica da Pele, não classificada em outra parte (L98.4) 15. Geladura (Frostbite) Superficial: Eritema Pérnio (T33) (Frio) 16. Geladura (Frostbite) com Necrose de Tecidos (T34) (Frio)

LISTA B

(Lista com redação dada pelo Decreto nº 6.957, de 9/9/2009)

→ *Nota: 1. As doenças e respectivos agentes etiológicos ou fatores de risco de natureza ocupacional listados são exemplificativos e complementares.*

DOENÇAS INFECCIOSAS E PARASITÁRIAS RELACIONADAS COM O TRABALHO *(Grupo I da CID-10)*

DOENÇAS	AGENTES ETIOLÓGICOS OU FATORES DE RISCO DE NATUREZA OCUPACIONAL
I - Tuberculose (A15-A19.-)	Exposição ocupacional ao Mycobacterium tuberculosis (Bacilo de Koch) ou Mycobacterium bovis, em atividades em laboratórios de biologia, e atividades realizadas por pessoal de saúde, que propiciam contato direto com produtos contaminados ou com doentes cujos exames bacteriológicos são positivos (Z57.8) (Quadro XXV) Iipersuscetibilidade do trabalhador exposto a poeiras de sílica (Sílico-tuberculose) (J65.-)
II - Carbúnculo (A22.-)	Zoonose causada pela exposição ocupacional ao Bacillus anthracis, em atividades suscetíveis de colocar os trabalhadores em contato direto com animais infectados ou com cadáveres desses animais; trabalhos artesanais ou industriais com pêlos, pele, couro ou lã. (Z57.8) (Quadro XXV)
III - Brucelose (A23.-)	Zoonose causada pela exposição ocupacional a Brucella melitensis, B. abortus, B. suis, B. canis, etc., em atividades em abatedouros, frigoríficos, manipulação de produtos de carne; ordenha e fabricação de laticínios e atividades assemelhadas. (Z57.8) (Quadro XXV)
IV - Leptospirose (A27.-)	Exposição ocupacional a Leptospira icterohaemorrhagiae (e outras espécies), em trabalhos expondo ao contato direto com águas sujas, ou efetuado em locais suscetíveis de serem sujos por dejetos de animais portadores de germes; trabalhos efetuados dentro de minas, túneis, galerias, esgotos em locais subterrâneos; trabalhos em cursos d'água; trabalhos de drenagem; contato com roedores; trabalhos com animais domésticos, e com gado; preparação de alimentos de origem animal, de peixes, de laticínios, etc.. (Z57.8) (Quadro XXV)

DOENÇAS	AGENTES ETIOLÓGICOS OU FATORES DE RISCO DE NATUREZA OCUPACIONAL
V - Tétano (A35.-)	Exposição ao Clostridium tetani, em circunstâncias de acidentes do trabalho na agricultura, na construção civil, na indústria, ou em acidentes de trajeto (Z57.8) (Quadro XXV)
VI - Psitacose, Ornitose, Doença dos Tratadores de Aves (A70.-)	Zoonoses causadas pela exposição ocupacional a Chlamydia psittaci ou Chlamydia pneumoniae, em trabalhos em criadouros de aves ou pássaros, atividades de Veterinária, em zoológicos, e em laboratórios biológicos, etc.(Z57.8) (Quadro XXV)
VII - Dengue [Dengue Clássico] (A90.-)	Exposição ocupacional ao mosquito (Aedes aegypti), transmissor do arbovírus da Dengue, principalmente em atividades em zonas endêmicas, em trabalhos de saúde pública, e em trabalhos de laboratórios de pesquisa, entre outros. (Z57.8) (Quadro XXV)
VIII - Febre Amarela (A95.-)	Exposição ocupacional ao mosquito (Aedes aegypti), transmissor do arbovírus da Febre Amarela, principalmente em atividades em zonas endêmicas, em trabalhos de saúde pública, e em trabalhos de laboratórios de pesquisa, entre outros. (Z57.8) (Quadro XXV)
IX - Hepatites Virais (B15-B19.-)	Exposição ocupacional ao Vírus da Hepatite A (HAV); Vírus da Hepatite B (HBV); Vírus da Hepatite C (HCV); Vírus da Hepatite D (HDV); Vírus da Hepatite E (HEV), em trabalhos envolvendo manipulação, acondicionamento ou emprego de sangue humano ou de seus derivados; trabalho com "águas usadas" e esgotos; trabalhos em contato com materiais provenientes de doentes ou objetos contaminados por eles. (Z57.8) (Quadro XXV)
X - Doença pelo Vírus da Imunodeficiência Humana (HIV) (B20-B24.-)	Exposição ocupacional ao Vírus da Imuno-deficiência Humana (HIV), principalmente em trabalhadores da saúde, em decorrência de acidentes pérfuro-cortantes com agulhas ou material cirúrgico contaminado, e na manipulação, acondicionamento ou emprego de sangue ou de seus derivados, e contato com materiais provenientes de pacientes infectados. (Z57.8) (Quadro XXV)
XI - Dermatofitose (B35.-) e Outras Micoses Superficiais (B36.)	Exposição ocupacional a fungos do gênero Epidermophyton, Microsporum e Trichophyton, em trabalhos em condições de temperatura elevada e umidade (cozinhas, ginásios, piscinas) e outras situações específicas de exposição ocupacional. (Z57.8) (Quadro XXV)

DOENÇAS	AGENTES ETIOLÓGICOS OU FATORES DE RISCO DE NATUREZA OCUPACIONAL
XII - Candidíase (B37.-)	Exposição ocupacional a Candida albicans, Candida glabrata, etc., em trabalhos que requerem longas imersões das mãos em água e irritação mecânica das mãos, tais como trabalhadores de limpeza, lavadeiras, cozinheiras, entre outros. (Z57.8) (Quadro XXV)
XIII - Paracoccidioidomicose (Blastomicose Sul Americana, Blastomicose Brasileira, Doença de Lutz) (B41.-)	Exposição ocupacional ao Paracoccidioides brasiliensis, principalmente em trabalhos agrícolas ou florestais e em zonas endêmicas. (Z57.8) (Quadro XXV)
XIV - Malária (B50 - B54.-)	Exposição ocupacional ao Plasmodium malariae; Plasmodium vivax; Plasmodium falciparum ou outros protozoários, principalmente em atividades de mineração, construção de barragens ou rodovias, em extração de petróleo e outras atividades que obrigam a entrada dos trabalhadores em zonas endêmicas (Z57.8) (Quadro XXV)
XV - Leishmaniose Cutânea (B55.1) ou Leishmaniose Cutâneo-Mucosa (B55.2)	Exposição ocupacional à Leishmania braziliensis, principalmente em trabalhos agrícolas ou florestais e em zonas endêmicas, e outras situações específicas de exposição ocupacional. (Z57.8) (Quadro XXV)

NEOPLASIAS (TUMORES) RELACIONADOS COM O TRABALHO *(Grupo II da CID-10)*

DOENÇAS	AGENTES ETIOLÓGICOS OU FATORES DE RISCO DE NATUREZA OCUPACIONAL
I - Neoplasia maligna do estômago (C16.-)	Asbesto ou Amianto (X49.-; Z57.2)(Quadro II)
II - Angiossarcoma do fígado (C22.3)	1. Arsênio e seus compostos arsenicais (X48.-; X49.-; Z57.5) (Quadro I) 2. Cloreto de Vinila (X46.-; Z57.5) (Quadro XIII)
III - Neoplasia maligna do pâncreas (C25.-)	1. Cloreto de Vinila (X46.-; Z57.5) (Quadro XIII) 2. Epicloridrina (X49.-; Z57.5) 3. Hidrocarbonetos alifáfitos e aromáticos na Indústria do Petróleo (X46.-; Z57.5)

DOENÇAS	AGENTES ETIOLÓGICOS OU FATORES DE RISCO DE NATUREZA OCUPACIONAL
IV - Neoplasia maligna da cavidade nasal e dos seios paranasais (C30-C31.-)	1. Radiações ionizantes (W88.-; Z57.1)(Quadro XXIV) 2. Níquel e seus compostos (X49.-; Z57.5) 3. Poeiras de madeira e outras poeiras orgânicas da indústria do mobiliário (X49.-; Z57.2) 4. Poeiras da indústria do couro (X49.-; Z57.2) 5. Poeiras orgânicas (na indústria têxtil e em padarias) (X49.-; Z57.2) 6. Indústria do petróleo (X46.-; Z57.5)
V - Neoplasia maligna da laringe (C32.-)	Asbesto ou Amianto (Z57.2) (Quadro II)
VI - Neoplasia maligna dos brônquios e do pulmão (C34.-)	1. Arsênio e seus compostos arsenicais (X48.-; X49.-; Z57.4 e Z57.5) (Quadro I) 2. Asbesto ou Amianto (X49.-; Z57.2) (Quadro II) 3. Berílio (X49.-; Z57.5) (Quadro IV) 4. Cádmio ou seus compostos (X49.-; Z57.5) (Quadro VI) 5. Cromo e seus compostos tóxicos (X49.-; Z57.5) (Quadro X) 6. Cloreto de Vinila (X46.-; Z57.5) (Quadro XIII) 7. Clorometil éteres (X49.-; Z57.5) (Quadro XIII) 8. Sílica-livre (Z57.2) (Quadro XVIII) 9. Alcatrão, breu, betume, hulha mineral, parafina e produtos de resíduos dessas substâncias (X49.-; Z57.5) (Quadro XX) 10. Radiações ionizantes (W88.-; Z57.1) (Quadro XXIV) 11. Emissões de fornos de coque (X49.-; Z57.5) 12. Níquel e seus compostos (X49.-; Z57.5) 13. Acrilonitrila (X49.-; Z57.5) 14. Indústria do alumínio (fundições) (X49.-; Z57.5) 15. Neblinas de óleos minerais (óleo de corte) (X49.-; Z57.5) 16. Fundições de metais (X49.-; Z57.5)

DOENÇAS	AGENTES ETIOLÓGICOS OU FATORES DE RISCO DE NATUREZA OCUPACIONAL
VII - Neoplasia maligna dos ossos e cartilagens articulares dos membros (Inclui "Sarcoma Ósseo") (C40.-)	Radiações ionizantes (W88.-; Z57.1) (Quadro XXIV)
VIII - Outras neoplasias malignas da pele (C44.-)	1. Arsênio e seus compostos arsenicais (X49.-; Z57.4 e Z57.5) (Quadro I) 2. Alcatrão, breu, betume, hulha mineral, parafina e produtos de resíduos dessas substâncias causadores de epiteliomas da pele (X49.-; Z57.5) (Quadro XX) 3. Radiações ionizantes (W88.-; Z57.1) (Quadro XXIV) 4. Radiações ultravioletas (W89; Z57.1)
IX - Mesotelioma (C45.-):Mesotelioma da pleura (C45.0), Mesotelioma do peritônio (C45.1) e Mesotelioma do pericárdio (C45.2)	Asbesto ou Amianto (X49.-; Z57.2) (Quadro II)
X - Neoplasia maligna da bexiga (C67.-)	1. Alcatrão, breu, betume, hulha mineral, parafina e produtos de resíduos dessas substâncias (X49.-; Z57.5 (Quadro XX) 2. Aminas aromáticas e seus derivados (Beta-naftilamina, 2-cloroanilina, benzidina, o-toluidina, 4-cloro-orto-toluidina (X49.-; Z57.5) 3. Emissões de fornos de coque (X49.-; Z57.5)
XI - Leucemias (C91-C95.-)	1. Benzeno (X46.-; Z57.5) (Quadro III) 2. Radiações ionizantes (W88.-; Z57.1) (Quadro XXIV) 3. Óxido de etileno (X49.-; Z57.5) 4. Agentes antineoplásicos (X49.-; Z57.5) 5. Campos eletromagnéticos (W90.-; Z57.5) 6. Agrotóxicos clorados (Clordane e Heptaclor) (X48.-; Z57.4)

DOENÇAS DO SANGUE E DOS ÓRGÃOS HEMATOPOÉTICOS RELACIONADAS COM O TRABALHO

(Grupo III da CID-10)

DOENÇAS	AGENTES ETIOLÓGICOS OU FATORES DE RISCO DE NATUREZA OCUPACIONAL
I - Síndromes Mielodisplásicas (D46.-)	1. Benzeno (X46.-; Z57.5) (Quadro III) 2. Radiações ionizantes (W88.-; Z57.1) (Quadro XXIV)
II - Outras anemias devidas a transtornos enzimáticos (D55.8)	Chumbo ou seus compostos tóxicos (X49.-; Z57.5) (Quadro VIII)
III - Anemia Hemolítica adquirida (D59.2)	Derivados nitrados e aminados do Benzeno (X46.-; Z57.5)
IV - Aplástica devida a outros agentes externos (D61.2)	1. Benzeno (X46.-; Z57.5) (Quadro III) 2. Radiações ionizantes (W88.-) (Quadro XXIV)
V - Anemia Aplástica não especificada, Anemia hipoplástica SOE, Hipoplasia medular (D61.9)	1. Benzeno (X46.-; Z57.5) (Quadro III) 2. Radiações ionizantes (W88.-; Z57.1) (Quadro XXIV)
VI - Anemia Sideroblástica secundária a toxinas (Inclui "Anemia Hipocrômica, Microcítica, com Reticulocitose") (D64.2)	Chumbo ou seus compostos tóxicos (X46.-; Z57.5) (Quadro VIII)
VII - Púrpura e outras manifestações hemorrágicas (D69.-)	1. Benzeno (X46.-; Z57.5) (Quadro III) 2. Cloreto de Vinila (X46.-) (Quadro XIII) 3. Radiações ionizantes (W88.-; Z57.1) (Quadro XXIV)
VIII - Agranulocitose (Neutropenia tóxica) (D70)	1. Benzeno (X46.-; Z57.5) (Quadro III) 2. Radiações ionizantes (W88.-; Z57.1) (Quadro XXIV) 3. Derivados do Fenol, Pentaclorofenol, Hidroxibenzonitrilo (X49.-; XZ57.5)
IX - Outros transtornos especificados dos glóbulos brancos: leucocitose, reação leucemóide (D72.8)	1. Benzeno (X46.-; Z57.5) (Quadro III) 2. Radiações ionizantes (W88.-; Z57.1) (Quadro XXIV)
X - Metahemoglobinemia (D74.-)	Aminas aromáticas e seus derivados (X49.-; Z57.5)

DOENÇAS ENDÓCRINAS, NUTRICIONAIS E METABÓLICAS RELACIONADAS COM O TRABALHO
(Grupo IV da CID-10)

DOENÇAS	AGENTES ETIOLÓGICOS OU FATORES DE RISCO DE NATUREZA OCUPACIONAL
I - Hipotireoidismo devido a substâncias exógenas (E03.-)	1. Chumbo ou seus compostos tóxicos (X49.-; Z57.5) (Quadro VIII) 2. Hidrocarbonetos halogenados (Clorobenzeno e seus derivados) (X46.-; Z57.5) (Quadro XIII) 3. Tiuracil (X49.-; Z57.5) 4. Tiocinatos (X49.-; Z57.5) 5. Tiuréia (X49.-; Z57.5)
II - Outras Porfirias (E.80.2)	Clorobenzeno e seus derivados (X46.-; Z57.4 e Z57.5) (Quadro XIII)

TRANSTORNOS MENTAIS E DO COMPORTAMENTO RELACIONADOS COM O TRABALHO
(Grupo V da CID-10)

DOENÇAS	AGENTES ETIOLÓGICOS OU FATORES DE RISCO DE NATUREZA OCUPACIONAL
I - Demência em outras doenças específicas classificadas em outros locais (F02.8)	1. Manganês X49.-; Z57.5) (Quadro XV) 2. Substâncias asfixiantes: CO, H2S, etc. (seqüela) (X47.-; Z57.5) (Quadro XVII) 3. Sulfeto de Carbono (X49.-; Z57.5) (Quadro XIX)
II - Delirium, não sobreposto a demência, como descrita (F05.0)	1. Brometo de Metila (X46.-; Z57.4 e Z57.5) (Quadro XIII) 2. Sulfeto de Carbono (X49.-; Z57.5) (Quadro XIX)
III - Outros transtornos mentais decorrentes de lesão e disfunção cerebrais e de doença física (F06.-): Transtorno Cognitivo Leve (F06.7)	1. Tolueno e outros solventes aromáticos neurotóxicos (X46.-; Z57.5) (Quadro III) 2. Chumbo ou seus compostos tóxicos (X49.-; Z57.5) (Quadro VIII) 3. Tricloroetileno, Tetracloroetileno, Tricloroetano e outros solventes orgânicos halogenados neurotóxicos (X46.-; Z57.5) (Quadro XIII) 4. Brometo de Metila (X46.-; Z57.4 e Z57.5) (Quadro XIII) 5. Manganês e seus compostos tóxicos (X49.-; Z57.5) (Quadro XV) 6. Mercúrio e seus compostos tóxicos (X49.-; Z57.4 e Z57.5) (Quadro XVI) 7. Sulfeto de Carbono (X49.-; Z57.5) (Quadro XIX) 8. Outros solventes orgânicos neurotóxicos (X46.-; X49.; Z57.5)

DOENÇAS	AGENTES ETIOLÓGICOS OU FATORES DE RISCO DE NATUREZA OCUPACIONAL
IV - Transtornos de personalidade e de comportamento decorrentes de doença, lesão e de disfunção de personalidade (F07.-): Transtorno Orgânico de Personalidade (F07.0); Outros transtornos de personalidade e de comportamento decorrentes de doença, lesão ou disfunção cerebral (F07.8)	1. Tolueno e outros solventes aromáticos neurotóxicos (X46.-; Z57.5) (Quadro III) 2. Tricloroetileno, Tetracloroetileno, Tricloroetano e outros solventes orgânicos halogenados neurotóxicos (X46.-; Z57.5) (Quadro XIII) 3. Brometo de Metila (X46.-; Z57.4 e Z57.5) (Quadro XIII) 4. Manganês e seus compostos tóxicos (X49.-; Z57.5) (Quadro XV) 5. Mercúrio e seus compostos tóxicos (X49.-; Z57.4 e Z57.5) (Quadro XVI) 6. Sulfeto de Carbono (X49.-; Z57.5) (Quadro XIX) 7. Outros solventes orgânicos neurotóxicos (X46.-; X49.-; Z57.5)
V - Transtorno Mental Orgânico ou Sintomático não especificado (F09.-)	1. Tolueno e outros solventes aromáticos neurotóxicos (X46.-; Z57.5) (Quadro III) 2. Tricloroetileno, Tetracloroetileno, Tricloroetano e outros solventes orgânicos halogenados neurotóxicos (X46.-; Z57.5) (Quadro XIII) 3. Brometo de Metila (X46.-; Z57.5) (Quadro XIII) 4. Manganês e seus compostos tóxicos (X49.-; Z57.5) (Quadro XV) 5. Mercúrio e seus compostos tóxicos (X49.-; Z57.4 e Z57.5) (Quadro XVI) 6. Sulfeto de Carbono (X49.-; Z57.5) (Quadro XIX) 7. Outros solventes orgânicos neurotóxicos (X46.-; X49.-; Z57.5)
VI - Transtornos mentais e comportamentais devidos ao uso do álcool: Alcoolismo Crônico (Relacionado com o Trabalho) (F10.2)	1. Problemas relacionados com o emprego e com o desemprego: Condições difíceis de trabalho (Z56.5) 2. Circunstância relativa às condições de trabalho (Y96)
VII - Episódios Depressivos (F32.-)	1. Tolueno e outros solventes aromáticos neurotóxicos (X46.-; Z57.5) (Quadro III) 2. Tricloroetileno, Tetracloroetileno, Tricloroetano e outros solventes orgânicos halogenados neurotóxicos (X46.-; Z57.5) (Quadro XIII) 3. Brometo de Metila (X46.-; Z57.4 e Z57.5) (Quadro XIII) 4. Manganês e seus compostos tóxicos (X49.-; Z57.5) (Quadro XV)

DOENÇAS	AGENTES ETIOLÓGICOS OU FATORES DE RISCO DE NATUREZA OCUPACIONAL
VII - Episódios Depressivos (F32.-)	5. Mercúrio e seus compostos tóxicos (X49.-; Z57.4 e Z57.5) (Quadro XVI) 6. Sulfeto de Carbono (X49.-; Z57.5)(Quadro XIX) 7. Outros solventes orgânicos neurotóxicos (X46.-; X49.-; Z57.5)
VIII - Reações ao "Stress" Grave e Transtornos de Adaptação (F43.-): Estado de "Stress" Pós-Traumático (F43.1)	1. Outras dificuldades físicas e mentais relacionadas com o trabalho : reação após acidente do trabalho grave ou catastrófico, ou após assalto no trabalho (Z56.6) 2. Circunstância relativa às condições de trabalho (Y96)
IX - Neurastenia (Inclui "Síndrome de Fadiga") (F48.0)	1. Tolueno e outros solventes aromáticos neurotóxicos (X46.-; Z57.5) (Quadro III) 2. Tricloroetileno, Tetracloroetileno, Tricloroetano e outros solventes orgânicos halogenados (X46.-; Z57.5) (Quadro XIII) 3. Brometo de Metila (X46.-; Z57.4 e Z57.5) (Quadro XIII) 4. Manganês e seus compostos tóxicos (X49.-; Z57.5) (Quadro XV) 5. Mercúrio e seus compostos tóxicos (X49.-; Z57.4 e Z57.5) (Quadro XVI) 6. Sulfeto de Carbono (X49.-; Z57.5) (Quadro XIX) 7. Outros solventes orgânicos neurotóxicos (X46.-; X49.-; Z57.5)
X - Outros transtornos neuróticos especificados (Inclui "Neurose Profissional") (F48.8)	Problemas relacionados com o emprego e com o desemprego (Z56.-): Desemprego (Z56.0); Mudança de emprego (Z56.1); Ameaça de perda de emprego (Z56.2); Ritmo de trabalho penoso (Z56.3); Desacordo com patrão e colegas de trabalho (Condições difíceis de trabalho) (Z56.5); Outras dificuldades físicas e mentais relacionadas com o trabalho (Z56.6)
XI - Transtorno do Ciclo Vigília-Sono Devido a Fatores Não-Orgânicos (F51.2)	1. Problemas relacionados com o emprego e com o desemprego: Má adaptação à organização do horário de trabalho (Trabalho em Turnos ou Trabalho Noturno) (Z56.6) 2. Circunstância relativa às condições de trabalho (Y96)
XII - Sensação de Estar Acabado ("Síndrome de Burn-Out", "Síndrome do Esgotamento Profissional") (Z73.0)	1. Ritmo de trabalho penoso (Z56.3) 2. Outras dificuldades físicas e mentais relacionadas com o trabalho (Z56.6)

DOENÇAS DO SISTEMA NERVOSO RELACIONADAS COM O TRABALHO *(Grupo VI da CID-10)*

DOENÇAS	AGENTES ETIOLÓGICOS OU FATORES DE RISCO DE NATUREZA OCUPACIONAL
I - Ataxia Cerebelosa (G11.1)	Mercúrio e seus compostos tóxicos (X49.-; Z57.4 e Z57.5) (Quadro XVI)
II - Parkisonismo Secundário devido a outros agentes externos (G21.2)	Manganês e seus compostos tóxicos (X49.-; Z57.5) (Quadro XV)
III - Outras formas especificadas de tremor (G25.2)	1. Brometo de metila (X46.-; Z57.4 e Z57.5) (Quadro XIII) 2. Tetracloroetano (X46.-; Z57.5) (Quadro XIII) 3. Mercúrio e seus compostos tóxicos (X49.-; Z57.4 e Z57.5) (Quadro XVI) 4. Outros solventes orgânicos neurotóxicos (X46.-; X49.-; Z57.5)
IV - Transtorno extrapiramidal do movimento não especificado (G25.9)	1. Mercúrio e seus compostos tóxicos (X49.-; Z57.4 e Z57.5) (Quadro XVI) 2. Cloreto de metileno (Diclorometano) e outros solventes halogenados neurotóxicos (X46.-; Z57.5) (Quadro XIII)
V - Distúrbios do Ciclo Vigília-Sono (G47.2)	Problemas relacionados com o emprego e com o desemprego: Má adaptação à organização do horário de trabalho (Trabalho em Turnos ou Trabalho Noturno) (Z56.6)
VI - Transtornos do nervo trigêmio (G50.-)	Tricloroetileno e outros solventes halogenados neurotóxicos (X46.-; Z57.5) (Quadro XIII)
VII - Transtornos do nervo olfatório (G52.0) (Inclui "Anosmia")	1. Cádmio ou seus compostos (X49.-; Z57.5) (Quadro VI) 2. Sulfeto de hidrogênio (X49.-; Z57.5) (Quadro XVII)
VIII -Transtornos do plexo braquial (Síndrome da Saída do Tórax, Síndrome do Desfiladeiro Torácico) (G54.0)	Posições forçadas e gestos repetitivos (Z57.8)
IX - Mononeuropatias dos Membros Superiores (G56.-): Síndrome do Túnel do Carpo (G56.0); Outras Lesões do Nervo Mediano: Síndrome do Pronador Redondo (G56.1); Síndrome do Canal de Guyon (G56.2); Lesão do Nervo Cubital (ulnar): Síndrome do Túnel Cubital(G56.2); Lesão do Nervo Radial (G56.3); Outras Mononeuropatias dos Membros Superiores: Compressão do Nervo Supra-escapular (G56.8)	Posições forçadas e gestos repetitivos (Z57.8)

DOENÇAS	AGENTES ETIOLÓGICOS OU FATORES DE RISCO DE NATUREZA OCUPACIONAL
X - Mononeuropatias do membro inferior (G57.-): Lesão do Nervo Poplíteo Lateral (G57.3)	Posições forçadas e gestos repetitivos (Z57.8)
XI - Polineuropatia devida a outros agentes tóxicos (G62.2)	1. Arsênio e seus compostos arsenicais (X49.-; Z57.4 e Z57.5) (Quadro I) 2. Chumbo e seus compostos tóxicos (X49.-; Z57.5) (Quadro VIII) 3. Fósforo (X48.-; X49.-; Z57.4 e Z57.5) (Quadro XII) 4. Sulfeto de Carbono (X49.-; Z57.5)(Quadro XIX) 5. n-Hexano (X46.-; Z57.5) (Quadro XIII) 6. Metil-n-Butil Cetona (MBK) (X46.-; Z57.5)
XII - Polineuropatia induzida pela radiação (G62.8)	Radiações ionizantes (X88.-; Z57.1) (Quadro XXIV)
XIII - Encefalopatia Tóxica Aguda (G92.1)	1. Arsênio e seus compostos arsenicais (X49.-; Z57.4 e Z57.5) (Quadro I) 2. Chumbo e seus compostos tóxicos (X49.-; Z57.5) (Quadro VIII) 3. Hidrocarbonetos alifáticos ou aromáticos (seus derivados halogenados neurotóxicos) (X46.-; Z57.5) (Quadro XIII) 4. Mercúrio e seus derivados tóxicos (X49.-; Z57.4 e Z57.5) (Quadro XVI)
XIV - Encefalopatia Tóxica Crônica (G92.2)	1. Tolueno e Xileno (X46.-; Z57.5) (Quadro III) 2. Chumbo e seus compostos tóxicos (X49.-; Z57.5) (Quadro VIII) 3. Solventes orgânicos halogenados neurotóxicos (X46.-; Z57.5) (Quadro XIII) 4. Mercúrio e seus compostos tóxicos (X49.-; Z57.5) (Quadro XVI) 5. Substâncias asfixiantes: CO, H2S, etc. (seqüela) (X47.-; Z57.5) (Quadro XVII) 6. Sulfeto de Carbono (X49.-; Z57.5) (Quadro XIX)

DOENÇAS DO OLHO E ANEXOS RELACIONADAS COM O TRABALHO *(Grupo VII da CID-10)*

DOENÇAS	AGENTES ETIOLÓGICOS OU FATORES DE RISCO DE NATUREZA OCUPACIONAL
I - Blefarite (H01.0)	1. Arsênio e seus compostos arsenicais (X49.-; Z57.4 e Z57.5) (Quadro I) 2. Radiações Ionizantes (W88.-; Z57.1) (Quadro XXIV) 3. Cimento (X49.-; Z57.2)
II - Conjuntivite (H10)	1. Arsênio e seus compostos arsenicais (X49.-; Z57.4 e Z57.5) (Quadro I) 2. Berílio e seus compostos tóxicos (X49.-; Z57.5) (Quadro IV) 3. Flúor e seus compostos tóxicos (X49.-) (Quadro XI) 4. Iodo (X49.-; Z57.5) (Quadro XIV) 5. Cloreto de etila (X46.-; Z57.5) (Quadro XIII) 6. Tetracloreto de carbono (X46.-; Z57.5) (Quadro XIII) 7. Outros solventes halogenados tóxicos (X46.-; Z57.4 e Z57.5) (Quadro XIII) 8. Ácido sulfídrico (Sulfeto de hidrogênio) (X49.-; Z57.5) (Quadro XVII) 9. Radiações ionizantes (W88.-; Z57.1) (Quadro XXIV) 10. Radiações Ultravioletas (W89; Z57.1 11. Acrilatos (X49.-; Z57.5) 12. Cimento (X49.-; Z57.2) 13. Enzimas de origem animal, vegetal ou bacteriana (X44.-; Z57.2) 14. Furfural e Álcool Furfurílico (X45.-; Z57.5) 15. Isocianatos orgânicos (X49.-; Z57.5) 16. Selênio e seus compostos (X49.-; Z57.5)
III - Queratite e Queratoconjuntivite (H16)	1. Arsênio e seus compostos arsenicais (X49.-; Z57.4 e Z57.5) (Quadro I) 2. Ácido sulfídrico (Sulfeto de hidrogênio) (X49.-; Z57.5) (Quadro XVII) 3. Radiações ionizantes (W88.-; Z57.1) (Quadro XXIV) 4. Radiações Infravermelhas (W90.-; Z57.1) 5. Radiações Ultravioletas (W89.-; Z57.1)

DOENÇAS	AGENTES ETIOLÓGICOS OU FATORES DE RISCO DE NATUREZA OCUPACIONAL
IV - Catarata (H28)	1. Radiações ionizantes (W88.-; Z57.1) (Quadro XXIV) 2. Radiações Infravermelhas (W90.-; Z57.1)
V - Inflamação Coriorretiniana (H30)	Manganês e seus compostos tóxicos (X49.-; Z57.5) (Quadro XV)
VI - Neurite Óptica (H46)	1. Brometo de metila (X46.-; Z57.4 e Z57.5) (Quadro XIII) 2. Cloreto de metileno (Diclorometano) e outros solventes clorados neurotóxicos (X46.-; Z57.5) (Quadro XIII) 3. Tetracloreto de carbono (X46.-; Z57.5) (Quadro XIII) 4. Sulfeto de Carbono (X49.-; Z57.5) (Quadro XIX) 5. Metanol (X45.-; Z57.5)
VII -Distúrbios visuais subjetivos (H53.-)	1. Brometo de metila (X46.-; Z57.4 e Z57.5) (Quadro XIII) 2. Cloreto de metileno e outros solventes clorados neurotóxicos (X46.-; Z57.5) (Quadro XIII)

DOENÇAS DO OUVIDO RELACIONADAS COM O TRABALHO *(Grupo VIII da CID-10)*

DOENÇAS	AGENTES ETIOLÓGICOS OU FATORES DE RISCO DE NATUREZA OCUPACIONAL
I - Otite Média não-supurativa (H65.9)	1. "Ar Comprimido" (W94.-; Z57.8) (Quadro XXIII) 2. Pressão atmosférica inferior à pressão padrão (W94.-; Z57.8)
II -Perfuração da Membrana do Tímpano (H72 ou S09.2)	1. "Ar Comprimido" (W94.-; Z57.8) (Quadro XXIII) 2. Pressão atmosférica inferior à pressão padrão (W94.-; Z57.8)
III - Outras vertigens periféricas (H81.3)	Cloreto de metileno e outros solventes halogenados tóxicos (X46.-; Z57.5) (Quadro XIII)
IV - Labirintite (H83.0)	1. Brometo de metila (X46.-; Z57.4 e Z57.5) (Quadro XIII) 2. "Ar Comprimido" (W94.-; Z57.8) (Quadro XXIII)

DOENÇAS	AGENTES ETIOLÓGICOS OU FATORES DE RISCO DE NATUREZA OCUPACIONAL
V - Efeitos do ruído sobre o ouvido interno/ Perda da Audição Provocada pelo Ruído e Trauma Acústico (H83.3)	Exposição ocupacional ao Ruído (Z57.0; W42.-) (Quadro XXI)
VI - Hipoacusia Ototóxica (H91.0)	1. Homólogos do Benzeno otoneurotóxicos (Tolueno e Xileno) (X46.-; Z57.5) (Quadro III) 2. Solventes orgânicos otoneurotóxicos (X46.-; Z57.8) (Quadro XIII)
VII - Otalgia e Secreção Auditiva (H92.-): Otalgia (H92.0), Otorréia (H92.1) ou Otorragia (H92.2)	"Ar Comprimido" (W94.-; Z57.8) (Quadro XXIII)
VIII - Outras percepções auditivas anormais: Alteração Temporária do Limiar Auditivo, Comprometimento da Discriminação Auditiva e Hiperacusia (H93.2)	Exposição ocupacional ao Ruído (Z57.0; X42.-) (Quadro XXI)
IX - Outros transtornos especificados do ouvido (H93.8)	1. Brometo de metila (X46.-; Z57.4 e Z57.5) (Quadro XIII) 2. "Ar Comprimido" (W94.-; Z57.8) (Quadro XXIII)
X - Otite Barotraumática (T70.0)	1. "Ar Comprimido" (W94.-; Z57.8) (Quadro XXIII) 2. Alterações na pressão atmosférica ou na pressão da água no ambiente (W94.-; Z57.8)
XI - Sinusite Barotraumática (T70.1)	1. "Ar Comprimido" (W94.-; Z57.8) (Quadro XXIII) 2. Alterações na pressão atmosférica ou na pressão da água no ambiente (W94.-)
XII - "Mal dos Caixões" (Doença de Descompressão) (T70.4)	1. "Ar Comprimido" (W94.-; Z57.8)(Quadro XXIII) 2. Alterações na pressão atmosférica ou na pressão da água no ambiente (W94.-; Z57.8)
XIII - Síndrome devida ao deslocamento de ar de uma explosão (T70.8)	1. "Ar Comprimido" (W94.-; Z57.8) (Quadro XXIII) 2. Alterações na pressão atmosférica ou na pressão da água no ambiente (W94.-; Z57.8)

DOENÇAS DO SISTEMA CIRCULATÓRIO RELACIONADAS COM O TRABALHO

(Grupo IX da CID-10)

DOENÇAS	AGENTES ETIOLÓGICOS OU FATORES DE RISCO DE NATUREZA OCUPACIONAL
I - Hipertensão Arterial (I10.-)	1. Chumbo ou seus compostos tóxicos (X49.-; Z57.5) (Quadro VIII) 2. Exposição ocupacional ao Ruído (Z57.0; X42.-) (Quadro XXI) 3. Problemas relacionados com o emprego e com o desemprego (Z56.-)
II - Angina Pectoris (I20.-)	1. Monóxido de Carbono (X47.-; Z57.5) (Quadro XVII) 2. Sulfeto de Carbono (X49.-; Z57.5) (Quadro XIX) 3. Nitroglicerina e outros ésteres do ácido nítrico (X49.-; Z57.5) 4. Problemas relacionados com o emprego e com o desemprego (Z56.-)
III - Infarto Agudo do Miocárdio (I21.-)	1. Monóxido de Carbono (X47.-; Z57.5) (Quadro XVII) 2. Sulfeto de Carbono (X49.-; Z57.5) (Quadro XIX) 3. Nitroglicerina e outros ésteres do ácido nítrico (X49.-; Z57.5) 4. Problemas relacionados com o emprego e com o desemprego (Z56.-)
IV - Cor Pulmonale SOE ou Doença Cardio-Pulmonar Crônica (I27.9)	Complicação evolutiva das pneumoconioses graves, principalmente Silicose (Z57.2) (Quadro XVIII)
V - Placas epicárdicas ou pericárdicas (I34.8)	Asbesto ou Amianto (W83.-; Z57.2) (Quadro II)
VI - Parada Cardíaca (I46.-)	1. Derivados halogenados dos hidrocarbonetos alifáticos (X46.-) (Quadro XIII) 2. Monóxido de Carbono (X47.-; Z57.5) (Quadro XVII) 3. Outros agentes potencialmente causadores de arritmia cardíaca (Z57.5)
VII - Arritmias cardíacas (I49.-)	1. Arsênio e seus compostos arsenicais (X49.-; Z57.5) (Quadro I) 2. Chumbo ou seus compostos tóxicos (X49.-; Z57.5) (Quadro VIII) 3. Derivados halogenados dos hidrocarbonetos alifáticos (X46.-; Z57.5) (Quadro XIII)

DOENÇAS	AGENTES ETIOLÓGICOS OU FATORES DE RISCO DE NATUREZA OCUPACIONAL
VII - Arritmias cardíacas (I49.-)	4. Mercurio e seus compostos tóxicos (X49.-; Z57.5) (Quadro XVI) 5. Monóxido de Carbono (X47.-; Z57.5) (Quadro XVII) 6. Agrotóxicos organofosforados e carbamatos (X48; Z57.4) (Quadros XII e XXVII) 7. Exposição ocupacional a Cobalto (X49.-; Z57.5) 8. Nitroglicerina e outros ésteres do ácido nítrico (X49.-; Z57.5) 9. Problemas relacionados com o emprego e com o desemprego (Z56.-)
VIII - Ateroesclerose (I70.-) e Doença Ateroesclerótica do Coração (I25.1)	Sulfeto de carbono (X49.-; Z57.5) (Quadro XIX)
IX - Síndrome de Raynaud (I73.0)	1. Cloreto de vinila (X46.-; Z57.5) (Quadro XIII) 2. Vibrações localizadas (W43.-; Z57.7) (Quadro XXII) 3. Trabalho em baixas temperaturas (frio) (W93.-; Z57.6)
X - Acrocianose e Acroparestesia (I73.8)	1. Cloreto de vinila (X46.-; Z57.5) (Quadro XIII) 2. Vibrações localizadas (W43.-; Z57.7) (Quadro XXII) 3. Trabalho em baixas temperaturas (frio) (W93.-; Z57.6)

DOENÇAS DO SISTEMA RESPIRATÓRIO RELACIONADAS COM O TRABALHO *(Grupo X da CID-10)*

DOENÇAS	AGENTES ETIOLÓGICOS OU FATORES DE RISCO DE NATUREZA OCUPACIONAL
I - Faringite Aguda, não especificada ("Angina Aguda", "Dor de Garganta") (J02.9)	1. Bromo (X49.-; Z57.5) (Quadro V) 2. Iodo (X49.-; Z57.5) (Quadro XIV)
II - Laringotraqueíte Aguda (J04.2)	1. Bromo (X49.-; Z57.5) (Quadro V) 2. Iodo (X49.-; Z57.5) (Quadro XIV)
III - Outras Rinites Alérgicas (J30.3)	1. Carbonetos metálicos de tungstênio sinterizados (X49.-; Z57.2 e Z57.5) (Quadro VII) 2. Cromo e seus compostos tóxicos (X49.-; Z57.5) (Quadro X) 3. Poeiras de algodão, linho, cânhamo ou sisal (Z57.2) (Quadro XXVI)

DOENÇAS	AGENTES ETIOLÓGICOS OU FATORES DE RISCO DE NATUREZA OCUPACIONAL
III - Outras Rinites Alérgicas (J30.3)	4. Acrilatos (X49.-; Z57.5) 5. Aldeído fórmico e seus polímeros (X49.-; Z57.5) 6. Aminas aromáticas e seus derivados (X49.-; Z57.5) 7. Anidrido ftálico (X49.-; Z57.5) 8. Azodicarbonamida (X49.-; Z57.5) 9. Carbetos de metais duros: cobalto e titânio (Z57.2) 10. Enzimas de origem animal, vegetal ou bacteriano (X44.-; Z57.3) 11. Furfural e Álcool Furfurílico (X45.-; Z57.5) 12. Isocianatos orgânicos (X49.-; Z57.5) 13. Níquel e seus compostos (X49.-; Z57.5) 14. Pentóxido de vanádio (X49.-; Z57.5) 15. Produtos da pirólise de plásticos, cloreto de vinila, teflon (X49.-; Z57.5) 16. Sulfitos, bissulfitos e persulfatos (X49.-; Z57.5) 17. Medicamentos: macrólidos; ranetidina ; penicilina e seus sais; cefalosporinas (X44.-; Z57.3) 18. Proteínas animais em aerossóis (Z57.3) 19. Outras substâncias de origem vegetal (cereais, farinhas, serragem, etc.) (Z57.2) 20. Outras substâncias químicas sensibilizantes da pele e das vias respiratórias (X49.-; Z57.2) (Quadro XXVII)
IV - Rinite Crônica (J31.0)	1. Arsênico e seus compostos arsenicais (X49.-; Z57.4 e Z57.5) (Quadro I) 2. Cloro gasoso (X47.-; Z57.5) (Quadro IX) 3. Cromo e seus compostos tóxicos (X49.-) (Quadro X) 4. Gás de flúor e Fluoreto de Hidrogênio (X47.-; Z57.5) (Quadro XI) 5. Amônia (X47.-; Z57.5) 6. Anidrido sulfuroso (X49.-; Z57.5) 7. Cimento (Z57.2) 8. Fenol e homólogos (X46.-; Z57.5) 9. Névoas de ácidos minerais (X47.-; Z57.5) 10. Níquel e seus compostos (X49.-; Z57.5) 11. Selênio e seus compostos (X49.-; Z57.5)
V - Faringite Crônica (J31.2)	Bromo (X49.-; Z57.5) (Quadro V)

DOENÇAS	AGENTES ETIOLÓGICOS OU FATORES DE RISCO DE NATUREZA OCUPACIONAL
VI - Sinusite Crônica (J32.-)	1. Bromo (X49.-; Z57.5) (Quadro V) 2. Iodo (X49.-; Z57.5) (Quadro XIV)
VII - Ulceração ou Necrose do Septo Nasal (J34.0)	1. Arsênio e seus compostos arsenicais (X49.-; Z57.4 e Z57.5) (Quadro I) 2. Cádmio ou seus compostos (X49.-; Z57.5) (Quadro VI) 3. Cromo e seus compostos tóxicos (X49.-; Z57.5) (Quadro X) 4. Soluções e aeoressóis de Ácido Cianídrico e seus derivados (X47.-; Z57.5) (Quadro XVII)
VIII - Perfuração do Septo Nasal (J34.8)	1. Arsênio e seus compostos arsenicais (X49.-; Z57.4 e Z57.5) (Quadro I) 2. Cromo e seus compostos tóxicos (X49.-; Z57.5) (Quadro X)
IX - Laringotraqueíte Crônica (J37.1)	Bromo (X49.-; Z57.5) (Quadro V)
X - Outras Doenças Pulmonares Obstrutivas Crônicas (Inclui: "Asma Obstrutiva", "Bronquite Crônica", "Bronquite Asmática", "Bronquite Obstrutiva Crônica") (J44.-)	1. Cloro gasoso (X47.-; Z57.5) (Quadro IX) 2. Exposição ocupacional à poeira de sílica livre (Z57.2-) (Quadro XVIII) 3. Exposição ocupacional a poeiras de algodão, linho, cânhamo ou sisal (Z57.2) (Quadro XXVI) 4. Amônia (X49.-; Z57.5) 5. Anidrido sulfuroso (X49.-; Z57.5) 6. Névoas e aerossóis de ácidos minerais (X47.-; Z57.5) 7. Exposição ocupacional a poeiras de carvão mineral (Z57.2)
XI - Asma (J45.-)	Mesma lista das substâncias sensibilizantes produtoras de Rinite Alérgica (X49.-; Z57.2, Z57.4 e Z57.5)
XII - Pneumoconiose dos Trabalhadores do Carvão (J60.-)	1. Exposição ocupacional a poeiras de carvão mineral (Z57.2) 2. Exposição ocupacional a poeiras de sílica-livre (Z57.2) (Quadro XVIII)
XIII - Pneumoconiose devida ao Asbesto (Asbestose) e a outras fibras minerais (J61.-)	Exposição ocupacional a poeiras de asbesto ou amianto (Z57.2) (Quadro II)
XIV - Pneumoconiose devida à poeira de Sílica (Silicose) (J62.8)	Exposição ocupacional a poeiras de sílica-livre (Z57.2) (Quadro XVIII)

DOENÇAS	AGENTES ETIOLÓGICOS OU FATORES DE RISCO DE NATUREZA OCUPACIONAL
XV - Beriliose (J63.2)	Exposição ocupacional a poeiras de berílio e seus compostos tóxicos (Z57.2) (Quadro IV)
XVI - Siderose (J63.4)	Exposição ocupacional a poeiras de ferro (Z57.2)
XVII - Estanhose (J63.5)	Exposição ocupacional a poeiras de estanho (Z57.2)
XVIII - Pneumoconiose devida a outras poeiras inorgânicas especificadas (J63.8)	1. Exposição ocupacional a poeiras de carboneto de tungstênio (Z57.2) (Quadro VII) 2. Exposição ocupacional a poeiras de carbetos de metais duros (Cobalto, Titânio, etc.) (Z57.2) 3. Exposição ocupacional a rocha fosfática (Z57.2) 4. Exposição ocupacional a poeiras de alumina (Al2O3) ("Doença de Shaver") (Z57.2)
XIX - Pneumoconiose associada com Tuberculose ("Sílico--Tuberculose") (J65.-)	Exposição ocupacional a poeiras de sílica-livre (Z57.2) (Quadro XVIII)
XX - Doenças das vias aéreas devidas a poeiras orgânicas (J66.-): Bissinose (J66.0), devidas a outras poeiras orgânicas especificadas (J66.8)	Exposição ocupacional a poeiras de algodão, linho, cânhamo, sisal (Z57.2) (Quadro XXVI)
XXI - Pneumonite por Hipersensibilidade a Poeira Orgânica (J67.-): Pulmão do Granjeiro (ou Pulmão do Fazendeiro) (J67.0); Bagaçose (J67.1); Pulmão dos Criadores de Pássaros (J67.2);-Suberose (J67.3);Pulmão dos Trabalhadores de Malte (J67.4); Pulmão dos que Trabalham com Cogumelos (J67.5); Doença Pulmonar Devida a Sistemas de Ar Condicionado e de Umidificação do Ar (J67.7); Pneumonites de Hipersensibilidade Devidas a Outras Poeiras Orgânicas (J67.8); Pneumonite de Hipersensibilidade Devida a Poeira Orgânica não especificada (Alveolite Alérgica Extrínseca SOE; Pneumonite de Hipersensibilidade SOE (J67.0)	1. Exposição ocupacional a poeiras contendo microorganismos e parasitas infecciosos vivos e seus produtos tóxicos (Z57.2) (Quadro XXV) 2. Exposição ocupacional a outras poeiras orgânicas (Z57.2)

DOENÇAS	AGENTES ETIOLÓGICOS OU FATORES DE RISCO DE NATUREZA OCUPACIONAL
XXII - Bronquite e Pneumonite devida a produtos químicos, gases, fumaças e vapores ("Bronquite Química Aguda") (J68.0)	1. Berílio e seus compostos tóxicos (X49.-; Z57.5) (Quadro IV) 2. Bromo (X49.-; Z57.5) (Quadro V) 3. Cádmio ou seus compostos (X49.-; Z57.5) (Quadro VI) 4. Gás Cloro (X47.-; Z57.5) (Quadro IX) 5. Flúor ou seus compostos tóxicos (X47.-; Z57.5) (Quadro XI) 6. Solventes halogenados irritantes respiratórios (X46.-; Z57.5) (Quadro XIII) 7. Iodo (X49.-; Z57.5) (Quadro XIV) 8. Manganês e seus compostos tóxicos (X49.-; Z57.5) (Quadro XV) 9. Cianeto de hidrogênio (X47.-; Z57.5) (Quadro XVII)
XXIII - Edema Pulmonar Agudo devido a produtos químicos, gases, fumaças e vapores (Edema Pulmonar Químico) (J68.1)	1. Berílio e seus compostos tóxicos (X49.-; Z57.5) (Quadro IV) 2. Bromo (X49.-; Z57.5) (Quadro V) 3. Cádmio ou seus compostos (X49.-; Z57.5) (Quadro VI) 4. Gás Cloro (X47.-; Z57.5) (Quadro IX) 5. Flúor e seus compostos (X47.-; Z57.5) (Quadro XI) 6. Solventes halogenados irritantes respiratórios (X46.-; Z57.5) (Quadro XIII) 7. Iodo (X49.-; Z57.5) (Quadro XIV) 8. Cianeto de hidrogênio (X47.-; Z57.5) (Quadro XVII)
XXIV - Síndrome de Disfunção Reativa das Vias Aéreas (SDVA/RADS) (J68.3)	1. Bromo (X49.-; Z57.5) (Quadro V) 2. Cádmio ou seus compostos (X49.-; Z57.5) (Quadro VI) 3. Gás Cloro (X47.-; Z57.5) (Quadro IX) 4. Solventes halogenados irritantes respiratórios (X46.-; Z57.5) (Quadro XIII) 5. Iodo (X49.-; Z57.5) (Quadro XIV) 6. Cianeto de hidrogênio (X47.-; Z57.5) (Quadro XVII) 7. Amônia (X49.-; Z57.5)
XXV - Afeccções respiratórias crônicas devidas à inalação de gases, fumos, vapores e substâncias químicas: Bronquiolite Obliterante Crônica, Enfisema Crônico Difuso, Fibrose Pulmonar Crônica (J68.4)	1. Arsênico e seus compostos arsenicais (X49.-; Z57.4 e Z57.5) (Quadro I) 2. Berílio e seus compostos (X49.-; Z57.5) (Quadro IV) 3. Bromo (X49.-; Z57.5) (Quadro V) 4. Cádmio ou seus compostos (X49.-; Z57.5) (Quadro VI) 5. Gás Cloro (X47.-; Z57.5) (Quadro IX)

DOENÇAS	AGENTES ETIOLÓGICOS OU FATORES DE RISCO DE NATUREZA OCUPACIONAL
XXV - Afeccções respiratórias crônicas devidas à inalação de gases, fumos, vapores e substâncias químicas: Bronquiolite Obliterante Crônica, Enfisema Crônico Difuso, Fibrose Pulmonar Crônica (J68.4)	6. Flúor e seus compostos (X47.-; Z57.5) (Quadro XI) 7. Solventes halogenados irritantes respiratórios (X46.-; Z57.5) (Quadro XIII) 8. Iodo (X49.-; Z57.5) (Quadro XIV) 9. Manganês e seus compostos tóxicos (X49.-; Z57.5) (Quadro XV) 10. Cianeto de hidrogênio (X47.-; Z57.5) (Quadro XVII) 11. Ácido Sulfídrico (Sulfeto de hidrogênio) (X47.-; Z57.5) (Quadro XVII) 12. Carbetos de metais duros (X49.-; Z57.5) 13. Amônia (X49.-; Z57.5) 14. Anidrido sulfuroso (X49.-; Z57.5) 15. Névoas e aerosóis de ácidos minerais (X47.-; Z57.5) 16. Acrilatos (X49.-; Z57.5) 17. Selênio e seus compostos (X49.-; Z57.5)
XXVI - Pneumonite por Radiação (manifestação aguda) (J70.0) e Fibrose Pulmonar Conseqüente a Radiação (manifestação crônica) (J70.1)	Radiações ionizantes (W88.-; Z57.1) (Quadro XXIV)
XXVII - Derrame pleural (J90.-)	Exposição ocupacional a poeiras de Asbesto ou Amianto (Z57.2) (Quadro II)
XXVIII - Placas pleurais (J92.-)	Exposição ocupacional a poeiras de Asbesto ou Amianto (Z57.2) (Quadro II)
XXIX - Enfisema intersticial (J98.2)	Cádmio ou seus compostos (X49.-; Z57.5) (Quadro VI)
XXX - Transtornos respiratórios em outras doenças sistêmicas do tecido conjuntivo classificadas em outra parte (M05.3): "Síndrome de Caplan" (J99.1)	1. Exposição ocupacional a poeiras de Carvão Mineral (Z57.2) 2. Exposição ocupacional a poeiras de Sílica livre (Z57.2) (Quadro XVIII)

DOENÇAS DO SISTEMA DIGESTIVO RELACIONADAS COM O TRABALHO *(Grupo XI da CID-10)*

DOENÇAS	AGENTES ETIOLÓGICOS OU FATORES DE RISCO DE NATUREZA OCUPACIONAL
I - Erosão Dentária (K03.2)	1. Névoas de fluoretos ou seus compostos tóxicos (X47.; Z57.5) (Quadro XI) 2. Exposição ocupacional a outras névoas ácidas (X47.-; Z57.5)
II - Alterações pós-eruptivas da cor dos tecidos duros dos dentes (K03.7)	1. Névoas de Cádmio ou seus compostos (X47.-; Z57.5) (Quadro VI) 2. Exposição ocupacional a metais: Cobre, Níquel, Prata (X47.-; Z57.5)
III - Gengivite Crônica (K05.1)	Mercúrio e seus compostos tóxicos (X49.-; Z57.5) (Quadro XVI)
IV - Estomatite Ulcerativa Crônica (K12.1)	1. Arsênio e seus compostos arsenicais (X49.-; Z57.5) (Quadro I) 2. Bromo (X49.-; Z57.5) (Quadro XII) 3. Mercúrio e seus compostos tóxicos (X49.-; Z57.5) (Quadro XVI)
V - Gastroenterite e Colite tóxicas (K52.-)	1. Arsênio e seus compostos arsenicais (X49.-; Z57.5) (Quadro I) 2. Cádmio ou seus compostos (X49.-; Z57.5) (Quadro VI) 3. Radiações ionizantes (W88.-; Z57.1) (Quadro XXIV)
VI - Outros transtornos funcionais do intestino ("Síndrome dolorosa abdominal paroxística apirética, com estado suboclusivo ("cólica do chumbo") (K59.8)	Chumbo ou seus compostos tóxicos (X49.-; Z57.5) (Quadro VIII)
VII - Doença Tóxica do Fígado (K71.-): Doença Tóxica do Fígado, com Necrose Hepática (K71.1); Doença Tóxica do Fígado, com Hepatite Aguda (K71.2); Doença Tóxica do Fígado com Hepatite Crônica Persistente (K71.3); Doença Tóxica do Fígado com Outros Transtornos Hepáticos (K71.8)	1. Cloreto de Vinila, Clorobenzeno, Tetracloreto de Carbono, Clorofórmio, e outros solventes halogenados hepatotóxicos (X46.- e X48.-; Z57.4 e Z57.5) (Quadro XIII) 2. Hexaclorobenzeno (HCB) (X48.-; Z57.4 e Z57.5) 3. Bifenilas policloradas (PCBs) (X49.-; Z57.4 e Z57.5) 4. Tetraclorodibenzodioxina (TCDD) (X49.-)
VIII - Hipertensão Portal (K76.6)	1. Arsênio e seus compostos arsenicais (X49.-; Z57.4 e Z57.5) (Quadro I) 2. Cloreto de Vinila (X46.-; Z57.5) (Quadro XIII) 3. Tório (X49.-; Z57.5)

DOENÇAS DA PELE E DO TECIDO SUBCUTÂNEO RELACIONADAS COM O TRABALHO
(Grupo XII da CID-10)

DOENÇAS	AGENTES ETIOLÓGICOS OU FATORES DE RISCO DE NATUREZA OCUPACIONAL
I - Outras Infecções Locais da Pele e do Tecido Subcutâneo: "Dermatoses Pápulo-Pustulosas e suas complicações infecciosas" (L08.9)	1. Cromo e seus compostos tóxicos (Z57.5) (Quadro X) 2. Hidrocarbonetos alifáticos ou aromáticos (seus derivados tóxicos) (Z57.5) (Quadro XIII) 3. Microorganismos e parasitas infecciosos vivos e seus produtos tóxicos (Z57.5) (Quadro XXV) 4. Outros agentes químicos ou biológicos que afetem a pele, não considerados em outras rubricas (Z57.5) (Quadro XXVII)
II - Dermatite Alérgica de Contato devida a Metais (L23.0)	1. Cromo e seus compostos tóxicos (Z57.5) (Quadro X) 2. Mercúrio e seus compostos tóxicos (Z57.5) (Quadro XVI)
III - Dermatite Alérgica de Contato devida a Adesivos (L23.1)	Adesivos, em exposição ocupacional (Z57.5) (Quadro XXVII)
IV - Dermatite Alérgica de Contato devida a Cosméticos (fabricação/manipulação) (L23.2)	Fabricação/manipulação de Cosméticos (Z57.5) (Quadro XXVII)
V - Dermatite Alérgica de Contato devida a Drogas em contato com a pele (L23.3)	Drogas, em exposição ocupacional (Z57.5) (Quadro XXVII)
VI - Dermatite Alérgica de Contato devida a Corantes (L23.4)	Corantes, em exposição ocupacional (Z57.5) (Quadro XXVII)
VII - Dermatite Alérgica de Contato devida a outros produtos químicos (L23.5)	1. Cromo e seus compostos tóxicos (Z57.5) (Quadro X) 2. Fósforo ou seus produtos tóxicos (Z57.5) (Quadro XII) 3. Iodo (Z57.5) (Quadro XIV) 4. Alcatrão, Breu, Betume, Hulha Mineral, Parafina ou resíduos dessas substâncias (Z57.8) (Quadro XX) 5. Borracha (Z57.8) (Quadro XXVII) 6. Inseticidas (Z57.5) (Quadro XXVII) 7. Plásticos (Z57.8) (Quadro XXVII)
VIII - Dermatite Alérgica de Contato devida a Alimentos em contato com a pele (fabricação/ manipulação) (L23.6)	Fabricação/manipulação de Alimentos (Z57.5) (Quadro XXVII)

DOENÇAS	AGENTES ETIOLÓGICOS OU FATORES DE RISCO DE NATUREZA OCUPACIONAL
IX - Dermatite Alérgica de Contato devida a Plantas (Não inclui plantas usadas como alimentos) (L23.7)	Manipulação de Plantas, em exposição ocupacional (Z57.8) (Quadro XXVII)
X - Dermatite Alérgica de Contato devida a outros agentes (Causa Externa especificada) (L23.8)	Agentes químicos, não especificados anteriormente, em exposição ocupacional (Z57.5) (Quadro XXVII)
XI - Dermatite de Contato por Irritantes devida a Detergentes (L24.0)	Detergentes, em exposição ocupacional (Z57.5) (Quadro XXVII)
XII - Dermatite de Contato por Irritantes devida a Óleos e Gorduras (L24.1)	Óleos e Gorduras, em exposição ocupacional (Z57.5) (Quadro XXVII)
XIII - Dermatite de Contato por Irritantes devida a Solventes: Cetonas, Ciclohexano, Compostos do Cloro, Ésteres, Glicol, Hidrocarbonetos (L24.2)	1. Benzeno (X46.-; Z57.5) (Quadro III) 2. Hidrocarbonetos aromáticos ou alifáticos ou seus derivados halogenados tóxicos (Z57.5) (Quadro XIII)
XIV - Dermatite de Contato por Irritantes devida a Cosméticos (L24.3)	Cosméticos, em exposição ocupacional (Z57.5) (Quadro XXVII)
XV - Dermatite de Contato por Irritantes devida a Drogas em contato com a pele (L24.4)	Drogas, em exposição ocupacional (Z57.5) (Quadro XXVII)
XVI - Dermatite de Contato por Irritantes devida a outros produtos químicos: Arsênio, Berílio, Bromo, Cromo, Cimento, Flúor, Fósforo, Inseticidas (L24.5)	1. Arsênio e seus compostos arsenicais (Z57.5) (Quadro I) 2. Berílio e seus compostos tóxicos (Z57.5) (Quadro IV) 3. Bromo (Z57.5) (Quadro V) 4. Cromo e seus compostos tóxicos (Z57.5) (Quadro X) 5. Flúor ou seus compostos tóxicos (Z57.5) (Quadro XI) 6. Fósforo (Z57.5) (Quadro XII)
XVII - Dermatite de Contato por Irritantes devida a Alimentos em contato com a pele (L24.6)	Alimentos, em exposição ocupacional (Z57.8) (Quadro XXVII)

DOENÇAS	AGENTES ETIOLÓGICOS OU FATORES DE RISCO DE NATUREZA OCUPACIONAL
XVIII - Dermatite de Contato por Irritantes devida a Plantas, exceto alimentos (L24.7)	Plantas, em exposição ocupacional (Z57.8) (Quadro XXVII)
XIX - Dermatite de Contato por Irritantes devida a outros agentes: Corantes (L24.8)	Agentes químicos, não especificados anteriormente, em exposição ocupacional (Z57.5) (Quadro XXVII)
XX - Urticária Alérgica (L50.0)	Agrotóxicos e outros produtos químicos (X48.-; Z57.4 e Z57.5) (Quadro XXVII)
XXI - Urticária devida ao Calor e ao Frio (L50.2)	Exposição ocupacional a calor e frio (W92,-; W93.-; Z57.6) (Quadro XXVII)
XXII - Urticária de Contato (L50.6)	Exposição ocupacional a agentes químicos, físicos e biológicos que afetam a pele (X49.-; Z57.4 e Z57.5) (Quadro XXVII)
XXIII - Queimadura Solar (L55)	Exposição ocupacional a radiações actínicas (X32.-; Z57.1) (Quadro XXVII)
XXIV - Outras Alterações Agudas da Pele devidas a Radiação Ultravioleta (L56.-): Dermatite por Fotocontato (Dermatite de Berloque) (L56.2); Urticária Solar (L56.3); Outras Alterações Agudas Especificadas da Pele devidas a Radiação Ultravioleta (L56.8); Outras Alterações Agudas da Pele devidas a Radiação Ultravioleta, sem outra especificação (L56.9);	Radiação Ultravioleta (W89.-; Z57.1) (Quadro XXVII)
XXV - Alterações da Pele devidas a Exposição Crônica a Radiação Não Ionizante (L57.-): Ceratose Actínica (L57.0); Outras Alterações: Dermatite Solar, "Pele de Fazendeiro", "Pele de Marinheiro" (L57.8)	Radiações não-ionizantes (W89.-; X32.-; Z57.1) (Quadro XXVII)

DOENÇAS	AGENTES ETIOLÓGICOS OU FATORES DE RISCO DE NATUREZA OCUPACIONAL
XXVI - Radiodermatite (L58.): Radiodermatite Aguda (L58.0); Radiodermatite Crônica (L58.1); Radiodermatite, não especificada (L58.9); Afecções da pele e do tecido conjuntivo relacionadas com a radiação, não especificadas (L59.9)	Radiações ionizantes (W88.-; Z57.1) (Quadro XXIV)
XXVII - Outras formas de Acne: "Cloracne" (L70.8)	1. Derivados halogenados dos hidrocarbonetos aromáticos, Monoclorobenzeno, Monobromobenzeno, Hexaclorobenzeno (X46.; Z57.5) (Quadro XIII) 2. Derivados do fenol, pentaclorofenol e do hidrobenzonitrilo (X49.-; Z57.4 e Z57.5) (Quadro XXVII) 3. Policloretos de Bifenila (PCBs) (X49.-; Z57.4 e Z57.5) (Quadro XXVII)
XXVIII - Outras formas de Cistos Foliculares da Pele e do Tecido Subcutâneo: "Elaioconiose" ou "Dermatite Folicular" (L72.8)	Óleos e gorduras de origem mineral ou sintéticos (X49.; Z57.5) (Quadro XXVII)
XXIX - Outras formas de hiperpigmentação pela melanina: "Melanodermia" (L81.4)	1. Arsênio e seus compostos arsenicais (X49.-; Z57.4 e Z57.5) (Quadro I) 2. Clorobenzeno e Diclorobenzeno (X46.-; Z57.4 e Z57.5) (Quadro XIII) 3. Alcatrão, Breu, Betume, Hulha Mineral, Parafina, Creosoto, Piche, Coaltar ou resíduos dessas substâncias (Z57.8) (Quadro XX) 4. Antraceno e Dibenzoantraceno (Z57.5) (Quadro XX) 5. Bismuto (X44.-; Z57.5) (Quadro XXVII) 6. Citostáticos (X44.-; Z57.5) (Quadro XXVII) 7. Compostos nitrogenados: Ácido nítrico, Dinitrofenol (X49.-; Z57.5) (Quadro XXVII) 8. Naftóis adicionados a corantes (X49,-; Z57.5) (Quadro XXVII) 9. Óleos de corte (Z57.5) (Quadro XXVII) 10. Parafenilenodiamina e seus derivados (X49.-; Z57.5) (Quadro XXVII)

DOENÇAS	AGENTES ETIOLÓGICOS OU FATORES DE RISCO DE NATUREZA OCUPACIONAL
XXIX - Outras formas de hiperpigmentação pela melanina: "Melanodermia" (L81.4)	11. Poeira de determinadas madeiras (Z57.3) (Quadro XXVII) 12. Quinino e seus derivados (Z57.5) (Quadro XXVII) 13. Sais de ouro (X44.-; Z57.5) (Quadro XXVII) 14. Sais de prata (Seqüelas de Dermatite Crônica de Contato) (X44.-; Z57.5) (Quadro XXVII)
XXX - Leucodermia, não classificada em outra parte (Inclui "Vitiligo Ocupacional") (L81.5)	1. Arsênio e seus compostos (X49.-; Z57.4 e Z57.5) (Quadro I) 2. Hidroquinona e ésteres derivados (X49.-; Z57.5) (Quadro XXVII) 3. Monometil éter de hidroquinona (MBEH) (X49.-; Z57.5) (Quadro XXVII) 4. para-Amlnofenol (X49.-; Z57.5) (Quadro XXVII) 5. para-Butilfenol (X49.-; Z57.5) (Quadro XXVII) 6. para-Cresol (X49.-; Z57.5) (Quadro XXVII) 7. Catecol e Pirocatecol (X49.-; Z57.5) (Quadro XXVII) 8. Clorofenol (X46.-; Z57.4 e Z57.5)(Quadro XXVII)
XXXI - Outros transtornos especificados da pigmentação: "Porfiria Cutânea Tardia" (L81.8)	Derivados halogenados dos hidrocarbonetos aromáticos: minocloro-benzeno, monobromo-benzeno, hexaclorobenzeno (X46.-; Z57.4 e Z57.5) (Quadro XIII)
XXXII - Ceratose Palmar e Plantar Adquirida (L85.1)	Arsênio e seus compostos arsenicais (X49.-; Z57.4 e Z57.5) (Quadro I)
XXXIII - Úlcera Crônica da Pele, não classificada em outra parte (L98.4)	1. Cromo e seus compostos tóxicos (Z57.5) (Quadro X) 2. Enzimas de origem animal, vegetal ou bacteriana (Z57.8) (Quadro XXVII)
XXXIV - Geladura (Frostbite) Superficial (T33): Eritema Pérnio	1. Cloreto de etila (anestésico local) (W93.-; Z57.6) (Quadro XIII) 2. Frio (X31.-; W93.-; Z57.6) (Quadro XXVII)
XXXV - Geladura (Frostbite) com Necrose de Tecidos (T34)	1. Cloreto de etila (anestésico local) (W93.-; Z57.6) (Quadro XIII) 2. Frio (X31.-; W93.-; Z57.6) (Quadro XXVII)

DOENÇAS DO SISTEMA OSTEOMUSCULAR E DO TECIDO CONJUNTIVO, RELACIONADAS COM O TRABALHO
(Grupo XIII da CID-10)

DOENÇAS	AGENTES ETIOLÓGICOS OU FATORES DE RISCO DE NATUREZA OCUPACIONAL
I - Artrite Reumatóide associada a Pneumoconiose dos Trabalhadores do Carvão (J60.): "Síndrome de Caplan" (M05.3)	1. Exposição ocupacional a poeiras de carvão mineral (Z57.2) 2. Exposição ocupacional a poeiras de sílica livre (Z57.2) (Quadro XVIII)
II - Gota induzida pelo chumbo (M10.1)	Chumbo ou seus compostos tóxicos (X49.-; Z57.5) (Quadro VIII)
III - Outras Artroses (M19.-)	Posições forçadas e gestos repetitivos (Z57.8)
IV - Outros transtornos articulares não classificados em outra parte: Dor Articular (M25.5)	1. Posições forçadas e gestos repetitivos (Z57.8) 2. Vibrações localizadas (W43.-; Z57.7) (Quadro XXII)
V - Síndrome Cervicobraquial (M53.1)	1. Posições forçadas e gestos repetitivos (Z57.8) 2. Vibrações localizadas (W43.-; Z57.7) (Quadro XXII)
VI - Dorsalgia (M54.-): Cervicalgia (M54.2); Ciática (M54.3); Lumbago com Ciática (M54.4)	1. Posições forçadas e gestos repetitivos (Z57.8) 2. Ritmo de trabalho penoso (Z56.3) 3. Condições difíceis de trabalho (Z56.5)
VII - Sinovites e Tenossinovites (M65.-): Dedo em Gatilho (M65.3); Tenossinovite do Estilóide Radial (De Quervain) (M65.4); Outras Sinovites e Tenossinovites (M65.8); Sinovites e Tenossinovites, não especificadas (M65.9)	1. Posições forçadas e gestos repetitivos (Z57.8) 2. Ritmo de trabalho penoso (Z56.3) 3. Condições difíceis de trabalho (Z56.5)
VIII - Transtornos dos tecidos moles relacionados com o uso, o uso excessivo e a pressão, de origem ocupacional (M70.-): Sinovite Crepitante Crônica da mão e do punho (M70.0); Bursite da Mão (M70.1); Bursite do Olécrano (M70.2); Outras Bursites do Cotovelo (M70.3); Outras Bursites Pré-rotulianas (M70.4); Outras Bursites do Joelho (M70.5); Outros transtornos dos tecidos moles relacionados com o uso, o uso excessivo e a pressão (M70.8); Transtorno não especificado dos tecidos moles, relacionados com o uso, o uso excessivo e a pressão (M70.9).	1. Posições forçadas e gestos repetitivos (Z57.8) 2. Ritmo de trabalho penoso (Z56.3) 3. Condições difíceis de trabalho (Z56.5)

DOENÇAS	AGENTES ETIOLÓGICOS OU FATORES DE RISCO DE NATUREZA OCUPACIONAL
IX - Fibromatose da Fascia Palmar: "Contratura ou Moléstia de Dupuytren" (M72.0)	1. Posições forçadas e gestos repetitivos (Z57.8) 2. Vibrações localizadas (W43.-; Z57.7) (Quadro XXII)
X - Lesões do Ombro (M75.-): Capsulite Adesiva do Ombro (Ombro Congelado, Periartrite do Ombro) (M75.0); Síndrome do Manguito Rotatório ou Síndrome do Supraespinhoso (M75.1); Tendinite Bicipital (M75.2); Tendinite Calcificante do Ombro (M75.3); Bursite do Ombro (M75.5); Outras Lesões do Ombro (M75.8); Lesões do Ombro, não especificadas (M75.9)	1. Posições forçadas e gestos repetitivos (Z57.8) 2. Ritmo de trabalho penoso (Z56) 3. Vibrações localizadas (W43.-; Z57.7) (Quadro XXII)
XI - Outras entesopatias (M77.-): Epicondilite Medial (M77.0); Epicondilite lateral ("Cotovelo de Tenista"); Mialgia (M79.1)	1. Posições forçadas e gestos repetitivos (Z57.8) 2. Vibrações localizadas (W43.-; Z57.7) (Quadro XXII)
XII - Outros transtornos especificados dos tecidos moles (M79.8)	1. Posições forçadas e gestos repetitivos (Z57.8) 2. Vibrações localizadas (W43.-; Z57.7) (Quadro XXII)
XIII - Osteomalácia do Adulto induzida por drogas (M83.5)	1. Cádmio ou seus compostos (X49.-) (Quadro VI) 2. Fósforo e seus compostos (Sesquissulfeto de Fósforo) (X49.-; Z57.5) (Quadro XII)
XIV - Fluorose do Esqueleto (M85.1)	Flúor e seus compostos tóxicos (X49.-; Z57.5) (Quadro XI)
XV - Osteonecrose (M87.-): Osteonecrose devida a drogas (M87.1); Outras Osteonecroses secundárias (M87.3)	1. Fósforo e seus compostos (Sesquissulfeto de Fósforo) (X49.-; Z57.5) (Quadro XII) 2. Vibrações localizadas (W43.-; Z57.7) (Quadro XXII) 3. Radiações ionizantes (Z57.1) (Quadro XXIV)
XVI - Osteólise (M89.5) (de falanges distais de quirodáctilos)	Cloreto de Vinila (X49.-; Z57.5) (Quadro XIII)

DOENÇAS	AGENTES ETIOLÓGICOS OU FATORES DE RISCO DE NATUREZA OCUPACIONAL
XVII - Osteonecrose no "Mal dos Caixões" (M90.3)	"Ar Comprimido" (W94.-; Z57.8) (Quadro XXIII)
XVIII - Doença de Kienböck do Adulto (Osteo-condrose do Adulto do Semilunar do Carpo) (M93.1) e outras Osteocondro--patias especificadas (M93.8)	Vibrações localizadas (W43.-; Z57.7) (Quadro XXII)

DOENÇAS DO SISTEMA GÊNITO-URINÁRIO RELACIONADAS COM O TRABALHO *(Grupo XIV da CID-10)*

DOENÇAS	AGENTES ETIOLÓGICOS OU FATORES DE RISCO DE NATUREZA OCUPACIONAL
I - Síndrome Nefrítica Aguda (N00.-)	Hidrocarbonetos alifáticos halogenados nefrotóxicos (X46.-; Z57.5) (Quadro XIII)
II - Doença Glomerular Crônica (N03.-)	Mercúrio e seus compostos tóxicos (X49.-; Z57.5) (Quadro XVI)
III - Nefropatia túbulo-intersticial induzida por metais pesados (N14.3)	1. Cádmio ou seus compostos (X49.-; Z57.5) (Quadro VI) 2. Chumbo ou seus compostos tóxicos (X49.-; Z57.5) (Quadro VIII) 3. Mercúrio e seus compostos tóxicos (X49.-; Z57.4 e Z57.5) (Quadro XVI)
IV - Insuficiência Renal Aguda (N17)	Hidrocarbonetos alifáticos halogenados nefrotóxicos (X46.-; Z57.5) (Quadro XIII)
V - Insuficiência Renal Crônica (N18)	Chumbo ou seus compostos (X49.-; Z57.5) (Quadro VIII)
VI - Cistite Aguda (N30.0)	Aminas aromáticas e seus derivados (X49.-; Z57.5)
VII - Infertilidade Masculina (N46)	1. Chumbo ou seus compostos tóxicos (X49.-; Z57.5) (Quadro VIII) 2. Radiações ionizantes (W88.-: Z57.1) (Quadro XXIV) 3. Chlordecone (X48.-; Z57.4) 4. Dibromocloropropano (DBCP) (X48.-; Z57.4 e Z57.5) 5. Calor (trabalho em temperaturas elevadas) (Z57.6)

TRAUMATISMOS, ENVENENAMENTOS E ALGUMAS OUTRAS CONSEQÜÊNCIAS DE CAUSAS EXTERNAS, RELACIONADOS COM O TRABALHO*(Grupo XIX da CID-10)*

DOENÇAS	AGENTES ETIOLÓGICOS OU FATORES DE RISCO DE NATUREZA OCUPACIONAL
I - Efeitos tóxicos de Solventes Orgânicos (T52.-): Álcoois (T51.8) e Cetonas (T52.4); Benzeno, Tolueno e Xileno (T52.1 e T52.2); Derivados halogenados dos Hidrocarbonetos Alifáticos e Aromáticos (T53): Tetracloreto de Carbono (T53.0); Clorofórmio (T53.1); Tricloroetileno (T53.2); Tetracloroetileno (T53.3); Dicloroetano (T53.4); Clorofluor-carbonos (T53.5); Outros derivados halogenados de hidrocarbonetos alifáticos (T53.6); Outros derivados halogenados de hidrocarbonetos aromáticos (T53.7); Derivados halogenados de hidrocarbonetos alifáticos e aromáticos, não especificados (T53.9); Sulfeto de Carbono (T65.4)	Exposição ocupacional a agentes tóxicos em outras indústrias (Z57.5)
II - Efeito tóxico de Substâncias Corrosivas (T54): Fenol e homólogos do fenol (T54.0); Flúor e seus compostos (T65.8); Selênio e seus compostos (T56.8); Outros compostos orgânicos corrosivos (T54.1); Ácidos corrosivos e substâncias ácidas similares (T54.2); Álcalis cáusticos e substâncias alcalinas similares (T54.3); Efeito tóxico de substância corrosiva, não especificada (T54.9).	Exposição ocupacional a agentes tóxicos em outras indústrias (Z57.5)
III - Efeito tóxico de Metais (T56): Arsênico e seus compostos (T57.0); Cádmio e seus compostos (T56.3); Chumbo e seus compostos (T56.0); Cromo e seus compostos (T56.2); Manganês e seus compostos (T57.2); Mercúrio e seus compostos (T56.1); Outros metais (T56.8); Metal, não especificado (T56.9).	Exposição ocupacional a agentes tóxicos em outras indústrias (Z57.5)
IV - Asfixiantes Químicos (T57-59): Monóxido de Carbono (T58); Ácido cianídrico e cianetos (T57.3); Sulfeto de hidrogênio (T59.6); Aminas aromáticas e seus derivados (T65.3)	Exposição ocupacional a agentes tóxicos em outras indústrias (Z57.5)
V - Praguicidas (Pesticidas, "Agrotóxicos") (T60): Organofosforados e Carbamatos (T60.0); Halogenados (T60.1); Outros praguicidas (T60.2)	Exposição ocupacional a agentes tóxicos na Agricultura (Z57.4)
VI - Efeitos da Pressão do Ar e da Pressão da Água (T70): Barotrauma Otítico (T70.0); Barotrauma Sinusal (T70.1); Doença Descompressiva ("Mal dos Caixões") (T70.3); Outros efeitos da pressão do ar e da água (T70.8).	Exposição ocupacional a pressões atmosféricas anormais (W94.-; Z57.8)

LISTA C

(Lista acrescida pelo Decreto nº 6.957, de 9/9/2009)

→ *Nota: 1 - São indicados intervalos de CID-10 em que se reconhece Nexo Técnico Epidemiológico, na forma do § 3o do art. 337, entre a entidade mórbida e as classes de CNAE indicadas, nelas incluídas todas as subclasses cujos quatro dígitos iniciais sejam comuns.*

INTERVALO CID-10	CNAE
A15-A19	0810 1091 1411 1412 1533 1540 2330 3011 3701 3702 3811 3812 3821 3822 3839 3900 4120 4211 4213 4222 4223 4291 4299 4312 4321 4391 4399 4687 4711 4713 4721 4741 4742 4743 4744 4789 4921 4923 4924 4929 5611 7810 7820 7830 8121 8122 8129 8610 9420 9601

INTERVALO CID-10	CNAE
E10-E14	1091 3600 3701 3702 3811 3812 3821 3822 3839 3900 4120 4211 4213 4222 4223 4291 4292 4299 4313 4319 4329 4399 4721 4921 4922 4923 4924 4929 4930 5030 5231 5239 8011 8012 8020 8030 8121 8122 8129 8411 9420

INTERVALO CID-10	CNAE
F10-F19	0710 0990 1011 1012 1013 1220 1532 1622 1732 1733 2211 2330 2342 2451 2511 2512 2531 2539 2542 2543 2593 2814 2822 2840 2861 2866 2869 2920 2930 3101 3102 3329 3600 3701 3702 3811 3812 3821 3822 3839 3900 4120 4211 4213 4221 4292 4299 4313 4319 4321 4329 4399 4520 4912 4921 5030 5212 5221 5222 5223 5229 5231 5232 5239 5250 5310 6423 7810 7820 7830 8121 8122 8129 8411 8423 8424 9420
F20-F29	0710 0990 1011 1012 1013 1031 1071 1321 1411 1412 2330 2342 2511 2543 2592 2861 2866 2869 2942 3701 3702 3811 3812 3821 3822 3839 3900 4120 4211 4213 4222 4223 4291 4292 4299 4312 4391 4399 4921 4922 4923 4924 4929 5212 5310 6423 7732 7810 7820 7830 8011 8012 8020 8030 8121 8122 8129 8423 9420
F30-F39	0710 0892 0990 1011 1012 1013 1031 1220 1311 1313 1314 1321 1330 1340 1351 1359 1411 1412 1413 1422 1531 1532 1540 2091 2123 2511 2710 2751 2861 2930 2945 3299 3600 4636 4711 4753 4756 4759 4762 4911 4912 4921 4922 4923 4924 4929 5111 5120 5221 5222 5223 5229 5310 5620 6110 6120 6130 6141 6142 6143 6190 6311 6422 6423 6431 6550 8121 8122 8129 8411 8413 8423 8424 8610 8711 8720 8730 8800
F40-F48	0710 0990 1311 1321 1351 1411 1412 1421 1532 2945 3600 4711 4753 4756 4759 4762 4911 4912 4921 4922 4923 4924 4929 5111 5120 5221 5222 5223 5229 5310 6110 6120 6130 6141 6142 6143 6190 6311 6422 6423 8011 8012 8020 8030 8121 8122 8129 8411 8423 8424 8610

INTERVALO CID-10	CNAE
G40-G47	0113 0210 0220 0810 1011 1012 1013 1321 1411 1412 1610 1621 1732 1733 1931 2330 2342 2511 2539 2861 3701 3702 3811 3812 3821 3822 3839 3900 4120 4211 4213 4222 4223 4291 4292 4299 4313 4319 4399 4921 4922 4923 4924 4929 4930 5212 8011 8012 8020 8030 8121 8122 8129
G50-G59	0155 1011 1012 1013 1062 1093 1095 1313 1351 1411 1412 1421 1529 1531 1532 1533 1539 1540 2063 2123 2211 2222 2223 2229 2349 2542 2593 2640 2710 2759 2944 2945 3240 3250 4711 5611 5612 5620 6110 6120 6130 6141 6142 6143 6190 6422 6423 8121 8122 8129 8610

INTERVALO CID-10	CNAE
H53-H54	0210 0220 0810 1071 1220 1610 1622 2330 2342 3701 3702 3811 3812 3821 3822 3839 3900 4120 4211 4212 4213 4222 4223 4291 4299 4312 4313 4319 4321 4329 4391 4399 4741 4742 4743 4744 4789 4921 4922 4923 4924 4929 4930 8011 8012 8020 8030 8121 8122 8129

INTERVALO CID-10	CNAE
I05-I09	4921
I10-I15	0111 1411 1412 4921 4922 4923 4924 4929 5111 5120
I20-I25	1621 4120 4211 4213 4221 4222 4223 4291 4299 4329 4399 4921 4922 4930 6110 6120 6130 6141 6142 6143 6190
I30-I52	0113 0210 0220 0810 1011 1012 1013 1061 1071 1411 1412 1610 1931 2029 2330 2342 3600 3701 3702 3811 3812 3821 3822 3839 3900 4120 4211 4213 4222 4223 4291 4292 4299 4312 4313 4319 4391 4399 4621 4622 4623 4921 4922 4923 4924 4929 4930 8121 8122 8129 8411 9420
I60-I69	0810 1071 2330 2342 3600 3701 3702 3811 3812 3821 3822 3839 3900 4120 4211 4213 4222 4223 4291 4299 4312 4313 4319 4321 4391 4399 4921 4922 4923 4924 4929 4930 8112 8121 8122 8129 8411 8591 9200 9311 9312 9313 9319 9420
I80-I89	1011 1012 1013 1020 1031 1033 1091 1092 1220 1311 1321 1351 1411 1412 1413 1422 1510 1531 1532 1540 1621 1622 2123 2342 2542 2710 2813 2832 2833 2920 2930 2944 2945 3101 3102 3329 3701 3702 3811 3812 3821 3822 3839 3900 4621 4622 4623 4721 4722 4921 4922 5611 5612 5620 8011 8012 8020 8030 8121 8122 8129 8411 8610 9420 9491 9601

INTERVALO CID-10	CNAE
J40-J47	0810 1031 1220 1311 1321 1351 1411 1412 1610 1622 1629 2330 2342 2539 3101 3102 3329 4120 4211 4213 4292 4299 4313 4319 4399 4921 8121 8122 8129 8411

INTERVALO CID-10	CNAE
K35-K38	0810 1011 1012 1013 1071 1411 1412 1531 1540 1610 1621 1732 1733 2451 2511 2512 2832 2833 2930 3101 3329 4621 4622 4623 4921 4922 8610
K40-K46	0113 0210 0220 0230 0810 1011 1012 1013 1020 1031 1033 1041 1051 1061 1066 1071 1091 1122 1321 1354 1510 1610 1621 1622 1629 1722 1732 1733 1931 2211 2212 2219 2330 2341 2342 2349 2443 2449 2451 2511 2512 2521 2539 2541 2542 2543 2592 2593 2710 2815 2822 2832 2833 2861 2866 2869 2930 2943 2944 2945 3011 3101 3102 3329 3701 3702 3811 3812 3821 3822 3839 3900 4120 4211 4212 4213 4221 4222 4223 4291 4292 4299 4312 4313 4319 4321 4329 4391 4399 4621 4622 4623 4632 4634 4687 4721 4722 4741 4742 4743 4744 4789 4921 4922 4930 5212 8121 8122 8129 9420

INTERVALO CID-10	CNAE
L60-L75	8610
L80-L99	0113 1011 1012 1013 1071 1411 1412 1610 1621 1931 2451 5611 5620 8121 8122 8129 8610

INTERVALO CID-10	CNAE
M00-M25	0113 0131 0133 0210 0220 0810 0892 0910 1011 1012 1013 1020 1031 1033 1041 1051 1052 1061 1064 1071 1072 1091 1122 1220 1311 1321 1351 1354 1411 1412 1413 1532 1621 1732 1733 1931 2012 2019 2312 2330 2341 2342 2349 2431 2443 2449 2511 2522 2539 2543 2550 2710 2813 2815 2822 2852 2853 2854 2861 2862 2865 2866 2869 2920 2930 2944 2945 2950 3011 3102 3600 3701 3702 3811 3812 3821 3822 3839 3900 4120 4211 4212 4213 4221 4222 4223 4291 4292 4299 4312 4313 4319 4321 4329 4391 4399 4621 4622 4623 4636 4661 4711 4721 4921 4922 4923 4924 4929 4930 5012 5021 5212 5310 5611 5620 7719 8121 8122 8129 8411 8424 8430 8591 8610 9200 9311 9312 9313 9319 9420 9491 9601
M30-M36	1412 8121 8122 8129 8610

INTERVALO CID-10	CNAE
M40-M54	0113 0131 0133 0210 0220 0230 0500 0710 0810 0892 0910 0990 1011 1012 1013 1020 1031 1033 1041 1051 1052 1061 1062 1064 1071 1072 1092 1122 1311 1312 1321 1323 1340 1351 1354 1411 1412 1413 1421 1422 1510 1532 1610 1621 1622 1623 1629 1710 1721 1722 1732 1733 1931 2012 2019 2029 2040 2091 2093 2123 2211 2212 2219 2221 2222 2312 2320 2330 2341 2342 2349 2391 2431 2439 2441 2443 2449 2451 2511 2513 2521 2522 2539 2542 2543 2550 2592 2593 2710 2722 2733 2813 2815 2822 2832 2833 2852 2853 2854 2861 2862 2864 2866 2869 2920 2930 2942 2943 2944 2945 2950 3011 3101 3102 3240 3321 3329 3600 3701 3702 3811 3812 3821 3822 3839 3900 4120 4211 4212 4213 4222 4223 4291 4292 4299 4311 4312 4313 4319 4321 4329 4391 4399 4621 4622 4623 4632 4636 4661 4681 4682 4685 4686 4687 4689 4921 4922 4923 4924 4929 4930 5012 5021 5211 5212 5221 5222 5223 5229 5310 5612 5620 6431 7719 7732 8121 8122 8129 8424 8430 8610 9420
M60-M79	0113 0155 0210 0220 1011 1012 1013 1020 1031 1033 1051 1052 1062 1064 1092 1093 1094 1095 1096 1099 1122 1311 1314 1321 1323 1340 1351 1352 1354 1359 1411 1412 1413 1414 1421 1510 1521 1529 1531 1532 1533 1540 1623 1732 1733 1742 1749 2040 2063 2091 2110 2121 2123 2211 2219 2221 2222 2223 2229 2312 2319 2342 2349 2439 2443 2449 2451 2531 2539 2541 2542 2543 2550 2591 2592 2593 2610 2631 2632 2640 2651 2710 2721 2722 2732 2733 2740 2751 2759 2813 2814 2815 2822 2823 2824 2840 2853 2854 2861 2864 2866 2869 2920 2930 2941 2942 2943 2944 2945 2949 3092 3101 3102 3104 3230 3240 3250 3291 3299 3316 3329 3701 3702 3811 3812 3821 3822 3839 3900 4221 4632 4634 4711 4713 4912 5111 5120 5212 5221 5222 5223 5229 5310 5320 5612 5620 6021 6022 6110 6120 6130 6141 6142 6143 6190 6209 6311 6399 6422 6423 6431 6550 7410 7490 7719 7733 8121 8122 8129 8211 8219 8220 8230 8291 8292 8299 8610 9420 9601

INTERVALO CID-10	CNAE
S00-S09	0210 0220 0230 0810 1011 1012 1013 1033 1041 1061 1071 1122 1321 1510 1532 1610 1621 1622 1732 1733 1931 2212 2330 2342 2391 2511 2512 2539 2542 2543 2593 2832 2833 2866 2869 2930 3011 3101 3102 3329 3701 3702 3811 3812 3821 3822 3839 3900 4120 4211 4213 4221 4222 4223 4291 4292 4299 4312 4313 4319 4321 4329 4391 4399 4520 4530 4541 4542 4621 4622 4623 4635 4671 4672 4673 4674 4679 4687 4731 4732 4741 4742 4743 4744 4789 4921 4922 4930 5212 5320 7810 7820 7830 8011 8012 8020 8030 8121 8122 8129 9420

INTERVALO CID-10	CNAE
S20-S29	0113 0131 0133 0210 0220 0230 0810 1011 1012 1013 1071 1321 1510 1610 1621 1622 1629 1732 1733 1931 2330 2342 2512 2539 2543 2832 2833 2866 2869 3600 3701 3702 3811 3812 3821 3822 3839 3900 4120 4211 4213 4221 4222 4223 4291 4292 4299 4321 4399 4621 4622 4623 4632 4687 4741 4742 4743 4744 4789 4921 4922 4930 5212 5310 8121 8122 8129 9420
S30-S39	0131 0133 0210 0220 1011 1012 1013 1061 1071 1610 1621 2330 2342 2511 2512 3101 3329 3701 3702 3811 3812 3821 3822 3839 3900 4120 4211 4213 4221 4222 4223 4291 4299 4312 4313 4319 4321 4329 4391 4399 4621 4622 4623 4687 4722 4741 4742 4743 4744 4789 4921 4930 5212 5221 5222 5223 5229 7810 7820 7830 8121 8122 8129 9420
S40-S49	0131 0133 0210 0220 0500 0810 1011 1012 1013 1031 1033 1041 1051 1061 1064 1071 1091 1122 1321 1351 1354 1411 1412 1510 1531 1532 1533 1540 1610 1621 1622 1623 1629 1722 1732 1733 1931 2212 2221 2222 2223 2229 2330 2342 2349 2391 2451 2511 2512 2539 2542 2543 2592 2593 2710 2813 2815 2822 2823 2832 2833 2861 2866 2869 2930 2944 2945 2950 3101 3102 3329 3701 3702 3811 3812 3821 3822 3839 3900 4120 4211 4213 4221 4222 4223 4291 4292 4299 4312 4313 4319 4321 4329 4391 4399 4520 4530 4541 4542 4618 4621 4622 4623 4635 4661 4671 4672 4673 4674 4679 4687 4721 4722 4731 4732 4741 4742 4743 4744 4784 4789 4921 4922 4930 5212 5221 5222 5223 5229 5310 5320 7719 7810 7820 7830 8011 8012 8020 8030 8121 8122 8129 9420
S50-S59	0210 0220 0810 1011 1012 1013 1031 1033 1041 1051 1061 1064 1071 1091 1092 1093 1096 1099 1122 1311 1321 1354 1411 1412 1510 1531 1532 1533 1540 1610 1621 1622 1623 1629 1722 1732 1733 2211 2221 2222 2223 2229 2330 2341 2342 2391 2511 2512 2539 2542 2543 2592 2593 2710 2759 2813 2822 2823 2832 2833 2861 2866 2869 2930 2944 2945 2950 3011 3101 3102 3329 3701 3702 3811 3812 3821 3822 3839 3900 4120 4211 4213 4221 4222 4223 4291 4292 4299 4312 4313 4319 4321 4322 4329 4391 4399 4520 4621 4622 4623 4635 4661 4685 4686 4687 4689 4711 4721 4722 4741 4742 4743 4744 4784 4789 4921 4923 4924 4929 4930 5212 5221 5222 5223 5229 5310 5320 7719 7732 7810 7820 7830 8011 8012 8020 8030 8121 8122 8129 9420

INTERVALO CID-10	CNAE
S60-S69	0113 0210 0220 0500 0810 1011 1012 1013 1031 1033 1041 1042 1051 1052 1061 1062 1063 1064 1071 1072 1091 1092 1093 1094 1096 1099 1122 1311 1312 1321 1323 1340 1351 1353 1354 1359 1411 1412 1510 1529 1531 1532 1533 1540 1610 1621 1622 1623 1629 1710 1721 1722 1731 1732 1733 1741 1742 1749 1813 1931 2012 2019 2029 2061 2063 2091 2092 2123 2211 2212 2219 2221 2222 2223 2229 2311 2312 2319 2330 2341 2342 2349 2391 2392 2399 2431 2439 2441 2443 2449 2451 2452 2511 2512 2513 2521 2522 2531 2532 2539 2541 2542 2543 2550 2591 2592 2593 2599 2632 2651 2710 2721 2722 2732 2733 2740 2751 2759 2790 2811 2812 2813 2814 2815 2821 2822 2823 2824 2825 2829 2831 2832 2833 2840 2852 2853 2854 2861 2862 2864 2865 2866 2869 2920 2930 2941 2942 2943 2944 2945 2949 2950 3011 3012 3032 3091 3092 3099 3101 3102 3103 3104 3220 3230 3240 3250 3291 3299 3319 3329 3701 3702 3811 3812 3821 3822 3832 3839 3900 4120 4211 4213 4221 4222 4223 4291 4292 4299 4312 4313 4319 4321 4322 4329 4391 4399 4520 4621 4622 4623 4632 4634 4661 4671 4672 4673 4674 4679 4681 4682 4685 4686 4687 4689 4711 4721 4722 4741 4742 4743 4744 4789 4930 5211 5212 5320 5819 5829 7719 7732 7810 7820 7830 8121 8122 8129 8423 9420 9529
S70-S79	0210 0220 1011 1012 1013 1033 1122 1610 1621 1622 2330 2391 2511 2512 2539 3101 3329 3701 3702 3811 3812 3821 3822 3839 3900 4120 4211 4213 4221 4222 4223 4291 4299 4312 4321 4391 4399 4520 4530 4541 4542 4618 4687 4731 4732 4741 4742 4743 4744 4784 4789 4921 4930 5212 5221 5222 5223 5229 5232 5250 5320 7810 7820 7830 8011 8012 8020 8030 8121 8122 8129 9420
S80-S89	0210 0220 0230 0500 0710 0810 0990 1011 1012 1013 1031 1033 1041 1051 1061 1062 1064 1071 1072 1092 1096 1099 1122 1321 1351 1354 1411 1412 1510 1531 1532 1540 1610 1621 1622 1623 1629 1710 1721 1722 1732 1733 1931 2012 2019 2029 2073 2091 2211 2219 2222 2312 2320 2330 2341 2342 2391 2439 2443 2449 2451 2511 2512 2521 2522 2539 2542 2543 2550 2592 2593 2651 2710 2812 2813 2815 2821 2822 2823 2831 2832 2833 2840 2852 2854 2861 2862 2864 2865 2866 2869 2930 2943 2944 2945 2950 3011 3101 3102 3329 3600 3701 3702 3811 3812 3821 3822 3839 3900 4120 4211 4213 4221 4222 4223 4291 4292 4299 4312 4313 4319 4321 4322 4329 4391 4399 4520 4530 4541 4542 4618 4621 4622 4623 4632 4635 4636 4637 4639 4661 4671 4672 4673 4674 4679 4681 4682 4685 4686 4687 4689 4711 4722 4723 4731 4732 4741 4742 4743 4744 4784 4789 4912 4921 4922 4923 4924 4929 4930 5211 5212 5221 5222 5223 5229 5232 5250 5310 5320 7719 7732 7810 7820 7830 8011 8012 8020 8030 8121 8122 8129 8423 8424 9420

INTERVALO CID-10	CNAE
S90-S99	0210 0220 0500 0810 1011 1012 1013 1031 1033 1041 1051 1061 1062 1064 1071 1072 1092 1093 1122 1311 1321 1351 1354 1411 1412 1510 1532 1610 1621 1622 1623 1629 1710 1721 1722 1732 1733 1931 2029 2091 2219 2221 2222 2312 2330 2341 2342 2391 2431 2439 2441 2443 2449 2451 2511 2512 2513 2521 2522 2531 2539 2542 2543 2592 2593 2710 2722 2815 2822 2831 2832 2833 2840 2852 2853 2854 2861 2862 2865 2866 2869 2920 2930 2943 2944 2945 2950 3011 3101 3102 3329 3600 3701 3702 3811 3812 3821 3822 3839 3900 4120 4211 4213 4221 4222 4223 4291 4292 4299 4312 4313 4319 4321 4322 4329 4391 4399 4621 4622 4623 4661 4681 4682 4685 4686 4687 4689 4711 4784 4912 4921 4922 4930 5111 5120 5212 5221 5222 5223 5229 5232 5250 5310 5320 6423 6431 6550 7719 7732 7810 7820 7830 8011 8012 8020 8030 8121 8122 8129 8423 8424 8610 9420
T90-T98	0210 0220 0710 0810 0892 0910 1011 1013 1020 1031 1033 1041 1042 1061 1062 1071 1072 1091 1092 1093 1122 1220 1311 1312 1321 1351 1352 1353 1411 1412 1510 1531 1532 1533 1540 1610 1621 1622 1629 1733 1932 2014 2019 2029 2032 2091 2211 2221 2223 2229 2312 2320 2330 2341 2342 2391 2451 2511 2512 2521 2522 2539 2542 2592 2593 2640 2740 2751 2790 2813 2814 2822 2862 2864 2866 2869 2920 2930 2944 2945 2950 3091 3092 3101 3102 3600 3701 3702 3811 3812 3821 3822 3839 3900 4120 4211 4213 4221 4291 4292 4299 4312 4313 4319 4321 4322 4391 4399 4635 4661 4681 4682 4687 4721 4741 4743 4744 4784 4922 4923 4924 4929 4930 5012 5021 5030 5212 5221 5222 5223 5229 5231 5232 5239 5250 5310 5320 7719 7732 8011 8012 8020 8030 8121 8122 9420

ANEXO III

RELAÇÃO DAS SITUAÇÕES QUE DÃO DIREITO AO AUXÍLIO-ACIDENTE

QUADRO Nº 1

Aparelho visual

Situações:

a) acuidade visual, após correção, igual ou inferior a 0,2 no olho acidentado;

b) acuidade visual, após correção, igual ou inferior a 0,5 em ambos os olhos, quando ambos tiverem sido acidentados;

c) acuidade visual, após correção, igual ou inferior a 0,5 no olho acidentado, quando a do outro olho for igual a 0,5 ou menos, após correção;

d) lesão da musculatura extrínseca do olho, acarretando paresia ou paralisia;

e) lesão bilateral das vias lacrimais, com ou sem fístulas, ou unilateral com fístula.

→ *NOTA 1 - A acuidade visual restante é avaliada pela escala de Wecker, em décimos, e após a correção por lentes.*

→ *NOTA 2 - A nubécula e o leucoma são analisados em função da redução da acuidade ou do prejuízo estético que acarretam, de acordo com os quadros respectivos.*

QUADRO Nº 2

Aparelho auditivo

TRAUMA ACÚSTICO

a) perda da audição no ouvido acidentado;

b) redução da audição em grau médio ou superior em ambos os ouvidos, quando os dois tiverem sido acidentados;

c) redução da audição, em grau médio ou superior, no ouvido acidentado, quando a audição do outro estiver também reduzida em grau médio ou superior.

NOTA 1 - A capacidade auditiva em cada ouvido é avaliada mediante audiometria apenas aérea, nas freqüências de 500, 1.000, 2.000 e 3.000 Hertz.

NOTA 2 - A redução da audição, em cada ouvido, é avaliada pela média aritmética dos valores, em decibéis, encontrados nas freqüências de 500, 1.000, 2.000 e 3.000 Hertz, segundo adaptação da classificação de Davis & Silvermann, 1970.
Audição normal - até vinte e cinco decibéis.
Redução em grau mínimo - vinte e seis a quarenta decibéis;
Redução em grau médio - quarenta e um a setenta decibéis;
Redução em grau máximo - setenta e um a noventa decibéis;
Perda de audição - mais de noventa decibéis.

QUADRO Nº 3

Aparelho da fonação

Situação:

Perturbação da palavra em grau médio ou máximo, desde que comprovada por métodos clínicos objetivos.

QUADRO Nº 4

Prejuízo estético

Situações:

Prejuízo estético, em grau médio ou máximo, quando atingidos crânios, e/ou face, e/ou pescoço ou perda de dentes quando há também deformação da arcada dentária que impede o uso de prótese.

→ *NOTA 1 - Só é considerada como prejuízo estético a lesão que determina apreciável modificação estética do segmento corpóreo atingido, acarretando aspecto desagradável, tendo-se em conta sexo, idade e profissão do acidentado.*

→ *NOTA 2 - A perda anatômica de membro, a redução de movimentos articulares ou a alteração da capacidade funcional de membro não são considerados como prejuízo estético, podendo, porém, ser enquadradas, se for o caso, nos quadros respectivos.*

QUADRO Nº 5

Perdas de segmentos de membros

Situações:

a) perda de segmento ao nível ou acima do carpo;

b) perda de segmento do primeiro quirodáctilo, desde que atingida a falange proximal; (Alínea com redação dada pelo Decreto nº 4.032, de 26/11/2001)

c) perda de segmentos de dois quirodáctilos, desde que atingida a falange proximal em pelo menos um deles; (Alínea com redação dada pelo Decreto nº 4.032, de 26/11/2001)

d) perda de segmento do segundo quirodáctilo, desde que atingida a falange proximal; (Alínea com redação dada pelo Decreto nº 4.032, de 26/11/2001)

e) perda de segmento de três ou mais falanges, de três ou mais quirodáctilos;

f) perda de segmento ao nível ou acima do tarso;

g) perda de segmento do primeiro pododáctilo, desde que atingida a falange proximal; (Alínea com redação dada pelo Decreto nº 4.032, de 26/11/2001)

h) perda de segmento de dois pododáctilos, desde que atingida a falange proximal em ambos; (Alínea com redação dada pelo Decreto nº 4.032, de 26/11/2001)

i) perda de segmento de três ou mais falanges, de três ou mais pododáctilos.

→ *NOTA: Para efeito de enquadramento, a perda parcial de parte óssea de um segmento equivale à perda do segmento. A perda parcial de partes moles sem perda de parte óssea do segmento não é considerada para efeito de enquadramento.*

QUADRO Nº 6

Alterações articulares

Situações:

a) redução em grau médio ou superior dos movimentos da mandíbula;

b) redução em grau máximo dos movimentos do segmento cervical da coluna vertebral;

c) redução em grau máximo dos movimentos do segmento lombo-sacro da coluna vertebral;

d) redução em grau médio ou superior dos movimentos das articulações do ombro ou do cotovelo;

e) redução em grau médio ou superior dos movimentos de pronação e/ou de supinação do antebraço;

f) redução em grau máximo dos movimentos do primeiro e/ou do segundo quirodáctilo, desde que atingidas as articulações metacarpo-falangeana e falange-falangeana;

g) redução em grau médio ou superior dos movimentos das articulações coxo-femural e/ ou joelho, e/ou tíbio-társica.

→ *NOTA 1 - Os graus de redução de movimentos articulares referidos neste quadro são avaliados de acordo com os seguintes critérios:*

Grau máximo: redução acima de dois terços da amplitude normal do movimento da articulação;

Grau médio: redução de mais de um terço e até dois terços da amplitude normal do movimento da articulação;

Grau mínimo: redução de até um terço da amplitude normal do movimento da articulação.

→ *NOTA 2 - A redução de movimentos do cotovelo, de pronação e supinação do antebraço, punho, joelho e tíbio-társica, secundária a uma fratura de osso longo do membro, consolidada em posição viciosa e com desvio de eixo, também é enquadrada dentro dos limites estabelecidos.*

QUADRO Nº 7

Encurtamento de membro inferior

Situação:

Encurtamento de mais de 4 cm (quatro centímetros).

→ *NOTA: A preexistência de lesão de bacia deve ser considerada quando da avaliação do encurtamento.*

QUADRO Nº 8

Redução da força e/ou da capacidade funcional dos membros

Situações:

a) redução da força e/ou da capacidade funcional da mão, do punho, do antebraço ou de todo o membro superior em grau sofrível ou inferior da classificação de desempenho muscular;

b) redução da força e/ou da capacidade funcional do primeiro quirodáctilo em grau sofrível ou inferior;

c) redução da força e/ou da capacidade funcional do pé, da perna ou de todo o membro inferior em grau sofrível ou inferior.

→ *NOTA 1 - Esta classificação se aplica a situações decorrentes de comprometimento muscular ou neurológico. Não se aplica a alterações decorrentes de lesões articulares ou de perdas anatômicas constantes dos quadros próprios.*

→ *NOTA 2 - Na avaliação de redução da força ou da capacidade funcional é utilizada a classificação da carta de desempenho muscular da The National Foundation for Infantile Paralysis, adotada pelas Sociedades Internacionais de Ortopedia e Traumatologia, e a seguir transcrita:*

Desempenho muscular

Grau 5 - Normal - cem por cento - Amplitude completa de movimento contra a gravidade e contra grande resistência.

Grau 4 - Bom - setenta e cinco por cento - Amplitude completa de movimento contra a gravidade e contra alguma resistência.

Grau 3 - Sofrível - cinquenta por cento - Amplitude completa de movimento contra a gravidade sem opor resistência.

Grau 2 - Pobre - vinte e cinco por cento - Amplitude completa de movimento quando eliminada a gravidade.

Grau 1 - Traços - dez por cento - Evidência de leve contração. Nenhum movimento articular.

Grau 0 (zero) - zero por cento - Nenhuma evidência de contração.

Grau E ou EG - zero por cento - Espasmo ou espasmo grave.

Grau C ou CG - Contratura ou contratura grave.

→ *NOTA - O enquadramento dos casos de grau sofrível ou inferior abrange, na prática, os casos de redução em que há impossibilidade de movimento contra alguma força de resistência além da força de gravidade.*

QUADRO Nº 9

Outros aparelhos e sistemas

Situações:

a) segmentectomia pulmonar que acarrete redução em grau médio ou superior da capacidade funcional respiratória; devidamente correlacionada à sua atividade laborativa.

b) perda do segmento do aparelho digestivo cuja localização ou extensão traz repercussões sobre a nutrição e o estado geral.

DOENÇAS PROFISSIONAIS E AS DO TRABALHO

As doenças profissionais e as do trabalho, que após consolidações das lesões resultem seqüelas permanentes com redução da capacidade de trabalho, deverão ser enquadradas conforme o art. 104 deste Regulamento.

ANEXO IV

CLASSIFICAÇÃO DOS AGENTES NOCIVOS

Código	Agente nocivo	Tempo de exposição
1.0.0	**AGENTES QUÍMICOS** O que determina o direito ao benefício é a exposição do trabalhador ao agente nocivo presente no ambiente de trabalho e no processo produtivo, em nível de concentração superior aos limites de tolerância estabelecidos. *(Redação dada pelo Decreto, nº 3.265, de 29/11/1999)* O rol de agentes nocivos é exaustivo, enquanto que as atividades listadas, nas quais pode haver a exposição, é exemplificativa. *(Redação dada pelo Decreto, nº 3.265, de 29/11/1999)*	
1.0.1	**ARSÊNIO E SEUS COMPOSTOS** a) extração de arsênio e seus compostos tóxicos; b) metalurgia de minérios arsenicais; c) utilização de hidrogênio arseniado (arsina) em sínteses orgânicas e no processamento de componentes eletrônicos; d) fabricação e preparação de tintas e lacas; e) fabricação, preparação e aplicação de inseticidas, herbicidas, parasiticidas e raticidas com a utilização de compostos de arsênio; f) produção de vidros, ligas de chumbo e medicamentos com a utilização de compostos de arsênio; g) conservação e curtume de peles, tratamento e preservação da madeira com a utilização de compostos de arsênio.	25 ANOS
1.0.2	**ASBESTOS** a) extração, processamento e manipulação de rochas amiantíferas; b) fabricação de guarnições para freios, embreagens e materiais isolantes contendo asbestos; c) fabricação de produtos de fibrocimento; d) mistura, cardagem, fiação e tecelagem de fibras de asbestos.	20 ANOS
1.0.3	**BENZENO E SEUS COMPOSTOS TÓXICOS** a) produção e processamento de benzeno; b) utilização de benzeno como matéria-prima em sínteses orgânicas e na produção de derivados; c) utilização de benzeno como insumo na extração de óleos vegetais e álcoois;	25 ANOS

Código	Agente nocivo	Tempo de exposição
1.0.3	d) utilização de produtos que contenham benzeno, como colas, tintas, vernizes, produtos gráficos e solventes; e) produção e utilização de clorobenzenos e derivados; f) fabricação e vulcanização de artefatos de borracha; g) fabricação e recauchutagem de pneumáticos.	25 ANOS
1.0.4	**BERÍLIO E SEUS COMPOSTOS TÓXICOS** a) extração, trituração e tratamento de berílio; b) fabricação de compostos e ligas de berílio; c) fabricação de tubos fluorescentes e de ampolas de raio X; d) fabricação de queim f) utilização do berílio na indústria aeroespacial.	25 ANOS
1.0.5	**BROMO E SEUS COMPOSTOS TÓXICOS** a) fabricação e emprego do bromo e do ácido brômico.	25 ANOS
1.0.6	**CÁDMIO E SEUS COMPOSTOS TÓXICOS** a) extração, tratamento e preparação de ligas de cádmio; b) fabricação de compostos de cádmio; c) utilização de eletrodos de cádmio em soldas; d) utilização de cádmio no revestimento eletrolítico de metais; e) utilização de cádmio como pigmento e estabilizador na indústria do plástico; f) fabricação de eletrodos de baterias alcalinas de níquel-cádmio.	25 ANOS
1.0.7	**CARVÃO MINERAL E SEUS DERIVADOS** a) extração, fabricação, beneficiamento e utilização de carvão mineral, piche, alcatrão, betume e breu; b) extração, produção e utilização de óleos minerais e parafinas; c) extração e utilização de antraceno e negro de fumo; d) produção de coque	25 ANOS
1.0.8	**CHUMBO E SEUS COMPOSTOS TÓXICOS** a) extração e processamento de minério de chumbo; b) metalurgia e fabricação de ligas e compostos de chumbo; c) fabricação e reformas de acumuladores elétricos; d) fabricação e emprego de chumbo-tetraetila e chumbo-tetrametila; e) fabricação de tintas, esmaltes e vernizes à base de compostos de chumbo;	25 ANOS

Código	Agente nocivo	Tempo de exposição
1.0.8	f) pintura com pistola empregando tintas com pigmentos de chumbo; g) fabricação de objetos e artefatos de chumbo e suas ligas; h) vulcanização da borracha pelo litargírio ou outros compostos de chumbo; i) utilização de chumbo em processos de soldagem; j) fabricação de vidro, cristal e esmalte vitrificado; l) fabricação de pérolas artificiais; m) fabricação e utilização de aditivos à base de chumbo para a indústria de plásticos.	25 ANOS
1.0.9	**CLORO E SEUS COMPOSTOS TÓXICOS** a) fabricação e emprego de defensivos organoclorados; b) fabricação e emprego de cloroetilaminas (mostardas nitrogenadas); c) fabricação e manuseio de bifenis policlorados (PCB); d) fabricação e emprego de cloreto de vinil como monômero na fabricação de policloreto de vinil (PVC) e outras resinas e como intermediário em produções químicas ou como solvente orgânico; e) fabricação de policloroprene; f) fabricação e emprego de clorofórmio (triclorometano) e de tetracloreto de carbono.	25 ANOS
1.0.10	**CROMO E SEUS COMPOSTOS TÓXICOS** a) fabricação, emprego industrial, manipulação de cromo, ácido crômico, cromatos e bicromatos; b) fabricação de ligas de ferro-cromo; c) revestimento eletrolítico de metais e polimento de superfícies cromadas; d) pintura com pistola utilizando tintas com pigmentos de cromo; e) soldagem de aço inoxidável.	25 ANOS
1.0.11	**DISSULFETO DE CARBONO** a) fabricação e utilização de dissulfeto de carbono; b) fabricação de viscose e seda artificial (raiom) ; c) fabricação e emprego de solventes, inseticidas e herbicidas contendo dissulfeto de carbono; d) fabricação de vernizes, resinas, sais de amoníaco, de tetracloreto de carbono, de vidros óticos e produtos têxteis com uso de dissulfeto de carbono.	25 ANOS

Código	Agente nocivo	Tempo de exposição
1.0.12	**FÓSFORO E SEUS COMPOSTOS TÓXICOS** a) extração e preparação de fósforo branco e seus compostos; b) fabricação e aplicação de produtos fosforados e organofosforados (sínteses orgânicas, fertilizantes e praguicidas); c) fabricação de munições e armamentos explosivos.	25 ANOS
1.0.13	**IODO** a) fabricação e emprego industrial do iodo.	25 ANOS
1.0.14	**MANGANÊS E SEUS COMPOSTOS** a) extração e beneficiamento de minérios de manganês; b) fabricação de ligas e compostos de manganês; c) fabricação de pilhas secas e acumuladores; d) preparação de permanganato de potássio e de corantes; e) fabricação de vidros especiais e cerâmicas; f) utilização de eletrodos contendo manganês; g) fabricação de tintas e fertilizantes.	25 ANOS
1.0.15	**MERCÚRIO E SEUS COMPOSTOS** a) extração e utilização de mercúrio e fabricação de seus compostos; b) fabricação de espoletas com fulminato de mercúrio; c) fabricação de tintas com pigmento contendo mercúrio; d) fabricação e manutenção de aparelhos de medição e de laboratório; e) fabricação de lâmpadas, válvulas eletrônicas e ampolas de raio X; f) fabricação de minuterias, acumuladores e retificadores de corrente; g) utilização como agente catalítico e de eletrólise; h) douração, prateamento, bronzeamento e estanhagem de espelhos e metais; i) curtimento e feltragem do couro e conservação da madeira; j) recuperação do mercúrio; l) amalgamação do zinco. m) tratamento a quente de amálgamas de metais; n) fabricação e aplicação de fungicidas.	25 ANOS
1.0.16	**NÍQUEL E SEUS COMPOSTOS TÓXICOS** a) extração e beneficiamento do níquel; b) niquelagem de metais; c) fabricação de acumuladores de níquel-cádmio.	25 ANOS

Código	Agente nocivo	Tempo de exposição
1.0.17	**PETRÓLEO, XISTO BETUMINOSO, GÁS NATURAL E SEUS DERIVADOS** a) extração, processamento, beneficiamento e atividades de manutenção realizadas em unidades de extração, plantas petrolíferas e petroquímicas; b) beneficiamento e aplicação de misturas asfálticas contendo hidrocarbonetos policíclicos.	25 ANOS
1.0.18	**SÍLICA LIVRE** a) extração de minérios a céu aberto; b) beneficiamento e tratamento de produtos minerais geradores de poeiras contendo sílica livre cristalizada; c) tratamento, decapagem e limpeza de metais e fosqueamento de vidros com jatos de areia; d) fabricação, processamento, aplicação e recuperação de materiais refratários; e) fabricação de mós, rebolos e de pós e pastas para polimento; f) fabricação de vidros e cerâmicas; g) construção de túneis; h) desbaste e corte a seco de materiais contendo sílica.	25 ANOS
1.0.19	**OUTRAS SUBSTÂNCIAS QUÍMICAS** GRUPO I - ESTIRENO; BUTADIENO-ESTIRENO; ACRILONITRILA; 1-3 BUTADIENO; CLOROPRENO; MERCAPTANOS, n-HEXANO, DIISOCIANATO DE TOLUENO (TDI); AMINAS AROMÁTICAS a) fabricação e vulcanização de artefatos de borracha; b) fabricação e recauchutagem de pneus. GRUPO II - AMINAS AROMÁTICAS, AMINOBIFENILA, AURAMINA, AZATIOPRINA, BIS (CLORO METIL) ÉTER, 1-4 BUTANODIOL, DIMETANOSULFONATO (MILERAN), CICLOFOSFAMIDA, CLOROAMBUCIL, DIETILESTIL-BESTROL, ACRONITRILA, NITRONAFTILAMINA 4-DIMETIL-AMINOAZOBENZENO, BENZOPIRENO, BETA-PROPIOLACTONA, BISCLOROETILETER, BISCLOROMETIL, CLOROMETILETER, DIANIZIDINA, DICLOROBENZIDINA, DIETILSULFATO, DIMETILSULFATO, ETILENOAMINA, ETILENOTIUREIA, FENACETINA, IODETO DE METILA, ETILNITROSURÉIAS, METILENO-ORTOCLOROANILINA (MOCA), NITROSAMINA, ORTOTOLUIDINA, OXIME--TALONA, PROCARBAZINA, PROPANOSULTONA, 1-3-BUTADIENO, ÓXIDO DE ETILENO, ESTILBENZENO, DIISOCIANATO DE TOLUENO (TDI), CREOSOTO, 4-AMINODIFENIL, BENZIDINA, BETANAFTILAMINA, ESTIRENO, 1-CLORO-2, 4 - NITRODIFENIL, 3-POXIPRO-PANO	25 ANOS

Código	Agente nocivo	Tempo de exposição
1.0.19	a) manufatura de magenta (anilina e ortotoluidina); b) fabricação de fibras sintéticas; c) sínteses químicas; d) fabricação da borracha e espumas; e) fabricação de plásticos; f) produção de medicamentos; g) operações de preservação da madeira com creosoto; h) esterilização de materiais cirúrgicos.	25 ANOS
2.0.0	**AGENTES FÍSICOS** Exposição acima dos limites de tolerância especificados ou às atividades descritas.	
2.0.1	**RUÍDO** a) exposição a Níveis de Exposição Normalizados (NEN) superiores a 85 dB(A). *(Alínea com redação dada pelo Decreto nº 4.882, de 18/11/2003)*	25 ANOS
2.0.2	**VIBRAÇÕES** a) trabalhos com perfuratrizes e marteletes pneumáticos.	25 ANOS
2.0.3	**RADIAÇÕES IONIZANTES** a) extração e beneficiamento de minerais radioativos; b) atividades em minerações com exposição ao radônio; c) realização de manutenção e supervisão em unidades de extração, tratamento e beneficiamento de minerais radioativos com exposição às radiações ionizantes; d) operações com reatores nucleares ou com fontes radioativas; e) trabalhos realizados com exposição aos raios Alfa, Beta, Gama e X, aos nêutrons e às substâncias radioativas para fins industriais, terapêuticos e diagnósticos; f) fabricação e manipulação de produtos radioativos; g) pesquisas e estudos com radiações ionizantes em laboratórios.	25 ANOS
2.0.4	**TEMPERATURAS ANORMAIS** a) trabalhos com exposição ao calor acima dos limites de tolerância estabelecidos na NR-15, da Portaria nº 3.214/78.	25 ANOS
2.0.5	**PRESSÃO ATMOSFÉRICA ANORMAL** a) trabalhos em caixões ou câmaras hiperbáricas; b) trabalhos em tubulões ou túneis sob ar comprimido; c) operações de mergulho com o uso de escafandros ou outros equipamentos .	25 ANOS

Código	Agente nocivo	Tempo de exposição
3.0.0	**BIOLÓGICOS** Exposição aos agentes citados unicamente nas atividades relacionadas.	
3.0.1	**MICROORGANISMOS E PARASITAS INFECTO-CONTAGIOSOS VIVOS E SUAS TOXINAS** *(Redação dada pelo Decreto nº 4.882, de 18/11/2003)* a) trabalhos em estabelecimentos de saúde em contato com pacientes portadores de doenças infecto-contagiosas ou com manuseio de materiais contaminados; b) trabalhos com animais infectados para tratamento ou para o preparo de soro, vacinas e outros produtos; c) trabalhos em laboratórios de autópsia, de anatomia e anátomo-histologia; d) trabalho de exumação de corpos e manipulação de resíduos de animais deteriorados; e) trabalhos em galerias, fossas e tanques de esgoto; f) esvaziamento de biodigestores; g) coleta e industrialização do lixo.	25 ANOS
4.0.0	**ASSOCIAÇÃO DE AGENTES** *(Redação dada pelo Decreto nº 4.882, de 18/11/2003)* Nas associações de agentes que estejam acima do nível de tolerância, será considerado o enquadramento relativo ao que exigir menor tempo de exposição *(Redação dada pelo Decreto nº 4.882, de 18/11/2003)*	
4.0.1	**FÍSICOS, QUÍMICOS E BIOLÓGICOS** a) mineração subterrânea cujas atividades sejam exercidas afastadas das frentes de produção.	20 ANOS
4.0.2	**FÍSICOS, QUÍMICOS E BIOLÓGICOS** a) trabalhos em atividades permanentes no subsolo de minerações subterrâneas em frente de produção.	15 ANOS

ANEXO V

(Anexo com redação dada pelo Anexo ao Decreto nº 10.410, de 30/6/2020)

RELAÇÃO DE ATIVIDADES PREPONDERANTES E CORRESPONDENTES GRAUS DE RISCO CONFORME A CLASSIFICAÇÃO NACIONAL DE ATIVIDADES ECONÔMICAS

CNAE 2.3	Descrição	Alíquota (%)
0111-3/01	Cultivo de arroz	**3**
0111-3/02	Cultivo de milho	**3**
0111-3/03	Cultivo de trigo	**2**
0111-3/99	Cultivo de outros cereais não especificados anteriormente	**3**
0112-1/01	Cultivo de algodão herbáceo	**3**
0112-1/02	Cultivo de juta	**3**
0112-1/99	Cultivo de outras fibras de lavoura temporária não especificadas anteriormente	**3**
0113-0/00	Cultivo de cana-de-açúcar	**3**
0114-8/00	Cultivo de fumo	**3**
0115-6/00	Cultivo de soja	**3**
0116-4/01	Cultivo de amendoim	**2**
0116-4/02	Cultivo de girassol	**2**
0116-4/03	Cultivo de mamona	**3**
0116-4/99	Cultivo de outras oleaginosas de lavoura temporária não especificadas anteriormente	**3**
0119-9/01	Cultivo de abacaxi	**2**
0119-9/02	Cultivo de alho	**2**
0119-9/03	Cultivo de batata-inglesa	**3**
0119-9/04	Cultivo de cebola	**2**
0119-9/05	Cultivo de feijão	**3**
0119-9/06	Cultivo de mandioca	**3**

CNAE 2.3	Descrição	Alíquota (%)
0119-9/07	Cultivo de melão	**3**
0119-9/08	Cultivo de melancia	**2**
0119-9/09	Cultivo de tomate rasteiro	**2**
0119-9/99	Cultivo de outras plantas de lavoura temporária não especificadas anteriormente	**2**
0121-1/01	Horticultura, exceto morango	**3**
0121-1/02	Cultivo de morango	**3**
0122-9/00	Cultivo de flores e plantas ornamentais	**3**
0131-8/00	Cultivo de laranja	**3**
0132-6/00	Cultivo de uva	**3**
0133-4/01	Cultivo de açaí	**1**
0133-4/02	Cultivo de banana	**3**
0133-4/03	Cultivo de caju	**2**
0133-4/04	Cultivo de cítricos, exceto laranja	**3**
0133-4/05	Cultivo de coco-da-baía	**3**
0133-4/06	Cultivo de guaraná	**3**
0133-4/07	Cultivo de maçã	**3**
0133-4/08	Cultivo de mamão	**2**
0133-4/09	Cultivo de maracujá	**3**
0133-4/10	Cultivo de manga	**3**
0133-4/11	Cultivo de pêssego	**3**
0133-4/99	Cultivo de frutas de lavoura permanente não especificadas anteriormente	**3**
0134-2/00	Cultivo de café	**3**
0135-1/00	Cultivo de cacau	**3**
0139-3/01	Cultivo de chá-da-índia	**3**

CNAE 2.3	Descrição	Alíquota (%)
0139-3/02	Cultivo de erva-mate	**3**
0139-3/03	Cultivo de pimenta-do-reino	**3**
0139-3/04	Cultivo de plantas para condimento, exceto pimenta-do-reino	**3**
0139-3/05	Cultivo de dendê	**3**
0139-3/06	Cultivo de seringueira	**3**
0139-3/99	Cultivo de outras plantas de lavoura permanente não especificadas anteriormente	**3**
0141-5/01	Produção de sementes certificadas, exceto de forrageiras para pasto	**3**
0141-5/02	Produção de sementes certificadas de forrageiras para formação de pasto	**3**
0142-3/00	Produção de mudas e outras formas de propagação vegetal certificadas	**2**
0151-2/01	Criação de bovinos para corte	**3**
0151-2/02	Criação de bovinos para leite	**3**
0151-2/03	Criação de bovinos, exceto para corte e leite	**3**
0152-1/01	Criação de bufalinos	**3**
0152-1/02	Criação de equinos	**2**
0152-1/03	Criação de asininos e muares	**3**
0153-9/01	Criação de caprinos	**3**
0153-9/02	Criação de ovinos, inclusive para produção de lã	**3**
0154-7/00	Criação de suínos	**3**
0155-5/01	Criação de frangos para corte	**3**
0155-5/02	Produção de pintos de um dia	**3**
0155-5/03	Criação de outros galináceos, exceto para corte	**2**
0155-5/04	Criação de aves, exceto galináceos	**2**
0155-5/05	Produção de ovos	**3**

CNAE 2.3	Descrição	Alíquota (%)
0159-8/01	Apicultura	**2**
0159-8/02	Criação de animais de estimação	**3**
0159-8/03	Criação de *escargot*	**1**
0159-8/04	Criação de bicho-da-seda	**1**
0159-8/99	Criação de outros animais não especificados anteriormente	**2**
0161-0/01	Serviço de pulverização e controle de pragas agrícolas	**3**
0161-0/02	Serviço de poda de árvores para lavouras	**3**
0161-0/03	Serviço de preparação de terreno, cultivo e colheita	**3**
0161-0/99	Atividades de apoio à agricultura não especificadas anteriormente	**3**
0162-8/01	Serviço de inseminação artificial em animais	**2**
0162-8/02	Serviço de tosquiamento de ovinos	**3**
0162-8/03	Serviço de manejo de animais	**3**
0162-8/99	Atividades de apoio à pecuária não especificadas anteriormente	**3**
0163-6/00	Atividades de pós-colheita	**3**
0170-9/00	Caça e serviços relacionados	**1**
0210-1/01	Cultivo de eucalipto	**3**
0210-1/02	Cultivo de acácia-negra	**3**
0210-1/03	Cultivo de pinus	**3**
0210-1/04	Cultivo de teca	**3**
0210-1/05	Cultivo de espécies madeireiras, exceto eucalipto, acácia-negra, pinus e teca	**2**
0210-1/06	Cultivo de mudas em viveiros florestais	**3**
0210-1/07	Extração de madeira em florestas plantadas	**3**
0210-1/08	Produção de carvão vegetal em florestas plantadas	**3**

CNAE 2.3	Descrição	Alíquota (%)
0210-1/09	Produção de casca de acácia-negra em florestas plantadas	**2**
0210-1/99	Produção de produtos não-madeireiros não especificados anteriormente em florestas plantadas	**3**
0220-9/01	Extração de madeira em florestas nativas	**3**
0220-9/02	Produção de carvão vegetal em florestas nativas	**2**
0220-9/03	Coleta de castanha-do-pará em florestas nativas	**3**
0220-9/04	Coleta de látex em florestas nativas	**1**
0220-9/05	Coleta de palmito em florestas nativas	**3**
0220-9/06	Conservação de florestas nativas	**3**
0220-9/99	Coleta de produtos não-madeireiros não especificados anteriormente em florestas nativas	**3**
0230-6/00	Atividades de apoio à produção florestal	**3**
0311-6/01	Pesca de peixes em água salgada	**3**
0311-6/02	Pesca de crustáceos e moluscos em água salgada	**3**
0311-6/03	Coleta de outros produtos marinhos	**3**
0311-6/04	Atividades de apoio à pesca em água salgada	**2**
0312-4/01	Pesca de peixes em água doce	**2**
0312-4/02	Pesca de crustáceos e moluscos em água doce	**1**
0312-4/03	Coleta de outros produtos aquáticos de água doce	**1**
0312-4/04	Atividades de apoio à pesca em água doce	**2**
0321-3/01	Criação de peixes em água salgada e salobra	**2**
0321-3/02	Criação de camarões em água salgada e salobra	**2**
0321-3/03	Criação de ostras e mexilhões em água salgada e salobra	**3**
0321-3/04	Criação de peixes ornamentais em água salgada e salobra	**2**

CNAE 2.3	Descrição	Alíquota (%)
0321-3/05	Atividades de apoio à aquicultura em água salgada e salobra	**2**
0321-3/99	Cultivos e semicultivos da aquicultura em água salgada e salobra não especificados anteriormente	**2**
0322-1/01	Criação de peixes em água doce	**3**
0322-1/02	Criação de camarões em água doce	**2**
0322-1/03	Criação de ostras e mexilhões em água doce	**2**
0322-1/04	Criação de peixes ornamentais em água doce	**2**
0322-1/05	Ranicultura	**3**
0322-1/06	Criação de jacaré	**3**
0322-1/07	Atividades de apoio à aquicultura em água doce	**2**
0322-1/99	Cultivos e semicultivos da aquicultura em água doce não especificados anteriormente	**3**
0500-3/01	Extração de carvão mineral	**3**
0500-3/02	Beneficiamento de carvão mineral	**3**
0600-0/01	Extração de petróleo e gás natural	**3**
0600-0/02	Extração e beneficiamento de xisto	**3**
0600-0/03	Extração e beneficiamento de areias betuminosas	**3**
0710-3/01	Extração de minério de ferro	**3**
0710-3/02	Pelotização, sinterização e outros beneficiamentos de minério de ferro	**3**
0721-9/01	Extração de minério de alumínio	**3**
0721-9/02	Beneficiamento de minério de alumínio	**3**
0722-7/01	Extração de minério de estanho	**3**
0722-7/02	Beneficiamento de minério de estanho	**3**
0723-5/01	Extração de minério de manganês	**3**
0723-5/02	Beneficiamento de minério de manganês	**3**

CNAE 2.3	Descrição	Alíquota (%)
0724-3/01	Extração de minério de metais preciosos	**3**
0724-3/02	Beneficiamento de minério de metais preciosos	**3**
0725-1/00	Extração de minerais radioativos	**3**
0729-4/01	Extração de minérios de nióbio e titânio	**3**
0729-4/02	Extração de minério de tungstênio	**3**
0729-4/03	Extração de minério de níquel	**3**
0729-4/04	Extração de minérios de cobre, chumbo, zinco e outros minerais metálicos não ferrosos não especificados anteriormente	**3**
0729-4/05	Beneficiamento de minérios de cobre, chumbo, zinco e outros minerais metálicos não ferrosos não especificados anteriormente	**2**
0810-0/01	Extração de ardósia e beneficiamento associado	**3**
0810-0/02	Extração de granito e beneficiamento associado	**3**
0810-0/03	Extração de mármore e beneficiamento associado	**2**
0810-0/04	Extração de calcário e dolomita e beneficiamento associado	**3**
0810-0/05	Extração de gesso e caulim	**2**
0810-0/06	Extração de areia, cascalho ou pedregulho e beneficiamento associado	**3**
0810-0/07	Extração de argila e beneficiamento associado	**3**
0810-0/08	Extração de saibro e beneficiamento associado	**3**
0810-0/09	Extração de basalto e beneficiamento associado	**3**
0810-0/10	Beneficiamento de gesso e caulim associado à extração	**1**
0810-0/99	Extração e britamento de pedras e outros materiais para construção e beneficiamento associado	**3**
0891-6/00	Extração de minerais para fabricação de adubos, fertilizantes e outros produtos químicos	**3**

CNAE 2.3	Descrição	Alíquota (%)
0892-4/01	Extração de sal marinho	**3**
0892-4/02	Extração de sal-gema	**3**
0892-4/03	Refino e outros tratamentos do sal	**3**
0893-2/00	Extração de gemas de pedras preciosas e semipreciosas	**3**
0899-1/01	Extração de grafita	**3**
0899-1/02	Extração de quartzo	**3**
0899-1/03	Extração de amianto	**3**
0899-1/99	Extração de outros minerais não metálicos não especificados anteriormente	**3**
0910-6/00	Atividades de apoio à extração de petróleo e gás natural	**3**
0990-4/01	Atividades de apoio à extração de minério de ferro	**3**
0990-4/02	Atividades de apoio à extração de minerais metálicos não ferrosos	**3**
0990-4/03	Atividades de apoio à extração de minerais não metálicos	**3**
1011-2/01	Frigorífico de abate de bovinos	**3**
1011-2/02	Frigorífico de abate de equinos	**3**
1011-2/03	Frigorífico de abate de ovinos e caprinos	**3**
1011-2/04	Frigorífico de abate de bufalinos	**3**
1011-2/05	Matadouro de abate de reses sob contrato, exceto abate de suínos	**3**
1012-1/01	Abate de aves	**3**
1012-1/02	Abate de pequenos animais	**3**
1012-1/03	Frigorífico de abate de suínos	**3**
1012-1/04	Matadouro de abate de suínos sob contrato	**3**
1013-9/01	Fabricação de produtos de carne	**3**

CNAE 2.3	Descrição	Alíquota (%)
1013-9/02	Preparação de subprodutos do abate	**3**
1020-1/01	Preservação de peixes, crustáceos e moluscos	**3**
1020-1/02	Fabricação de conservas de peixes, crustáceos e moluscos	**3**
1031-7/00	Fabricação de conservas de frutas	**3**
1032-5/01	Fabricação de conservas de palmito	**2**
1032-5/99	Fabricação de conservas de legumes e outros vegetais, exceto palmito	**3**
1033-3/01	Fabricação de sucos concentrados de frutas, hortaliças e legumes	**3**
1033-3/02	Fabricação de sucos de frutas, hortaliças e legumes, exceto concentrados	**3**
1041-4/00	Fabricação de óleos vegetais brutos, exceto óleo de milho	**3**
1042-2/00	Fabricação de óleos vegetais refinados, exceto óleo de milho	**3**
1043-1/00	Fabricação de margarina e outras gorduras vegetais e de óleos não comestíveis de animais	**2**
1051-1/00	Preparação do leite	**3**
1052-0/00	Fabricação de laticínios	**3**
1053-8/00	Fabricação de sorvetes e outros gelados comestíveis	**2**
1061-9/01	Beneficiamento de arroz	**3**
1061-9/02	Fabricação de produtos do arroz	**3**
1062-7/00	Moagem de trigo e fabricação de derivados	**3**
1063-5/00	Fabricação de farinha de mandioca e derivados	**3**
1064-3/00	Fabricação de farinha de milho e derivados, exceto óleos de milho	**3**
1065-1/01	Fabricação de amidos e féculas de vegetais	**3**

CNAE 2.3	Descrição	Alíquota (%)
1065-1/02	Fabricação de óleo de milho bruto	**3**
1065-1/03	Fabricação de óleo de milho refinado	**3**
1066-0/00	Fabricação de alimentos para animais	**3**
1069-4/00	Moagem e fabricação de produtos de origem vegetal não especificados anteriormente	**3**
1071-6/00	Fabricação de açúcar bruto	**3**
1072-4/01	Fabricação de açúcar de cana refinado	**3**
1072-4/02	Fabricação de açúcar de cereais (dextrose) e de beterraba	**3**
1081-3/01	Beneficiamento de café	**3**
1081-3/02	Torrefação e moagem de café	**3**
1082-1/00	Fabricação de produtos à base de café	**2**
1091-1/01	Fabricação de produtos de panificação industrial	**3**
1091-1/02	Fabricação de produtos de padaria e confeitaria com predominância de produção própria	**3**
1092-9/00	Fabricação de biscoitos e bolachas	**3**
1093-7/01	Fabricação de produtos derivados do cacau e de chocolates	**3**
1093-7/02	Fabricação de frutas cristalizadas, balas e semelhantes	**3**
1094-5/00	Fabricação de massas alimentícias	**3**
1095-3/00	Fabricação de especiarias, molhos, temperos e condimentos	**3**
1096-1/00	Fabricação de alimentos e pratos prontos	**3**
1099-6/01	Fabricação de vinagres	**3**
1099-6/02	Fabricação de pós-alimentícios	**2**
1099-6/03	Fabricação de fermentos e leveduras	**1**
1099-6/04	Fabricação de gelo comum	**3**

CNAE 2.3	Descrição	Alíquota (%)
1099-6/05	Fabricação de produtos para infusão (exemplos: chá, mate etc.)	**3**
1099-6/06	Fabricação de adoçantes naturais e artificiais	**3**
1099-6/07	Fabricação de alimentos dietéticos e complementos alimentares	**3**
1099-6/99	Fabricação de outros produtos alimentícios não especificados anteriormente	**3**
1111-9/01	Fabricação de aguardente de cana-de-açúcar	**3**
1111-9/02	Fabricação de outras aguardentes e bebidas destiladas	**3**
1112-7/00	Fabricação de vinho	**3**
1113-5/01	Fabricação de malte, inclusive malte uísque	**3**
1113-5/02	Fabricação de cervejas e chopes	**3**
1121-6/00	Fabricação de águas envasadas	**3**
1122-4/01	Fabricação de refrigerantes	**3**
1122-4/02	Fabricação de chá mate e outros chás prontos para consumo	**3**
1122-4/03	Fabricação de refrescos, xaropes e pós para refrescos, exceto refrescos de frutas	**3**
1122-4/04	Fabricação de bebidas isotônicas	**3**
1122-4/99	Fabricação de outras bebidas não alcoólicas não especificadas anteriormente	**3**
1210-7/00	Processamento industrial do fumo	**3**
1220-4/01	Fabricação de cigarros	**2**
1220-4/02	Fabricação de cigarrilhas e charutos	**3**
1220-4/03	Fabricação de filtros para cigarros	**3**
1220-4/99	Fabricação de outros produtos do fumo, exceto cigarros, cigarrilhas e charutos	**3**
1311-1/00	Preparação e fiação de fibras de algodão	**3**

CNAE 2.3	Descrição	Alíquota (%)
1312-0/00	Preparação e fiação de fibras têxteis naturais, exceto algodão	**3**
1313-8/00	Fiação de fibras artificiais e sintéticas	**3**
1314-6/00	Fabricação de linhas para costurar e bordar	**3**
1321-9/00	Tecelagem de fios de algodão	**3**
1322-7/00	Tecelagem de fios de fibras têxteis naturais, exceto de algodão	**3**
1323-5/00	Tecelagem de fios de fibras artificiais e sintéticas	**3**
1330-8/00	Fabricação de tecidos de malha	**3**
1340-5/01	Estamparia e texturização em fios, tecidos, artefatos têxteis e peças de vestuário	**3**
1340-5/02	Alvejamento, tingimento e torção em fios, tecidos, artefatos têxteis e peças de vestuário	**3**
1340-5/99	Outros serviços de acabamento em fios, tecidos, artefatos têxteis e peças de vestuário	**3**
1351-1/00	Fabricação de artefatos têxteis para uso doméstico	**3**
1352-9/00	Fabricação de artefatos de tapeçaria	**3**
1353-7/00	Fabricação de artefatos de cordoaria	**3**
1354-5/00	Fabricação de tecidos especiais, inclusive artefatos	**3**
1359-6/00	Fabricação de outros produtos têxteis não especificados anteriormente	**3**
1411-8/01	Confecção de roupas íntimas	**3**
1411-8/02	Facção de roupas íntimas	**1**
1412-6/01	Confecção de peças de vestuário, exceto de roupas íntimas e roupas confeccionadas sob medida	**3**
1412-6/02	Confecção, sob medida, de peças de vestuário, exceto de roupas íntimas	**2**
1412-6/03	Facção de peças de vestuário, exceto de roupas íntimas	**3**

CNAE 2.3	Descrição	Alíquota (%)
1413-4/01	Confecção de roupas profissionais, exceto de roupas sob medida	**2**
1413-4/02	Confecção, sob medida, de roupas profissionais	**2**
1413-4/03	Facção de roupas profissionais	**2**
1414-2/00	Fabricação de acessórios de vestuário, exceto de acessórios de vestuário para segurança e proteção	**3**
1421-5/00	Fabricação de meias	**3**
1422-3/00	Fabricação de artigos de vestuário, produzidos em malharias e tricotagens, exceto meias	**3**
1510-6/00	Curtimento e outras preparações de couro	**3**
1521-1/00	Fabricação de artigos para viagem, bolsas e semelhantes de qualquer material	**2**
1529-7/00	Fabricação de artefatos de couro não especificados anteriormente	**3**
1531-9/01	Fabricação de calçados de couro	**2**
1531-9/02	Acabamento de calçados de couro sob contrato	**3**
1532-7/00	Fabricação de tênis de qualquer material	**2**
1533-5/00	Fabricação de calçados de material sintético	**2**
1539-4/00	Fabricação de calçados de materiais não especificados anteriormente	**3**
1540-8/00	Fabricação de partes para calçados de qualquer material	**3**
1610-2/03	Serrarias com desdobramento de madeira bruta	**3**
1610-2/04	Serrarias sem desdobramento de madeira bruta (resserragem)	**3**
1610-2/05	Serviço de tratamento de madeira realizado sob contrato	**3**
1621-8/00	Fabricação de madeira laminada e de chapas de madeira compensada, prensada e aglomerada	**3**
1622-6/01	Fabricação de casas de madeira pré-fabricadas	**3**

CNAE 2.3	Descrição	Alíquota (%)
1622-6/02	Fabricação de esquadrias de madeira e de peças de madeira para instalações industriais e comerciais	**3**
1622-6/99	Fabricação de outros artigos de carpintaria para construção	**3**
1623-4/00	Fabricação de artefatos de tanoaria e de embalagens de madeira	**3**
1629-3/01	Fabricação de artefatos diversos de madeira, exceto móveis	**3**
1629-3/02	Fabricação de artefatos diversos de cortiça, bambu, palha, vime e outros materiais trançados, exceto móveis	**1**
1710-9/00	Fabricação de celulose e outras pastas para a fabricação de papel	**3**
1721-4/00	Fabricação de papel	**3**
1722-2/00	Fabricação de cartolina e papel-cartão	**3**
1731-1/00	Fabricação de embalagens de papel	**3**
1732-0/00	Fabricação de embalagens de cartolina e papel-cartão	**3**
1733-8/00	Fabricação de chapas e de embalagens de papelão ondulado	**3**
1741-9/01	Fabricação de formulários contínuos	**2**
1741-9/02	Fabricação de produtos de papel, cartolina, papel cartão e papelão ondulado para uso comercial e de escritório	**3**
1742-7/01	Fabricação de fraldas descartáveis	**3**
1742-7/02	Fabricação de absorventes higiênicos	**3**
1742-7/99	Fabricação de produtos de papel para uso doméstico e higiênico-sanitário não especificados anteriormente	**3**
1749-4/00	Fabricação de produtos de pastas celulósicas, papel, cartolina, papel-cartão e papelão ondulado não especificados anteriormente	**3**

CNAE 2.3	Descrição	Alíquota (%)
1811-3/01	Impressão de jornais	**3**
1811-3/02	Impressão de livros, revistas e outras publicações periódicas	**3**
1812-1/00	Impressão de material de segurança	**2**
1813-0/01	Impressão de material para uso publicitário	**3**
1813-0/99	Impressão de material para outros usos	**2**
1821-1/00	Serviços de pré-impressão	**3**
1822-9/01	Serviços de encadernação e plastificação	**2**
1822-9/99	Serviços de acabamentos gráficos, exceto encadernação e plastificação	**2**
1830-0/01	Reprodução de som em qualquer suporte	**2**
1830-0/02	Reprodução de vídeo em qualquer suporte	**2**
1830-0/03	Reprodução de *software* em qualquer suporte	**1**
1910-1/00	Coquerias	**3**
1921-7/00	Fabricação de produtos do refino de petróleo	**3**
1922-5/01	Formulação de combustíveis	**3**
1922-5/02	Rerrefino de óleos lubrificantes	**3**
1922-5/99	Fabricação de outros produtos derivados do petróleo, exceto produtos do refino	**3**
1931-4/00	Fabricação de álcool	**3**
1932-2/00	Fabricação de biocombustíveis, exceto álcool	**3**
2011-8/00	Fabricação de cloro e álcalis	**2**
2012-6/00	Fabricação de intermediários para fertilizantes	**3**
2013-4/01	Fabricação de adubos e fertilizantes organominerais	**2**
2013-4/02	Fabricação de adubos e fertilizantes, exceto organominerais	**2**
2014-2/00	Fabricação de gases industriais	**2**

CNAE 2.3	Descrição	Alíquota (%)
2019-3/01	Elaboração de combustíveis nucleares	**3**
2019-3/99	Fabricação de outros produtos químicos inorgânicos não especificados anteriormente	**2**
2021-5/00	Fabricação de produtos petroquímicos básicos	**3**
2022-3/00	Fabricação de intermediários para plastificantes, resinas e fibras	**3**
2029-1/00	Fabricação de produtos químicos orgânicos não especificados anteriormente	**2**
2031-2/00	Fabricação de resinas termoplásticas	**3**
2032-1/00	Fabricação de resinas termofixas	**2**
2033-9/00	Fabricação de elastômeros	**3**
2040-1/00	Fabricação de fibras artificiais e sintéticas	**3**
2051-7/00	Fabricação de defensivos agrícolas	**3**
2052-5/00	Fabricação de desinfestantes domissanitários	**2**
2061-4/00	Fabricação de sabões e detergentes sintéticos	**3**
2062-2/00	Fabricação de produtos de limpeza e polimento	**3**
2063-1/00	Fabricação de cosméticos, produtos de perfumaria e de higiene pessoal	**3**
2071-1/00	Fabricação de tintas, vernizes, esmaltes e lacas	**3**
2072-0/00	Fabricação de tintas de impressão	**3**
2073-8/00	Fabricação de impermeabilizantes, solventes e produtos afins	**3**
2091-6/00	Fabricação de adesivos e selantes	**3**
2092-4/01	Fabricação de pólvoras, explosivos e detonantes	**3**
2092-4/02	Fabricação de artigos pirotécnicos	**2**
2092-4/03	Fabricação de fósforos de segurança	**3**
2093-2/00	Fabricação de aditivos de uso industrial	**3**
2094-1/00	Fabricação de catalisadores	**1**

CNAE 2.3	Descrição	Alíquota (%)
2099-1/01	Fabricação de chapas, filmes, papéis e outros materiais e produtos químicos para fotografia	**2**
2099-1/99	Fabricação de outros produtos químicos não especificados anteriormente	**3**
2110-6/00	Fabricação de produtos farmoquímicos	**3**
2121-1/01	Fabricação de medicamentos alopáticos para uso humano	**3**
2121-1/02	Fabricação de medicamentos homeopáticos para uso humano	**2**
2121-1/03	Fabricação de medicamentos fitoterápicos para uso humano	**2**
2122-0/00	Fabricação de medicamentos para uso veterinário	**3**
2123-8/00	Fabricação de preparações farmacêuticas	**1**
2211-1/00	Fabricação de pneumáticos e de câmaras de ar	**3**
2212-9/00	Reforma de pneumáticos usados	**3**
2219-6/00	Fabricação de artefatos de borracha não especificados anteriormente	**3**
2221-8/00	Fabricação de laminados planos e tubulares de material plástico	**3**
2222-6/00	Fabricação de embalagens de material plástico	**3**
2223-4/00	Fabricação de tubos e acessórios de material plástico para uso na construção	**3**
2229-3/01	Fabricação de artefatos de material plástico para uso pessoal e doméstico	**3**
2229-3/02	Fabricação de artefatos de material plástico para usos industriais	**3**
2229-3/03	Fabricação de artefatos de material plástico para uso na construção, exceto tubos e acessórios	**3**
2229-3/99	Fabricação de artefatos de material plástico para outros usos não especificados anteriormente	**3**
2311-7/00	Fabricação de vidro plano e de segurança	**3**

CNAE 2.3	Descrição	Alíquota (%)
2312-5/00	Fabricação de embalagens de vidro	**3**
2319-2/00	Fabricação de artigos de vidro	**3**
2320-6/00	Fabricação de cimento	**3**
2330-3/01	Fabricação de estruturas pré-moldadas de concreto armado, em série e sob encomenda	**3**
2330-3/02	Fabricação de artefatos de cimento para uso na construção	**3**
2330-3/03	Fabricação de artefatos de fibrocimento para uso na construção	**2**
2330-3/04	Fabricação de casas pré-moldadas de concreto	**3**
2330-3/05	Preparação de massa de concreto e argamassa para construção	**3**
2330-3/99	Fabricação de outros artefatos e produtos de concreto, cimento, fibrocimento, gesso e materiais semelhantes	**3**
2341-9/00	Fabricação de produtos cerâmicos refratários	**3**
2342-7/01	Fabricação de azulejos e pisos	**3**
2342-7/02	Fabricação de artefatos de cerâmica e barro cozido para uso na construção, exceto azulejos e pisos	**3**
2349-4/01	Fabricação de material sanitário de cerâmica	**3**
2349-4/99	Fabricação de produtos cerâmicos não-refratários não especificados anteriormente	**3**
2391-5/01	Britamento de pedras, exceto associado à extração	**3**
2391-5/02	Aparelhamento de pedras para construção, exceto associado à extração	**3**
2391-5/03	Aparelhamento de placas e execução de trabalhos em mármore, granito, ardósia e outras pedras	**3**
2392-3/00	Fabricação de cal e gesso	**3**
2399-1/01	Decoração, lapidação, gravação, vitrificação e outros trabalhos em cerâmica, louça, vidro e cristal	**3**

CNAE 2.3	Descrição	Alíquota (%)
2399-1/02	Fabricação de abrasivos	**3**
2399-1/99	Fabricação de outros produtos de minerais não-metálicos não especificados anteriormente	**3**
2411-3/00	Produção de ferro-gusa	**3**
2412-1/00	Produção de ferroligas	**3**
2421-1/00	Produção de semiacabados de aço	**1**
2422-9/01	Produção de laminados planos de aço ao carbono, revestidos ou não	**3**
2422-9/02	Produção de laminados planos de aços especiais	**2**
2423-7/01	Produção de tubos de aço sem costura	**3**
2423-7/02	Produção de laminados longos de aço, exceto tubos	**2**
2424-5/01	Produção de arames de aço	**2**
2424-5/02	Produção de relaminados, trefilados e perfilados de aço, exceto arames	**3**
2431-8/00	Produção de tubos de aço com costura	**3**
2439-3/00	Produção de outros tubos de ferro e aço	**3**
2441-5/01	Produção de alumínio e suas ligas em formas primárias	**2**
2441-5/02	Produção de laminados de alumínio	**3**
2442-3/00	Metalurgia dos metais preciosos	**2**
2443-1/00	Metalurgia do cobre	**2**
2449-1/01	Produção de zinco em formas primárias	**3**
2449-1/02	Produção de laminados de zinco	**3**
2449-1/03	Fabricação de ânodos para galvanoplastia	**3**
2449-1/99	Metalurgia de outros metais não ferrosos e suas ligas não especificados anteriormente	**3**
2451-2/00	Fundição de ferro e aço	**3**

CNAE 2.3	Descrição	Alíquota (%)
2452-1/00	Fundição de metais não ferrosos e suas ligas	**3**
2511-0/00	Fabricação de estruturas metálicas	**3**
2512-8/00	Fabricação de esquadrias de metal	**3**
2513-6/00	Fabricação de obras de caldeiraria pesada	**3**
2521-7/00	Fabricação de tanques, reservatórios metálicos e caldeiras para aquecimento central	**3**
2522-5/00	Fabricação de caldeiras geradoras de vapor, exceto para aquecimento central e para veículos	**3**
2531-4/01	Produção de forjados de aço	**3**
2531-4/02	Produção de forjados de metais não ferrosos e suas ligas	**3**
2532-2/01	Produção de artefatos estampados de metal	**3**
2532-2/02	Metalurgia do pó	**3**
2539-0/01	Serviços de usinagem, tornearia e solda	**3**
2539-0/02	Serviços de tratamento e revestimento em metais	**3**
2541-1/00	Fabricação de artigos de cutelaria	**3**
2542-0/00	Fabricação de artigos de serralheria, exceto esquadrias	**3**
2543-8/00	Fabricação de ferramentas	**3**
2550-1/01	Fabricação de equipamento bélico pesado, exceto veículos militares de combate	**3**
2550-1/02	Fabricação de armas de fogo, outras armas e munições	**3**
2591-8/00	Fabricação de embalagens metálicas	**3**
2592-6/01	Fabricação de produtos de trefilados de metal padronizados	**3**
2592-6/02	Fabricação de produtos de trefilados de metal, exceto padronizados	**3**
2593-4/00	Fabricação de artigos de metal para uso doméstico e pessoal	**3**

CNAE 2.3	Descrição	Alíquota (%)
2599-3/01	Serviços de confecção de armações metálicas para a construção	**2**
2599-3/02	Serviço de corte e dobra de metais	**3**
2599-3/99	Fabricação de outros produtos de metal não especificados anteriormente	**3**
2610-8/00	Fabricação de componentes eletrônicos	**3**
2621-3/00	Fabricação de equipamentos de informática	**2**
2622-1/00	Fabricação de periféricos para equipamentos de informática	**2**
2631-1/00	Fabricação de equipamentos transmissores de comunicação, peças e acessórios	**3**
2632-9/00	Fabricação de aparelhos telefônicos e de outros equipamentos de comunicação, peças e acessórios	**3**
2640-0/00	Fabricação de aparelhos de recepção, reprodução, gravação e amplificação de áudio e vídeo	**3**
2651-5/00	Fabricação de aparelhos e equipamentos de medida, teste e controle	**2**
2652-3/00	Fabricação de cronômetros e relógios	**2**
2660-4/00	Fabricação de aparelhos eletromédicos e eletroterapêuticos e equipamentos de irradiação	**2**
2670-1/01	Fabricação de equipamentos e instrumentos ópticos, peças e acessórios	**2**
2670-1/02	Fabricação de aparelhos fotográficos e cinematográficos, peças e acessórios	**3**
2680-9/00	Fabricação de mídias virgens, magnéticas e ópticas	**3**
2710-4/01	Fabricação de geradores de corrente contínua e alternada, peças e acessórios	**3**
2710-4/02	Fabricação de transformadores, indutores, conversores, sincronizadores e semelhantes, peças e acessórios	**3**
2710-4/03	Fabricação de motores elétricos, peças e acessórios	**3**

CNAE 2.3	Descrição	Alíquota (%)
2721-0/00	Fabricação de pilhas, baterias e acumuladores elétricos, exceto para veículos automotores	**3**
2722-8/01	Fabricação de baterias e acumuladores para veículos automotores	**3**
2722-8/02	Recondicionamento de baterias e acumuladores para veículos automotores	**3**
2731-7/00	Fabricação de aparelhos e equipamentos para distribuição e controle de energia elétrica	**3**
2732-5/00	Fabricação de material elétrico para instalações em circuito de consumo	**3**
2733-3/00	Fabricação de fios, cabos e condutores elétricos isolados	**3**
2740-6/01	Fabricação de lâmpadas	**3**
2740-6/02	Fabricação de luminárias e outros equipamentos de iluminação	**3**
2751-1/00	Fabricação de fogões, refrigeradores e máquinas de lavar e secar para uso doméstico, peças e acessórios	**3**
2759-7/01	Fabricação de aparelhos elétricos de uso pessoal, peças e acessórios	**3**
2759-7/99	Fabricação de outros aparelhos eletrodomésticos não especificados anteriormente, peças e acessórios	**3**
2790-2/01	Fabricação de eletrodos, contatos e outros artigos de carvão e grafita para uso elétrico, eletroímãs e isoladores	**3**
2790-2/02	Fabricação de equipamentos para sinalização e alarme	**3**
2790-2/99	Fabricação de outros equipamentos e aparelhos elétricos não especificados anteriormente	**2**
2811-9/00	Fabricação de motores e turbinas, peças e acessórios, exceto para aviões e veículos rodoviários	**2**
2812-7/00	Fabricação de equipamentos hidráulicos e pneumáticos, peças e acessórios, exceto válvulas	**3**

CNAE 2.3	Descrição	Alíquota (%)
2813-5/00	Fabricação de válvulas, registros e dispositivos semelhantes, peças e acessórios	**3**
2814-3/01	Fabricação de compressores para uso industrial, peças e acessórios	**3**
2814-3/02	Fabricação de compressores para uso não industrial, peças e acessórios	**3**
2815-1/01	Fabricação de rolamentos para fins industriais	**2**
2815-1/02	Fabricação de equipamentos de transmissão para fins industriais, exceto rolamentos	**3**
2821-6/01	Fabricação de fornos industriais, aparelhos e equipamentos não elétricos para instalações térmicas, peças e acessórios	**3**
2821-6/02	Fabricação de estufas e fornos elétricos para fins industriais, peças e acessórios	**3**
2822-4/01	Fabricação de máquinas, equipamentos e aparelhos para transporte e elevação de pessoas, peças e acessórios	**3**
2822-4/02	Fabricação de máquinas, equipamentos e aparelhos para transporte e elevação de cargas, peças e acessórios	**3**
2823-2/00	Fabricação de máquinas e aparelhos de refrigeração e ventilação para uso industrial e comercial, peças e acessórios	**3**
2824-1/01	Fabricação de aparelhos e equipamentos de ar condicionado para uso industrial	**2**
2824-1/02	Fabricação de aparelhos e equipamentos de ar condicionado para uso não industrial	**2**
2825-9/00	Fabricação de máquinas e equipamentos para saneamento básico e ambiental, peças e acessórios	**2**
2829-1/01	Fabricação de máquinas de escrever, calcular e outros não eletrônicos para escritório, peças e acessórios	**2**
2829-1/99	Fabricação de outras máquinas e equipamentos de uso geral não especificados anteriormente, peças e acessórios	**3**

CNAE 2.3	Descrição	Alíquota (%)
2831-3/00	Fabricação de tratores agrícolas, peças e acessórios	**3**
2832-1/00	Fabricação de equipamentos para irrigação agrícola, peças e acessórios	**3**
2833-0/00	Fabricação de máquinas e equipamentos para a agricultura e pecuária, peças e acessórios, exceto para irrigação	**3**
2840-2/00	Fabricação de máquinas-ferramenta, peças e acessórios	**3**
2851-8/00	Fabricação de máquinas e equipamentos para a prospecção e extração de petróleo, peças e acessórios	**3**
2852-6/00	Fabricação de outras máquinas e equipamentos para uso na extração mineral, peças e acessórios, exceto na extração de petróleo	**3**
2853-4/00	Fabricação de tratores, peças e acessórios, exceto agrícolas	**3**
2854-2/00	Fabricação de máquinas e equipamentos para terraplenagem, pavimentação e construção, peças e acessórios, exceto tratores	**3**
2861-5/00	Fabricação de máquinas para a indústria metalúrgica, peças e acessórios, exceto máquinas-ferramenta	**3**
2862-3/00	Fabricação de máquinas e equipamentos para as indústrias de alimentos, bebidas e fumo, peças e acessórios	**3**
2863-1/00	Fabricação de máquinas e equipamentos para a indústria têxtil, peças e acessórios	**3**
2864-0/00	Fabricação de máquinas e equipamentos para as indústrias de vestuário, de couro e de calçados, peças e acessórios	**3**
2865-8/00	Fabricação de máquinas e equipamentos para as indústrias de celulose, papel e papelão e artefatos, peças e acessórios	**3**
2866-6/00	Fabricação de máquinas e equipamentos para a indústria de plástico, peças e acessórios	**3**

CNAE 2.3	Descrição	Alíquota (%)
2869-1/00	Fabricação de máquinas e equipamentos para uso industrial específico não especificados anteriormente, peças e acessórios	**3**
2910-7/01	Fabricação de automóveis, camionetas e utilitários	**3**
2910-7/02	Fabricação de chassis com motor para automóveis, camionetas e utilitários	**3**
2910-7/03	Fabricação de motores para automóveis, camionetas e utilitários	**3**
2920-4/01	Fabricação de caminhões e ônibus	**3**
2920-4/02	Fabricação de motores para caminhões e ônibus	**2**
2930-1/01	Fabricação de cabines, carrocerias e reboques para caminhões	**3**
2930-1/02	Fabricação de carrocerias para ônibus	**3**
2930-1/03	Fabricação de cabines, carrocerias e reboques para outros veículos automotores, exceto caminhões e ônibus	**3**
2941-7/00	Fabricação de peças e acessórios para o sistema motor de veículos automotores	**3**
2942-5/00	Fabricação de peças e acessórios para os sistemas de marcha e transmissão de veículos automotores	**3**
2943-3/00	Fabricação de peças e acessórios para o sistema de freios de veículos automotores	**3**
2944-1/00	Fabricação de peças e acessórios para o sistema de direção e suspensão de veículos automotores	**3**
2945-0/00	Fabricação de material elétrico e eletrônico para veículos automotores, exceto baterias	**3**
2949-2/01	Fabricação de bancos e estofados para veículos automotores	**3**
2949-2/99	Fabricação de outras peças e acessórios para veículos automotores não especificadas anteriormente	**3**
2950-6/00	Recondicionamento e recuperação de motores para veículos automotores	**3**

CNAE 2.3	Descrição	Alíquota (%)
3011-3/01	Construção de embarcações de grande porte	**3**
3011-3/02	Construção de embarcações para uso comercial e para usos especiais, exceto de grande porte	**3**
3012-1/00	Construção de embarcações para esporte e lazer	**3**
3031-8/00	Fabricação de locomotivas, vagões e outros materiais rodantes	**3**
3032-6/00	Fabricação de peças e acessórios para veículos ferroviários	**3**
3041-5/00	Fabricação de aeronaves	**2**
3042-3/00	Fabricação de turbinas, motores e outros componentes e peças para aeronaves	**2**
3050-4/00	Fabricação de veículos militares de combate	**2**
3091-1/01	Fabricação de motocicletas	**3**
3091-1/02	Fabricação de peças e acessórios para motocicletas	**3**
3092-0/00	Fabricação de bicicletas e triciclos não motorizados, peças e acessórios	**3**
3099-7/00	Fabricação de equipamentos de transporte não especificados anteriormente	**3**
3101-2/00	Fabricação de móveis com predominância de madeira	**3**
3102-1/00	Fabricação de móveis com predominância de metal	**3**
3103-9/00	Fabricação de móveis de outros materiais, exceto madeira e metal	**3**
3104-7/00	Fabricação de colchões	**3**
3211-6/01	Lapidação de gemas	**2**
3211-6/02	Fabricação de artefatos de joalheria e ourivesaria	**2**
3211-6/03	Cunhagem de moedas e medalhas	**2**
3212-4/00	Fabricação de bijuterias e artefatos semelhantes	**3**

CNAE 2.3	Descrição	Alíquota (%)
3220-5/00	Fabricação de instrumentos musicais, peças e acessórios	**3**
3230-2/00	Fabricação de artefatos para pesca e esporte	**3**
3240-0/01	Fabricação de jogos eletrônicos	**2**
3240-0/02	Fabricação de mesas de bilhar, de sinuca e acessórios não associada à locação	**2**
3240-0/03	Fabricação de mesas de bilhar, de sinuca e acessórios associada à locação	**2**
3240-0/99	Fabricação de outros brinquedos e jogos recreativos não especificados anteriormente	**3**
3250-7/01	Fabricação de instrumentos não eletrônicos e utensílios para uso médico, cirúrgico, odontológico e de laboratório	**2**
3250-7/02	Fabricação de mobiliário para uso médico, cirúrgico, odontológico e de laboratório	**3**
3250-7/03	Fabricação de aparelhos e utensílios para correção de defeitos físicos e aparelhos ortopédicos em geral sob encomenda	**2**
3250-7/04	Fabricação de aparelhos e utensílios para correção de defeitos físicos e aparelhos ortopédicos em geral, exceto sob encomenda	**2**
3250-7/05	Fabricação de materiais para medicina e odontologia	**3**
3250-7/06	Serviços de prótese dentária	**2**
3250-7/07	Fabricação de artigos ópticos	**3**
3250-7/09	Serviço de laboratório óptico	**3**
3291-4/00	Fabricação de escovas, pincéis e vassouras	**3**
3292-2/01	Fabricação de roupas de proteção e segurança e resistentes a fogo	**3**
3292-2/02	Fabricação de equipamentos e acessórios para segurança pessoal e profissional	**3**
3299-0/01	Fabricação de guarda-chuvas e similares	**2**

CNAE 2.3	Descrição	Alíquota (%)
3299-0/02	Fabricação de canetas, lápis e outros artigos para escritório	**2**
3299-0/03	Fabricação de letras, letreiros e placas de qualquer material, exceto luminosos	**2**
3299-0/04	Fabricação de painéis e letreiros luminosos	**3**
3299-0/05	Fabricação de aviamentos para costura	**3**
3299-0/06	Fabricação de velas, inclusive decorativas	**3**
3299-0/99	Fabricação de produtos diversos não especificados anteriormente	**3**
3311-2/00	Manutenção e reparação de tanques, reservatórios metálicos e caldeiras, exceto para veículos	**3**
3312-1/02	Manutenção e reparação de aparelhos e instrumentos de medida, teste e controle	**2**
3312-1/03	Manutenção e reparação de aparelhos eletromédicos e eletroterapêuticos e equipamentos de irradiação	**1**
3312-1/04	Manutenção e reparação de equipamentos e instrumentos ópticos	**3**
3313-9/01	Manutenção e reparação de geradores, transformadores e motores elétricos	**3**
3313-9/02	Manutenção e reparação de baterias e acumuladores elétricos, exceto para veículos	**2**
3313-9/99	Manutenção e reparação de máquinas, aparelhos e materiais elétricos não especificados anteriormente	**3**
3314-7/01	Manutenção e reparação de máquinas motrizes não elétricas	**1**
3314-7/02	Manutenção e reparação de equipamentos hidráulicos e pneumáticos, exceto válvulas	**3**
3314-7/03	Manutenção e reparação de válvulas industriais	**2**
3314-7/04	Manutenção e reparação de compressores	**3**
3314-7/05	Manutenção e reparação de equipamentos de transmissão para fins industriais	**2**

CNAE 2.3	Descrição	Alíquota (%)
3314-7/06	Manutenção e reparação de máquinas, aparelhos e equipamentos para instalações térmicas	3
3314-7/07	Manutenção e reparação de máquinas e aparelhos de refrigeração e ventilação para uso industrial e comercial	3
3314-7/08	Manutenção e reparação de máquinas, equipamentos e aparelhos para transporte e elevação de cargas	3
3314-7/09	Manutenção e reparação de máquinas de escrever, calcular e de outros equipamentos não eletrônicos para escritório	3
3314-7/10	Manutenção e reparação de máquinas e equipamentos para uso geral não especificados anteriormente	3
3314-7/11	Manutenção e reparação de máquinas e equipamentos para agricultura e pecuária	3
3314-7/12	Manutenção e reparação de tratores agrícolas	3
3314-7/13	Manutenção e reparação de máquinas-ferramenta	3
3314-7/14	Manutenção e reparação de máquinas e equipamentos para a prospecção e extração de petróleo	3
3314-7/15	Manutenção e reparação de máquinas e equipamentos para uso na extração mineral, exceto na extração de petróleo	2
3314-7/16	Manutenção e reparação de tratores, exceto agrícolas	3
3314-7/17	Manutenção e reparação de máquinas e equipamentos de terraplenagem, pavimentação e construção, exceto tratores	3
3314-7/18	Manutenção e reparação de máquinas para a indústria metalúrgica, exceto máquinas-ferramenta	3
3314-7/19	Manutenção e reparação de máquinas e equipamentos para as indústrias de alimentos, bebidas e fumo	3
3314-7/20	Manutenção e reparação de máquinas e equipamentos para a indústria têxtil, de vestuário, de couro e calçados	2

CNAE 2.3	Descrição	Alíquota (%)
3314-7/21	Manutenção e reparação de máquinas e aparelhos para a indústria de celulose, papel e papelão e artefatos	**3**
3314-7/22	Manutenção e reparação de máquinas e aparelhos para a indústria do plástico	**3**
3314-7/99	Manutenção e reparação de outras máquinas e equipamentos para usos industriais não especificados anteriormente	**3**
3315-5/00	Manutenção e reparação de veículos ferroviários	**3**
3316-3/01	Manutenção e reparação de aeronaves, exceto manutenção na pista	**2**
3316-3/02	Manutenção de aeronaves na pista	**1**
3317-1/01	Manutenção e reparação de embarcações e estruturas flutuantes	**3**
3317-1/02	Manutenção e reparação de embarcações para esporte e lazer	**2**
3319-8/00	Manutenção e reparação de equipamentos e produtos não especificados anteriormente	**3**
3321-0/00	Instalação de máquinas e equipamentos industriais	**3**
3329-5/01	Serviços de montagem de móveis de qualquer material	**3**
3329-5/99	Instalação de outros equipamentos não especificados anteriormente	**3**
3511-5/01	Geração de energia elétrica	**3**
3511-5/02	Atividades de coordenação e controle da operação da geração e transmissão de energia elétrica	**3**
3512-3/00	Transmissão de energia elétrica	**3**
3513-1/00	Comércio atacadista de energia elétrica	**1**
3514-0/00	Distribuição de energia elétrica	**3**
3520-4/01	Produção de gás e processamento de gás natural	**2**

CNAE 2.3	Descrição	Alíquota (%)
3520-4/02	Distribuição de combustíveis gasosos por redes urbanas	**2**
3530-1/00	Produção e distribuição de vapor, água quente e ar condicionado	**2**
3600-6/01	Captação, tratamento e distribuição de água	**3**
3600-6/02	Distribuição de água por caminhões	**2**
3701-1/00	Gestão de redes de esgoto	**3**
3702-9/00	Atividades relacionadas a esgoto, exceto a gestão de redes	**3**
3811-4/00	Coleta de resíduos não perigosos	**3**
3812-2/00	Coleta de resíduos perigosos	**2**
3821-1/00	Tratamento e disposição de resíduos não perigosos	**3**
3822-0/00	Tratamento e disposição de resíduos perigosos	**3**
3831-9/01	Recuperação de sucatas de alumínio	**3**
3831-9/99	Recuperação de materiais metálicos, exceto alumínio	**3**
3832-7/00	Recuperação de materiais plásticos	**3**
3839-4/01	Usinas de compostagem	**3**
3839-4/99	Recuperação de materiais não especificados anteriormente	**3**
3900-5/00	Descontaminação e outros serviços de gestão de resíduos	**2**
4110-7/00	Incorporação de empreendimentos imobiliários	**3**
4120-4/00	Construção de edifícios	**3**
4211-1/01	Construção de rodovias e ferrovias	**3**
4211-1/02	Pintura para sinalização em pistas rodoviárias e aeroportos	**3**
4212-0/00	Construção de obras de arte especiais	**3**
4213-8/00	Obras de urbanização em ruas, praças e calçadas	**3**

CNAE 2.3	Descrição	Alíquota (%)
4221-9/01	Construção de barragens e represas para geração de energia elétrica	**3**
4221-9/02	Construção de estações e redes de distribuição de energia elétrica	**3**
4221-9/03	Manutenção de redes de distribuição de energia elétrica	**3**
4221-9/04	Construção de estações e redes de telecomunicações	**3**
4221-9/05	Manutenção de estações e redes de telecomunicações	**3**
4222-7/01	Construção de redes de abastecimento de água, coleta de esgoto e construções correlatas, exceto obras de irrigação	**3**
4222-7/02	Obras de irrigação	**3**
4223-5/00	Construção de redes de transportes por dutos, exceto para água e esgoto	**3**
4291-0/00	Obras portuárias, marítimas e fluviais	**3**
4292-8/01	Montagem de estruturas metálicas	**3**
4292-8/02	Obras de montagem industrial	**3**
4299-5/01	Construção de instalações esportivas e recreativas	**3**
4299-5/99	Outras obras de engenharia civil não especificadas anteriormente	**3**
4311-8/01	Demolição de edifícios e outras estruturas	**3**
4311-8/02	Preparação de canteiro e limpeza de terreno	**3**
4312-6/00	Perfurações e sondagens	**3**
4313-4/00	Obras de terraplenagem	**3**
4319-3/00	Serviços de preparação do terreno não especificados anteriormente	**2**
4321-5/00	Instalação e manutenção elétrica	**3**
4322-3/01	Instalações hidráulicas, sanitárias e de gás	**3**

CNAE 2.3	Descrição	Alíquota (%)
4322-3/02	Instalação e manutenção de sistemas centrais de ar condicionado, de ventilação e de refrigeração	**3**
4322-3/03	Instalações de sistema de prevenção contra incêndio	**3**
4329-1/01	Instalação de painéis publicitários	**2**
4329-1/02	Instalação de equipamentos para orientação à navegação marítima fluvial e lacustre	**2**
4329-1/03	Instalação, manutenção e reparação de elevadores, escadas rolantes e esteiras rolantes	**2**
4329-1/04	Montagem e instalação de sistemas e equipamentos de iluminação e sinalização em vias públicas, portos e aeroportos	**3**
4329-1/05	Tratamentos térmicos, acústicos ou de vibração	**3**
4329-1/99	Outras obras de instalações em construções não especificadas anteriormente	**3**
4330-4/01	Impermeabilização em obras de engenharia civil	**3**
4330-4/02	Instalação de portas, janelas, tetos, divisórias e armários embutidos de qualquer material	**3**
4330-4/03	Obras de acabamento em gesso e estuque	**3**
4330-4/04	Serviços de pintura de edifícios em geral	**3**
4330-4/05	Aplicação de revestimentos e de resinas em interiores e exteriores	**3**
4330-4/99	Outras obras de acabamento da construção	**3**
4391-6/00	Obras de fundações	**3**
4399-1/01	Administração de obras	**3**
4399-1/02	Montagem e desmontagem de andaimes e outras estruturas temporárias	**3**
4399-1/03	Obras de alvenaria	**3**
4399-1/04	Serviços de operação e fornecimento de equipamentos para transporte e elevação de cargas e pessoas para uso em obras	**3**

CNAE 2.3	Descrição	Alíquota (%)
4399-1/05	Perfuração e construção de poços de água	**3**
4399-1/99	Serviços especializados para construção não especificados anteriormente	**3**
4511-1/01	Comércio a varejo de automóveis, camionetas e utilitários novos	**2**
4511-1/02	Comércio a varejo de automóveis, camionetas e utilitários usados	**3**
4511-1/03	Comércio por atacado de automóveis, camionetas e utilitários novos e usados	**2**
4511-1/04	Comércio por atacado de caminhões novos e usados	**2**
4511-1/05	Comércio por atacado de reboques e semirreboques novos e usados	**3**
4511-1/06	Comércio por atacado de ônibus e micro-ônibus novos e usados	**1**
4512-9/01	Representantes comerciais e agentes do comércio de veículos automotores	**2**
4512-9/02	Comércio sob consignação de veículos automotores	**3**
4520-0/01	Serviços de manutenção e reparação mecânica de veículos automotores	**3**
4520-0/02	Serviços de lanternagem ou funilaria e pintura de veículos automotores	**3**
4520-0/03	Serviços de manutenção e reparação elétrica de veículos automotores	**3**
4520-0/04	Serviços de alinhamento e balanceamento de veículos automotores	**2**
4520-0/05	Serviços de lavagem, lubrificação e polimento de veículos automotores	**3**
4520-0/06	Serviços de borracharia para veículos automotores	**3**
4520-0/07	Serviços de instalação, manutenção e reparação de acessórios para veículos automotores	**3**

CNAE 2.3	Descrição	Alíquota (%)
4520-0/08	Serviços de capotaria	**3**
4530-7/01	Comércio por atacado de peças e acessórios novos para veículos automotores	**2**
4530-7/02	Comércio por atacado de pneumáticos e câmaras de ar	**2**
4530-7/03	Comércio a varejo de peças e acessórios novos para veículos automotores	**2**
4530-7/04	Comércio a varejo de peças e acessórios usados para veículos automotores	**2**
4530-7/05	Comércio a varejo de pneumáticos e câmaras-de-ar	**2**
4530-7/06	Representantes comerciais e agentes do comércio de peças e acessórios novos e usados para veículos automotores	**2**
4541-2/01	Comércio por atacado de motocicletas e motonetas	**2**
4541-2/02	Comércio por atacado de peças e acessórios para motocicletas e motonetas	**3**
4541-2/03	Comércio a varejo de motocicletas e motonetas novas	**3**
4541-2/04	Comércio a varejo de motocicletas e motonetas usadas	**3**
4541-2/06	Comércio a varejo de peças e acessórios novos para motocicletas e motonetas	**3**
4541-2/07	Comércio a varejo de peças e acessórios usados para motocicletas e motonetas	**3**
4542-1/01	Representantes comerciais e agentes do comércio de motocicletas e motonetas, peças e acessórios	**1**
4542-1/02	Comércio sob consignação de motocicletas e motonetas	**2**
4543-9/00	Manutenção e reparação de motocicletas e motonetas	**2**
4611-7/00	Representantes comerciais e agentes do comércio de matérias-primas agrícolas e animais vivos	**3**

CNAE 2.3	Descrição	Alíquota (%)
4612-5/00	Representantes comerciais e agentes do comércio de combustíveis, minerais, produtos siderúrgicos e químicos	**2**
4613-3/00	Representantes comerciais e agentes do comércio de madeira, material de construção e ferragens	**3**
4614-1/00	Representantes comerciais e agentes do comércio de máquinas, equipamentos, embarcações e aeronaves	**2**
4615-0/00	Representantes comerciais e agentes do comércio de eletrodomésticos, móveis e artigos de uso doméstico	**2**
4616-8/00	Representantes comerciais e agentes do comércio de têxteis, vestuário, calçados e artigos de viagem	**1**
4617-6/00	Representantes comerciais e agentes do comércio de produtos alimentícios, bebidas e fumo	**3**
4618-4/01	Representantes comerciais e agentes do comércio de medicamentos, cosméticos e produtos de perfumaria	**2**
4618-4/02	Representantes comerciais e agentes do comércio de instrumentos e materiais odonto-médico-hospitalares	**2**
4618-4/03	Representantes comerciais e agentes do comércio de jornais, revistas e outras publicações	**3**
4618-4/99	Outros representantes comerciais e agentes do comércio especializado em produtos não especificados anteriormente	**2**
4619-2/00	Representantes comerciais e agentes do comércio de mercadorias em geral não especializado	**2**
4621-4/00	Comércio atacadista de café em grão	**3**
4622-2/00	Comércio atacadista de soja	**3**
4623-1/01	Comércio atacadista de animais vivos	**3**
4623-1/02	Comércio atacadista de couros, lãs, peles e outros subprodutos não comestíveis de origem animal	**3**

CNAE 2.3	Descrição	Alíquota (%)
4623-1/03	Comércio atacadista de algodão	**2**
4623-1/04	Comércio atacadista de fumo em folha não beneficiado	**3**
4623-1/05	Comércio atacadista de cacau	**2**
4623-1/06	Comércio atacadista de sementes, flores, plantas e gramas	**3**
4623-1/07	Comércio atacadista de sisal	**2**
4623-1/08	Comércio atacadista de matérias-primas agrícolas com atividade de fracionamento e acondicionamento associada	**3**
4623-1/09	Comércio atacadista de alimentos para animais	**3**
4623-1/99	Comércio atacadista de matérias-primas agrícolas não especificadas anteriormente	**3**
4631-1/00	Comércio atacadista de leite e laticínios	**3**
4632-0/01	Comércio atacadista de cereais e leguminosas beneficiados	**3**
4632-0/02	Comércio atacadista de farinhas, amidos e féculas	**3**
4632-0/03	Comércio atacadista de cereais e leguminosas beneficiados, farinhas, amidos e féculas com atividade de fracionamento e acondicionamento associada	**3**
4633-8/01	Comércio atacadista de frutas, verduras, raízes, tubérculos, hortaliças e legumes frescos	**3**
4633-8/02	Comércio atacadista de aves vivas e ovos	**2**
4633-8/03	Comércio atacadista de coelhos e outros pequenos animais vivos para alimentação	**2**
4634-6/01	Comércio atacadista de carnes bovinas e suínas e derivados	**3**
4634-6/02	Comércio atacadista de aves abatidas e derivados	**3**
4634-6/03	Comércio atacadista de pescados e frutos do mar	**3**
4634-6/99	Comércio atacadista de carnes e derivados de outros animais	**2**

CNAE 2.3	Descrição	Alíquota (%)
4635-4/01	Comércio atacadista de água mineral	**3**
4635-4/02	Comércio atacadista de cerveja, chope e refrigerante	**3**
4635-4/03	Comércio atacadista de bebidas com atividade de fracionamento e acondicionamento associada	**3**
4635-4/99	Comércio atacadista de bebidas não especificadas anteriormente	**3**
4636-2/01	Comércio atacadista de fumo beneficiado	**3**
4636-2/02	Comércio atacadista de cigarros, cigarrilhas e charutos	**2**
4637-1/01	Comércio atacadista de café torrado, moído e solúvel	**3**
4637-1/02	Comércio atacadista de açúcar	**2**
4637-1/03	Comércio atacadista de óleos e gorduras	**2**
4637-1/04	Comércio atacadista de pães, bolos, biscoitos e similares	**2**
4637-1/05	Comércio atacadista de massas alimentícias	**3**
4637-1/06	Comércio atacadista de sorvetes	**2**
4637-1/07	Comércio atacadista de chocolates, confeitos, balas, bombons e semelhantes	**3**
4637-1/99	Comércio atacadista especializado em outros produtos alimentícios não especificados anteriormente	**3**
4639-7/01	Comércio atacadista de produtos alimentícios em geral	**3**
4639-7/02	Comércio atacadista de produtos alimentícios em geral, com atividade de fracionamento e acondicionamento associada	**3**
4641-9/01	Comércio atacadista de tecidos	**2**
4641-9/02	Comércio atacadista de artigos de cama, mesa e banho	**3**

CNAE 2.3	Descrição	Alíquota (%)
4641-9/03	Comércio atacadista de artigos de armarinho	**3**
4642-7/01	Comércio atacadista de artigos de vestuário e acessórios, exceto de profissionais e de segurança	**1**
4642-7/02	Comércio atacadista de roupas e acessórios para uso profissional e de segurança do trabalho	**2**
4643-5/01	Comércio atacadista de calçados	**2**
4643-5/02	Comércio atacadista de bolsas, malas e artigos de viagem	**1**
4644-3/01	Comércio atacadista de medicamentos e drogas de uso humano	**2**
4644-3/02	Comércio atacadista de medicamentos e drogas de uso veterinário	**2**
4645-1/01	Comércio atacadista de instrumentos e materiais para uso médico, cirúrgico, hospitalar e de laboratórios	**1**
4645-1/02	Comércio atacadista de próteses e artigos de ortopedia	**2**
4645-1/03	Comércio atacadista de produtos odontológicos	**2**
4646-0/01	Comércio atacadista de cosméticos e produtos de perfumaria	**2**
4646-0/02	Comércio atacadista de produtos de higiene pessoal	**2**
4647-8/01	Comércio atacadista de artigos de escritório e de papelaria	**2**
4647-8/02	Comércio atacadista de livros, jornais e outras publicações	**3**
4649-4/01	Comércio atacadista de equipamentos elétricos de uso pessoal e doméstico	**2**
4649-4/02	Comércio atacadista de aparelhos eletrônicos de uso pessoal e doméstico	**3**
4649-4/03	Comércio atacadista de bicicletas, triciclos e outros veículos recreativos	**3**

CNAE 2.3	Descrição	Alíquota (%)
4649-4/04	Comércio atacadista de móveis e artigos de colchoaria	**3**
4649-4/05	Comércio atacadista de artigos de tapeçaria, persianas e cortinas	**2**
4649-4/06	Comércio atacadista de lustres, luminárias e abajures	**2**
4649-4/07	Comércio atacadista de filmes, *CDs, DVDs*, fitas e discos	**1**
4649-4/08	Comércio atacadista de produtos de higiene, limpeza e conservação domiciliar	**3**
4649-4/09	Comércio atacadista de produtos de higiene, limpeza e conservação domiciliar com atividade de fracionamento e acondicionamento associada	**2**
4649-4/10	Comércio atacadista de joias, relógios e bijuterias, inclusive pedras preciosas e semipreciosas lapidadas	**1**
4649-4/99	Comércio atacadista de outros equipamentos e artigos de uso pessoal e doméstico não especificados anteriormente	**2**
4651-6/01	Comércio atacadista de equipamentos de informática	**1**
4651-6/02	Comércio atacadista de suprimentos para informática	**1**
4652-4/00	Comércio atacadista de componentes eletrônicos e equipamentos de telefonia e comunicação	**1**
4661-3/00	Comércio atacadista de máquinas, aparelhos e equipamentos para uso agropecuário, partes e peças	**2**
4662-1/00	Comércio atacadista de máquinas, equipamentos para terraplenagem, mineração e construção, partes e peças	**3**
4663-0/00	Comércio atacadista de máquinas e equipamentos para uso industrial, partes e peças	**2**
4664-8/00	Comércio atacadista de máquinas, aparelhos e equipamentos para uso odonto-médico-hospitalar, partes e peças	**2**

CNAE 2.3	Descrição	Alíquota (%)
4665-6/00	Comércio atacadista de máquinas e equipamentos para uso comercial, partes e peças	**2**
4669-9/01	Comércio atacadista de bombas e compressores, partes e peças	**2**
4669-9/99	Comércio atacadista de outras máquinas e equipamentos não especificados anteriormente, partes e peças	**2**
4671-1/00	Comércio atacadista de madeira e produtos derivados	**3**
4672-9/00	Comércio atacadista de ferragens e ferramentas	**3**
4673-7/00	Comércio atacadista de material elétrico	**2**
4674-5/00	Comércio atacadista de cimento	**2**
4679-6/01	Comércio atacadista de tintas, vernizes e similares	**2**
4679-6/02	Comércio atacadista de mármores e granitos	**3**
4679-6/03	Comércio atacadista de vidros, espelhos e vitrais	**3**
4679-6/04	Comércio atacadista especializado de materiais de construção não especificados anteriormente	**2**
4679-6/99	Comércio atacadista de materiais de construção em geral	**3**
4681-8/01	Comércio atacadista de álcool carburante, biodiesel, gasolina e demais derivados de petróleo, exceto lubrificantes, não realizado por transportador retalhista	**3**
4681-8/02	Comércio atacadista de combustíveis realizado por transportador retalhista	**3**
4681-8/03	Comércio atacadista de combustíveis de origem vegetal, exceto álcool carburante	**3**
4681-8/04	Comércio atacadista de combustíveis de origem mineral bruto	**2**
4681-8/05	Comércio atacadista de lubrificantes	**2**
4682-6/00	Comércio atacadista de gás liquefeito de petróleo	**3**

CNAE 2.3	Descrição	Alíquota (%)
4683-4/00	Comércio atacadista de defensivos agrícolas, adubos, fertilizantes e corretivos do solo	**2**
4684-2/01	Comércio atacadista de resinas e elastômeros	**2**
4684-2/02	Comércio atacadista de solventes	**3**
4684-2/99	Comércio atacadista de outros produtos químicos e petroquímicos não especificados anteriormente	**3**
4685-1/00	Comércio atacadista de produtos siderúrgicos e metalúrgicos, exceto para construção	**3**
4686-9/01	Comércio atacadista de papel e papelão bruto	**2**
4686-9/02	Comércio atacadista de embalagens	**3**
4687-7/01	Comércio atacadista de resíduos de papel e papelão	**3**
4687-7/02	Comércio atacadista de resíduos e sucatas não metálicos, exceto de papel e papelão	**3**
4687-7/03	Comércio atacadista de resíduos e sucatas metálicos	**3**
4689-3/01	Comércio atacadista de produtos da extração mineral, exceto combustíveis	**2**
4689-3/02	Comércio atacadista de fios e fibras beneficiados	**2**
4689-3/99	Comércio atacadista especializado em outros produtos intermediários não especificados anteriormente	**2**
4691-5/00	Comércio atacadista de mercadorias em geral, com predominância de produtos alimentícios	**2**
4692-3/00	Comércio atacadista de mercadorias em geral, com predominância de insumos agropecuários	**2**
4693-1/00	Comércio atacadista de mercadorias em geral, sem predominância de alimentos ou de insumos agropecuários	**2**
4711-3/01	Comércio varejista de mercadorias em geral, com predominância de produtos alimentícios - hipermercados	**3**

CNAE 2.3	Descrição	Alíquota (%)
4711-3/02	Comércio varejista de mercadorias em geral, com predominância de produtos alimentícios - supermercados	**3**
4712-1/00	Comércio varejista de mercadorias em geral, com predominância de produtos alimentícios - minimercados, mercearias e armazéns	**2**
4713-0/02	Lojas de variedades, exceto lojas de departamentos ou magazines	**2**
4713-0/04	Lojas de departamentos ou magazines, exceto lojas francas - *duty free*	**3**
4713-0/05	Lojas francas - *duty free* de aeroportos, portos e em fronteiras terrestres	**2**
4721-1/02	Padaria e confeitaria com predominância de revenda	**2**
4721-1/03	Comércio varejista de laticínios e frios	**2**
4721-1/04	Comércio varejista de doces, balas, bombons e semelhantes	**3**
4722-9/01	Comércio varejista de carnes - açougues	**3**
4722-9/02	Peixaria	**2**
4723-7/00	Comércio varejista de bebidas	**3**
4724-5/00	Comércio varejista de hortifrutigranjeiros	**3**
4729-6/01	Tabacaria	**1**
4729-6/02	Comércio varejista de mercadorias em lojas de conveniência	**2**
4729-6/99	Comércio varejista de produtos alimentícios em geral ou especializado em produtos alimentícios não especificados anteriormente	**2**
4731-8/00	Comércio varejista de combustíveis para veículos automotores	**3**
4732-6/00	Comércio varejista de lubrificantes	**2**
4741-5/00	Comércio varejista de tintas e materiais para pintura	**2**

CNAE 2.3	Descrição	Alíquota (%)
4742-3/00	Comércio varejista de material elétrico	**3**
4743-1/00	Comércio varejista de vidros	**3**
4744-0/01	Comércio varejista de ferragens e ferramentas	**3**
4744-0/02	Comércio varejista de madeira e artefatos	**3**
4744-0/03	Comércio varejista de materiais hidráulicos	**2**
4744-0/04	Comércio varejista de cal, areia, pedra britada, tijolos e telhas	**3**
4744-0/05	Comércio varejista de materiais de construção não especificados anteriormente	**3**
4744-0/06	Comércio varejista de pedras para revestimento	**3**
4744-0/99	Comércio varejista de materiais de construção em geral	**3**
4751-2/01	Comércio varejista especializado de equipamentos e suprimentos de informática	**2**
4751-2/02	Recarga de cartuchos para equipamentos de informática	**2**
4752-1/00	Comércio varejista especializado de equipamentos de telefonia e comunicação	**2**
4753-9/00	Comércio varejista especializado de eletrodomésticos e equipamentos de áudio e vídeo	**2**
4754-7/01	Comércio varejista de móveis	**2**
4754-7/02	Comércio varejista de artigos de colchoaria	**2**
4754-7/03	Comércio varejista de artigos de iluminação	**2**
4755-5/01	Comércio varejista de tecidos	**2**
4755-5/02	Comercio varejista de artigos de armarinho	**2**
4755-5/03	Comercio varejista de artigos de cama, mesa e banho	**3**
4756-3/00	Comércio varejista especializado de instrumentos musicais e acessórios	**2**

CNAE 2.3	Descrição	Alíquota (%)
4757-1/00	Comércio varejista especializado de peças e acessórios para aparelhos eletroeletrônicos para uso doméstico, exceto informática e comunicação	**2**
4759-8/01	Comércio varejista de artigos de tapeçaria, cortinas e persianas	**2**
4759-8/99	Comércio varejista de outros artigos de uso doméstico não especificados anteriormente	**2**
4761-0/01	Comércio varejista de livros	**1**
4761-0/02	Comércio varejista de jornais e revistas	**1**
4761-0/03	Comércio varejista de artigos de papelaria	**2**
4762-8/00	Comércio varejista de discos, *CDs, DVDs* e fitas	**1**
4763-6/01	Comércio varejista de brinquedos e artigos recreativos	**2**
4763-6/02	Comércio varejista de artigos esportivos	**1**
4763-6/03	Comércio varejista de bicicletas e triciclos, peças e acessórios	**1**
4763-6/04	Comércio varejista de artigos de caça, pesca e *camping*	**1**
4763-6/05	Comércio varejista de embarcações e outros veículos recreativos, peças e acessórios	**2**
4771-7/01	Comércio varejista de produtos farmacêuticos, sem manipulação de fórmulas	**2**
4771-7/02	Comércio varejista de produtos farmacêuticos, com manipulação de fórmulas	**2**
4771-7/03	Comércio varejista de produtos farmacêuticos homeopáticos	**1**
4771-7/04	Comércio varejista de medicamentos veterinários	**3**
4772-5/00	Comércio varejista de cosméticos, produtos de perfumaria e de higiene pessoal	**2**
4773-3/00	Comércio varejista de artigos médicos e ortopédicos	**1**

CNAE 2.3	Descrição	Alíquota (%)
4774-1/00	Comércio varejista de artigos de ótica	**2**
4781-4/00	Comércio varejista de artigos do vestuário e acessórios	**2**
4782-2/01	Comércio varejista de calçados	**2**
4782-2/02	Comércio varejista de artigos de viagem	**1**
4783-1/01	Comércio varejista de artigos de joalheria	**1**
4783-1/02	Comércio varejista de artigos de relojoaria	**2**
4784-9/00	Comércio varejista de gás liquefeito de petróleo	**3**
4785-7/01	Comércio varejista de antiguidades	**2**
4785-7/99	Comércio varejista de outros artigos usados	**3**
4789-0/01	Comércio varejista de suvenires, bijuterias e artesanatos	**2**
4789-0/02	Comércio varejista de plantas e flores naturais	**3**
4789-0/03	Comércio varejista de objetos de arte	**1**
4789-0/04	Comércio varejista de animais vivos e de artigos e alimentos para animais de estimação	**3**
4789-0/05	Comércio varejista de produtos saneantes domissanitários	**3**
4789-0/06	Comércio varejista de fogos de artifício e artigos pirotécnicos	**2**
4789-0/07	Comércio varejista de equipamentos para escritório	**2**
4789-0/08	Comércio varejista de artigos fotográficos e para filmagem	**1**
4789-0/09	Comércio varejista de armas e munições	**2**
4789-0/99	Comércio varejista de outros produtos não especificados anteriormente	**2**
4911-6/00	Transporte ferroviário de carga	**3**
4912-4/01	Transporte ferroviário de passageiros intermunicipal e interestadual	**3**
4912-4/02	Transporte ferroviário de passageiros municipal e em região metropolitana	**3**
4912-4/03	Transporte metroviário	**3**

CNAE 2.3	Descrição	Alíquota (%)
4921-3/01	Transporte rodoviário coletivo de passageiros, com itinerário fixo, municipal	**3**
4921-3/02	Transporte rodoviário coletivo de passageiros, com itinerário fixo, intermunicipal em região metropolitana	**3**
4922-1/01	Transporte rodoviário coletivo de passageiros, com itinerário fixo, intermunicipal, exceto em região metropolitana	**3**
4922-1/02	Transporte rodoviário coletivo de passageiros, com itinerário fixo, interestadual	**3**
4922-1/03	Transporte rodoviário coletivo de passageiros, com itinerário fixo, internacional	**3**
4923-0/01	Serviço de táxi	**3**
4923-0/02	Serviço de transporte de passageiros - locação de automóveis com motorista	**3**
4924-8/00	Transporte escolar	**3**
4929-9/01	Transporte rodoviário coletivo de passageiros, sob regime de fretamento, municipal	**3**
4929-9/02	Transporte rodoviário coletivo de passageiros, sob regime de fretamento, intermunicipal, interestadual e internacional	**3**
4929-9/03	Organização de excursões em veículos rodoviários próprios municipal	**3**
4929-9/04	Organização de excursões em veículos rodoviários próprios intermunicipal, interestadual e internacional	**3**
4929-9/99	Outros transportes rodoviários de passageiros não especificados anteriormente	**2**
4930-2/01	Transporte rodoviário de carga, exceto produtos perigosos e mudanças, municipal	**3**
4930-2/02	Transporte rodoviário de carga, exceto produtos perigosos e mudanças, intermunicipal, interestadual e internacional	**3**
4930-2/03	Transporte rodoviário de produtos perigosos	**3**

CNAE 2.3	Descrição	Alíquota (%)
4930-2/04	Transporte rodoviário de mudanças	**3**
4940-0/00	Transporte dutoviário	**1**
4950-7/00	Trens turísticos, teleféricos e similares	**3**
5011-4/01	Transporte marítimo de cabotagem de carga	**3**
5011-4/02	Transporte marítimo de cabotagem de passageiros	**2**
5012-2/01	Transporte marítimo de longo curso de carga	**3**
5012-2/02	Transporte marítimo de longo curso de passageiros	**2**
5021-1/01	Transporte por navegação interior de carga municipal, exceto travessia	**3**
5021-1/02	Transporte por navegação interior de carga intermunicipal, interestadual e internacional, exceto travessia	**3**
5022-0/01	Transporte por navegação interior de passageiros em linhas regulares municipal, exceto travessia	**2**
5022-0/02	Transporte por navegação interior de passageiros em linhas regulares intermunicipal, interestadual e internacional, exceto travessia	**2**
5030-1/01	Navegação de apoio marítimo	**3**
5030-1/02	Navegação de apoio portuário	**1**
5030-1/03	Serviço de rebocadores e empurradores	**3**
5091-2/01	Transporte por navegação de travessia municipal	**3**
5091-2/02	Transporte por navegação de travessia intermunicipal, interestadual e internacional	**3**
5099-8/01	Transporte aquaviário para passeios turísticos	**1**
5099-8/99	Outros transportes aquaviários não especificados anteriormente	**1**
5111-1/00	Transporte aéreo de passageiros regular	**3**
5112-9/01	Serviço de táxi aéreo e locação de aeronaves com tripulação	**3**

CNAE 2.3	Descrição	Alíquota (%)
5112-9/99	Outros serviços de transporte aéreo de passageiros não regular	**3**
5120-0/00	Transporte aéreo de carga	**2**
5130-7/00	Transporte espacial	**1**
5211-7/01	Armazéns gerais - emissão de *warrant*	**3**
5211-7/02	Guarda-móveis	**2**
5211-7/99	Depósitos de mercadorias para terceiros, exceto armazéns gerais e guarda-móveis	**3**
5212-5/00	Carga e descarga	**3**
5221-4/00	Concessionárias de rodovias, pontes, túneis e serviços relacionados	**3**
5222-2/00	Terminais rodoviários e ferroviários	**3**
5223-1/00	Estacionamento de veículos	**3**
5229-0/01	Serviços de apoio ao transporte por táxi, inclusive centrais de chamada	**1**
5229-0/02	Serviços de reboque de veículos	**3**
5229-0/99	Outras atividades auxiliares dos transportes terrestres não especificadas anteriormente	**3**
5231-1/01	Administração da infraestrutura portuária	**2**
5231-1/02	Atividades do operador portuário	**3**
5231-1/03	Gestão de terminais aquaviários	**3**
5232-0/00	Atividades de agenciamento marítimo	**2**
5239-7/01	Serviços de praticagem	**3**
5239-7/99	Atividades auxiliares dos transportes aquaviários não especificadas anteriormente	**3**
5240-1/01	Operação dos aeroportos e campos de aterrissagem	**2**
5240-1/99	Atividades auxiliares dos transportes aéreos, exceto operação dos aeroportos e campos de aterrissagem	**3**

CNAE 2.3	Descrição	Alíquota (%)
5250-8/01	Comissária de despachos	**1**
5250-8/02	Atividades de despachantes aduaneiros	**3**
5250-8/03	Agenciamento de cargas, exceto para o transporte marítimo	**3**
5250-8/04	Organização logística do transporte de carga	**3**
5250-8/05	Operador de transporte multimodal	**3**
5310-5/01	Atividades do correio nacional	**3**
5310-5/02	Atividades de franqueadas e permissionárias do correio nacional	**2**
5320-2/01	Serviços de malote não realizados pelo correio nacional	**3**
5320-2/02	Serviços de entrega rápida	**3**
5510-8/01	Hotéis	**2**
5510-8/02	Apart-hotéis	**2**
5510-8/03	Motéis	**2**
5590-6/01	Albergues, exceto assistenciais	**3**
5590-6/02	Campings	**1**
5590-6/03	Pensões (alojamento)	**2**
5590-6/99	Outros alojamentos não especificados anteriormente	**2**
5611-2/01	Restaurantes e similares	**2**
5611-2/03	Lanchonetes, casas de chá e de sucos e similares	**3**
5611-2/04	Bares e outros estabelecimentos especializados em servir bebidas, sem entretenimento	**3**
5611-2/05	Bares e outros estabelecimentos especializados em servir bebidas, com entretenimento	**3**
5612-1/00	Serviços ambulantes de alimentação	**3**
5620-1/01	Fornecimento de alimentos preparados preponderantemente para empresas	**3**

CNAE 2.3	Descrição	Alíquota (%)
5620-1/02	Serviços de alimentação para eventos e recepções - bufê	**2**
5620-1/03	Serviços de alimentação privativos - cantinas	**3**
5620-1/04	Fornecimento de alimentos preparados preponderantemente para consumo domiciliar	**3**
5811-5/00	Edição de livros	**2**
5812-3/01	Edição de jornais diários	**2**
5813-1/00	Edição de revistas	**3**
5819-1/00	Edição de cadastros, listas e outros produtos gráficos	**2**
5821-2/00	Edição integrada à impressão de livros	**2**
5822-1/01	Edição integrada à impressão de jornais diários	**2**
5822-1/02	Edição integrada à impressão de jornais não diários	**2**
5823-9/00	Edição integrada à impressão de revistas	**2**
5829-8/00	Edição integrada à impressão de cadastros, listas e outros produtos gráficos	**2**
5911-1/01	Estúdios cinematográficos	**1**
5911-1/02	Produção de filmes para publicidade	**3**
5911-1/99	Atividades de produção cinematográfica, de vídeos e de programas de televisão não especificadas anteriormente	**1**
5912-0/01	Serviços de dublagem	**2**
5912-0/02	Serviços de mixagem sonora em produção audiovisual	**2**
5912-0/99	Atividades de pós-produção cinematográfica, de vídeos e de programas de televisão não especificadas anteriormente	**1**
5913-8/00	Distribuição cinematográfica, de vídeo e de programas de televisão	**1**
5914-6/00	Atividades de exibição cinematográfica	**3**

CNAE 2.3	Descrição	Alíquota (%)
5920-1/00	Atividades de gravação de som e de edição de música	**2**
6010-1/00	Atividades de rádio	**1**
6021-7/00	Atividades de televisão aberta	**3**
6022-5/01	Programadoras	**3**
6022-5/02	Atividades relacionadas à televisão por assinatura, exceto programadoras	**3**
6110-8/01	Serviços de telefonia fixa comutada	**2**
6110-8/02	Serviços de redes de transporte de telecomunicações	**2**
6110-8/03	Serviços de comunicação multimídia	**2**
6110-8/99	Serviços de telecomunicações por fio não especificados anteriormente	**3**
6120-5/01	Telefonia móvel celular	**2**
6120-5/02	Serviço móvel especializado	**3**
6120-5/99	Serviços de telecomunicações sem fio não especificados anteriormente	**1**
6130-2/00	Telecomunicações por satélite	**1**
6141-8/00	Operadoras de televisão por assinatura por cabo	**3**
6142-6/00	Operadoras de televisão por assinatura por micro-ondas	**2**
6143-4/00	Operadoras de televisão por assinatura por satélite	**3**
6190-6/01	Provedores de acesso às redes de comunicações	**3**
6190-6/02	Provedores de voz sobre protocolo internet	**2**
6190-6/99	Outras atividades de telecomunicações não especificadas anteriormente	**2**
6201-5/01	Desenvolvimento de programas de computador sob encomenda	**1**
6201-5/02	Web design	**1**

CNAE 2.3	Descrição	Alíquota (%)
6202-3/00	Desenvolvimento e licenciamento de programas de computador customizáveis	**2**
6203-1/00	Desenvolvimento e licenciamento de programas de computador não customizáveis	**1**
6204-0/00	Consultoria em tecnologia da informação	**2**
6209-1/00	Suporte técnico, manutenção e outros serviços em tecnologia da informação	**2**
6311-9/00	Tratamento de dados, provedores de serviços de aplicação e serviços de hospedagem na internet	**2**
6319-4/00	Portais, provedores de conteúdo e outros serviços de informação na internet	**1**
6391-7/00	Agências de notícias	**2**
6399-2/00	Outras atividades de prestação de serviços de informação não especificadas anteriormente	**3**
6410-7/00	Banco Central do Brasil	**1**
6421-2/00	Bancos comerciais	**2**
6422-1/00	Bancos múltiplos com carteira comercial	**3**
6423-9/00	Caixa Econômica Federal	**2**
6424-7/01	Bancos cooperativos	**1**
6424-7/02	Cooperativas centrais de crédito	**1**
6424-7/03	Cooperativas de crédito mútuo	**2**
6424-7/04	Cooperativas de crédito rural	**1**
6431-0/00	Bancos múltiplos sem carteira comercial	**1**
6432-8/00	Bancos de investimento	**1**
6433-6/00	Bancos de desenvolvimento	**2**
6434-4/00	Agências de fomento	**1**
6435-2/01	Sociedades de crédito imobiliário	**1**
6435-2/02	Associações de poupança e empréstimo	**1**

CNAE 2.3	Descrição	Alíquota (%)
6435-2/03	Companhias hipotecárias	**1**
6436-1/00	Sociedades de crédito, financiamento e investimento - financeiras	**1**
6437-9/00	Sociedades de crédito ao microempreendedor	**1**
6438-7/01	Bancos de câmbio	**1**
6438-7/99	Outras instituições de intermediação não monetária não especificadas anteriormente	**1**
6440-9/00	Arrendamento mercantil	**1**
6450-6/00	Sociedades de capitalização	**3**
6461-1/00	*Holdings* de instituições financeiras	**2**
6462-0/00	*Holdings* de instituições não financeiras	**3**
6463-8/00	Outras sociedades de participação, exceto *holdings*	**2**
6470-1/01	Fundos de investimento, exceto fundos de investimento previdenciários e imobiliários	**1**
6470-1/02	Fundos de investimento previdenciários	**1**
6470-1/03	Fundos de investimento imobiliários	**1**
6491-3/00	Sociedades de fomento mercantil - *factoring*	**1**
6492-1/00	Securitização de créditos	**3**
6493-0/00	Administração de consórcios para aquisição de bens e direitos	**2**
6499-9/01	Clubes de investimento	**1**
6499-9/02	Sociedades de investimento	**1**
6499-9/03	Fundo garantidor de crédito	**1**
6499-9/04	Caixas de financiamento de corporações	**1**
6499-9/05	Concessão de crédito pelas organizações da sociedade civil de interesse público	**1**
6499-9/99	Outras atividades de serviços financeiros não especificadas anteriormente	**1**

CNAE 2.3	Descrição	Alíquota (%)
6511-1/01	Sociedade seguradora de seguros de vida	**1**
6511-1/02	Planos de auxílio-funeral	**2**
6512-0/00	Sociedade seguradora de seguros não vida	**2**
6520-1/00	Sociedade seguradora de seguros-saúde	**1**
6530-8/00	Resseguros	**2**
6541-3/00	Previdência complementar fechada	**1**
6542-1/00	Previdência complementar aberta	**1**
6550-2/00	Planos de saúde	**2**
6611-8/01	Bolsa de valores	**1**
6611-8/02	Bolsa de mercadorias	**1**
6611-8/03	Bolsa de mercadorias e futuros	**1**
6611-8/04	Administração de mercados de balcão organizados	**2**
6612-6/01	Corretoras de títulos e valores mobiliários	**1**
6612-6/02	Distribuidoras de títulos e valores mobiliários	**1**
6612-6/03	Corretoras de câmbio	**1**
6612-6/04	Corretoras de contratos de mercadorias	**1**
6612-6/05	Agentes de investimentos em aplicações financeiras	**2**
6613-4/00	Administração de cartões de crédito	**2**
6619-3/01	Serviços de liquidação e custódia	**1**
6619-3/02	Correspondentes de instituições financeiras	**2**
6619-3/03	Representações de bancos estrangeiros	**1**
6619-3/04	Caixas eletrônicos	**1**
6619-3/05	Operadoras de cartões de débito	**1**
6619-3/99	Outras atividades auxiliares dos serviços financeiros não especificadas anteriormente	**2**

CNAE 2.3	Descrição	Alíquota (%)
6621-5/01	Peritos e avaliadores de seguros	**1**
6621-5/02	Auditoria e consultoria atuarial	**1**
6622-3/00	Corretores e agentes de seguros, de planos de previdência complementar e de saúde	**1**
6629-1/00	Atividades auxiliares dos seguros, da previdência complementar e dos planos de saúde não especificadas anteriormente	**2**
6630-4/00	Atividades de administração de fundos por contrato ou comissão	**2**
6810-2/01	Compra e venda de imóveis próprios	**3**
6810-2/02	Aluguel de imóveis próprios	**2**
6810-2/03	Loteamento de imóveis próprios	**3**
6821-8/01	Corretagem na compra e venda e avaliação de imóveis	**2**
6821-8/02	Corretagem no aluguel de imóveis	**2**
6822-6/00	Gestão e administração da propriedade imobiliária	**2**
6911-7/01	Serviços advocatícios	**1**
6911-7/02	Atividades auxiliares da justiça	**1**
6911-7/03	Agente de propriedade industrial	**1**
6912-5/00	Cartórios	**1**
6920-6/01	Atividades de contabilidade	**1**
6920-6/02	Atividades de consultoria e auditoria contábil e tributária	**2**
7020-4/00	Atividades de consultoria em gestão empresarial, exceto consultoria técnica específica	**2**
7111-1/00	Serviços de arquitetura	**3**
7112-0/00	Serviços de engenharia	**3**
7119-7/01	Serviços de cartografia, topografia e geodésia	**2**
7119-7/02	Atividades de estudos geológicos	**3**

CNAE 2.3	Descrição	Alíquota (%)
7119-7/03	Serviços de desenho técnico relacionados à arquitetura e engenharia	**2**
7119-7/04	Serviços de perícia técnica relacionados à segurança do trabalho	**1**
7119-7/99	Atividades técnicas relacionadas à engenharia e arquitetura não especificadas anteriormente	**2**
7120-1/00	Testes e análises técnicas	**1**
7210-0/00	Pesquisa e desenvolvimento experimental em ciências físicas e naturais	**2**
7220-7/00	Pesquisa e desenvolvimento experimental em ciências sociais e humanas	**1**
7311-4/00	Agências de publicidade	**1**
7312-2/00	Agenciamento de espaços para publicidade, exceto em veículos de comunicação	**3**
7319-0/01	Criação de estandes para feiras e exposições	**2**
7319-0/02	Promoção de vendas	**3**
7319-0/03	*Marketing* direto	**3**
7319-0/04	Consultoria em publicidade	**2**
7319-0/99	Outras atividades de publicidade não especificadas anteriormente	**2**
7320-3/00	Pesquisas de mercado e de opinião pública	**3**
7410-2/02	*Design* de interiores	**3**
7410-2/03	*Design* de produto	**3**
7410-2/99	Atividades de *design* não especificadas anteriormente	**3**
7420-0/01	Atividades de produção de fotografias, exceto aérea e submarina	**2**
7420-0/02	Atividades de produção de fotografias aéreas e submarinas	**2**
7420-0/03	Laboratórios fotográficos	**2**

CNAE 2.3	Descrição	Alíquota (%)
7420-0/04	Filmagem de festas e eventos	**2**
7420-0/05	Serviços de microfilmagem	**3**
7490-1/01	Serviços de tradução, interpretação e similares	**3**
7490-1/02	Escafandria e mergulho	**3**
7490-1/03	Serviços de agronomia e de consultoria às atividades agrícolas e pecuárias	**3**
7490-1/04	Atividades de intermediação e agenciamento de serviços e negócios em geral, exceto imobiliários	**2**
7490-1/05	Agenciamento de profissionais para atividades esportivas, culturais e artísticas	**3**
7490-1/99	Outras atividades profissionais, científicas e técnicas não especificadas anteriormente	**2**
7500-1/00	Atividades veterinárias	**2**
7711-0/00	Locação de automóveis sem condutor	**2**
7719-5/01	Locação de embarcações sem tripulação, exceto para fins recreativos	**2**
7719-5/02	Locação de aeronaves sem tripulação	**3**
7719-5/99	Locação de outros meios de transporte não especificados anteriormente, sem condutor	**3**
7721-7/00	Aluguel de equipamentos recreativos e esportivos	**2**
7722-5/00	Aluguel de fitas de vídeo, *DVDs* e similares	**3**
7723-3/00	Aluguel de objetos de vestuário, joias e acessórios	**2**
7729-2/01	Aluguel de aparelhos de jogos eletrônicos	**3**
7729-2/02	Aluguel de móveis, utensílios e aparelhos de uso doméstico e pessoal e instrumentos musicais	**3**
7729-2/03	Aluguel de material médico	**1**
7729-2/99	Aluguel de outros objetos pessoais e domésticos não especificados anteriormente	**3**
7731-4/00	Aluguel de máquinas e equipamentos agrícolas sem operador	**3**

CNAE 2.3	Descrição	Alíquota (%)
7732-2/01	Aluguel de máquinas e equipamentos para construção sem operador, exceto andaimes	**3**
7732-2/02	Aluguel de andaimes	**3**
7733-1/00	Aluguel de máquinas e equipamentos para escritório	**1**
7739-0/01	Aluguel de máquinas e equipamentos para extração de minérios e petróleo sem operador	**1**
7739-0/02	Aluguel de equipamentos científicos, médicos e hospitalares sem operador	**3**
7739-0/03	Aluguel de palcos, coberturas e outras estruturas de uso temporário, exceto andaimes	**3**
7739-0/99	Aluguel de outras máquinas e equipamentos comerciais e industriais não especificados anteriormente sem operador	**3**
7740-3/00	Gestão de ativos intangíveis não financeiros	**1**
7810-8/00	Seleção e agenciamento de mão de obra	**3**
7820-5/00	Locação de mão de obra temporária	**3**
7830-2/00	Fornecimento e gestão de recursos humanos para terceiros	**2**
7911-2/00	Agências de viagens	**1**
7912-1/00	Operadores turísticos	**1**
7990-2/00	Serviços de reservas e outros serviços de turismo não especificados anteriormente	**1**
8011-1/01	Atividades de vigilância e segurança privada	**3**
8011-1/02	Serviços de adestramento de cães de guarda	**2**
8012-9/00	Atividades de transporte de valores	**3**
8020-0/01	Atividades de monitoramento de sistemas de segurança eletrônicos	**3**
8020-0/02	Outras atividades de serviços de segurança	**3**
8030-7/00	Atividades de investigação particular	**2**

CNAE 2.3	Descrição	Alíquota (%)
8111-7/00	Serviços combinados para apoio a edifícios, exceto condomínios prediais	**3**
8112-5/00	Condomínios prediais	**2**
8121-4/00	Limpeza em prédios e em domicílios	**3**
8122-2/00	Imunização e controle de pragas urbanas	**3**
8129-0/00	Atividades de limpeza não especificadas anteriormente	**3**
8130-3/00	Atividades paisagísticas	**3**
8211-3/00	Serviços combinados de escritório e apoio administrativo	**2**
8219-9/01	Fotocópias	**1**
8219-9/99	Preparação de documentos e serviços especializados de apoio administrativo não especificados anteriormente	**3**
8220-2/00	Atividades de teleatendimento	**3**
8230-0/01	Serviços de organização de feiras, congressos, exposições e festas	**3**
8230-0/02	Casas de festas e eventos	**1**
8291-1/00	Atividades de cobrança e informações cadastrais	**2**
8292-0/00	Envasamento e empacotamento sob contrato	**3**
8299-7/01	Medição de consumo de energia elétrica, gás e água	**3**
8299-7/02	Emissão de vales-alimentação, vales-transporte e similares	**1**
8299-7/03	Serviços de gravação de carimbos, exceto confecção	**2**
8299-7/04	Leiloeiros independentes	**2**
8299-7/05	Serviços de levantamento de fundos sob contrato	**2**
8299-7/06	Casas lotéricas	**2**
8299-7/07	Salas de acesso à internet	**2**

CNAE 2.3	Descrição	Alíquota (%)
8299-7/99	Outras atividades de serviços prestados principalmente às empresas não especificadas anteriormente	**2**
8411-6/00	Administração pública em geral	**2**
8412-4/00	Regulação das atividades de saúde, educação, serviços culturais e outros serviços sociais	**1**
8413-2/00	Regulação das atividades econômicas	**2**
8421-3/00	Relações exteriores	**1**
8422-1/00	Defesa	**1**
8423-0/00	Justiça	**1**
8424-8/00	Segurança e ordem pública	**2**
8425-6/00	Defesa civil	**1**
8430-2/00	Seguridade social obrigatória	**1**
8511-2/00	Educação infantil - creche	**2**
8512-1/00	Educação infantil - pré-escola	**1**
8513-9/00	Ensino fundamental	**1**
8520-1/00	Ensino médio	**1**
8531-7/00	Educação superior - graduação	**1**
8532-5/00	Educação superior - graduação e pós-graduação	**1**
8533-3/00	Educação superior - pós-graduação e extensão	**1**
8541-4/00	Educação profissional de nível técnico	**1**
8542-2/00	Educação profissional de nível tecnológico	**2**
8550-3/01	Administração de caixas escolares	**1**
8550-3/02	Atividades de apoio à educação, exceto caixas escolares	**2**
8591-1/00	Ensino de esportes	**2**
8592-9/01	Ensino de dança	**1**

CNAE 2.3	Descrição	Alíquota (%)
8592-9/02	Ensino de artes cênicas, exceto dança	**1**
8592-9/03	Ensino de música	**1**
8592-9/99	Ensino de arte e cultura não especificado anteriormente	**1**
8593-7/00	Ensino de idiomas	**1**
8599-6/01	Formação de condutores	**1**
8599-6/02	Cursos de pilotagem	**3**
8599-6/03	Treinamento em informática	**1**
8599-6/04	Treinamento em desenvolvimento profissional e gerencial	**1**
8599-6/05	Cursos preparatórios para concursos	**1**
8599-6/99	Outras atividades de ensino não especificadas anteriormente	**2**
8610-1/01	Atividades de atendimento hospitalar, exceto pronto-socorro e unidades para atendimento a urgências	**2**
8610-1/02	Atividades de atendimento em pronto-socorro e unidades hospitalares para atendimento a urgências	**2**
8621-6/01	Unidade de terapia intensiva móvel - UTI móvel	**2**
8621-6/02	Serviços móveis de atendimento a urgências, exceto por UTI móvel	**2**
8622-4/00	Serviços de remoção de pacientes, exceto os serviços móveis de atendimento a urgências	**2**
8630-5/01	Atividade médica ambulatorial com recursos para realização de procedimentos cirúrgicos	**1**
8630-5/02	Atividade médica ambulatorial com recursos para realização de exames complementares	**2**
8630-5/03	Atividade médica ambulatorial restrita a consultas	**1**
8630-5/04	Atividade odontológica	**1**

CNAE 2.3	Descrição	Alíquota (%)
8630-5/06	Serviços de vacinação e imunização humana	**1**
8630-5/07	Atividades de reprodução humana assistida	**2**
8630-5/99	Atividades de atenção ambulatorial não especificadas anteriormente	**2**
8640-2/01	Laboratórios de anatomia patológica e citológica	**2**
8640-2/02	Laboratórios clínicos	**2**
8640-2/03	Serviços de diálise e nefrologia	**2**
8640-2/04	Serviços de tomografia	**1**
8640-2/05	Serviços de diagnóstico por imagem com uso de radiação ionizante, exceto tomografia	**2**
8640-2/06	Serviços de ressonância magnética	**2**
8640-2/07	Serviços de diagnóstico por imagem sem uso de radiação ionizante, exceto ressonância magnética	**1**
8640-2/08	Serviços de diagnóstico por registro gráfico (por exemplo, ECG, EEG e outros exames análogos)	**3**
8640-2/09	Serviços de diagnóstico por métodos ópticos (por exemplo, endoscopia e outros exames análogos)	**2**
8640-2/10	Serviços de quimioterapia	**2**
8640-2/11	Serviços de radioterapia	**2**
8640-2/12	Serviços de hemoterapia	**1**
8640-2/13	Serviços de litotripsia	**1**
8640-2/14	Serviços de bancos de células e tecidos humanos	**1**
8640-2/99	Atividades de serviços de complementação diagnóstica e terapêutica não especificadas anteriormente	**2**
8650-0/01	Atividades de enfermagem	**1**
8650-0/02	Atividades de profissionais da nutrição	**3**
8650-0/03	Atividades de psicologia e psicanálise	**1**
8650-0/04	Atividades de fisioterapia	**1**
8650-0/05	Atividades de terapia ocupacional	**2**
8650-0/06	Atividades de fonoaudiologia	**1**

CNAE 2.3	Descrição	Alíquota (%)
8650-0/07	Atividades de terapia de nutrição enteral e parenteral	**1**
8650-0/99	Atividades de profissionais da área de saúde não especificadas anteriormente	**2**
8660-7/00	Atividades de apoio à gestão de saúde	**2**
8690-9/01	Atividades de práticas integrativas e complementares em saúde humana	**2**
8690-9/02	Atividades de bancos de leite humano	**1**
8690-9/03	Atividades de acupuntura	**2**
8690-9/04	Atividades de podologia	**2**
8690-9/99	Outras atividades de atenção à saúde humana não especificadas anteriormente	**2**
8711-5/01	Clínicas e residências geriátricas	**2**
8711-5/02	Instituições de longa permanência para idosos	**2**
8711-5/03	Atividades de assistência a deficientes físicos, imunodeprimidos e convalescentes	**1**
8711-5/04	Centros de apoio a pacientes com câncer e com síndrome da imunodeficiência adquirida (*aids*)	**3**
8711-5/05	Condomínios residenciais para idosos e deficientes físicos	**2**
8712-3/00	Atividades de fornecimento de infraestrutura de apoio e assistência a paciente no domicílio	**2**
8720-4/01	Atividades de centros de assistência psicossocial	**1**
8720-4/99	Atividades de assistência psicossocial e à saúde a portadores de distúrbios psíquicos, deficiência mental e dependência química e grupos similares não especificadas anteriormente	**2**
8730-1/01	Orfanatos	**2**
8730-1/02	Albergues assistenciais	**2**
8730-1/99	Atividades de assistência social prestadas em residências coletivas e particulares não especificadas anteriormente	**2**
8800-6/00	Serviços de assistência social sem alojamento	**2**

CNAE 2.3	Descrição	Alíquota (%)
9001-9/01	Produção teatral	**1**
9001-9/02	Produção musical	**2**
9001-9/03	Produção de espetáculos de dança	**2**
9001-9/04	Produção de espetáculos circenses, de marionetes e similares	**1**
9001-9/05	Produção de espetáculos de rodeios, vaquejadas e similares	**3**
9001-9/06	Atividades de sonorização e de iluminação	**1**
9001-9/99	Artes cênicas, espetáculos e atividades complementares não especificados anteriormente	**3**
9002-7/01	Atividades de artistas plásticos, jornalistas independentes e escritores	**1**
9002-7/02	Restauração de obras de arte	**1**
9003-5/00	Gestão de espaços para artes cênicas, espetáculos e outras atividades artísticas	**3**
9101-5/00	Atividades de bibliotecas e arquivos	**2**
9102-3/01	Atividades de museus e de exploração de lugares e prédios históricos e atrações similares	**1**
9102-3/02	Restauração e conservação de lugares e prédios históricos	**1**
9103-1/00	Atividades de jardins botânicos, zoológicos, parques nacionais, reservas ecológicas e áreas de proteção ambiental	**2**
9200-3/01	Casas de bingo	**1**
9200-3/02	Exploração de apostas em corridas de cavalos	**2**
9200-3/99	Exploração de jogos de azar e apostas não especificados anteriormente	**1**
9311-5/00	Gestão de instalações de esportes	**2**
9312-3/00	Clubes sociais, esportivos e similares	**2**
9313-1/00	Atividades de condicionamento físico	**1**
9319-1/01	Produção e promoção de eventos esportivos	**2**
9319-1/99	Outras atividades esportivas não especificadas anteriormente	**2**

CNAE 2.3	Descrição	Alíquota (%)
9321-2/00	Parques de diversão e parques temáticos	**2**
9329-8/01	Discotecas, danceterias, salões de dança e similares	**1**
9329-8/02	Exploração de boliches	**3**
9329-8/03	Exploração de jogos de sinuca, bilhar e similares	**1**
9329-8/04	Exploração de jogos eletrônicos recreativos	**3**
9329-8/99	Outras atividades de recreação e lazer não especificadas anteriormente	**2**
9411-1/00	Atividades de organizações associativas patronais e empresariais	**3**
9412-0/01	Atividades de fiscalização profissional	**3**
9412-0/99	Outras atividades associativas profissionais	**3**
9420-1/00	Atividades de organizações sindicais	**2**
9430-8/00	Atividades de associações de defesa de direitos sociais	**2**
9491-0/00	Atividades de organizações religiosas ou filosóficas	**2**
9492-8/00	Atividades de organizações políticas	**1**
9493-6/00	Atividades de organizações associativas ligadas à cultura e à arte	**2**
9499-5/00	Atividades associativas não especificadas anteriormente	**2**
9511-8/00	Reparação e manutenção de computadores e de equipamentos periféricos	**3**
9512-6/00	Reparação e manutenção de equipamentos de comunicação	**2**
9521-5/00	Reparação e manutenção de equipamentos eletroeletrônicos de uso pessoal e doméstico	**3**
9529-1/01	Reparação de calçados, bolsas e artigos de viagem	**1**
9529-1/02	Chaveiros	**3**
9529-1/03	Reparação de relógios	**1**
9529-1/04	Reparação de bicicletas, triciclos e outros veículos não motorizados	**3**

CNAE 2.3	Descrição	Alíquota (%)
9529-1/05	Reparação de artigos de mobiliário	**2**
9529-1/06	Reparação de joias	**2**
9529-1/99	Reparação e manutenção de outros objetos e equipamentos pessoais e domésticos não especificados anteriormente	**3**
9601-7/01	Lavanderias	**3**
9601-7/02	Tinturarias	**3**
9601-7/03	Toalheiros	**3**
9602-5/01	Cabeleireiros, manicure e pedicure	**2**
9602-5/02	Atividades de estética e outros serviços de cuidados com a beleza	**2**
9603-3/01	Gestão e manutenção de cemitérios	**3**
9603-3/02	Serviços de cremação	**2**
9603-3/03	Serviços de sepultamento	**2**
9603-3/04	Serviços de funerárias	**2**
9603-3/05	Serviços de somatoconservação	**3**
9603-3/99	Atividades funerárias e serviços relacionados não especificados anteriormente	**3**
9609-2/02	Agências matrimoniais	**3**
9609-2/04	Exploração de máquinas de serviços pessoais acionadas por moeda	**1**
9609-2/05	Atividades de sauna e banhos	**1**
9609-2/06	Serviços de tatuagem e colocação de *piercing*	**2**
9609-2/07	Alojamento de animais domésticos	**2**
9609-2/08	Higiene e embelezamento de animais domésticos	**2**
9609-2/99	Outras atividades de serviços pessoais não especificadas anteriormente	**2**
9700-5/00	Serviços domésticos	**2**
9900-8/00	Organismos internacionais e outras instituições extraterritoriais	**1**

REGRAS DE TRANSIÇÃO

DECRETO Nº 10.410 DE 30 DE JUNHO DE 2020

Altera o Regulamento da Previdência Social, aprovado pelo Decreto no 3.048, de 6 de maio de 1999.

O PRESIDENTE DA REPÚBLICA, no uso das atribuições que lhe confere o art. 84, caput, incisos IV e VI, alínea "a", da Constituição, e tendo em vista o disposto na legislação da previdência social, em especial na Lei nº 8.212, de 24 de julho de 1991, e na Lei nº 8.213, de 24 de julho de 1991,

DECRETA:

Art. 1º O Regulamento da Previdência Social, aprovado pelo Decreto nº 3.048, de 6 de maio de 1999, passa a vigorar com as seguintes alterações:

→ Alterações processadas no Decreto 3.048/1999, apresentado na primeira parte desta obra.

Art. 2º Até a edição do ato de que trata o § 6º do art. 303 do Regulamento da Previdência Social, aprovado pelo Decreto nº 3.048, de 1999, ficam mantidas as gratificações devidas aos membros do Conselho de Recursos da Previdência Social - CRPS na data de entrada em vigor deste Decreto.

Art. 3º O regimento interno do CRPS estabelecerá período de transição para que o requisito de graduação em Direito, a que se refere o § 5º do art. 303 do Regulamento da Previdência Social, aprovado pelo Decreto nº 3.048, de 1999, passe a ser exigido de todos os conselheiros.

Parágrafo único. Durante o período de transição a que se refere o caput, será exigido o grau de escolaridade em nível superior, sem prejuízo dos requisitos adicionais atualmente previstos no regimento interno do CRPS.

Art. 4º Para fins de acesso a benefícios da pessoa com deficiência, até que seja aprovado o instrumento específico para a avaliação biopsicossocial da pessoa com deficiência, realizada por equipe multiprofissional e interdisciplinar, será utilizado o instrumento aprovado pela Portaria Interministerial AGU/MPS/MF/SRDH/MP nº 1, de 27 de janeiro de 2014.

EDITORA *jus*PODIVM
www.editorajuspodivm.com.br

Pré-impressão, impressão e acabamento

GRÁFICA SANTUÁRIO

grafica@editorasantuario.com.br
www.graficasantuario.com.br
Aparecida-SP